KB248626

강원지역의 구석기 고고학

강원지역의 구석기 고고학

최 승 엽 지음

서경문화사

서문

    고고학 연구자 누구에게나 첫 발굴의 추억은 오래도록 기억되기 마련이다. 필자는 대학 1학년 때인 1986년 2학기부터 강원대학교 박물관에서 공부를 시작했으며, 그 이듬해인 1987년에 양구 상무룡리 구석기유적이 발견되어 발굴조사에 참여하게 되었다. 파로호의 물이 빠지면서 시작된 지표조사에서 퇴적물 사이로 삐죽이 머리를 내민 하얀 차돌을 주워들고 신기해하며 배낭에 한가득 담아 배에 오르던 기억이 새롭다. 그 당시 발굴조사에 참여한 선후배들이 저마다 간직한 추억들을 풀어 놓으면 밤새워 이야기해도 모자랄 것이다.

    1987년부터 1989년까지 최복규 교수가 주도하는 강원대학교 박물관 조사단에 의해 발굴조사가 이루어진 이 대규모 유적에서는 시기를 달리하며 주먹도끼류, 여러면석기, 찍개 등 대형의 석영제 석기들과 흑요석제 세석기들이 대량으로 출토되었다. 상무룡리 유적 발굴조사를 통해 강원지역을 연구 배경으로 하는 필자를 비롯한 몇몇 학문 후속 세대들이 생겨나는 계기가 되었다. 이렇게 시작된 구석기와의 첫 인연은 군대를 다녀온 후 복학하여 홍천 하화계리 유적 발굴조사로 이어졌고, 그 후 철원 장흥리, 동해 기곡, 춘천 금산리 갈둔 등 중요한 구석기유적 발굴에 참여하면서 자연스럽게 세월의 녹을 뒤집어쓰며 구석기 전공자로 성장하게 되었다.

    1990년대 중반 이후 영서 내륙뿐 아니라 동해시를 중심으로 한 영동 해안지역에서 조사된 구석기유적들은 학계의 주목을 받기에 충분할 정도로 양적인 증가와 더불어 석기의 내용면에서도 매우 흥미롭다. 필자는 강원지역에서 그 동안 많은 유적을 조사한 바 있어 이 지역 구석기연구의 매력을 충분히 알고 있다. 강원지역은 태백산맥을 경계로 지형 및 생활배경을 서로 달리하는 영서 내륙과 영동 해안으로 나뉘기 때문에 지역 구분이 비교적 명확하여 양자를 비교하는 지역단위 연구에 적합하다는 이점이 있다. 그러나 발굴조사 횟수가 급증했음에

서문

도 불구하고, 이 지역 구석기 문화에 대한 종합적인 연구는 진전되지 못했다. 이러한 사정을 감안하여 필자는 최근 박사학위 논문을 집필하면서 강원지역의 구석기시대 유적과 유물을 정리하고 분석하여 종합한 바 있다.

이 책은 필자의 박사학위 논문『강원지역의 구석기문화 연구』를 단행본으로 엮은 것이다. 이 책은 지금까지 강원지역의 구석기유적 발굴조사에서 얻어진 자료들을 체계적으로 정리하여 강원지역의 구석기문화가 시간의 흐름에 따라 어떠한 양상으로 전개되어 갔는가를 살펴보는데 주된 목적을 두었다. 즉 필자가 오랫동안 조사를 진행해 온 경험이 있는 강원지역을 대상으로 개별 유적 검토, 입지조건 및 고환경 분석, 석기 분석 등을 통해 이 지역 구석기시대의 시·공간적인 변화를 추론하고자 노력하였다.

당신은 꿈이 무엇입니까? 나는 언제부터인가 내 인생의 꿈은 그럴듯한 직업과 직책이 아니라 남들이 돈 주고 사보는 책 한권 써보는 것이었다. 그래서 학과의 교수님들이나 동료 연구자들이 출간할 때마다 부러운 존경의 메시지를 전하며, 나는 언제? 라고 자신에게 되묻곤 했다. 이제 첫발을 떼었다. 그런데 이렇게 두렵고 부끄러운 일일 줄은 미처 몰랐다. 그러면서도 또 욕심이 생기는 건 앞으로 내 인생의 여정을 드러내는 신호일 것이다.

서문 한 장 쓰기가 이렇게 어려운가? 짧은 감상을 적기 위해 고민하고 또 고민해야 했다. 아마도 생전처음 출간하는 풋내기의 고민일 것이다. 이것도 경력이 쌓여야 자연스럽겠구나 하는 생각이 들었다. 책을 간행하려고 하니 감사해야 할 분들이 너무 많다. 이 책이 결코 나 혼자만의 힘으로 이루어진 게 아니기 때문이다.

최복규 교수님은 필자가 대학에 입학했을 당시 강원대학교 박물관장으로 계시면서 고고

서문

학에 입문할 수 있도록 배려하신 이후로 박사학위를 받은 현재까지 지도교수로서 인연을 맺으며, 학문의 내·외적인 면에서 은혜를 주신 분이기에 늘 감사하는 마음으로 존경한다.

논문을 심사하고, 부족한 부분을 꼼꼼히 지적하여 단행본으로 간행될 수 있도록 격려하고 허락해 주신 박희현 교수님과 한창균 교수님께도 감사드린다. 특히 한창균 교수님은 필자가 대학원 수업을 들으며 공부하는 방법과 새로운 시각을 지도받은 바 있어 그 학은을 마음 깊이 새기며 지내고 있다.

또한 논문 심사 과정에서 미처 생각지 못한 부분들을 지적하여 완성도를 높여 주신 강원대학교 사학과의 손승철 교수님과 유재춘 교수님께도 감사드린다. 손승철 교수님은 필자가 대학 1학년 때 논어를 원고지에 옮겨 적고 그 의미를 새기게 한 후 학생들마다 일일이 한줄 메모로 격려하는 매력적인 지도로 필자를 학문의 세계로 유인하신 분으로, 이제 부끄러운 마음으로 책 한권 내는 이 시점에서 수십 권의 저서를 내신 선생님을 다시 한 번 생각하게 된다.

한편 논문 심사에는 참여하지 않으셨지만, 평소 애정을 가지고 격려를 아끼지 않으시는 이융조 교수님과 김주용 박사님, 매우 열정적인 모습으로 자료나 책을 복사해 제공해 주신 홍미영 박사님과 최삼용 박사님께도 감사드린다. 특히 최삼용 박사님은 이런 저런 정치적 계산과 인간적 호불호를 따지지 않고 당신 것을 거의 모든 사람과 공유할 수 있는 넓은 아량을 가진 분으로 존경한다.

김학철 국장님과 최종모 실장님을 비롯한 강원문화재연구소 식구들, 특히 책을 엮는데 필요한 도면 편집과 자료 정리, 교정을 위해 업무 시간을 피해 밤늦게까지 도움준 최영석, 이경기, 김연주, 손성진 선생님의 노고를 잊을 수 없다. 책이 출판될 수 있도록 손수 출판사에 연

서문

락해 주신 김남돈 선생님과, 스스로 전화를 걸어 원고 교정을 자처했던 유혜정 선생님께도 감사드린다.

어려운 살림에도 공부하는 아들 끝까지 믿고 도와주신 부모님 최명선, 문옥순 님, 장모님 최인수 님께 이 책을 바친다. 진심어린 격려로 늘 動力을 만들어 준 동생 최승삼, 사랑하는 아내 김산옥, 딸 아영에게도 감사한 마음을 전한다.

끝으로 흔쾌히 출판을 맡아주신 김선경 사장님을 비롯한 서경문화사 식구들에게도 깊이 감사드린다.

2010년 10월

好學 최 승 엽

목차

목차

목차

머리말

1. 연구의 배경

　국내 구석기 연구는 주로 이미 잘 알려져 있는 어느 특정 유적의 연대 및 유적 형성과정, 석기분석 등에 집중되는 경향이 있다. 그러나 최근에는 구석기 연구자가 지역별로 적절히 안배되어 포진함에 따라 기존에 알려진 유적뿐만 아니라 새로운 유적을 찾는 노력도 집중적으로 이루어지고 있으며, 이를 종합적으로 서술하는 논문도 많이 발표되고 있다. 그리고 연구자의 부재로 구석기유적의 존재가 알려지지 않았던 지역에서 조차도 유적 발견 사례가 속속 나타나고 있다. 따라서 이미 잘 알려진 임진강－한탄강 유역, 북한강, 남한강 유역뿐만 아니라 호남의 영산강, 섬진강, 보성강 유역과 전남 서해안, 금강 최상류 지역, 경남지역, 대전 충남지역 등지에서도 새로운 구석기유적이 집중적으로 조사되어 종합 서술되고 있다.[1]

　구석기학에서 지역 단위 연구는 이미 오래전부터 시도되어온 바 있지만, 최근에는 행정구역별로 혹은 큰 하천 유역별로 유적 밀집분포 지역을 구획하여 하나의 특정한 지역 단위 연구를 집중적으로 진전시키는 경향이 더욱 두드러지게 나타나고 있다. 특히 전남 서해안지역, 호남지역, 영산강 유역의 구석기유적을 대상으로 한 지속적이고 다양한 연구 성과는 주목할 만하다.[2] 또한 한국학술진흥재단의 재정적 지원을 받아 중원지역의 구석기문화 복원과 DB구축

---

1 연세대학교박물관 편,『한국의 구석기』, 연세대학교 출판부, 2001.

을 위한 3년간의 연구 프로젝트를 진행시켜 760여 쪽에 이르는 방대한 분량의 연구 성과를 집성한 것은 최근 구석기학에서 가장 중요한 지역 단위 연구 사례가 될 것이다.[3] 이러한 경향은 지금까지 전곡리를 대표로하는 임진―한탄강 유역의 구석기유적을 대상으로 지속적인 연구가 진행되어온 것과 동일한 맥락에서 이해되어진다. 이렇게 특정한 지역 단위 연구가 지속적으로 가능한 것은 앞서 언급한 바와 같이 최근에 각 지역별로 구석기 연구자가 적절히 안배되어 포진함에 따라 그 지역에 상주하면서 애정을 가지고 연구 집중력을 발휘할 수 있기 때문이다. 그리고 각 지역고고학회를 중심으로 연구가 활성화되어짐에 따라 구석기 고고학에서의 지역 단위 연구도 본격적으로 전개되고 있다.[4]

　이러한 최근의 연구경향에 비추어 볼 때, 강원지역도 구석기 연구자들의 관심이 집중되는 곳이다. 왜냐하면 강원지역은 지역 특성상 북한강·남한강 등 큰 하천 및 그 지류들로 구성된 하계망, 높고 낮은 산지 등을 생활 배경으로 하는 영서 내륙지역과, 동해 바다를 생활 배경으로 하는 영동 해안지역을 현재의 동일 행정권역에서 함께 연구할 수 있기 때문이다. 특히 중부 동해안(강원 영동지역)은 지형·지리적인 환경 여건상 영서 내륙지역과는 또 다른 양상을 보여주는 새로운 문화권으로 상정될 가능성이 크기 때문이다. 구석기 연구에서 동해안의 지역적 특성을 추출하는 것이 태백산맥을 경계로 한 오늘날 영동·영서의 문화상 차이만큼 유효할 것인가에 대해서는 아직까지 무어라 단정 짓기는 힘들지만, 이 지역의 구석기유적 분포가 해안과 내륙의 강안을 따라 지속적으로 확산되는 상황에서 하나의 새로운 연구 영역으로 삼기에 충분하다고 여겨진다. 그리고 지형 및 생활배경을 서로 달리하는 내륙지역과 해안지역의 구석기문화를 비교하는 사례 연구를 진행시키는데 적합한 최적의 연구 대상지가 바로 강원지역이라고 할 수 있다.

　이렇게 강원지역이 구석기 연구자들에게 매력적인 연구 대상지일 뿐만 아니라 연구의 기초자료가 될 유적의 발굴조사 횟수가 최근에 급증하고 있음에도 불구하고, 강원지역의 구석기문화에 대한 종합적인 연구는 최근까지 거의 진행되지 못했다. 강원지역의 구석기문화를 주

2　이헌종, 「전남 서해안 도서지역의 구석기시대 석기문화와 주거체계」, 『湖南考古學報』14, 湖南考古學會, 2001, 51~80쪽 ; 이헌종, 「호남지역 후기 구석기시대 석기문화의 주요 특징에 대한 고찰」, 『湖南考古學報』16, 湖南考古學會, 2002, 5~24쪽 ; 이헌종, 「우리나라 서남해안 일대의 구석기시대 유적 분포와 문화적 성격에 대한 고찰」, 『한국구석기학보』제9호, 한국구석기학회, 2004, 19~45쪽 ; 이헌종·김정빈·정철환·임현수·이혜연, 『영산강 유역의 구석기 고고학과 4기 지질학』, 학연문화사, 2006.

3　이융조 책임편집, 『중원지역의 구석기문화』, 충북대학교 중원문화연구소·한국학술진흥재단, 2006, 1~761쪽.

4　嶺南考古學會, 『嶺南地方의 舊石器文化 : 第8回 嶺南考古學會 學術發表會』, 1999 ; 湖南考古學會, 『호남지역의 구석기문화 : 第9回 湖南考古學會 學術大會 發表要旨』, 2001.

제로 한 학술대회가 몇 차례 있긴 했지만, 단편적일 수밖에 없었다. 이번에 연구를 진행시키고자 하는 배경에는 바로 이러한 현실의 직시 및 이 지역에 대한 관심을 높여 보고자 하는 기대효과도 포함되어 있다.

기존에 조사된 유적들을 체계적으로 정리하여 재검토하고, 동시에 새로운 유적을 찾아나가는 노력을 병행할 때 이 지역에 대한 구석기연구의 토대가 마련될 수 있다고 여겨진다. 그리고 이 지역 구석기연구를 어떻게 전개시켜 나가는 것이 바람직한 것인가에 대한 방향 설정도 필요한 시점이라고 생각된다.

따라서 이 글은 이미 언급한 바와 같이, 행정 구역별로 혹은 큰 하천 유역별로 유적 밀집 분포지역을 구획하여 하나의 지역 단위 연구를 집중적이고 지속적으로 진전시키는 최근 한국 구석기학계의 연구 경향을 배경으로 하여 작성된 것이다.

2. 연구사

우리나라에서 구석기유적이 처음 확인된 것은 1930년대 초 두만강 근처 함경북도 종성군 동관진 유적(현재 : 함경북도 온성군 강안리)으로, 하이에나·털코뿔이·털코끼리 등의 갱신세 동물화석과 함께 흑요석 석기가 발굴되었다. 하지만 이 시기는 일제강점기에 해당되어 구석기시대로 거슬러 올라가는 오랜 역사가 부정되었다. 광복 이후, 1960년대 초 굴포리와 석장리 유적에서 구석기가 발굴되면서부터 우리나라의 구석기연구가 본격적으로 시작되었다. 또한 1970년대 말 한탄강 유역의 전곡리에서 주먹도끼가 출토되어 학계의 이목을 집중시켰다.

1960년대 이래 현재까지 우리나라에서는 대략 100여 곳 이상의 구석기유적이 발굴조사된 것으로 추산되며, 전국적인 분포 현상을 보여준다. 그 중 대표적인 유적으로는 파주 주월리·가월리, 장산리, 단양 수양개, 남양주 호평동, 진안 진그늘, 대전 노은동, 용호동, 순천 죽내리, 월평, 밀양 고례리, 진주 장흥리 등의 한데유적과 상원 검은모루 동굴, 용곡 동굴, 만달리 동굴, 점말 동굴, 금굴, 상시 바위그늘, 두루봉 동굴 등의 석회암 동굴 유적을 들 수 있다. 이러한 유적들은 우리나라 구석기문화를 재구성하고, 편년하는데 큰 도움을 준다.

지금부터 이러한 우리나라 구석기 연구의 큰 흐름 속에서 강원지역의 구석기 연구가 언제 어떠한 배경 속에서 시작되었고, 그동안 어느 정도의 연구 성과가 쌓였는지를 살펴보고자 한다. 사실 이제까지 진행되어온 연구과정을 되짚어 보고 정리하는 일과 그에 기초한 새로운 연구방향의 설정은 연구자 누구에게나 필요한 기초작업에 해당되며, 앞으로 이 지역 구석기 연구의 양적인 성장뿐만 아니라 질적인 성장을 촉진하는 역할을 할 것이다. 가장 이상적이고 바람직한 연구사 정리는 일정 기간 동안에 이루어진 해당 분야의 수많은 연구 성과 중에서 그 시기 동안 연구자들의 주된 관심 속에서 촉발된 새로운 연구 경향이나 연구의 진전 등을 다양한 주제별로 정리하여 시간 단위로 의미를 부여하는 것이다. 하지만 지금까지 강원지역은 다양한 연구 주제별로 성과를 요약정리 하고, 그 경향성에 따라 시간 단위별 의미를 부여하고 분기할 정도로 연구 환경이 성숙되어 있지 못하다. 따라서 이 글에서는 강원지역의 구석기 연구 출발점이된 1980년대부터 1990년대, 2000년대 현재에 이르기까지 10년 단위로 임의의 분기를 설정하여 그 시기 동안에 이루어진 주요 유적의 발견과 발굴 성과, 연구 동향 등을 정리하는 연대기적 서술 방법을 택하였다. 이러한 과정에서 자연스럽게 강원지역의 구석기유적 발굴조사 연표가 정리되었다(표 1).

1) 유적의 발견 및 발굴조사 성과

강원지역에서 구석기에 대한 인식은 1980년대부터 비롯된다. 연세대학교 손보기 교수의 지도로 1960년대부터 석장리 유적 발굴에 참여하면서 연구자로 성장한 최복규 교수가 1980년대 초 강원대학교로 부임하면서부터 강원지역에서도 구석기유적이 확인되기 시작했던 것이다. 1980년대부터 2000년대 초까지 강원지역에서 이루어진 거의 대부분의 구석기유적 발굴조사는 강원대학교 조사단이 주도했다고 해도 과언이 아니다.

다음 그림 1에 나타난 바와 같이, 강원지역에서 구석기유적 발굴조사가 처음 시작된 1984년부터 1990년대 중반에 이르는 동안에는 발굴 건수가 심곡리(1984년), 상무룡리(1987년), 하화계리(1991년) 유적 등 단지 3건에 불과했다. 그러다가 1995년 이후부터는 거의 매년 1건 이상의 구석기유적 발굴조사가 이루어지는 변화가 생긴다. 1995년부터 1998년까지는 매년 1건 정도의 발굴조사가 진행되다가 1999년부터 2002년까지는 매년 3~4건 정도로 증가하기 시작했다. 이는 1980년대에 몇몇 중요한 유적의 발굴조사를 경험하면서 점차 구석기유적도 주거지나 고분 유적과 동격의 구제발굴 대상이라는 점이 확고히 자리잡아가고 있음을 의미한다.

2000년대는 강원지역에 발굴조사 전문기관들이 생겨나면서 구석기 연구사에서 새로운 轉機를 맞이하는 시기이다. 그림 1에 나타난 바와 같이, 2004년부터 2009년 현재까지 발굴 건수는 매년 6~7건 정도로 급증했다. 이러한 변화는 크게 두 가지 방향으로 해석된다.

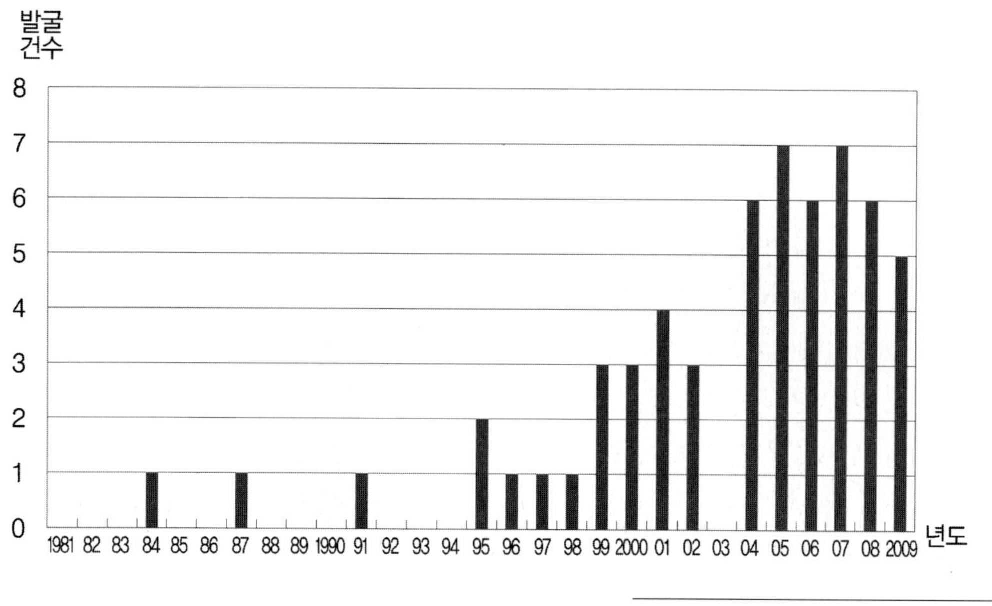

그림 1 연도별 발굴 건수의 변화

첫째, 이 시기에 강원지역에서 개발 사업이 급격히 증가되었음을 의미한다. 그만큼 발굴 대상이 많았기 때문이라고 보는 것이다.

둘째, 강원대학교의 최복규 교수를 중심으로 이루어지던 구석기 연구가 그의 학문적 배경 속에서 성장한 제자들이 발굴전문기관으로 분산되어 자리 잡게 됨에 따라 발굴 건수가 급증하는데 능동적으로 대처할 수 있게 되었을 뿐만 아니라 대규모 유적 조사도 가능하게 되었다는 점을 반영하는 것이다. 구석기 유적을 조사할 수 있는 인력이 분산되고 이를 계기로 다시 새로운 인력이 입문하게 되어 과거에 비해 전체적으로 조사 인력이 확충되었다. 결과적으로 구석기 전공 인력의 확충은 과거와 달리 발굴 대상에서 구석기유적이 누락되는 경우가 많이 감소하는 효과를 낳았다. 뿐만 아니라 교육을 통해 구석기 전공이 아닌 연구자들의 인식도 많이 변화되었기 때문이다.

앞의 두 가지 이유를 감안할 때, 강원지역에서 구석기유적의 발굴 건수는 지속적으로 증가할 가능성이 크다. 앞으로 구석기유적 조사의 양적인 성장뿐만 아니라 질적인 성장에 대해서도 심각하게 고민해야 할 단계에 이르렀다고 여겨진다.

한편 그림 2에 나타난 바와 같이, 영서와 영동지역으로 나누어 발굴 건수를 비교해 보면 전반적으로 양 지역에서 동일하게 점차 증가하는 경향을 보인다.

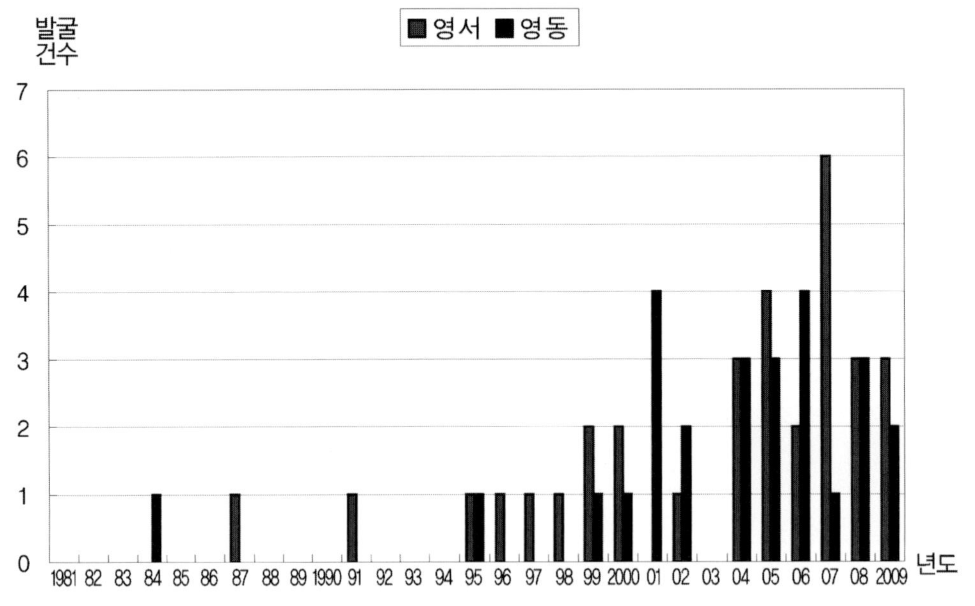

그림 2   연도별 영서 · 영동지역 발굴 건수의 비교

　강원지역에서 구석기유적 발굴조사는 1984년에 심곡리 유적을 계기로 영동지역에서 가장 먼저 시작되었지만, 이후 영동지역에서는 1990년대 중반까지 거의 10여 년간 공백기가 장시간 지속되었다. 그러다가 1995년 발한동 유적 발굴조사를 계기로 오랜 공백기를 깨고 동해안 구석기연구가 새로 시작되었다. 그러나 발한동 유적 발굴조사 이후 1999년에 구미동 유적이 발굴조사되는 정도여서 영서지역에 비하면 1990년대에 그리 활발하게 진행된 편은 아니다.

　2000년대 들어서면서 동해 기곡 유적 발굴을 계기로 영동지역 조사가 다시 활기를 띠기 시작했다. 특히 2001년부터 2006년까지는 영동지역의 발굴 건수가 영서지역을 앞설 정도로 증가했다. 이는 이전 시기와 달리 영동지역에 필자를 비롯한 구석기 전공자가 배치된 결과이다. 구석기 전공자가 영동지역에 상주하면서 관심이 높아짐에 따라 그동안 소홀했던 구석기 유적의 발견 사례가 급속히 증가하게 되었다. 2000년대 들어 영동지역의 발굴 건수 증가는 강원지역 구석기 연구사에서 가장 주목되는 현상이다. 발굴 건수의 증가는 곧 연구 성과의 증가를 동반하는 효과가 있기 때문이다.

　영서지역은 영동지역보다 다소 뒤늦게 상무룡리(1987년)와 하화계리(1991년) 유적이 조사된 후, 1995년 이래로 2002년까지 매년 1~2건씩 지속적으로 발굴조사가 진행되었다. 2004년부터 현재까지 매년 3~4건으로 발굴 건수가 증가했으며, 2007년에는 한 해에 무려 6건의 발굴조사가 있었다.

　발굴 건수는 물론 지역의 개발 여건에 따라 달라질 수 있지만, 영서와 영동의 지역 비교에서 공통적으로 확인되는 것은 구석기 전공자의 상주 여부이다. 특히 강원지역처럼 영서와 영동으로 지역 환경이 분리된 경우에는 더욱 그러하다. 지역별로 구석기 전공자의 적절한 분산배치는 강원지역 구석기 연구를 활성화 시키는 중요한 요소가 된다. 아래에서는 각 시기별로 주요한 발굴조사 성과를 살펴보고자 한다.

(1) 1980년대

　강원지역에서 가장 먼저 확인된 구석기유적은 영서지역의 횡성 현천리 유적이다. 1982년 4월에 발견된 이 유적에서는 제작수법이 뛰어난 후기 구석기시대의 주먹도끼 2점과 몸돌 1점이 지표에서 채집되었다.[5] 유적이 자리한 곳은 남한강 상류의 주천강 유역에 해당된다. 이 유적은 한참 세월이 흐른 뒤에 도로공사로 인해 거의 훼손된 상태에서 일부분이 발굴조사 되었다.[6] 이듬해인 1983년 11월에는 홍천 하화계리에서 구석기유적이 발견되었다. 이 유적은 후일 발굴조사를 통해 한국의 중요한 細石器遺蹟임이 확인되었다.[7] 유적이 자리한 곳은 북한강의 남쪽 지류인 홍천강 유역이다. 이렇듯 1980년대 초에 지표조사를 통해 강원지역의 가장 중요한 양대 하천인 북한강과 남한강 유역에서 모두 구석기유적이 확인되었다.

　지표조사를 통해 강원지역에서 구석기유적의 존재가 확인된 후, 영서지역에서 가장 먼저 발굴조사가 이루어진 유적은 한국의 구석기학사에서도 대단히 중요한 의미가 있는 양구 상무룡리 유적이다.[8] 1987년부터 1989년까지 이루어진 이 대규모 유적 발굴조사를 통해 강원지역을 학사적 배경으로 하는 필자를 비롯한 몇몇 학문 후속 세대들이 생겨나 연구자로 성장하는 계기가 되었다.

　북한강 유역의 상무룡리 유적 발굴조사를 계기로 남한강 유역에서도 새로운 조사 활동이 필요하다고 생각한 단국대학교 중앙박물관 조사단은 1980년대 말 영월지역에서 지표조사를

---

5 최복규, 「강원도의 구석기시대」, 『한림학보』30호, 한림대학교 신문사, 1987.5.7.
6 최복규 · 최승엽 · 차재동 · 이은희, 『횡성 현천리 구석기유적』, 강원고고학연구소, 1999, 1~33쪽.
7 최복규 · 김용백 · 김남돈, 「홍천 하화계리 중석기시대유적 발굴조사보고」, 『中央高速道路 建設區間內 文化遺蹟 發掘調查 報告書』, 江原道, 1992, 13~260쪽.
8 최복규 외, 『上舞龍里』, 江原道 · 江原大學校 博物館, 1989.

벌여 후탄리 뒷들 유적과 옹정리 사정동 유적 두 곳을 새로 찾아 학계에 보고하였다.[9]

한편 영동지역에서는 1984년에 강릉 심곡리 유적이 이선복에 의해 발굴조사되어 동해안지역 구석기 연구의 첫 단추를 꿰게 되었다. 이 유적 발굴조사와 거의 비슷한 시기에 양양 도화리 유적에서 주먹도끼를 비롯한 다량의 석기들이 지표 채집 되어 알려지게 되었다.[10] 또한 1960년대 초에 고성 죽정리에서 지표 채집되었던 주먹도끼를 1988년에 뒤늦게 소개하는 글이 발표되었다.[11] 만일 이 주먹도끼가 발견 당시에 제대로 그 중요성이 인식되었다면, 아마도 강원지역에서 구석기유적의 첫 발견 사례로 자리매김 되었을 것이다.

(2) 1990년대

1990년대로 접어들면서 영서지역에서는 한국의 구석기학사에서도 대단히 중요하게 다루어지는 홍천 하화계리 사둔지 細石器遺蹟이 발굴조사 되었다.[12] 앞서 살펴본 바와 같이 1983년에 처음 발견된 이후, 1991년에 고속도로 공사 구간에 포함되면서 발굴조사가 이루어지게 된 것이다. 이 유적에서는 석영이나 수정, 흑요석 등 다양한 암질로 만든 좀돌날몸돌 및 좀돌날, 긁개, 밀개, 새기개, 뚜르개 등 細石器들이 수천점 발굴됨으로써, 한국의 후기구석기 최말기 혹은 중석기시대의 문화양상을 논의하는 본격적인 출발점이 되었다. 그밖에도 홍천 하화계리 도둔,[13] 횡성 부동리,[14] 횡성 현천리[15] 등 소규모 유적에 대한 발굴조사가 있었다.

발굴조사된 유적 이외에도 지표조사를 통해 새로운 유적들이 확인되기도 하였다. 북한강유역의 춘천 월송리와 한덕리,[16] 화천 구만리 다람쥐섬,[17] 양구 해안면 현리[18]에서 유적이 새

---

9 한창균·장명수·신숙정, 「남한강 상류의 구석기유적 조사예보」, 『博物館 紀要』5, 檀國大學校 中央博物館, 1989, 105~114쪽.

10 이선복, 「新發見 舊石器遺蹟 紹介」, 『孫寶基博士 停年紀念 考古人類學論叢』, 知識産業社, 1988, 107~110쪽.

11 崔淑卿, 「高城郡 縣內面 竹亭里 發見 주먹도끼에 대하여」, 『梨花史學研究』第17·18合輯, 梨花史學研究所, 1988, 265~269쪽.

12 최복규·김용백·김남돈, 「홍천 하화계리 중석기시대유적 발굴조사보고」, 『中央高速道路 建設區間內 文化遺蹟發掘調査 報告書』, 江原道, 1992, 13~244쪽.

13 최복규·최승엽·이해용, 『홍천 하화계리 도둔 중석기유적 발굴조사 보고서』, 강원고고학연구소, 1996, 1~196쪽.

14 최복규·최승엽, 『횡성 부동리 구석기유적』, 강원고고학연구소, 1998, 1~84쪽

15 최복규·최승엽·차재동·이은희, 『횡성 현천리 구석기유적』, 강원고고학연구소, 1999, 1~33쪽.

16 盧爀眞·沈載淵, 「春川의 先史遺蹟」, 『春川의 歷史와 文化遺蹟』, 翰林大學校博物館·江原道·春川市, 1997, 39~40쪽 ; 김남돈, 「춘천 한덕리 구석기유적」, 『江原文化研究』17, 江原大學校 江原文化研究所, 1998, 157~173쪽.

17 金南旽, 「華川郡의 先史遺蹟 및 古墳」, 『華川의 歷史와 文化遺蹟』, 江原大學校博物館·江原道·華川郡, 1996, 27~29쪽.

로 알려졌다. 남한강 유역에 해당되는 횡성 안흥1리와 3리에서 주먹도끼를 비롯한 석기들이 지표에서 찾아져 보고되었다.[19] 영월 북쌍리 문개실·남애 등지에서 주먹찌르개를 비롯한 여러 점의 석기가 발견되었고, 영월 삼옥리·덕포리·연하리,[20] 평창 도돈리,[21] 원주 월송리[22]에서도 구석기유적이 확인되었다

한편 영동지역에서는 1992년에 구호동에서 주먹도끼가 수습되어 알려지고,[23] 1995년에 동해 발한동 유적이 발굴조사 되었다.[24] 그 후 1990년대 말에 동해 구미동 유적[25]이 발굴조사 되었다. 발한동과 구미동 유적에 대한 발굴조사가 진행되는 동안 중부 동해안 구석기유적의 분포범위 확산을 위하여 지표조사를 통해 새로운 유적을 확인하는 작업이 활기를 띠고 진행되었다. 지표조사를 통해 새로이 확인된 유적은 강릉 홍제동,[26] 고성 초도리,[27] 동해 동회동,[28] 고성 용암리, 동해 천곡동 한섬, 삼척 축천리[29] 등이다.

(3) 2000년대

이 시기에 들어서면서 영서지역에서는 연구사에 기록될만한 몇 가지 중요한 발굴조사가 진

---

18 崔福奎·崔承燁·李海用, 「楊口郡의 先史遺蹟 및 古墳」, 『楊口郡의 歷史와 文化遺蹟』, 江原道·楊口郡·江原大學校, 1997, 61~69쪽.

19 최복규·최승엽·김상태·이해용, 「횡성군의 선사유적·고분」, 『橫城郡의 歷史와 文化遺蹟』, 江原道·橫城郡·江原鄕土文化研究會, 1995, 80~83쪽.

20 盧爀眞·崔鐘模·沈載淵, 「寧越郡의 先史·考古·關防·陶窯址遺蹟」, 『寧越郡의 歷史와 文化遺蹟』, 翰林大學校 博物館·江原道·寧越郡, 1995, 29~31쪽.

21 최복규·김경진·정연우·김용백·최승엽, 「平昌郡의 先史遺蹟 및 古墳」, 『平昌郡의 歷史와 文化遺蹟』, 강원도·평창군, 1999, 46~49쪽.

22 김남돈, 「원주 월송리 구석기유적」, 『博物館誌』第2號, 江原大學校 博物館, 1995, 13~41쪽.

23 최복규·최승엽, 「동해 구호동 구석기유적 보고」, 『東海北坪工團 造成地域 文化遺蹟 發掘調査報告書』, 關東大學校博物館, 1994, 121~140쪽.

24 최복규·최승엽·김상태·이해용, 『발한동 구석기유적 발굴조사 보고서』, 강원고고학연구소, 1996, 1~235쪽.

25 崔福奎·安聖民·柳惠貞, 「東海 九美洞 舊石器遺蹟」, 『東海 九美洞·九湖洞遺蹟－동해 하수종말처리장 사업부지내 매장문화재 발굴조사 보고서－』, 關東大學校博物館·江原考古學研究所, 2004, 9~183쪽.

26 백홍기·지현병·고동순, 「江陵市의 先史考古遺蹟」, 『江陵의 歷史와 文化遺蹟』, 江陵大學校 博物館·文化財管理局·江陵市, 1995, 36~37쪽.

27 崔福奎, 「최근 강원도에서 새로 조사된 선사유적」, 『江原文化史研究』創刊號, 江原鄕土文化研究會, 1996, 41~86쪽.

28 李相洙, 「東海市의 先史考古遺蹟」, 『東海市의 歷史와 文化遺蹟』, 關東大學校博物館·江原道·東海市, 1996, 66~67쪽.

29 홍영호·김상태, 「동해안지역에서 새로 발견된 구석기유적(Ⅰ)」, 『博物館誌』第6號, 江原大學校 博物館, 1999, 37~80쪽.

행되었다.

　첫째로, 2000년대 초에는 철원 장흥리 유적[30]에서 흑요석제 세석기들이 출토되어 한탄강 유역에 주먹도끼를 표식으로하는 전곡리 유적과는 달리 후기구석기 늦은 시기의 유적들도 존재함을 확인하게 되었다. 둘째로, 2002년에 발굴조사한 하화계리 '작은솔밭' 유적[31]에서는 석기구성상 아주 늦은 시기의 세석기 단계부터 보다 이른 시기의 주먹도끼 포함단계까지 모두 확인되었다. 셋째로, 2005년에는 춘천 금산리 갈둔,[32] 거두리,[33] 홍천 하화계리 백이 유적[34] 등 주먹도끼가 석기구성에서 중요한 위치를 차지하는 유적의 발굴조사가 이어졌다. 넷째로, 연세대학교 박물관에 의해 석회암 동굴 유적 두 곳이 발굴조사 되었다. 2004년에 발굴조사된 영월 연당 피난굴(쌍굴)[35]에서는 구석기시대의 밀개, 긁개, 가로날석기, 찍개, 몸돌, 격지 등 석기 20여 점과 함께 사람뼈, 사슴과, 코뿔이, 하이에나, 원숭이 등 여러 종류의 동물 화석이 출토되었다. 2007년에 발굴조사된 평창 기화리 쌍굴[36]에서는 구석기시대의 각종 동물 뼈화석과 함께 3개 층에서 몸돌과 격지, 잔손질된 석기 등 석영제 석기들이 출토되었다.

　위에서 언급한 중요 유적 이외에도, 홍천 연봉리,[37] 하화계리 돌터거리, 송정리,[38] 하화계리 수삼수매장부지,[39] 내·외삼포리,[40] 구성포리,[41] 모곡리,[42] 철원 강산리,[43] 춘천 서상리,[44] 영월

30　崔福奎·崔三鎔·崔承燁·李海用·車在動, 『長興里 舊石器遺蹟』, 江原考古學研究所, 2001, 1~243쪽.

31　崔福奎·安聖民·柳惠貞, 『국도 5호선(삼마치~홍천간)확·포장공사 구간 내 유적 발굴조사 보고서 : 洪川 下花溪 里III 작은솔밭 舊·中石器遺蹟』, 원주지방국토관리청·강원대학교유적조사단, 2004, 1~262쪽.

32　최승엽·김연주, 『春川 錦山里 葛屯 舊石器遺蹟』, 江原文化財研究所, 2008, 1~551쪽

33　한림대학교박물관·한국토지공사 강원지사, 『춘천 거두2지구 택지개발사업 문화재 시굴조사 약보고서』, 2005, 1~54쪽 ; 예맥문화재연구원, 『춘천 거두2지구 택지개발사업지구내(남서지구)유적 발굴조사 2차 지도위원회의 자 료』, 2006, 1~27쪽.

34　김선주 외, 『홍천 백이·돌터거리·송정유적-홍천군 관내 주둔지 편입부지내 유적 발굴조사 보고서-』, 江原文 化財研究所, 2009, 57~342쪽.

35　최삼용, 「영월 연당 쌍굴유적 조사 성과와 의의」, 『2004 연세대학교 박물관 추계 학술세미나 : 우리나라 선사시대 의 동굴 유적과 문화』, 연세대학교 박물관, 2004, 85~94쪽.

36　박영철, 「강원도 평창군 기화리 쌍굴 유적의 퇴적편년의 검토」, 『2008년 춘계 학술대회』, 江原考古學會, 2008, 35~48쪽.

37　최승엽, 『洪川 蓮峯 舊石器遺蹟』, 江原文化財研究所·韓國土地公社 江原支社, 2007, 1~169쪽.

38　김선주 외, 『홍천 백이·돌터거리·송정 유적-홍천군 관내 주둔지 편입부지내 유적 발굴조사 보고서-」, 江原文 化財研究所, 2009, 343~560쪽.

39　최승엽·김연주, 『洪川 下花溪里 水蔘收買場 建築敷地內 舊石器遺蹟 試掘調査 報告書』, 江原文化財研究所·(주) 한국인삼공사, 2008, 1~179쪽.

40　최승엽·김연주, 『洪川 內·外三浦里 舊石器遺蹟』, 江原文化財研究所·한국도로공사강원건설사업단, 2009, 1~393쪽 ; 최승엽, 「홍천 내·외삼포리 구석기유적 발굴조사 성과」, 『한국구석기학회 제9회 학술대회 발표집』, 한 국구석기학회, 2008, 83~90쪽.

41　연세대학교 원주박물관, 『춘천 동홍천간 고속도로 건설공사 구간내 구성포리 구석기유적 발굴조사 현장설명회 자 료』, 2008, 1~30쪽.

삼옥리,[45] 원주 매지리[46] 등지에서 소규모의 유적들이 시굴 혹은 발굴조사 되었다.

2000년대 들어 강원 전역의 문화유적 분포지도 제작을 위한 지표조사는 새로운 유적들이 발견되는 중요한 계기가 되었다. 홍천강 유역에서는 춘천 통곡리,[47] 홍천 와동리 · 결운리 · 굴운리 · 철정리 · 풍암리 · 중화계리 · 상화계리 · 하화계리 가들기 일대,[48] 하화계리 다리구석 · 굴지리 본마을 · 남노일리 · 노천리 새말[49] 유적이 새롭게 확인되었다. 남한강 유역의 원주 보통리,[50] 횡성 지구리 · 영랑리 · 춘당리 · 오산리 · 조항1리 · 성산리 · 청곡1리 · 청곡2리 · 안흥4리 · 석문1리 · 하대리 · 매곡리,[51] 영월 용석리 · 신천리 · 삼옥리 · 방절리 · 영흥리,[52] 연당리 피난굴(쌍굴) 주변의 연당1리 한 지점 · 연당2리 두 지점 · 연당4리 두 지점 · 북쌍리 아랫들골,[53] 정선 광하리[54] 유적 등도 이 시기에 확인되었다. 한탄강 유역에서는 철원 산명리 삼봉동 · 하갈리 · 대마리 석다동[55] 유적이 새로 확인되었다. 그리고 원주~강릉 복선전철 건설구간내 지표조사[56]에서도 원주, 횡성, 평창, 강릉의 여러 지점에서 구석기유적이 확인되었다.

한편 2000년대는 영동지역에서도 구석기연구가 상당히 활성화된 시기라고 할 수 있다. 이것은 동해안 지역에 관심을 가진 연구자들이 지표조사를 통해 새로운 유적을 계속 확인한 결과이다. 강릉 내곡동에서 주먹도끼를 찾는 성과를 거두었고, 강릉 옥계 도직리, 천남리, 초당동, 내곡동 2지점에서도 구석기를 찾았다.[57] 또한 강릉 내곡동 1지점, 옥계 현내리, 동해 망상

---

42 예맥문화재연구원,『홍천 모곡─발산간 도로구간내 유적 발굴조사 약보고서』, 2008, 1~55쪽.

43 예맥문화재연구원,『철원 평화 · 문화광장 조성사업부지내 유적 발굴(시굴)조사 약보고서』, 2007, 1~37쪽.

44 예맥문화재연구원,『춘천 신매─오월간 도로확포장공사구간내 B지구 유적 발굴조사 지도위원회의 자료』, 2009, 1~33쪽.

45 江原文化財硏究所,『영월 동강리조트 조성부지내 유적 발굴조사 약보고서』, 2009, 1~73쪽.

46 한림대학교박물관,『원주 매지리 호반아파트 건설부지내 유적 문화재 발굴조사 약보고서』, 2007, 1~38쪽.

47 文化財廳 · 江原道 · 春川市 · 江原文化財硏究所,『文化遺蹟 分布地圖 春川市』, 2003, 354쪽.

48 洪川郡 · 江原文化財硏究所,『文化遺蹟 分布地圖 洪川郡』, 2007, 485쪽.

49 국립춘천박물관,『年報 2002 · 2003년 통권』, 2004, 68~78쪽.

50 연세대학교 원주박물관,『원주시의 문화유적─원주시 매장문화재 지표조사 보고서─』, 연세대학교 원주박물관 총서1, 2002, 95~99쪽.

51 橫城郡 · 江原文化財硏究所,『文化遺蹟 分布地圖 橫城郡』, 2008, 385쪽.

52 文化財廳 · 江原道 · 寧越郡 · 江原文化財硏究所,『文化遺蹟 分布地圖 寧越郡』, 2004, 403쪽.

53 최삼용,「영월 연당 쌍굴 유적 조사 성과와 의의」,『2004 연세대학교 박물관 추계 학술세미나 : 우리나라 선사시대의 동굴 유적과 문화』, 연세대학교 박물관, 2004, 88쪽.

54 旌善郡 · 江陵大學校博物館,『文化遺蹟 分布地圖 旌善郡』, 2007, 351쪽.

55 文化財廳 · 江原道 · 鐵原郡 · 江原文化財硏究所,『文化遺蹟 分布地圖 鐵原郡』, 2005, 327쪽.

56 최복규 외,『원주~강릉 복선전철 건설구간내 문화재 지표조사 보고서』, 한국철도시설공단 · 강원고고학연구소, 2006, 40~114쪽.

동 기곡·본말·매밀 일대, 대진동, 용정동, 단봉동 탄막·단곡·옹점동 일대,[58] 삼척 증산동,[59] 강릉 하시동리, 담산동, 옥계 남양3리 칠재, 고성 청간리,[60] 양양 상양혈리[61] 등지에서도 새로운 구석기유적이 발견되었다. 이와 더불어 심곡리 유적에서 새로 찾은 석기들이 소개되기도 했다.[62]

지표조사를 통한 새로운 유적의 확인과 더불어 2000년대에는 영동지역에서도 여러 차례의 발굴조사가 이어졌다. 우선 2000년대 초반에는 동해 망상동 노봉,[63] 동해 추암동,[64] 강릉 주수리,[65] 동해 망상동 기곡 유적[66]에 대한 발굴조사가 진행되었다.

2000년대 중반에는 동해 평릉동[67]과 동해 망상동 360-34번지 유적[68]이 발굴조사 되었다. 최근에는 동해 묵호진동 월소 유적[69]이 발굴조사 되었는데, 고위면에 형성된 중요한 유적으로 평가된다. 그리고 신석기유적으로 잘 알려져 있는 양양 오산리 유적의 최하층에서 여러 점의 구석기 유물이 출토되어 주목된다.[70] 이밖에도 고성 봉평리, 원당리,[71] 동해 망상동 44-2번

57 최승엽·홍성학,「중부동해안 구석기유적의 분포범위 확산을 위한 노력(1)」,『博物館誌』第8號, 江原大學校 中央博物館, 2001, 17~40쪽.

58 홍영호·김상태,「동해안지역에서 새로 발견된 구석기유적(Ⅱ)」,『博物館誌』第7號, 江原大學校 博物館, 2000, 45~87쪽.

59 최복규·유재춘·최승엽,『동해 추암 이주단지 조성사업 지구내 매장문화재 지표조사 보고서』, 동해시·강원대학교·강원고고학연구소, 2000, 12쪽.

60 최승엽,「중부동해안 구석기유적의 분포범위 확산을 위한 노력(2)」,『博物館誌』第9號, 江原大學校 中央博物館, 2002, 37~64쪽.

61 文化財廳·江原道·襄陽郡·江原文化財研究所,『文化遺蹟 分布地圖 襄陽郡』, 2003, 196쪽.

62 홍영호·김상태,「강릉 심곡리 유적 채집 구석기」,『博物館誌』第9號, 江原大學校中央博物館, 2002, 17~36쪽.

63 崔福奎·安聖民·柳惠貞·文知賢,『魯峰 舊石器遺蹟』, 산림조합중앙회·강원대학교유적조사단, 2002, 1~295쪽.

64 강원대학교 유적발굴조사단,『동해 추암 이주단지 조성사업 지구내 매장문화재 시굴조사 지도위원회의 자료』, 2001, 1~15쪽.

65 崔福奎·柳惠貞,『江陵 珠樹里 舊石器遺蹟』, 한국도로공사 동해건설사업소·강원대학교유적조사단, 2004, 1~85쪽.

66 최승엽,「동해 기곡 구석기유적의 성격」,『한국구석기학회 제4회 학술대회 발표집』, 한국구석기학회, 2003, 15~24쪽 ; 이해용·홍성학·최영석,「동해시 망상동 기곡 구석기유적」,『동해고속도로 확장공사구간내 유적 발굴조사 보고서 : 동해 기곡유적』, 江原文化財研究所·韓國道路公社, 2005, 1~494쪽.

67 최영석,『東海 平陵洞 舊石器遺蹟』, 江原文化財研究所·韓國土地公社, 2007, 1~225쪽.

68 이해용·최영석·이나리,『東海 望祥洞 舊石器遺蹟－동해 망상동 360-34번지 주택신축부지내 유적 발굴조사 보고서』, 江原文化財研究所, 2009, 1~257쪽.

69 예맥문화재연구원,『동해 월소지구 도시개발 사업부지내 유적 발굴조사 약보고서』, 2008, 1~53쪽.

70 홍성학,「양양 오산리유적의 발굴조사 성과」,『한국구석기학회 제8회 학술대회 발표집』, 한국구석기학회, 2007, 83~98쪽.

71 예맥문화재연구원,『국도 7호선(간성－현내간) 도로공사구간내 유적 발굴조사 1차 지도위원회의 자료』, 2006, 11~15쪽, 19~23쪽.

지,[72] 강릉 정동진리 50-89번지,[73] 강릉 담산동 군부대 사업부지내 유적,[74] 강릉 두산동,[75] 안현동,[76] 동해 지홍동 유적[77] 등의 조사가 있었으나, 소량의 석기가 출토되어 유적의 전모를 파악하기는 쉽지 않다.

표 1　강원지역의 구석기유적 발굴조사 연표

일련번호	유적명	행정구역	조사기관	조사기간	참고문헌
1	강릉 심곡리 유적	강릉시 강동면 심곡리	서울대학교 박물관	1984.8.22~9.29	이선복, 2006
2	양구 상무룡리 유적	양구군 양구읍 상무룡리 (옛 허수리)	강원대학교 박물관	1차 : 1987.10.21~12.15 2차 : 1988.10.14~12.12 3차 : 1989.4.11~5.30	최복규 외, 1989
3	홍천 하화계리 사둔지 유적	홍천군 북방면 하화계리	강원대학교 박물관	1991.3.14~6.1	최복규 · 김용백 · 김남돈, 1992
4	동해 발한동 유적	동해시 발한동	강원고고학 연구소	1995.5.25~8.22	최복규 · 최승엽 · 김상태 · 이해용, 1996
5	홍천 하화계리 도둔 유적	홍천군 북방면 하화계리	강원고고학 연구소	1995.9.11~11.9	최복규 · 최승엽 · 이해용, 1999
6	횡성 부동리 유적	횡성군 갑천면 부동리	강원고고학 연구소	시굴 : 1996.6.1~12.30 발굴 : 1997.4.1~1998.4.3	최복규 · 최승엽, 1998
7	철원 장흥리 유적	철원군 동송읍 장흥리	강원고고학 연구소	시굴 : 1998.11.16~1999.4.12(동절기 중지) 발굴 : 2000.5.17~8.17	崔福奎 · 崔三鎔 · 崔承燁 · 李海用 · 車在勳, 2001
8	동해 구미동 유적	동해시 구미동	강원고고학 연구소	1차 : 1999.3.25~5.6 2차 : 1999.8.6~10.6	崔福奎 · 安聖民 · 柳惠貞, 2004
9	영월 방절리 날골 유적	영월군 영월읍 방절리	한림대학교 박물관	1999.8.23~12.6	노혁진 · 이선복 · 김종규 · 성춘택 · 최종모 · 심재연, 2001

72　예맥문화재연구원,『동해 망상동 44-2번지 근린생활시설부지내 유적 발굴(시굴)조사 지도위원회의 자료』, 2006, 1~20쪽.

73　강원문화재연구소,『강릉 정동진리 50-89번지 유적 시굴조사 약보고서』, 2004.

74　예맥문화재연구원,『강릉 육군 5378부대 00지역 00사업부지내 유적 발굴(시굴)조사 약보고서』, 2007, 1~19쪽.

75　예맥문화재연구원,『강릉 두산동 203-2번지 일원 공동주택 신축사업부지내 유적 발굴(시굴)조사 약보고서』, 2008, 1~27쪽.

76　예맥문화재연구원,『강릉 샌드파인리조트 신축공사부지내 유적 발굴(시굴)조사 지도위원회의 자료』, 2008, 1~28쪽.

77　예맥문화재연구원,『동해 지홍동 동해시립박물관 건립부지내 유적 발굴(시굴)조사 약보고서』, 2008, 1~31쪽.

10	횡성 현천리 유적	횡성군 둔내면 현천리	강원고고학 연구소	1999.8.24~9.2	최복규·최승엽·차재동·이은희, 1999
11	홍천 하화계리 작은솔밭 유적	홍천군 북방면 하화계리	강원대학교 유적조사단	시굴 : 2000.7.11~8.19 발굴 : 2002.3.14~8.11	崔福奎·安聖民·柳惠貞, 2004
12	동해 노봉 유적	동해시 망상동	강원대학교 유적조사단	시굴 : 2000.12.4~2001.4.2 (동절기 중지) 발굴 : 2001.7.5~12.30	崔福奎·安聖民·柳惠貞·文知賢, 2002
13	동해 추암동 유적	동해시 추암동	강원대학교	2001.7.23~9.15	강원대학교 유적 발굴조사단, 2001
14	동해 기곡 유적	동해시 망상동	강원문화재 연구소	시굴 : 2001.8.19~10.17 발굴 : 2002.2.18~2003.4.1	이해용·홍성학·최영석, 2005
15	강릉 주수리 유적	강릉시 옥계면 주수리	강원대학교 유적조사단	시굴 : 2001.8.19~10.17 시굴보완 : 2002.6.28~9.30	崔福奎·柳惠貞, 2004
16	영월 연당 피난굴 (쌍굴) 유적	영월군 남면 연당2리	연세대학교 박물관	시굴 : 2004.2.3~2.27 발굴 : 2004.4.21~7.31	연세대학교 박물관, 2004
17	홍천 연봉리 유적	홍천군 홍천읍 연봉6리	강원문화재 연구소	시굴 : 2004.5.3~6.30 발굴 : 2004.10.13~2005.3.5	최승엽, 2007
18	강릉 내곡동 318-20번지 유적	강릉시 내곡동	강원문화재 연구소	2004.7.26~8.19	강원문화재연구소, 2004
19	강릉 정동진리 50-89번지 유적	강릉시 강동면 정동진리	강원문화재 연구소	2004.8.16~9.5	강원문화재연구소, 2004
20	동해 평릉동 유적	동해시 평릉동	강원문화재 연구소	시굴 : 2004.8.30~2005.4.12 발굴 : 2005.5.23~10.26	최영석, 2007
21	홍천 송정리 유적	홍천군 화촌면 송정리	강원문화재 연구소	2004.11.16~2005.7.25 (중지기간 포함)	김선주 외, 2009
22	춘천 거두리 유적	춘천시 동내면 거두리	한림대학교 박물관 예맥문화재 연구원	시굴 : 2005.2.4~6.1 발굴 : 2005.10.5~2006.7.14	한림대학교 박물관·한국토지공사 강원지사, 2005 예맥문화재연구원, 2006
23	홍천 하화계리 돌터거리 유적	홍천군 북방면 하화계리	강원문화재 연구소	2005.3.21~7.6	김선주 외, 2009
24	홍천 하화계리 백이 유적	홍천군 북방면 하화계리	강원문화재 연구소	2005.7.7~10.23	김선주 외, 2009
25	춘천 금산리 갈둔 유적	춘천시 서면 금산2리	강원문화재 연구소	2005.8.22~11.30	최승엽·김연주, 2008
26	고성 봉평리 유적	고성군 거진읍 봉평리	예맥문화재 연구원	2005.12.29~2006.6.17	예맥문화재연구원, 2006
27	고성 원당리 유적	고성군 거진읍 원당리	예맥문화재 연구원	2005.12.29~2006.6.17	예맥문화재연구원, 2006
28	양양 오산리 유적	양양군 손양면 오산리	예맥문화재 연구원	시굴 : 2006.2.27~4.14 발굴 : 2006.12.18~2007.7.15	홍성학, 2007

29	동해 망상동 360-34번지 유적	동해시 망상동	강원문화재 연구소	2006.3.20~4.28	이해용 · 최영석 · · 이나리, 2009
30	홍천 하화계리 수삼수매장 건축부지 내 유적	홍천군 북방면 하화계리	강원문화재 연구소	2006.5.15~7.15	최승엽 · 김연주, 2008
31	춘천 서상리 유적	춘천시 서면 서상리	예맥문화재 연구원	시굴 : 2006.8.1~2007.1.11 발굴 : 2009.3.27~6.20	예맥문화재연구원, 2009
32	동해 망상동 44-2번지 유적	동해시 망상동	예맥문화재 연구원	2006.11.1~11.18	예맥문화재연구원, 2006
33	강릉 담산동 유적	강릉시 담산동	예맥문화재 연구원	2006.12.19~2007.3.22 (동절기 중지)	예맥문화재연구원, 2007
34	동해 월소 유적	동해시 묵호진동	예맥문화재 연구원	시굴 : 2007.2.28~4.14 발굴 : 2007.9.19~2008.6.4	예맥문화재연구원, 2008
35	홍천 내 · 외삼포리 유적	홍천군 화촌면 내삼포리, 외삼포리	강원문화재 연구소	2007.3.26~8.2	최승엽 · 김연주, 2009
36	원주 매지리 유적	원주시 흥업면 매지리	한림대학교 박물관	1차 : 2007.4.5~5.15 2차 : 2007.6.7~7.26	한림대학교 박물관, 2007
37	홍천 모곡리 유적	홍천군 서면 모곡리	예맥문화재 연구원	시굴(표본) : 2007.4.16~5.8 발굴 : 2008.6.16~10.10	예맥문화재연구원, 2008
38	영월 삼옥리 유적	영월군 영월읍 삼옥리	강원문화재 연구소	시굴 : 2007.6.11~12.3 발굴 : 2008.6.9~12.24	江原文化財研究所, 2009
39	철원 강산리 유적	철원군 동송읍 강산리	예맥문화재 연구원	2007.7.31~11.5	예맥문화재연구원, 2007
40	평창 기화리 쌍굴 유적	평창군 미탄면 기화리	연세대학교 박물관	1차 : 2007.10.8~11.10 2차 : 2007.12.13~2008. 4월중순(동절기 중지)	박영철, 2008
41	강릉 두산동 유적	강릉시 두산동	예맥문화재 연구원	2008.4.21~5.15	예맥문화재연구원, 2008
42	홍천 구성포리 유적	홍천군 화촌면 구성포리	연세대학교 원주박물관	2008.7.18~10.25	연세대학교 원주 박물관, 2008
43	동해 지흥동 유적	동해시 지흥동	예맥문화재 연구원	2008.11.14~12.11	예맥문화재연구원, 2008
44	강릉 안현동 유적	강릉시 안현동	예맥문화재 연구원	2008.12.1~2009.8.	예맥문화재연구원, 2009
45	홍천 11사단 본부대 유적	홍천군 북방면 하화계리	강원문화재 연구소	2009.3.11~4.29	강원문화재연구소, 2009
46	삼척 증산동 유적	삼척시 증산동	강원고고문화 연구원	2009.4.27~6.3	강원고고문화연구원, 2009
47	동해 망상동 419-2번지 유적	동해시 망상동	강원문화재 연구소	2009.6.1~6.18	강원문화재연구소, 2009
48	홍천 11사단 보수대 유적	홍천군 북방면 하화계리	강원문화재 연구소	2009.7.22~9.19	강원문화재연구소, 2009

2) 연구 성과

강원지역의 구석기 연구 성과를 살펴보기 위하여 1987년부터 2009년 현재까지 발표된 전체 논문 편수를 정리해 보았다. 그리고 연구 대상 지역별로 영서, 영동, 강원지역 전체를 다룬 것으로 구분하고 각각의 비율을 살펴보았다(그림 3 · 4).

그림 3에 나타난 바와 같이, 1980년대 후반 이래로 논문 편수가 꾸준히 증가하는 추세를 보이고 있다. 한 가지 흥미로운 것은 앞서 살펴 본 발굴 건수의 변화와 대체로 비슷한 증가 추세를 보이고 있다는 점이다. 발굴조사된 유적이 증가할수록 연구가 활성화되어 논문 편수가 늘어나는 것은 당연한 결과일수도 있겠다. 또한 중요한 특정 유적 발굴조사를 계기로 연구 분위기가 조성되는 경향이 반영된 결과로도 여겨진다. 석사학위를 마친 연구 인력이 다소 늘어난 것도 중요한 요인일 것이다.

강원지역에서 구석기 연구의 여명기에 해당되는 1980년대 후반부터 1990년까지는 1년에 한 편 정도 논문이 발표되는 수준이었다. 그러다가 1992년부터 1996년 사이에는 1년에 2~3편 정도로 늘어났다. 대체로 영서지역을 대상으로 하거나 강원지역 전체를 종합하는 논문이 주를 이루고, 영동지역을 대상으로 한 연구는 거의 이루어지지 않았다.

한편 1998년부터 2000년대에 접어들면서 1년에 발표되는 논문 편수가 5~6편 정도에 이르는 해가 여러 번일 정도로 연구가 크게 진전되는 경향이 두드러진다. 연구 대상이 되는 유적과 유물의 규모가 양적으로 크게 팽창했기 때문이다. 따라서 이 시기 들어 발굴조사 건수가 급증했을 뿐만 아니라 연구 논문의 양과 질적인 면에서도 상당한 진전이 있었다. 강원지역의 구석기연구가 기초 자료 수집 단계에서 벗어나 점차로 학문적인 성숙 단계로 접어들었음을 보여주는 것이다. 특히 이 시기 연구 성과 중 가장 눈에 띄게 주목되는 것은 그림 4에 나타난 바와 같이 영동지역, 즉 중부동해안을 대상으로 한 연구 논문의 수가 영서지역을 대상으로 한 것보다 훨씬 많다는 점이다. 그만큼 영동지역(동해안)을 대상으로 가장 활발한 학문 활동이 있었다는 것이다. 2002년과 2003년의 논문 편수 증가는 동해 기곡 유적 발굴조사를 계기로 영동지역에 대한 관심과 연구 열기가 고조되었기 때문이다. 필자는 2001년 7월부터 강원문화재연구소 강릉사무실에 소속되어 동해 기곡 유적의 발굴조사를 진행하면서 동해안 구석기연구에 집중하기 시작했다. 왜냐하면 2004년 초까지 동해안 지역에 상주하면서 해안지형과 지역 사정에 익숙하게 되었고, 지속적으로 발굴조사를 진행할 수 있었기 때문이다. 좋은 연구 성과는 역시 그 지역에 상주하여 지역 환경과 함께 호흡하면서 오랜 시간동안 쌓여지는 것이라는 사실을 공감하게 된 기간이었다. 또한 2003년에 강원대학교에서 한국구석기학회와 강원고고

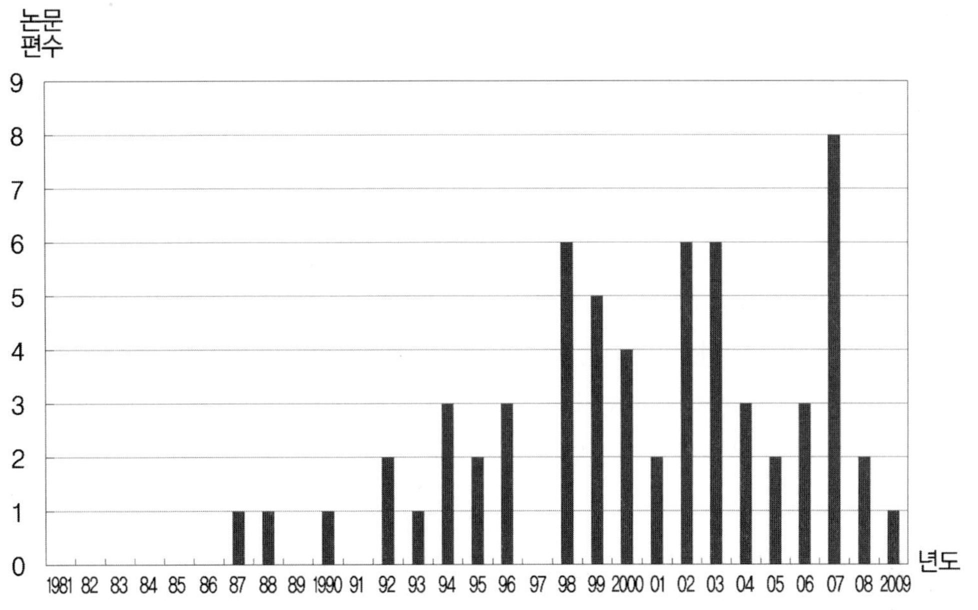

그림 3 연도별 논문 편수의 변화

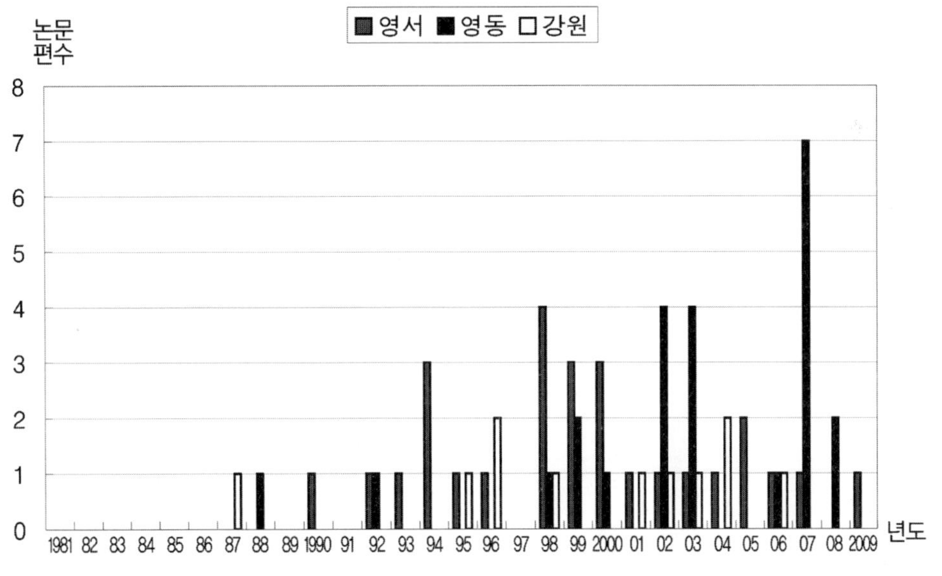

그림 4 연구 대상 지역별 논문 편수의 변화

학회가 개최된 것도 발표 논문 증가에 큰 역할을 하였다. 2007년의 급격한 논문 편수 증가는 '강원도 동해안 지역의 구석기문화'를 주제로 강원대학교에서 한국구석기학회가 개최된 것과 밀접한 관련이 있다.

　다음으로 특정 유적을 대상으로 한 연구 논문 편수를 살펴보았다. 그림 5에 나타난 바와 같이, 영서지역에서는 상무룡리 유적을 대상으로 한 연구가 가장 많았고, 다음으로 하화계리, 장흥리 유적 순으로 연구가 진전되었다. 이들 세 유적은 강원지역뿐만 아니라 우리나라 구석기 연구사에서도 대단히 중요한 비중을 차지하고 있다는 점에서 연구 대상의 우선순위에 꼽히는 것은 당연한 결과일 것이다. 그밖에 연구 대상이 된 유적은 연봉리, 부동리, 현천리, 연당리 피난굴(쌍굴) 등으로, 각 1편씩의 논문이 발표되었다.

　한편 영동지역에서는 기곡 유적을 대상으로 한 연구가 가장 많았고, 다음으로 발한동, 주수리, 노봉, 구미동 유적에 대한 연구도 이루어졌다.

　지금까지 발표된 논문을 주제별로 분석하여 그간의 연구 경향을 살펴보았다(표 2). 연구 주제의 빈도는 개별 유적의 발굴 상황 및 유적·유물의 종합검토(30.0%) 〉 석기분석(26.7%) 〉 지역 단위 연구 종합(15.0%) 〉 지질고고학적 분석(10.0%) 〉 연구사적 검토(8.3%) 순으로 나타났다.

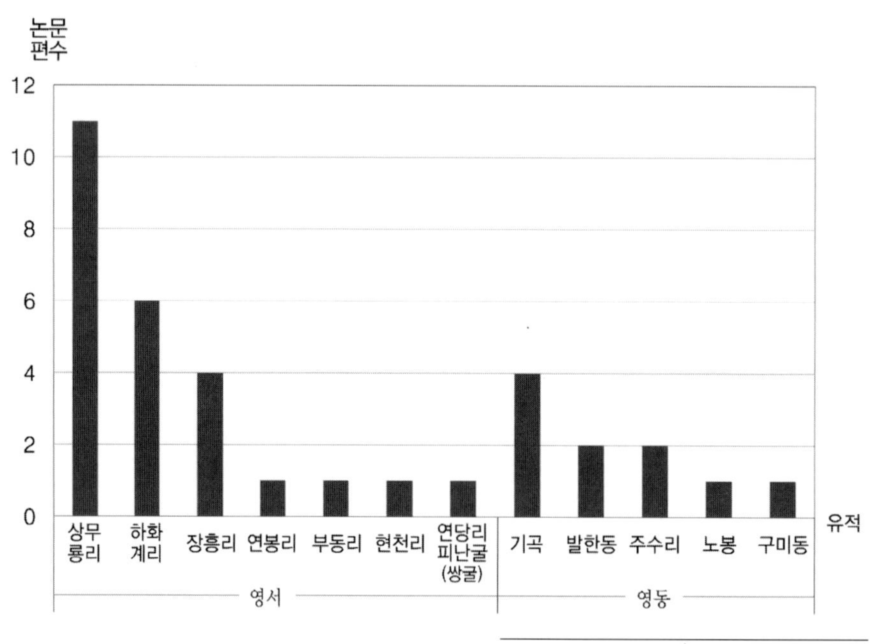

그림 5　연구 대상 유적별 논문 편수

특히 발굴조사된 특정 유적을 대상으로 발굴 정황을 소개하고, 층위 · 연대 · 석기 등을 종합적으로 서술하는 형태의 논문이 가장 높은 비율을 차지했다. 이는 1990년대 후반부터 2000년대까지 꾸준히 발굴 건수가 증가하면서 발굴 성과와 유적의 중요성을 소개하기 위한 노력이라고 여겨진다. 그런데 표 2에 나타난 바와 같이, 이러한 연구 주제는 2000년대 들어 다소 감소하였으며(18.3% → 11.7%), 그 대신에 1990년대에는 전혀 발표되지 않았던 사용흔이나 돌감 분석 등 새로운 연구 주제가 등장하거나 지질고고학적 분석 등 다른 연구 주제에 보다 비중이 커지는 변화를 보인다.

표 2 연구 논문의 주제별 분석 (N : 60)

연구 주제		논문 편수 및 비율 (%)			
		1980년대	1990년대	2000년대	계
개별 유적의 발굴 상황 및 유적 · 유물의 종합 검토			11 (18.3%)	7 (11.7%)	18 (30.0%)
석기분석	형식학적 분석	1 (1.7%)	5 (8.3%)	4 (6.7 %)	10 (16.7 %)
	사용흔 분석			2 (3.3%)	2 (3.3%)
	돌감 분석			3 (5.0%)	3 (5.0%)
	되맞추기		1 (1.7%)		1 (1.7%)
	소계	1 (1.7%)	6 (10.0%)	9 (15.0%)	16 (26.7%)
지역 단위 연구 종합 (강원지역, 북한강 유역, 동해안 지역 등)		1 (1.7%)	2 (3.3%)	6 (10.0%)	9 (15.0%)
지질고고학적 분석(지형 및 층위 분석 포함)			2 (3.3%)	4 (6.7%)	6 (10.0%)
연구사적 검토		1 (1.7%)	4 (6.7%)	5 (8.3%)	

석기분석은 그동안 형식학적 분류에 의한 계량분석이 주로 진행되었으나, 2000년대 들어 사용흔이나 돌감 등 새로운 연구 주제가 시도되고 있다. 석기는 구석기연구의 핵심 주제인 바, 앞으로 연구 주제의 다양화가 더욱 요구되는 분야이다.

또한 강원지역 전체, 북한강, 동해안 등 지역 단위의 연구 성과를 종합한 논문의 수가 증가 추세를 보이는데, 그만큼 발굴 건수가 증가하고 연구 성과가 쌓임에 따라 이를 종합하고자 하는 노력이 반영되어진 결과로 여겨진다. 연구사를 검토하는 논문이 증가하는 것도 동일한 배경에서 이해된다.

전반적으로 논문 편수가 증가함에 따라 유적을 소개하는 단편적인 주제에서 벗어나 점차 석기의 사용흔 분석이나 돌감 연구, 지형 및 층위를 포함한 지질고고학적 분석 등 연구 주제가 보다 다양화되는 방향성을 보이고 있다.

다음에서는 각 시기별로 주요한 연구 성과를 살펴보고자 한다.

(1) 1980년대

1980년대는 여명기에 해당되는 바, 정리할 만큼의 연구 성과가 쌓여 있는 시기는 아니다. 이 시기의 가장 뚜렷한 연구 성과를 꼽자면, 단연 1989년에 간행된 『上舞龍里』를 들 수 있다. 물론 유적 조사 내용을 기술한 발굴 보고서(report)이지만, 그 이외에도 연구 논문 못지않은 다방면의 연구 결과물이 함께 실려 있다. 특히 층위와 퇴적물 분석, 염토질광물 분석, 꽃가루 분석, 흑요석 성분분석을 통한 원산지 추정, 제4기학적 해석 등은 오늘날에도 모범이 되는 연구 결과물들이다. 『上舞龍里』는 강원지역 최초의 구석기유적 발굴보고서라는 점에서 가장 중요한 연구사적인 의미가 있다.

한편 1989년에 간행된 『동북아시아 구석기 연구』에서 이선복은 임진－한탄강 유역의 구석기 지점들과 더불어 기타 지점으로 강원 영동지역의 심곡리와 도화리 유적에서 수습된 석기들을 비교 대상으로 삼아 분석하였다.[78] 여기에 실린 석기 도면과 분석표, 유적에 대한 간단한 기술은 심곡리 보고서가 간행되지 않은 당시로서는 유적과 유물을 이해할 수 있는 유일한 자료였다.

(2) 1990년대

1989년에 상무룡리 유적 발굴보고서가 간행된 후, 1990년대로 접어들자마자 일본에서도 이 유적을 소개할 정도로 그 중요성이 크게 알려지게 되었다.[79] 하지만 일본과 관련하여 흑요석 세석기에 대한 관심을 집중적으로 부각시켰을 뿐, 보다 이른 시기의 석영제 석기에 대해서는 언급하지 않았다.

한편 국내에서도 구석기연구사에서 주요 유적으로 상무룡리를 다루게 되었는데, 보다 냉철하게 비판적인 견해도 제시되었다. 즉 보고서에서 석기의 기능을 사냥용·부엌용 등으로 구체적인 행위로 표현하거나 석기 사용자의 왼손·오른손잡이 구분 등은 전혀 증빙할 수 없는 비과학적인 것임이 지적되었다.[80] 또한 자료의 방대함 때문이겠지만, 보고서의 흑요석 세석

78 이선복, 『동북아시아 구석기연구』, 서울대학교출판부, 1989, 160~233쪽.
79 渡辺 誠, 「韓國·上舞龍里(サンムヨンニ)遺跡－黑曜石製石器出土の後期舊石器時代遺跡－」, 『月刊 考古學ジャーナル』324, 1990, pp.32~33.
80 배기동, 「제1장 구석기시대」, 『韓國先史考古學史 : 연구현황과 전망』, 까치, 1992, 48·53쪽.

기나 석영제 대형석기 모두 자료 전반의 계량적 묘사가 결여되었고, 주요 석기유형이 정확하게 도면으로 제시되지 못하였음을 지적하고, 보고서가 자료의 내용을 만족스럽게 이해할 만큼 정리된 내용을 담고 있지 못하다고 평가한 경우도 있다.[81] 물론 이러한 글들은 연구 성과라기보다는 연구사를 정리하는 과정에서 주요 유적에 대한 코멘트를 한 것에 지나지 않지만, 당시 구석기연구의 시대적 분위기를 반영하고 있다는 점에서 관심있게 살펴볼 필요가 있다.

발굴보고서에 대한 몇몇 비판적인 견해에도 불구하고, 1990년대 들어 상무룡리 유적에 대한 본격적인 연구가 진행되었다. 먼저 김상태는 1992년에 강원대학교에서 『상무룡리 구석기문화 연구』로 석사학위를 받았다.[82] 그 뒤 학위 논문을 다시 정리하여 1994년에 편년과 석기분석 연구,[83] 1995년에 중기 구석기 유물층 석기분석을 다룬 논문을 발표하였다.[84] 이 논문들은 모두 강원대학교 발굴지역에서 출토된 석기 중 비교적 명확한 층위적 맥락을 갖고 있는 중기구석기 유물층(II유물층)을 대상으로 하고 있다. 1998년에는 앞의 논문들과 달리 경희대학교 발굴지역에서 출토된 흑요석 좀돌날몸돌 및 좀돌날을 분석한 논문을 발표하였다.[85] 이 논문에서 주목되는 것은 종전에 새기개로 분류했던 석기를 일본 홋카이도의 중심부에서만 출토된다고 알려진 소위 '히로사토(廣郷)형 몸돌'로 재해석하고 그 의미를 부여한 점이다. 그는 한반도 내륙 깊숙한 상무룡리와 일본 홋카이도의 좀돌날몸돌 제작 기법이 유사함을 지적하였다. 이러한 관련성으로 이 논문은 일본에서 일어로 번역되어 발표되기도 했다.[86]

김상태에 이어 홍영호는 1994년에 『상무룡리 구석기유적의 석기 연구』로 강원대학교에서 석사학위를 받았다.[87] 이 논문도 역시 강원대학교 발굴지역에서 출토된 중기구석기 유물층(II유물층) 석기를 분석 대상으로 삼았다.

앞서 살펴본 논문들 이외에도, 발굴조사자인 최복규는 자연환경·지형 및 지질·층위와 문화층·유물의 분류·유적의 편년 등 상무룡리 유적 전반에 대하여 종합적으로 고찰한 글을 1999년에 발표하였다.[88]

---

81 李鮮馥, 「구석기시대」, 『한강유역사』, 민음사, 1993, 16쪽.

82 김상태, 『상무룡리 구석기문화 연구』, 강원대학교 대학원 석사학위 논문, 1992, 1~94쪽.

83 최복규·김상태, 「상무룡리 구석기유적의 편년과 석기분석 연구」, 『江原史學』第10輯, 江原大學校 史學會, 1994, 1~56쪽.

84 김상태, 「상무룡리 중기 구석기 문화층 석기 분석」, 『博物館紀要』, 檀國大學校 中央博物館, 1995, 5~38쪽.

85 金尙泰, 「상무룡리 II유적의 좀돌날석기」, 『科技考古研究』第4號, 아주대학교박물관, 1998, 7~26쪽.

86 金尙泰, 「上舞龍里 II 遺跡の細石刃石器」, 『北海道考古學』第36輯, 2000, 83~96쪽.

87 홍영호, 『상무룡리 구석기유적의 석기 연구』, 강원대학교 대학원 석사학위 논문, 1994, 1~93쪽.

88 최복규, 「양구 상무룡리 I·II 구·중석기시대 유적의 연구」, 『江原文化史研究』第4輯, 江原鄕土文化研究會, 1999, 1~17쪽.

한편 1990년대에는 상무룡리와 더불어 홍천 하화계리 유적에 대한 연구도 진행되었다. 1992년에 발굴보고서가 간행된 이듬해, 발굴자인 최복규는 유적 조사 내용을 중심으로 『홍천 하화계리 중석기시대 유적의 조사 연구』라는 논문을 발표하였다.[89] 주로 발굴보고서의 내용을 요약 정리한 것이지만, 처음으로 중석기시대 유적으로 의미를 부여했다는 점에서 주목을 받았다. 하지만 후기구석기의 연장선상에서 존재하는 좀돌날몸돌 등 세석기의 존재 자체가 중석기시대의 증거가 될 수 없으며, 이전 시기와의 커다란 불연속성이 인정되지 않는 상황에서 유럽식의 중석기 개념이 한국과 동북아시아에 적용될 수 있는 지에 의문을 제기하며 후기구석기 최말기 혹은 유럽의 중석기시대와는 다른 적응과정에서 생겨난 전환기의 양상으로 이해하는 것이 바람직하다는 견해도 제기되었다.[90]

시대 설정에 대한 견해 차이에도 불구하고, 우리나라 좀돌날몸돌 연구에서 하화계리 유적은 반드시 분석되어야하는 대상이 되었다. 특히 1990년대 들어 발표된 이융조·윤용현의 논문[91]과 성춘택의 논문[92]에서는 다른 유적들과의 관련 속에서 하화계리의 좀돌날몸돌 형식 분류가 비교적 상세하게 다루어졌다.

최승엽은 1996년에 강원대학교에서 『홍천 하화계리 '도둔' 중석기시대 유적의 연구』로 석사학위를 받았다.[93] 그 뒤 학위 논문을 다시 정리하여 1998년에 석기분석 연구,[94] 부합유물 분석[95]을 다룬 논문을 발표하였다.

이해용은 1998년에 강원대학교에서 『동해 발한동 구석기유적 연구』로 석사학위를 받았다.[96] 그 뒤 학위 논문을 다시 정리하여 1999년에 한국고대학회 학술회의에서 발표하였다.[97] 토론에서는 연대추정의 근거에 대한 문제 제기, 중기와 후기 구석기 유물층의 구분 기준과 두

---

89 최복규, 「홍천 하화계리 중석기시대 유적의 조사연구」, 『博物館紀要』9, 檀國大學校 中央博物館, 1993, 5~68쪽.

90 성춘택, 「세석인 제작기술과 세석기」, 『韓國考古學報』38, 韓國考古學會, 1998, 47~48쪽 ; 이헌종, 「우리나라 후기구석기 최말기의 성격과 신석기시대로의 이행과정」, 『제20회 한국상고사학회 학술발표회 : 전환기의 고고학(Ⅰ)』, 한국상고사학회, 1998, 9~41쪽.

91 李隆助·尹用賢, 「한국 좀돌날몸돌의 연구―수양개수법과의 비교를 중심으로―」, 『先史文化』2, 忠北大學校 先史文化硏究所, 1994, 176~187쪽.

92 성춘택, 「세석인 제작기술과 세석기」, 『韓國考古學報』38, 韓國考古學會, 1998, 27~61쪽.

93 崔承燁, 『洪川 下花溪里 '도둔' 中石器時代 遺蹟의 研究』, 江原大學校 大學院 碩士學位 論文, 1996, 1~112쪽.

94 최승엽, 「홍천 하화계리 '도둔' 중석기시대 유적의 석기분석」, 『先史와 古代』10, 韓國古代學會, 1998, 3~53쪽.

95 崔承燁, 「홍천 하화계리 도둔 중석기시대 유적의 부합유물 분석」, 『江原史學』第13·14合輯, 江原大學校 史學會, 1998, 41~59쪽.

96 이해용, 『동해 발한동 구석기유적 연구』, 강원대학교 대학원 석사학위 논문, 1998, 1~74쪽.

97 이해용, 「동해 발한동 구석기문화」, 『先史와 古代』12, 韓國古代學會, 1999, 27~49쪽.

유물층의 석기구성이나 격지 제작 기법의 특징은 어떻게 다른지에 대한 문제, 석기 분류상의 문제 등이 제기되었다.[98] 이러한 문제 제기는 발한동 유적을 새로운 관점에서 재구성할 필요가 있음을 보여준다.

이밖에도 최복규는 발굴보고서가 간행된 횡성 부동리 유적,[99] 횡성 현천리 유적[100]의 발굴 조사 성과를 정리하여 발표하였고, 철원 장흥리 유적의 시굴조사 내용[101]에 대해서도 발표하였다.

앞에서 살펴본 개별 유적에 대한 연구 이외에 1990년대에는 한국상고사학회와 한국선사고고학회에서 강원지역의 선사유적 전반을 종합적으로 다루는 학술발표회가 있었다. 이 발표의 한 섹션으로 최복규는 강원지역의 구·중석기유적을 맡아서 발표하였다.[102] 이보다 먼저 그는 북한강 유역의 구·중석기유적을 대상으로 종합적인 연구를 펼친 바 있다.[103] 또한 강원도사 역사편에 강원지역의 구석기유적 부분을 맡아 서술하였다.[104] 이렇게 서너 차례에 걸쳐 발표된 논문은 그간의 조사 성과를 종합적으로 살폈다는 점에서 처음으로 연구사를 정리한 셈이다.

(3) 2000년대

① 영동지역 연구 성과

이 시기 영동지역에서 이룬 연구 성과를 정리하면 다음과 같다.

첫째, 이 시기 동안 발굴조사가 이루어진 유적들의 조사 내용 보고와 평가를 주로 다루고 있는 논문들을 들 수 있다. 예를 들면, 거의 비슷한 시기에 발굴조사가 이루어진 동해 구미동,[105] 망상동 노봉,[106] 망상동 기곡,[107] 강릉 옥계 주수리 유적[108]을 대상으로 발굴조사 성과를

---

98 韓國古代學會, 「舊石器文化의 새로운 研究 : 韓國古代學會 1999年 春季 學術會議 討論要旨」, 『先史와 古代』12, 1999, 69~72쪽.

99 최복규, 「횡성 부동리 골말 구석기시대유적 발굴조사 연구」, 『江原史學』第13·14合輯, 江原大學校 史學會, 1998, 1~39쪽.

100 최복규, 「횡성 현천리 후기 구석기시대유적 연구」, 『博物館誌』第6號, 江原大學校 博物館, 1999, 17~36쪽.

101 최복규, 「한탄강변 철원 장흥리 구석기유적」, 『韓國先史考古學報』6, 韓國先史考古學會, 1999, 107~114쪽.

102 최복규, 「강원도의 구·중석기시대」, 『제13회 한국상고사학회 학술발표회 : 고고학상으로 본 강원도』, 한국상고사학회, 1995, 9~21쪽 ; 최복규, 「강원도 선사고고학의 제 문제」, 『한국선사고고학회 제4회 학술발표회 요지 : 강원도고고학의 제문제』, 한국선사고고학회, 1998, 1~12쪽.

103 최복규, 「북한강 유역의 구·중석기시대 문화」, 『鄉土서울』第54號, 서울시사편찬위원회, 1994, 7~78쪽.

104 崔福奎, 「舊石器時代의 江原地方」, 『江原道史 歷史編』, 江原道, 1996, 233~258쪽.

소개한 것을 들 수 있다. 이 글들은 간단한 보고문 형식으로 발굴조사 결과에 대한 전반적인 소개에 치중하는 수준에 그치고 있다. 앞으로 보다 명확하게 분석이 요구되는 주제를 선정하여 후속 연구를 진전시킨다면 이러한 기초자료에 대한 연구가 더욱 영향력을 발휘하게 될 것이다.

둘째, 영동지역, 즉 중부 동해안 지역의 구석기문화가 시간의 변화에 따라 어떻게 전개되어 갔는가에 초점을 맞추고 오랫동안 연속적으로 기획한 논문을 들 수 있다. 동해안 구석기유적 분포범위 확산을 위한 노력으로 여러 지점의 새로운 유적을 찾아 시리즈로 보고하고,[109] 오랜 기간 진행된 동해 망상동 기곡 유적 발굴조사 성과를 발표하고,[110] 몇 편의 기획된 논문들이 확대 재생산되는 일련의 과정들은 동해안 구석기유적을 대상으로 한 새로운 연구모델의 마련을 위해 다분히 의도된 것이었다.

필자는 가장 먼저 중부동해안 지역의 구석기 연구사를 정리하여 보았다.[111] 당시까지 진행된 이 지역 구석기 연구의 큰 흐름은 대개 ①1980년대 중반 : 심곡리·도화리 유적을 통한 구석기연구의 시작 ②1980년대 중반~1990년대 중반 : 구석기연구의 공백기 ③1990년대 중반 : 발한동 유적을 통한 구석기연구의 새로운 시작 ④1990년대 중반 이후 현재까지 : 구미동, 망상동 노봉, 추암동, 망상동 기곡, 주수리 유적의 발굴이 이어지고, 지표조사를 통해 30여 지점의 새로운 구석기유적이 확인되는 등 연구의 활성화 단계로 분기하여 정리할 수 있음을 지적하였다.

연구사 정리에 이어 이 지역의 구석기연구가 어떠한 방향에서 이루어지는 것이 바람직한지에 대한 필자의 견해를 몇 가지로 요약하여 발표한 바도 있다.[112] 이것은 중부동해안 지역이

---

105 최복규, 「동해 구미동 구석기유적 연구」, 『博物館誌』第7號, 江原大學校 博物館, 2000, 17~44쪽.

106 최복규·차재동, 「동해시 망상동 노봉 구석기유적의 연구」, 『江原史學』第17·18合輯, 江原大學校 史學會, 2002, 19~37쪽.

107 최승엽, 「동해시 망상동 기곡 구석기유적의 硏究史的 意味」, 『江原史學』第17·18合輯, 江原大學校 史學會, 2002, 39~52쪽.

108 최복규, 「강릉시 옥계 주수리 구석기유적 연구」, 『江原史學』第17·18合輯, 江原大學校 史學會, 2002, 1~18쪽.

109 최승엽·홍성학, 「중부동해안 구석기유적의 분포범위 확산을 위한 노력(1)」, 『博物館誌』第8號, 江原大學校 中央博物館, 2001, 17~40쪽 ; 최승엽, 「중부동해안 구석기유적의 분포범위 확산을 위한 노력(2)」, 『博物館誌』第9號, 江原大學校 中央博物館, 2002, 37~64쪽.

110 최승엽, 「동해시 망상동 기곡 구석기유적의 硏究史的 意味」, 『江原史學』第17·18合輯, 江原大學校 史學會, 2002, 39~52쪽 ; 최승엽, 「동해 기곡 구석기유적의 성격」, 『한국구석기학회 제4회 학술대회 발표집』, 한국구석기학회, 2003, 15~24쪽.

111 최승엽, 「우리나라 중부 동해안 구석기 硏究史」, 『한국구석기학보』제6호, 한국구석기학회, 2002, 117~130쪽.

112 최승엽, 「중부동해안지역의 구석기연구 방향설정」, 『江原考古學報』2, 江原考古學會, 2003, 33~52쪽.

구석기연구에서 더 이상 공백지대가 아니라 오히려 연구자들의 관심을 불러 모으는 유인력이 있음을 인식하고 연구의 기본 방향을 설정하기 위한 노력이었다.

이러한 연구 방향성에 따라 필자는 중부 동해안 구석기유적의 분포와 연대 설정에 관한 논문을 발표하였다.[113] 이 논문에서는 우선 동해안의 구석기유적이 주로 해안단구나 해면변동성단구 상면에 분포한다는 점에서 해안단구의 형성시기 및 고환경 변화의 추적은 구석기유적의 형성과정 및 편년을 위해 반드시 필요한 일이라는 점을 상기하고, 이럴 경우 고려되어야할 점이 무엇인지에 대하여 살펴보았다. 그 다음에 발굴조사된 유적을 대상으로 유적의 형성과정, 층위변화, 절대연대 측정치, 석기구성상의 특징 등을 참고하여 각 유적의 연대 범위를 설정하고, 전개과정을 추론해 보았다. 이 논문이 근간이 되어 새로운 자료들을 계속 보완해 가며 후속 연구가 진행될 수 있었다. 동해안에서 구석기유적이 가장 밀집 분포하는 동해시 지역의 구석기 연구 성과를 종합적으로 살펴보기도 하고,[114] 최종적으로 시간의 변화에 따라 중부 동해안 지역의 구석기 유물군이 어떻게 변화하며 전개되었는가에 대한 논문이 완성되었다.[115] 그중에서도 보다 변화 과정이 뚜렷한 후기구석기 유물군이 어떻게 변천했는가에 대한 논문[116]은 이 시기 영서와 영동지역의 구석기문화를 비교하여 지역성을 추론하는 단서가 된다.

셋째, 동해안의 구석기 연구가 활성화됨에 따라 지질학적인 형성 과정에 대한 연구도 함께 이루어지게 되었다. 이러한 연구는 한국지질자원연구원의 김주용 박사팀과 해당 유적 발굴조사팀과의 연계 속에서 진행되었다. 동해 망상동 기곡 유적의 제4기 지질에 관한 논문이 대표적이라고 할 수 있다.[117] 이외에도 동해안의 해안단구와 해면변동성 단구 형성 시기를 고려하여 구석기 유적의 지층의 형성 시기를 해석한 논문이 있다.[118] 이 논문에서는 동해 망상동 노봉 · 기곡, 발한동 유적을 대상으로 단구 지형과 관련하여 유적지 입지, 지층의 형성 환

---

113 최승엽, 「우리나라 중부동해안 구석기유적의 연대 설정 문제」, 『한국구석기학보』제8호, 한국구석기학회, 2003, 13~56쪽.

114 최승엽, 「동해 · 삼척 지역의 구석기 고고학」, 『실직국과 해오름의 고장 동해 · 삼척』 특별전 도록, 국립춘천박물관, 2006, 182~196쪽.

115 최승엽, 「강원도 동해안 지역의 구석기문화 전개」, 『한국구석기학보』제16호, 한국구석기학회, 2007, 23~46쪽.

116 최승엽, 「영동지역 후기구석기 유물군의 변천」, 『江原史學』第22 · 23合輯, 江原大學校 史學會, 2008, 33~50쪽.

117 김주용 · 최승엽 · 양동윤 · 오근창 · 김진관, 「동해안 망상동 기곡 구석기 유적의 제4기 지질연구」, 『한국구석기학보』제16호, 한국구석기학회, 2007, 1~22쪽.

118 김주용 · 양동윤 · 홍세선 · 최복규 · 최승엽 · 김진관, 「동해안 중부의 해안단구 형성 환경과 지질고고학의 적용」, 『한국구석기학보』제8호, 한국구석기학회, 2003, 1~11쪽.

경과 시기를 고찰하였다. 또한 최근의 단구 지형 연구 자료를 종합적으로 고찰하여 동해안의 해안단구 지형발달을 살핀 논문[119]은 이 지역 구석기유적의 형성 과정을 이해하는데 큰 도움을 준다.

넷째, 강원도 동해안 지역에서 이루어진 그간의 조사 성과를 종합적으로 정리하고, 앞으로 해결해야할 연구 과제를 제시한 논문을 들 수 있다. 이러한 내용을 담은 논문은 최복규에 의해 발표되었다.[120]

다섯째, 동해 망상동 기곡 유적의 석기를 현미경으로 관찰하여 미세흔적을 찾고 그 성격을 논의한 최삼용의 연구는 석기 사용흔 분석의 중요한 사례이다.[121]

또한 안성민은 2007년에 강원대학교에서 『강릉 주수리 구석기유적 연구』로 석사학위를 받았다.[122]

② 영서지역 연구 성과

이 시기 영서지역의 연구 성과는 가장 대표적인 유적인 상무룡리, 장흥리, 하화계리를 대상으로 한 연구로 집약된다.

첫째, 2000년에 양구에서 선사유적을 재조명하는 의미의 학술대회가 개최되었다. 이 자리에서 상무룡리 유적과 관련하여 두 편의 주제발표가 있었다. 먼저 최복규는 자연환경·지형과 지질·층위와 문화층·편년·유물의 분류와 성격·유적의 성격 및 연대·북한강 상류의 기타 구석기유적 등 상무룡리 유적 전반에 대하여 발표하였다.[123] 그간의 주장과 크게 다른바 없으나, 경희대 발굴지점(상무룡리Ⅱ 유적)의 연대를 하화계리와 연결시키면서 중석기시대로 보고자하는 취지의 논점을 제시한 것이 새롭다. 다음으로 이선복은 AT를 포함하고 있는 퇴적층의 확인과 그 상하 층서 대비를 통한 유물군의 변천과정을 용인 평창동 유적을 사례로 소개하고, 이러한 연대관 속에서 상무룡리의 층위를 다시 대비 시켜 해석하였다.[124] 그 결과 6

---

119 김주용, 「강원도 동해안의 해안단구 지형발달－최근 동해안 단구지형 연구자료 고찰을 중심으로－」, 『한국구석기학회 제8회 학술대회 발표집』, 한국구석기학회, 2007, 15~29쪽.

120 최복규, 「강원도 동해안 지역의 구석기연구 성과와 과제」, 『한국구석기학회 제8회 학술대회 발표집』, 한국구석기학회, 2007, 7~13쪽.

121 최삼용, 「동해 망상동 기곡 유적 석기에서 관찰된 미세흔적의 성격」, 『한국구석기학보』제16호, 한국구석기학회, 2007, 47~62쪽.

122 安聖民, 「강릉 주수리 구석기유적 연구」, 江原大學校 大學院 文學碩士學位論文, 2007, 1~75쪽.

123 최복규, 「북한강 상류지역의 구·중석기문화－상무룡리 Ⅰ·Ⅱ유적을 중심으로－」, 『양구 선사문화 학술대회－북한강 상류지역의 선사문화－』, 한국선사고고학회 제9회 학술발표회 요지, 한국선사고고학회, 2000, 19~38쪽.

124 이선복, 「북한강 상무룡리 유적의 연대적 성격에 대하여」, 『양구 선사문화 학술대회－북한강 상류지역의 선사문화－』, 한국선사고고학회 제9회 학술발표회 요지, 한국선사고고학회, 2000, 39~47쪽.

만 년 전에서 3만 년 전 사이에 걸쳐 유물층이 형성된 다음, 다시 만 4~5천 년 전 무렵 새로운 인간의 거주와 더불어 또 다른 유물층이 만들어졌다고 상무룡리의 연대를 평가하였다. 또한 14,000년 전 일본의 홋카이도 중심부에서만 발견된다고 알려진 소위 히로사토형 좀돌날몸돌이 양구 상무룡리에서 확인된다는 사실을 지적하고, 이의 해석에 관한 논란을 새로운 연구 과제로 제시하였다.

둘째, 2000년대 초에 철원 장흥리 유적의 발굴보고서가 간행된 후, 몇 편의 연구 논문이 발표되었다. 우선 장흥리 유적의 문화적 성격을 파악하기 위하여 유적의 위치와 주변 환경·층위 구분과 문화층의 형성 시기·석기 갖춤새에서 나타나는 특징·석기의 분포 상태·암질 구성·붙는 유물·갈린 좀돌날몸돌 및 좀돌날 등을 광범위하게 다룬 논문이 발굴 참여자들의 공동 노력으로 작성되었다.[125] 이 당시까지 알려진 장흥리 유적의 연구 성과가 가장 잘 정리된 논문으로 평가된다. 그 이듬해 필자는 장흥리 유적을 통하여 임진―한탄강 수계의 후기구석기 문화 양상을 살펴보고자 하는 목적에서 지표조사를 통해 알려진 이 지역의 후기구석기 유적을 소개하고, 다시 장흥리의 연구 성과를 정리하였다.[126]

한편 최삼용은 2003년에 장흥리의 갈린 좀돌날몸돌을 연구하여 발표하였다.[127] 숫돌로 갈린 듯 매끈한 면을 지닌 좀돌날몸돌과 한쪽에 면을 가진 잔손질된 흑요석 좀돌날의 존재, 그리고 그 면에 갈린 흔적이 뚜렷하다는 점 등은 후기 구석기시대의 새로운 좀돌날몸돌 제작기술이며, 장흥리 유적의 가장 특징적인 요소라고 평가하였다. 특히 이러한 특징 있는 유물이 상무룡리·하화계리·삼리의 흑요석 좀돌날에서도 관찰되어 비교 연구할 필요성이 있음을 지적하였다.

셋째, 하화계리 작은솔밭 유적의 발굴보고서가 간행된 이후 조사 성과를 정리한 글이 발굴 참여자들에 의해 발표되었다.[128] 석영제 주먹도끼부터 흑요석 세석기까지 시기를 달리하는 4개 유물층의 발굴조사 성과를 정리한 영문 요약이다. 주로 흑요석 좀돌날몸돌 및 좀돌날, 밀개, 새기개 등 세석기들이 출토된 1유물층(13,390±60 BP)을 비중 있게 다루고 있으며, 이곳

---

125 최복규·최삼용·최승엽, 「철원 장흥리 후기 구석기시대 유적 연구」, 『한국구석기학보』제3호, 한국구석기학회, 2001, 1~23쪽.
126 최승엽, 「임진―한탄강 수계의 후기구석기 문화양상―철원 장흥리 유적을 중심으로―」, 『江原考古學報』創刊號, 江原考古學會, 2002, 103~127쪽.
127 최삼용·최복규, 「철원 장흥리유적의 간(磨製)좀돌날몸돌 연구」, 『第4回 江原考古學會 學術發表會 : 江原地域의 舊石器文化』, 江原考古學會, 2003, 21~23쪽.
128 Choi Bok-kyu·Yu Hye-joung, 「The Hahwagye-ri III Jagunsolbat Palaeolithic·Mesolithic Site in Hongcheon-gun County, Korea」, 『한국구석기학보』제11호, 한국구석기학회, 2005, 1~11쪽.

흑요석이 백두산 북록에서 산출되는 것과 성분이 일치한다는 점을 의미 있게 강조하고 있다.

한편 필자는 발굴조사가 이루어진 하화계리 일대의 구석기유적군을 대상으로 층위 구성 및 변화상을 검토하고, 이들 퇴적층의 층서대비, 하안단구의 형성 시기, 절대연대 측정치, 석기구성 양상 등을 토대로 시간대별 층위 변화와 석기구성상의 변천을 검토한 논문을 발표하였다.[129] 작은솔밭 유적의 층서 및 절대연대 측정치를 하나의 중요한 시간기준면으로 설정하여, 다른 유적과의 층위 관계를 서로 비교해가며 홍천강 유역 구석기유적의 시간상 층위변화와 석기구성군의 변천을 검토한 논문이다.

가장 최근에는 하화계리 백이 유적에서 출토된 주먹대패 34점을 분석한 김선주의 논문이 주목된다.[130] 주먹대패로 분류한 석기의 여러 속성들을 분석하여 형태적 특징을 추출하였다. 그리고 형태적 특성이 유사한 외면찍개와의 차별성을 확인하고자 노력하였다. 다른 유적의 주먹대패와 비교하여 서로 유사한 형태적 특성을 지니고 있음도 밝혔다.

③ 특정 주제 및 연구 성과의 종합

특정 주제 중 가장 주목되는 것은 암질에 대한 연구이다. 김상태는 우리나라 선사유적에서 출토된 흑요석 자료를 집성하고, 그동안에 이루어진 원산지 분석 사례 및 연구 동향을 종합한 논문을 발표하였다.[131] 뒤이어 강원지역의 구석기시대 유적분포와 입지적 특성, 지질환경과 유적별 석재 이용 상황, 후기 구석기시대 유리질 석재의 등장과 관련한 문제 등을 검토한 논문을 발표하였다.[132]

조남철 등은 상무룡리에서 출토된 흑요석 21점에 대한 주요성분, 미량성분 및 미세결정을 관찰하였다. 분석 결과 특히 미량성분 함량에 따른 조성별 차이에서 크게 세 그룹으로 나뉘어 흑요석의 산지가 서로 다를 수 있음을 밝혔다.[133]

한편 필자는 춘천 금산리 갈둔 유적에서 여러 점의 주먹도끼류 석기가 출토된 것에 고무되어 이제까지 강원지역에서 주먹도끼류 석기가 출토된 유적들을 전반적으로 검토해 보았다.[134] 이는 출토 사례가 늘어감에 따라 자료집성이 필요했기 때문이기도 하지만, 주먹도끼의

---

129 최승엽, 「홍천강 유역 구석기유적의 층위 구성과 연대-하화계리 구석기 유적군을 중심으로-」, 『한국구석기학보』제13호, 한국구석기학회, 2006, 27~51쪽.

130 김선주, 「홍천 백이유적의 주먹대패 석기 연구」, 『江原考古學報』第10號, 江原考古學會, 2007, 5~34쪽.

131 김상태, 「한반도 출토 흑요석기와 원산지 연구현황」, 『한국구석기학보』제6호, 한국구석기학회, 2002, 47~60쪽.

132 김상태, 「江原地域의 舊石器時代 遺蹟分布와 石材」, 『江原考古學報』3, 江原考古學會, 2004, 5~19쪽.

133 조남철·강형태·한민수, 「양구 상무룡리 유적 흑요석의 특성화 연구-화학성분 및 미세결정-」, 『韓國上古史學報』第49號, 韓國上古史學會, 2005, 5~26쪽.

분포 범위가 전국적으로 확대되는 경향에 발맞추어 앞으로의 연구 과제를 전망해보는 의미도 있었다.

또한 필자는 동해 기곡과 포천 화대리 후기구석기유적에서 출토된 화살촉을 분석한 논문도 발표하였다.[135] 이 글에서는 화살촉의 형태와 크기·사용된 돌감·사용과 폐기 문제 등을 중심으로 분석하고, 아울러 신석기 초기 유적에서 출토되는 것과 거의 흡사한 형태를 가진 화살촉의 새로운 등장은 구석기에서 신석기로의 전이과정을 읽을 수 있는 귀중한 자료라는 측면에서 화살촉 출현의 의미를 고찰했다.

앞서 살펴본 특정 주제와 관련된 논문 이외에도, 그동안 강원지역에서 조사된 유적 전체를 대상으로 종합적인 정리를 한 글이 2002년부터 2004년까지 해마다 각종 학술대회에서 발표되었다.[136] 이러한 글들은 그동안의 연구 성과를 정리한 연구사적 의미가 있다.

④ 학술대회의 개최

지난 시기와는 달리, 2000년대 들어 강원지역의 구석기문화를 주제로 한 학술대회가 여러 차례 진행되었다. 그만큼 강원지역 구석기유적의 중요성과 학술적 가치가 널리 알려진 결과이다.

가장 먼저 2000년 2월에 양구에서 개최된 '양구 선사문화 학술대회'를 들 수 있다.[137] 상무룡리 구석기유적과 고대리·공수리 일대의 고인돌 발굴조사를 계기로 양구군에서는 1997년 10월에 양구선사박물관을 개관하였고, 어느 정도 자리를 잡은 뒤 양구 선사유적의 가치를 새롭게 조명해 보자는 취지에서 학술대회를 개최한 것이었다. 주제는 '북한강 상류지역의 선사문화'로 포괄적이지만, 발표된 논문을 들여다보면 역시 상무룡리 구석기유적의 중요성을 널리 알리기 위한 최복규의 주도적인 활동에 의해 이루어졌음을 알 수 있다. 하지만 이 학술대회는 상무룡리 구석기유적의 이름이 널리 알려지고 기억되는데 중요한 역할을 하였음에도 불구하고, 연속되지 못하고 단 한 차례에 그치고 말아 아쉬움을 남긴다.

---

134 최승엽, 「강원도 지역의 주먹도끼류(handaxe/pick) 석기」, 『한국구석기학보』제14호, 한국구석기학회, 2006, 19~33쪽.

135 최승엽, 「한국의 구석기시대 화살촉에 관한 小考」, 『江原考古學報』第9號, 江原考古學會, 2007, 5~26쪽.

136 최복규, 「강원지역의 구·중석기유적」, 『우리나라의 구석기문화』, 연세대학교 출판부, 2002, 197~246쪽 ; 최복규, 「강원지역의 구석기시대 문화」, 『第4回 江原考古學會 學術發表會 : 江原地域의 舊石器文化』, 江原考古學會, 2003, 1~20쪽 ; 최복규, 「강원지역의 후기 구석기문화와 유적」, 『장흥 신북 구석기유적 발굴기념 국제학술회의 : 동북아시아의 후기구석기문화와 장흥 신북유적』, 전라남도 장흥군·장흥 신북 구석기유적 보존회·조선대학교 박물관, 2004, 59~72쪽.

137 한국선사고고학회·강원일보사 주최, 『양구 선사문화 학술대회―북한강 상류지역의 선사문화―』, 2000.

두 번째로, 2003년 11월, 강원대학교에서 열린 제4회 한국구석기학회 학술대회를 들 수 있다. 이 학술대회에서는 강원지역에서 발굴된 구석기유적은 물론 전국 각지의 발굴조사 성과가 함께 발표되었지만, 무엇보다도 그 당시 가장 활발하게 진행되고 있던 강원 영동지역의 구석기유적에 초점을 맞추고자 기획했던 만큼 동해 망상동 노봉, 기곡 유적의 조사 성과와 강원도 동해·강릉일대 구석기유적의 제4기 지질환경 연구에 대한 발표가 1부 순서에 놓였다.[138]

세 번째로, 한국구석기학회 학술대회와 거의 비슷한 시기인 2003년 12월에는 '강원지역의 구석기문화'를 주제로 제4회 강원고고학회 학술발표회가 강원대학교에서 열렸다.[139] 앞서서 열린 두 차례의 학술대회 경험을 발판으로, 그야말로 진정한 의미에서 지역 단위 구석기고고학 연구 발표의 첫 사례가 되었으며, 이를 계기로 '강원지역의 구석기문화'라는 지역 단위 연구 개념 설정의 가능성을 열게 된 셈이다.

네 번째로, 2007년 11월에는 '강원도 동해안 지역의 구석기문화'를 주제로 한국구석기학회 제8회 학술대회가 강원대학교에서 열렸다.[140] 이것은 2000년대 들어 필자를 비롯한 몇몇 연구자들에 의해 동해안 지역을 대상으로 가장 활발한 학문 활동이 있었으며, 다른 구석기 연구자들에게도 관심의 대상이 되었다는 것을 의미한다.

3. 연구 목적 및 방법

연구자 개인의 관심사나 연구 목적에 따라 다양한 연구 주제가 생겨날 수 있지만, 무엇보다 중요한 것은 강원지역 구석기 연구를 위하여 기본 골격을 세우는 일이라고 여겨진다. 이제까지의 연구 흐름이 기초자료 확보와 그에 대한 記述이 주를 이루었다면, 지금부터는 다양한 연구 과제를 생산하고, 토론하는 일이 주된 연구 흐름이어야 한다. 이런 의미에서 필자는 이 지역 구석기 연구가 다음과 같은 방향에서 이루어지는 것이 바람직하다고 생각한다.

첫째, 이 지역 구석기 연구의 진전을 위하여 당분간은 지표조사를 통해 새로운 구석기유적을 확인하는 작업과 기존에 발굴된 유적을 대상으로 다양한 주제의 심도 있는 연구를 진행하

---

138 한국구석기학회,『제4회 학술대회 발표집』, 2003.
139 江原考古學會,『江原地域의 舊石器文化 : 第4回 江原考古學會 學術發表會』, 2003.
140 한국구석기학회,『제8회 학술대회 발표집 : 강원도 동해안지역의 구석기문화』, 2007.

는 일이 동일한 비중으로 병행되어야 한다. 강원지역에서는 지표조사를 통하여 새로운 유적을 찾는 일도 소홀히 할 수 없다. 지표조사를 통해 인지할 수 있는 문화적 표현의 단편성으로 인하여 어느 정도 연구의 한계성이 느껴지긴 하지만, 이러한 기초자료 없이 연구의 진전은 기대할 수 없기 때문이다. 물론 몇몇 새로운 유적을 찾았다고 해서 그것이 곧 연구업적으로 인정받는 수준에서는 벗어날 필요가 있다. 지표조사된 유적들을 통하여 강원지역에는 어떠한 환경적 조건을 갖춘 곳에 유적이 분포되어있는지에 대해서도 접근해서 앞으로 새로운 유적 발견에 대한 예측 가능성을 높여야 한다.

강원지역에서 발굴조사된 중요한 구석기유적으로는 양구 상무룡리·홍천 하화계리(사둔지, 작은솔밭, 백이 등)·철원 장흥리·춘천 금산리 갈둔·춘천 거두리·영월 삼옥리·영월 연당리 피난굴(쌍굴) 유적, 강릉 심곡리·동해 망상동 기곡·동해 월소 유적 등을 들 수 있다. 현 상태에서는 발굴조사된 이 유적들이 강원지역 구석기연구사에서 갖는 의미를 짚어보는 일도 중요하다. 그리고 각각의 개별 유적을 단위로 유적의 입지적 환경, 층위 구성, 유적 형성과정, 유물의 분포정도, 석기의 돌감 활용, 석기 갖춤새 및 제작기법상의 특징, 유물층의 형성시기, 유적의 성격 등을 체계적으로 분석하는 노력도 이루어져야 한다. 각각의 유적에 대한 이러한 유용한 정보가 확보되어야 유적들 간의 상호 비교와 이들 유적 전체를 대상으로 한 종합적인 검토가 가능해진다.

둘째, 기존에 조사된 유적들을 현 단계에서 종합 검토하여 강원지역 구석기문화의 전개과정을 살펴보고, 시간변화에 따른 강원지역의 구석기문화상 확립을 위한 새로운 연구모델을 제시하는 일이 필요하다. 이 지역에서 중점적으로 이루어져야할 연구의 주된 내용은 지금까지 강원지역에서 조사된 구석기유적들을 종합적인 시각에서 체계적으로 정리하는 것이다. '강원지역 구석기문화의 전개과정'에 대해서 막연한 추측이 아니라 학문적 논리성을 바탕으로 일목요연하게 서술하는 데에는 상당한 시간이 소요될 것이지만, 우선 현재까지 진행된 시굴 혹은 발굴조사의 경험을 토대로 거칠게나마 강원지역 구석기문화의 변화상을 짚어볼 필요는 있을 것이다. 이렇게 커다란 틀 속에서 마련된 줄기는 앞으로 다층위 구석기유적의 체계적인 발굴, 절대연대 측정 자료의 확보, 석기제작 기술의 변화상을 가시적으로 표출하는 노력 등을 통하여 보다 구체화 시켜야 한다.

셋째, 강원지역에서 구석기유적의 형성과정 및 고환경 변화, 그리고 그에 따른 석기갖춤새의 변화상을 파악할 수 있는 연구의 기본 골격이 필요한 시점이다. 이를 위해 영동지역의 경우 해안지형·해안단구와 구석기유적 분포, 동해안지역 제4기 지층발달과 층서에 대한 인접 학문과의 공동 연구는 반드시 선행되어야 한다. 영서지역의 경우 하안단구와 구석기유적과의 관련성에 대한 다양한 자연과학적 분석이 필요하다.

이러한 연구과제와 방향에 따라 지금까지 발굴조사에서 얻어진 자료들을 체계적으로 정리하고, 고환경 및 유적의 입지 유형, 석기 분석 등을 통해 강원지역의 구석기문화가 시간의 흐름에 따라 어떠한 양상으로 전개되었는지를 살펴보는 것이 이 글의 주된 목적이다. 따라서 발굴 및 시굴조사가 이루어져 유적의 전모가 비교적 잘 알려진 유적들을 연구 대상으로 삼았다. 비록 발굴조사가 이루어지지 않았다고 할지라도 경우에 따라 논지의 전개를 위해 꼭 필요한 경우라고 판단되면 지표조사를 통해 확인된 사실들도 참고하였다.

우선 제1장에서는 '강원지역의 구석기문화'라는 연구 주제가 왜 가능하고, 왜 필요한지에 대한 배경을 살펴보았다. 이를 위해 특정 지역별로 혹은 큰 하천 유역별로 유적 밀집분포 지역을 임의로 구획하고, 이러한 특정 지역을 주요 연구 대상지로 삼아 오랜 기간 집중적이고 지속적인 연구를 진전시키는 최근 한국구석기학계의 연구 경향을 설명하였다. 또한 1980년대부터 2000년대에 이르기까지 강원지역에서 어떠한 연구가 진전되어 왔는가를 살펴보았다. 연구사 정리를 통해 그동안 주로 특정 유적 단위별로 발굴조사 성과에 비중을 두고 연구가 진행된 경향이 강했기 때문에 강원지역의 구석기문화를 종합적으로 파악하는데 에는 일정한 한계가 있었음을 진단하였다. 따라서 이 연구에서는 그동안의 연구 성과를 바탕으로 강원지역의 구석기문화를 종합적으로 살펴보고자하는 연구 목적과 방법을 제시하였다.

제2장에서는 강원지역에서 발굴조사된 유적들의 발굴 상황과 유적, 유물에 대해 전반적으로 검토하였다. 분석 대상 유적에 대한 일종의 배경 설명인 셈이다. 강원지역에서 발굴조사된 유적을 크게 영서와 영동지역으로 구분하여 기술하였다. 영서지역은 다시 북한강·홍천강·남한강·한탄강 유역 등 중요한 하천 유역별로 해당 유적을 상류에서 하류 방향으로 정리하였다. 영동지역은 고성에서부터 삼척에 이르기까지 해안선을 따라 북쪽에서 남쪽 방향으로 해당 유적을 살펴보았다. 주로 유적의 입지, 층위와 유물층, 절대연대 측정 자료, 석기 갖춤새 등에 중점을 두고 설명하였다.

제3장에서는 고환경과 입지 유형을 분석하였다. 고환경 분석은 강원지역의 구석기시대 사람들이 과연 어떠한 자연환경적 배경 속에서 삶을 영위했는지를 알아보기 위한 것이다. 오늘날 선사시대의 문화를 연구할 때 고환경에 대한 이해는 반드시 필요한 과정이다. 따라서 고고학 관련 서적들의 첫 장은 당연히 고환경에 대한 서술이며, 발굴현장에서는 고고학적인 조사와 아울러 고환경 조사도 함께 이루어진다. 오로지 구석기시대의 석기만 찾는 것이 발굴조사의 전부라는 인식은 이미 오래전에 끝난 셈이다. 우리가 어느 한 지역의 선사시대 문화를 이해하기 위해서는 발굴된 유물뿐만 아니라 그 지역의 자연환경 상태와 거기에 적응한 인간의

적응전략을 검토하여야 한다. 왜냐하면 인간은 식량을 획득하여 효율적으로 자신을 보존시키기 위해 주변 환경에 대한 정보를 문화라는 매개체를 통해 다음세대로 전수시켰기 때문이다. 따라서 이 글에서는 강원지역의 지질고고학적 자료, 식물 및 동물 화석 자료 등을 검토하여 구석기시대의 기후 환경 변화를 비중 있게 살펴보았다.

우선 동굴 유적과 한데 유적의 퇴적물 분석 자료를 검토하였다. 석회암 동굴 유적은 한데(야외) 유적과 달리 알칼리 성분이 강하여 다양한 뼈 유물들이 출토될 뿐만 아니라 기후 환경 변화에 따라 동굴 내부의 낙반석, 석회마루, 종유석 등 다양한 동굴생성물이 영향을 받으므로, 이를 이용한 고기후 연구는 중요한 의미가 있다. 또한 야외 유적의 지층 단면에 대한 지질고고학적 분석 자료도 활용하여 기후 변화를 살펴보았다.

다음으로, 꽃가루와 규조류 등 식물화석 자료를 검토하였다. 강원지역의 구석기유적에서 꽃가루 분석은 양구 상무룡리와 강릉 심곡리 유적 단지 두 곳에서만 행해졌을 뿐이다. 그런데 이들 유적은 꽃가루 출토 빈도수가 너무 낮아 고환경 연구 자료로 활용하는데 한계가 있다. 따라서 이 글에서는 구석기유적 이외에 하안단구나 해안단구, 호소퇴적층 등의 지형학적 연구에서 이루어진 토탄층의 꽃가루 분석 자료와 규조류 분석 자료도 적극적으로 활용하였다. 식물 화석 이외에 석회암 동굴 유적인 영월 연당리 피난굴(쌍굴)과 평창 기화리 쌍굴에서 출토된 동물화석 자료와 지중동물들의 생흔화석인 서관구조도 분석하였다. 그리고 이들 자료들을 비교 검토하여 강원지역의 고기후 환경 변화를 종합적으로 살펴보았다.

입지 유형 분석은 강원지역의 구석기유적이 어떠한 입지조건을 지닌 곳에 주로 분포하는가를 살펴보기 위한 것이다. 먼저 강원지역의 구석기유적 분포 상황을 정리하였고, 현재의 지형적 조건에 따라 영서 내륙지역과 영동 해안지역으로 구분하였다. 영서지역의 구석기유적은 산지 지형, 분지 지형, 하안단구 지형, 카르스트 지형, 화산 지형에 분포하는 것으로 분류하고 각각의 입지적 조건을 분석하였다. 특히 대부분의 구석기유적이 하안단구 지형에 분포하고 있으므로, 홍천강·북한강·남한강 유역의 하안단구 지형면 분류 및 형성 시기에 대한 연구 결과를 살펴보았다. 영동지역은 대부분의 구석기유적이 해안선을 따라 분포해 있는 해안단구와 해면변동단구 지형에 입지하고 있으므로 이에 대한 지형학적 연구 결과와 구석기유적 분포와의 상관관계를 살펴보았다.

제4장에서는 돌감의 구성 및 변화·격지떼기 과정의 몸돌과 격지 분석·석기 제작 도구인 망치돌과 모룻돌 분석·석기의 구성 변화·주요한 도구 분석·석기의 사용·석기 되맞추기 등을 통해 주요 유적에서 발굴된 자료들을 종합적으로 분석하였다.

첫째, 이른 시기부터 늦은 시기까지 각 시기별로 강원지역의 구석기유적에서 출토된 석기의 돌감 구성 비율을 살피고 변화 양상을 분석하였다. 또한 상무룡리와 하화계리, 장흥리 유적에서 출토된 흑요석의 기원 문제를 살펴보았다. 이들 유적에서 출토된 흑요석이 지금까지의 통설대로 백두산에서만 기원한 것인지 아니면 다양한 원산지에서 여러 경로를 통해 교류되었는가를 자연과학적 분석 결과를 통해 다각도로 검토해 보았다. 둘째, 격지떼기 과정의 산물인 몸돌과 격지의 크기를 계량 분석하여 중기와 후기 구석기시대에 어떠한 차이가 있는지를 알아보았다. 중기와 후기 구석기시대를 대표하는 강원지역의 유적에서 출토된 몸돌과 격지의 길이·너비·두께·무게를 각각 한꺼번에 통계 처리하여 대형에서 소형으로의 변화상이 확인되는지를 검토하였다. 셋째, 대표적인 석기제작 도구인 망치돌과 모룻돌을 분석하였다. 망치돌의 길이와 너비의 상관관계, 무게 분포, 돌감 분포, 사용흔 등을 통계 분석하고 모룻돌의 사용흔도 살펴보았다. 넷째, 시기별로 석기 갖춤새가 어떻게 변화했는가를 알아보기 위해 강원지역의 구석기유적별 석기구성 비율을 통계처리 하여 분석하였다. 또한 영서와 영동지역의 석기 갖춤새를 비교 분석하여 지역성을 확인하였다. 다섯째, 강원지역에서 처음 확인되었거나 유일하게 출토된 갈린 좀돌날몸돌 및 좀돌날, 쐐기형 석기, 화살촉 등 주요 석기를 분석하였다. 여섯째, 새기개·뚜르개·긁개·밀개·좀돌날·격지 등의 현미경 관찰 결과를 분석하여 석기들이 어떻게 사용되었는지를 검토하였다. 일곱째, 석기 되맞추기 자료를 검토하여 되붙는 유형을 분류하고, 평면 및 수직 분포상을 살펴보았다.

제5장에서는 각 유적의 지층과 유물층에 대한 층서를 대비하여 선후관계를 비교 검토하였다. 그리고 절대연대 측정 자료를 검토하여 각 유적의 연대 범위를 설정하고 시기 구분하였다. 이를 바탕으로 중기 구석기시대와 후기 구석기시대의 각 분기를 설정하여 편년하고, 시간의 흐름에 따라 석기의 구성 및 양상이 어떻게 변화 전개되었는가를 살펴보았다. 또한 영동·영서지역의 구석기문화 양상이 어떻게 다른지도 비교하여 보았다.

제6장에서는 지금까지의 연구 결과를 정리하고, 앞으로의 연구 과제를 제시하였다.

연구 대상 유적

강원지역은 한반도의 중동부에 위치하고 있다. 위도 상으로는 북위 37° 2′에서 39° 9′에 걸치고, 경도 상으로는 동경 126° 40′에서 129° 28′에 걸쳐 있다. 동서 폭은 약 150km이고, 남북의 직선거리는 약 243km에 이른다. 동쪽 약 212km는 동해와 맞닿은 해안선을 이루고 있다. 북쪽으로는 비무장지대(DMZ)를 따라 함경남도, 황해도와 경계를 이루고, 서쪽으로는 경기도, 충청북도와 경계를 이루고, 남쪽으로는 소백산맥을 따라 경상북도와 분리된다. 강원지역은 대부분 산지로 이루어진 산악지형이어서 전체 면적의 약 81.6%가 임야이고, 농경지는 약 8.4% 정도 밖에 안 된다.

강원지역의 자연환경, 문화환경, 생활권 등의 지표에 의한 지리적 구분(그림 1)은 다음과 같이 요약할 수 있다.[1] 우선 자연환경에 따라 크게 태백산맥의 대관령을 중심으로 동쪽의 해안지역을 영동, 서쪽의 내륙지역을 영서로 양분하고, 다시 ①태백산맥 동쪽의 영동지역, ②한탄강 유역의 철원대지, ③북한강 상류지역, ④남한강 상류지역으로 구분한다. 자연환경에 의한 이러한 구분은 문화환경 및 생활권의 구분과도 별다른 차이가 없다. 생활권에 따라 크게 춘천권, 원주권, 강릉권으로 구분한다. 문화환경에 의한 구분은 먼저 영동지역을 북부, 중부, 남부로 나눈다. 예컨대, 영동 북부는 고성 이북의 북한지역이고, 영동 중부는 고성군으로부터 해안선을 따라 남쪽으로 속초시, 양양군이 해당되고, 영동 남부는 강릉시, 동해시, 삼척시로 행

---

1 江原道, 『江原道史 歷史編』, 1995, 97~103쪽.

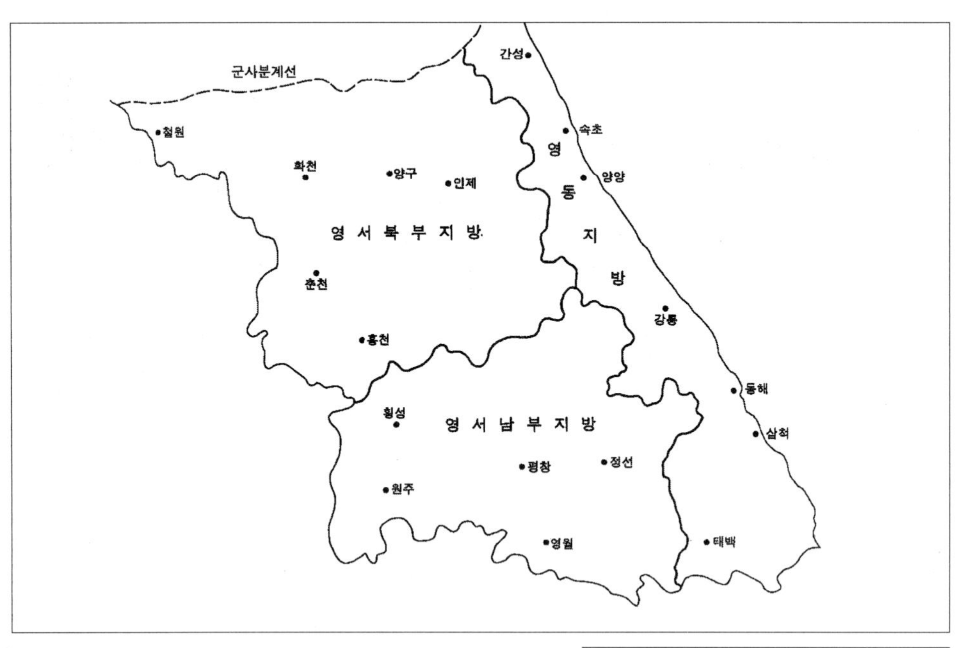

그림 1 강원지역의 지리적 구분 (權赫在, 1995, 118쪽)

정구역이 나뉜다. 영동 중부와 남부의 주요 생활권은 속초와 강릉으로 구분된다. 한편 영서지역은 북부와 남부로 나눈다. 북부에는 철원군이 포함되며, 신생대 제4기의 화산활동에 의한 현무암질 용암대지에 해당된다. 또한 춘천을 중심으로, 홍천, 인제, 양구, 화천군을 포함하며, 북한강 상류지역에 해당된다. 영서 남부는 원주를 중심으로, 횡성, 평창, 정선, 영월군에 해당되며, 남한강 상류지역이다. 한편, 고원지대에 해당되는 태백시는 낙동강의 발원지이다.

강원지역의 하천은 한강 수계인 북한강과 남한강 양대 지류의 유역이 거의 대부분을 차지하고 있다(그림 2). 북한강은 금강산에서 발원하여 남쪽으로 흐르다가 양구의 수입천과 서천을 아우르고, 춘천에서 대표적인 지류인 소양강과 합류한다. 그리고 경기도 가평에서 또 하나의 주요한 지류인 홍천강과 만나 북한강 본류를 이룬다. 소양강에는 북천, 내린천, 방대천 등의 지류가 유입되고, 홍천강에는 장남천과 내촌천, 군업천, 성동천, 덕치천, 양덕원천, 구만천 등의 지류가 유입되어 북한강은 전체적으로 수지상 하계망을 이룬다. 남한강 본류는 조양강과 평창강이 영월에서 합쳐 이루어지며, 충북의 단양 지방으로 흘러 내려간다. 남한강 상류인 조양강은 골지천과 오대천 등이 합쳐 이루어지고, 평창강은 영월에서 주천강과 만난다. 조양강과 평창강은 영월 부근에서는 동강과 서강이라고 불린다. 남한강 중류에서 합해지는 또 다른 지류로는 횡성 지역의 섬강이 있다. 강원지역의 주요한 또 다른 수계로는 현무암 용암대지

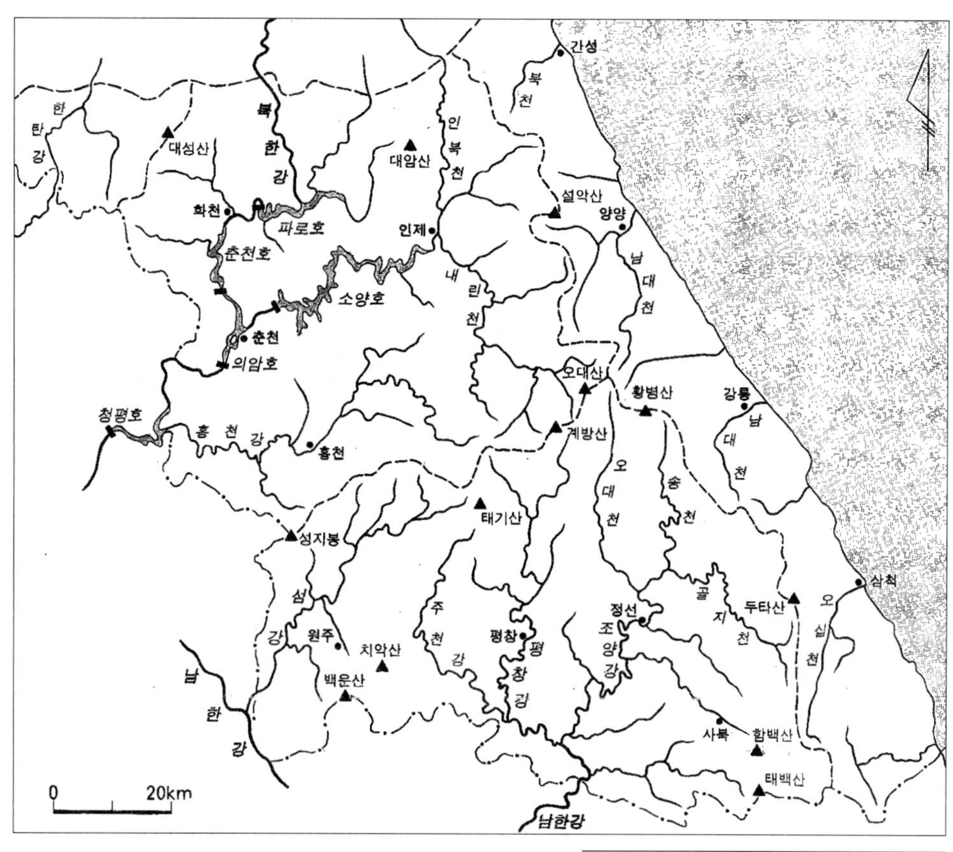

그림 2 강원지역의 수계 (權赫在, 1995, 122쪽)

를 관류하는 한탄강이 있다. 이 하천은 검불랑에서 안변 남대천과 분수령을 이루고 남류하다가 임진강과 합류되어 경기도로 흘러든다. 한탄강의 주요 지류로는 대교천과 남대천이 있다. 영동지역의 하천은 유로가 짧고 구배가 급하다. 간성의 북천, 양양의 남대천, 강릉의 남대천, 연곡천, 동해의 전천, 삼척의 오십천 등은 동해 사면의 주요 하천이다.

한반도의 식생도(그림 3)에서 강원지역은 거의 대부분 낙엽활엽수림대(중부온대지역)에 속하며, 동해안의 38° 이남 지역 일부는 낙엽활엽수림대(남부온대지역)에 속한다. 반면 태백산맥의 고산지대 일부는 고도에 따라 낙엽활엽수림대(북동온대지역)와 침엽수림대(한대)로 구분된다.[2]

---

2 공우석,『생물지리학으로 보는 우리 식물의 지리와 생태』, 지오북, 2007, 162쪽.

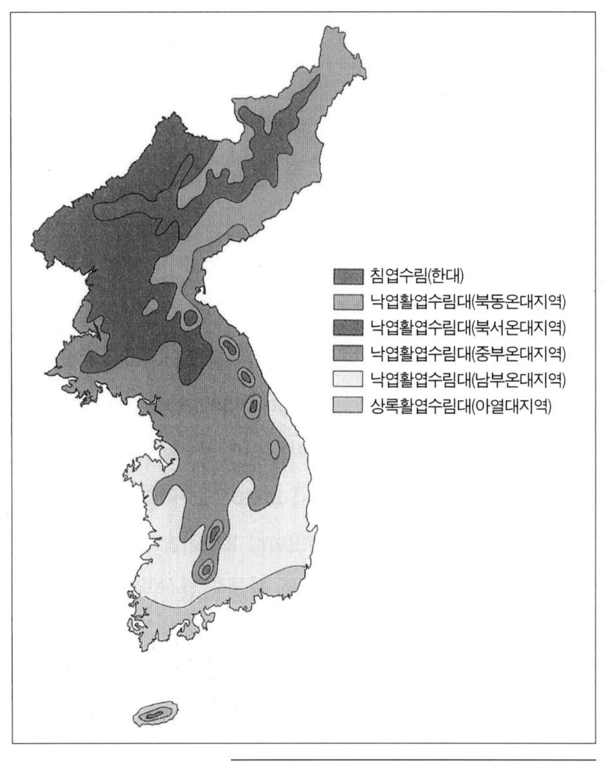

그림 3 **한반도의 식생도** (공우석, 2007, 162쪽)

강원지역의 현존식생 중 자연림은 접근이 어려운 산악지대나 사찰 주변, 도서지역 등에 부분적으로 남아 있는데, 오대산에는 참나무류와 분비나무·전나무·잣나무 등의 자연림이 있다. 강원지역은 원래 참나무류인 낙엽활엽수림이 우세했었으나 인위적인 요인으로 감소하고 대신 소나무가 많이 퍼지게 된 것으로 보인다. 특히 동해안 지역의 해안사구 방풍림은 海松으로 조성된다. 왕대와 같은 굵은 대나무는 동해안의 양양 이남에 많이 분포 한다.[3]

영서지역의 북한강 유역에는 천연침엽수로서 江松, 전나무, 잣나무, 분비나무, 주목, 눈측백나무 등이 분포하고, 천연활엽수로는 참나무류, 물푸레나무, 들메나무, 음나무, 단풍나무류, 가래나무, 박달나무류, 서어나무류, 피나무류 등이 분포하는 산림이 잘 보존되어 있다.

강원지역 지형의 가장 큰 특징은 태백산맥이 해안선을 따라 남북으로 길게 뻗쳐 있어 이 산맥을 중심으로 영동과 영서지역으로 나누어지고, 이들 지역은 지리적인 차이뿐만 아니라 문화와 자연환경, 기후 등에서 매우 다른 특성을 보이고 있다는 점이다. 태백산맥 동쪽은 경사가 급하여 해안평야의 발달이 취약하고, 태백산맥 서쪽은 경사가 완만하여 남·북한강의 대하천과 산지가 여러 곳에 분포되어 있다.

강원지역의 지질은 先캄브리아이언의 변성암류를 비롯하여 고생대, 중생대, 신생대에 이르는 다양한 분포를 보인다(그림 4). 중북부지방의 대부분은 경기변성암복합체의 암석과 화강암으로 이루어졌으나, 남동부의 태백산지에는 조선누층군과 평안누층군의 지층이 광범위하

---

3 김창환, 「강원지역 자연환경의 지리학적 특성」, 『강원환경의 이해 : 상황과 비전』, 한울아카데미, 1998, 84~85쪽.

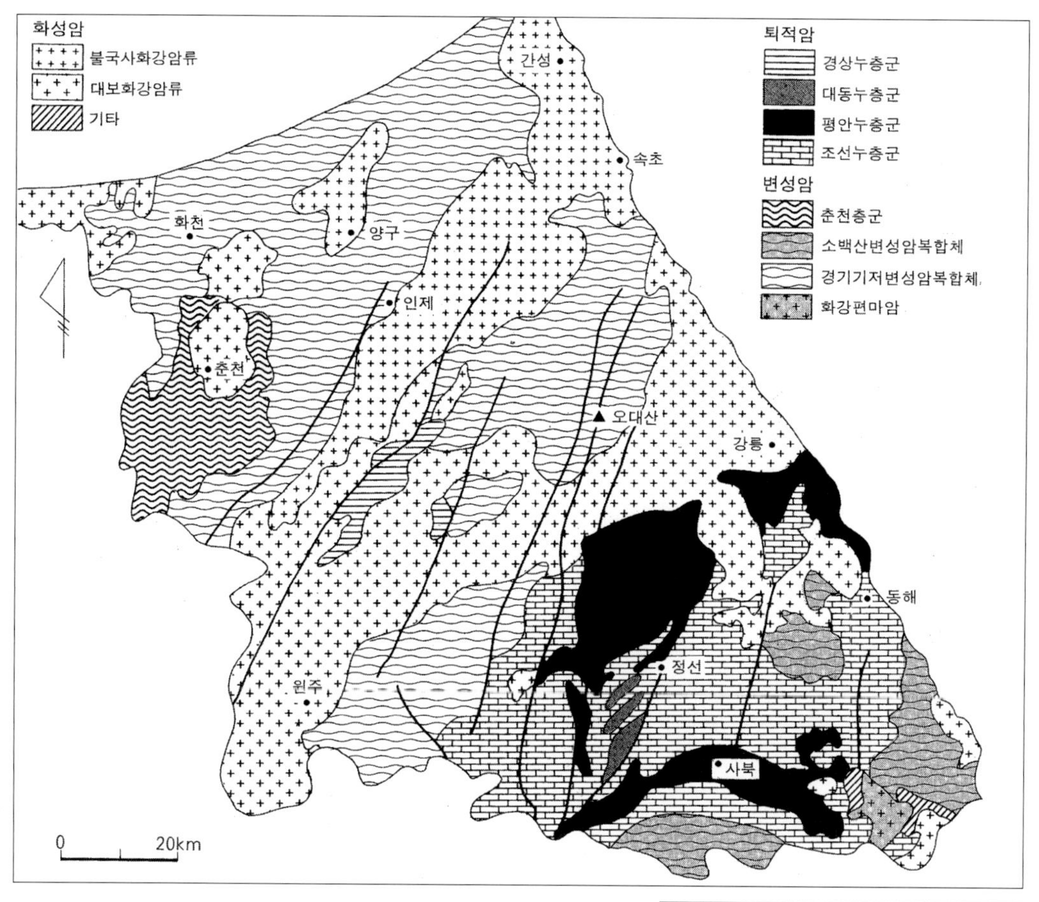

그림 4 강원지역의 지질 (權赫在, 1995, 120쪽)

게 분포한다. 고생대초에 퇴적된 조선누층군에서는 대석회암층군이 대부분을 차지한다. 대석회암층군에는 수많은 석회동굴이 형성되었고, 양질의 석회석이 풍부하여 시멘트 공업이 발달했다. 영월·평창·삼척 등지의 석회암지대에는 암석의 독특한 성질로 인해 돌리네와 같은 다양한 카르스트 지형이 발달했다. 석회암의 용식과정에서 남은 불순물이 산화작용을 받아 형성된 붉은색을 띠는 점토질 토양을 테라로사라고 한다. 한편, 고생대말에서 중생대초에 걸쳐 퇴적된 평안누층군에는 무연탄이 매장되어 있다.

조선·평안누층군은 중생대 쥐라기말에 대보조산운동을 받아 매우 복잡한 습곡 및 단층구조를 가지게 되었다. 강원도의 경기육괴내 강릉―횡계―원주의 화강암대는 쥐라기말에 관입한 대보화강암이고, 속초-인제-홍천으로 이어지는 화강암대는 백악기말에 관입한 불국사화강암으로 구성되었다. 후자의 경우 절리의 발달이 탁월하며, 설악산의 험한 암석경관은 여기에서 비롯된 것이다. 춘천분지는 대보화강암의 차별침식에 의한 것이고, 이를 둘러싼 산지는 춘천층군의 변성암으로 이루어졌다. 또한 이들 지역에서는 화산활동이 활발하게 있었으며, 신생대 제3기까지 지속되었다. 신생대 제3기 마이오세말에 동해안을 따라 소규모의 퇴적분지가 북평, 통천 등지에 형성되었다.

강원지역의 서북부 평강-철원일대에서는 추가령열곡을 따라 신생대 제4기의 화산활동이 일어나 그때 분출한 현무암류가 넓은 용암대지를 형성하였다. 고성-간성-통천 사이의 동해안을 따라서도 제4기 현무암 분출이 있었다.[4]

앞서 살펴본 강원지역의 자연 및 인문환경, 수계, 식생, 지형·지질 등을 배경으로 하여 현재 강원지역에 분포하는 전체 구석기유적은 큰 묶음으로 140여 곳에 이른다. 이 중 발굴 및 시굴조사가 이루어진 유적은 48개 지점에 해당된다(그림 5).

구석기연구자라면 누구나 특정 지역을 연구대상지로 삼고 새로운 유적을 찾아보기를 희망할 것이다. 그러한 분위기 속에서 유적의 숫자는 점점 더 늘어나 그 밀집도를 높여가게 마련이다. 1980년대 이래로 지속된 새로운 유적 찾기 결과, 강원지역 거의 전역에서 확인될 정도로 구석기유적의 분포가 엄청나게 확대되었다. 또한 강에서 멀리 떨어진 지점이나 석회암 동굴, 돌리네와 같이 유적 출현 상황이 다양화 되어지는 경향성을 보이고 있다.

영서지역에서는 주로 북한강과 남한강, 그리고 이들 대하천으로 유입되는 크고 작은 지류로 구성되어있는 하계망을 따라 많은 유적들이 분포하고 있다. 북한강 유역권은 크게 소양강과 홍천강이 포함된 춘천-홍천 지역과, 이보다 더 상류에 해당되는 양구-화천 지역에 주로 구석기유적이 분포하고 있다. 남한강 유역권에는 주천강과 평창강 등이 포함된 영월-평창 지역과, 섬강 및 그 지류에 해당되는 원주-횡성 지역에 주로 구석기유적이 분포하고 있다. 또한 철원지역이 해당되는 한탄강 유역도 주요 구석기유적 분포지이다.

영동지역에서는 해안선을 따라 분포해 있는 해안단구 지형에 주로 구석기유적이 위치해 있다. 태백산맥에 의해 영서와 영동이 지형적으로 뚜렷이 구분되는 강원지역의 특성이 구석기유적의 분포와 입지조건에도 큰 영향을 미친 결과로 여겨진다.

아래에서는 강원지역에서 발굴조사된 유적을 전반적으로 검토하여 보았다. 유적은 크게 영서와 영동지역으로 구분하여 기술하였다. 영서지역은 다시 북한강·홍천강·남한강·한탄강 유역 등 중요한 하천 유역별로 해당 유적을 상류에서 하류 방향으로 정리하였다. 영동지역

---

4 權赫在, 『韓國地理 : 각 地方의 自然과 生活』, 法文社, 1995, 119~121쪽 ; 江原道, 『江原道史 歷史編』, 1995, 116~122쪽.

그림 5   강원지역의 구석기유적 분포도 (발굴조사 유적)

• 발굴유적

1. 원당리 구석기유적
2. 봉평리 구석기유적
3. 오산리 구석기유적
4. 안현동 구석기유적
5. 내곡동 구석기유적
6. 두산동 구석기유적
7. 담산동 구석기유적
8. 정동진리 구석기유적
9. 심곡리 구석기유적
10. 주수리 구석기유적
11. 망상동 기곡 구석기유적
12. 망상동 419-2번지 구석기유적

13. 망상동 360-34번지 구석기유적
14. 망상동 노봉 구석기유적
15. 망상동 44-2번지 구석기유적
16. 묵호동 월소 구석기유적
17. 발한동 구석기유적
18. 평릉동 구석기유적
19. 지흥동 구석기유적
20. 구미동 구석기유적
21. 추암동 구석기유적
22. 증산동 구석기유적
23. 강산리 구석기유적
24. 장흥리 구석기유적

25. 상무룡리 구석기유적
26. 서상리 구석기유적
27. 금산리 갈둔 구석기유적
28. 거두리 구석기유적
29. 내 외삼포리 구석기유적
30. 구성포리 구석기유적
31. 송정리 구석기유적
32. 연봉리 구석기유적
33. 하화계리 사둔지 증석기유적
34. 하화계리 작은솔밭 구 증석기유적
35. 하화계리 돌터거리 구석기유적
36. 하화계리 수삼수매장 구석기유적

37. 하화계리 본부대 구석기유적
38. 하화계리 보수대 구석기유적
39. 하화계리 백이 구석기유적
40. 하화계리 도둔 구석기유적
41. 모곡리 구석기유적
42. 부동리 구석기유적
43. 현천리 구석기유적
44. 연당리 피난굴(쌍굴) 구석기유적
45. 방절리 날골 구석기유적
46. 삼옥리 구석기유적
47. 기화리 쌍굴 구석기유적
48. 매지리 구석기유적

은 고성에서부터 삼척에 이르기까지 해안선을 따라 북쪽에서 남쪽 방향으로 해당 유적을 살펴보았다. 주로 유적의 입지, 층위와 유물층,[5] 절대연대 측정 자료, 석기 갖춤새 등에 중점을 두고 설명하였다.

1. 영서지역

1) 북한강 유역

(1) 양구 상무룡리 유적

원래는 화천댐 파로호에 수몰되었던 지역인데, 1980년대 후반 북한의 금강산댐 수공 위협에 대응하기 위한 평화의댐 공사로 물을 빼면서 드러나게 되었다. 이 유적은 수입천과 서천이 만나는 지점에 발달한 하안단구 상에 위치하고 있으며, 이곳을 중심으로 주변에 15곳 이상의 유적이 분포하고 있다. 발굴은 강원대학교와 경희대학교 조사단에 의해 1987년부터 1989년까지 3차에 걸쳐 이루어졌다.[6]

상무룡리 유적은 강원 영서지역에서 최초로 정식 발굴되어 보고된 대규모의 유적으로, 북한강 구석기연구의 출발점이 되었다. 이 유적의 발굴로 인하여 북한강 상류의 내륙 깊숙한 산악지대에서도 대규모의 유적 발견을 기대할 수 있게 되었다. 다량의 흑요석 석기뿐 아니라 석영석기가 집중적으로 출토 되었으며, 특히 돌조각 및 부스러기 같은 버리는 석재의 비율이 높고 모룻돌이 발견되어 이 지역에서 석기제작 행위가 이루어졌음을 알 수 있다.

발굴이 여러 지점에서 이루어졌기 때문에 층위도 조금씩 다른데, 강원대학교가 발굴한 'ㄴ지구'의 층위는 위에서 아래로 겉흙층(I층)−찰흙층(II층)−모래질 찰흙층(III층)−자갈층(IV층)−기반암 풍화층(V층)으로 구성되어 있다. 찰흙층에 1유물층이 있고, 자갈층과 모래질 찰흙층 사이에 2유물층이 존재한다. 찰흙층과 모래질 찰흙층의 경계에는 토양쐐기 구조가 관

---

5 보고서에 따라 '문화층' '유물층' 등으로 혼용된 것을, 이 글에서는 모두 '유물층' 으로 하였다.
6 최복규 외,『上舞龍里』, 江原道・江原大學校 博物館, 1989.

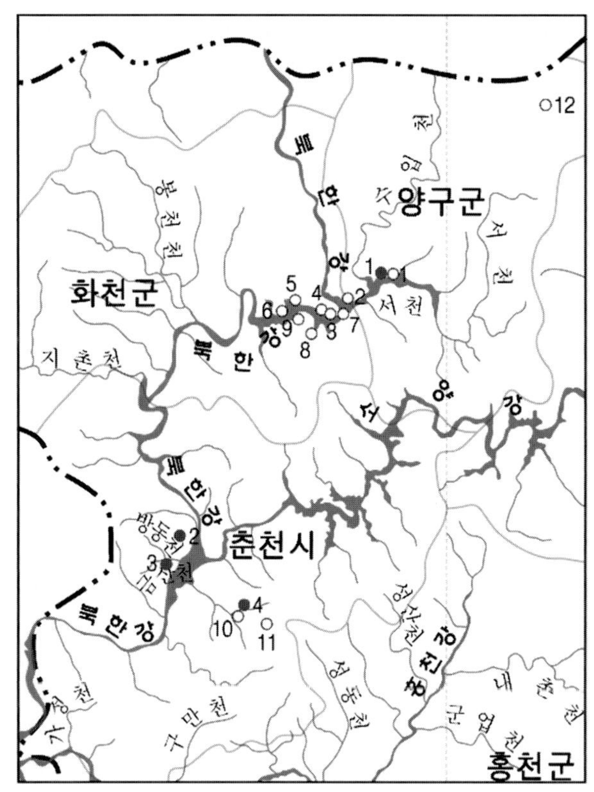

그림 6 북한강 유역 구석기유적 분포도

찰된다. 또한 자갈층과 모래질 찰흙층에는 망간이 집적되어있어 찰흙층(II층)과 구분될 뿐만 아니라 퇴적환경이 따뜻하고 습했던 기후조건이었음을 알 수 있다.

한편 경희대 발굴지역(A지구)의 층위는 겉흙층(1층)−미갈색진흙층(2층)−갈색진흙층(3층)−검붉고 성근 진흙층(4층)−흑갈색진흙층(5층)−암반풍화토(6층)로 구분 되었다. 갈색진흙층(3층)에서는 흑요석 석기가 나오고, 검붉고 성근 진흙층(4층)에서는 석영제 석기가 많이 출토되었다.

강원대학교에서 발굴한 석기는 모두 2,718점(1유물층 868점, 2유물층 1,850점)이며 여기에 지표채집한 3,694점의 석기를 더하면 6,412점이라는 엄청난 숫자가 된다. 대부분의 유물은 석영으로 만들어졌으며(97~99%) 그 외에 반암, 화강암, 사암, 흑요석 등으로 만든 석기도 포함되어 있다. 상무룡리 유적은 발굴조사 당시부터 전곡리와 많이 닮아 있다는 견해들이 있었는데, 그것은 석영으로 만든 대형의 pick 종류와 비교적 소형의 양면가공 석기들이 대형의 찍개

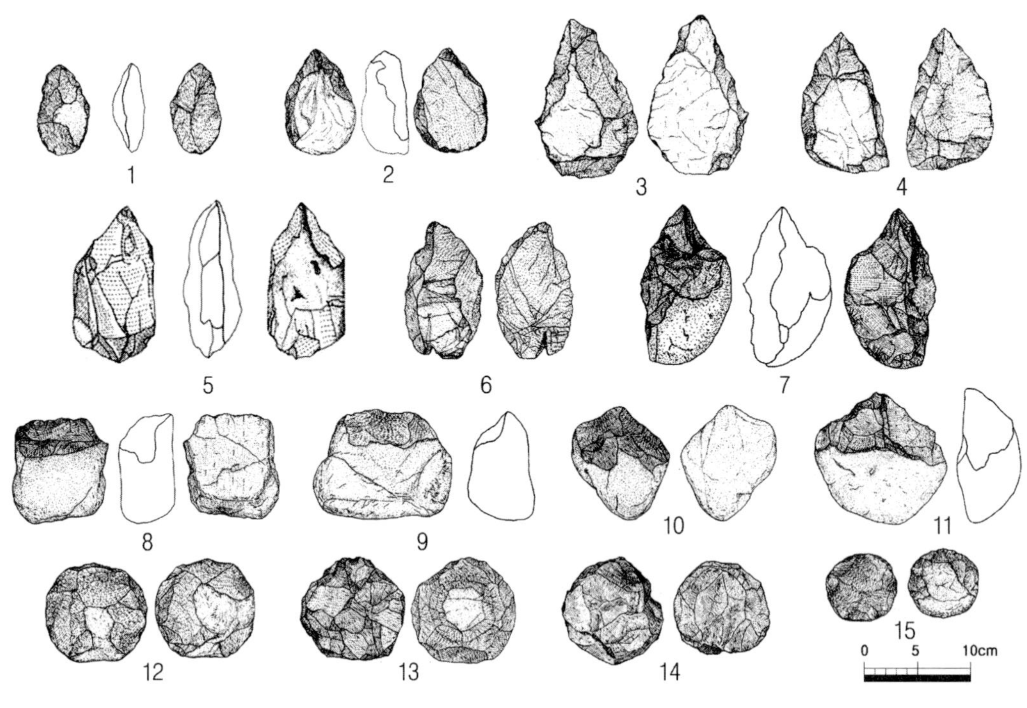

그림 7　양구 상무룡리 유적(최복규 외, 1989)의 중기구석기 유물층 석기
(1~7 : 주먹도끼류, 8~11 : 찍개, 12~15 : 여러면석기)

및 여러면석기, 주먹대패 등과 어우러져 구성되었다는 측면에서 그러한 인상을 받은듯하다. 그리고 이 유물군을 중기구석기라고하는 점에는 대부분의 연구자들이 동의하고 있다(그림 7). 이외에도 돌날몸돌 및 돌날, 돌날을 소재로 잔손질한 석기들, 좀돌날몸돌, 뚜르개, 찌르개 등의 석기구성은 상부에 후기구석기 유물층이 분명히 존재하고 있었음을 보여준다(그림 8의 위).

　한편 경희대학교에서 발굴한 지역에서는 흑요석으로 만든 세석기가 다량 출토되어 주목된다(그림 8의 아래). 좀돌날, 새기개, 밀개, 긁개 등이 집중 분포되어 있다. 특히 보고서에서 새기개로 분류되었던 석기가 일본의 홋카이도 중심부에서만 발견된다고 알려진 히로사토형 좀돌날몸돌(14 ka BP 전후한 시기)과 동일한 것으로 알려져 매우 독보적인 유적으로 평가된다.[7]

---

7 金尙泰, 「상무룡리Ⅱ 유적의 좀돌날석기」, 『科技考古硏究』第4號, 아주대학교박물관, 1998, 7~26쪽.

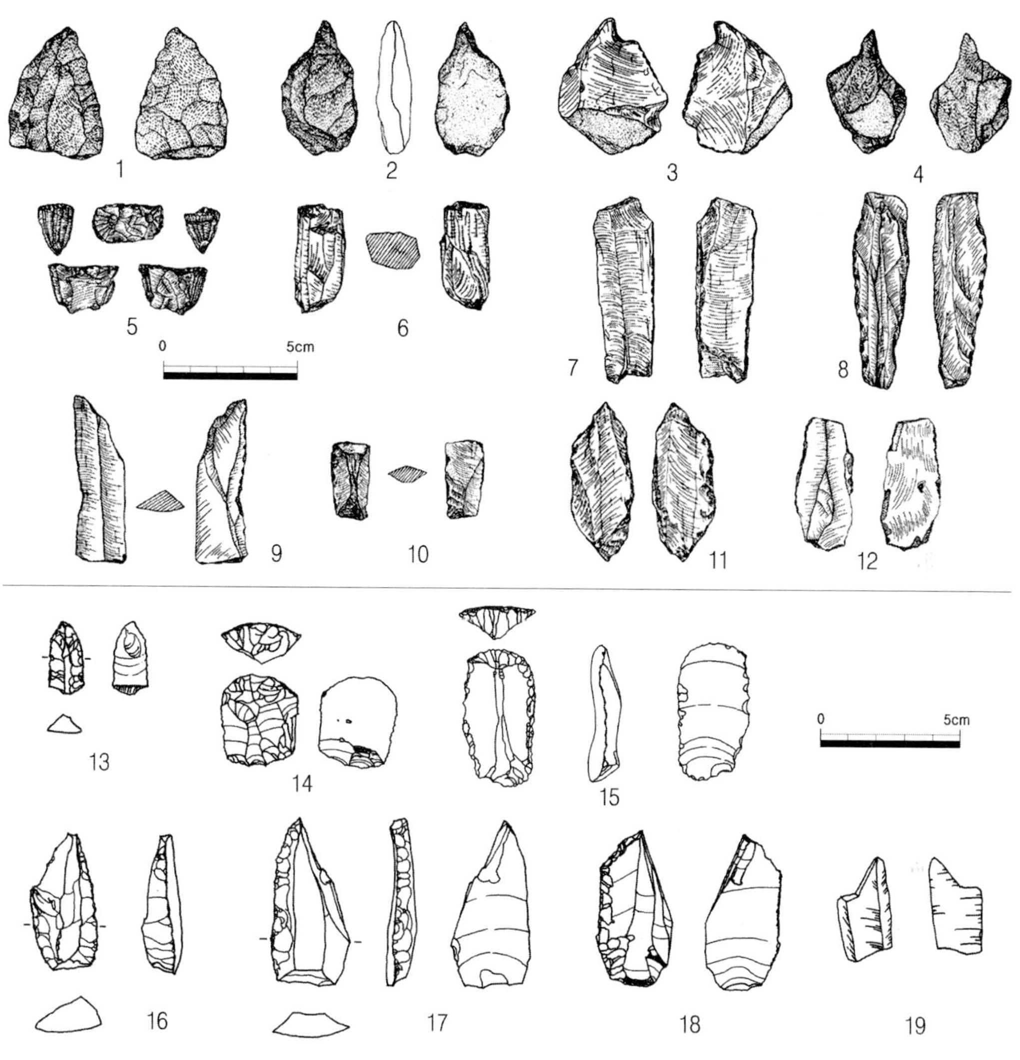

그림 8 양구 상무룡리 유적의 후기구석기 유물층 석기
〔강원대(최복규 외, 1989): 1~12, 경희대(황용훈 외, 1989) : 13~19〕
(1~2 : 찌르개, 3~4 : 뚜르개, 5 : 좀돌날몸돌, 6 : 돌날몸돌, 7~12 : 돌날 및 돌날 소재 석기,
13 : 긁개, 14~15 : 밀개, 16~19 : 히로사토형 좀돌날몸돌)

유적의 연대에 대하여 몇 가지 의견이 제시되어 있는데, 먼저 최복규는 석기의 형태와 지층에 따라 1유물층은 후기구석기(2~5만 년 전), 2유물층은 중기구석기 또는 그보다 이른 시기(7~12만 년 전)로 보았다. 손보기·한창균은 2유물층이 마지막 간빙기 초 즉 125,000 BP이며, 1유물층은 마지막 빙하기초 또는 18,000 BP일 가능성을 제시하였다. 이선복은 대체로 6만 년 전에서 3만 년 전 사이에 걸쳐 형성된 다음, 다시 만 4~5천 년 전 무렵 새로운 인간의 거주와 더불어 유적이 만들어졌다고 보았다.[8]

연대 폭에 있어 다소 차이는 있으나 중기구석기(강원대 발굴지점)와 후기구석기 최말기 단계(경희대 발굴지점)의 문화적인 특징을 뚜렷이 보여주는 대규모 유적이라는 점에는 견해차가 없다.

(2) 춘천 서상리 유적

이 유적은 춘천 서면 신매리에서 오월리를 잇는 도로확포장 공사구간내에 포함되어 2009년에 발굴조사가 이루어졌다.[9] 월송리 서쪽의 산지에서 동쪽으로 뻗어 내린 구릉의 말단부로서, 해발 90m 내외의 하안단구 지형에 속한다. 현재는 경지 정리된 논들이 거의 평탄면을 유지하고 있다. 조사된 지점의 서쪽으로 700m 정도 거리에는 월송리 구석기유적이 자리하고 있는데, 지형상으로는 서쪽의 월송리부터 동쪽으로 이어지는 동일한 혹은 시기차를 보이는 연속된 단구면에 속한다. 유적의 북쪽으로는 서상천이 서에서 동쪽으로 흘러 북한강에 유입되며, 남쪽에는 저수지가 만들어져 있다.

층위는 지점에 따라 삭박되어 약간의 차이가 있긴 하지만, 대체로 하성층인 모래자갈층(VII지층) 위에 황등색 점토층(VI지층), 황갈색 사질토와 고운모래(V지층), 황갈색 사질점토층(IV지층), 적갈색 점토층(III지층, 유물층), 황색 점토층(II지층), 경작층(I지층)이 차례대로 퇴적되어 있다. 이중에서 첫 번째 토양쐐기 구조가 관찰되는 III지층(적갈색 점토층)의 하단부에서 석기가 출토되었다.

석기는 조사면적(12,101㎡) 전체에 고르게 분포하지 않으며, B10칸을 중심으로 한 소규모

---

8 이선복, 「북한강 상무룡리 유적의 연대적 성격에 대하여」, 『양구 선사문화 학술대회―북한강 상류지역의 선사문화―』, 한국선사고고학회 제9회 학술발표회 요지, 한국선사고고학회, 2000, 47쪽.

9 예맥문화재연구원, 『춘천 신매―오월간 도로확포장공사구간내 B지구 유적 발굴조사 지도위원회의 자료』, 2009, 1~33쪽.

의 특정 구역에서만 약 1,000여 점 정도 집중되어 출토되는 양상을 보인다. 대부분 석기제작과정에서 생겨나는 몸돌과 격지, 돌조각의 비율이 압도적이며, 찍개, 긁개, 밀개, 홈날 등의 완성된 석기는 지극히 소량인 점을 감안할 때, 소규모의 특정 구역에서 단시간 내에 석기제작행위가 이루어진 것으로 보인다.

(3) 춘천 금산리 갈둔 유적

북한강 본류에서는 처음으로 발굴조사가 이루어진 유적으로,[10] 495m²(약 150평) 정도의 소규모 발굴에서 약 2,000여 점의 석기가 출토되어 밀집도가 매우 높다(그림 10). 북한강 지류에서 발굴된 양구 서천 상무룡리, 춘천 공지천의 거두리, 홍천 홍천강 유역의 하화계리 작은솔밭, 백이 유적 등과 아울러 북한강유역의 구석기문화를 이해하는데 중요한 역할을 한다. 이들 유적에서는 모두 주먹도끼류의 석기가 출토된다는 사실도 주목할 필요가 있다.

금산리 갈둔 구석기유적의 암적갈색 점토층 상(3유물층)·하(4유물층) 두 층에서 석기집중면이 확인되었다(표 1, 그림 9). 3유물층에서는 543점의 석기가 출토되었는데, 몸돌 33점(6.1%), 잔손질 되지 않은 격지 247점(45.5%), 돌조각(debris) 184점(33.9%), 찍개 4점(0.7%), 주먹대패 3점(0.6%), 여러면석기 1점(0.2%), 긁개 46점(8.5%), 밀개 1점(0.2%) 수정석기 1점(0.2%), 홈날 13점(2.4%), 자갈돌 7점

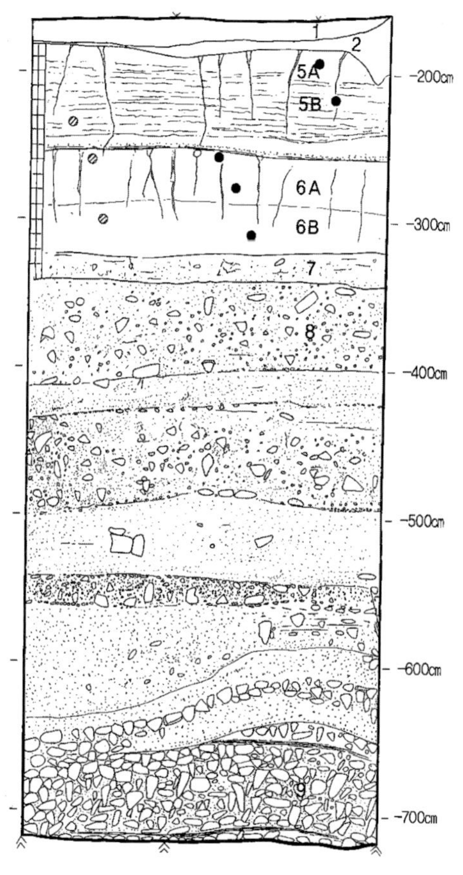

그림 9 **기준 층위 단면** (최승엽·김연주, 2008, 61쪽)

---

10 최승엽·김연주,『春川 錦山里 葛屯 舊石器遺蹟』, 江原文化財研究所, 2008, 1~551쪽.

표 1 춘천 금산리 갈둔 유적의 층위와 절대연대 측정 결과 (최승엽 · 김연주, 2008, 73쪽)

지층 번호	명칭	유물층	시료 종류	연대측정 결과		비고
				OSL	AMS	
1지층	마사토 복토층					
2지층	구지표 교란층					
3지층	부식토층					국지적 분포
4지층	명갈색 점토층	1유물층	Soil	3,800±500 BP (지표하 50cm)		국지적 분포 침식 후 재퇴적?
5A지층	암갈색 점토층	2유물층	Soil	38,000±4,000 BP (지표하 30cm)		국지적 분포 soil wedge
5B지층			Soil	68,000±2,000 BP (지표하 55cm)	30,400±200 BP	수평엽리구조
6A지층		3유물층 (유물집중면)	Soil	86,000±6,000 BP (지표하 90cm)	29,900±100 BP	soil wedge
6B지층	암적갈색 점토층	4유물층 (유물집중면)	Soil	측정불가 (지표하 110cm, 유물 hiatus) 92,000±7,000 BP (지표하130cm) 98,000±5,000 BP (지표하140cm) 102,000±9,000 BP (지표하150cm)	37,300±400 BP 28,000±150 BP	soil wedge handaxe pick 출토
7지층	사질점토층					
8지층	소하천 퇴적층 (colluvium?)			측정불가 (지표하 230cm)		
9지층	고하천 퇴적층					풍화된 자갈

(1.3%), 망치돌 3점(0.6%) 이다(그림 11). 석기구성에서 가장 두드러지는 특징은 석기 제작 과정에서 비롯된 몸돌 및 격지, 돌조각 등 버려지는 종류가 전체의 약 85.5% 정도로 우세하게 나타난다는 점이다. 이와 더불어 망치돌과 붙는 유물의 존재, 완성된 석기, 석기 출토의 높은 밀집도 등으로 미루어 석기를 만들던 곳으로 추정된다. 몸돌의 경우 소형 몸돌도 포함되어 있긴 하지만, 대체로 부피와 무게가 눈에 띌 정도로 대형화 · 중량화 되었다.

4유물층에서는 모두 1,377점의 석기가 출토되었다(그림 12). 3유물층의 2배가 약간 넘는 숫자이다. 석기구성을 살펴보면, 몸돌 70점(5.1%), 잔손질 되지 않은 격지 630점(45.8%), 돌조각 527점(38.3%), 주먹도끼 9점(0.7%), 주먹찌르개 8점(0.6%), 찍개 10점(0.7%), 주먹대패 1점(0.1%), 여러면석기 1점(0.1%), 긁개 46점(3.3%), 밀개 4점(0.4%), 수정석기 2점(0.1%), 홈날 11점(0.8%), 톱니날 1점(0.1%), 뚜르개 1점(0.1%), 자갈돌 45점(3.3%), 망치돌 7점(0.5%), 홈이

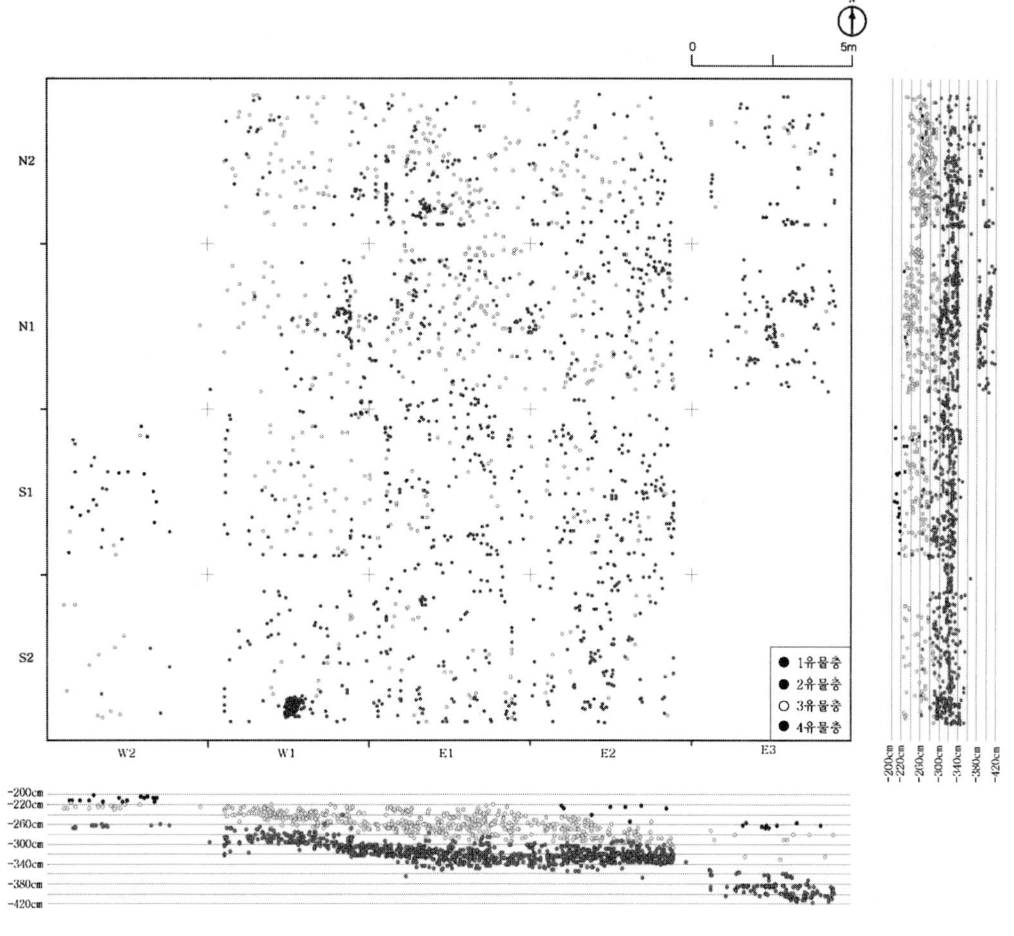

그림 10 춘천 금산리 갈둔 유적의 석기 분포 양상 (최승엽 · 김연주, 2008, 481쪽)

패인 자갈돌 2점(0.1%)이다. 그 중에서 주먹도끼류의 석기가 17점으로 도구 중 약 18.8%를 차지한다는 점은 특히 주목할 만하다. 더욱이 3유물층에서는 전혀 출토되지 않는 반면, 보다 하층으로 연대가 더 올라가는 4유물층에서 주먹도끼류가 새로 추가된 것은 높은 출토 비율과 더불어 이 유적의 중요성을 부각시키기에 충분하다고 여겨진다. 한국의 구석기유적 중 단일유적에서 비교적 많은 수의 주먹도끼류 석기가 출토된 사례로 여겨진다. 금산리의 주먹도끼류는 임진-한탄강에서 발견되어지는 것과 달리, 다소 소형의 것들이 많고, 규암이나 석영보다는 그 이외의 다른 암질로 제작했다는 점이 특징적이다. 또한 대부분 한쪽 가장자리는 두텁게 옆등을 남겨 손에 쥐고, 다른 한쪽 가장자리는 날카로운 날을 형성하여 자르는 기능에 적합하

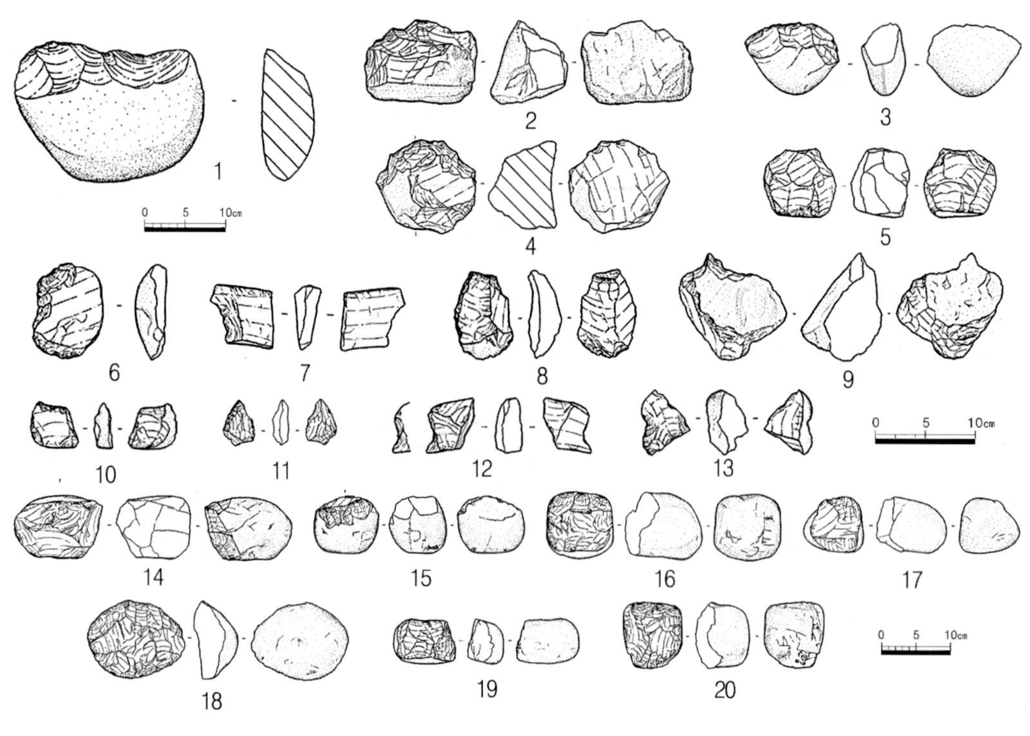

그림 11 춘천 금산리 갈둔 유적(최승엽 · 김연주, 2008) 3유물층의 석기

(1~3 : 찍개, 4 : 주먹대패, 5 : 여러면석기, 6~8 : 긁개, 9 : 부리날석기, 10~11 : 긁개, 12~13 : 홈날, 14~20 : 몸돌)

도록 제작된 형태상의 특징을 지닌 것이 여러 점 있다.

　3유물층과 마찬가지로, 석기구성에서 가장 두드러지는 특징은 석기 제작 과정에서 비롯된 몸돌 및 격지, 돌조각 등 버려지는 종류가 전체의 약 89.1% 정도로 우세하게 나타난다는 점이다. 이와 더불어 망치돌과 붙는 유물의 존재, 완성된 석기, 석기 출토의 높은 밀집도 등으로 미루어 석기를 만들던 곳으로 추정된다. 몸돌의 경우 소형 몸돌과 중, 대형의 커다란 자갈돌을 이용한 몸돌들이 함께 출토되는데, 그 중에서도 부피와 무게가 눈에 띌 정도로 대형화되고 중량감 있는 몸돌들이 주를 이룬다.

　암질 구성은 두 유물층간에 뚜렷이 대비된다. 3유물층의 경우 석영(95.0%)과 규암(2.0%)의 비율이 약 97%에 달하고, 기타 암질의 비율이 약 2.8%에 그친데 반해서, 4유물층의 경우에는 석영(79.9%)과 규암(4.6%)의 비율이 약 84.5%에 그치고, 기타 암질의 비율이 약 15.4%를 차지하고 있다. 3유물층에 비하면 기타 암질의 비율이 5배 이상 증가한 셈이다. 규암의 경우에도 3유물층보다 4유물층에서 그 비율이 2배가량 높다. 이것은 두 유물층간의 가장 뚜렷한 변

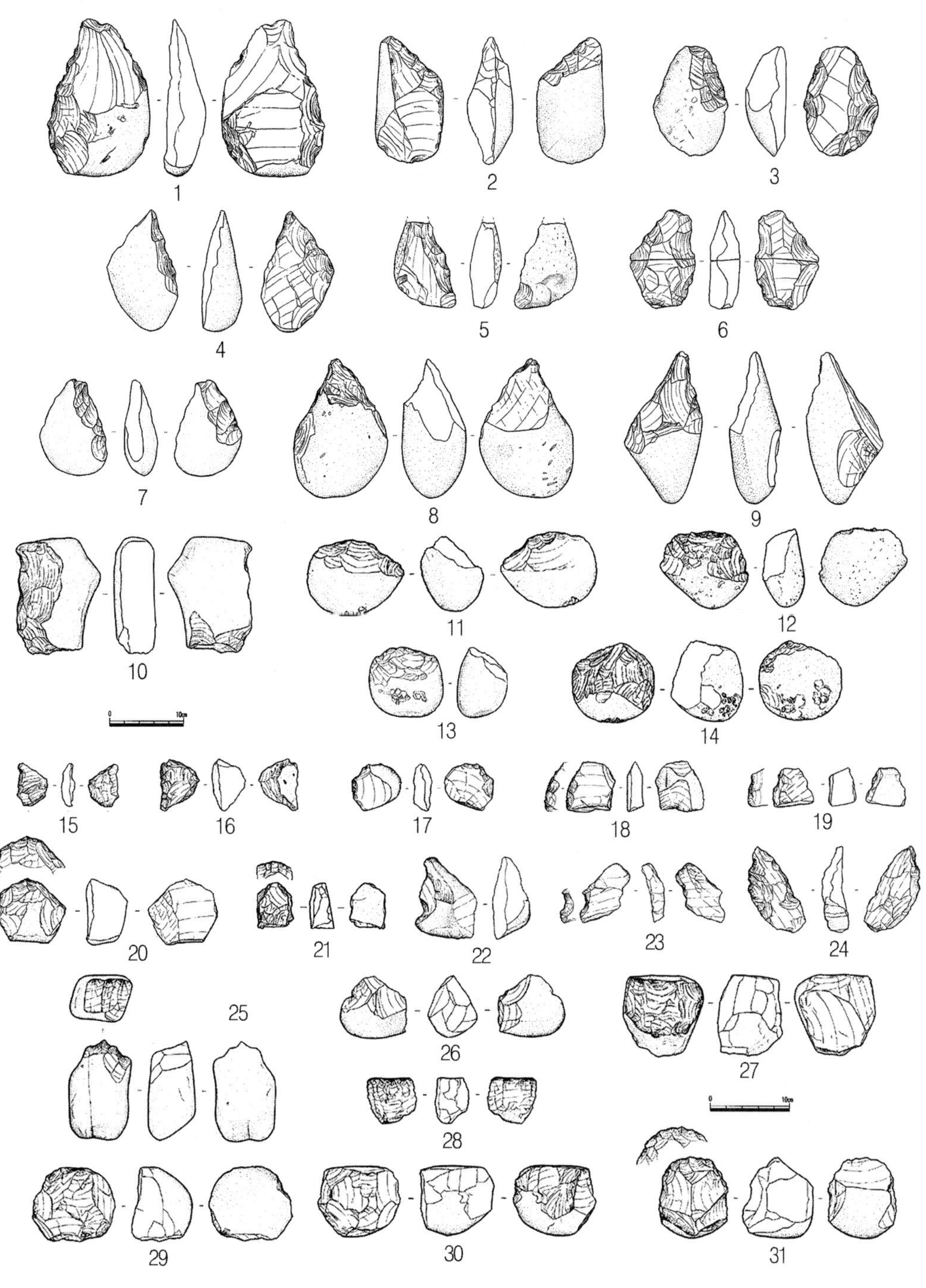

그림 12   춘천 금산리 갈둔 유적 (최승엽 · 김연주, 2008) 4유물층의 석기

(1~9 : 주먹도끼류, 10~13 : 찍개, 14 : 여러면석기, 15~19 : 긁개, 20~21 : 밀개, 22~23 : 홈날, 24 : 톱니날, 25~30 : 몸돌, 31 : 주먹대패)

화이다. 특히 4유물층의 주먹도끼류 석기 17점 중 석영과 규암이 각각 1점씩이고, 나머지 대부분은 석영이나 규암이 아닌 기타 암질을 활용하였다.

(4) 춘천 거두리 유적

춘천 거두2지구 택지개발 지역에 대하여 2005년과 2006년에 시굴 및 발굴조사가 이루어졌다.[11] 유적은 춘천분지의 동남쪽 해발 102~108m 구릉지에 위치하며, 남쪽으로 500~600m 거리에 북한강의 지류인 공지천이 동에서 서쪽으로 흐른다.

표 2 춘천 거두리 유적의 층위와 절대연대 측정 결과

지층 번호	명칭	유물층	시료 종류	연대측정 결과		비고
				OSL	AMS	
1지층	표토층					
2지층	암갈색 점토층	1유물층	목탄		28,100±200 BP	삭박된 soil wedge
3지층	적갈색점토 및 망간집적층	2유물층	Soil	62,000±3,000 BP		3a, 3b 층으로 구분 수평엽리구조 주먹도끼 출토
4지층	황적색 사질점토층	3유물층	Soil	57,000±4,300 BP		암편질 우세
5지층	암편이 포함된 점토층	4유물층				3개의 색조로 구분
6지층	모래층		Soil	78,000±4,800 BP		
7지층	뻘층			측정불가		유기질포함층
8지층	모래층		Soil	100,000±7,700 BP		
9지층	풍화자갈층					
10지층	기반암					

발굴조사 결과, 일부 발굴칸에 석기들이 집중되는 양상이 보이지만, 대개는 산발적으로 소량의 석기들이 출토되었다. 발굴면적(8,430m², 약 2,550평)에 비해 출토된 석기의 수는 시굴에서 87점, 발굴에서 340여 점 정도로 밀집도는 높지 않은 편이다. 석기는 2, 3, 4, 5지층에서 출토되었다(표 2). 2지층에서는 몇몇 발굴 칸에 한정되어 몸돌과 격지, 그리고 홈날 등 적은 양

---

11 한림대학교박물관 · 한국토지공사 강원지사, 『춘천 거두2지구 택지개발사업 문화재 시굴조사 약보고서』, 2005, 15~33쪽 ; 예맥문화재연구원, 『춘천 거두2지구 택지개발사업지구내(남서지구)유적 발굴조사 2차 지도위원회의 자료』, 2006, 1~27쪽.

의 석영제 석기가 출토되었다. 대부분의 석기는 3지층에서 출토되었는데, 몸돌, 격지, 돌조각을 포함하여 긁개, 홈날, 부리날, 밀개 등의 잔손질된 석기와 주먹도끼, 찍개, 주먹대패, 여러면석기 등의 몸돌석기들이다. 특히 이 지층에서는 모두 7점의 주먹도끼가 출토되었는데(사진 1), 이러한 특징적인 석기는 이 유적의 중요성을 말해준다. 주먹도끼류 석기의 암질은 운모가 섞인 규암 3점, 석영암 1점, 그 이외의 암질 3점으로 이루어져 있다. 몸체는 큰 격지 및 소형 격지를 이용한 것 5점, 자갈돌을 이용한 것 2점이다. 3점은 아주 자그마한 소형 주먹도끼이다. 2점의 주먹도끼는 위 끝 부분이 뾰족한 것이 아니라 비스듬하게 一字形 날을 이루고 있는 것(chisel edge, biseau)이 주목된다. 이는 그 기능과 관련된 것으로 여겨진다. 주먹도끼는 토양

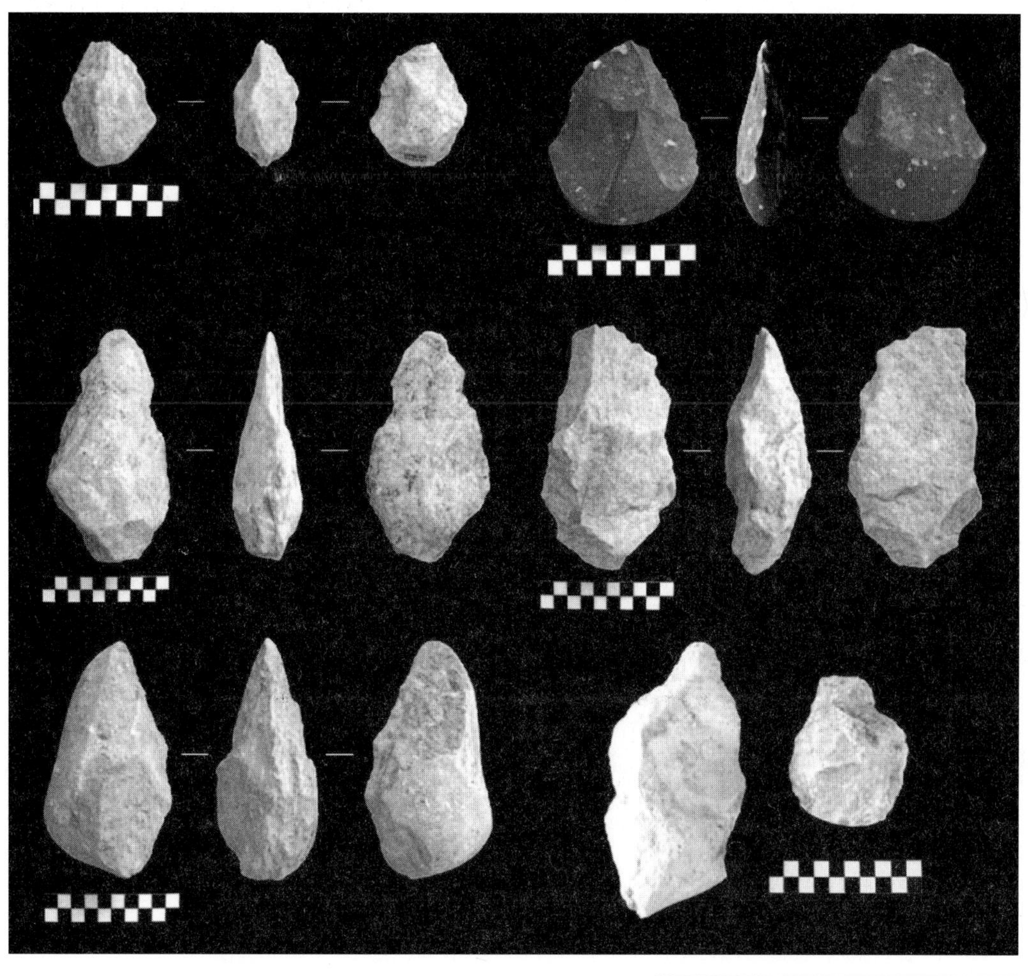

사진 1　춘천 거두리 유적의 주먹도끼류 (예맥문화재연구원, 2006)

쐐기 구조가 발달한 적갈색 점토층에서 나왔으며, OSL연대는 62,000±3,000 BP이다. 4지층에서는 몸돌과 대형격지, 여러면석기 등 10여 점의 석기가 특정 발굴칸에서만 다소 마모된 상태로 출토되어 재퇴적의 가능성이 제기되었다. 5지층에서는 몸돌과 대형격지, 찍개, 여러면석기, 주먹대패 등 30여 점의 대형석기가 출토되었다. 3, 4, 5지층에서 출토된 석기들은 석기구성과 크기, 제작수법 등에서 큰 차이가 없이 동일한 양상을 보인다.

2) 홍천강 유역

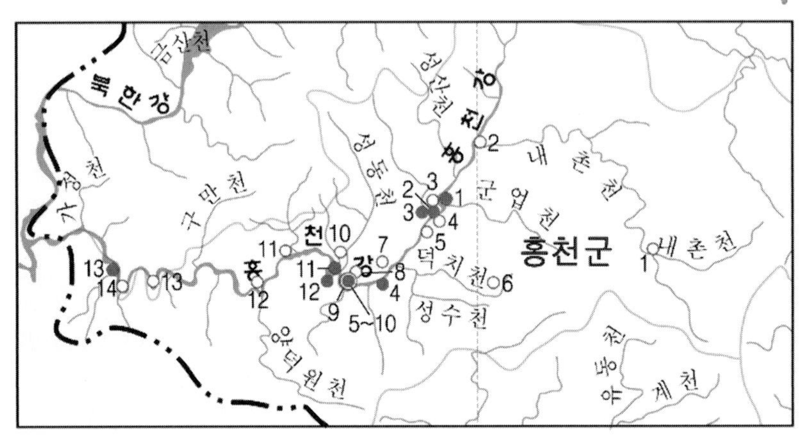

그림 13 홍천강 유역 구석기유적 분포도

(1) 홍천 내 · 외삼포리 유적

이 유적은 춘천-동홍천간 고속도로 건설공사 구간에 포함되어 2007년 3월부터 8월까지 발굴조사가 이루어졌다.[12] 발굴조사 이전에 이미 공사가 진행되어 거의 대부분 훼손된 상태였다. 조사지역은 홍천강이 외삼포리 일대를 U자형으로 감싸 안으며 흐르다가 지류 하천인 군업천과 합류하는 지점에 형성된 하상비고 40~50m 가량의 고위 하안단구면이다. 단구면은 동북-서남방향으로 길게 타원형을 이루고 있으며, 침식 계곡면이 생겨 크게 세 갈래의 구릉이 뻗어 나온 모습이다. A, B, C지구의 퇴적 양상은 다음 표 3과 같다.

표 3 홍천 내 · 외삼포리 유적의 층위와 절대연대 측정 결과

A지구			B지구			C지구		
지층	유물층	연대(OSL)	지층	유물층	연대(OSL)	지층	유물층	연대(OSL)
1.표토층			1.표토층			1.표토층		
2.명갈색 점토층	1		2.명갈색 점토층					
3.암갈색 점토층	2							
4.적갈색 점토층	3	51,000± 4,000 BP						
5.암갈색 점토층	4	53,000± 4,000 BP				2.갈색 점토층	1	
6.적색 점토층	5	53,000± 3,000 BP	3.적색 점토층	1	53,000± 3,000 BP	3.적색 점토층	2	54,000± 4,000 BP
7.암적갈색 점토층	6	58,000± 4,000 BP	4.암적갈색 점토층	2	58,000± 4,000 BP	4.암적갈색 점토층	3	56,000± 4,000 BP
8.하안 퇴적층			5.하안 퇴적층			5.하안 퇴적층		
9.자갈층			6.자갈층			6.자갈층 (모래끼임)		63,000± 4,000 BP
10.기반암								

A지구는 대략 8m 정도의 고도차를 보이는 서고동저형이며, 정상부와 사면부로 나뉜다. 석기는 주로 정상부에서 출토되었다. 1유물층에서는 몸돌, 격지, 돌조각, 자갈돌, 돌날 등 22점

---

12 최승엽 · 김연주, 『洪川 內 · 外三浦里 舊石器遺蹟』, 江原文化財研究所 · 한국도로공사강원건설사업단, 2009, 1~393쪽.

의 석기가 출토되었다. 특히 흑색 판암의 돌날 1점이 주목된다. 사면부의 2유물층에서는 격지 3점, 3유물층에서는 몸돌, 격지, 돌조각, 자갈돌 등 22점, 4유물층에서는 찍개, 여러면석기, 몸돌, 자갈돌 등 12점이 출토되었다. 정상부의 5유물층에서는 격지와 돌조각 등 13점, 6유물층에서는 석기 제작 과정에서 비롯된 몸돌 및 격지, 돌조각, 자갈돌과, 완성된 도구로 분류할 수 있는 찍개, 밀개, 긁개, 홈날, 대형 주먹찌르개 등 모두 50점이 출토되었다. B지구는 2개 유물층에서 몸돌, 격지, 돌조각, 자갈돌, 망치돌, 주먹대패, 찍개+긁개 등 12점의 석기가 출토되었다.

C지구에서 출토된 석기의 수는 216점으로, 세 지구 중에서 가장 많다. 1유물층에서는 몸돌 19점, 격지 56점, 돌조각 70점, 자갈돌 1점, 긁개 4점, 망치돌 2점, 홈날 3점 등 155점의 석기가 출토되었다. 이러한 석기구성은 석기 제작 활동과 밀접한 관련을 가지는 것이다. 특히 사용흔이 잘 남아있는 망치돌 1점과, 역시 사용흔이 잘 남아있는 2유물층의 모룻돌을 함께 생각한다면 이 지점에서 고인류의 석기제작 행위가 있었다고 판단된다. 2유물층에서는 몸돌, 격지, 돌조각, 자갈돌, 모룻돌, 홈날, 여러면석기, 긁개 등 37점, 3유물층에서는 몸돌, 격지, 돌조각, 자갈돌, 긁개 등 24점의 석기가 출토되었다.

(2) 홍천 구성포리 유적

이 유적은 춘천−동홍천간 고속도로 건설공사 구간에 포함되어 2008년 7월부터 10월까지 발굴조사가 이루어졌다.[13] 발굴조사 이전에 이미 공사가 진행되어 거의 대부분 훼손된 상태였다. 유적은 서북쪽에서 동남쪽으로 뻗어 내린 산록 완사면으로, 침식 계곡을 사이에 둔 독립된 구릉의 정상부에 위치한다. 유적의 동쪽으로는 홍천강이 동북쪽에서 서남쪽으로 곡류하고 있다. 내·외삼포리 유적의 홍천강 건너편에 위치하며, 하상비고 50~54m의 고위 단구면에 해당된다. 층위는 기반암과 모래/자갈층 위로 갈색 찰흙층(토양쐐기 구조), 적갈색 찰흙층, 암갈색 찰흙층(토양쐐기 구조, 유물층), 명갈색 찰흙층, 표토 순으로 쌓여있다. 석기는 암갈색 찰흙층에서 석영제 몸돌, 격지, 돌조각, 찍개, 긁개 등 40여 점 정도 출토되었다.

---

13 연세대학교 원주박물관,『춘천−동홍천간 고속도로 건설공사 구간 내 구성포리 구석기유적 발굴조사 현장설명회 자료』, 2008, 1~30쪽.

(3) 홍천 송정리 유적

이 유적은 군부대확장지역에 포함되어 2005년에 발굴조사가 이루어졌다.[14] 유적은 해발 306m정도의 산지에서 남서쪽으로 이어지는 195~179m 내외의 산록 완사면 말단부에 해당된다. 유적 앞으로는 소하천이 흘러 홍천강으로 유입된다. 발굴조사 결과, 지표 아래 갈색 점토층에서 여러면석기, 망치돌, 몸돌, 돌조각 각 1점씩, 모두 4점의 석기가 출토되었다. 석기가 출토된 갈색 점토층 하부에는 토양쐐기 구조가 나타난다. 워낙 소량의 석기가 출토되어 유적의 전모를 파악하기 어렵다. 군부대가 자리하고 있는 주변의 넓은 하안단구 평탄면이 고인류들의 주 활동 지역이었을 가능성이 크다.

(4) 홍천 연봉리 유적

홍천 연봉2지구 택지개발 사업지구내에서 구석기유적이 확인되어 2004년 10월~2005년 3월까지 발굴조사하였다.[15] 유적은 남산(해발 412.7m)을 배후산지로 하여 북쪽을 향해 완만하게 낮아지고 있는 해발 155~160m 내외의 구릉지역 말단부이다. 북쪽에는 홍천강이 동에서 서쪽으로 흐르고 있으며, 하상비고 35~40m 정도의 하안단구면을 이루고 있다.

표토층(1지층) 하부의 명갈색 점토층(2지층)에서는 격지, 돌조각 등 10점의 유물이 출토되었다(1유물층). 첫 번째 토양쐐기 구조가 나타나는 3지층은 연대측정 결과 41,600±600 BP가 나온 상부 암갈색 점토층으로, 긁개, 밀개, 홈날, 몸돌, 격지, 돌조각, 자갈돌 등 비교적 소형화된 석기가 85점정도 출토되었다(2유물층). 두 번째 토양쐐기 구조가 포함된 4지층은 연대측정 결과 45,900±1,200 BP로 나온 하부 암갈색 점토층으로, 찍개, 주먹대패, 홈날, 몸돌, 격지 등 22점의 석기가 출토되었다(3유물층). 1·2유물층의 석기들에 비해 상대적으로 크기가 큰 편이다.

위의 고토양층과 달리 아래로는 하성사력층이 우세하다. 5지층은 희미한 토양쐐기 구조가 나타나는 붉은색의 조립질 사면기원 점토층이고, 6지층은 50,000 BP이상으로 나온 짙은 밤색의 얇은 유기질 점토층이다. 이 지층 하부로는 적갈색의 사면퇴적물과 하상 자갈층이 약

---

14 김선주 외,『홍천 백이·돌터거리·송정유적−홍천군 관내 주둔지 편입부지내 유적 발굴조사 보고서−』, 江原文化財硏究所, 2009, 543~560쪽.

15 최승엽,『洪川 蓮峯 舊石器遺蹟』, 江原文化財硏究所·韓國土地公社 江原支社, 2007, 1~169쪽.

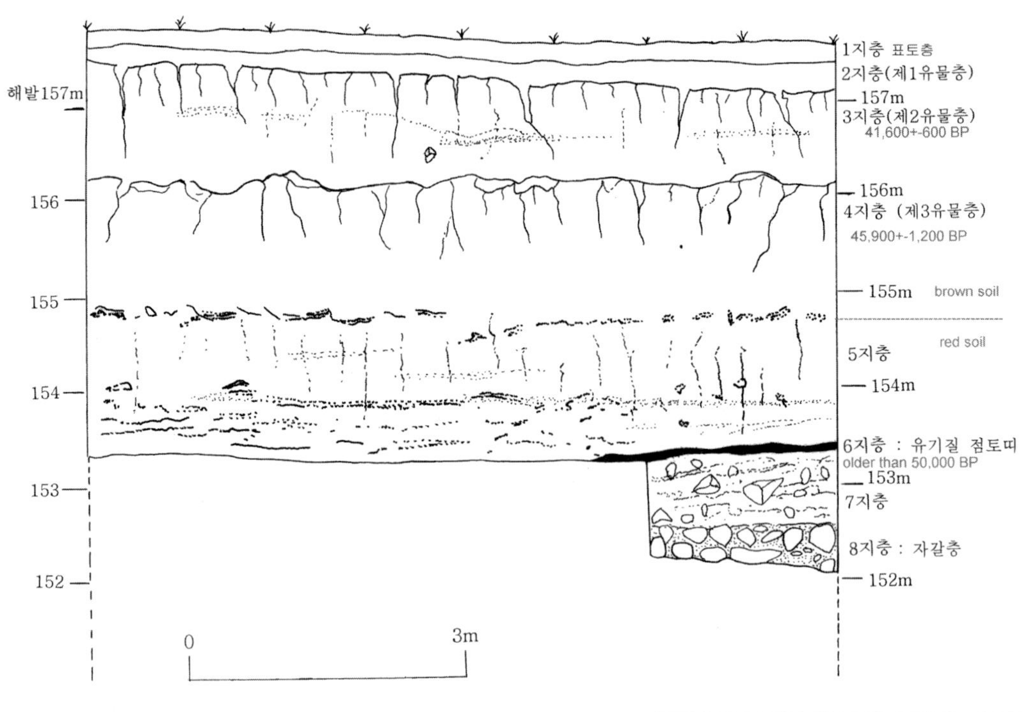

그림 14　홍천 연봉리 유적 층위 단면 (최승엽, 2007, 68쪽)

11~12m 가량 퇴적되어 있다(그림 14).

　이 유적에서는 산발적으로 소량의 석기가 출토되는 양상을 보인다. 따라서 유적의 성격상 사면퇴적이 이뤄지는 가운데 고인류가 잠시 방문하여 남긴 흔적일 가능성과, 이들 석기가 사면을 따라 토양과 함께 이동되었을 가능성 두 가지를 모두 고려해야한다.

(5) 홍천 하화계리 작은솔밭 유적

　2002년에 도로확포장 공사 구간 내에 포함되어 발굴조사가 이루어진 작은솔밭 유적은 해발 140m 내외의 중위면에 형성된 대표적인 유적이다.[16] 이 중위 단구면은 작은솔밭(해발 140m

---

16 崔福奎 · 安聖民 · 柳惠貞, 『국도 5호선(삼마치~홍천간)확 · 포장공사 구간 내 유적 발굴조사 보고서 : 洪川 下花溪里Ⅲ 작은솔밭 舊 · 中石器遺蹟』, 원주지방국토관리청 · 강원대학교유적조사단, 2004, 52~65쪽.

내외)에서 가들기(해발 150m 내외)까지 약 500~600m 정도 범위이다.

작은솔밭의 층위 단면은 하화계리 일대 구석기 유적군의 층위 변화와 석기구성상의 변화, 연대를 설정하는데 중요한 기준 층위 역할을 할 수 있다고 여겨진다. 왜냐하면 층위 구성상 상부의 갈색 점토대와 하부의 적색 점토대가 모두 나타나며, 각 지층마다 적절한 절대연대 측정치가 확보되어 있고, 석기구성상 세석기 단계(흑요석 좀돌날몸돌 및 좀돌날 포함)부터 주먹도끼가 포함된 단계까지 모두 확인할 수 있기

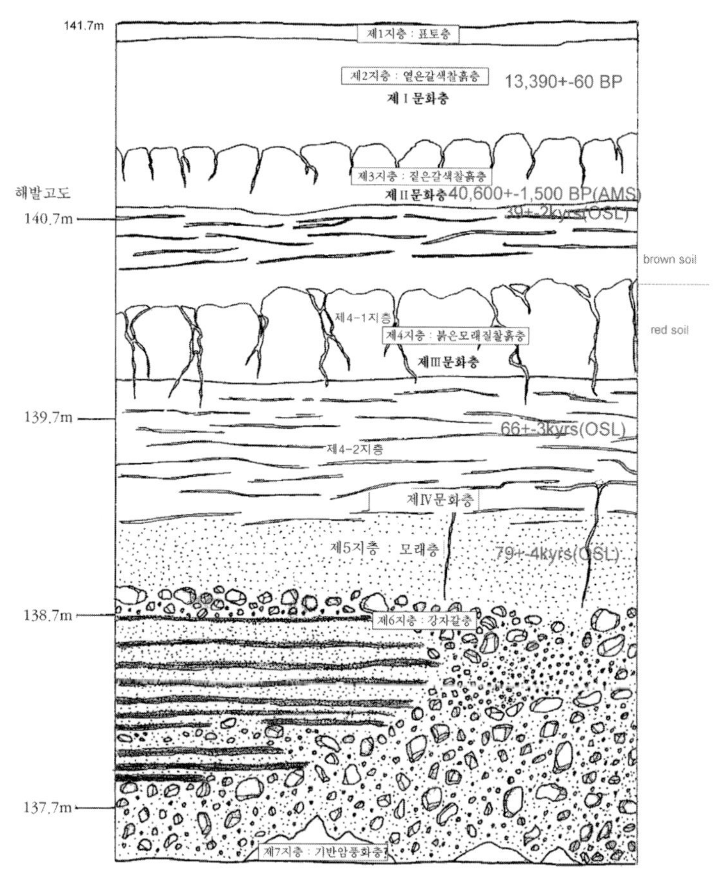

그림 15 홍천 하화계리 작은솔밭 유적 층위
(崔福奎 · 安聖民 · 柳惠貞, 2004, 54쪽 재구성)

때문이다. 작은솔밭 유적의 층위와 유물층, 절대연대 측정 결과, 석기 양상을 위에서 아래로 내려가면서 살펴보면 다음과 같다(그림 15). 이 유적에서는 모두 3,000여 점의 석기가 출토되었다.

제1지층 : 표토층으로, 지표면의 해발 높이는 141.7m 내외이다.

제2지층 : 명갈색 점토층으로, 퇴적 두께는 약 50cm 안팎이다. 황갈색을 보이는 느슨한 토양 구조로, 토양쐐기 구조가 발달한 치밀한 고토양대 위에 놓여 있다. 이 지층에서는 석영, 수정, 반암, 이암 등으로 만든 석기와, 흑요석제 좀돌날몸돌 및 좀돌날, 밀개, 뚜르개 등의 세석기가 격지, 부스러기, 돌조각 등과 함께 2,267점정도 집중적으로 출토되어 사둔지 유적과 동시기의 석기구성상을 보여준다(제 I 유물층, 그림 16). 이 지층에서 수습한 숯을 가지고 AMS 연대측정한 결과는 13,390±60 BP이다.

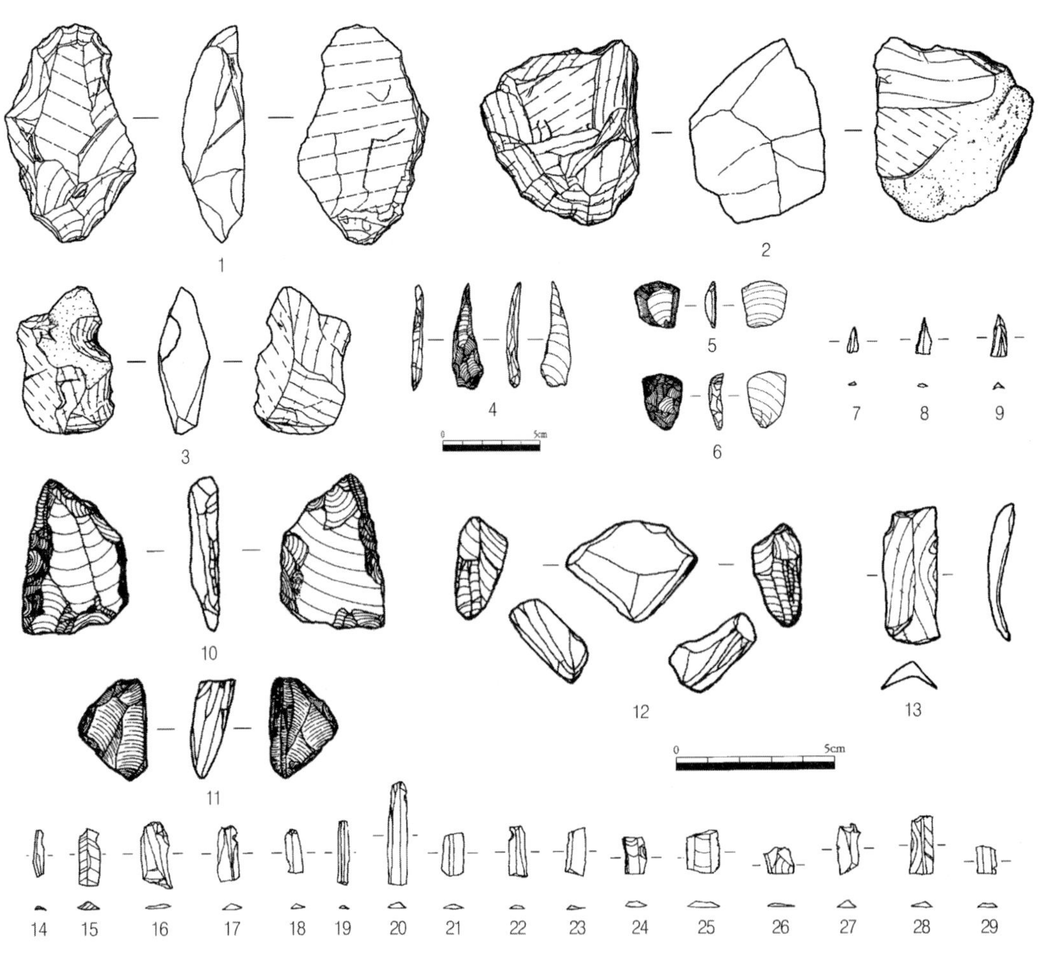

그림 16 홍천 하화계리 작은솔밭 유적(崔福奎 · 安聖民 · 柳惠貞, 2004)의 1유물층 석기
(1~2 : 긁개, 3 : 홈날, 4 : 긁개, 5~6 : 밀개, 7~9 : 뚜르개, 10~12 : 좀돌날몸돌, 13 : 돌날, 14~29 : 좀돌날)

제3지층 : 암갈색 점토층으로, 퇴적 두께는 70~80cm 정도 된다. 이 지층에서는 첫 번째 토양쐐기 구조가 나타난다. 하단부에는 엽상구조도 나타난다. 이 지층의 하단부에서는 석영제의 찍개, 긁개, 밀개, 몸돌, 격지, 돌조각 등의 석기가 787점 출토되었다(제II유물층, 그림 17). 위 유물층의 석기들보다 크기가 다소 큰 편이며, 석영 이외의 돌감이 거의 사용되지 않았다. 이 지층의 AMS 연대는 40,600±1,500 BP, OSL 연대는 39±2 ka BP로 나왔다.

제4지층 : 적갈색 점토 및 사질점토층으로, 상단부(제4-1지층, 적갈색 점토층)는 비교적 점토의 양이 많은 반면, 하부(제4-2지층, 적갈색 사질점토층)로 갈수록 모래의 양이 증가한다. 이 지층 상부의 퇴적물이 갈색조를 보인 반면, 이 지층부터 적색조로 변화되었으며, 제4-1지

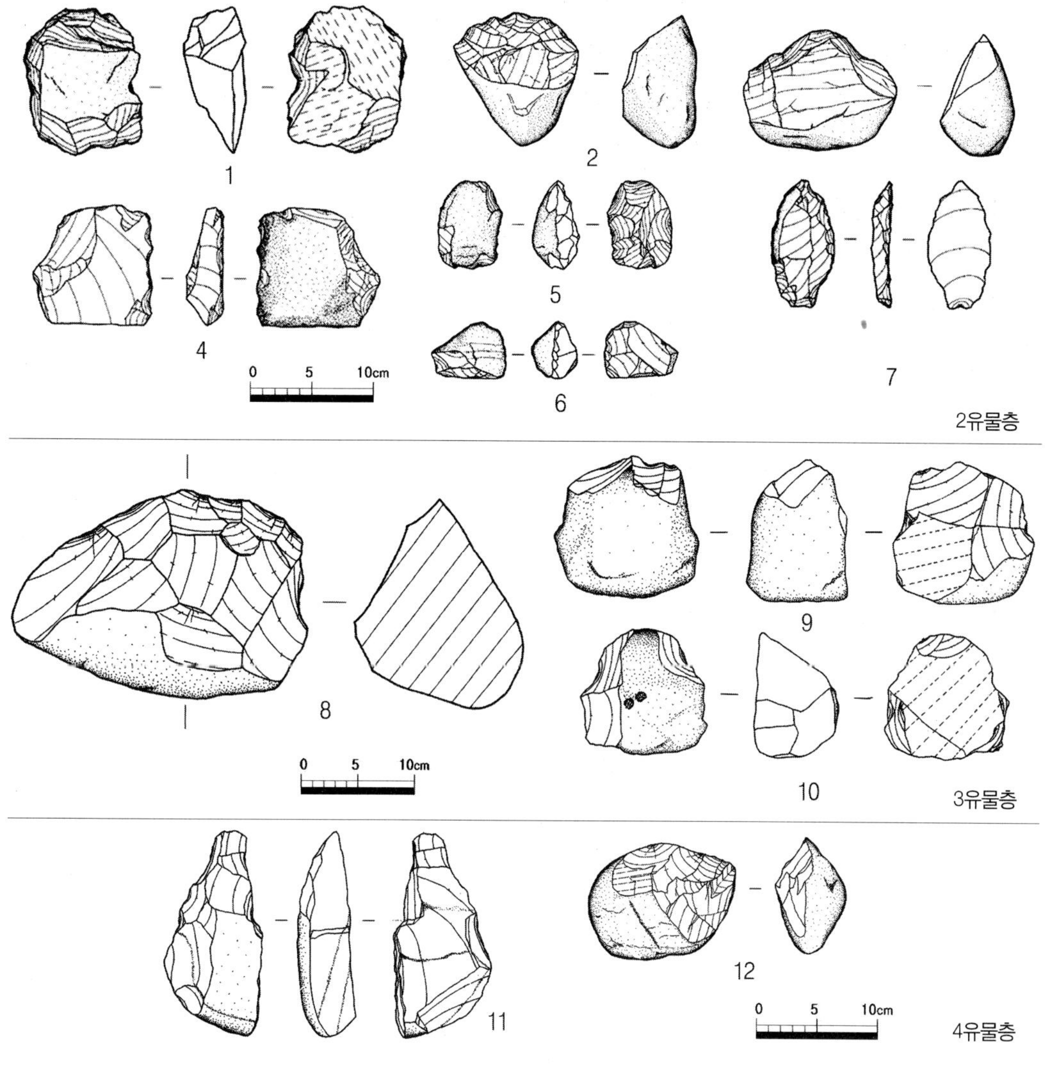

그림 17　하화계리 작은솔밭 유적(崔福奎 · 安聖民 · 柳惠貞, 2004)의 2 · 3 · 4유물층 석기
(1 : 주먹대패, 2~3 : 찍개, 4~7 : 긁개, 8~9 : 찍개, 10 : 주먹대패, 11 : 주먹도끼, 12 : 찍개)

층에서 두 번째 토양쐐기 구조가 나타난다. 제3지층과 제4-1지층의 층간 경계면에서부터 아래로 찍개 및 주먹대패 등 비교적 대형의 석기들이 격지, 부스러기, 돌조각 등과 더불어 226점 출토되었으며(제Ⅲ유물층, 그림 17), 제4지층의 하단부, 즉 제4-2지층에서 주먹도끼와 주먹찌르개(handaxe/pick) 등 18점의 석기가 출토되었다(제Ⅳ유물층, 그림 17). 제4-2지층(적갈색 사질점토층)의 OSL연대는 66±3 ka BP로 나왔다.

제5지층 : 모래층으로, 대개 붉은색을 띤다. 대표 단면에서는 두께가 별로 두텁지 않지만, 보다 북쪽 지역에서는 3m 이상 계속되며, 망간의 농집 현상이 두드러진다. 대표 단면의 모래층에서 얻은 OSL 연대는 79±4 ka BP이다.

제6지층 : 강자갈층으로, 중위 단구면의 기저역층이다.

제7지층 : 기반암 풍화층(?)

이상의 층위 기술은 발굴보고서의 층위 관련 설명을 기조로 하여 필자가 재구성한 것이다. 발굴은 주로 Ⅰ·Ⅱ유물층에 국한되었으며, 그 하부 유물층은 일부분만이 조사된 채 보존 결정되었다.

(6) 홍천 하화계리 수삼수매장 부지내 유적

이 유적은 한국인삼공사의 홍천 수삼수매장부지에 포함되어 2006년 5~7월까지 시굴조사가 이루어졌다.[17] 馬山(170.3m)이라 불리는 산줄기가 동북−서남방향으로 뻗어 국도5호선과 만나는데, 그 서쪽 지역에 해당된다. 동남쪽으로 약 300~400m 거리에 작은솔밭 유적이 자리하고 있다. 이 유적은 시굴조사 이전에 이미 공사가 진행되어 거의 대부분 훼손된 상태였고, 건물 뒤편에 지극히 협소하게 원지형 일부가 남아있는 곳을 조사하였다.

층위는 과거의 하상층인 자갈층 위로 모래층(OSL : 95,000±6,000 BP), 사질점토층(OSL:52,000±3,000 BP), 황갈색 점토층(3유물층, OSL: 40,000±3,000 BP), 암갈색점토층(2유물층), 황갈색 점토층, 암적갈색 점토층(1유물층), 표토 순으로 쌓여있다. 보조단면에서 얻은 OSL연대는 사질점토층이 71,000±4,000 BP, 73,000±3,000 BP이고, 그 상부 점토층에서 68,000±3,000 BP로 나오는 등 기준 층위 단면보다 오래된 연대 값을 보인다. 또 다른 보조단면에서 사질점토층보다 약간 상부에 망간이 집적된 점토층의 연대는 59,000±3,000 BP이다. 사질점토층에서는 지중에 굴을 파고 사는 과거 척추동물의 생활흔적인 서관구조(burrow)가 다수 발견되었다.

석기는 모두 58점이 출토되었다. 1유물층에서 몸돌 2점, 격지 9점, 돌조각 14점, 자갈돌 1점이 출토되었고, 2유물층에서는 몸돌 1점, 격지 5점, 돌조각 6점이 출토되었다. 3유물층에서는

---

17 최승엽·김연주,『洪川 下花溪里 水蔘收買場 建築敷地內 舊石器遺蹟 試掘調査 報告書』, 江原文化財研究所·(주) 한국인삼공사, 2008, 1~179쪽.

소형 찍개 1점, 주먹찌르개 1점, 몸돌 1점, 격지 10점, 돌조각 7점이 출토되었다.

(7) 홍천 하화계리 사둔지 유적

홍천강 유역의 선사유적이 주목받기 시작한 것은 지난 1991년에 중앙고속도로 건설 구간내에 포함되어 있던 홍천군 북방면 하화계1리의 '사둔지'에서 강원대학교박물관 조사단에 의해 다량의 흑요석제 세석기들이 발굴조사되면서부터라고 할 수 있다.[18] 이 유적에서는 석영, 흑요석, 수정, 판암, 반암 등 다양한 암질로 만든 좀돌날몸돌 및 좀돌날, 긁개, 밀개, 새기개, 뚜르개 등 세석기들이 수 천점 발굴됨으로써, 특정한 한 시기의 문화유형으로 설정할 수 있을 만큼 특징 있는 유물 양상을 보여주는 충분한 양의 자료가 확보되었다. 이 유적의 발굴을 계기로

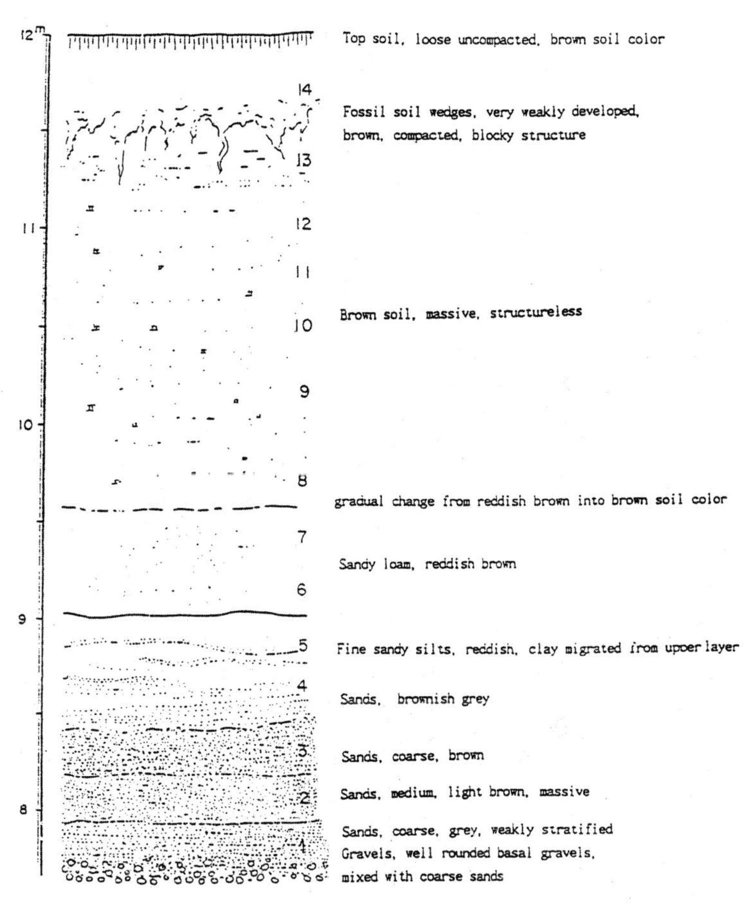

그림 18 홍천 하화계리 사둔지 유적 층위 (이동영 · 김주용 · 한창균, 1992, 250쪽)

우리나라 후기구석기 최말기 혹은 중석기시대의 문화양상을 논의하는 본격적인 출발점이 되었다. 사둔지 유적은 홍천강과 바로 연접해 있으며, 하상비고 12~13m 내외의 저위 단구면에

---

18 최복규 · 김용백 · 김남돈, 「홍천 하화계리 중석기시대유적 발굴조사보고」, 『中央高速道路 建設區間內 文化遺蹟 發掘調査 報告書』, 江原道, 1992, 13~244쪽.

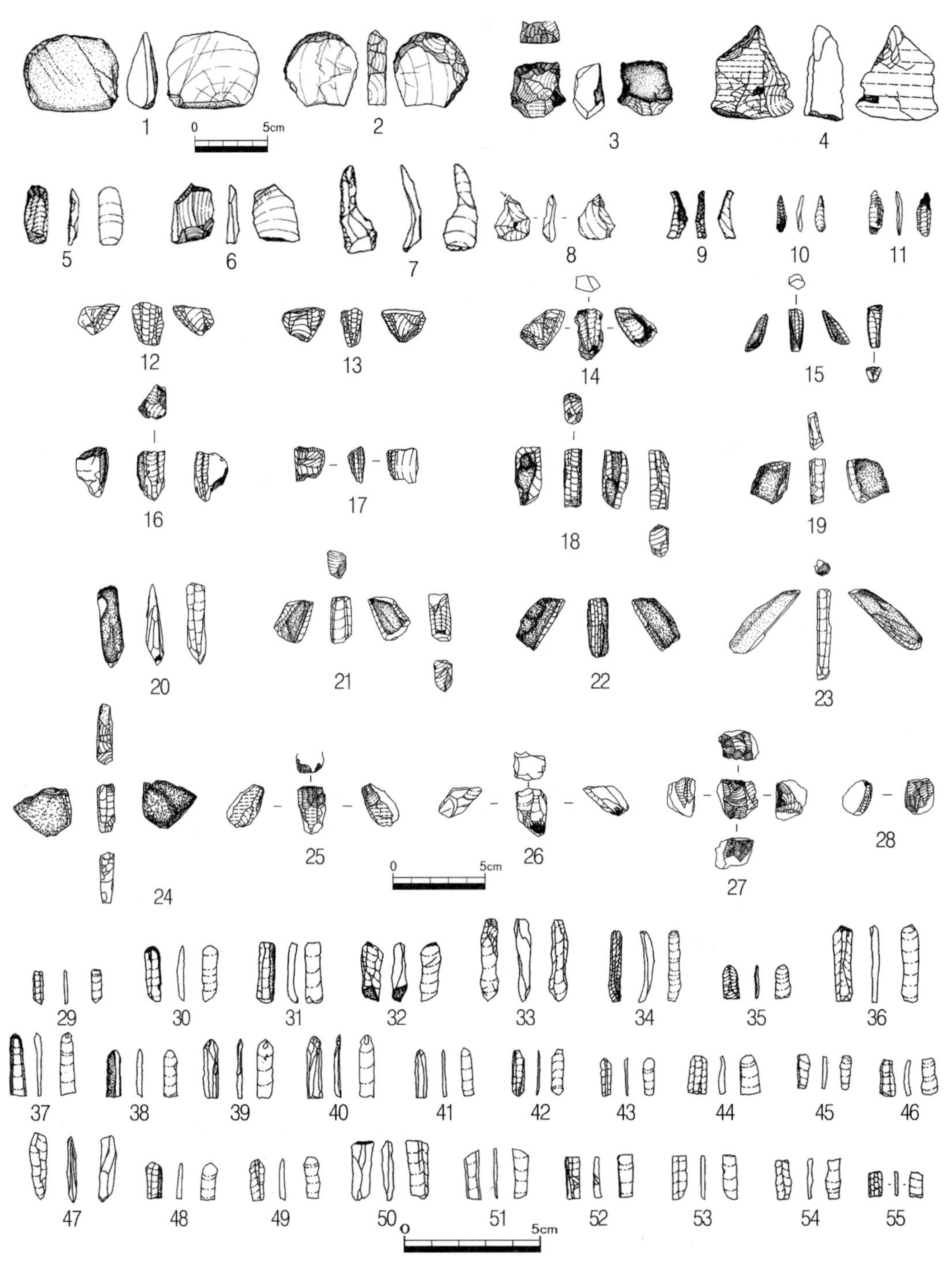

그림 19 홍천 하화계리 사둔지 유적 (최복규 · 김용백 · 김남돈, 1992) 석기

(1~3 : 긁개 및 밀개, 4 : 찌르개, 5 : 밀개, 6~7 : 긁개, 8 : 새기개, 9 : 톱니날, 10~11 : 뚜르개, 12~28 : 좀돌날몸돌, 29~55 : 좀돌날)

형성된 대표적인 세석기 유적이다.

이 유적에서는 다양한 제작기법을 보이는 좀돌날몸돌이 27점 발굴되었고, 여기에서 산출된 좀돌날의 수는 515점에 이른다. 특히 흑요석이 834점, 수정이 159점이나 발견되어 주목되는 데, 우리나라 단일유적중에서는 가장 많은 수량이 출토된 사례이다. 또한 석영, 흑요석, 수정 등 한 종류의 암질만을 주로 다룬 석기제작장이 각각 분리되어 있음이 확인되었다. 한 유물층 내에서 각기 다른 돌감의 석기제작장이 독립되어 발견된 것은 한국의 구석기유적 중 드문 예 에 속한다. 이것은 이미 이 시기에 돌감에 따른 석기 제작에 전문화된 영역이 있었음을 보여 주는 중요한 사례이다.

이곳에서 유물들이 출토되는 층위는 지표교란층을 제외한 최상부의 명갈색 점토층에 해당 되며, 퇴적 두께는 약 30~50cm 정도 된다(그림 18). 이 지층은 우리나라 구석기유적의 최후 점토퇴적 단위로서, 하부 고토양층과는 달리 토양쐐기 구조가 발달하지 않았으며, 치밀하거 나 단단하지 않은 느슨한 토양층이다. 2002년도에 발굴조사가 이뤄진 하화계리 '작은솔밭' 유적에서도 동일 지층에서 다량의 흑요석제 좀돌날몸돌 및 좀돌날 등 세석기들이 발굴된 바 있으며, 13,390±60 BP(AMS)의 절대연대 측정치가 확보되어 이 지층과 유물층의 형성시기를 가늠케 해준다. 약 1만 3천년 전의 연대를 보이는 이 유적의 대표적인 석기구성상은 흑요석과 그 이외의 다양한 암질들로 제작된 좀돌날몸돌 및 좀돌날, 밀개, 긁개, 뚜르개, 새기개 등 세석 기이며(그림 19), 이는 후기 갱신세 말에서 전신세로 접어드는 길목에서 나타나는 자연환경의 변화와 그 변화에 선택적으로 적응한 인류 생활 양상의 변화를 반영하는 것으로 볼 수 있다.

(8) 홍천 하화계리 도둔 유적

1995년에 하이트맥주공장 건립부지에 대한 발굴조사가 이루어진 도둔 유적은 앞서 살펴 본 사둔지 유적과 홍천강 건너편으로 아주 가까운 거리에 위치하고 있을 뿐만 아니라 지형적으 로도 하상비고 14m 내외의 저위 단구면에 형성되어 있다는 점에서 서로 층위를 비교하기에 적합하다. 사둔지 유적의 석기 출토 양상만큼은 흥미롭지 못하지만, 동일한 층위 내에서 유물 이 출토된다는 사실이 주목된다.[19] 이 유적에서는 지표하 토양쐐기 구조 상부의 명갈색 점토 층에서 석영제 소형석기 중심의 유물군이 확인되었다(그림 20).

---

19 최복규 · 최승엽 · 이해용, 『홍천 하화계리 도둔 중석기유적 발굴조사 보고서』, 강원고고학연구소, 1996, 1~196쪽.

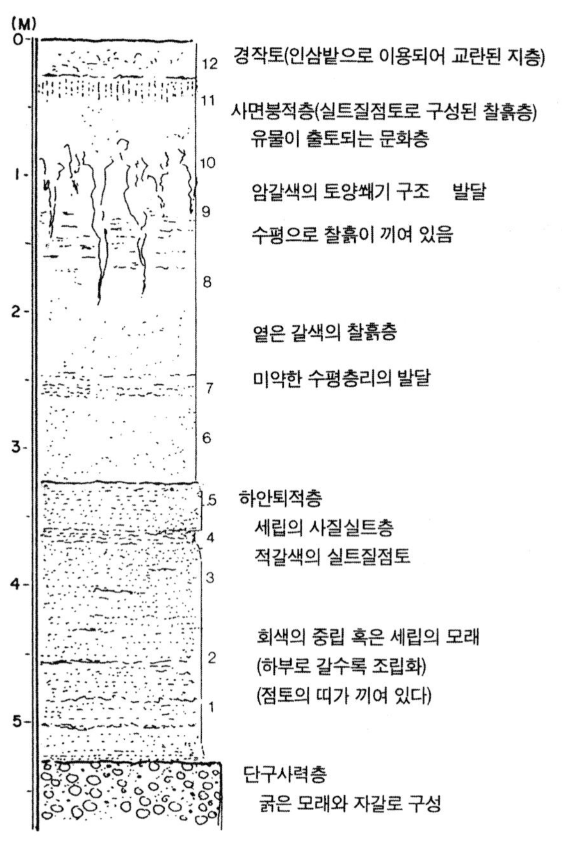

그림 20 홍천 하화계리 도둔 유적 층위 (이동영, 1996, 171쪽)

석기는 조사면적 전체에 고르게 분포하지 않으며, 소규모의 특정 구역에서만 약 800여 점정도 집중되어 출토되는 양상을 보인다. 대부분 석기제작과정에서 생겨나는 몸돌과 격지, 돌조각의 비율이 압도적이며, 특히 3cm 미만의 잔격지 및 부스러기들이 높은 비중을 차지한다. 석기구성상 찍개나 주먹대패 등 대형 몸돌석기가 매우 드문 반면, 긁개, 밀개, 째개, 뚜르개 등의 소형석기가 매우 높은 비율을 차지한다. 이러한 석기구성상의 특징과 여러 점의 되붙는 유물 등을 감안할 때, 소규모의 특정 구역에서 짧은 시간동안 머물며 석기제작 행위가 이루어진 것으로 보인다. 좀돌날몸돌 및 좀돌날과 같은 특징적인 석기는 출토되지 않았지만,

소량의 니암제 석기와 지표에서 수습된 반암제 돌날은 유적의 형성시기를 판단하는데 도움을 준다.

(9) 홍천 하화계리 돌터거리 유적

2005년에 군부대 확장 지역에 포함되어 발굴조사가 이루어진 돌터거리 유적은 패봉산(해발 155.1m)에서 서남쪽으로 뻗어 내린 구릉의 말단부 평탄면에 형성된 유적이다.[20] 유적의 한

---

20 김선주 외,『홍천 백이·돌터거리·송정유적―홍천군 관내 주둔지 편입부지내 유적 발굴조사 보고서―』, 江原文化財硏究所, 2009, 343~541쪽.

쪽편으로는 성동천이 부사원천과 합류하여 구릉의 지맥 흐름과 평행하게 흘러 홍천강으로 유입되고, 다른 한편에는 구릉이 뻗어나간 방향과 나란하게 구하도로 추정되는 우묵한 저지대 농경지가 펼쳐져 있다.

기반암 풍화층과 하성층인 모래자갈층 위로 갈색사질층, 황갈색사질층(OSL연대 41.7±2.7 BC, 45.5±2.0 BC), 연갈색 점토층, 농갈색 점토층(유물층), 지표교란층 순으로 퇴적되어 있다(그림 21). 석기는 지표 아래 토양쐐기 구조가 관찰되는 농갈색 점토층에서 출토되며, 이 지층의 상단부는 논으로 경작하기 위해 인위적으로 삭토했기 때문에 토양쐐기 상단부는 이미 잘려나간 모습이다.[21]

석기는 지표채집품까지 포함하여 모두 562점 정도 되는데, 거의

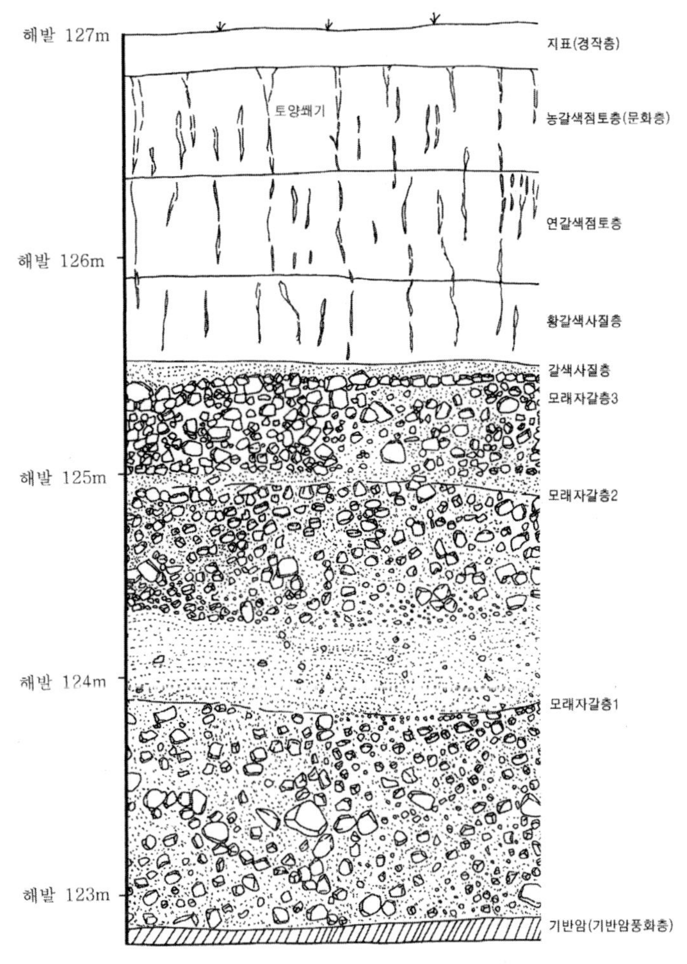

그림 21 홍천 하화계리 돌터거리 유적 층위 (김선주 외, 2009, 353쪽)

대부분이 석영제 석기이다(그림 22). 조사지역 전체에서 출토된 것이 아니라 일정한 거리를 두고 떨어져 있는 대략 두 군데의 소규모 석기집중 구역(약 23.5m²와 33.63m²의 면적)을 중심으로 분포하고 있다. 이 석기집중 구역 밖에서는 거의 석기가 출토되지 않는 빈 공간이다. 석기집중 구역에서는 몸돌과 격지, 돌조각 등 석기제작 과정에서 버려지는 종류가 92.8%를 차지하는 가운데, 망치돌, 모룻돌이 함께 출토되었다. 특히 돌조각은 약 400점(72.2%) 정도로 거의 대부분을 차지한다. 또한 두 군데의 석기집중 구역에서 각각 8개체 23점과 12개체 105점

---

21 지표 및 교란층에서 흑요석제 좀돌날몸돌 및 긁개, 격지 등이 소량 수습되었는바, 인위적인 삭토 이전에는 농갈색 점토층 위로 명갈색점토층이 존재했을 것으로 여겨진다.

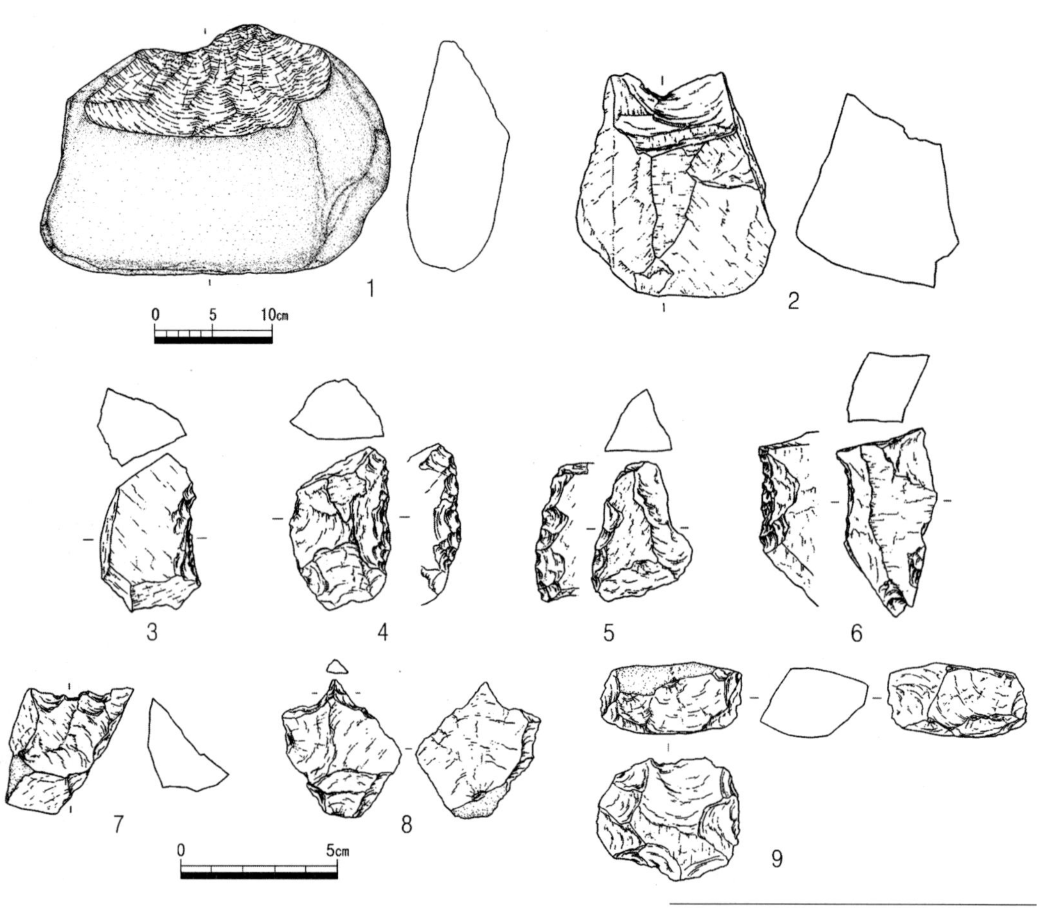

그림 22　홍천 하화계리 돌터거리 유적(김선주 외, 2009)의 석기
(1 : 찍개, 2 : 홈날, 3~6 : 긁개, 7 : 톱니날, 8 : 뚜르개, 9 : 몸돌)

등 여러 세트의 되붙는 유물이 확인되어 석기제작 행위가 이루어진 지점으로 여겨진다. 이와 더불어 긁개, 밀개, 홈날, 톱니날, 뚜르개 등의 석영제 소형석기가 소량 출토되었다. 석기의 구성과 돌감은 매우 단순한 편이다. 이러한 정황과 더불어 되붙는 유물의 돌감이 7개 정도의 자갈돌 종류로 파악되는 바, 소규모의 특정 구역에서 비교적 짧은 시간동안 머물며 적은 양의 돌감을 이용하여 석기제작행위가 이루어진 것으로 보인다.

(10) 홍천 하화계리 백이 유적

2005년에 군부대 확장지역에 포함되어 발굴조사가 이루어진 백이 유적은 해발 156m 내외

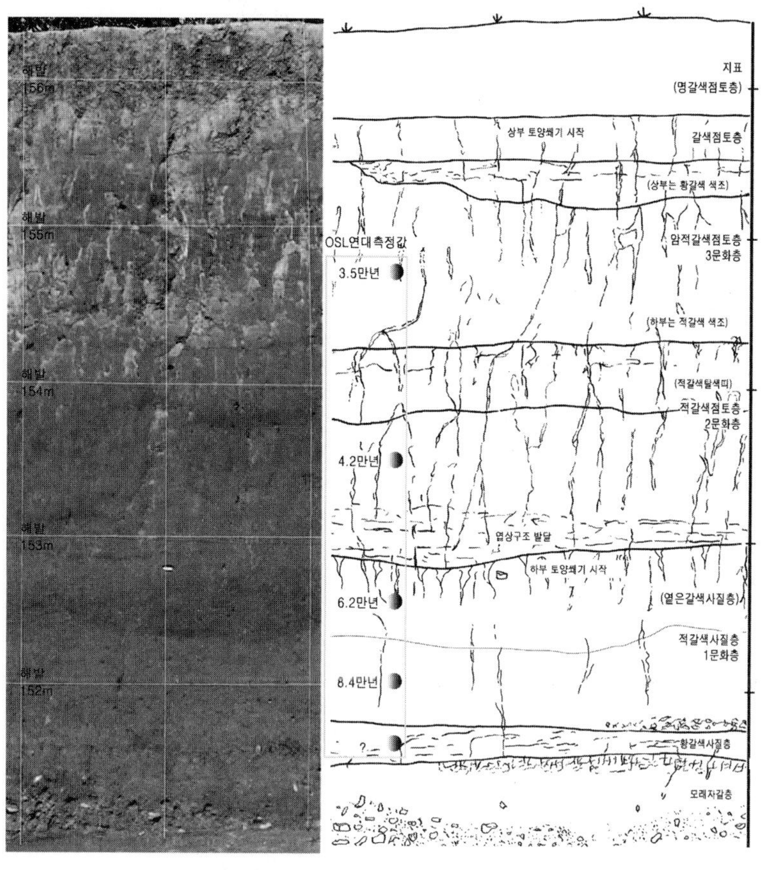

그림 23   홍천 하화계리 백이 유적의 기준 층위 단면도 (김선주 외, 2009, 69쪽)

의 고위면에 형성된 대표적인 유적이다.[22] 유적은 부사원천에서 남서쪽으로 약 150m, 홍천강에서 북동쪽으로 약 500m 정도 떨어진 지점으로, 양 하천 사이의 중간에 위치한다. 부사원천 방향으로는 급경사면을 이루어 깎아지른 절벽의 형상이며, 홍천강 방향으로는 비교적 완만한 경사면을 이루다가 강변으로 이어진다.

이 유적의 층위를 일목요연하게 설명하기는 쉽지 않은데, 그 이유는 비교적 오랜 시간의 경과를 반영하듯 지형 굴곡이 심할뿐더러 침식과 후기 퇴적의 국지적 현상, 지형 경사 등으로 인해 층간 변화가 획일적이지 않고 구간별로 다양하기 때문이다.

---

22 江原文化財研究所, 『홍천 백이 · 돌터거리 · 송정유적—홍천군 관내 주둔지 편입부지내 유적 발굴조사 보고서—』, 2009, 57~342쪽.

층위는 기반암과 하성층인 모래자갈층 위로 황갈색 사질층, 적갈색 사질층(1유물층, 84.0±6.1 ka BC), 엷은 갈색 사질층(62.0±3.2 ka BC), 적갈색 점토층(2유물층, 42.0±1.8 ka BC, 42.5±2.6 ka BC), 암적갈색 점토층(3유물층, 34.0±1.2 ka BC, 35.9±5.0 ka BC), 갈색 점토층, 명갈색 점토층, 표토 순으로 정리될 수 있겠다(그림 23). 석기가 출토된 1, 2, 3유물층의 토양색은 전반적으로 적(갈)색을 띠며, 그 상부에는 갈색 토양대가 놓여 뚜렷이 구분된다.

1유물층에서는 모두 492점의 석기가 출토되었는데, 조사 범위 전체에 분포하는 양상을 보인다. 따라서 어느 특정 구역에서의 집중도는 낮은 편이다. 1유물층에서는 석기제작 과정에서 생겨나는 몸돌(61점), 격지(76점), 돌조각(149점)이 가장 많은 수를 차지한다. 도구 중 몸돌석기는 찍개 23점, 여러면석기 12점, 주먹대패 10점, 주먹도끼 5점, 주먹찌르개 4점으로 모두 54점이다. 잔손질된 소형석기는 긁개 22점, 홈날 5점, 부리날 3점, 밀개와 찌르개 각 1점으로, 모두 32점이다. 그 이외에 손질된 돌조각 5점, 자갈돌 114점, 망치돌 1점이 있다. 서로 되붙는 석기는 6세트가 확인되었다. 돌감은 규암 371점, 석영 115점, 산성화산암 4점, 기타 2점 순으로, 석영보다 양질의 규암이 더 선호되었음을 알 수 있다. 1유물층은 석기가 출토되는 가장 오래된 퇴적층일 뿐만 아니라 주먹도끼, 주먹찌르개, 주먹대패, 찍개, 여러면석기 등 중대형 몸돌석기가 유물군을 주도하고 있다는 점이 주목된다.

2유물층에서는 모두 139점의 석기가 출토되었는데, 조사 범위 중 주로 북서쪽 구릉 정상부에 집중 분포하는 양상을 보인다. 2유물층의 석기구성은 몸돌 17점, 격지 23점, 돌조각 34점, 도구 25점, 자갈돌 40점이다. 도구 중 몸돌석기는 주먹대패 9점, 찍개 4점, 주먹도끼 2점, 여러면석기 2점으로 모두 17점이다. 잔손질된 소형석기는 긁개 7점, 홈날 1점으로, 모두 8점이다. 서로 되붙는 석기는 8세트가 확인되었다. 돌감은 규암 110점, 석영 29점으로, 석영보다 양질의 규암이 더 선호되었다.

3유물층에서는 모두 340점의 석기가 출토되었는데, 분포 범위는 2유물층과 동일하게 북서쪽 구릉 정상부에 집중된다. 3유물층의 석기구성은 몸돌 45점, 격지 52점, 돌조각 122점, 도구 45점, 손질된 돌조각 3점, 자갈돌 73점이다. 도구 중 몸돌석기는 주먹대패 9점, 찍개 11점, 주먹도끼 6점, 주먹찌르개 4점, 여러면석기 4점으로 모두 34점이다. 잔손질된 소형석기는 긁개 7점, 홈날 3점, 부리날 1점으로, 모두 11점이다. 서로 되붙는 석기는 9세트가 확인되었다. 돌감은 규암 239점, 석영 89점, 산성화산암 9점, 기타 3점으로, 역시 석영보다 양질의 규암이 더 선호되었다.

이 유적에서는 주로 주먹도끼(handaxe), 주먹찌르개(pick)와 함께 주먹대패(rabot), 찍개(chopper), 여러면석기(polyhedron) 등 비교적 중·대형의 석기갖춤새가 드러나 홍천강 유역에서 비교적 이른 시기의 석기구성상을 보여주고 있다(그림 24).

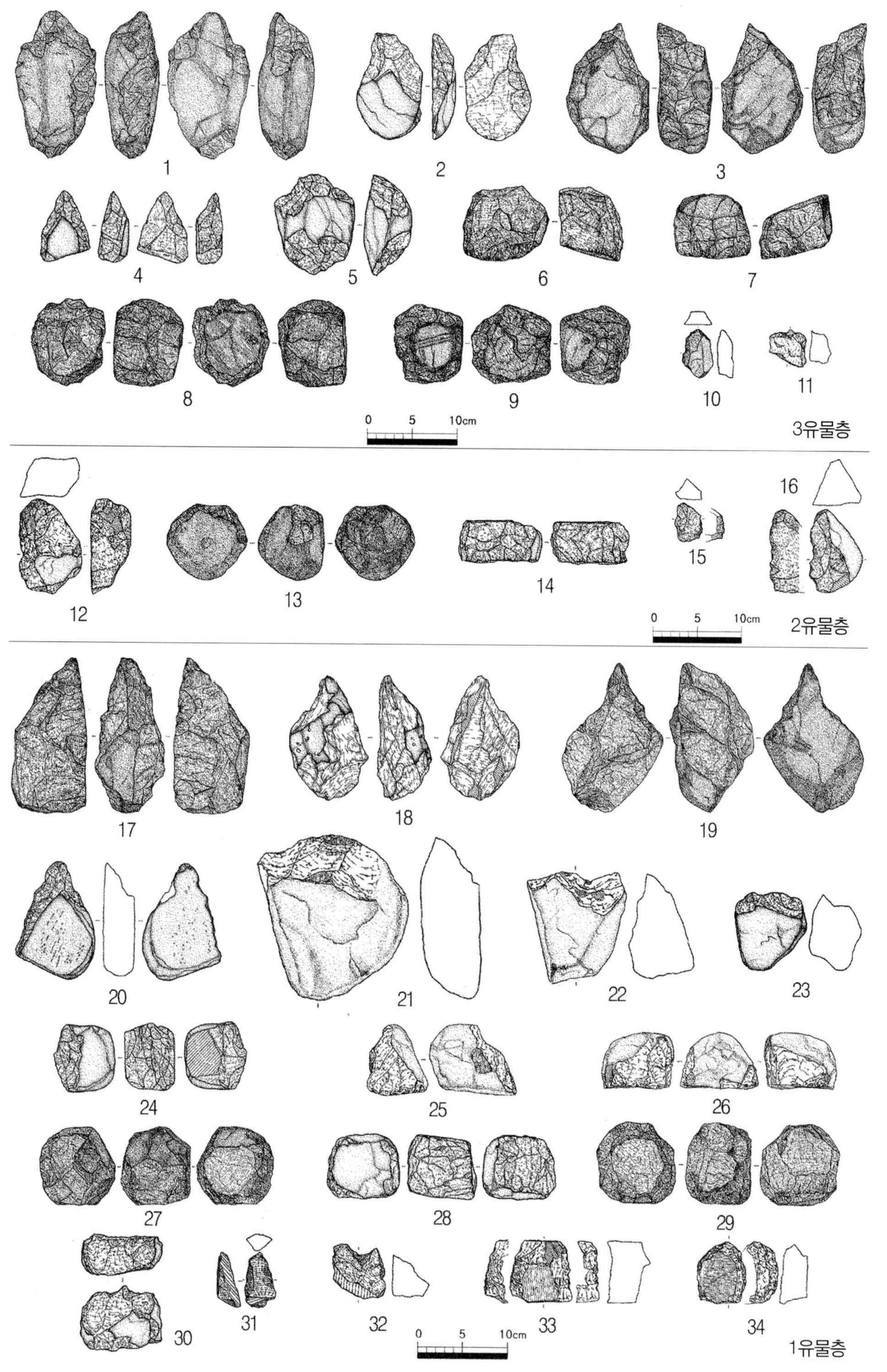

그림 24   홍천 하화계리 백이 유적(김선주 외, 2009)의 석기

(1~4 : 주먹도끼류, 5 : 찍개, 6~7 : 주먹대패, 8~9 : 여러면석기, 10 : 긁개, 11 : 부리날, 12 : 찍개, 13 : 여러면석기, 14 : 주먹대패, 15~16 : 긁개, 17~20 : 주먹도끼류, 21~24 : 찍개, 25~26 : 주먹대패, 27~29 : 여러면석기, 30 : 부리날, 31 : 찌르개, 32 ; 홈날, 33~34 : 긁개)

(11) 홍천 모곡리 유적

이 유적은 홍천 모곡—발산간 도로구간내에 포함되어 2008년 6~10월까지 발굴조사가 이루
어졌다.[23] 조사지역은 동쪽으로 홍천강이 곡류하여 모곡리 일대를 감싸 안으며 흐르고, 남쪽
과 북쪽에서 각각 소지류 하천인 길곡천과 장락천이 홍천강에 유입되는 가운데 부분에 형성
된 해발 76m 내외의 하안단구면이다. 주변에는 모곡리보다 약간 상류쪽으로 홍천강이 U자형
으로 심하게 곡류하는 지점에 한덕리, 통곡리 구석기유적이 위치하고 있다.

층위는 지점에 따라 차이가 있지만, 대체로 지표교란층 아래로 명갈색 점토층(1유물층), 암
갈색 점토층(첫 번째 토양쐐기 구조, 2유물층), 황색 사질토층(3유물층), 황갈색 점토층, 암갈
색 점토층(토양쐐기 구조, 4유물층), 황색모래자갈층, 황색 사질점토층, 모래자갈층 순으로 정
리된다. 석기는 모두 150여 점으로 소량에 불과하지만, 층위별로 시간의 변화가 읽혀지는 특
징적인 석기들이 출토되어 주목된다. 1유물층에서는 좀돌날몸돌과 같은 석기는 확인되지 않
았지만, 매우 소형에 속하는 석영제 몸돌과 격지, 밀개, 긁개, 이암제 격지 등이 출토되었다. 2
유물층에서는 소형 긁개, 찍개, 여러면석기와 더불어 몸돌, 격지 등이 출토되었는데, 몸돌은 1

사진 2 홍천 모곡리 유적 석기 갖춤새

---

23 예맥문화재연구원,『홍천 모곡—발산간 도로구간내 유적 발굴조사 약보고서』, 2008, 1~55쪽.

유물층에 비해 다소 크기가 큰 것들이다. 대부분이 석영과 규암제 석기인 가운데, 흑요석 격지 1점이 두드러진다. 3유물층에서는 규암제 찍개와 여러면석기, 홈날, 몸돌, 격지 등이 출토되었고, 4유물층에서는 찍개, 몸돌 등이 출토되었다. 3, 4유물층의 석기들은 1, 2유물층의 석기들보다 비교적 거친 석영 자갈돌을 이용하여 확연하게 대형화된 석기들을 만들었음을 알수 있다(사진 2).

(12) 홍천 하화계리 11사단 본부대 및 보수대 유적

이 유적은 군부대의 병영생활관 건립 부지에 포함되어 2009년에 두 차례에 걸쳐 소규모 발굴조사가 이루어졌다.[24] 하화계리 분지의 중간에 자리하고 있는 해발 144~148m 내외의 중위 단구면에 해당된다. 층위와 유물층은 지표교란층─명갈색 점토층(1유물층)─암갈색 점토층(2유물층)─적갈색 점토층(3유물층)─황갈색 사질점토층(4유물층)─모래층─자갈층으로 정리되며, 석기는 대부분 석기제작과정에서 비롯된 석영제 몸돌 및 격지, 돌조각 등이다.

3) 남한강 유역

(1) 평창 기화리 쌍굴 유적

평창 미탄면 기화리 쌍굴 유적은 2007년 10월부터 2008년 4월 중순경까지 연세대학교 박물관에 의해 학술조사 되었다.[25] 쌍굴은 위쪽의 하늘굴과 아래의 땅굴로 나뉘는데, 발굴조사는 동굴바닥이 편평하고 기울기가 완만한 하늘굴을 대상으로 이루어졌다. 하늘굴은 동굴입구가 너비 7m, 높이 5m의 아치형이고, 길이는 약 70m에 이른다. 땅굴은 동굴입구 너비 16m, 높이 5m이고, 바닥의 기울기가 급한 편이다. 두 굴은 하늘굴 15m 지점에서 서로 이어진다. 동굴의 해발높이는 약 300m이며, 현재 하천에서 약 50m 높은 곳에 자리한다. 유적 주변에는 해발

---

24 최승엽·최영석·김연주, 「홍천 하화계리 병영생활관부지내 구석기유적 발굴조사 개보」, 『한국구석기학회 제10회 학술대회 발표집』, 한국구석기학회, 2009, 71~83쪽.
25 박영철, 「강원도 평창군 기화리 쌍굴유적의 퇴적편년의 검토」, 『2008 강원고고학회 춘계학술대회』, 江原考古學會, 2008, 35~48쪽.

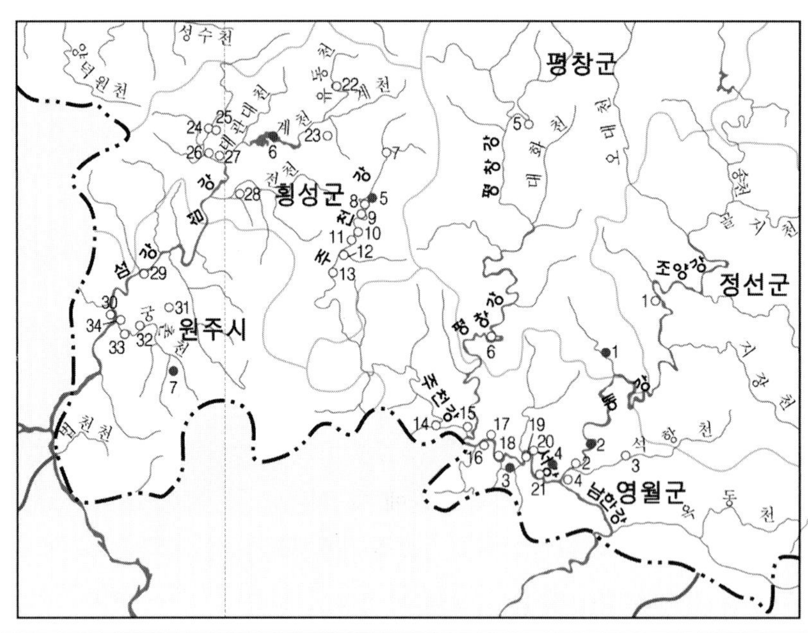

●발굴유적	○지표조사유적	
1. 기화리 쌍굴 구석기유적	1. 광하리 구석기유적	18. 북쌍리 구석기유적
2. 삼옥리 구석기유적	2. 영흥리 구석기유적	19. 북쌍리 문개실 구석기유적
3. 연당리 피난굴(쌍굴) 구석기유적	3. 연하리 구석기유적	20. 북쌍리 남애 구석기유적
4. 방절리 날골 구석기유적	4. 덕포리 구석기유적	21. 방절리 구석기유적
5. 현천리 구석기유적	5. 재산리 구석기유적	22. 춘당리 구석기유적
6. 부동리 구석기유적	6. 도돈리 구석기유적	23. 하대리 구석기유적
7. 매지리 구석기유적	7. 석문 1리 구석기유적	24. 청곡 2리 구석기유적
	8. 조항 1리 구석기유적	25. 청곡 1리 구석기유적
	9. 영랑리 구석기유적	26. 매곡리 구석기유적
	10. 성산리 구석기유적	27. 오산리 구석기유적
	11. 안흥 4리 구석기유적	28. 생운리 구석기유적
	12. 안흥 1리 구석기유적	29. 월송리 구석기유적
	13. 안흥 3리 구석기유적	30. 안창리 구석기유적
	14. 용석리 구석기유적	31. 만종 1리 구석기유적
	15. 신천리 구석기유적	32. 보통리 구석기유적
	16. 후탄리 뒷들 구석기유적	33. 동화 3리 구석기유적
	17. 옹정리 사정동 구석기유적	34. 평장동 구석기유적

그림 25 남한강 유역 구석기유적 분포도

500m 이상의 높고 가파른 산으로 둘러싸인 계곡이 발달해 있으며, 그 사이를 창리천이 남동 방향으로 흐른다. 창리천은 유적에서 남동쪽으로 약 4km 떨어진 지점에서 남한강 상류인 동 강과 합류한다.

　이 유적의 층위는 크게 위에서부터 석회마루층—명갈색토양층—암갈색토양 포함 낙반석층(OSL : 45,000±5,000 BP, AMS : 20,500±300 BP(뼈), 15,820±290 BP(숯), 19,790±120 BP(뼈))－적갈색토양 포함 낙반석층(OSL : 49,000±2,000 BP)－갈색토양 포함 낙반석 고결층－적갈색 토양층－암갈색 토양층(OSL : 58,000±3,000 BP, AMS : 29,700±400 BP(뼈), 28,400±300 BP(토양), 34,990±410 BP(뼈), 39,280±470 BP(숯))－기반암으로 나뉜다. 이 중에서 암갈색토양 포함 낙반석층에서 긁개 1점과 사슴과, 산양 종류의 초식동물 뼈화석이 일부 소형 식육류 뼈와 함께 출토되었다. 갈색토양포함 낙반석 고결층에서는 다량의 반입석재와 석기들이 주로 사슴과 동물뼈와 함께 출토되었다. 암갈색토양층에서는 찍개, 석영제 몸돌과 격지, 반입석재 등이 소량의 동물뼈와 함께 출토되었다. 이 유적의 각 지층에서 얻은 절대연대 측정치는 측정 방법 및 측정 기관, 시료의 종류에 따라 연대 폭이 동일 층위에서도 많게는 3만년 가까이 차이가 나타난다. 이러한 연대 차는 앞으로 논의의 대상이 되겠지만, 측정된 연대 범위는 대체로 MIS 3~MIS 2 시기에 해당된다.

(2) 영월 삼옥리 유적

영월 삼옥리 일원이 동강리조트 조성부지에 포함되어 2007년 6월부터 2008년 12월까지 시굴 및 발굴조사가 이루어졌다. 발굴조사 결과, 구석기시대부터 조선시대에 이르는 여러 시기의 유구와 유물이 확인되었다.[26] 조사지역은 남서쪽의 봉래산(799.8m)에서 흘러내리는 높은 산지들로 둘러싸인 해발 250~300m 내외의 구릉지에 해당된다. 이곳에는 석회암지대의 카르스트 지형에서 흔히 관찰되는 돌리네나 우발레가 곳곳에 분포하고 있다. 그리고 남한강 상류의 동강이 남쪽으로 흐르다가 동쪽으로 크게 회절하여 유적을 감싸 안고 曲流한다. 따라서 유적의 북쪽과 동쪽, 남쪽은 동강과 접하고, 서쪽은 산지지형으로 이어진다. 남한강 상류의 이러한 감입곡류 하천에는 고도를 달리하는 여러 하안단구 지형면들이 분포하고 있다. 특히 동강 일대에는 하상비고가 최고위를 나타내는 하안단구 지형들이 나타나는 것으로 알려져 있다. 발굴조사된 지역 중 해발고도가 가장 높은 300m 지점에서도 지표상에서 고하상층의 강자갈돌들(호박돌 크기 포함)이 흔하게 관찰된다.

구석기시대 석기들은 돌리네 7개 지점과 유물포함층 2지점, 지표에서 수습된 것을 포함하여 모두 500여 점 정도 확인되었다. 돌리네의 규모와 출토유물 등은 표 4와 같다.

---

26 江原文化財研究所, 『영월 동강리조트 조성부지내 유적 발굴조사 약보고서』, 2009, 1~73쪽.

표 4 　영월 삼옥리 유적 돌리네 조사 현황표 (江原文化財研究所, 2009, 22쪽)

구분	돌리네	A	B	C	평면 형태	돌리네/sinkhole 잔존규모(m)			D	E	비고
						장축	단축	깊이			
저위 (복합)	1	244	48	235	타원형	30/15	27/13	9/5	111	여러면석기,찍개, 몸돌,격지	유물출토량 가장 많음
	2	247	51	240	타원형	50/19 · 7	45/7 · 3	7/4 · 2	64	여러면석기,찍개, 몸돌, 주걱칼	찍개수량이 가장 많음
	3	246	50	238	타원형	50/10 · 9	35/9 · 6	8/4 · 3	21	주먹자르개,몸돌	
	4	244	48	231	타원형	28/14	27/9.5	13/5	15	몸돌,찍개	대형몸돌출토
	5	245	49	238	타원형	35/15	31/7	7/3	1(1)	격지(석부)	흑갈색점토층에 불땐자리 잔존
중위	6	256	60	248	타원형	32/12	23/7	8/3	9	몸돌,격지	
고위	7	281	85	266	타원형	50/10	37/7	15/7	24	여러면석기, 찍개,몸돌	sinkhole이 가장 잘 잔존함
합계									245		

※ A : 돌리네 지표 해발고도(m), B : 동강 해발고도(196m 기준)높이차, C : 돌리네 지표에서의 하강 깊이(m),
　 D : 출토유물수량, E : 주요 출토유물

사진 3 　영월 삼옥리 유적 저위 돌리네 및 출토 유물
(江原文化財研究所, 2009)

돌리네는 지형고도에 따라 저위 돌리네(해발 244~247m, 하상비고 50m), 중위 돌리네(해발 256m, 하상비고 60m), 고위 돌리네(해발 281m, 하상비고 85m)로 구분되었다. 저위 및 중위 돌리네 내부의 구석기시대 뗀석기들은 석회암반 바로 상면의 적갈색 점토층이나 그 위의 황갈색 점토층 내에서 출토되었다(사진 3). 이 지층은 석회암 경사면을 따라 기울어져 있으며, 석회암 바닥으로 갈수록 두터워진다. 토양쐐기 구조는 황갈색 점토층에서 시작하여 하부의 적갈색 점토층까지 이어진다. 특히 중위 돌리네 황갈색 점토층은 잔자갈과 15cm 내외의 큰 강자갈돌이 섞여 퇴적되었다. 고위 돌리네에서 석기들이 출토된 층위는 석회암반 상

면에 20cm 내외의 큰 강자갈돌이 포함된 적갈색 점토층이며, 토양쐐기 구조는 확인되지 않는
다. 돌리네뿐만 아니라 두 지점의 유물포함층에서도 각각 92점과 95점의 구석기시대 유물들
이 출토되었는데, 자연수로와 그 주변 혹은 계곡부 지형을 따라 재 이동되어 퇴적된 것으로
보인다.

이 유적은 돌리네 내부에서 구석기인들의 활동이 있었는지, 아니면 주변의 고위 하안단구
면이 해체되면서 깔때기 모양의 돌리네 내부나 주변 지역으로 석기들이 재 이동 되었는지에
대한 판단이 남아있기는 하지만, 남한강 상류의 독특한 지형인 돌리네에서 전면 발굴조사가
이루어져 여러면석기, 찍개, 몸돌 등 중대형 몸돌석기 위주의 석기구성을 보이는 비교적 이른
시기 유물들이 출토되었다는 점에서 대단히 주목된다.

(3) 영월 연당 피난굴(쌍굴) 유적

연세대학교박물관에서 2004년에 발굴조사한 결과, 구석기시대뿐만 아니라 신석기, 청동기
시대에 이르는 선사시대 유적임이 확인되있고, 고려시대 무덤이 드러나기도 했다.[27] 서로 인
접한 2개의 동굴로 이루어져 있으며, 작은굴(2굴)은 큰굴(1굴) 보다 약간 높게 자리 잡고 있
다. 두 굴 모두 입구가 정남향이며, 굴의 긴축이 남북방향으로 나란하다. 마을 뒤편 야산 중턱
에 위치하며, 굴 앞에는 연당천이 가로질러 흐른다. 유적의 동쪽 가까이에는 평창강이 굽이쳐
흐른다. 동굴은 평지에서 약 20m, 평창강 바닥에서는 40m 정도 높다. 1굴은 길이 20m, 2굴은
길이 5.5m 안팎이다.

1굴에서 드러난 8개의 층위 가운데 석회마루층(V층)을 경계로 VI층과 VII층은 구석기 유물
층, III층(AMS : 2,270 BC, 2,750 BC)과 IV층(AMS : 3,450 BC)은 신석기 유물층이다. VIII층은
기반암 위에 형성된 붉은색의 고운 모래층(OSL : 47,000±4,000 BC, 51,000±3,000 BC)이다.
굴 초입부의 가장 넓은 곳에서는 고려시대 돌무덤이 드러났다. 2굴에서는 5개의 층위가 확인
되었는데, 이 가운데 II층, III층(2,230 BC, 2,520 BC), IV층(3,070 BC, 3,280 BC)은 신석기유물
층으로, V층은 구석기시대층으로 밝혀졌다. 굴 중앙의 서쪽에서는 신석기시대층을 파고 조성
한 청동기시대 무덤이 드러났다.

구석기시대 유물층에서는 밀개, 이중긁개, 뚜르개, 홈날, 부리날석기, 모룻돌, 몸돌과 격지,

---

27 연세대학교 박물관,『연당 쌍굴 : 사람, 동굴에 살다』2004년 연세대학교박물관 특별전, 2004, 1~69쪽.

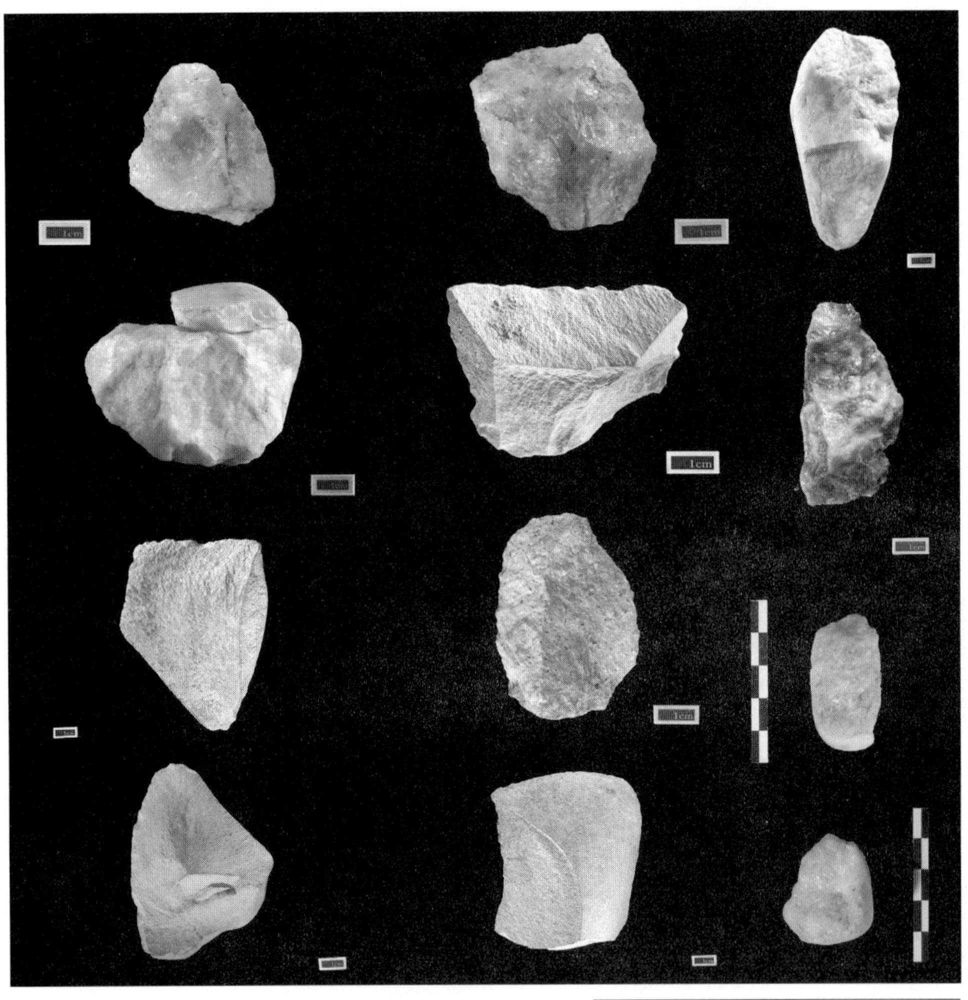

사진 4　영월 연당 피난굴(쌍굴) 유적의 석기 (연세대학교박물관, 2004, 30~35쪽)

돌조각 등 22점의 석기가 출토되었다(사진 4). 석기들은 후기 구석기시대 특징을 잘 보여주며, 대체로 크기가 작은 편이다. 석기제작에 쓰인 돌감은 석영, 응회암, 안산암, 비정질실리카, 규암 등으로 다양한 편이다. 석기와 함께 자연 상태의 굴 바깥돌(강자갈돌)이 상당수 출토되었다. 이는 석회암 동굴 내에서 자연적으로는 생성되지 않는 물질로서 사람들에 의해 굴 안으로 반입되었을 것으로 추정된다.

　석기와 더불어 자른 자국을 간직한 짐승뼈, 깨진 뼈 및 사람뼈화석, 동물뼈화석 등의 유물이 출토되었다. 자른 자국을 지닌 뼈의 존재는 연당 피난굴(쌍굴)에 살았던 구석기인이 석기를 사용하여 짐승잡이를 행한 증거가 되는데, 거의 사슴 사지뼈 조각이다. 깨진 뼈는 자른 자국과 함께 먹을거리 마련(골수 추출) 또는 연모 제작과 관련된 구석기인의 문화 행위를 반영하는 것으로, 이 유적에서 10mm 이상 크기의 깨진 짐승뼈 조각은 대부분 사슴, 노루, 고라니 같은 사슴과 짐승의 팔다리뼈로 판단된다. 구석기시대 사람뼈화석은 1굴 VI층에서 치아, 머리뼈, 갈비뼈, 엉덩뼈, 여러 손뼈와 발뼈 등 27점이 나왔고, VII층에서는 앞팔뼈 1점과 발가락뼈 1점이 출토되었다. 최소 사람수는 VI층에서 신생아 1인과 어른 1인, VII층에서 어린이 1인과 어른 1인으로 모두 4인이 확인되었다. 이 유적에서 출토된 동물뼈의 종은 소, 꽃사슴, 사슴, 노루, 멧돼지, 말, 여우, 너구리, 삵, 표범, 호랑이/사자, 곰, 토끼, 꿩, 새, 자라, 물고기 등 20여 종에 이른다. 특히 잘 보존된 후기갱신세의 늦은 시기 층에서 원숭이, 동굴하이에나, 코뿔이 같은 절멸동물과 함께 찾아진 점에서 큰 의미가 있다.

(4) 횡성 부동리 유적

이 유적은 횡성댐 수몰지역내에 포함되어 1997년에 발굴조사가 이뤄졌다.[28] 유적이 자리한 곳은 섬강 상류의 시류 하천인 계천이 동쪽에서 서쪽을 향하여 흘러내려가는 지점의 남쪽 하안단구에 해당된다. 이곳은 해발 190~200m 정도의 배후산지를 남쪽에 두고 계천을 북동쪽으로 바라볼 수 있는 완만한 구릉지역(해발 170m)으로, 현 하상으로부터 대략 17~18m 가량 높은 지점이다. 층위는 표토－점토층(토양쐐기 구조)－모래자갈층－기반암 풍화층으로 매우 단순하다. 석기는 점토층과 모래자갈층이 접하는 지점을 중심으로 석영제 찍개, 여러면석기, 긁개, 밀개, 홈날, 격지, 돌조각, 부스러기 등 34점이 출토되었다.

(5) 횡성 현천리 유적

1982년에 남한강 상류 주천강변의 현천리에 위치하고 있는 소규모 하안단구 말단부 점토층에서 우연한 기회에 제작수법이 뛰어난 후기 구석기시대 주먹도끼 2점과 몸돌 1점이 수습되었다.[29] 반암제 주먹도끼 1점은 면을 이루는 굽을 지닌 격지를 소재로 하여 만들어졌으며, 굽을 제외한 전체 둘레는 여러 차례 잔손질이 가해져 가장자리 날을 형성하고 있다. 특히 한쪽

---

28 최복규 · 최승엽,『횡성 부동리 구석기유적』, 강원고고학연구소, 1998, 1~84쪽.

29 최복규 · 최승엽 · 김상태 · 이해용,「횡성군의 선사유적 · 고분」,『橫城郡의 歷史와 文化遺蹟』, 江原道 · 橫城郡 · 江原鄕土文化硏究會, 1995, 78~80쪽.

사진 5　횡성 현천리 유적의 주먹도끼 (최복규 · 최승엽 · 차재동 · 이은희, 1999)

가장자리 부분은 긁개날을 연상시킬 정도로 집중 가공되어졌다. 흑색 점판암제 주먹도끼 1점은 앞의 것과 동일한 제작수법과 형태로 만들어졌지만, 부러져서 위쪽 끝부분만 남은 것이다 (사진 5). 이와 함께 혈암제 몸돌 1점도 확인되었다. 유물의 수량은 적지만, 석영 이외의 다양한 암질로 석기를 제작한 양상이 두드러진다.

유적이 알려진 이후, 1999년에 도로공사로 거의 대부분 훼손된 상태에서 지극히 협소한 면적을 시굴한 결과,[30] 매우 약하게 발달한 토양쐐기 구조 상부의 갈색 점토층내에서 무른 망치로 떼어 낸 얇은 판암제 돌날 격지 1점과 석영제 격지 1점이 출토되었다. 1982년에 지표에서 수습된 주먹도끼 2점과 몸돌 1점도 역시 이 지층에서 유래한 것으로 보인다.

(6) 원주 매지리 유적

2007년 4~7월까지 한림대학교박물관에서 실시한 원주 매지리 호반아파트 신축예정부지 문화재 발굴조사에서 도기 가마 1기, 가마 관련 폐기물 퇴적 유구, 건물지 1기 등과 함께 구석기 포함층이 확인되었다.[31]

층위는 지표하 5m에서 나타나는 모래 및 자갈층까지 포함하여 모두 7개 지층으로 이루어져 있으며, 석기는 석영맥암과 풍화암편이 혼재한 (적)갈색 사질층(3지층)과 토양쐐기 구조가

---

30 최복규 · 최승엽 · 차재동 · 이은희, 『횡성 현천리 구석기유적』, 강원고고학연구소, 1999, 1~33쪽.
31 한림대학교박물관, 『원주 매지리 호반아파트 건설부지내 유적 문화재 발굴조사 약보고서』, 2007, 1~38쪽.

발달한 적갈색 사질점토층(4지층)의 경계면에서 석영맥암과 섞여 출토되었다. 석영(맥)암의 몸돌, 격지와 함께 잔손질된 석기로 긁개, 홈날, 밀개 등 142점 정도 출토되었다.

전체 조사 면적에 비해 석기의 출토 빈도가 매우 낮은 편일뿐만 아니라 석기의 잔손질이 매우 부분적으로 이루어져 있는 점 등으로 보아 유적의 성격이 장기적인 거주보다는 잠시 거쳐 가는 지점이었을 가능성이 크다. 석기도 즉석에서 한번 사용하고 버려지는 임시방편적인 성격이 강하다고 한다. 조사단은 잔손질기법 및 긴 격지를 떼어낸 몸돌 등으로 보아 중기 말~후기 초의 유물 양상을 보여주는 것으로 평가하고 있다.

4) 한탄강 유역

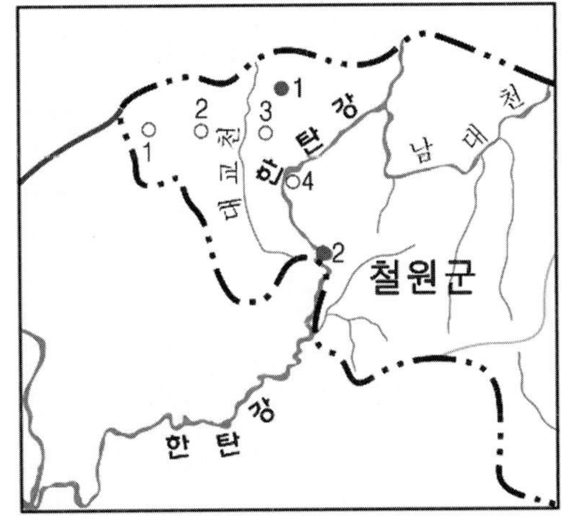

그림 26 한탄강 유역 구석기유적 분포도

(1) 철원 장흥리 유적

이 유적은 한탄대교 접속도로 공사 구간에 일부 지역이 포함됨에 따라 1999년과 2000년에 시굴 및 발굴조사가 이루어졌다.[32] 유적의 입지 조건은 다른 유적들과 마찬가지로 한탄강이 U자형으로 사행하고, 약간 하류에서 대교천이 합류하는 지점의 현무암대지상에 위치한다.

---

32 崔福奎・崔三鎔・崔承燁・李海用・車在動,『長興里 舊石器遺蹟』, 江原考古學研究所, 2001, 1~243쪽.

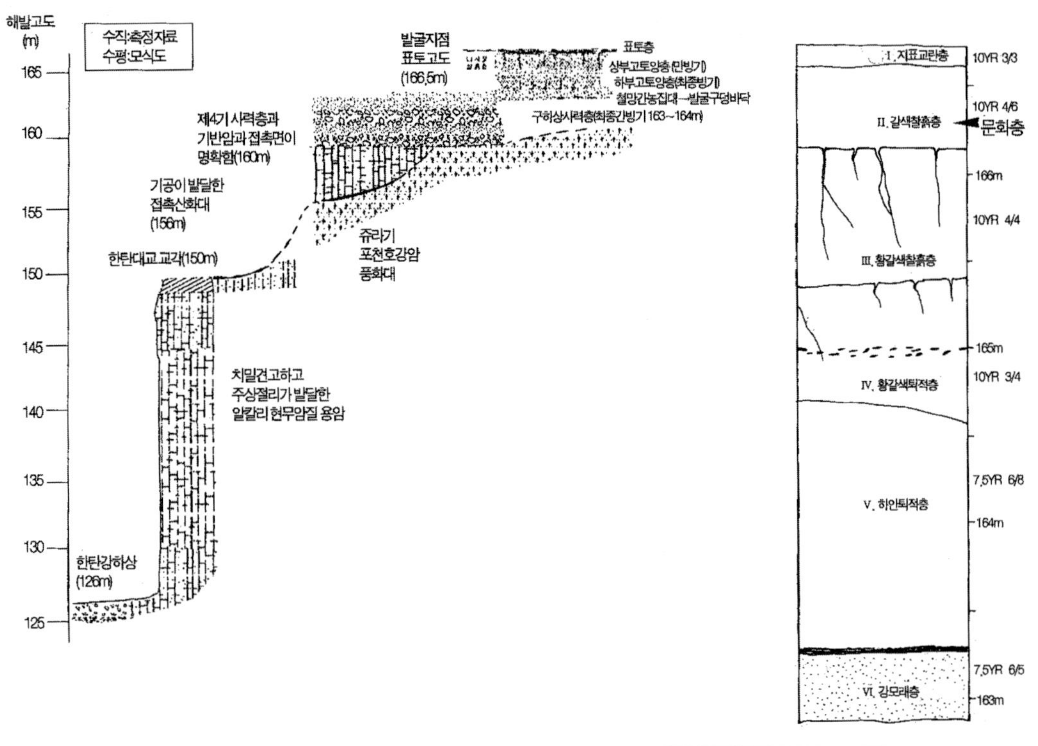

그림 27 장흥리 유적의 지층과 유물층 (최복규 · 최삼용 · 최승엽, 2001, 4쪽)

　　장흥리 유적의 층위는 최하부의 기반암인 쥬라기 화강암풍화대-제4기 현무암층-고하상 퇴적층으로서의 강자갈층-강모래층-회색 뻘층-황갈색 점토층(토양쐐기 구조)-짙은 갈색 점토층(토양쐐기 구조)-토양쐐기 상부의 갈색 찰흙층(AT화산재, AMS : 24,200±600 BP, 24,400±600 BP)-표토층의 순서로 요약되는데(그림 27), 이중에서 흑요석 석기가 출토된 유물층은 표토층 바로 아래의 갈색 찰흙층이다. 다른 지역의 유적들과 마찬가지로, 토양쐐기 상부에서 나타나는 느슨한 토양구조의 밝은 갈색 찰흙층에서는 후기 구석기시대 늦은 시기의 석기갖춤새가 나타난다.

　　장흥리 석기는 석영암, 흑요석, 반암, 이암, 유문암, 수정 등 상당히 다양한 돌감이 사용되었다. 그 중에서도 양질의 석영 이외에 가장 두드러지게 선택된 돌감은 역시 흑요석과 반암이라고 볼 수 있다. 보다 균질하고 고운 원료인 이들 돌감은 좀돌날몸돌과 좀돌날을 위시한 일련의 세석기유적군에서 나타나는 주요 구성 요소이기도하다.

　　장흥리 유적의 연대적 성격을 보다 분명하게 보여주는 석기들은 좀돌날몸돌 및 좀돌날, 돌날, 슴베찌르개, 긁개, 밀개, 뚜르개 등의 유물갖춤새이다(그림 28). 또한 갈린 면이 있는 좀돌

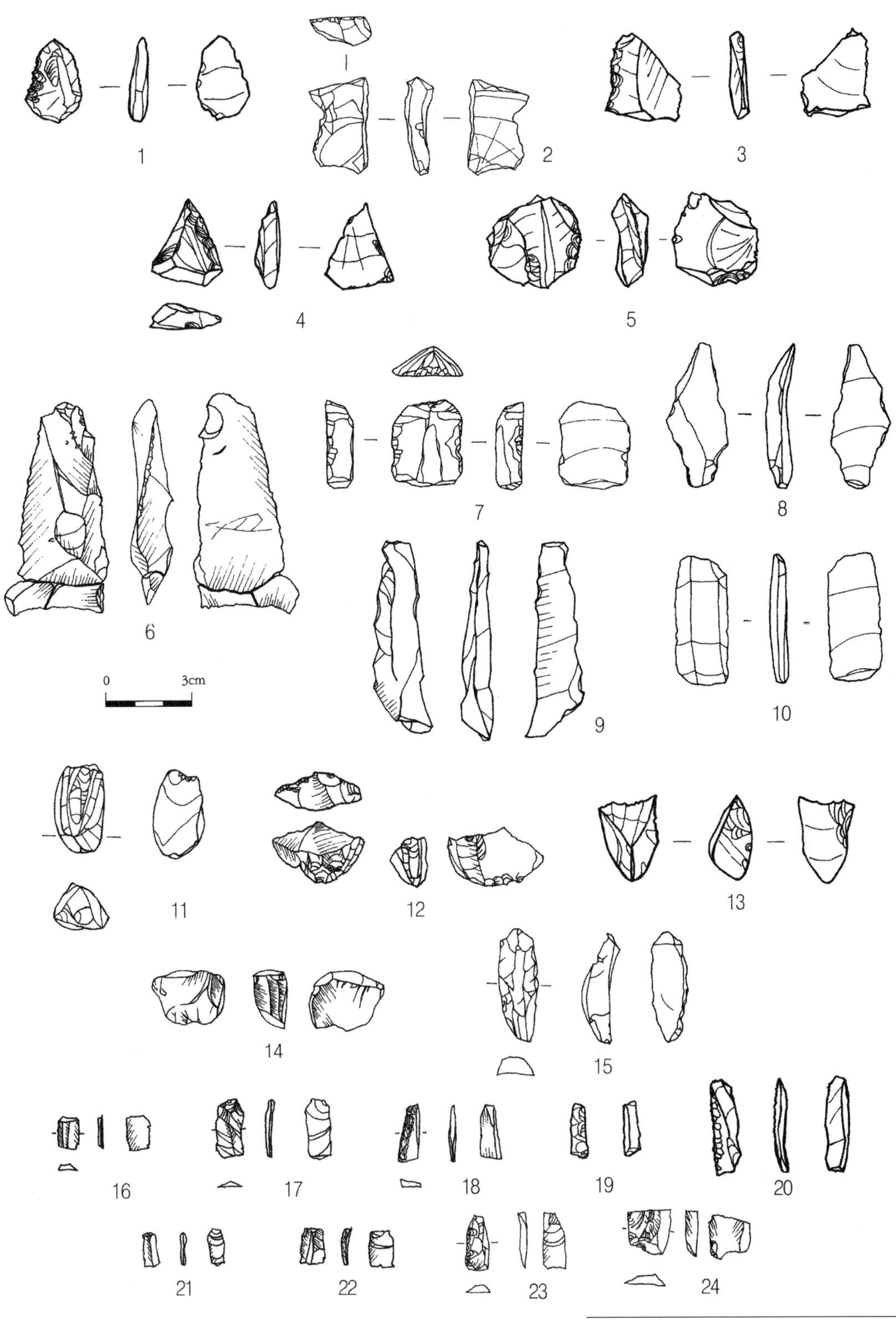

그림 28　철원 장흥리 유적(崔福奎 · 崔三鎔 · 崔承燁 · 李海用 · 車在動, 2001) 석기
(1~6 : 긁개, 7 : 밀개, 8 : 슴베찌르개, 9~10 : 돌날, 11~15 : 좀돌날몸돌, 16~24 : 좀돌날)

날몸돌과 좀돌날은 제작기법상 장흥리 유적의 특징적인 요소라고 볼 수 있다. 장흥리 석기의 현미경 관찰에서는 다양한 성격의 흔적들이 관찰되었는데, 가장 관심을 끌었던 것은 갈린 자국이다. 숫돌로 갈린 듯 매끈한 면을 지닌 좀돌날몸돌, 한쪽에 面을 가진 잔손질된 흑요석 좀돌날의 존재, 그리고 그 면에 갈린 흔적이 뚜렷하다는 점 등은 좀돌날몸돌에서 좀돌날을 얻는 제작기법상 일정한 형태의 의도된 좀돌날을 반복 생산하기 위한 노력의 결과로 보인다. 이러한 특징 있는 유물이 상무룡리·하화계리·삼리의 흑요석 좀돌날에서도 관찰되어 비교 연구할 필요성이 있다.

유적의 입지 및 규모, 유물의 분포상태와 밀집도, 망치돌과 붙는 유물의 존재 등으로 미루어 볼 때, 장흥리 유적은 고인류들이 한탄강을 배경으로 하여 석기를 제작하며 생활한 주 활동지역으로서의 성격을 지닌다.

(2) 철원 강산리 유적

이 유적은 강원도가 DMZ관광자원화를 위해 철원 강산리·중강리 일원에서 추진하는 '평화·문화 광장 조성사업' 지역에 포함되어 2007년에 시굴조사가 이루어졌다.[33] 조사지역은 현무암대지의 넓은 평야지대로, 인근에 월정역과 전망대가 조성되어있다. 유적의 북쪽 가까운 거리에는 한탄강의 지류인 대교천이 동에서 서쪽방향으로 곡류하며 흐른다. 현재까지 알려진 한탄강 유역의 최상류 유적에 해당된다.

층위는 모두 5개 층으로 나뉘는데, 경작층-명갈색 점토층-적갈색 점토층(토양쐐기 구조)-황갈색 점토층(토양쐐기 구조)-현무암반으로 이루어져 있다. 석기는 명갈색 점토층과 토양쐐기 구조가 나타나는 적갈색 점토층의 연접 부분에서 출토되었다.

석기는 양질의 석영, 반암, 수정, 이암 등 다양한 돌감을 활용하였으며, 흑요석의 출현도 기대된다. 석기 중 수정제 좀돌날과 잔손질수법이 뛰어난 반암제 긁개와 돌날격지 등은 후기구석기 늦은 시기를 반영해주는 것들이다. 출토 유물은 대부분 양질의 석영을 이용한 소형 몸돌과 격지, 돌조각 등이다. 일부 발굴칸에서 석기 집중현상이 관찰된다. 보다 하류 쪽의 한탄강에서 이미 발굴조사가 이루어진 철원 장흥리 유적과 비교될만한 좋은 자료라고 평가된다. 다만, 시굴조사 후 원 지형 변경 없이 광장 조성을 위한 포장만 하는 조건으로 공사가 진행되어

---

33 예맥문화재연구원, 『철원 평화·문화광장 조성사업부지내 유적 발굴(시굴)조사 약보고서』, 2007, 1~37쪽.

발굴조사는 이루어지지 않았다. 따라서 유적의 전모를 파악하기는 힘들다.

2. 영동지역

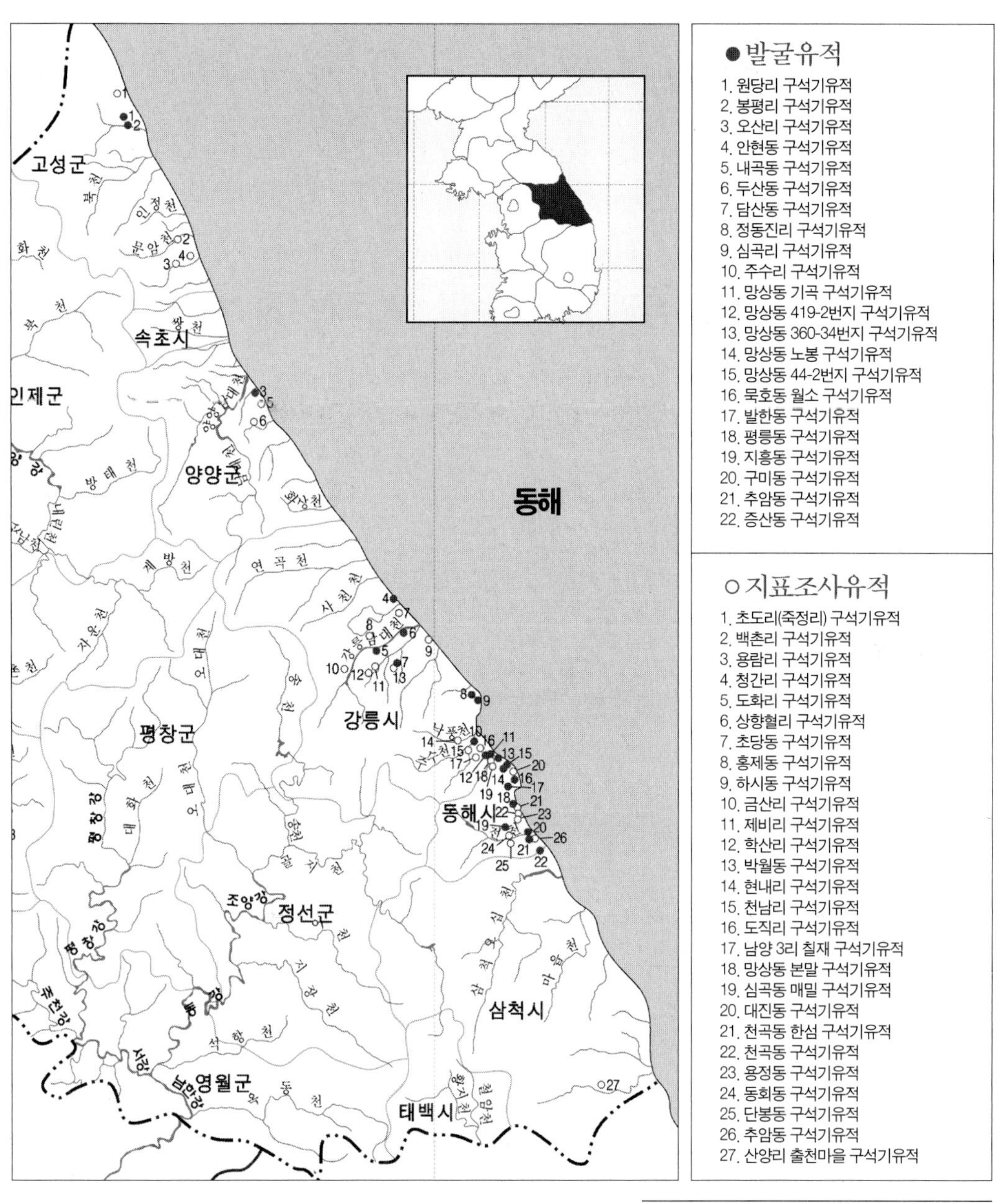

그림 29 영동지역 구석기유적 분포도

1) 고성 봉평리 · 원당리 유적

이 유적은 국도 7호선(간성-현내간) 도로공사 구간에 포함되어 2006년에 시굴조사 되었다.[34] 봉평리 유적은 해발 25m 미만의 낮은 구릉지로, 시굴조사에서 풍화암반층 위로 토양쐐기 구조가 포함된 고토양층이 확인되었다. 구릉 사면에서 드러난 8개 지층 중 2개 유물포함층에서 석영제 몸돌과 격지 등 10여 점의 석기가 출토되었다. 원당리 유적은 봉평리에서 북쪽으로 2.5km 거리에 있다. 해발 15m의 낮은 구릉지로, 동쪽은 평탄하고 완만한 경사를 이루면서 화진포까지 이어진다. 시굴조사에서 풍화암반층 위로 토양쐐기 구조가 포함된 고토양층이 확인되었다. 구릉 사면에서 드러난 9개 지층 중 4개 유물포함층에서 석영제 몸돌과 격지 등 20여 점의 석기가 출토되었다.

두 유적의 시굴조사 정황으로 보아 구릉 사면이나 계곡부를 충진한 고토양층내에서 각 지층별로 소량의 석기가 토양의 이동과 함께 재 퇴적된 것이 출토되었을 가능성이 크다.

2) 양양 오산리 유적

오산리 신석기유적의 동편으로 도로확포장 공사 구간에 포함되어 2006년 12월부터 2007년 7월까지 발굴조사가 이루어졌다.[35] 오산리 신석기유적의 동편으로는 본래 해발 30~40m 내외의 구릉지가 해안과 연접하여 위치하고 있었다. 이 구릉지 일대는 이미 위락시설이 들어서면서 형질변경 되었고, 일부 지점에 대한 시굴조사에서 구석기시대의 찍개 및 망치돌이 확인된 바 있다.[36] 도로개설 구간은 이 구릉지 서쪽 사면 말단부의 해안사구 지대이다. 사구 퇴적층에서는 신석기시대 중기-전기-조기 유물층이 조사되었다. 그런데 조사지역의 구릉부 해안사구 모래층 아래 해발 4m 지점에서 토양쐐기 구조가 발달한 고토양층(황갈색 점토층)이 확인되었다. 그리고 이 지층의 20×15m(300m²) 면적에서 여러 점의 반입석재와 함께 소량의 찍개, 몸돌, 대형격지 등 50여 점의 구석기가 출토되었다(사진 6). 황갈색 점토층 아래로는 적색

---

34 예맥문화재연구원, 『국도7호선(간성-현내간) 도로공사구간내 유적 발굴조사 1차 지도위원회의 자료』, 2006, 11~23쪽.
35 홍성학, 「양양 오산리유적의 발굴조사 성과」, 『한국구석기학회 제8회 학술대회 발표집』, 한국구석기학회, 2007, 83~98쪽.
36 예맥문화재연구원, 『양양 오산리 대명레저사업부지 내 유적 발굴(시굴)조사 약보고서』, 2006, 1~23쪽.

점토층, 고사구에 해당되는 적색모래층, 기반암이 이어
진다. 한편 황갈색 점토층 상부에는 고토양과 해안사구
모래가 서로 접촉한 퇴적에서 좀돌날몸돌과 좀돌날, 흑
요석, 수정, 석영제 타제석기들이 토기편과 섞여 출토
되는 신석기 조기 유물포함층이 놓여 있다. 그 위로는
해안사구층으로 신석기 주거지들이 자리하고 있다. 이
러한 정황으로 보아 이 유적은 구석기시대의 고토양층
상부에 해안사구가 형성되기 시작하면서 신석기인들의
삶이 이어진 양상을 잘 보여준다고 할 수 있다. 따라서
구석기에서 신석기로의 전이 과정을 살펴볼 수 있는 중
요한 유적이라고 평가된다.

사진 6   양양 오산리 유적의 출토유물 및
구석기 유물층 단면
(예맥문화재연구원, 2007, 20쪽)

3) 강릉 안현동 유적

이 유적은 샌드파인리조트 신축공사 부지에 포함되어 2009년에 발굴조사되었다.[37] 유적의

---

37 예맥문화재연구원, 『강릉 샌드파인리조트 신축공사부지내 유적 발굴조사 3차 지도위원회의 자료』, 2009, 12~13
쪽, 23~27쪽.

바로 옆에 경포해수욕장이 있고, 동쪽으로 약 150m 거리에 동해가 위치하고 있다. 남서쪽으로는 석호인 경포호가 인접하여 있다. 유적은 동해 바다 근처 해발 10m 미만의 낮은 구릉지에 해당되는데, 구석기뿐만 아니라 신석기, 삼국, 조선시대의 생활 유구 및 분묘 유구가 다수 확인되었다.

층위는 표토−흑갈색 점토층(신석기 유물층)−황색 점토층(신석기 유물포함층)−적갈색 점토층(토양쐐기 구조, 하부에 1유물층)−암적갈색 점토층(2유물층)−적갈색 점토층(하부에 3유물층)−마사토층−기반암 순으로 구분된다.

석기는 1유물층에서 200여 점 정도 출토되었는데, 대부분 석영과 규암제 돌조각 및 격지들이다. 2유물층에서도 200여 점의 석기가 출토되었는데, 몸돌·격지·돌조각이 대부분인 가운데 소량의 긁개 및 홈날석기가 확인되었다. 긁개는 직선 날과 둥근 날을 지니고 있으며, 몸돌 중에는 중심점을 향해 뗀 것들이 보인다. 몸돌과 격지가 되붙는 사례도 있다. 돌감은 수정 자갈돌 및 양질의 유백색 석영을 활용하였다. 3유물층 석기는 30여 점정도 되는데, 대부분 격지 및 돌조각인 가운데 둥근 날 긁개, 홈날석기, 망치로 사용된 깨진 자갈돌 등이 포함되어 있다.

4) 강릉 내곡동 유적

강릉 내곡동 일대에는 관동대학교와 남대천 사이에 낮은 구릉지들이 연속적으로 발달해 있는데, 이 하상비고 40m 내외의 중위 하안단구면에 지점을 달리하며 구석기유적이 분포하고 있다.[38] 특히 관동대학교 후문 근처에 노출되어 있는 절토면에서는 단면에 박혀있는 상태의 주먹도끼 1점(그림 30)을 수습한 바 있다.[39]

그 후 주먹도끼가 수습된 내곡동 318-19, 318-20번지에서 주택을 신축하기 위한 시굴조사가 2004년 7~8월까지 이루어졌다.[40] 주택신축부지는 해발 63m 내외의 구릉지 남쪽 사면으로, 북쪽으로는 남대천이 서에서 동쪽으로 흘러 동해로 유입된다. 유적에서 직선거리로 약 7km 정도 거리에 동해가 있다.

---

38 홍영호·김상태, 「동해안지역에서 새로 발견된 구석기유적(Ⅱ)」, 『博物館誌』第7號, 江原大學校中央博物館, 2000, 46쪽.
39 최승엽·홍성학, 「중부동해안 구석기유적의 분포범위 확산을 위한 노력(1)」, 『博物館誌』第8號, 江原大學校中央博物館, 2001, 22~24쪽.
40 강원문화재연구소, 『강릉 내곡동 318-20번지 문화유적 시굴조사 약보고서』, 2004, 1~18쪽.

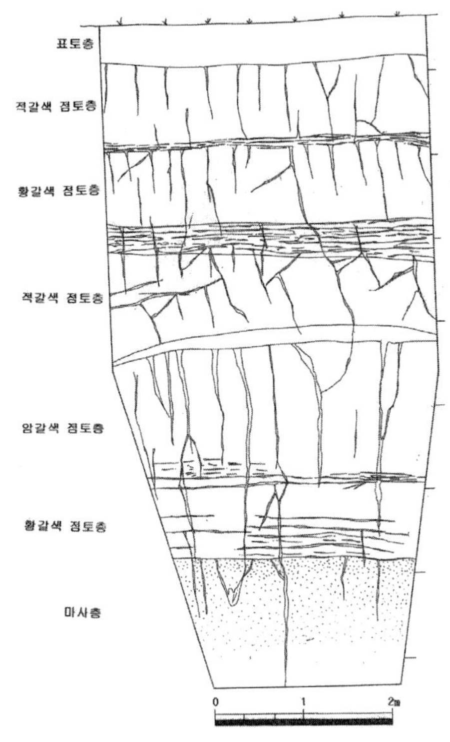

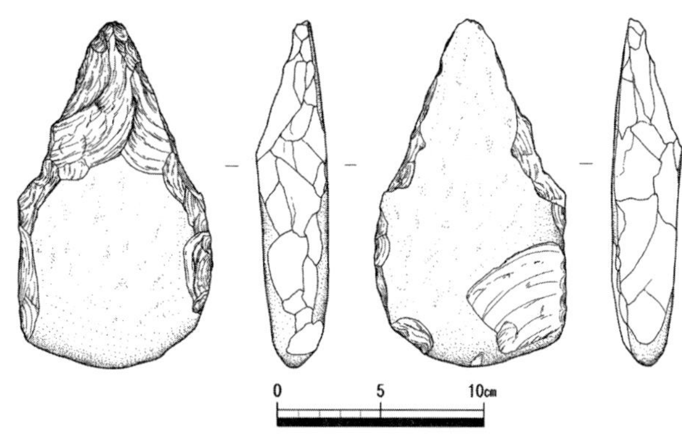

그림 30 강릉 내곡동 유적(강원문화재연구소, 2004)의
층위 단면 및 주먹도끼

시굴조사 결과, 층위는 1지층 : 표토－2지층 :
적갈색 점토층(토양쐐기 구조, 회백색의 수평구
조)－3지층 : 황갈색 점토층(토양쐐기 구조, 회백
색의 수평구조)－4지층 : 적갈색 점토층(토앙쐐
기 구조)－5지층 : 암갈색 점토층(토양쐐기 구
조)－6지층 : 황갈색 점토층－7지층 : 모래층으로

확인되었다(그림 30). 석기는 새로 출토되지 않았지만, 지표하 2.5m에서 수습되었던 주먹도
끼가 3지층(황갈색 점토층)에 해당된다는 사실을 확인하였다. 고토양의 퇴적 두께가 7m 이상
되고, 적갈색과 황갈색 점토가 반복되는 가운데 4매의 토양쐐기 구조가 관찰되는 점, 단면에
서 주먹도끼가 발견된 점에서 대단히 주목되는 유적이다.

5) 강릉 두산동 유적

이 유적은 강릉 두산동 203-2번지 일원 공동주택 신축사업 부지에 포함되어 2008년 4~5월
까지 시굴조사가 이루어졌다.[41] 유적은 남대천 하구에 가까운 해발 7~8m 내외의 구릉지 말단

---

41 예맥문화재연구원,『강릉 두산동 203-2번지 일원 공동주택 신축사업부지내 유적 발굴(시굴)조사 약보고서』, 2008,
1~27쪽.

부이며, 정상부가 대지상으로 넓게 편평한 지역이다. 구릉지 아래 서쪽에는 남대천이 동쪽으로 흐르고 있으며, 충적대지인 두산들이 넓게 펼쳐져 있다.

층위는 표토−명갈색 점토층(1유물층)−암갈색 점토층(2유물층, 토양쐐기 구조)−갈색 사질점토층−굵은 모래층으로 구분된다. 석기는 명갈색 점토층에서 석영제 격지 2점, 암갈색 점토층에서 석영제 격지 8점이 출토되었다.

6) 강릉 담산동 유적

이 유적은 군부대 확장 사업 부지에 포함되어 2006년 12월에 시굴조사가 이루어졌다.[42] 유적은 군부대가 자리 잡은 해발 40m 내외의 구릉지에 해당된다. 서쪽에는 소하천이 흐르고 있으며, 구릉지 사이에는 침식계곡면이 낮게 자리하고 있다. 담산동 일대에는 여러 갈래의 구릉지들이 현세의 하천 충적지보다 높게 위치하고 있는데, 이 구릉지들에서는 이미 구석기유적이 확인된 바 있다.[43]

시굴조사 결과, 제4기 갱신세 기간 동안 퇴적된 고토양층이 두텁게 퇴적되어 있고, 그 하부에는 고하천퇴적층인 모래/자갈층이 확인되었다. 고토양층에서는 회백색의 토양쐐기 구조가 발달해 있으며, 2개 지층에서 몸돌과 격지 등 6점의 석기가 출토되었다.

7) 강릉 정동진리 50-89번지 유적

강릉 정동진−심곡리 일대의 해안단구면에서 구석기유적의 존재는 이미 알려져 있었고, 그 중 정동진리 50-89번지 일원의 모텔 신축 부지에 대하여 2004년 8월에 시굴조사가 이루어졌다.[44] 층위는 표토−명갈색 점토층−명황색 점토층(유물포함층, AT층, 토양쐐기 구조)−적색 내지 적갈색 점토층(밝은 녹회색 수평구조 발달, 대형 서관구조)−황갈색 점토층(수평구조 발

---

42 예맥문화재연구원, 『강릉 육군 5378부대 00지역 00사업부지내 유적 발굴(시굴)조사 약보고서』, 2007, 1~20쪽.

43 최승엽, 「중부동해안 구석기유적의 분포범위 확산을 위한 노력(2)」, 『博物館誌』第9號, 江原大學校中央博物館, 2002, 41~43쪽.

44 강원문화재연구소, 『강릉 정동진리 50-89번지 유적 시굴조사 약보고서』, 2004, 1~21쪽.

달, 하부퇴적층과 뚜렷한 경계)−적색 점토층(수평구조 발달)−심하게 풍화된 모래/자갈층
(OSL : 11만년) 순으로 구분된다.[45] 석기는 지표하 50cm 내외에서 AT가 확인된 명황색 점토층
에서 석영제 몸돌(찍개) 1점이 출토되었다.

8) 강릉 심곡리 유적

이 유적은 1984년 6월, 동해안을 지표조사 중이던 이선복에 의해 발견되었으며, 그 해 8월
22일부터 9월 30일까지 발굴조사되었다.[46] 심곡리 유적은 동해안에서 이루어진 최초의 구석
기유적 발굴이라는 점에서 중요한 연구사적인 의미가 있다. 유적은 정동진리에서 심곡리, 금
진리에 이르기까지 동해안에서 가장 현저하게 발달한 고위 해안단구 지형 위에 자리하고 있
다.

층위는 지표(해발 64m)에서 약 4.5m 가량 아래로 가며 크게 상부 점토층−자갈층−하부
점토층으로 단순한 편이며, 석기는 퇴적두께 1m 내외의 상부 점토층에서 출토되었다. 점토층
에는 적색과 회색 토양대가 조밀하게 반복적으로 나타나는 대상구조(수평엽리구조)가 확연
히 발달하였다.

석기는 점토층내에서 매우 낮은 빈도로 102점이 출토되었다(그림 31). 발굴자의 분석에 따
르면, 성형석기(도구) 26점(25.5%), 격지 35점(34.3%), 몸돌 17점(16.7%), 망치 1점(1.0%), 부
정형 조각 23점(22.5%)으로 분류된다. 전체 유물 중 성형석기(도구)의 비율은 25%(26/102점)
이며, 그 중 찍개가 차지하는 비율이 높은 편이다. 즉 찍개 15점(57.7%), 긁개 4점(15.4%), 양
면가공석기(칼) 1점(3.8%), 기타 소형석기 6점(23.1%)이다. 대부분의 유물이 맥석영제와 규질
사암 같이 거친 암질로 제작되어 정형성이 적으며, 구른 상태의 것이 많아 뗀면 관찰이 쉽지
않다.

심곡리 보고서에서 발굴자는 유적의 연대가 애초에 생각했던 플라이스토세 초기와는 거리
가 멀고, OSL 연대측정과 AT의 존재 등으로 볼 때, 퇴적층의 연대는 11만 년 전에서 2만 년 전
사이에 해당될 가능성이 크다는 새로운 해석을 제시하였다. 특히 유물의 퇴적은 이러한 연대

---

45 이용일, 「강릉 정동진리 50-89번지 시굴지점 지질분석 보고」, 『심곡리 구석기유적 발굴조사 보고서』, 서울대학교
　　박물관, 2006, 81~127쪽.
46 이선복, 『심곡리 구석기유적 발굴조사 보고서』, 서울대학교박물관, 2006, 1~80쪽.

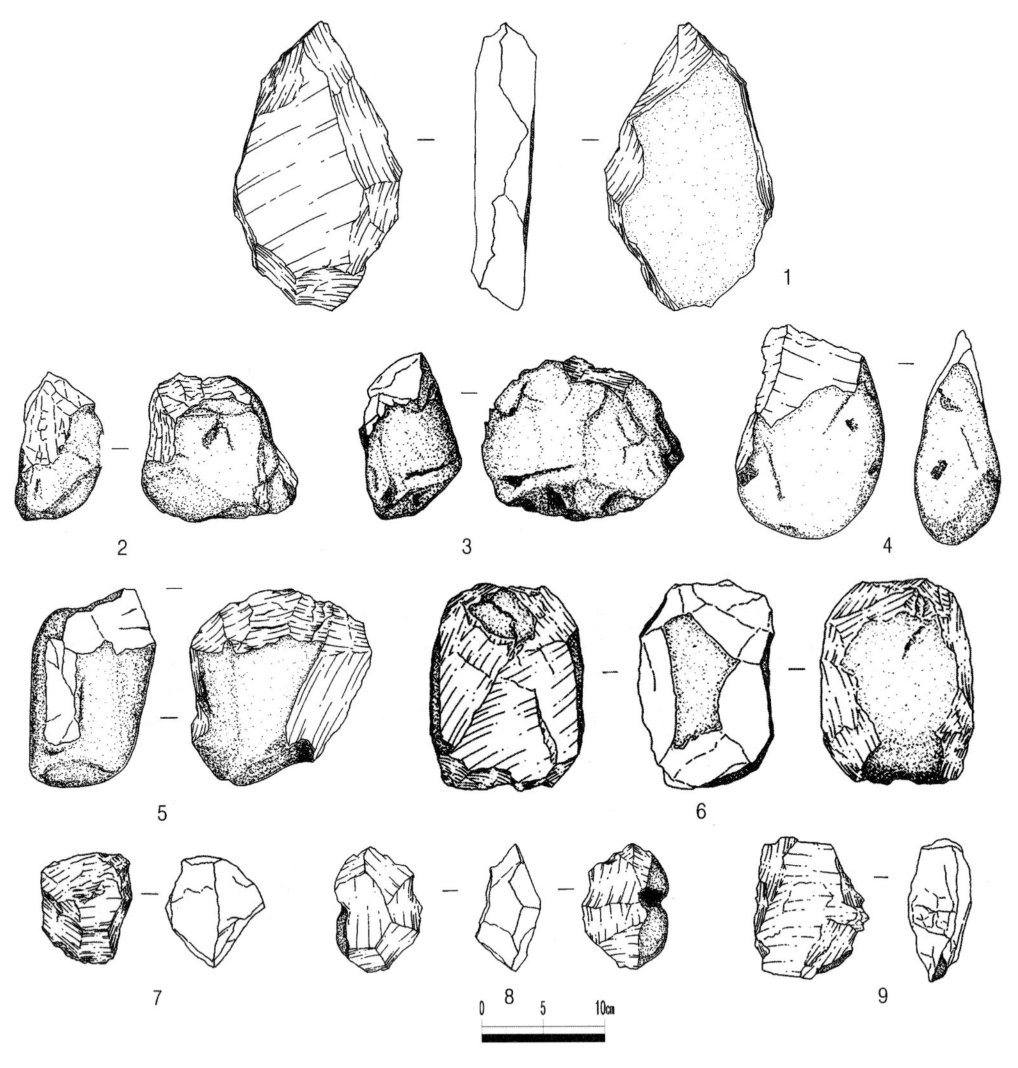

그림 31 　강릉 심곡리 유적(이선복, 2006)의 석기 (1 : 주먹도끼, 2~5 : 찍개, 6 : 몸돌, 7~9 : 긁개)

폭의 후반에 해당되는 4~5만 년 전을 중심으로 이뤄졌을 가능성이 크다고 평가하고 있다. 이와 더불어 심곡리 유적이 위치한 정동진 해안단구 지형에 대한 전면적인 재해석이 시도되고 있기도 하다.[47]

---

47 李鮮馥·李容鎰·林賢洙, 「江陵市 正東津 地域 段丘地形 再考」, 『한국지형학회지』, 한국지형학회, 2009, 29~42쪽.

9) 강릉 주수리 유적

이 유적은 동해고속도로 확장구간에 포함되어 2001년에 시굴조사가 이루어졌다.[48] 망운산 (338m)에서 동해안을 향해 뻗어 내린 산줄기의 구릉말단부에 위치하며, 유적 앞으로는 주수 천이 동해로 유입된다. 유적의 중심부는 해발 20m 내외의 저위면에 자리하고 있다. 주수리 층위(사진 7)는 아래와 같다.[49]

사진 7　강릉 주수리 유적 층위 단면

층위 구성상 전형적인 사면퇴적 과정(slope deposit process)을 읽을 수 있으며, 비교적 빠른 시간 내에 배후산지로부터 퇴적물의 공급이 원활하게 이루어지는 퇴적환경 속에서 유적이 형 성되었음을 알 수 있다. 유물은 2~6지층까지 각 층 모두에서 출토된다고 하며, 주로 2~3지층 에서 비교적 뚜렷한 석기 양상을 보인다. 그 하부에서 보이는 유물들은 사면에서 이동된 다량 의 암설류와 섞여서 아주 드물게 나타난다. 시굴조사도 주로 2~3지층에 집중되었으며, 그 하

48　崔福奎 · 柳惠貞, 『江陵 珠樹里 舊石器遺蹟』, 한국도로공사 동해건설사업소 · 강원대학교유적조사단, 2004, 1~85 쪽.

49　이러한 층위 구분은 필자가 현장 방문시 관찰한 내용을 토대로 재구성한 것이며, 보고서의 기술 내용과는 다소 차 이가 있다.

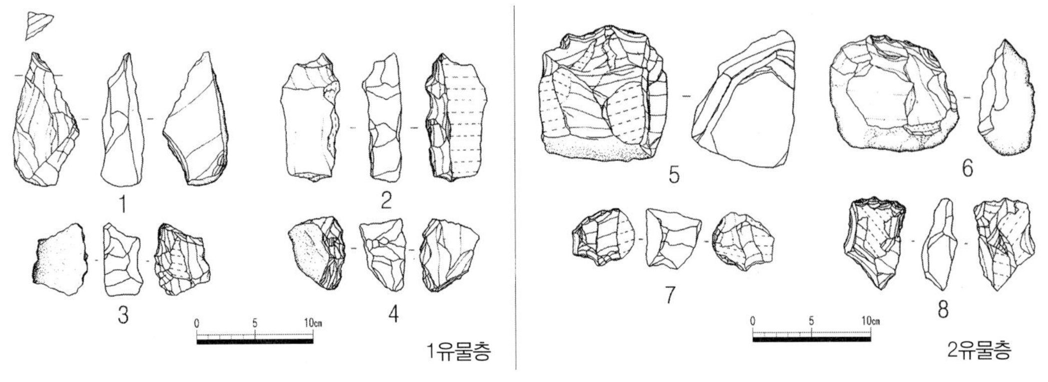

그림 32 강릉 주수리 유적(崔福奎 · 柳惠貞, 2004)의 석기
(1~4 : 긁개, 5 : 주먹대패, 6 : 찍개, 7 : 긁개, 8 : 밀개)

부 유물층은 보존 조치되었다. 1유물층(명갈색 점토층)은 비교적 넓게 펼쳐져 발굴되었는 바, 좀돌날몸돌과 좀돌날의 출토는 없었으며, 모두 석영으로 만든 소형석기 위주의 유물군을 보인다. 긁개, 밀개, 찌르개, 뚜르개, 격지, 돌조각, 부스러기 등 석영제 소형석기들이 520점 출토되었다. 이러한 석기 양상은 첫 번째 토양쐐기 구조가 포함된 2유물층에서도 동일하다. 긁개, 밀개, 찌르개, 뚜르개, 몸돌, 격지, 돌조각, 부스러기 등 석영제 소형석기 위주로 244점이 출토되었다(그림 32).

시굴조사 결과 점토 퇴적이 약 4.3m 가량 두텁게 이루어져 있고, 토양쐐기 구조가 몇 차례 반복되며, 퇴적환경의 변화를 지시하는 붉은빛(적갈색)과 황갈색의 토양색이 두 차례 순환주기(Cycle)를 보인다는 점에서 후기 갱신세의 퇴적환경 변화를 이해하는데 많은 도움을 줄 것으로 보인다.

10) 동해 망상동 기곡 유적

이 유적은 동해고속도로 확장구간에 포함되어 2001~2002년에 발굴조사가 이루어졌다.[50]

---

50 최승엽, 「동해 기곡 구석기유적의 성격」, 『한국구석기학회 제4회 학술대회 발표집』, 한국구석기학회, 2003, 15~24
쪽 ; 이해용 · 홍성학 · 최영석, 「동해시 망상동 기곡 구석기유적」, 『동해고속도로 확장공사구간내 유적 발굴조사
보고서 : 동해 기곡유적』, 江原文化財研究所 · 韓國道路公社, 2005, 1~494쪽.

유적의 중심부는 해발 17~25m 내외의 저위면에 자리하고 있다. A지구는 해발고도 약 20m부근에서 하성자갈층이 나타나고(저위 Ⅰ면), B지구는 약 13m 위에 하성자갈층이 발달하여(저위Ⅱ면)있다.

기곡 유적의 층위와 유물층을 위에서 아래로 내려가면서 살펴보면(그림 33), A지구의 경우 지표교란층(해발 23m 내외)−옅은 갈색 찰흙층(제1유물층)−짙은 갈색 찰흙층(토양쐐기 구조, 제2유물층)−적갈색 찰흙층(토양쐐기 구조, 제3유물층)−자갈층(고하천퇴적층), B지구의 경우 지표교란층(해발 17~15m 내외)−옅은 갈색 찰흙층(제1유물층)−짙은 갈색 찰흙층(토양쐐기 구조, 제2유물층)−모래/자갈층(고하천퇴적층)으로 이루어져 있다. A지구 하성자갈층 상부에 협재되어있는 모래층의 OSL연대는 116±6 ka BP이며, B지구의 모래/자갈층은 상대적으로 A지구보다 더 나중 시기에 형성된 것으로 보인다. 기곡 유적의 기본층서는 마지막간빙기 동안 형성된 고하천퇴적층 위로 마지막빙하기 동안의 토양쐐기 구조가 나타나는 고토양층과 그 상부의 옅은 갈색 찰흙층으로 이루어져 있다고 볼 수 있다.

B지구 B-1유물집중면의 옅은 갈색 찰흙층(제1유물층)에서 나온 AMS연대는 10,200±60 BP이며, B-3유물집중면의 토양쐐기 구조가 포함된 고토양층이 짙은 갈색 찰흙층(제2유물층)에서는 32,100±1,100 BP, 33,500±1,200BP, 36,070±380 BP의 연대가 나왔다. 이러한 연대측정

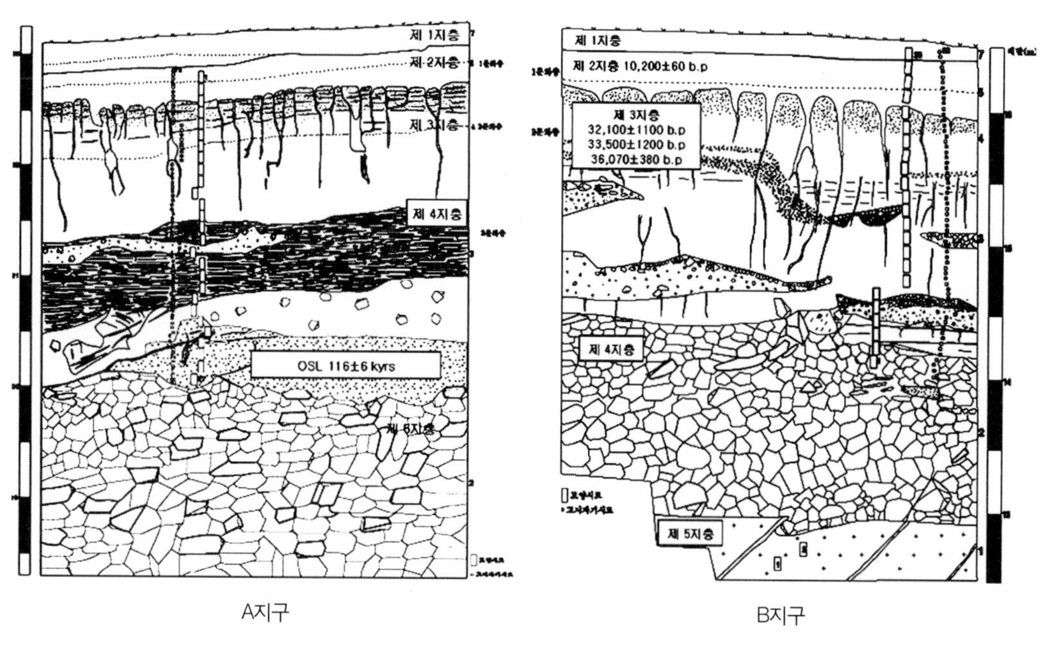

그림 33 동해 망상동 기곡 유적의 층위 단면도 (이해용 · 홍성학 · 최영석, 2005, 85 · 88쪽)

결과를 참고하면, 최상부 옅은 갈색 찰흙층(제1유물층)은 약 1만년 전후의 최후기 플라이스토세에서부터 홀로세에 걸치는 시기에 형성되었으며, 상부 고토양대의 짙은 갈색 찰흙층(제2유물층)은 약 32~36 ka BP, 하부 고토양대인 적갈색 찰흙층(제3유물층)은 약 45 ka BP보다 오래된 시기에 형성되었다고 해석할 수 있다. 그러나 중기구석기 유물층으로 여겨지는 제3유물층에서는 토양의 삭박작용에 의해 일부 지점에서만 소량의 유물이 찾아져 큰 의미를 부여할 수 없는 형편이다. 따라서 기곡구석기유적의 중심연대는 약 10~36 ka BP에 해당하는 후기 구석기시대로 볼 수 있다.

기곡 유적의 후기구석기 유물층은 상, 하 두 층준으로 나누어 볼 수 있다. 제1유물층인 토양쐐기 구조 상부의 옅은 갈색 찰흙층에서는 흑요석, 반암 및 이암, 수정, 화산암 계통, 석영암

사진 8　동해 기곡유적에서 출토된 다양한 돌감의 석기들

등 10여 종의 다양한 암질로 구성되어있는 작은 석기들이 6,674점 출토되었다(사진 8). 석영석기의 경우 격지나 조각돌에 잔손질을 가해 만든 긁개, 밀개, 홈날/오목날석기, 뚜르개, 찌르개 등의 석기가 우세하게 나타난다. 수정으로 만든 석기는 전 구간에서 모두 나타나지만, 특히 B-3지역에서 두드러진다. 이 지역은 석영과 함께 수정을 주로 석기 제작에 활용한 지점으로 여겨진다. 수정 화살촉, 몸돌과 격지, 긁개, 밀개, 홈날, 뚜르개, 새기개, 자르개 등이 출토되었다. 흑요석은 B-1과 B-3유물집중면에서 긁개 및 잔격지가 소량 출토되었다. 화산암 계통의 석재를 이용하여 만든 석기는 주로 B-1지역에 집중되어 있는데, 주로 긁개, 홈날, 새기개 등을 만들었다. 기곡 유적의 제1유물층은 다양한 종류의 균질한 암종의 새로운 채용 혹은 석기의 소형화 진행정도가 뚜렷이 드러나는 후기구석기 말기(약 1만 년 전)의 문화상을 잘 보여준다.

제2유물층(약 3만 년 전)은 옅은 갈색 찰흙층 하부에 토양쐐기 구조가 나타나는 짙은 갈색 고토양층에서 1,098점의 석기가 확인되었다. 사용된 암질이 모두 석영맥암으로 이루어져 있어 암질구성상 제1유물층과 차이를 보이고 있다. 제1유물층의 석기양상과 비교해볼 때, 찍개, 사냥돌(여러면석기), 주먹대패 등 비교적 큼직한 석기가 새로이 등장한다. 몸돌의 크기 또한 제1유물층에 비해 부피가 크다. 제3유물층(5만 년 이전)은 토양쐐기 구조가 나타나는 적갈색 찰흙층에 해당되며, 118점의 석기가 출토되었다. 대형 석기 위주의 중기구석기 유물층으로 여겨진다(그림 34).

기곡 유적은 다음의 몇 가지 특징이 있다. ①후기구석기 최말기 단계의 유물이 엄청난 양으로 집중 출토되었다는 점 ②동해안의 구석기유적에서는 최초로 흑요석 석기가 출토되었다는 점 ③사용된 암질이 10여 종으로 다양할 뿐만 아니라, 특히 수정을 집중적으로 활용하였다는 점 ④수정으로 만든 화살촉이 3점 출토되어 신석기 단계로의 전이를 읽을 수 있다는 점 등이다.

한편 2009년 6월에는 동해고속도로 부지에서 구릉 위쪽으로 약 60m 가량 떨어진 망상동 419-2번지 농가창고 신축부지에 대한 시굴조사가 있었다.[51] 기곡 유적 A지구와 동일한 해발 24m 내외의 구릉 상에 위치하며, 층위 양상도 거의 유사하다. 명갈색 점토층(1유물층)과 암갈색 점토층(2유물층), 적갈색 점토층 하부의 황갈색 점토층(3유물층)에서 석기가 출토되었으며, 특히 1유물층에서 석영제 소형석기의 밀집도가 높았다. 시굴조사로 종료되어 유적의 전모를 파악하기 어렵다

---

51 강원문화재연구소, 『동해 망상동 419-2번지 농가창고 신축부지내 유적 발굴(시굴)조사 약보고서』, 2009, 1~20쪽.

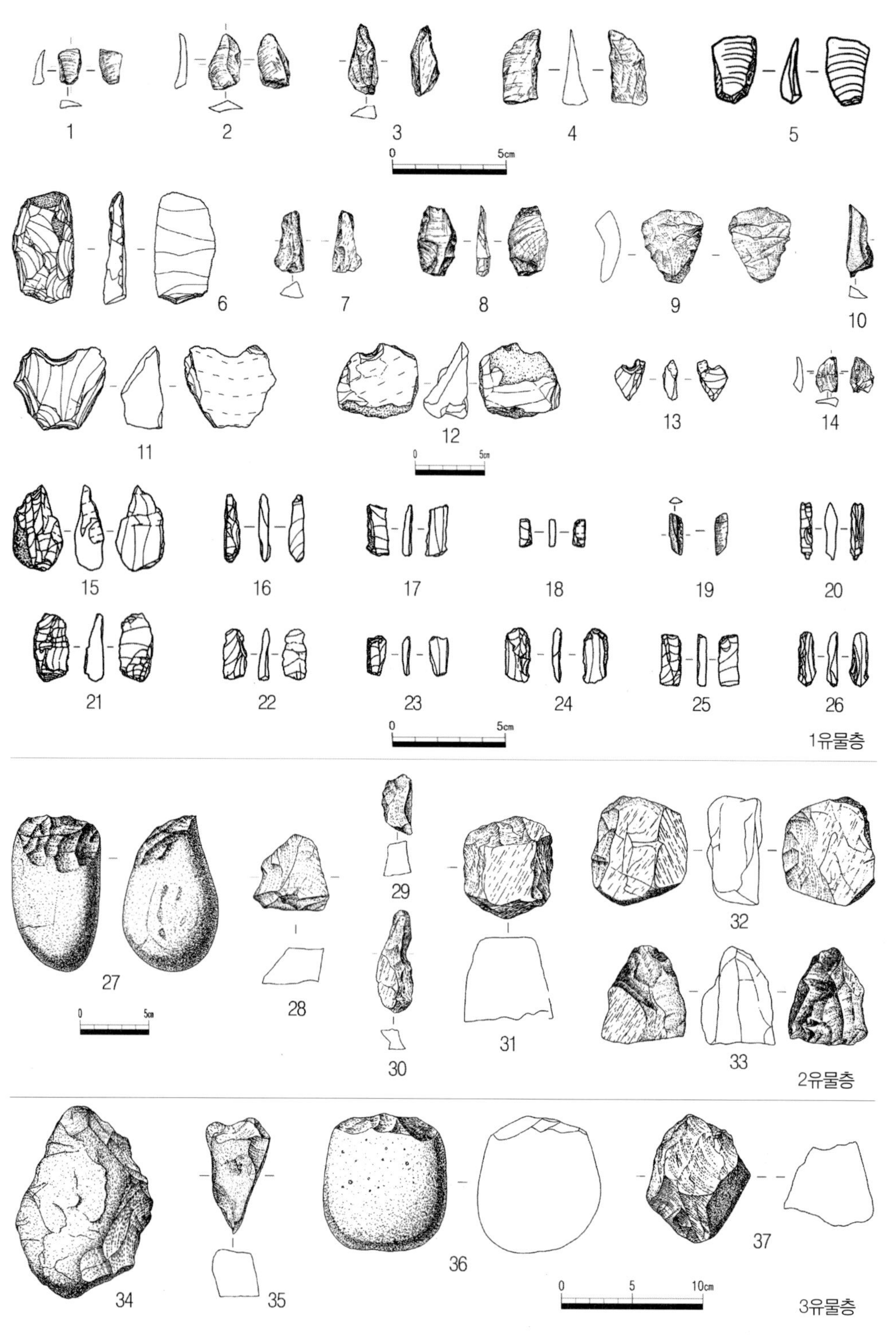

그림 34 동해 망상동 기곡 유적(이해용 · 홍성학 · 최영석, 2005)의 석기
(1~10 : 긁개, 11~13 : 홈날, 14 : 새기개, 15 · 21 : 좀돌날몸돌, 16~26 : 좀돌날, 27 : 찍개, 28~30 : 홈날,
31 : 여러면석기, 32~33 : 몸돌, 34 : 찍개, 35 : 홈날, 36 : 망치돌, 37 : 몸돌)

11) 동해 망상동 360-34번지 유적

동해 망상해수욕장 입구 서쪽의 망상초
등학교 뒤편에 해당되며, 마을 경로당 신축
공사로 인하여 발굴조사가 이루어졌다.[52]
이곳은 해발 11m 내외의 해안단구(저위 II
면)에 해당되며, 이보다 좀 더 높게 발달해
있는 망상동 본마을(본동)의 저위 I 면(해발
21m)에서는 이미 구석기유적이 알려져 있
었다. 결과적으로 해안을 따라 나지막하게
발달해 있는 저위 I · II면 모두에서 구석
기유적이 확인된 셈이다. 동쪽으로 200m
거리에 동해 바다가 위치해 있다.

충위는 표토-옅은 갈색 찰흙층(국지적
분포)-암갈색 찰흙층(토양쐐기 구조, 1유
물층, AMS : 34,000±400 BP, OSL : 38,000
±3,000 BP)-적갈색 찰흙층(회백색의 수
평크랙 및 토양쐐기 구조 발달, 2유물층,
OSL : 55,000±3,000 BP)-황갈색 찰흙층
(회백색의 수평크랙 조밀)-갈색 찰흙층(조
밀한 수평크랙과 불규칙한 토양쐐기 구조,

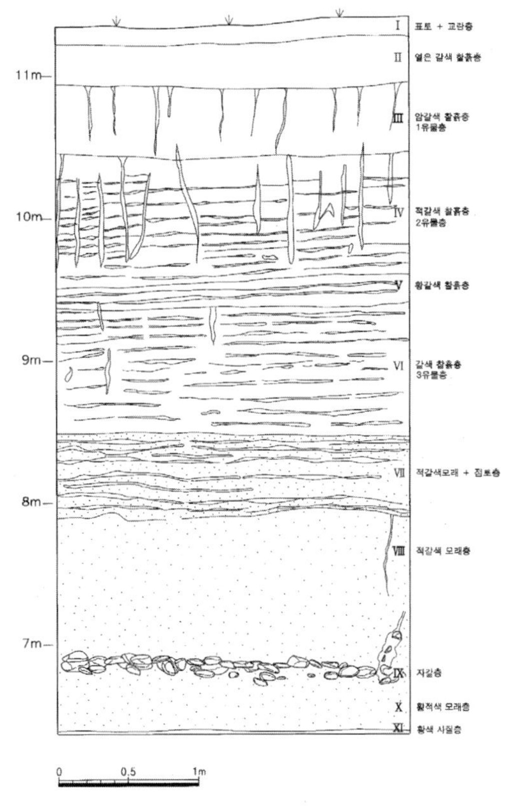

그림 35　동해 망상동 360-34번지 유적 지층 단면
(이해용 · 최영석 · 이나리, 2009, 35쪽)

3유물층, OSL : 85,000±8,000 BP, 92,000±4,000 BP)-적갈색 모래와 점토의 반복-적갈색모
래층(OSL : 97,000±9,000 BP)-둥근 자갈층(해발 7m, 20cm 두께)-황적색모래층-황색사질
층(회백색의 토양쐐기 구조)으로 구분되며, 그 이하는 굴착되지 않았다(그림 35). 충위 단면에
서 주목되는 것은 전반적으로 적갈색의 색조를 보인다는 것과, 회백색으로 탈색된 수평방향
의 크랙이 아주 조밀하게 전면에 엽리구조를 보인다는 점이다. 평면에서 보면 적갈색 점토에
마치 눈이 내린 것처럼 보인다. 최하부 모래층은 고해빈 또는 고사구로 여겨진다.

52　이해용 · 최영석 · 이나리,『東海 望祥洞 舊石器遺蹟 : 동해 망상동 360-34번지 주택신축부지내 유적 발굴조사 보
　　고서』, 강원문화재연구소, 2009, 1~257쪽.

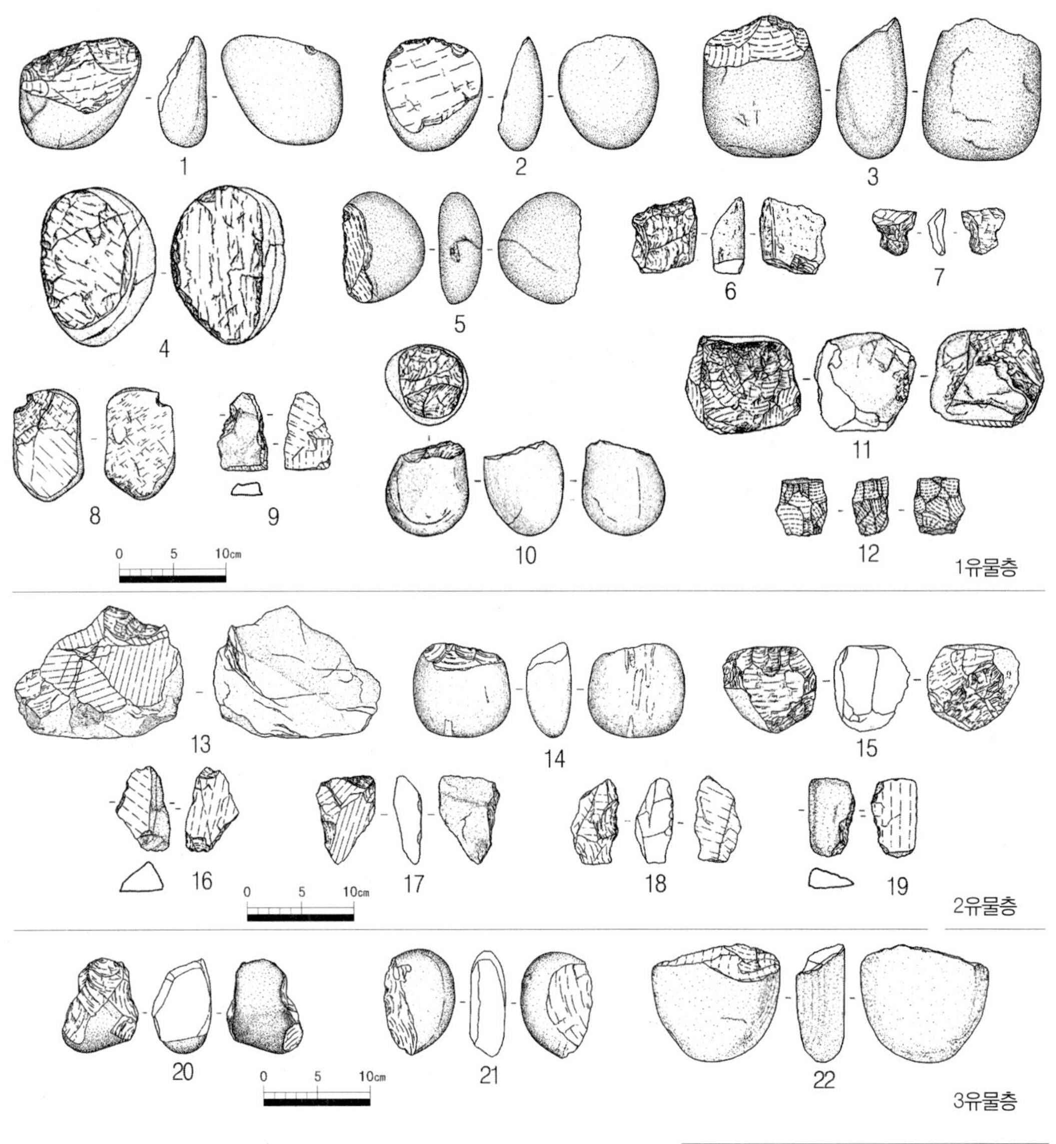

그림 36 　동해 망상동 360-34번지 유적(이해용 · 최영석 · 이나리, 2009)의 석기

(1~3 : 찍개, 4~6 : 긁개, 7 : 슴베연모, 8~9 : 홈날, 10~12 : 몸돌, 13~14 : 찍개, 15 : 여러면석기, 16~19 : 긁개, 20 : 찍개, 21 : 긁개, 22 : 몸돌)

　　발굴조사는 상부의 제1유물층에 대해서만 전면조사 되었고, 보다 하부의 2유물층과 3유물
층에 대해서는 일부분에 한해 표본조사 형식으로 이루어졌다. 1유물층은 표토 아래 40cm에
서, 2유물층은 약 1m 지점에서, 3유물층은 약 2.5m 지점에서 확인되었다. 203m²의 좁은 면적
이 조사된 1유물층에서는 모두 885점의 석기가 출토되어 밀집도가 대단히 높다. 2유물층

(95m²)에서는 147점, 3유물층(21m²)에서는 38점의 석기가 출토되었다. 특히 전면조사가 이루어진 1유물층에서는 석기 제작 과정과 관련되는 모룻돌(1점)과 망치돌(5점), 몸돌 및 격지, 돌조각, 자갈돌의 비율이 전체 석기의 91.6%에 이르고, 부합유물의 존재, 석기의 밀집도 등을 고려하여 석기제작장으로 추정되었다. 도구는 찍개, 긁개, 홈날, 톱니날 등으로 구성되어 있다. 특히 격지의 굽부분 양 가장자리에 홈을 조성하여 결구하도록 만든 가로날 석기(슴베연모)는 특징적이다.

2유물층에서는 모룻돌(1점)과 몸돌(36점), 격지(17점), 돌조각(50점), 자갈돌(19점)이 차지하는 비율이 76.9% 정도이고, 부합유물은 4점이 있다. 이와 함께 주먹대패 1점, 여러면석기 1점, 찍개 2점, 긁개 13점, 홈날 3점의 도구도 출토되었다. 3유물층에서는 몸돌 10점, 격지 5점, 돌조각 2점, 자갈돌 9점, 찍개 3점, 긁개 4점이 출토되었고, 부합유물도 5점이 된다. 전반적으로 몸돌과 격지의 크기가 윗 유물층에 비해 크다(그림 36).

12) 동해 망상동 노봉 유적

이 유적은 산림조합의 임산물 유통센터 건립부지내에 포함되어 2000~2001년도에 발굴조사가 이루어졌다.[53] 봉화산(185m)에서 북쪽으로 뻗어 내린 지맥 중 해발 약 50~70m 내외의 비교적 넓고 평탄한 산지 중간부에 위치하고 있으며, 유물은 해발 55m 내외의 평탄면에서 집중적으로 출토되었다. 이곳의 지형은 남쪽이 높고, 북쪽으로 가면서 고도가 낮아지는 형세로, 해안에 연해있는 동북향의 산지지형이다. 노봉 유적이 위치한 봉화산(해발 185m) 둘레의 노봉에서부터 대진동—어달동에 이르는 지역에는 해발 50~70m 고위단구면이 연속적으로 존재하고 있으며, 고위면 아래에는 마지막간빙기동안 형성된 것으로 추정되는 해발 10~18m의 저위 단구면이 뚜렷한 단구애를 형성하며 발달해 있다. 저위면과 고위면에서 모두 구석기유적이 확인된다.

층위와 유물층은 지표교란층—밝은 갈색 찰흙층(제 I 유물층)—짙은 갈색 찰흙층(상부 토양쐐기 구조, 제 II 유물층, AMS : 33,300±1,700 BP)—붉은 갈색 찰흙층(하부 토양쐐기 구조, 제 III 유물층)—모래층—자갈층—기반암층으로 구분된다(그림 37). 여기에서 고위 II 면에 해당하는 노봉 유적 하부 자갈층의 형성시기 자체는 제4단구 형성시기인 중기갱신세 초(MIS 13기,

---

53 崔福奎 · 安聖民 · 柳惠貞 · 文知賢, 『魯峰 舊石器遺蹟』, 산림조합중앙회 · 강원대학교 유적조사단, 2002, 1~295쪽.

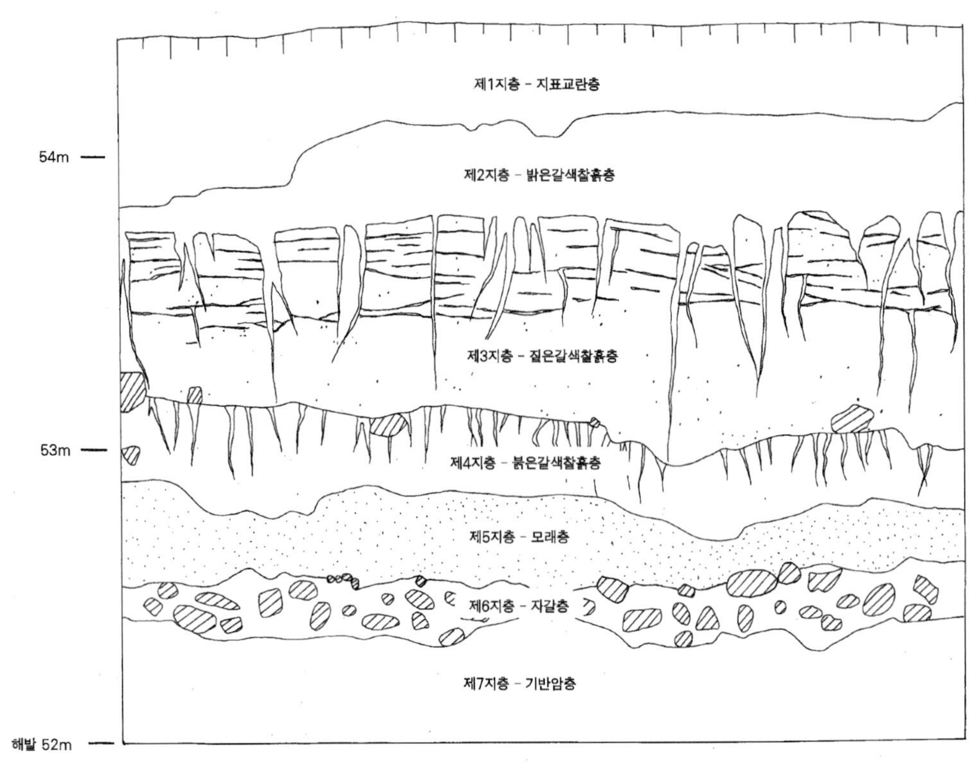

그림 37 동해 망상동 노봉 유적의 층위단면 (崔福奎 · 安聖民 · 柳惠貞 · 文知賢, 2002, 61쪽)

약 50~55만 년 전)로 상당히 오래되었다할지라도,[54] 그 상부를 피복하고 있는 점토층에서 출토되는 유물양상은 다소 시기차이를 보이고 있는 것으로 보인다.

제 I 유물층은 토양쐐기 구조 상부의 후기구석기층으로 보이며, 다양한 종류의 균질한 암종의 새로운 채용과 좀돌날떼기 수법이 구사된 유물의 발견이 기대되었지만, 대부분 석영암의 소형몸돌 및 격지, 긁개, 밀개 등의 소형석기 위주의 석기구성상을 보여준다. 제II유물층인 짙은 갈색 찰흙층(33,300±1,700 BP)과 제III유물층인 붉은 갈색 찰흙층은 서로 점이적으로 변하는 것이 아니라 토양색 및 구성입자 등 두 층의 경계가 분명하게 나타나는 편이어서 퇴적환경이 서로 달랐다고 여겨진다. 특히 지층단면도에 나타나는 바와 같이 토양쐐기 구조의 상부는 침식작용으로 깎여나가고 하단부만이 존재하는 것으로 볼 때, 제III유물층인 붉은 갈색 찰

---

54 김주용 · 양동윤 · 남욱현 · 홍세선 · 이진형 · 김진한 · 정혜경 · 오근창 · 강문경, 「동해시 망상동 구석기유적 일대 제4기 지질」, 『魯峰 舊石器遺蹟』, 산림조합중앙회 · 강원대학교 유적조사단, 2002, 285쪽.

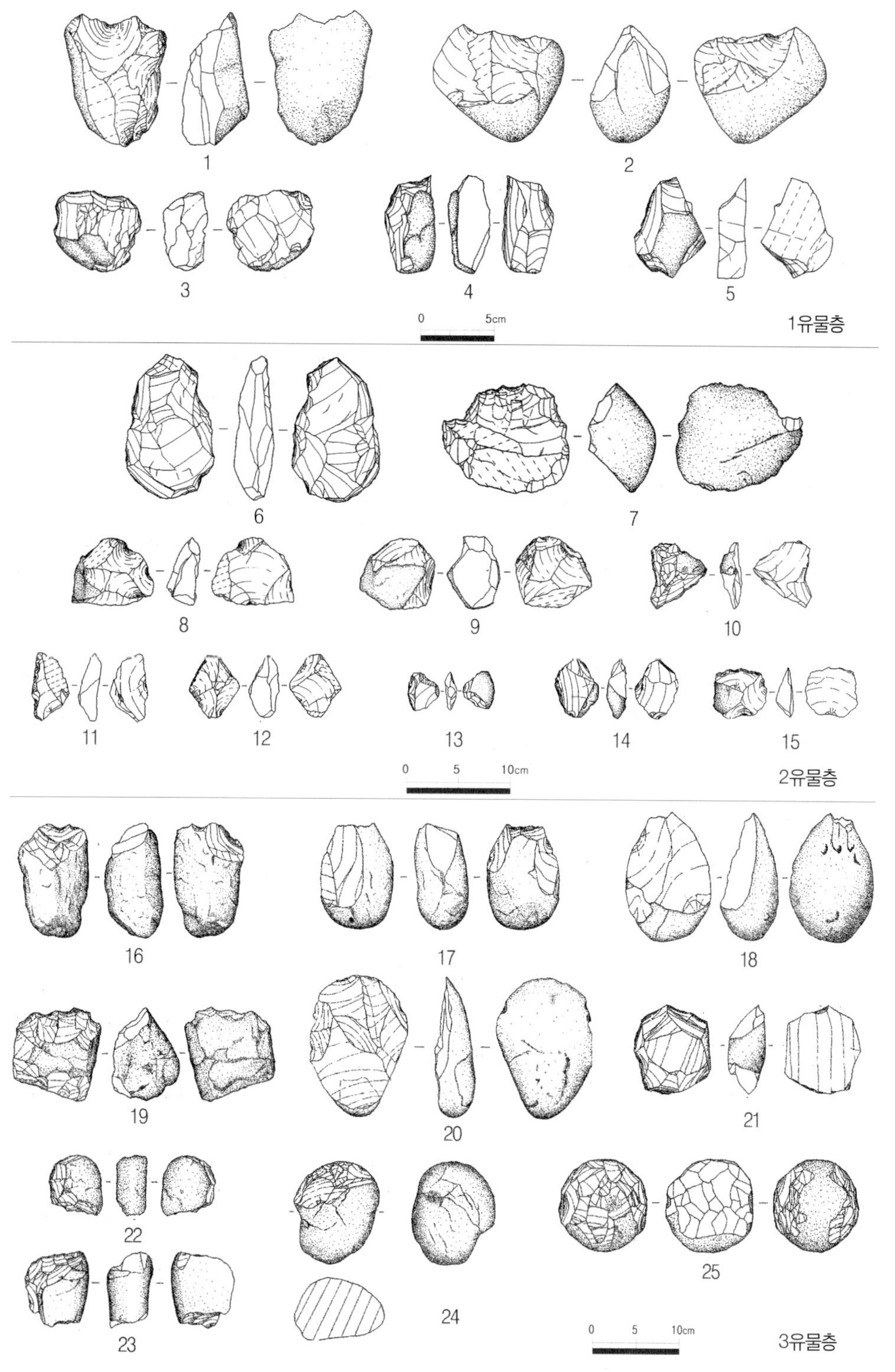

그림 38 동해 망상동 노봉 유적(崔福奎 · 安聖民 · 柳惠貞 · 文知賢, 2002)의 석기
(1~3 : 소형몸돌, 4~5 : 긁개, 6 : 주먹도끼, 7~9 : 소형몸돌, 10~14 : 긁개, 15 : 톱니날, 16~20 : 찍개, 21~24 : 긁개, 25 : 여러면석기)

흙층의 토양 삭박작용이 상당기간 지속된 이후에 제II유물층인 짙은 갈색 찰흙층의 퇴적이 이루어진 것을 알 수 있다. 발굴조사단은 제II유물층은 후기 구석기시대 초, 제III유물층은중 기구석기 유물층(5~6만 년 전 이전)이라고 여기고 있는바, 제I·II유물층은 석영암의 소형 몸돌과 격지, 긁개 등 소형석기 위주의 석기구성상을 보이는 반면, 제III유물층의 석기들은 윗 층의 것과는 달리 몸돌 및 격지 자체의 부피와 무게가 커져 있으며, 대형의 자갈돌 찍개와 여 러면석기 등 대형석기 위주의 석기구성상을 보인다는 점에서 동해안의 석기 변화상을 밝히는 데 상당한 도움을 줄 것으로 보인다(그림 38).

이 유적의 1유물층(명갈색 점토층) 하부에서는 기둥자리로 보이는 구멍들이 다수 확인되었 고, 발굴자는 이를 토대로 3채의 집자리를 복원하기도 했다(그림 39~40).

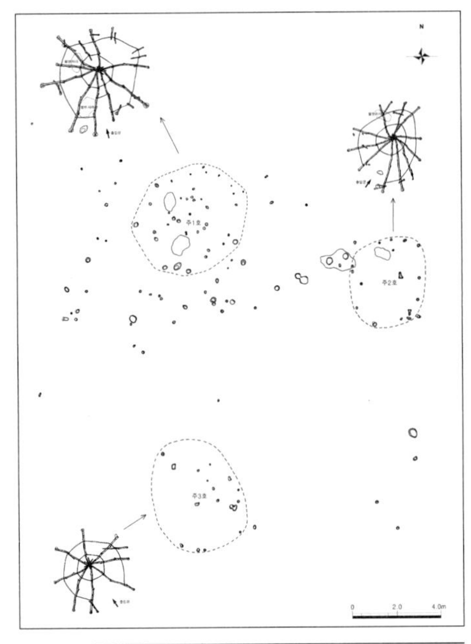

그림 39 집자리로 복원된 모습

(崔福奎 · 安聖民 · 柳惠貞 · 文知賢, 2002, 68쪽 편집)

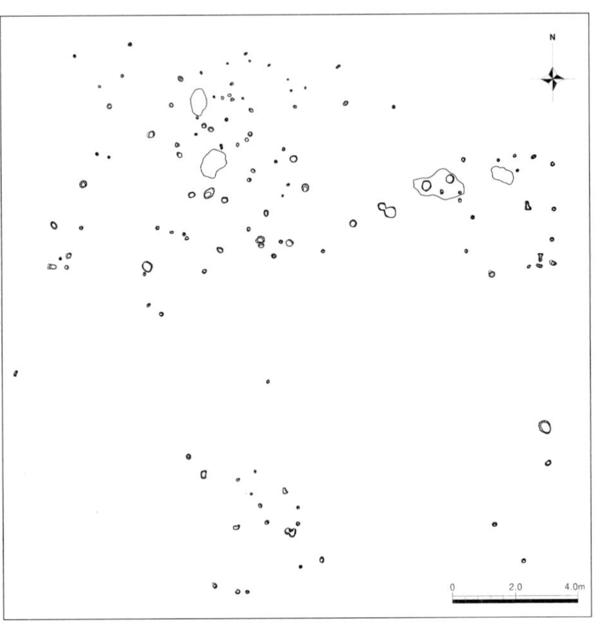

그림 40 임의의 원을 삭제한 모습

13) 동해 망상동 44-2번지 유적

이 유적은 노봉 신석기유물 산포지로 알려져 있던 곳으로, 개인주택 건축을 위해 시굴조사 가 이루어졌다.[55] 이곳은 노봉 구석기유적이 위치하고 있는 고위면의 북쪽 끝자락에 형성된 해발 20m 내외의 저위면에 해당된다.

층위는 표토-흑색점토(신석기유물층)-명갈색 점토층-황갈색 점토층(토양쐐기 구조)-
적갈색 점토층(구석기 유물포함층, 조밀한 회백색의 수평크랙 발달)-적갈색 사질토층-황
색 사질토층(구석기 유물포함층, 2m 이상 계속)으로 구분된다. 적갈색 점토층(고토양층) 하
부의 적갈색 혹은 황색 사질토는 저위 해안단구를 구성하는 고해빈 모래층 혹은 고사구 모래
층일 가능성이 크다. 석기는 황색 사질토층에서 주먹도끼 1점, 적갈색 점토층에서 몸돌 1점과
홈날 1점이 출토되었다.

14) 동해 묵호진동 월소 유적

한국토지공사 영동지사에서 추진한 동해 월소지구
도시개발사업 부지 내에서 구석기가 발견되어, 2007~
2008년도에 발굴조사가 이루어졌다.[56] 노봉 유적이 위
치한 봉화산 둘레의 망상동 노봉에서부터 남쪽으로 대
진동-어달동-묵호동에 이르는 지역에는 해발 50~
70m 고위단구면이 연속적으로 존재하고 있으며, 그 중
월소는 가장 남쪽에 위치한 해발 70~80m 정도의 고위
면에 해당되는 유적이다. 태백산맥에서 뻗어 나온 매봉
산(607m) 줄기의 동쪽 끝자락에 해당되며, 유적에서
200m 거리에 동해 바다가 위치한다.

월소 유적에서는 모두 5개 유물층에서 석기가 출토되
었다(그림 41). 1유물층은 지표교란층(Ⅰ지층) 바로 아
래의 명갈색 점토층(Ⅱ지층)에 해당되며, A, B, C 세 지
점에서 각각 소규모의 석기집중면이 확인되었다. 석기
제작과정을 알려주는 소형 몸돌 및 격지, 돌조각, 부스
러기 등이 대부분인 가운데, 긁개·밀개·홈날·뚜르

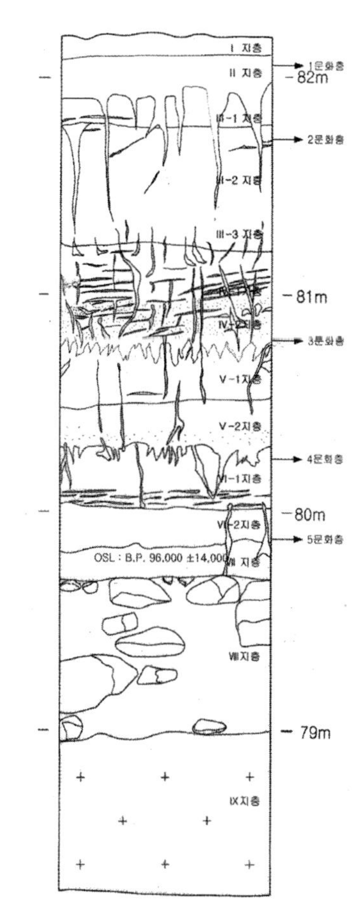

그림 41　동해 월소 유적 지층 단면
(예맥문화재연구원, 2008, 30쪽)

55　정연우·고동순·홍성학·김소영, 『東海 望祥洞遺蹟 Ⅰ : 동해 망상동 44-2번지 근린생활시설부지내 유적 시굴조
　사 보고서』, 2008, 1~100쪽.
56　예맥문화재연구원, 『동해 월소지구 도시개발 사업부지내 유적 발굴조사 약보고서』, 2008, 1~53쪽.

개 등 소량의 석영제 소형 석기들이 함께 출토되었다. 특히 양질의 유백색 석영을 돌감으로 하여 눌러떼기 기법으로 정교하게 제작한 유경식 타제 화살촉 1점은 대단히 주목되는 바이다. 동해 기곡 유적에서는 동일한 층위(10,200±60 BP)에서 수정제 무경식 타제 화살촉 3점이 출토된 바 있다. 좀돌날몸돌이나 좀돌날은 전혀 출토되지 않았다.

2유물층은 첫 번째 토양쐐기 구조가 나타나는 암갈색 점토층(Ⅲ지층)의 중간 부분에 해당되며, C지점의 북쪽과 서쪽 중앙에서 각각 석기제작 행위를 엿볼 수 있는 몸돌 및 격지, 돌조각, 부스러기 등이 집중되는 곳이 확인되었다. 찍개 등의 몸돌석기가 소량 출토되는 가운데, 긁개·밀개·홈날 등의 소형 석영제 석기들이 출토되었다.

한편 3, 4, 5유물층은 비교적 붉은빛의 토양층에 해당되며, 1·2유물층과 달리 주먹도끼(handaxe)와 여러면석기(polyhedron), 공 모양 석기(spheroid), 찍개 등 주로 대형의 몸돌 석기를 위주로 하는 석기구성을 보인다(사진 9).

3유물층   4유물층

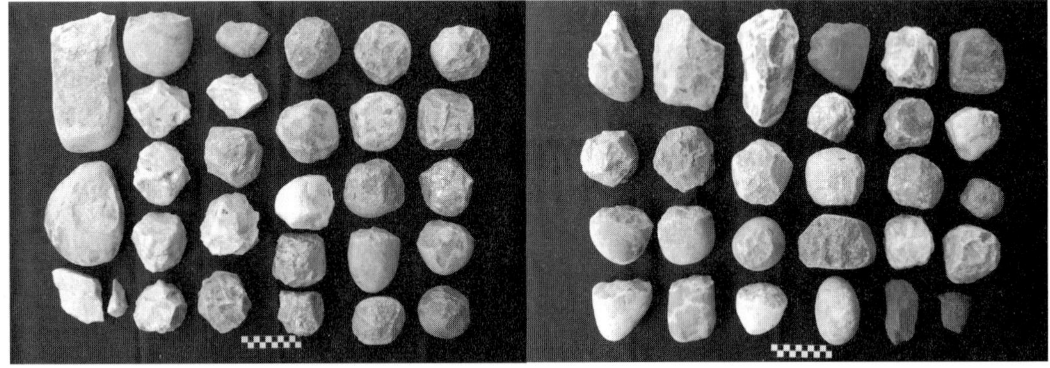

4유물층   5유물층

사진 9 　동해 월소 유적의 3, 4, 5유물층 석기갖춤새 (예맥문화재연구원, 2008)

3유물층은 황갈색 점토층(IV지층)과 적갈색 점토층(V지층)의 경계면에 해당된다. 이 경계면의 상부 지층들은 갈색 토양대, 하부 지층들은 적(갈)색 토양대로 확연하게 구분된다. 3유물층에서는 주먹도끼, 여러면석기, 찍개 등의 대형석기와 더불어 긁개와 같은 소형석기도 출토되었다. 몸돌들은 10cm 내외의 둥근 자갈돌이 대부분이고, 25cm 내외의 대형 사암 자갈돌도 일부 관찰된다. 4유물층은 적갈색 점토층 하부의 황갈색 사질토층(VI지층)에 해당되며, 주먹도끼 · 주먹찌르개 · 주먹대패 · 찍개 등 대형 몸돌석기와 함께 긁개 · 홈날 · 밀개 등의 소형격지도 출토되었다. 5유물층은 적갈색 사질토층(VII지층)이 시작되는 지점 아래로 50cm 내외의 깊이에 해당된다. 주먹도끼 · 주먹대패 · 찍개 · 여러면석기 · 사암제 대형격지 등과 더불어 소형 격지도 출토되었다. 대부분의 석기들은 중 · 대형의 둥근 자갈돌을 이용했으며, 위층인 4유물층에 비해 30cm 내외의 대형 몸돌 비율이 높다. 약 2.5m 두께의 적갈색 사질토는 고사구에 해당될 것으로 보이며, 구정선고도가 70m인 고위단구면임을 감안할 때, 그 형성 시기는 상당히 올라갈 가능성이 크다. 적갈색 사질토 아래에는 해성퇴적으로 보이는 모래 자갈층이 해발 73~80m 내외에서 나타나며, 그 하부는 기반암층이다. 4, 5유물층에 해당되는 하부 층준에서 측정된 OSL 연대는 89,000±4,000 BP, 79,000±5,000 BP, 81,000±10,000 BP, 96,000±14,000 BP 등이다. 이러한 정황으로 보아 월소 유적은 동해안에서 발견된 구석기유적 중 가장 이른 시기에 해당된다.

15) 동해 발한동 유적

이 유적은 묵호역에서 사문재를 연결하는 해안도로와 택지조성 공사를 하면서 유적이 확인되어 1995년에 발굴조사가 이루어졌다.[57] 유적은 해안에서 약 500m 정도 떨어져 있는 묵호 도심지의 일부분에 해당되는데, 본래는 하천의 발달이 전혀 없이 해안을 향해 뻗어있는 나지막한 구릉지였다.

유적은 편의상 5개 지구로 구분하였지만, 공사로 인해 퇴적층이 거의 남아있지 않은 부분을 제외하면 결국 1지구와 5지구를 중심으로 유적을 해석하게 된다. 1지구와 5지구는 직선거리로 약 120여m 정도 떨어져 있지만, 그 고도와 층위상에서 확연한 차이를 보인다. 발굴 당시에

---

57 최복규 · 최승엽 · 김상태 · 이해용, 『발한동 구석기유적 발굴조사 보고서』, 강원고고학연구소, 1996, 1~235쪽.

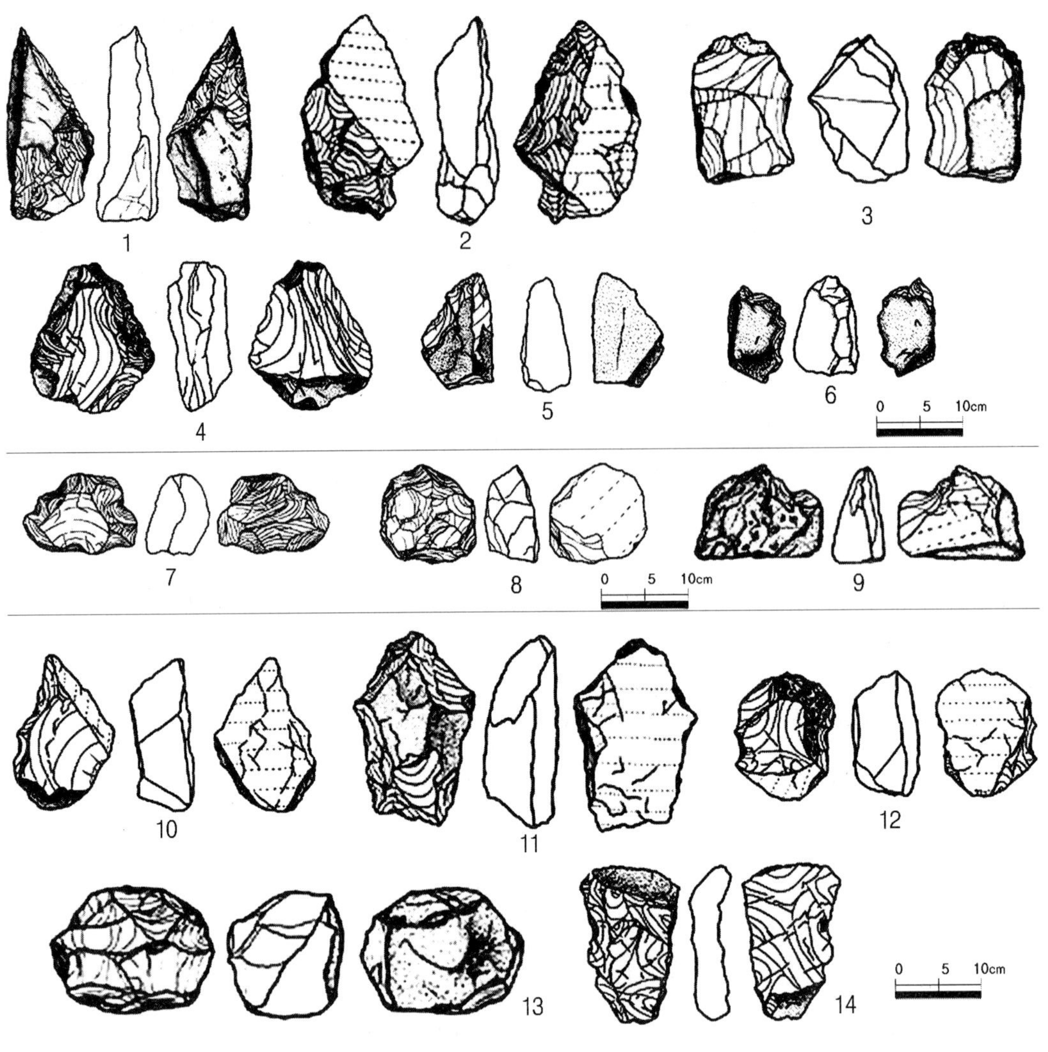

그림 42 동해 발한동 유적(최복규 · 최승엽 · 김상태 · 이해용, 1996)의 석기

(1 : 주먹찌르개, 2 : 찌르개, 3 : 찍개, 4~6 : 긁개, 7~8 : 찍개, 9 : 긁개, 10 : 찌르개, 11 : 몸돌, 12 : 긁개, 13 : 찍개, 14 : 밀개)

는 이를 하나의 지형면으로 보고 유적을 해석하였지만, 최근에는 이를 두 개의 해면변동성 단구 지형면으로 이해하면서 유적의 형성시기가 논의되어졌다.[58] 즉 해발고도 약 23~25m에 사력층이 분포하는 5지구를 저위 I 면(혹은 높은 제2단구), 해발고도 약 11~14m 지형면인 1지구

---

58 김주용 · 양동윤 · 홍세선 · 최복규 · 최승엽 · 김진관, 「동해안 중부의 해안단구 형성환경과 지질고고학의 적용」, 『한국구석기학보』제8호, 한국구석기학회, 2003, 8쪽.

를 저위 II 면(혹은 낮은 제2단구)으로 구분하였다. 저위 I 면은 MIS 5e(약 125 ka BP), 저위 II 면은 MIS 5a(약 80 ka BP)에 형성된 하성단구층으로 해석된다. 저위 I 면의 5지구는 지표면 해발고도가 약 24m 정도 되며, 두께 약 30~40cm 정도의 적색 점토층에서 석기집중면이 확인되었다. 그리고 그 하부에서 곧바로 상당히 풍화가 진행된 자갈층과 기반암이 두텁게 남아있었다. 발굴당시 이 자갈층의 형성시기는 약 125 ka BP로 간주되었으며, 유물이 출토된 그 상부의 적색점토는 자갈층의 형성시점에 근접한 약 10만 년 전으로 해석되었다. 한편 저위 II 면의 1지구는 지표면 해발고도가 약 14m 정도되며, 그 하부에 약 3m 두께의 점토층이 표토층(I층)−명갈색 찰흙층(II층, 국지적 분포)−붉은색 찰흙층(III-1층, 입구가 잘린 토양쐐기 구조)−황갈색 찰흙층(III-2층)−붉은색 찰흙층(IV-1층, 토양쐐기 구조)−황갈색찰흙층(IV-2층) 순으로 퇴적되어 있고, 다시 그 하부에서 보다 신선한 사력층(V층)이 나타났다. 석기는 표토(I층)와 사력층(V층)을 제외한 모든 점토층에서 출토되었다.

석기는 1지구 337점, 5지구 156점, 2지구 20점, 4지구 7점으로 모두 520점 정도 출토되었다(그림 42). 좁은 면적(88m²)이 남아있는 5지구에서는 단일 지층에서 석기집중면이 확인되었다. 몇 개의 커다란 모룻돌을 중심으로 망치돌, 격지, 돌조각, 부스러기들이 찍개, 긁개, 밀개, 찌르개 등과 어울려 집중 출토되어 석기제작장으로 추정되었다. 한편 1지구에서는 부스러기 1점이 출토된 II층을 제외하고, 주로 그 하부의 4개 층에서 석기가 출토되었다. III-1층에서 103점, III-2층에서 90점, IV-1층에서 107점, IV-2층에서 36점이 출토되었다. 석기구성은 찍개, 주먹대패, 긁개, 밀개, 홈날, 뚜르개, 찌르개, 격지, 돌조각, 부스러기 등으로 약간의 비율 차이를 보이며 엇비슷하다. 적은 양의 찍개, 주먹찌르개, 주먹대패 등의 중대형 석기가 보이는 가운데, 대부분 긁개류의 석영제 소형석기 중심의 유물군 양상을 보인다.

16) 동해 평릉동 유적

이 유적은 동해 해안 택지 개발사업지구에 대한 발굴조사를 통하여 알려지게 되었다.[59] 유물은 현재의 계곡부 사면에서 주로 출토되었다. 해안과 바로 연접해 있는 해발 30~40m 정도의 구릉지 계곡부에 점토 퇴적물이 재 퇴적되어 채워지는 과정에서 형성된 것으로 보인다. 따

---

59 최영석,『東海 平陵洞 舊石器遺蹟』, 江原文化財研究所・韓國土地公社, 2007, 1~225쪽.

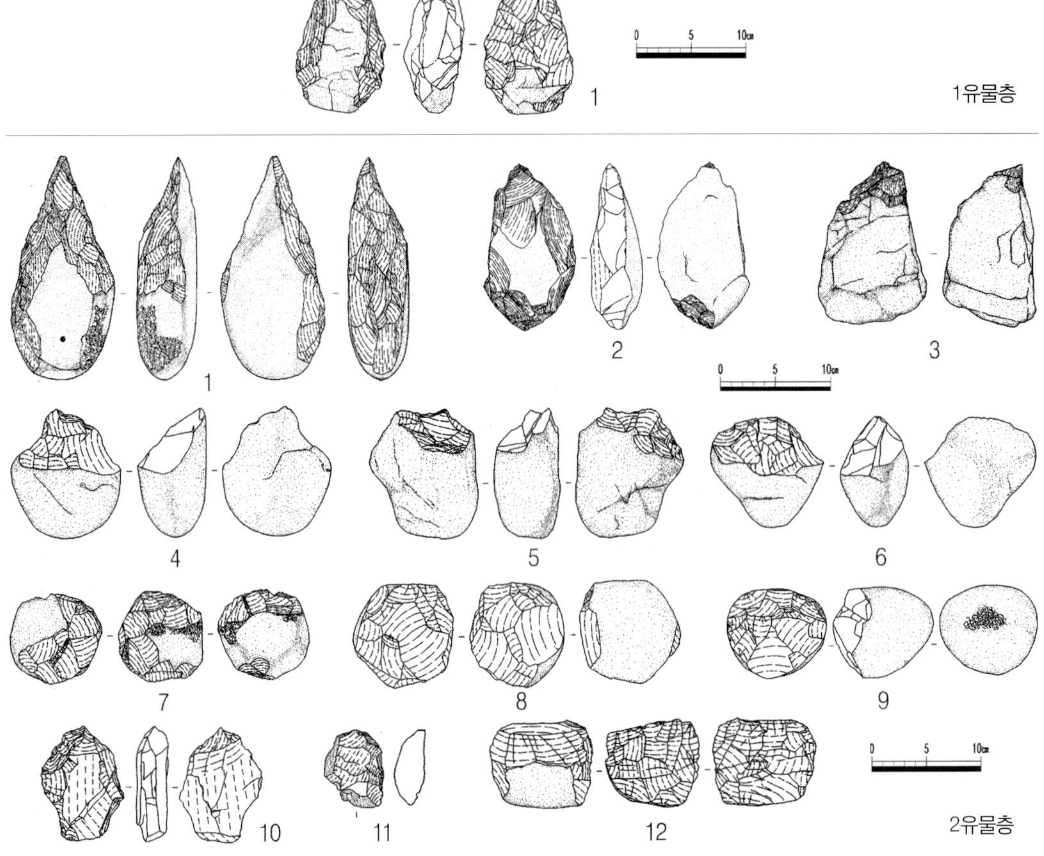

그림 43　동해 평릉동 유적 (최영석, 2007) 석기
(1~3 : 주먹도끼류, 4~6 : 찍개, 7~8 : 여러면석기, 9 : 망치돌, 10 : 긁개, 11 : 밀개, 12 : 몸돌)

라서 유물이 출토된 층위학적 맥락은 그리 좋은 편이 아니지만, 적어도 3점 정도의 뚜렷한 주먹도끼들이 여러면석기, 대형의 긁개, 찍개 등의 석기와 함께 출토되었다(그림 43). 주먹도끼가 포함된 단계의 유물 구성군이 계곡 사면을 따라 충진한 것으로 보인다. 특히 상당히 정성들여 우수하게 제작된 주먹도끼 1점은 대단히 주목되는 명품이다. 암질 미상의 청회색 둥근 자갈돌로 제작되었는데, 잡이가 되는 기저부는 자갈돌 형태 그대로 남겨졌고, 뾰족한 위 끝을 가공하기 위해 양면에서 여러 차례 떼기를 베풀었다.

17) 동해 지흥동 유적

이 유적은 동해시립박물관 건립부지내에 포함되어 2008년 11~12월까지 시굴조사 되었다.[60] 북서쪽에 위치한 초록봉(531.4m)에서 남동쪽으로 뻗어 내린 산록 완사면의 가지 능선 중 하나에 해당되는 해발 50m 내외의 구릉지 정상부가 구석기유적이다. 유적의 동쪽으로 2km 정도 거리에 동해가 위치하고, 남쪽 1km 지점에는 동해시 최대의 하천인 전천이 서에서 동으로 흐른다.

시굴조사 결과, 구릉 정상부에는 회백색의 토양쐐기 구조가 포함된 5m 이상의 고토양층이 존재하고 있음이 확인되었다. 지표 아래로 명갈색 점토층이 놓이고, 그 하부에서 토양쐐기 구조가 발달한 적갈색과 황갈색 점토가 세 차례 정도 반복되어 나타나는 것으로 보인다. 석기는 명갈색 점토층과 적갈색 점토층 등에서 석영제 몸돌 및 격지가 12점정도 출토되었다. 발굴조사가 이루어져야 유적의 전모를 파악할 수 있을 것으로 여겨진다.

18) 동해 구호동 · 구미동 유적

1992년도에 동해시의 북평공단 조성 지역 내에서 신라고분군을 발굴하던 강원대학교 발굴조사단에 의해 구호동 구석기유적이 새로이 발견되어 보고되었다.[61]

이 유적은 고분 발굴 중에 우연히 석기가 발견되어 더 이상의 조사가 진행되지 않았지만, 시굴 트렌치에서 확인한 바에 의하면, 층위는 지표교란층—약 40cm 두께의 적색 점토층—기반암풍화층으로 구성되어 있다. 석기는 아마도 적색 점토층내에 존재하던 것이 고분 축조과정에서 지표로 노출되거나 고분의 시상돌로 사용된 것으로 여겨진다. 발견된 석기 중 주목되는 것은 양손으로 들어야할 정도로 두텁고 대형인 격지의 위 끝부분을 떼어내어 만든 찍개, 주먹찌르개, 주먹도끼, 여러면석기 등으로 비교적 큼직한 대형석기 위주의 석기구성상을 보여줘 후술할 구미동유적의 석기구성상과 차이를 보인다(사진 10).

한편 앞서 살펴본 1992년의 구호동유적 발견 사실이 연결고리가 되어 바로 연접해있는 구

---

60 예맥문화재연구원, 『동해 지흥동 동해시립박물관 건립부지내 유적 발굴(시굴)조사 약보고서』, 2008, 1~31쪽.
61 최복규 · 최승엽, 「동해 구호동 구석기유적 보고」, 『東海北坪工團 造成地域 文化遺蹟 發掘調査報告書』, 關東大學校博物館, 1994, 121~140쪽.

사진 10 동해 구호동 유적 석기 (연세대학교박물관, 2001)

미동유적이 하수종말처리장 부지에 포함됨에 따라 1999년에 1, 2차로 나뉘어 발굴조사가 이루어졌다.[62] 구릉의 능선사이에 난 계곡을 경계로 구호동과 구미동이 나뉘지만, 사실 두 구릉은 서로 맞닿아 있기 때문에 동일유적이나 다름없다. 유적이 자리한 곳은 해안을 향해 동북쪽으로 길게 뻗으며 발달해 있는 해발 35~42m 정도의 중위면 구릉 정상부 평탄면에 해당된다. 이곳의 지형은 남쪽으로부터 해안을 향해 동북쪽으로 길게 뻗어가다가 점차 북쪽으로 방향을 바꾸어가는 구릉지인데, 남쪽의 해발고도가 약 42m로 제일 높고, 북쪽으로 가면서 해발 35.4m로 점차 완만하게 고도가 낮아져 약 6~7m 정도의 고도차를 보인다.

이러한 지형적 조건에 의하여 전체 지역에서 동일한 층위 양상을 보이는 것이 아니고, 구간별로 지형적 조건에 대비되는 층위변화가 관찰된다. 즉 구릉의 정상부에서 해안을 향해가는 중간지점까지는 지표면 아래에 곧바로 석기가 노출되는 유물층이 있고, 그 아래에 풍화된 자갈층이 두껍게 자리하고 있는데, 점차 그 두께가 얇아져서 북쪽으로 가면 유물층 아래에 곧바로 암반풍화층이 드러나고 있다. 그런데 석기집중면이 드러난 지점에서는 암반풍화층이 곧바로 드러나지 않고, 퇴적된 점토의 두께가 상당히 깊어져 있다. 정상부 평탄면이 침식을 당하는 동안 서쪽의 완만한 경사지역은 상대적으로 울퉁불퉁한 암반풍화층을 채워가면서 퇴적이 이루어져가고 있었던 것으로 생각된다. 즉 지표교란층 아래의 갈색 찰흙층에서 석기집중면이

---

62 崔福奎·安聖民·柳惠貞,「東海 九美洞 舊石器遺蹟」,『東海 九美洞·九湖洞遺蹟-동해 하수종말처리장 사업부지내 매장문화재 발굴조사 보고서-』, 關東大學校博物館·江原考古學硏究所, 2004, 9~183쪽.

노출되고, 그 아래에서 토양쐐기 구조가 관찰되는 점토층이 렌즈상으로 충진되어 있다. 이곳은 비록 중위면에 위치하고 있지만, 배후산지가 연해있지 않은 가지상의 구릉지로서 퇴적물의 공급이 전혀 이루어지지 않고 지속적으로 침식에 의한 지형삭박이 우세하여, 퇴적의 두께가 얇을 뿐만 아니라 비교적 고기의 고토양대보다는 마지막빙하기 최말기의 후기퇴적이 남아있는 것으로 보인다.

　발굴조사 결과 구릉 정상부 평탄면과 완만한 경사면을 중심으로 사방 10m 범위 내에서 석기가 밀집되어 있는 양상이 확인되었다. 지표면으로부터 약 20cm 아래의 갈색 찰흙층(토양쐐기 구조 상부) 내에서 약 300~400점 정도의 유물이 집중되어 출토되었는데, 대부분의 유물은 소형 몸돌 및 잔격지, 부스러기, 부정형석편 등 석기제작과정의 부산물들이며, 이와 함께 세심한 잔손질을 베풀어 만든 소형의 긁개, 밀개, 홈날, 찌르개, 새기개 등이 포함되어 있다(그림 44). 좀돌날몸돌 및 좀돌날은 출토되지 않았으며, 석기의 재질은 거의 대부분 석영암인 가운

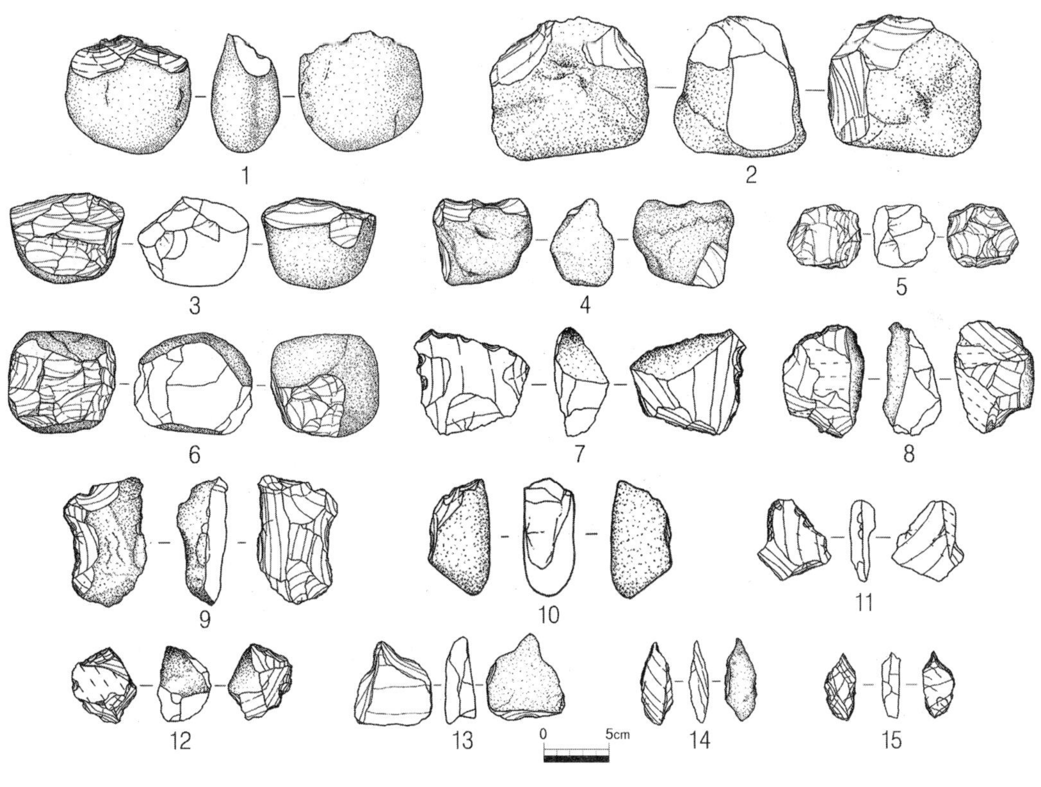

그림 44　동해 구미동 유적(崔福奎 · 安聖民 · 柳惠貞, 2004)의 석기

(1~4 : 찍개, 5~6 : 여러면석기, 7~12 : 긁개, 13~15 : 뚜르개)

데, 수정으로 만든 석기도 일부 보인다. 구미동 유적의 층위 및 유물구성 등을 통해볼 때, 돌날 떼기 기술이 구사되기 이전의 후기구석기 어느 한 시기, 즉 소형석기 중심의 유물구성군을 위주로 한 유물층으로 여겨진다.

19) 동해 추암동 유적

이 유적은 해안을 향해 뻗어있는 해발 30m 내외의 구릉지 정상부 평탄면에 위치하고 있으며, 추암이주단지 조성사업지역에 포함되어 2001년에 시굴조사 되었다.[63] 해발 30m 내외의 중위면에 해당되지만, 단구퇴적층은 확인되지 않았고, 이 지역의 기반암인 석회암의 풍화잔적토와 풍화층이 최하부에 놓여있었다. 지표상에 석회암 바위가 노출되어 있기도 하다.

층위는 지표교란층-갈색 찰흙층-짙은 갈색 찰흙층(토양쐐기 구조)-붉은 갈색 찰흙층-붉은색 찰흙층-기반암풍화층으로 구성되어 있다. 석기는 지표하 40~50cm 아래 갈색 찰흙층과 짙은 갈색 찰흙층의 경계지점에서 출토되었으며, 풍화잔적토로 여겨지는 하부 붉은색 찰흙층에서는 출토되지 않았다. 지표에서는 여러면석기와 자갈돌석기 등이 발견되었고, 시굴조사에서는 찍개, 긁개, 몸돌, 격지, 망치돌 등이 출토되었다. 특히 어른 손바닥을 펼친 크기정도의 반암제 대형 격지가 부합되어 주목된다(사진 11). 소규모의 시굴만 이루어져서 유적의 연대적 성격에 대하여 단정 짓기는 어려운 실정이다.

사진 11　추암동 대형 격지
(강원대학교 유적발굴조사단, 2001)

---

63 강원대학교 유적발굴조사단, 『동해 추암 이주단지 조성사업 지구내 매장문화재 시굴조사 지도위원회의 자료』, 2001, 1~15쪽.

고환경과 입지 유형 분석

1. 고환경 분석

발굴을 통해 찾아진 유물은 옛 사람들의 생활모습을 전해주는 것이지만, 자연환경은 그러한 생활상의 배경을 지시해주는 것이기에 그 의미가 크다. 고환경을 살펴봄으로써 그 당시 사람들이 어떠한 자연조건 속에서 환경의 제약과 혜택을 받으며 삶을 꾸려왔는지를 파악할 수 있게 된다. 따라서 고환경 복원을 위해 발굴현장과 실험실에서 각종 지질학 자료, 식물학 자료, 동물학 자료들을 분석하게 된다.[1] 구석기유적은 오늘날의 자연환경과 전혀 상이한 조건의 갱신세(pleistocene) 고토양층 내에 형성되어 있다. 따라서 구석기유적 발굴조사의 경우, 퇴적층의 층서 확립 및 퇴적환경 변화, 자연환경 변화 등에 대한 정보 획득을 위하여 보다 전문적인 자연과학적 분석을 필요로 한다. 구석기유적을 발굴조사하게 되면, 층위별로 퇴적된 석기를 찾는 작업뿐만 아니라 고환경을 복원하기 위한 제4기 지질, 고지형, 퇴적물, 화산재, 해수면변동, 꽃가루, 목탄, 동물화석, 절대연대측정 등 다양한 분석이 동시에 시행된다. 오늘날 이러한 자연과학적 분석은 구석기유적 조사에서 특수한 경우에만 행하는 것이 아니라 유적에 대한 이해도를 높이기 위해 定石이라고 할 정도로 일반화되어졌다. 이것은 고환경이 구석기인들의 의지와 상관없이 자연적으로 주어진 배경이 아니라 보다 적극적으로 채택하고 적응한

---

1 박영철, 「自然環境調查」, 『韓國史論』12 한국의고고학 I · 上, 國史編纂委員會, 1983, 1~19쪽.

환경시스템으로, 생업과 밀접한 관련이 있다는 인식에서 비롯된다. 다양한 자연과학적 분석에 의해 획득되어진 고환경 연구 성과는 유적에서 찾아진 석기와 동격의 중요성을 지니게 되며, 구석기인들의 생활을 보다 해상도 높게 이해하는데 도움을 준다.

구석기시대의 고환경 연구는 당시의 우리나라 전체적인 광역 환경뿐만 아니라 연구 대상지역의 국지적인 소환경을 동시에 고려해야 한다. 강원지역의 구석기문화를 다루는 이 글처럼 특정 지역을 연구대상으로 하는 경우 국지적인 소환경이 좀 더 큰 비중을 차지하는 것은 당연한 것이다.

구석기시대 강원지역의 자연환경은 과연 어떤 모습이었을까? 이러한 물음에 대한 답에 접근하기 위해서 기후 환경과 밀접한 관련을 지니고 있는 퇴적물과 동·식물화석 자료를 살펴보고자 한다. 식물과 동물은 생태계를 구성하는 근본적인 생물상의 두 요소이기 때문에 고환경을 살펴보는데 유용한 프럭시(proxy)가 된다. 여기에서는 우선 강원지역 동굴 및 야외 유적의 퇴적물 분석 자료를 검토하였다. 또한 식물화석 자료로 꽃가루·규조류 등을 살펴보았고, 동물화석 자료로는 강원지역의 석회암 동굴 유적에서 출토된 동물뼈와 한데 유적에서 확인되는 지중동물의 생흔화석을 함께 살펴보았다. 마지막으로 이러한 고환경 프럭시들을 종합하여 구석기시대 강원지역의 자연환경을 복원해 보고자한다. 그런데 강원지역의 자료들은 지극히 단편적인 것들 이어서, 우리나라 구석기시대의 자연환경 변화를 정리한 선행 연구의 큰 틀 속에 강원지역의 고환경 자료들이 어떻게 대입될 수 있는지를 살펴보는 정도에 그치게 될 것이다.

1) 퇴적물 분석

고환경 연구는 발굴현장에서 채취한 여러 시료들을 토대로 하여 토양 분석·식물자료(꽃가루 분석)·동물자료 분석 등을 통해 이루어지는데, 현재까지 모든 유적에서 고환경을 체계적으로 복원해 볼 수 있는 충분한 자료가 확보되었다고 볼 수 없다. 이것은 몇 가지 제한적인 요인이 있기 때문이다. 우선 유물이 출토되는 지점이 현재의 지표면에서 불과 30~50cm 내외에 해당될 경우 시료의 오염성을 고려하여 꽃가루 분석이 진행되지 못하는 경우가 많다. 현생 꽃가루와 섞여 있을 가능성이 높아 당시 유적주변의 식생과 퇴적환경을 이해하는데 도움을 줄 수 없다고 판단되기 때문이다. 그리고 유적 자체가 동물 화석 자료를 기대하기 어려운, 산성 토양의 야외 유적이 대부분이어서 동물자료 분석 또한 거의 진행되지 못한다. 이러한 분석 자료의 한계를 극복하고 당시의 자연환경을 살펴볼 수 있는 최선의 방법은 지층을 구성하고 있는 토양입자들에 대한 물리적, 화학적, 광물학적 분석 등을 통해 얻어진 지질학적 정보에 고고학적 해석이 더해진 지질고고학(geoarchaeology) 자료를 활용하는 것이다. 지층단면에서 관찰되는 퇴적상의 특징들(예컨대, 추운기후를 지시하는 토양쐐기 구조)과 토양분석(입도분석, 토양의 화학성분 분석, 박편분석 등)은 선사유적 지층의 형성시기와 당시의 퇴적환경을 살펴보는데 도움이 된다.[2]

(1) 동굴 유적

동굴 유적의 퇴적층은 고환경 변화의 기록을 잘 간직하고 있기 때문에 매우 중요하게 여겨진다. 동굴퇴적물은 제4기 동안의 기후 환경 변화, 즉 갱신세 동안 빙기와 간빙기의 주기를 잘 반영하고 있기 때문에 구석기시대의 자연환경 변화를 이해하는데 큰 도움을 준다. 따라서 우리나라 동굴 유적의 퇴적물을 대상으로 당시의 기후 환경을 복원하고자하는 노력은 일찍이 섬발용굴 발굴에서부터 진행되었으며,[3] 최근에는 구낭굴에서 보다 다양한 자연과학적 분석 방법을 동원한 다방면의 연구가 진행되기도 했다.[4] 또한 석순과 같은 동굴생성물을 이용한 고기후 연구도 최근 그 중요성을 인정받고 있다.[5]

동굴 퇴적층을 제4기 기후변화의 관점에서 살펴보면, 석회마루층과 낙반석층의 교호 현상은 중요하게 여겨진다. 일반적으로 간빙기나 온난기에는 석회마루층(travertine layer)의 형성이 활발해진다. 기온의 상승으로 식생이 왕성해지면 동굴내 이산화탄소 농도가 높아짐에 따

---

2 이동영, 「선사유적 지층의 형성시기와 고환경 해석을 위한 지질연구」, 『韓國上古史學報』第二十號, 韓國上古史學會, 1995, 521~546쪽.

3 손보기 · 박영철 · 한창균, 「층위구분과 퇴적상황, 퇴적물의 기원, 퇴적물 분석」, 『점말 용굴 발굴보고』, 연세대학교박물관, 1980, 1~57쪽.

4 박원규 · 김요정 · 김경희 · 이융조, 「단양 구낭굴 출토 숯의 수종분석」, 『중원지역의 구석기문화』, 충북대학교 중원문화연구소 · 한국학술진흥재단, 2006, 242~248쪽 ; 김종찬 · 이융조 · 조태섭 · 염종권, 「구낭굴 유적의 방사성탄소연대측정과 석회마루 형성 기후환경」, 『중원지역의 구석기문화』, 충북대학교 중원문화연구소 · 한국학술진흥재단, 2006, 261~271쪽 ; 염종권 · 김종찬 · 조태섭 · 김주용 · 이융조 · 김인철, 「구낭굴 유적의 연대측정과 고환경변화」, 『중원지역의 구석기문화』, 충북대학교 중원문화연구소 · 한국학술진흥재단, 2006, 273~285쪽 ; 김종찬, 「구낭굴 유적의 U/Th 연대측정에 대하여」, 『중원지역의 구석기문화』, 충북대학교 중원문화연구소 · 한국학술진흥재단, 2006, 287~298쪽.

5 조경남 · 우경식, 「동굴생성물을 이용한 고기후 연구 : 국내외 연구현황 및 미래 연구방향」, 『지질학회지』제44권 제1호, 대한지질학회, 2008, 93~104쪽.

라 석회암이 많이 용식되어 녹아내리고, 물속에 녹아있는 탄산칼슘($CaCO_3$)의 침전작용이 활발하게 일어난다. 이러한 탄산염 침전물이 동굴 바닥에 마루 형태로 층을 이룬 것이 바로 석회마루층이다. 종유석이나 석순 등도 이러한 환경에서 형성된다.

한편 빙하기가 되어 동굴 입구나 내부의 기온이 하강하면, 석회암의 재침전작용이 감소하고, 석회암 틈새를 따라 이동하던 지하수가 동굴 입구에서 하강한 대기와 맞닿으면서 동결과 용해가 빈번해지고 이에 따른 물리적 수축과 팽창이 활성화됨에 따라 동굴 내 낙반석이 많이 형성된다. 이때 추위를 피해 사람이나 동물들이 동굴에 거주하게 된다. 동굴 천정에서 떨어진 낙반석 사이사이에는 유수작용이나 바람에 날려 동굴 내부로 들어 온 세립질 물질이 섞여 쌓이게 된다. 추운시기에는 보통 석회마루의 형성이 제한되고, 낙반성층이 생기지만, 외부의 대기온도가 다소 호전되는 아간빙기로 바뀌면 토양 수분이나 지하수의 작용이 활발하게 되어 낙반석이나 점토층진물 위에 부분적이나마 석회마루가 생기기도 한다.[6] 이러한 석회마루층과 낙반석 교호층을 중심으로 한 기후 변화를 살펴볼 수 있는 강원지역의 동굴 유적은 평창 기화리 쌍굴과 영월 연당리 피난굴(쌍굴)을 들 수 있다.

표 1 평창 기화리 쌍굴의 퇴적층과 절대연대값 (박영철, 2008, 40쪽)

지층	퇴적 두께(cm)	OSL	AMS(서울대 기초과학공동기기원)	AMS (한국지질자원연구원)
석회마루층	10~20			
명갈색토양층	20			
암갈색토양 포함 낙반석층	40~50	45,000±5,000 BP	20,500±300 BP(뼈)	15,820±290 BP(숯) 19,790±120 BP(뼈)
적갈색토양 포함 낙반석층	15	49,000±2,000 BP		
갈색토양 포함 낙반석 고결층	20			
적갈색 토양층	5~10			
암갈색 토양층	20~30	58,000±3,000 BP	29,700±400 BP(뼈) 28,400±300 BP(토양)	34,990±410 BP(뼈) 39,280±470 BP(숯)
기반암				

평창 기화리 쌍굴 유적의 층위는 크게 위에서부터 석회마루층–명갈색토양층–암갈색토양 포함 낙반석층–적갈색토양 포함 낙반석층–갈색토양 포함 낙반석 고결층–적갈색 토양층–암갈색 토양층–기반암으로 나뉘며, 퇴적 두께는 약 150cm이다.[7] 표 1에 나타난 바와 같

---

6 김주용 · 이융조 · 양동윤 · 오근창 · 김종찬, 「단양 구낭굴 동굴퇴적층 형성과정과 시기고찰」, 『중원지역의 구석기문화』, 충북대학교 중원문화연구소 · 한국학술진흥재단, 2006, 144~145쪽.

이, 이 유적의 각 지층에서 얻은 절대연대 측정치는 측정 방법 및 측정 기관, 시료의 종류에 따라 연대 폭이 동일 층위에서도 많게는 3만 년 가까이 차이가 나타난다. 이러한 연대 차는 앞으로 논의의 대상이 되겠지만, 현재로서는 측정된 연대 전체 범위 안에서 폭 넓게 이해할 수밖에 없다. 측정된 연대값 전체는 후기갱신세 마지막빙하기 범주 안에 들며, 좀 더 좁혀서는 MIS 3~MIS 2 시기에 해당된다.

앞서 살펴본바와 같이, 동굴 퇴적에서 석회마루층과 낙반석고결층은 기후변화 사이클(cycle)에 의한 것으로 알려져 있다. 즉 따뜻하고 습한 시기에는 석회마루층이 발달하고, 춥고 습한 기후의 영향 하에서는 낙반석층이 주로 쌓인다. 춥고 습한 환경에서 동굴의 천장이나 벽을 이루었던 석회암이 물리풍화작용을 받아 켜 모양으로 쪼개져 동굴 안에 쌓이는 것이 낙반석 고결층이다.[8] 평창 기화리 쌍굴의 제일 위쪽에 형성된 석회마루층은 AMS연대를 참고할 때, 갱신세에서 홀로세로 접어드는 따뜻한 환경에서 퇴적된 것으로 보인다. 그리고 이 석회마루층 하부의 동굴퇴적은 주로 낙반석 고결층으로 이루어져 있는 바, 마지막 빙하기 동안의 몇 차례 추운 기후 환경을 반영하는 것으로 생각된다.

한편, 영월 연당리 피난굴(쌍굴) 유적에서도 석회마루층이 확인되었다. 큰 굴인 1굴에서는 모두 8개의 지층이 드러났는데 석회마루층인 V층을 중심으로 위층인 III층과 IV층은 신석기시대 유물층이며, 아래층인 VI층과 VII층은 구석기시대 유물층이다. 즉 이 동굴 유적에서 석회마루층은 구석기와 신석기유물층을 구분하는 경계면의 역할을 하고 있다. 석회마루층은 주로 따뜻하고 습한 시기에 발달하게 되는 바, 이것은 갱신세의 마지막빙하기 추위가 물러나고 현세로 접어들어 점차 따뜻해지기 시작하는 기후 환경 변화를 반영하는 것으로 이해된다. 석회마루층의 위아래에는 동굴 천정과 벽면에서 떨어져 나온 크고 작은 낙반석들이 동굴 토양과 섞여 쌓인 지층들이 몇 개의 층으로 구분된다. 기반암 위에 형성된 최하부 붉은색 고운모래층(VIII층)의 OSL 연대가 47,000±4,000 BC와 51,000±3,000 BC인 것으로 보아 약 5만 년 전 이후의 기후 환경 변화를 반영하는 것으로 생각된다.

한편 삼척 대이리 관음굴 석순의 성장과 휴지기를 바탕으로 마지막 간빙기에 해당되는 90~70 ka BP 동안의 급격한 기후변화를 추정한 연구는 강원지역의 고환경을 이해하는데 큰 도움을 준다.[9] 석순의 단면을 성장 단계에 따라 길이가 10cm인 Unit 1부터 각각 1cm 이하의

---

7 박영철, 「강원도 평창군 기화리 쌍굴 유적의 퇴적편년의 검토」, 『2008 강원고고학회 춘계학술대회』, 江原考古學會, 2008, 35~48쪽.
8 韓昌均, 「구석기시대의 자연환경」, 『한국사』2, 국사편찬위원회, 1997, 47쪽.

짧은 길이를 보이는 Unit 2, 3, 4까지 구분하고, ^{230}Th/ ^{234}U 연령분석법을 이용하여 Unit 1의 네 지점에서 각각 90, 85, 77, 77 ka BP의 연대를, Unit 4에서 1 ka BP의 연대를 얻었다. 석순의 대부분을 이루는 Unit 1은 90~70ka 동안 따뜻하고 동굴수의 공급이 원활한 환경 속에서 10cm 길이를 이루도록 지속적으로 성장하였으며, Unit 2, 3, 4는 긴 시간동안 성장이 멈춘 조직적 휴지기에 해당됨을 보여준다. 즉 Unit 1의 성장이 대략 70 ka BP에 멈추었다고 생각되는데, 이 시기는 MIS 4에 해당되어 전 세계적으로 온도가 낮고 건조한 환경으로 변화한 사실을 반영한다.[10] 그리고 1mm 단위로 채취하여 분석한 산소동위원소 기록은 88.5, 75, 71 ka BP에서 산소동위원소조성이 급격히 부화되고, 그 사이의 기간은 동위원소조성이 결핍되는 반복적인 변화를 보였다. 85, 83.7, 81.5 ka BP 에서는 보다 짧은 주기의 변화가 관찰되었다. 즉 Unit1이 성장하는 90~70 ka BP의 2만 년동안 수천 년 시간 단위로 발생한 급격한 기후 변화는 Dansgaard-Oeschger 20, 21, 22에 해당되는 다른 지역의 급격한 기후변동과 동 시기성을 갖는 것으로 연구되었다. 이러한 연구 결과는 MIS 5 시기에 해당되는 90~70 ka BP 동안 강원지역의 기후는 대체로 따뜻하고 습기가 많은 기후 환경을 유지하면서도 수천 년 단위로 급격한 기후 변동과정을 거쳤음을 알 수 있다. 70 ka BP를 전후로 MIS 4 시기로 접어 든 강원지역의 기후는 보다 온도가 낮아지고 건조해지는 환경 변화가 있었음을 알 수 있다.

(2) 한데 유적 (야외 유적)

야외에서 가장 먼저 손쉽게 관찰할 수 있는 구석기유적 토양 단면의 특징은 토양 색깔과 토양쐐기 구조일 것이다. 토양 색깔의 변화는 층서 구분의 중요한 기준이 되며, 명갈색, 암갈색, 적갈색 등이 교호하는 경우가 많다.

토양쐐기 구조는 메마른 기후조건의 건흔(dry crack)이나 나무뿌리와 같은 유기물기원 현상으로 보는 경우도 있지만, 대체로 주빙하기후(periglacial climate)하에서 형성된 토양구조로 보는 견해가 지배적이다. 우리나라 모든 구석기유적에서는 추운 기후를 지시하는 특징인 토

---

9 조경남 · 우경식 · 김정찬 · 양동윤 · Wang, Yongjin · Edwards, R. Lawrence · Cheng, Hai, 「삼척시 대이리 관음굴 석순에 기록된 Dansgaard-Oeschger 기후변동」, 『지질학회지』제44권 제6호, 대한지질학회, 2008, 795~802쪽.

10 537±40.1~96±1.0 ka까지 429 ka 동안 성장한 충북 단양 에덴동굴의 석순도 MIS 4시기에 최종적으로 성장이 멈추었다고 한다(조경남 · 우경식 · 김정찬 · 양동윤 · Edwards, R.Lawrence · Cheng, Hai · Wang, Yongjin, 「에덴동굴 석순에 기록된 후기 플라이스토세의 고기후 변화」, 『지질학회지』제42권 제1호, 대한지질학회, 2006, 139쪽).

양쐐기가 발달하여 있으며, 토양의 결빙현상과 관련된 염토의 수평·수직이동 흔적도 잘 남아 있다. 토양쐐기 구조는 평면상에서 보면 불규칙한 다각형구조가 그물모양으로 서로 연결되어 있고, 수직단면에서 보면 쐐기모양인데, 그 내부의 토양색은 황색을 띠어 주변 토양 색과 구분된다. 쐐기모양의 틈이 생기면서 양쪽 밖으로 압축되어, 쐐기모양구조 양쪽 측면은 다른 곳보다 훨씬 밀도가 높은 짙은 색을 띤다. 토양쐐기 구조와 함께 관찰되는 다른 한 특징은 시루떡에 팥고물이 뿌려진 듯 한 모습으로, 초콜릿 빛깔의 염토가 수평으로 켜를 이루듯이 줄무늬가 나타난다는 것이다. 이러한 엽리구조 또한 토양의 결빙과 관련된 것으로 해석된다. 추위가 풀리면서 위쪽의 수분이 아래로 이동하게 되는데, 이때 아래쪽은 아직 결빙상태에 있으므로 그 흐름은 당연히 수평면을 따라 흐르게 된다. 수분의 이동과 함께 염토질의 흙이 그 틈새를 따라 수평으로 이동하게 되기도 하고 때로는 수직으로 이동하기도 한다. 토양쐐기 구조 및 토양의 수평·수직 이동 흔적은 위·아래 각 지층의 퇴적시기를 가늠하는데 도움을 줄 뿐만 아니라 고기후의 변화과정을 알려주는 중요한 단서가 된다. 이러한 토양쐐기 구조는 유적에 따라 한 번 또는 두 번 나타나기도 하며, 경우에 따라 여러 차례 반복되어 나타나 기후 환경 변화의 주요한 지표로 여겨지기도 한다. 예컨대, 강릉 주수리 유적의 경우 후기갱신세에 이루어진 퇴적 단면에서 최소한 4차례 정도 인지되는 토양쐐기 구조와 퇴적환경의 변화를 지시하는 붉은빛(적갈색)과 황갈색의 토양색이 두 차례 순환주기(Cycle)를 보인다. 이러한 사례는 후기갱신세의 마지막빙하기 동안에도 몇 차례의 기후변환 주기가 있었다는 점을 확인하는 새로운 도구로 활용할 수도 있다. 최근에 Dansgaard-Oeschger cycle 또는 Heinrich event 등에 근거하여 마지막빙하기 동안에도 보다 잦은 기후변화가 있었다는 점이 논의되어지고 있는데, 주수리의 경우 배후산지로부터 사면퇴적이 활발히 이루어져 퇴적물의 공급이 원활했다면, 다른 지역에서보다 각각의 event들이 잘 기록된 결과를 반영하는 것일 수도 있기 때문이다.[11]

　토양색깔 및 토양쐐기 구조의 관찰과 더불어, 구석기유적 발굴에서 고기후 환경 변화를 읽어내기 위한 지질학적인 분석에는 고토양 단면에 대한 입도분석, 대자율분석 등의 토양분석, X-선 회절분석(XRD)을 통한 광물조성분석, 주원소분석, 미량원소 및 희토류원소분석 등의 지화학분석, 각종 절대연대측정 등이 포함된다. 이러한 각종 자연과학적인 분석은 고토양층의 층서구분뿐만 아니라 고식생, 고기후 환경, 퇴적물의 기원 등을 해석하는 중요한 정량적 분석

---

11 최승엽, 「우리나라 중부동해안 구석기유적의 연대설정 문제」, 『한국구석기학보』제8호, 한국구석기학회, 2003, 43~46쪽.

자료가 된다.

　강원지역의 구석기유적에서 고환경 해석을 위한 제4기 지질분석은 1980년대 양구 상무룡리 발굴부터 시작하여 현재에 이르기까지 꾸준히 이루어지고 있다. 영서지역에서는 주로 홍천강 유역의 하화계리 일대 유적군(사둔지, 도둔, 백이, 돌터거리)과 연봉리, 내·외삼포리 등지에서 집중적으로 이루어졌다. 또한 한탄강 유역의 철원 장흥리 유적, 남한강 유역의 영월 방절리 유적에서도 제4기 지질분석이 진행되었다. 영동지역에서는 동해 발한동, 망상동 노봉, 망상동 기곡, 강릉 심곡리, 정동진리 50-89번지 등에서 분석된 자료가 있다. 이밖에도 보고서가 간행되지 않은 최근의 몇몇 유적에서 발굴과 동시에 자연과학적인 분석이 이루어졌다. 그러나 최근의 몇몇 유적을 제외하고, 대부분의 유적에서 이루어진 분석 자료들은 토양의 층서 구분 및 퇴적물의 기원, 토양화 과정, 유적의 형성 시기 논의 등에 주로 활용되었고, 기후 환경 변화와 관련된 단편적인 해석들에 머물렀다. 사실상 이러한 자료들은 보다 진화된 해석을 생산하기 위한 자료 축적 과정이었다고 여겨지며, 이를 발판으로 최근에는 강원지역의 고기후 환경 변화를 보다 구체적으로 복원하려는 시도가 있었다. 그 대표적인 사례가 홍천 하화계리 백이 유적의 제4기 지질 분석 결과이다.

　홍천 하화계리 백이 유적에서는 대표 단면(ㄷ2칸 북동벽)의 OSL연대, 입도 특성, 대자율 분석 결과 등을 종합하여 하인리히이벤트(Heinrich event)를 구분하고, 해발고도에 따른 고기후 환경변화가 제시되었다. 하인리히이벤트는 후기갱신세 북대서양 해저퇴적층에 잘 기록되어 있으며, 기후가 혹심할 때 빙산이 바다로 갈라져 나와 해류를 따라 녹으면서 그 속에 포함된 쇄설성 빙하퇴적물이 해저에 급격하게 쌓이는 현상에 의한 것이다. 따라서 하인리히이벤트가 관찰되는 시점은 모두 추운기후를 지시해 주며, 쇄설물의 양이 급격히 증가하게 되는 변화가 관찰된다. 하인리히이벤트는 후기갱신세 동안 여섯 번(H1~H6) 정도가 알려져 있다.

　홍천 하화계리 백이 유적의 퇴적 단면에서 하인리히이벤트는 대자율이 일정 부분에서 가장 낮은 수준으로 감소한 구간, 입도 특성상 조립질 퇴적물이 감소하고 세립질 퇴적물이 증가하기 시작하는 구간으로 구분되며(그림 1), 연구 결과 다음과 같은 기후 변화를 겪은 것이 확인되었다.[12]

12　김주용·양동윤·홍세선·오근창·임재수·이진영·김진관, 「홍천 백이유적 제4기 지질과 자연과학분석 연구」, 『홍천 백이·돌터거리·송정유적—홍천군 관내 주둔지 편입부지내 유적 발굴조사 보고서—』, 江原文化財研究所, 2009, 587~630쪽.

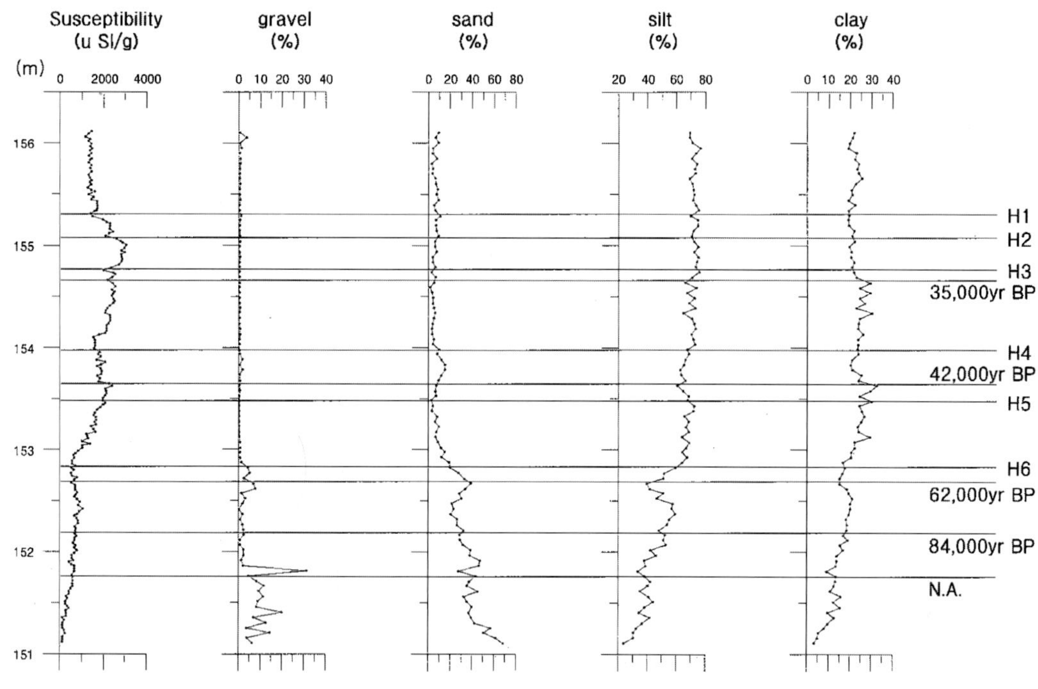

그림 1 OSL 연대를 고려한 대자율 및 입도 특성 비교
(김주용 · 양동윤 · 홍세선 · 오근창 · 임재수 · 이진영 · 김진관, 2009, 628쪽)

① 최하부 모래자갈층(해발 151m 부근)은 약 10만년 이전의 마지막간빙기 동안 빈번한 강우에 의하여 운반되어 골짜기 기저면을 채우면서 형성되었다. 모래자갈층의 공급원은 그 이전 Riss 빙기동안 인근 산사면에서 생성된 사면붕적기원의 쇄설물들로 여겨진다.

② 이후 해발 153m까지는 뷔름빙기에서도 추운 기후에 해당되는 전반기에 형성되었고(1유물층),

③ 해발 153~155.5m(2 · 3유물층)까지는 점차 따뜻한 기후로 변하는 뷔름빙기 후반기에 해당되어 원활한 토양화 작용에 의하여 대자율이 급증하였다.

④ 그 중에도 약 4만 년 전에 해당되는 해발 154m 부근을 전후로 대자율이 감소하는 구간이 나타나고(2유물층 상면), 다시 해발 155.3m 부근에서 대자율이 급감하는 현상이 관찰되는데(3유물층 상면), 이 기간 동안 일시적으로 추운기후가 찾아왔음을 보여준다.

⑤ 따라서 표토 부근에서 급감한 대자율의 원인은 뷔름빙기 중 가장 추웠던 LGM이 도래하여 토양화와 밀접한 관련이 있는 철박테리아의 활동이 급감하였기 때문이다.

한편 홍천 연봉 구석기유적 대표 단면 토양의 대자율과 X-선 회절분석 결과에서도 기후 환

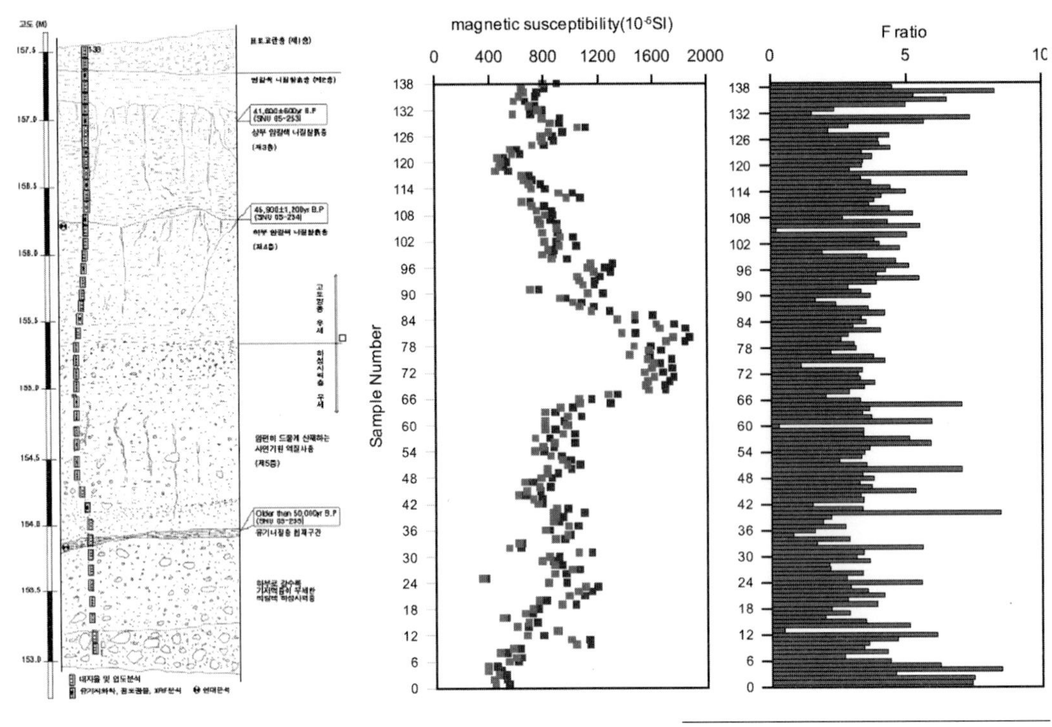

그림 2 홍천 연봉 구석기유적 대표 단면의 대자율 변화 (김주용 외, 2007, 46쪽)

경 변화가 읽혀진다.

　우선 이 유적의 대자율 분석 결과(그림 2)는 비교적 변화가 심한 패턴을 나타낸다. 하성사력층이 우세한 하부 구간은 일정하게 증가하는 경향을 보이다가 고토양층으로 바뀌는 구간, 즉, 고토양층 우세 하부 구간 약 30~40cm 두께에서는 대자율이 급격히 증가하다가 감소하는 변화 특성을 나타낸다. 암갈색 니질찰흙층 구간에서 대자율은 계속 감소하다가 다시 명갈색 니질찰흙층 구간에서는 다시 급격히 증가하다가 감소하는 특징을 나타낸다. 이러한 현상은 토양층의 변화와 대자율 간에 퇴적환경 상의 어떤 상관관계가 있음을 보여주는 것이다. 이러한 사례는 강릉 정동진리 50-89번지 유적에서도 나타난다.[13] 깊이에 따른 대자율 값의 변화를 총유기탄소 함량 및 C/N비율의 수직적 변화와 비교했을 때 서로 잘 일치하며, 토양층이 바뀌

13　이용일, 「강릉 정동진리 50-89번지 시굴지점 지질분석 보고」, 『심곡리 구석기유적 발굴조사 보고서』, 서울대학교 박물관, 2006, 90~91쪽.

는 경계 부분에서 그 값이 변화한다는 점이 확인되어 홍천 연봉 유적과 유사함을 보여준다. 특히 홍천 연봉유적의 경우 155.3~155.8m 부근에서 대자율이 아주 급등하는데 이는 고토양 층 분포가 우세한 구간과 일치하고 있다. 이 토층의 형성시기는 약 45 ka BP 보다 더 고기로 나타나고 있으므로 MIS 3 보다 더 고기라면 적어도 MIS 4 혹은 MIS 5에 속하는 아간빙기일 가능성이 있다.

토층을 구성하는 주요 광물을 확인하기 위한 X-선 회절분석 결과에서는 석영, 일라이트, 녹니석의 피크가 주로 인지되고 있다. 부분적으로 카올리나이트, 스멕타이트-녹니석 혼합광물, 방해석이 나타나고 있지만, 사장석과 K-장석이 거의 산출되지 않는 것이 특징이다. 하부의 역질사층에서는 상부의 고토양이 우세한 니질찰흙층보다 상대적으로 녹니석의 피크가 낮으며 일라이트의 피크는 높음을 보여준다. 또한 카올리나이트는 하부의 하성사력 우세층보다는 상부의 고토양층 우세 구간에서 약간 함량이 높아짐을 알 수 있다. 이러한 차이는 하성사력층과 고토양층 우세구간의 서로 다른 기원물질에 의한 것이거나 기후의 차이에 의한 것으로 생각해 볼 수 있다. 기후의 차이라면, 하부 하성사력층 우세 구간이 상부의 고토양층 우세 구간보다 비교저 한랭한 기후였으며, 상부로 가면서 비교적 온난 습윤한 기후가 우세하였던 것으로 볼 수 있다.[14]

2) 꽃가루 분석

종자식물 · 양치식물 · 선태식물은 일반적으로 다량의 꽃가루(花粉, pollen)와 포자(spore)를 생산하게 되고, 이 입자들이 바람 · 물 · 곤충 등에 의해 광범위한 지역의 지면 혹은 수면에 흩어지게 된다. 그리고 비와 하천에 의해 湖沼나 土炭, 알칼리성 토양, 海域 등에 운반 · 퇴적되어 微化石으로 남게 된다.[15] 따라서 퇴적물의 각 층준에서 채취된 꽃가루와 포자에 대한 분석은 시간의 흐름에 따른 식생 패턴의 변화 기록을 제공하여 생물학, 지질학, 지형학, 지리학, 기후학, 고고학 등 광범위한 영역의 연구자들에게 고환경 복원의 중요한 연구 수단으로 쓰이게 된다.

---

14 김주용 · 최승엽 · 양동윤 · 홍세선 · 이상헌 · 오근창 · 이진영 · 김진관 · 김종연, 「홍천 연봉 구석기유적의 지질고고학적 연구」, 『先史와 古代』30, 韓國古代學會, 2009, 107~109쪽.
15 崔基龍, 「화분분석」, 『考古學 研究方法論—自然科學의 應用—』, 서울대학교 출판부, 1998, 188쪽.

우리나라에서 꽃가루 분석을 통한 고식생 및 고기후 연구는 주로 홀로세의 퇴적층을 대상으로 이루어졌으며, 구석기시대에 해당되는 플라이스토세의 꽃가루 연구는 아주 빈약한 편이다. 그 이유 중의 하나는 마지막 빙하기 동안 꽃가루 분석의 주 대상이 되는 습지환경의 이탄혹은 유기질층의 존재가 희박했기 때문일 것이다. 또한 한랭한 기후하에서 기존의 유기질층이 대기에 노출되면서 산화되어 없어졌거나, 토양화 과정에서 유기물의 보존이 쉽지 않았기 때문일 수도 있다.[16] 최근에는 환경고고학의 중요성이 크게 부각되면서, 구석기유적 발굴(예 : 아산 풍기동, 천안 불당동, 서산 석림동, 청주 복대동, 군산 내흥동 등)에서도 유기물포함층을 대상으로 꽃가루 분석이 이루어져 플라이스토세 고환경 복원을 위한 프럭시(proxy)로 활용하고 있다.[17]

강원지역에서 꽃가루 분석이 이루어진 구석기유적은 양구 상무룡리와 홍천 송정리, 강릉 심곡리뿐이어서 지극히 단편적이고 제한적인 상황이다. 양구 상무룡리 유적(강원대 발굴 지점)의 꽃가루 분석 결과 목본류로는 가문비나무속, 소나무속, 밤나무속, 참나무속, 서어나무속, 버드나무속, 오리나무속 등 모두 33개, 초본류로는 벼과, 사초과, 백합과, 천남성과, 명아주과, 부들과, 국화과 등 모두 31개가 확인되었다. 그 외에 홀씨 6개, 균류포자 18개, 불분명한 꽃가루 28개가 찾아졌다.[18] 그러나 분석된 꽃가루의 수가 매우 적고, 우점종인 꽃가루가 없어서 당시의 자연환경을 복원하는 데에 한계가 있다. 홍천 송정리 유적에서도 회백색 뻘층을 대상으로 꽃가루 분석이 시도되었지만, 꽃가루나 포자가 전혀 검출되지 않았다. 다만, 동일 퇴적물 속에서 출토된 목탄 5점을 수종 분석한 결과는 모두 활엽수이며, 단정할 수는 없지만 벚나무속과 유사한 특징을 지니고 있는 것으로 나타났다. 비록 적은 수량의 목탄이지만, 침엽수가 전혀 확인되지 않은 채 활엽수로만 구성되어 있는 것으로 보아 이 지층은 비교적 온난기에 해당된다고 볼 수 있다.[19] 하지만 이 역시 표본 수가 매우 적어 단순한 참고 자료에 지나지 않

---

16 이상헌, 「호수 및 습지퇴적물에 함유된 화분을 이용한 고기후 연구 동향」, 『지질학회지』제44권 제1호(특별호), 대한지질학회, 2008, 107쪽.

17 이상헌·김주용·오근창·양동윤·류은영·오규진, 「화분분석을 이용한 아산시 풍기동 지역의 후기 플라이스토세 고환경」, 『지질학회지』제42권 제1호, 대한지질학회, 2006, 57~68쪽 ; 박지훈, 「화분분석을 이용한 천안시 불당동 지역의 제4기 후기 환경변화」, 『한국지형학회지』, 한국지형학회, 2006, 75~89쪽 ; 박영숙·김명진·이종덕·구자진, 「서산시 석림동 제4기 퇴적층의 규조 및 고환경 연구」, 『지질학회지』제42권 제4호, 대한지질학회, 2006, 549~559쪽 ; 이상헌·김주용, 「청주시 복대동 유적발굴지의 화분분석 연구」, 『한국고생물학회지』23-2, 한국고생물학회, 2007, 177~185쪽 ; 이상헌·김주용·김진관, 「군산시 내흥동 유적지에서 산출된 후기 플라이스토세의 유기질 미화석과 고환경」, 『한국고생물학회지』23-2, 한국고생물학회, 2007, 187~203쪽.

18 이융조, 「상무룡리 구석기유적의 꽃가루 분석」, 『上舞龍里』, 江原道·江原大學校博物館, 1989, 759~780쪽.

19 植田弥生, 「旧石器時代の 炭化材 の樹種同定」, 『홍천 백이·돌터거리·송정 유적—홍천군 관내 군부대 주둔지 편입부지내 유적 발굴조사 보고서—』, 江原文化財研究所, 2009, 729~730쪽.

는다.

따라서 이 글에서는 구석기유적은 아니지만, 제4기 지형발달 및 기후환경 변화 연구를 위해 토탄층을 대상으로 꽃가루 분석 및 절대연대측정을 시행한 사례들을 적극적으로 활용하여 강원지역의 고환경을 살펴보았다. 土炭(peat)은 분해가 완전히 되지 않은 제4기의 식물유체가 미고결 상태로 퇴적되어 있는 것을 말한다. 보통 식물유체가 50% 이상 되는 것을 토탄이라 부르고, 그 이하일 때는 유기질점토라고 한다. 이러한 토탄층은 각종 화석 보존율이 높아 그 당시의 각종 환경 상태를 잘 반영해 준다. 또한 방사성탄소연대측정을 통한 편년이 용이하기 때문에 제4기학 연구의 중요한 대상물이 된다.[20]

(1) 강릉 오봉리 하안단구 토탄층

동해안의 하천 하류부에는 마지막 간빙기 동안에 구정선고도 18m와 10m의 古海水準에 대응하여 형성된 저위 해면변동단구들이 존재한다. 그 중 하나가 바로 강릉 남대천 하류부의 강릉단구 Ⅰ면(MIS 5e)과 강릉단구 Ⅱ면(MIS 5a)이다. 강릉시 성산면 오봉리의 강릉단구Ⅱ면 노두는 현재 남대천의 하상으로부터 약 9.3m 정도 높은 지점에 드러나 있다. 노두는 크게 3.5m 이상의 두께를 보이는 본류성 하안단구 퇴적물과 그 위를 덮은 5m 두께의 사면퇴적물로 구분되어진다. 본류성 하안단구 퇴적물은 2.5m 두께의 둥근 강자갈층과 그 위에 있는 1.2m 두께의 실트질 모래층으로 구성되어 있다. 그런데 이 실트질 모래층 하부에 약 30cm 두께의 유기질 토탄층이 끼어있다.

박지훈은 바로 이 유기질 토탄층을 대상으로 꽃가루 분석을 실시했다.[21] 분석 결과, 목본류 꽃가루 중 전체의 83%를 차지하는 활엽수는 참나무속이 53%로 우점종인 가운데, 호두나무속 3%, 굴피나무속 2%, 서어나무속 2%, 밤나무속 3%, 너도밤나무속 2%, 느릅나무속/느티나무속 5%, 목련속 7%, 사철나무속 3%, 피나무속 2%, 진달래속 1%로 구성되어 있다. 반면에 침엽수는 전체의 17%를 차지하는데, 주목속 3%, 소나무속 2%, 낙우송속 3%, 측백나무속 8%로 구성되었다.

20　曺華龍,「韓國의 土炭地 研究」,『地理學』第41號, 대한지리학회, 1990, 109~111쪽.

21　朴志焄,『花粉分析을 통한 江陵地域 河成段丘의 形成環境 및 形成時期 研究』, 公州大 大學院 碩士學位 論文, 1996 ; 崔成吉・朴志焄・金周龍,「韓半島 中部東海岸 最終間氷期 河成段丘의 花粉組成과 그 意味」,『지리・환경교육』 7-1, 1999, 363~373쪽.

표 2 강릉 오봉리 하안단구 토탄층의 꽃가루 분석 결과

시료	깊이	지층	목본류		식생	고기후	추정연대	비고
			침엽수	활엽수				
토탄	지표하 5~6m	둥근 자갈층 상부의 실트질 모래층(하성층)	17%	83%	활엽수림 참나무속 우점	온난한 기후	MIS 5a 8.5~7.5만년	목본류42% 초본류 57% 포자류 약간

절대연대측정은 이루어지지 않았지만, 당시의 식생이 참나무속을 포함한 활엽수의 비율 (83%)이 크게 우세하였고, 벼과, 쑥속, 사초과 등으로 구성되는 초본류의 비율이 높아서 온난기에 해당하는 것임을 확인했다(표 2). 꽃가루 분석자는 마지막빙하기(LGM포함) 퇴적층에서 확인된 한랭한 기후조건의 꽃가루 조성과 전혀 다르고, 오히려 온화한 기후조건을 반영하는 후빙기 초기의 동해안 꽃가루 조성과 유사하다고 판단했다. 그러나 이 지형면(강릉단구 II 면)이 후빙기 충적면보다 높게 위치하고 있으므로, 지형 층서상 마지막 간빙기 최성기(MIS 5e)로 확정된 강릉단구 I 면 보다는 늦고, 홀로세보다는 앞선 시기 중 후빙기 이상으로 온화했던 시기, 즉 MIS 5c 혹은 5a를 상정하는 것이 바람직하다고 보았다. 그런데 다른 지점에서 얻은 절대연대측정치가 마지막 간빙기 후기(MIS 5a)에 해당하므로, 이 지형면의 꽃가루 조성도 이 시기를 반영하는 것으로 보인다.

(2) 강릉 심곡리 구석기유적

심곡리 유적의 꽃가루 분석은 지표로부터 약 4.5m 가량 파내려간 기준 층위 단면(S0W0) 동벽의 상부 점토층(구석기유물 포함층, 퇴적 두께 약 1m 내외)에서 채취된 시료를 대상으로 이루어졌다. 꽃가루 분석을 위해 지표로부터 -20cm, -40cm, -80cm 지점에서 토양 시료 A, B, C 를 채취하였고, 그 결과를 바탕으로 유물포함층 형성 당시의 기후 조건을 추정하였다.

꽃가루 분석 결과(표 3), 한랭한 환경에 서식하는 침엽수인 소나무속(*Pinus*)이 지층의 깊이에 따른 변화 없이 단일 수종으로 80~90%를 차지하며 압도적인 우세를 보인다. 이는 상부 점토층이 쌓이던 시기의 심곡리 일대가 소나무 숲으로 구성된 단순한 식생의 자연 경관을 보여주었을 가능성이 크다는 것을 시사 하는 것이고, 동시에 당시의 기후 환경이 현재 보다 한랭건조한 조건이었음을 반영하는 것으로 볼 수 있다. 또한 목본류 중 소나무속 이외에 다른 어떤 수종도 보이지 않는 가운데, 벼과와 국화과 꽃가루가 보인다는 점에서 주변 일대에 식생이 불량한 개활지가 발달했을 가능성도 있는 것으로 해석된다.

표 3 심곡리 구석기유적의 꽃가루 분석 결과

시료	깊이	지층	목본류 (AP)		초본류 (NAP)			식생	고기후	추정연대
			침엽수 소나무속 *Pinus*	활엽수	벼과 *Gramineae*	국화과 *Compositae*	불명			
A	지표하 -20cm		41 (89.1%)	-	3 (6.5%)	-	2 (4.3%)	침엽수림 소나무숲	한랭 및 건조화	약 4~5 만 년 전
B	-40cm	상부 점토층	53 (81.5%)	-	8 (12.3%)	2 (3.1%)	2 (3.7%)			
C	-80cm		26 (83.9%)	-	2 (6.5%)	-	3 (9.7%)			

그렇다면 꽃가루 분석이 이루어진 심곡리 상부 점토층(유물 포함층)의 형성시기는 과연 언제로 보는 것이 좋을까? 꽃가루 분석이 이루어진 퇴적층에 대한 직접적인 절대연대측정 결과가 없어 단정하기는 어렵지만, 최근에 발굴자는 종전의 견해와 달리 약 4~5만 년 전의 연대관을 제시하였다.[22] 발굴 초창기에 플라이스토세 전기까지 염두에 두었던 것에서부터 최근에 변화된 이러한 연대관에는 심곡리와 얼마 떨어져 있지 않은 정동진리 50-89번시 발굴에서 얻은 절대연대가 크게 작용했다고 생각된다. 정동진리 50-89번지 퇴적층 상부 약 50cm 깊이에서 일본의 광역화산재인 AT(약 2.5만 년 전)가 확인되었고, 약 2.5m 깊이에서는 2~4만 년 전에 형성된 것으로 보이는 척추동물에 의한 대형 서관구조가 확인되었다. 또한 퇴적층 가장 하부에 해당되는 사력층에서 얻은 OSL연대는 약 11만년이다. 이러한 자료를 토대로 본다면, 심곡리─정동진리 일대의 퇴적은 대략 11만 년부터 2.5만 년 전까지의 범위에 놓이게 된다.[23] 그런데 석기가 출토된 심곡리의 상부 점토층은 정동진리의 AT포함층이 아니라 그 하부 퇴적층에 대비된다. 그리고 심곡리 상부 점토층 하부에는 자갈층과 하부 점토층이, 11만년을 넘어서지 않는 연대값을 지니는 기저 사력층에 도달할 때까지 약 5~6m 정도의 두께로 더 퇴적되어 있다. 따라서 정동진리 AT포함층(약 2.5만 년 전)─심곡리 상부 점토층(약 4~5만 년 전)─자갈층─하부 점토층(약 5~6만 년 전 이상?)─기저 사력층(약 11만 년 전)─기반암의 순위가 매겨지게 된다. 앞으로 OSL연대의 불안정성 문제, C^{14}연대의 확보 등에 대한 논의가 뒤따라야

---

22 이선복, 『심곡리 구석기유적 발굴조사 보고서』, 서울대학교 박물관, 2006, 21~22쪽, 41쪽.
23 이용일, 「강릉 정동진리 50-89번지 시굴지점 지질분석 보고」, 『심곡리 구석기유적 발굴조사 보고서』, 서울대학교 박물관, 2006, 95쪽.

하겠지만, 현재까지 발굴자의 이러한 연대관 변화는 최신의 연대측정 자료에 근거한 합리적인 해석이라고 여겨진다. 이렇게 본다면, 앞에서 살펴본 심곡리 상부 점토층 꽃가루 분석 결과로 해석된 기후 환경은 약 4~5 ka BP 영동지역 자연환경의 일면을 보여준다고 할 수 있다. 그리고 앞서 언급한대로 "약 4만 년보다 오랜 시기에 우리나라가 대체로 서늘한 온대의 환경에 놓여 있었고, 약 4만 년 전 무렵에는 그 이전 시기에 비하여 상대적으로 춥고 비교적 건조했던 온대기후의 양상이 차츰 뚜렷해진다"라는 한창균의 후기 구석기시대 자연환경 연구 결과[24]와도 잘 대비된다고 여겨진다.

(3) 속초 영랑호 토탄층

동해안의 속초 영랑호에는 마지막빙하기 최성기인 약 17 ka BP에 형성되면서부터 현재에 이르기까지 거의 연속적으로 쌓인 호수 퇴적물(두께 약 14m)이 잘 보존되어 있다. 따라서 영랑호에 퇴적된 토탄층을 대상으로 한 꽃가루 분석 결과는 약 17~10 ka BP에 해당되는 후기 구석기시대뿐만 아니라 그 이후로 홀로세 전 기간의 식생 변천사를 다룰 수 있게 된다.

영랑호의 꽃가루 분석은 1977년 塚田외 몇몇 한·일 학자들에 의해 처음 시작되었고, 그 후 安田 등(1980)의 한·일 학자들은 편년자료를 일부 갖추어 보다 상세하게 화분대를 구분하여 그 조성 변화를 기술하였다. 이들은 만빙기(화분대UⅠ, UⅡ)와 홀로세(화분대UⅢ~UⅤ)의 식생조성이 다음과 같이 뚜렷이 차이 난다는 것을 확인하였다.[25]

• 화분대UⅠ, UⅡ(17~10 ka BP, 만빙기) : 산지에는 잎갈나무속, 전나무속, 가문비나무속 등의 한랭성 수목이 疏林을 이루었고, 저지대에는 사초과의 초지가 넓게 펼쳐져 있었던 시기이다. 17~15 ka BP 시기에는 침엽수와 활엽수의 비율이 평균 86 : 14로 침엽수가 월등히 우세하다. 그 중 침엽수인 가문비나무속, 낙엽송속, 전나무속, 소나무속이 우점종으로 나타난다. 여기에 고산성 낙엽교목인 자작나무속 4%를 합하면 한랭한 환경을 지시하는 목본화분의 비율은 90%에 이른다. 15~10 ka BP 시기에는 목본은 크게 줄어들고, 초본류 및 양치류 포자가 많이 발견되어 빙하기의 마지막으로 역시 추운기후를 지시해 준다. 당시의 해수면은 현재보

---

24 한창균, 「한국의 후기 구석기시대 자연환경」, 『한국고고학보』66, 한국고고학회, 2008, 37쪽.

25 塚田松雄・金遵敏・任良宰・洪淳喆・安田喜憲, 「韓國環境變遷史Ⅰ, 束草における植生變遷史」, 『第4紀學會 講演要旨集』6, 1977 ; 安田喜憲・塚田松雄・金遵敏・李相泰, 「韓國における環境變遷史と農耕の起源」, 『文部省學術調査報告』, 1980, 1~19쪽.

다 16m 이상 하강되었을 것으로 추정하였다.

• **화분대UⅢ**(10~6.7 ka BP, 홀로세 초기) : 참나무속이 우점 하는 시기가 되었고, 그 외에 버드나무속, 호두나무속, 오리나무속, 개암나무속, 느릅나무속, 자작나무속 등의 낙엽활엽수가 많이 발견되어 앞 시기보다 따뜻하여지고 있음을 알 수 있다. 목본의 꽃가루 총량도 이전 시기에 비해 크게 증가되었다.

이러한 꽃가루 분석 결과를 뒷받침해주는 자료로 나카이(中井)의 영랑호 퇴적물 지구화학적 분석 결과가 있다.[26] 그는 유기물 탄소 함량 변화, ^{13}C 함량비, 유황의 함유량 변화 등을 통해 17~13 ka BP에 기후가 최저치로 한랭하였고, 13~10 ka BP에 비교적 온난하였다가 후빙기 초인 10~8 ka BP에 다시 한랭한 기후 변화를 보였음을 확인하였다.

한편, 장정희·김준민(1982)은 安田 등(1980)의 연구지역과 인접한 지점에서 얻은 시료를 대상으로 다시 꽃가루 분석을 실시했다. 그들은 만빙기(화분대 L)와 홀로세(화분대 Ⅰ, Ⅱ, Ⅲa, Ⅲb)로 구분하여 식생변천을 다음과 같이 복원하였다(그림 3).[27]

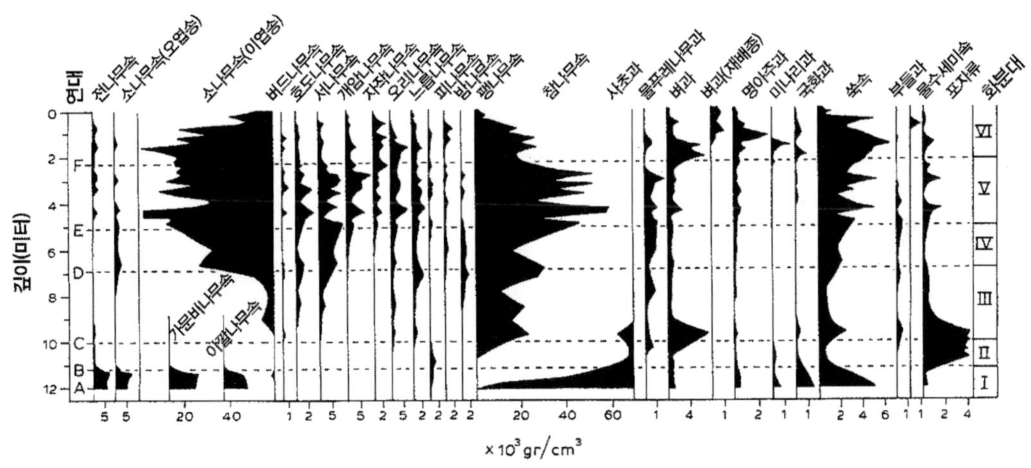

연대 A : 약 17,000년 전 B : 약 15,000년 전 C : 약 10,000년 전 D : 약 6,700년 전 E : 약 4,500년 전 F : 약 1,400년 전

그림 3 속초 영랑호의 꽃가루 분포도 (김준민, 1980)

---

26 김연옥, 「제4기 기후변동」, 『한국의 제4기 환경』, 서울대학교출판부, 2001, 337~338쪽.

27 張貞姬·金遵敏, 「영랑호, 월함지 및 방어진의 제4기 이후의 식피의 변천」, 『植物學會誌』25-1, 한국식물학회, 1982, 42~43쪽.

• 화분대L(17~15 ka BP, late-glacial) : 영랑호에서 가장 오래된 토탄층이며, 아한대의 한랭한 기후조건이 특징적이다. 이 시기에 가문비나무속, 잎갈나무속, 오엽송속, 전나무속, 자작나무속, 굴피나무속, 참나무아속, 물푸레나무속, 개암나무속 등이 출현했다. 그리고 쑥속, 벼과, 명아주과, 국화과와 같은 초본류가 풍부한데, 특히 대단히 많은 양의 사초과 꽃가루가 확인되었다. 이 화분대 말(15,300±115 yr BP)에 이르러 모든 종들이 쇠퇴하게 된다.

• 화분대 I (10.5~6.7 ka BP) : 만빙기에서 홀로세로 전이하는 시기이다. 화분군집 밀도가 낮고 산발적으로 나타나긴 하지만, 화분대L에서 우점종이었던 아한대 수목들과 함께 참나무아속과 서어나무속이 약간 증가했다. 기타 활엽수종인 단풍나무속, 팽나무속, 호두나무속, 굴피나무속, 피나무속, 오리나무속, 싸리나무속, 뽕나무과, 버드나무속이 출현했다. 쑥속, 명아주과, 국화과 등의 초본류는 여전히 존재한다. 벼과, 고사리속, 발아구가 1개 또는 3개인 포자류가 이 화분대의 초기에 최대치에 이르렀다가 곧 감소했다. 또한 습지 환경에서 서식하는 물수세미, 마름, 부처꽃 등이 나타난다. 이 화분대의 제일 아래층 연대는 10,500 yr BP 이다.

3) 규조류 분석

규조는 현미경으로 관찰되는 수 μm에서 1mm 정도 크기의 단세포 藻類로서, 해수역부터 담수역에 이르기까지 습윤한 장소에서 사는 식물성 플랑크톤이다. 주로 물에 떠서 살거나 수생식물, 물속의 각종 물질, 혹은 바닥에 붙어산다. 규조는 염분농도, 빛의 양, 수온, 물의 흐름 및 오염도 등 환경요인에 민감하게 적응한다. 따라서 퇴적층 속에 포함되어 있는 규조를 동정하여 그 조성변화를 검토하면 퇴적환경을 복원할 수 있다.[28] 강원지역에서는 철원군 갈말읍 내대리에서 규조류 분석을 통해 제4기 갱신세 퇴적층의 퇴적 환경 및 시기를 추정한 사례가 있다.

이영길은 철원군 갈말읍 내대리 일대에서 전곡현무암 위에 퇴적된 최대 두께 10m의 세립질 퇴적층을 대상으로 5개 층준을 분석하였다. 연구 결과 총 21속 76종 및 변종의 화석규조가 동정되었으며, 대부분의 종들이 염기성 中營養水에 해당되는 차가운 담수에 서식하는 것들이

---

28 윤순옥·황상일, 「우리나라 화분과 규조의 제4기 생층서와 환경」, 『한국의 제4기 환경』, 서울대학교출판부, 2001, 73~74쪽.

었다. 몇몇 종들은 오늘날 북극 아한대의 호수나 최근에 형성된 빙하 해안가 호수와 같은 곳에서 우세한 것들도 보인다. 따라서 비교적 한랭한 기후 하에서 해안에 가까운 소택지나 작은 규모의 호수와 같은 非海成 淡水環境에서 퇴적되었음이 밝혀졌다. 지질시대는 정확히 알 수 없으나, 含珪藻堆積層의 하부에 부정합으로 놓이는 전곡현무암층 최상부의 절대연대가 0.27 Ma인 것으로 보아 이 퇴적층은 27만년 이후의 빙하기(Riss빙기나 Würm빙기) 동안이거나 이들 빙기의 직후일 것으로 보았다.[29] 그런데 여러 정황으로 보아 Riss빙기보다는 Würm빙기와 관련 있을 가능성이 더 크다. 한탄강 절벽에서 확인할 수 있는 용암 분출 횟수는 상류인 상사리에서 총 6회이고, 하류로 갈수록 적어져 전곡에서는 2회의 분출만이 확인 가능하다. 이들의 분출시기에 대하여는 540 ka BP, 270~280 ka BP 등 오랜 연대가 알려져 있기도 하지만, 철원에서 가까운 연천 대회산리에서 확인된 현무암의 K/Ar 연대는 약 13만 년 전으로 종래의 생각보다 오래되지 않았을 가능성도 보인다.[30] 그리고 대회산리의 현무암 연대를 참고하여 철원 장흥리 유적의 현무암 위에 형성된 고기 하상사력층을 마지막 간빙기인 125~80 ka BP로 해석한 바 있고,[31] 실제로 일본 岡山理科大學 토요다 신(豊田 信) 교수가 철원 장흥리에 있는 한탄대교 남단쪽 도로변의 노출단면에서 채취한 용암층 아래의 ESR시료에서는 7~10만 년 전 내외의 젊은 연대가 얻어졌다고 한다.[32] 장흥리와 내대리가 비교적 가까운 거리임을 감안할 때, 두 지점의 현무암은 10~13만 년 전 내외의 시기에 해당될 가능성이 크다. 따라서 내대리의 제4기 含珪藻 湖成堆積層의 연대는 10~13만 년 전 이후의 빙기, 즉 Würm빙기로 상정하는 것이 바람직하다고 여겨진다.

이미 잘 알려진 것처럼, 철원 일대에는 제4기 플라이스토세 중기 이후의 활발한 화산활동에 의한 용암대지가 잘 발달되어 있다. 오리산에서 분출한 알칼리 현무암질 용암은 인근의 저지대를 메운 후, 15km 남쪽 철원 화지리 부근에서 구 한탄강 유로를 따라 임진강 하류 문산까지 흘러 내렸다. 용암이 흘러내리면서 구 한탄강의 지류들을 막아 부분적으로 호수가 생기기도

---

29 Young Gil LEE, QUATERNARY DIATOM FLORA IN THE GALMAL-MYEON, CHULWON -GUN GANGWON-DO, KOREA, J. Paleont. Soc. Korea, V.8. No.1, 1992, pp.1~23(李永吉, 「江原道 鐵原郡 葛末面 일대에서 産出되는 第四紀 化石珪藻群」, 『한국고생물학회지』8-1, 한국고생물학회, 1992, 1~23쪽).

30 박계헌 외, 『지질 및 해양시료의 미량조성 및 구조분석법 연구(Ⅰ)』, 기초과학지원연구소 UCPN00010-025-4, 1995, 34~37쪽.

31 김주용·최복규·양동윤·이윤수, 「철원군 장흥리 구석기유적일대 제4기 지질」, 『長興里 舊石器遺蹟』, 강원도·강원대학교 유적조사단, 2001, 195~198쪽.

32 이선복, 『파주 장산리 구석기유적 시굴조사 보고서』, 서울대학교박물관, 2004, 45쪽.

했다. 이때 형성된 호성층의 일례가 바로 장흥리 유적에서 비교적 가까운 거리에 위치한 내대리 퇴적층이다. 내대리 일대의 제4기 호성층은 고기 한탄강이 범람하면서 배후에 조성되었던 습지기원 퇴적층이거나 혹은 고기 한탄강의 수로가 폐쇄되고 만들어진 우각호 안에 형성된 제한된 습지로 추정된다.

철원 내대리 일대에서 구석기유적이 확인되지 않았다 할지라도, 장흥리 유적의 고인류들은 10~13만년 전 이후의 비교적 한랭한 기후조건하에서 아주 가까운 거리의 한탄강 유역 주변에 형성된 내대리의 조그마한 호수 혹은 습지를 자연스럽게 경험했을 것이다. 그리고 이러한 자연환경적 배경은 한탄강과 더불어 장흥리 구석기인들의 생계 활동에 중요한 유인력으로 작용했을 것으로 보인다.

4) 동물 화석

구석기시대 사람들이 어떠한 자연환경 조건에서 살았는지를 살펴볼 수 있는 중요한 자료 중의 하나가 바로 동물 화석들이다. 우리나라에서 동물 화석은 산성 토양의 야외 유적보다 알칼리성 토양으로 구성된 석회암 동굴에서 월등히 보존율이 높게 나타난다. 따라서 우리나라 구석기유적의 동물화석은 거의 대부분 석회암 동굴에서 출토된 것들이다. 유적에서 찾아진 동물화석들을 동정하여 과·속·종을 결정하게 되며, 이를 통해 확인된 전체 동물상과 생태 환경 조건을 분석하여 당시의 자연환경을 유추해 보게 된다.[33] 강원지역에서 동물화석이 출토된 석회암 동굴 유적은 영월 연당 피난굴(쌍굴)과 평창 기화리 쌍굴이 있다.

(1) 영월 연당리 피난굴(쌍굴) 유적

이 유적에서 밝혀진 동물의 종은 20여 종에 이른다. 거의 대부분을 차지하는 큰 젖먹이 짐승은 크게 영장목, 우제목, 기제목, 식육목과 토끼목으로 구성된다. 표 4에 나타난 바와 같이, 1굴의 경우 VI층에서 16종, VII층에서 15종이 확인되었고, 2굴에서는 7종의 짐승이 확인되었다(사진 12).

---

33 조태섭,『화석환경학과 한국 구석기시대의 동물화석』, 혜안, 2005, 125~126쪽.

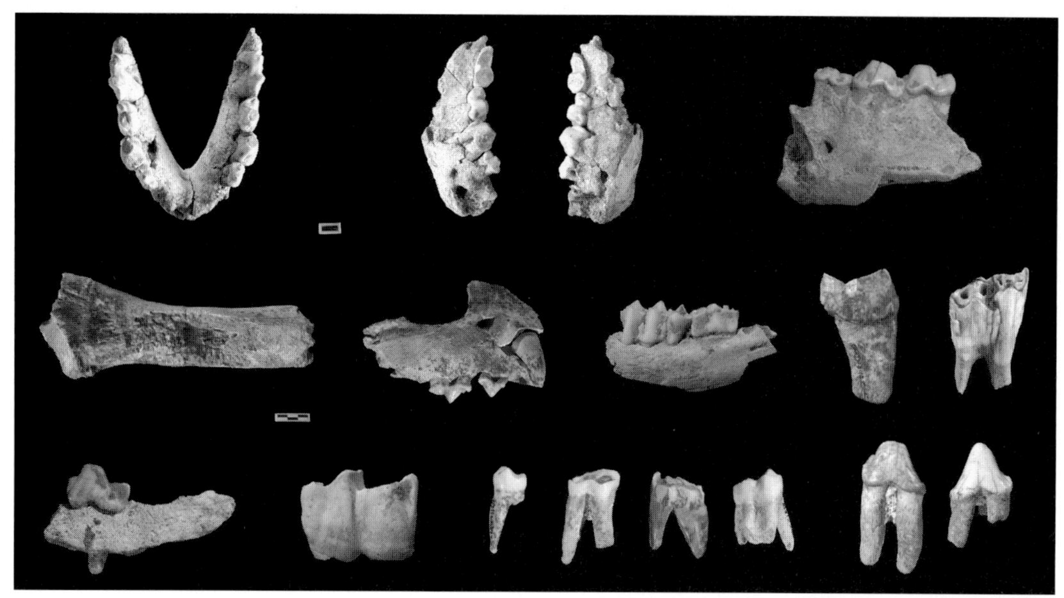

사진 12　영월 연당 피난굴(쌍굴) 유적 출토 동물뼈 화석

(연세대학교박물관, 2004, 36~41쪽)

표 4　영월 연당 피난굴(쌍굴) 출토 구석기시대 동물화석(○)

과	종	1굴 VI층	1굴 VII층	2굴 V층
긴꼬리원숭이 Cercopithecidae	원숭이 *Macaca* sp. cf. *robustus*	○		
소 Bovidae	소 *Bos* sp.	○	○	○
사슴 Cervidae	꽃사슴 *Cervus nippon* sp.	○	○	○
	노루 *Capreolus capreolus* L.	○	○	○
	사슴 *Cervus* sp.		○	
돼지 Suidae	멧돼지 *Sus scrofa* L.	○		○
말 Equidae	말 *Equus* sp.	○	○	
코뿔이 Rhinocerotidae	코뿔이 *Rhinoceros* sp.	○	○	○
개 Canidae	여우 *Vulpes vulpes* L.		○	
	너구리 *Nyctereutes* sp.	○		
고양이 Felidae	삵 *Felis euptilura* L.	○		
	표범 *Felis pardus*		○	
	호랑이 / 사자 *Panthera tigris* / *Panthera* cf. *Leo*	○	○	○
곰 Ursidae	곰 *Ursus arctos* L.	○	○	
하이에나 Hyaenidae	동굴하이에나 *Crocuta c. ultima* M.	○	○	○
토기 Leporidae	토끼 *Lepus* L.	○	○	
꿩 Phasianidae	꿩 *Phasianus* sp.	○	○	
새 Aves	새	○		
자라 Trionychidae	자라 *Amyda* sp.		○	
물고기 Pisces	물고기	○	○	

제3장 고환경과 입지 유형 분석　145

　영월 연당 피난굴(쌍굴) 유적의 동물 구성과 종의 수는 비교적 가까운 거리에 위치하고 있는 중원지역의 제천 점말 용굴, 단양 도담 금굴과 구낭굴 및 청원 두루봉2굴 등 이미 조사된 후기 갱신세 늦은 시기에 속하는 동굴 유적과 크게 다르지 않다(그림 4). 그리고 절멸동물의 종류와 종수도 거의 같다. 이는 이들 유적이 서로 비슷한 시기에 형성되었으며, 당시의 자연 환경도 유사했음을 말해주는 것이다. 예를 들어 발굴보고서에 의하면, 이 유적의 원숭이 이빨은 제천 점말 용굴, 단양 도담 금굴, 청원 두루봉, 단양 구낭굴 등 우리나라 후기 갱신세 동굴 유적들에서 출토된 큰원숭이(*Macaca robustus*)의 이빨들과 형태와 크기가 비슷하고, 코뿔이 앞팔뼈 1점은 제천 점말용굴에서 출토된 털코뿔이(*Coelodonta antiquitatis* B.)와 아주 비슷하다고 한다. 또한 하이에나과의 아래턱과 첫째에서 넷째에 이르는 위 옆니는 두루봉 처녀굴에

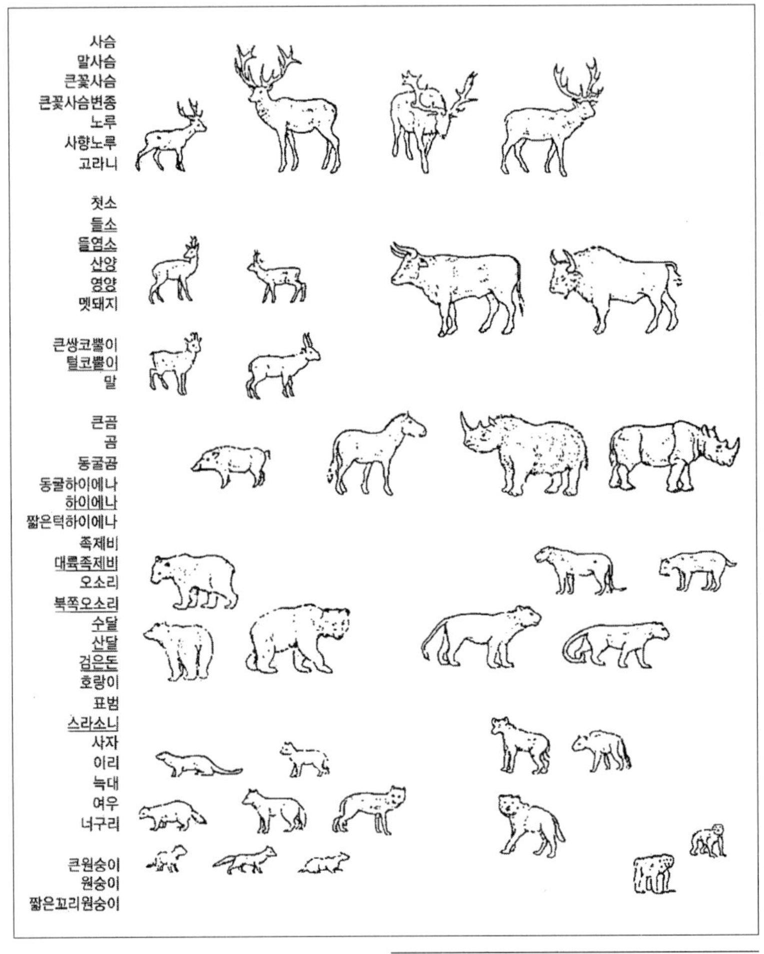

그림 4　중원지역의 후기갱신세 짐승들 (조태섭, 2005, 240쪽)

서 출토된 동굴하이에나와 매우 비
슷한 크기와 형태상의 특징을 보인
다고 한다. 사슴은 짐승뼈 가운데
가장 우세하게 나타나는데, 이는
이미 우리나라에서 조사된 거의 대
부분의 동굴 유적에서 공통적으로
나타나는 현상이다.

몇몇 동물 종의 구성만으로 유적
의 전체 기후 환경을 일반화하는
것은 한계가 분명히 있지만, 발굴
보고서의 동물상을 바탕으로 약 5
만 년 전 이후 후기 갱신세 늦은 시
기(MIS 3시기에 해당될 가능성이
큼)에 이 동굴 유적 주변의 자연환
경을 살펴보면 다음과 같다.

첫째, 기후 환경과 관련하여 온
대성 동물군인 노루, 사슴, 꽃사슴,
멧돼지, 소, 너구리, 표범, 삵, 곰,
호랑이/사자, 여우, 토끼 등이 주를
이루는 가운데, 일부는 기후 여건
이 서로 상반되는 추운(털코뿔이,
동굴하이에나) 혹은 더운(원숭이)

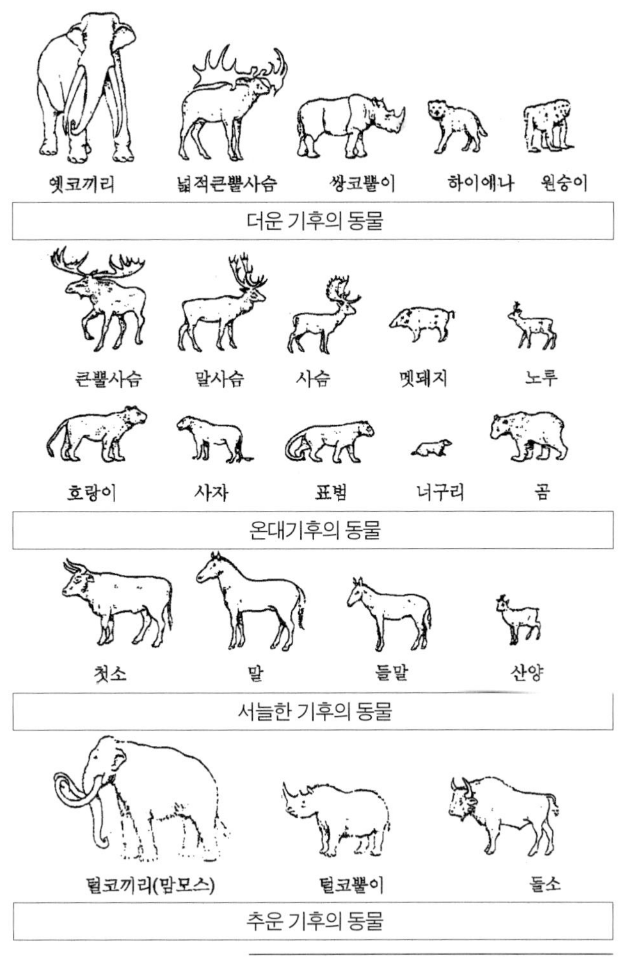

그림 5 우리나라 구석기시대의 동물과 기후환경
(조태섭, 2005, 257쪽)

기후를 대표하는 종이 섞여 있는 모습을 보인다(그림 5).

둘째, 서식 환경과 관련하여 삼림성 동물군(돼지과, 곰과, 개과, 호랑이과, 하이에나과, 사슴
과)과 초원/늪지형 동물군(말과, 소과, 코뿔이과) 혹은 양쪽을 넘나드는 동물 종이 어울려 있
는 모습이다. 산양, 노루, 고라니 등은 산지성 환경을 대표하는 동물이고, 여러 종류의 사슴들
과 식육류 짐승들은 숲이 무성한 혼합성 지역에 잘 서식하는 것으로 알려져 있다. 따라서 유
적 주변에는 식육류들이 서식하기 적당한 삼림지대와 풀먹이짐승들을 위한 낮은 산지가 적절
히 어울려 있었을 것으로 여겨진다. 특히 주변의 낮은 산지에는 사슴과 동물들이 많이 서식하
여 구석기인들의 선택적 사냥의 대상이 되었고, 동굴에 주로 옮겨졌다.

셋째, 거의 대부분의 동물들이 오늘날에도 존재하는 현생종들인 가운데 후기 갱신세 늦은 시기까지 살았던 절멸동물로는 원숭이, 코뿔이, 동굴하이에나가 있다. 이러한 절멸종들은 갱신세 시기까지 살다가 현재는 없어진 동물들이며, 유적의 연대 추정과 자연환경 연구에 좋은 자료가 된다. 이를 통해 지금과 당시의 기후가 분명히 달랐음을 알 수 있게 된다.

(2) 평창 기화리 쌍굴 유적

평창 미탄면 기화리 쌍굴 유적은 2007년 10월부터 2008년 4월 중순경까지 연세대학교 박물관에 의해 학술조사 되었다. 쌍굴은 위쪽의 하늘굴과 아래의 땅굴로 나뉘는데, 발굴조사는 하늘굴을 대상으로 이루어졌다.[34]

이 유적의 층위는 크게 위에서부터 석회마루층－명갈색토양층－암갈색토양 포함 낙반석층－적갈색토양 포함 낙반석층－갈색토양 포함 낙반석 고결층－적갈색 토양층－암갈색 토양층－기반암으로 나뉜다. 이 중 동물뼈와 석기가 출토된 층위를 살펴보면 다음과 같다.

• 석회마루층 아래에 석회화 작용으로 딱딱하게 굳은 10cm 두께의 일부 검은색흙층이 끼어든 붉은색층 : 새와 박쥐 등 작은 동물의 뼈가 소량 수습

• 암갈색토양 포함 낙반석층(사진 13) : 주로 사슴과 또는 산양 종류의 초식동물 뼈들이고, 일부 소형 식육류 뼈가 확인, 닭개1점 출토

• 갈색토양 포함 낙반석 고결층(사진 14) : 동물뼈가 소량 출토되었는데, 주로 사슴과에 해당되며 육식동물의 이빨도 1점 수습, 다량의 반입석재와 석기 출토

• 암갈색토양층 : 소량의 동물뼈 수습, 찍개, 석영제 몸돌과 격지, 반입석재 등 출토

현재 발굴보고서가 간행되지 않아 출토된 동물뼈의 종 구성과 비율을 정확히 알 수 없지만, 우리나라에서 조사된 거의 대부분의 동굴 유적에서 그러하듯이 뼈 유물의 대부분은 어린 개체의 사슴 종류들로 발가락, 앞축, 뒷축, 턱뼈가 주를 이룬다고 한다. 앞으로 뼈 유물에 대한 정밀한 분석이 진행되면 당시의 기후 및 동물상 등 구석기시대 자연환경 복원에 중요한 자료를 제공할 것으로 보인다.

---

34 박영철, 「강원도 평창군 기화리 쌍굴유적의 퇴적편년의 검토」, 『2008 강원고고학회 춘계학술대회』, 江原考古學會, 2008, 35~48쪽 ; 박영철·최미노·김성진·정승은, 「강원도 평창군 미탄면 기화리 쌍굴유적 시굴조사의 해석」, 『한국구석기학회 제8회 학술대회 발표집』, 한국구석기학회, 2007, 197~207쪽.

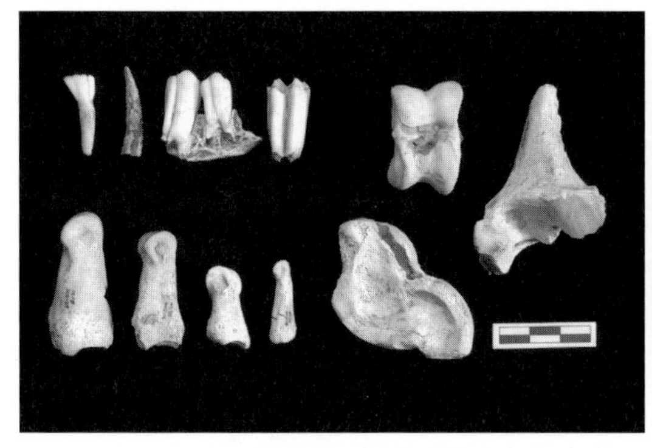 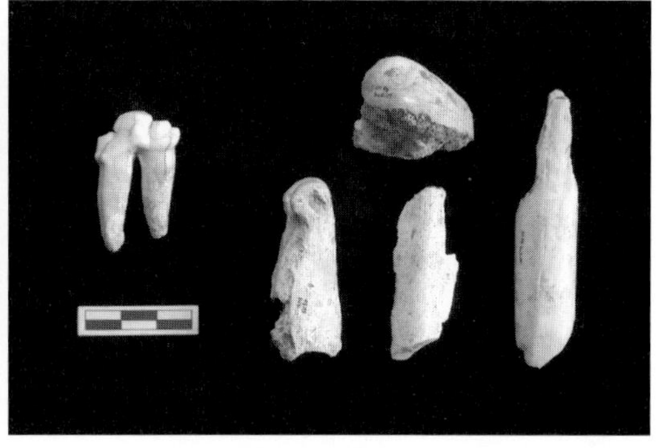

사진 13 평창 기화리 쌍굴의 암갈색토양 포함
낙반석층 동물뼈 (박영철 외, 2007, 207쪽)

사진 14 평창 기화리 쌍굴의 갈색토양 포함
낙반석층 동물뼈 (박영철 외, 2007, 207쪽)

5) 지중동물들의 생흔 화석

지금까지 고생물 자료를 이용한 고환경 연구는 주로 동물의 실체화석(body fossil)을 대상으로 이루어졌지만, 최근에는 그 생물이 생존할 당시에 활동을 하면서 남겨놓은 각종 生痕化石(trace fossil)의 중요성이 크게 부각되고 있다. 예컨대, 거주 흔적, 휴식 자국, 기어간 자국, 먹은 자국, 피난 자국 등이 그것이다.

제주도의 제4기 하모리층에서는 구석기 혹은 신석기 이른 시기로 추정되는 사람발자국, 각종 포유류 및 새 발자국, 게의 보행렬 등이 다양하게 발견되어 주목받은 바 있다.[35] 이러한 생흔화석을 통해 이를 남긴 동물들의 생활방식과 고환경, 퇴적 환경, 기후조건 등 많은 정보를 얻을 수 있게 된다.

최근에는 연천 전곡리와 나주 장동리 용동 구석기유적의 고토양층에서 미고결 상태의 棲管構造(animal burrow)가 확인되어 제4기 갱신세의 고환경을 이해하는데 중요한 단서를 제공하게 되었다. 이들 유적에서는 환형동물 종류에 의해 형성된 것으로 보이는 작은 크기의 서관과 척추동물에 의한 대형 서관 등이 발견되었다. 지름 6~12cm의 원형 또는 타원형, 긴 튜브형의 형태를 갖는 대형 서관은 설치류 정도 크기의 군집생활을 하는 단일종 척추동물들이 굴을 파

---

35 김경수 · 김정률, 「남제주 사람발자국 화석을 포함한 지층의 층서와 지질 연대에 대한 고찰」, 『한국지구과학회지』 27-2, 한국지구과학회, 2006, 236~246쪽 ; 조등룡 · 박기화 · 진재화 · 홍완, 「제주도 하모리층에 발달하는 사람발자국의 형성시기」, 『한국암석학회지』14-3, 한국암석학회, 2005, 149~156쪽.

서 형성된 흔적으로 추정하였다. 서관의 내부는 주변 토양과 동일한 혹은 전혀 다른 물질이 엽리구조를 보이며 충진되어 있는데, 강우시에 반복적으로 채워졌다는 가정 하에 당시의 강수량이 적지 않았다고 보았다. 그리고 이러한 대형 서관구조가 밀집된 층에 대한 고토양분석, 내부 충진물에 대한 화학분석, 연대측정 등을 통하여 구석기유적의 고기후 및 고환경 복원에 중요한 건층으로 이용될 수 있다는 가능성을 제시하였다.[36]

여기에서는 앞에서 살펴본 사례들을 토대로 하여 강원지역의 구석기유적에서 확인된 서관구조들을 살펴보려고 한다.

(1) 강릉 정동진리 50-89번지 유적의 서관구조

심곡리 유적과 인접해 있는 이곳에서는 지표로부터 약 250cm 아래의 토양쐐기 구조가 포함된 지층 하부에서 지름이 약 17cm 가량 되는 대형 서관구조 1개가 확인되었다(사진 15). 이곳에 서식하였던 설치류와 같은 척추동물에 의해 형성되었을 가능성이 크다. 서관구조가 포함된 지표하 200~300m 구간에서는 모래 크기 입자의 함량이 50% 이상을 넘어서는 경향을 보일정도로 급격히 증가한다. 또한 자갈 크기의 입자들도 나타난다. 따라서 유적이 형성될 당시에는 하천에 가까운 곳

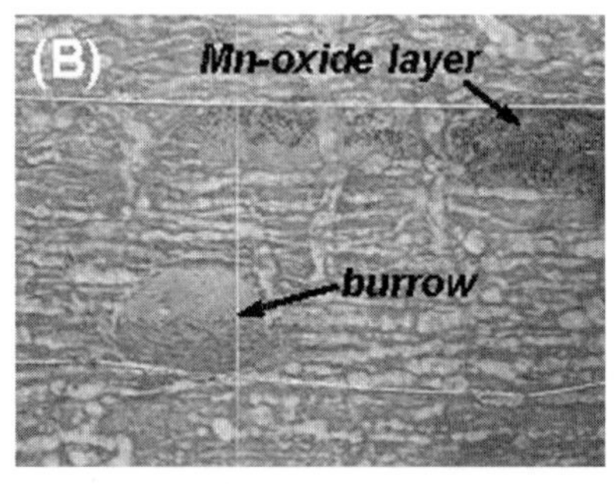

사진 15 정동진리 유적 서관구조
(이용일, 2006, 115쪽)

으로서 계절적인 하천의 범람으로 퇴적물이 쌓이고 있던 곳으로 해석된다. 최근의 심곡리 상부 점토층 연대에 대비시키면 약 4~5만 년 전에 해당할 가능성이 크다.[37]

(2) 홍천 하화계리 수삼수매장부지내 유적의 서관구조

이 유적의 하부퇴적층인 사질점토층에서 지중동물의 서관구조가 집중적으로 확인되었다

---

36 임현수·이용일·이용우·이선복·장수범·김정빈, 「전곡 및 나주지역에서 관찰되는 대형 서관구조에 대한 예비연구」, 『지질학회지』제40권제4호, 대한지질학회, 2004, 559~566쪽.
37 이용일, 「강릉 정동진리 50-89번지 시굴지점 지질분석 보고」, 『심곡리 구석기유적 발굴조사 보고서』, 서울대학교 박물관, 2006, 89~90쪽.

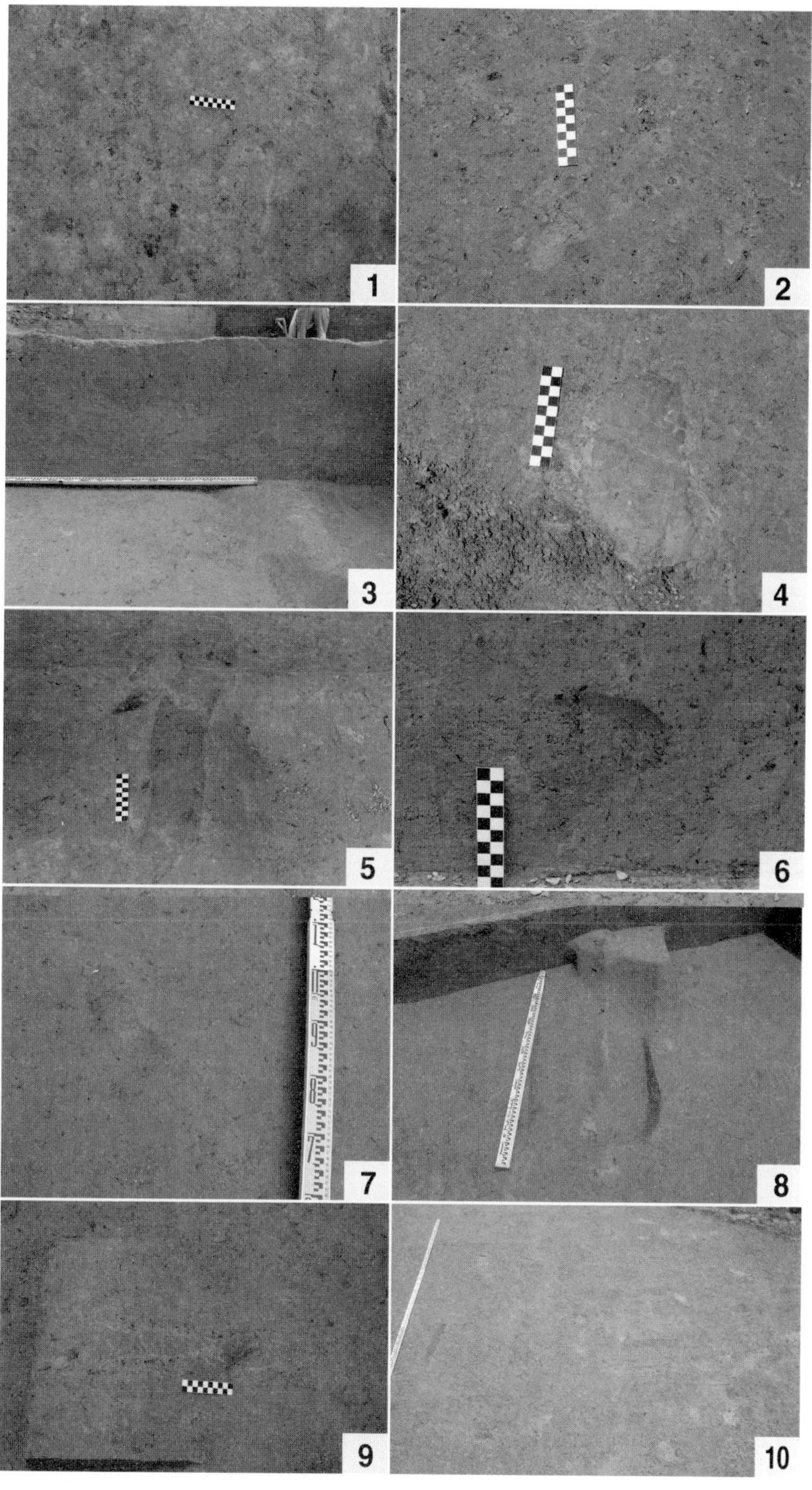

사진 16 홍천 하화계리 수삼수매장부지 서관구조 (최승엽 · 김연주, 2008, 94~98쪽)

(사진 16). 이 지층의 하부에는 하천활동에 의한 모래층과 자갈층이 나타난다. 따라서 사질점토층은 물의 영향에서 서서히 벗어난 단계의 퇴적 양상을 반영한다. 서관구조가 나타나는 사질점토층의 OSL연대 측정결과는 52,000±3,000 BP이다.

환형동물류에 의한 작은 벌레구멍(사진 16-1·2)도 흔하지만, 보통 서관의 지름이 10~15cm 되는 것들이 수직 단면상에서 타원형이나 원형, 혹은 경사진 방향으로 길게 나타난다(사진 16-3·4·5·6·7). 평면상에서도 마치 사람이 여러 차례 밟고 돌아다닌 발자국처럼 집중도를 보이며 나타나는데(사진 16-10), 잘린 방향에 따라 타원형으로 혹은 튜브형으로 경사지게 관찰된다. 그 길이는 다양한데, 어떤 것은 1m 정도 되는 것도 있다(사진 16-9·10). 이러한 서관구조는 지중에 굴을 파고 살았던 과거 척추동물의 생활 흔적으로 해석된다. 이 지층에서 이러한 구조가 눈에 띄게 집중되는 것은 당시 지중동물들의 서식환경에 적합한 조건이었다는 것을 말해주는 것으로 과거 기후조건을 반영해 줄 수도 있는 것이므로 세심한 관찰이 필요한 부분이다.

(3) 동해 망상동 노봉 유적의 서관구조

이 유적은 해발 약 50~70m 내외의 고위면 산지 중간부분에 위치하고 있다. 평면상 집중적으로 분포하는 원형의 흔적들(사진 17)이 지중동물들의 생흔화석인 서관구조로 해석된다. 노봉 유적의 서관구조는 크고 작은 여러 형태로 매우 밀집된 양상을 보인다. 먹이를 찾기 위해서 또는 은신처를 마련하기 위해 땅속에 구멍을 파고 사는 동물 중 두더지는 10cm 내외의 구멍을 파고, 너구리나 오소리 등은 약 25~30cm 정도 크기의 구멍을 판다고 한

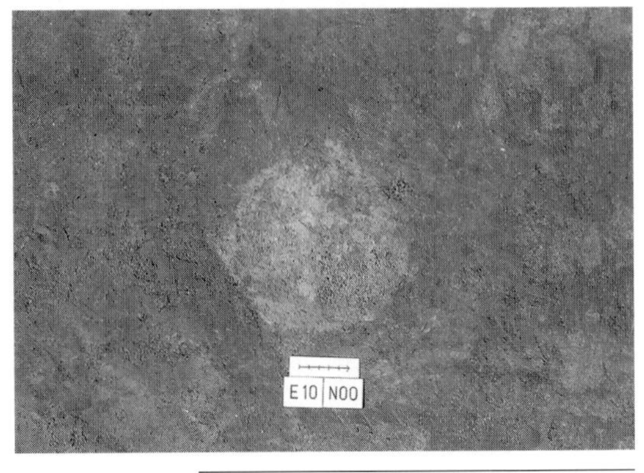

사진 17 **노봉 유적의 서관구조**
(崔福奎·安聖民·柳惠貞·文知賢, 2002, 7쪽)

다. 특히 너구리나 오소리 같은 동물은 독립적으로 서식하지 않고, 가족제 생활 모습을 보여 때로 거주하는 경우가 많다. 그리고 주로 산지에 서식한다는 점도 고려의 대상이 된다. 따라서 이러한 흔적은 당시의 기후나 자연환경을 살펴볼 수 있는 간접적인 자료로 활용하는 것이 좋다. 즉 후기갱신세 아주 늦은 어느 한 시기에 설치류와 같은 지중동물들이 살기에 적합한

중간 산지의 환경적 조건이 형성되었던 것으로 생각된다.

　이제까지 살펴본 대로, 지중동물들의 생흔화석인 서관구조는 모두 세 유적에서 확인되었다. 앞으로 관심여하에 따라 구석기유적의 고토양층에서 빈번하게 발견될 가능성이 크다. 강원지역에서 확인된 서관구조는 홍천 하화계리 수삼수매장부지에서와 같이 환형동물에 의한 작은 구멍들도 있지만, 거의 대부분은 땅속에 굴을 파고 활동하는 설치류와 같은 척추동물에 의한 것으로 보인다. 아주 작은 크기의 설치류, 쥐류는 기후 변화에 민감하여 즉각적으로 반응하는 것으로 알려져 있다. 특히 이러한 서관구조는 홍천 하화계리 수삼수매장부지와 동해 망상동 노봉에서 대단히 밀집된 양상으로 나타나는 바, 굴을 파고 활동하는 설치류들의 서식 환경에 적합한 기후 조건이 반영된 결과라고 생각된다. 그런데 두 유적의 서관구조를 비교해 볼 때, 퇴적 환경과 시기가 서로 달랐을 가능성이 있음을 짐작케 한다. 홍천 하화계리 수삼수매장부지의 서관구조는 주로 사질점토층(모래질찰흙층)에 형성되어 있어 이러한 생활 흔적을 남긴 동물들은 주로 고하천에서 비교적 가까운 거리의 습기가 많은 범람원을 서식지로 삼아 활동했다고 생각된다. 사질점토층의 OSL연대가 52 ka BP 정도 되므로, 동물들이 서식한 시기는 이와 비슷하거나 그 이후일 것이다. 강릉 정동진리 50-89번지에서 확인된 서관구조도 이와 비슷한 시기에 동일한 퇴적 환경에서 형성된 것으로 보인다. 반면에 동해 망상동 노봉의 서관구조는 해발고도 50m 이상 되는 고위면 산지에 형성되어 있을 뿐만 아니라, 모래질 성분이 전혀 없는 점토층에 남아있다. 즉 첫 번째 토양쐐기 구조가 나타나는 암갈색 점토층(33,300±1,700 BP) 위에 퇴적된 명갈색 점토층(약 2만 년 전)의 하부에서 집중된다. 따라서 이곳에 서관구조를 남긴 동물들은 후기갱신세 늦은 시기에 주로 하천 활동의 영향력에서 완전히 벗어난 곳, 즉 하천에서 비교적 멀리 떨어진 곳에 서식했을 가능성이 크다.

　서관 내부를 채운 토양의 방사성탄소연대 측정치는 대략 2만~4만 년 전 이전에 형성되었음을 지시한다고 한다.[38] 이러한 연대관에 대입한다면, 동해 망상동 노봉의 서관구조는 대략 2만 년 전에 하천에서 비교적 멀리 떨어진 점토 퇴적환경에서 설치류 동물들이 왕성하게 활동한 결과이고, 반면에 강릉 정동진리와 홍천 하화계리 수삼수매장부지의 서관구조는 약 4~5만 년 전의 시기에 하천에서 비교적 가까운 습기가 많은 범람원성 퇴적에 지중동물들이 왕성하게 활동할 수 있는 자연환경적 조건이 마련된 결과라고 볼 수 있다.

---

38 이용일, 「강릉 정동진리 50-89번지 시굴지점 지질분석 보고」, 『심곡리 구석기유적 발굴조사 보고서』, 서울대학교 박물관, 2006, 90쪽.

6) 비교 검토

고환경 복원을 위한 구석기시대의 식물 및 동물상 연구는 이미 오래전부터 진행되어 왔으며, 그동안 몇 차례 정리된 바도 있다.[39] 최근에 자연과학 분야의 이상헌은 후기 플라이스토세 꽃가루 연구 자료들을 분석하여 이 시기 우리나라 식생 변천을 큰 틀에서 다음과 같이 정리하였다.[40] 그는 플라이스토세 최후빙기의 한랭한 기후 동안 한반도의 고산지대는 고산침엽수림 혹은 아고산 침엽수−낙엽활엽수 혼합림의 우점과 증감관계로 식생이 발달하였으며, 한랭침엽수림이 발달한 산지에는 자작나무속, 참나무속, 소나무속, 잎갈나무속, 전나무속, 가문비나무 등이 주요한 수종이고, 특히 LGM 시기에는 가문비나무속, 전나무속이 가장 왕성하였다고 해석하였다. 반면에 저지대는 초본류의 비율이 목본류를 능가할 정도로 초지가 잘 발달하여 주로 한랭한 기후조건에서 잘 자라는 쑥속, 사초과가 번성하였다고 보았다. 그리고 플라이스토세−홀로세의 경계 시기에, 한랭기였던 기후가 온대 온난화되면서 침엽수림에서 낙엽활엽수로의 뚜렷한 식생변화가 있었고, 목본류 꽃가루의 총량이 이전 시기에 비해 크게 증가함을 알 수 있다고 하였다. 한편 구석기분야 연구자인 한창균은 최근 꽃가루 분석 결과와 동물화석 자료에 대한 연구 성과를 종합적으로 고찰하여 우리나라 후기 구석기시대 자연환경 변화를 시기별로 정리한 논문을 발표하였다.[41]

지금부터 앞서 살펴 본 퇴적물 및 동·식물 화석 자료들을 종합하여 강원지역의 구석기시대 고환경 변화를 살펴보고자한다. 그런데 어느 한 지역의 국지적인 자연환경을 특징적으로 정리하기에는 강원지역의 자료들이 워낙 부족한 형편이라는 한계가 있다. 따라서 동·식물 자료를 통해 우리나라 구석기시대의 자연환경 변화(특히 기후 변화)를 정리한 가장 최근의 한창균 연구와 강원지역의 고환경 자료들을 종합적으로 비교 검토하여 시기별로 정리해 보고자 한다. 왜냐하면 우리나라 전체의 기후 환경 변화 속에서 강원지역의 구석기시대 고환경도 연동했을 것이므로, 한창균의 연구 결과는 자료가 제한적인 강원지역의 국지적인 고환경 변화를 이해하는데 큰 도움을 주기 때문이다. 고환경 변화를 비교 검토한 내용은 표 5와 같이 정리될 수 있다.[42]

---

39 박희현, 「動物相과 植物相」, 『韓國史論』12, 韓國의 考古學Ⅰ·上, 國史編纂委員會, 1986, 91~186쪽 ; 朴英哲, 「식물상과 동물상」, 『한국사』2, 국사편찬위원회, 1997, 54~72쪽.

40 이상헌, 「호수 및 습지 퇴적물에 함유된 화분을 이용한 고기후 연구 동향」, 『지질학회지』제44권 제1호(특별호), 대한지질학회, 2008, 107~109쪽.

41 한창균, 「한국의 후기 구석기시대 자연환경」, 『한국고고학보』66, 한국고고학회, 2008, 4~47쪽.

표 5   고환경의 비교 검토

구분		우리나라 (한창균, 2008)	강원지역 (이 책)			
			퇴적물	꽃가루 · 규조	동물화석	서관구조
MIS 5 (127~71ka)			· 따뜻하고 습윤한 기후환경 -삼척 대이리 관음굴 석순의 지속적인 성장(90~70ka) -수천년 단위의 급격한 기후변동	· 온난기 식생 -강릉 오봉리(85~75 ka) : 참나무속이 우점종인 가운데 활엽수의 우세, 벼과, 쑥속, 사초과 등 초본류 우세		
MIS 4 (71~57ka)			· 춥고 건조한 환경 -삼척 대이리 관음굴 석순의 성장 중지(70ka이후)	· 한랭한 기후조건 -철원 내대리 호소층 -염기성 중영양수에 해당되는 차가운 담수성 규조류 번성		
MIS 3 (57~24ka)	40ka이전	· 한랭온대에서 서늘한 온대로 변화, 대체로 서늘한 온대 환경(50~43ka) -내흥동 I · II · III화분대, 풍기동 I 화분대	-평창 기화리 쌍굴의 적갈색 혹은 암갈색 토양층 형성	· 한랭 건조한 기후환경 -강릉 심곡리 꽃가루(50~40ka) : 소나무속이 우세한 침엽수림	· 대체로 현생종이 우세한 가운데 일부 절멸종 포함 -영월 피난굴(쌍굴) 동물상	· 하천변 습기 많은 범람원성 환경(사질점토층)에 설치류 등 지중동물 활동 왕성 -강릉 정동진리 서관구조 (50~40ka) -홍천 하화계리 수삼수매장 서관구조 (52,000±3,000 BP)
	40ka무렵	· 이전 시기에 비해 상대적으로 춥고 건조했던 온대기후 양상 뚜렷(서늘한온대→추운온대) -풍기동 II화분대(43~38.5ka) : 한랭침엽수림 -구낭굴IIIb화분대(40.6~38.9ka)	39,280±470 BP 34,990±410 BP 29,700±400 BP 28,400±300 BP -영월 연당리 피난굴(쌍굴)의 낙반석층 형성 붉은색모래층 51,000±3,000 BC 47,000±4,000 BC			
	40ka이후~30ka전후	· 한랭한 온대기후(한랭하고 건조한 기후조건) -피서리 II화분대(35.6~28.7ka), 석림동IV규조분대(29.2~24.7ka)				

42 산소동위원소 단계의 시간 폭은 다음 자료를 참고하였다.

Bell, M. and Walker M.J.C. 2005. *Late Quaternary Environmental Change: Physical and Human Perspectives*(2nd edition). Person Education Limited, England. p.16.

MIS 2 (24~11ka)	24~17ka	·마지막빙하극성기의 춥고 더욱 건조화된 환경 -피서리III화분대(28.7~17.9ka), 성정동 I 화분대(22.3~20.1ka), 석림동 V 규조분대(23ka) -털코끼리 · 털코뿔이 동물상(강안리) -초본류가 우세한 초원-산림형의 식물상(만달리)	·춥고 건조한 환경 -평창 기화리 쌍굴의 낙반석층 형성		·하천에서 멀리 떨어진 산지지형 점토퇴적물에 설치류 등 지중동물 집단 거주 -동해 노봉 서관구조
	17~15ka	·한랭한 온대성 기후, 침엽수 · 낙엽활엽수 혼합림 ·후반부로 갈수록 기후가 온난	20,500±300 BP 19,790±120 BP 15,820±290 BP -영월 연당리 피난굴(쌍굴)의 낙반석층 형성	·아한대의 한랭한 기후 조건 -속초 영랑호 화분대 : 아한대성 침엽수림 -아한대종인 오엽송, 가문비나무속, 이깔나무속, 전나무속 우세	
	15~11ka	-장흥리 I 화분대(14.6ka), 운전리 I a화분대(12.1~10.6ka)		·춥고 건조한 환경 -속초 영랑호 화분대 -목본은 크게 줄고, 쑥속, 화본과, 명아주과, 사초과 초본류 극성	
MIS 1 (11 ka 이후)		·온난한 온대기후의 자연환경 -운전리 I b화분대(10.1~9.7ka) -소로리 II 구역III화분대(9.6~9.4ka) : 침엽수 · 낙엽활엽수혼합림→낙엽활엽수림으로 변화	·따뜻하고 습한 환경 -평창 기화리 쌍굴과 영월 연당리 피난굴(쌍굴)의 석회마루층 형성	·따뜻하고 건조한 환경 -속초 영랑호 화분대 -이엽송, 참나무속, 버드나무속, 호두나무속, 서어나무속, 느릅나무속 증가 -주 식생이 풀과 양치류로 대채	

(1) MIS 5 시기(71~127 ka BP)

이 시기는 삼척 대이리 관음굴 석순이 90~70 ka BP 동안 지속적으로 성장한 바와 같이, 대체로 따뜻하고 습윤한 기후환경이 마련되었음을 알 수 있다. 그러면서도 2천년 혹은 4천년의 시간 간격으로 톱니날 모양으로 급격하게 기후가 변화되는 양상을 보인다. 또한 MIS 5a 시기(85~75 ka BP)로 편년되는 강릉 오봉리 하안단구 토탄층의 꽃가루 분석 결과 참나무속이 우점으로 거의 대부분을 차지하여 활엽수림을 이룬 가운데, 벼과 · 쑥속 · 사초과 등의 초본류 비율이 높아 역시 온난한 기후 조건을 반영해 준다.

(2) MIS 4 시기(57~71 ka BP)

이 시기는 대체로 춥고 건조한 기후 환경에 놓였다고 볼 수 있다. 철원 장흥리 유적과 비교적 가까운 거리에 있는 내대리의 호소성 퇴적물에서 염기성 中營養水에 해당되는 차가운 담수에 주로 서식하는 규조류들이 확인되었다. 규조가 포함된 퇴적물의 연대는 Würm빙기 초로 상정되는 바, 이 시기에 장흥리 주변은 비교적 한랭한 기후조건하에서 작은 호수나 습지가 형성된 자연환경이었다고 볼 수 있다. 물론 MIS 2 시기에 해당될 가능성도 전혀 배제할 수는 없다. 또한 삼척 대이리 관음굴 석순이 70 ka BP 이후 성장을 멈춘 것은 이 시기의 기후환경이 춥고 건조했음을 반영하는 것으로 볼 수 있다.

(3) MIS 3 시기(24~57 ka BP)

한창균은 산소동위원소 3기를 세 시기로 나누었다. 우선 약 4만년보다 오랜 시기는 대체로 서늘한 온대의 환경에서 형성되었을 가능성이 크다고 보았다. 내홍동 I · II · III화분대, 풍기동 I 화분대에서 나타난 바와 같이 한랭온대에서 서늘한 온대로 기후조건이 변화되는 양상을 보인다. 하지만 용곡 1호 동굴 유적의 10지층(약 44 ka BP 이후)과 냉정 동굴 유적의 10지층(46~43 ka BP)에서 큰쌍코뿔이 화석이 출토되었기 때문에 이 시기의 기후 환경을 서늘한 온대기후로만 보는 데는 어려움이 있다. 큰쌍코뿔이는 약 4만 년 이후에는 절멸한 것으로 추정된다. 약 4만 년 전 무렵에는 서늘한 온대기후에서 추운 온대기후로의 변화가 있었다고 보았다. 그 이 전 시기에 비하여 상대적으로 춥고, 건조했던 온대기후의 양상이 점차 뚜렷해져서 풍기동 II화분대(약 43~38.5 ka BP)와 구낭굴 IIIb화분대(40.6~38.9 ka BP)에서 공통적으로 한랭침엽수림의 특성이 나타난다. 당시의 대표적인 식생은 온대기후를 반영하는 침엽수−낙엽활엽수혼합림이다. 약 3만년을 전후한 시기에는 피서리 II화분대(35.6~28.7 ka BP), 석림동 IV규조분대(29.2~24.7 ka BP)를 상호 비교할 때, 이전 시기에 비해 기후의 건조화 현상이 더욱 뚜렷해지기 시작한다고 보았다.

한편 강원지역의 이 시기 기후 환경 자료는 상대적으로 열악한 편이다. 평창 기화리 쌍굴의 기반암 상부 암갈색 토양층에서 얻은 AMS연대는 39,280±470 BP 34,990±410 BP, 29,700±

400 BP, 28,400±300 BP 이고, 영월 연당리 피난굴(쌍굴)의 최하부 붉은색모래층에서 얻은 OSL연대는 51,000±3,000 BC, 47,000±4,000 BC이기 때문에 그 상부의 낙반석층은 MIS 3시기의 춥고 건조한 환경에서 형성되었을 가능성이 크다. MIS 3시기의 동물상은 영월 연당 피난굴(쌍굴)에서 나타난 바와 같이, 대부분 현생종인 노루, 사슴, 꽃사슴, 멧돼지, 소, 너구리, 표범, 삵, 곰, 호랑이/사자, 여우, 토끼 등인 가운데, 일부는 추운(털코뿔이, 동굴하이에나) 혹은 더운(원숭이) 기후를 대표하는 절멸종이 섞여 있어 지금과 당시의 기후가 분명히 달랐음을 보여준다. 또한 강릉 정동진리와 홍천 하화계리 수삼수매장부지의 서관구조는 약 4~5만 년 전 시기에 하천변의 습기 많은 범람원성 퇴적에 설치류 등의 지중동물들이 왕성하게 활동할 수 있는 자연환경이었음을 알려준다.

이 시기의 강릉 심곡리 상부 점토층(약 4~5만 년 전)의 화분분석 결과는 침엽수림, 특히 소나무 숲으로 이루어진 단순한 식생의 자연경관을 반영하며, 당시의 기후 환경이 현재 보다 한랭 건조한 조건에 놓여 있었음을 알려준다.

(4) MIS 2 시기(11~24 ka BP)

한창균은 마지막 빙하 극성기(LGM 23~18 ka BP)에 해당되는 피서리 Ⅲ화분대(28.7~17.9 ka BP)에서 습한 환경을 좋아하는 고란초과가 현격하게 감소하고 초본류가 증가하는 양상은 건조한 기후조건과 관련되며, 성정동 Ⅰ화분대(22.3~20.1 ka BP), 석림동 Ⅴ규조분대(23 ka BP)의 분석 결과는 당시 기후가 더 추워지고 건조하였던 양상을 보여준다고 보았다. 또한 우리나라 동북부 지역 강안리 유적의 털코끼리－털코뿔이 등 한대성 동물상과, 만달사람 출토 지층에서 알려진 초본류가 우세한 초원－산림형의 식물상은 이 시기의 대표적인 특징이다.

강원지역에서는 이 시기의 꽃가루 분석 자료가 확보되지 않았지만, 대체로 다른 지역과 마찬가지로 마지막 빙하 극성기의 추운 기후 조건에 놓였을 것으로 여겨진다. 20,500±300 BP, 19,790±120 BP, 15,820±290 BP의 AMS 연대가 확보된 평창 기화리 쌍굴의 낙반석층과 영월 연당리 피난굴(쌍굴)의 낙반석층 형성은 춥고 건조한 환경을 반영하는 것으로 보인다. 기후조건을 뚜렷하게 반영하지는 않지만, 동해 망상동 노봉의 서관구조는 대략 2만 년 전에 하천에서 비교적 멀리 떨어진 산지 지형의 점토 퇴적환경에서 설치류 등의 지중동물들이 집단 거주하며 왕성하게 활동했음을 알려준다.

한창균은 약 17~10 ka BP 시기에는 소로리 A지구 Ⅱ구역의 Ⅰ~Ⅱ화분대(16.7~12.8 ka BP)와 장재리 Ⅰ화분대(16.6~12.1 ka BP)에서 나타나듯이, 당시 기후는 이전 시기에 비해 온난해지는 경향을 띠고 있지만, 대체로 현재보다 상대적으로 서늘한 기후였던 것으로 보았다. 진주 장흥리 Ⅰ화분대(14.6 ka BP)와 운전리 Ⅰa화분대(12.1~10.6 ka BP)에서는 한랭한 온대성 기후를 반영하는 침엽수－낙엽활엽수혼합림의 특성을 보여준다. 북한의 대흥동굴 유적과 금평 동굴 유적에 나타나듯이 현대형 동물상이 형성되기 시작한 시기이다.

한편 강원지역을 다룬 이 글에서는 한창균과 달리 이 시기를 속초 영랑호의 꽃가루 분석결과를 통해 17~15 ka BP, 15~11 ka BP 로 세분하여 살펴보았다. 영랑호의 17,000~15,000 BP 시기 꽃가루들은 아한대 종인 전나무속, 오엽송(잎이 5개인 소나무류), 가문비나무속, 이깔나무속, 사초과 식물 등이 주로 자라 빙하기의 추위가 뚜렷하게 나타난다. 이는 만빙기의 추운 기후 하에서 영랑호 주변에는 아한대성 침엽수림이 형성되어 있었음을 반영하는 것이다. 비록 빙하가 직접 영랑호로 진전되지 않았다 할지라도 식생은 빙하와 동반된 추운기후에 영향을 받았다고 볼 수 있다. 이 시기에는 이러한 조건하에서 아한대 요소들을 제외한, 온난온대 종들은 발달하지 못했다. 또한 15,000~10,000 BP 시기에는 목본은 크게 줄고, 초본류인 쑥속, 화본과, 명아주과와 더불어 사초과가 피크를 이루었는데, 이 시기 기후조건이 춥고 건조했음을 보어준다. 15,300±215 BP로 연대측정된 학분대 말기에 기후는 온화하지만, 여전히 건조하고 식생이 부족한 상태였다.

(5) MIS 1시기(11 ka BP 이후)

한창균은 운전리 Ⅰb화분대(약 10.1~9.7 ka BP)와 소로리 Ⅱ구역의 Ⅲ화분대(약 9.6~9.4 ka BP)에서 나타나듯이, 산소동위원소 1기가 시작되는 11 ka BP에 이르러 침엽수－낙엽활엽수 혼합림이 낙엽활엽수림으로 대체되어 온난한 온대기후로 자연환경이 변화되었다고 보았다. 이 시기 강원지역의 기후 환경도 속초 영랑호의 꽃가루 분석결과를 통해 알 수 있다. 빙하기가 끝나고 홀로세에 들어와 1만 년 전부터는 따뜻한 곳에서 잘 자라는 이엽송(잎이 2개인 소나무류), 참나무속, 버드나무속, 호두나무속, 서어나무속, 느릅나무속 등이 증가했다. 영랑호의 식생이 10,500년 전에 많은 풀들과 양치류로 대체되었는데, 이것은 기후가 만빙기보다 더 따뜻하고 건조해졌음을 의미하는 것이다. 만빙기 기간 동안 주요한 요소였던 아한대 종들은 이 시기에 매우 감소해서 산발적으로 나타나고. 몇몇 종들은 적어도 1,000m를 넘는 높은 고도에 남겨졌다. 소나무와 참나무아속을 제외한 나무들은 이 시기 식생의 중요한 부분을 차지하지 못하며 서어나무속, 느릅나무속, 피나무속, 개암나무속, 자작나무속 등의 낙엽활엽수는 지속적으로 나타났다. 이 시기 영랑호 지역은 주로 초본류 식물과 양치류, 낙엽성 참나무와 소나무로 덮였다. 이것은 기온이 점진적으로 상승했고, 기후가 굉장히 건조했다는 것을 보여주는 것이다. 이 화분대 말기에 나타난 초본류 종들의 감소는 영랑호 주변이 밀림을 이루었을 가능성을 보여준다.

2. 입지 유형 분석

입지는 '인간이 경제활동을 하기 위하여 선택하는 장소'를 의미한다. 그리고 선택하고자 하는 주체가 다른 입지 후보지와 비교하여 다른 경제성을 지니는 특정한 장소의 상태를 입지조건이라고 한다. 즉 유적이 자리하고 있는 위치적인 조건을 의미한다. 한창균은 한국에서 구석기유물이 발견되는 유적의 입지조건을 다음과 같이 크게 여섯 가지로 나누어 살핀 바 있다 (표 6).[43]

표 6 한국 구석기유적 입지조건의 유형 분류 (한창균, 2007)

구분	입지 조건	대표적인 유적
1	바닷가 또는 내륙의 강줄기 유역에 분포하는 단구 윗부분의 퇴적층	동해안 일대의 구석기유적, 파주 장산리, 양구 상무룡리, 홍천 하화계리, 양평 병산리, 대전 용호동, 공주 석장리, 진안 진그늘, 밀양 고례리, 순천 월평 유적 등
2	평탄한 지역이나 비교적 낮은 구릉지의 기반암풍화대 위에 놓인 퇴적층	경기도 광주 삼리, 남양주 호평동, 청주 봉명동, 대전 노은동, 익산 신막, 영광 마전, 나주 당가, 울산 무거동 유적 등
3	임진강-한탄강 유역처럼 용암대지 위에 형성된 퇴적층	연천 전곡리, 파주 금파리 · 주월리 · 원당리, 철원 장흥리 유적 등
4	동굴(또는 바위그늘)의 퇴적층	평양 만달리, 상원 검은모루 · 용곡동, 덕천 승리산, 제천 점말, 청원 두루봉, 단양 금굴 · 구낭굴 · 상시리, 영월 연당 쌍굴 유적 등
5	토탄층 또는 유기물 포함층	화대 장덕리, 청원 소로리 유적 등
6	황토(loess) 퇴적층	온성 강안리 유적

구석기유적은 위와같이 다양한 조건 속에서 확인되며, 주변의 자연환경 요소와 밀접한 관련이 있다고 여겨진다. 선사시대에는 자연환경 요소가 인구 이동의 양, 방향, 계절성, 선택성,

---

43 한창균, 「구석기유적 조사법」, 『2007년도 제2회 매장문화재 조사연구원 교육』, (사)한국문화재조사연구기관협회, 2007, 123~124쪽.

거리 등에 미친 영향이 매우 컸기 때문이다. 인구분포에 영향을 미치는 자연환경 요인은 기후, 지형, 물, 토양, 식생 등을 들 수 있다. 이들 요소 중 세계적인 규모에서는 기후가 가장 중요한 요인일 수 있으나, 같은 기후의 지역적인 규모에서는 지형 및 지세, 물이 더 중요하다고 할 수 있다.

특히 지형은 한 지역의 기후뿐만 아니라 토양의 특성에도 영향을 끼치며, 거주지를 선택하는 데에도 가장 일차적인 변수로 작용한다. 따라서 지형은 우리를 둘러싸고 있는 자연환경의 여러 요소 중에서 가장 중요한 것 중의 하나이며, 인간 생활에 직접적으로 미치는 영향이 크다. 최근 들어 지형 환경의 중요성이 새롭게 대두되는 가운데, 강원지역 지형에 대한 연구가 활발히 전개되고 있다. 특히 평창, 정선, 영월 지역, 하천지형, 풍화지형에 대한 연구가 집중적으로 이뤄지는 경향이 있다고 한다.[44] 이러한 강원지역의 지형 연구는 한반도 지형의 형성 원인과 발달과정을 이해하는데 필수적일 뿐만 아니라 구석기유적의 입지 조건을 이해하는 데에도 큰 도움을 준다.

오늘날 구석기유적 조사에서 입지조건을 살피는 일은 가장 중요하고 반드시 선행되어야 하는 기초적인 사항으로 받아들여지고 있다. 구석기유적의 입지 유형을 구분하는 일은 다음과 같은 의의가 있다.

첫째, 유적의 입지 조건을 분석함으로써 구석기인들이 주로 어떠한 지형적 요인을 고려하여 생활의 터전을 마련했는지에 대한 이해를 높일 수 있다. 삶의 터전은 지형 · 기후 · 동식물 자원 · 토양 · 물의 공급 등 자연적인 요소와 구성원의 오랜 전통 · 경제활동 · 교통 등 사회적인 요소의 상호작용에 의하여 결정된다.[45] 그 중에서도 입지조건은 지형적인 요인의 영향을 매우 강하게 받는다.

풍수지리에서 삶의 터전을 정하는 입지조건의 으뜸은 背山臨水이며, 역사가 오랜 대부분의 촌락은 양지바른 산기슭에 자리한다. 특히 한 방향은 들과 하천을 향해 훤하게 트이고, 세 방향은 낮은 산이나 언덕으로 에워싸여 분위기가 아늑하고 겨울의 북서풍을 막아준다. 또한 범람원으로 이루어진 하천변의 낮은 평야보다는 고도가 약간 높은 하천 연안의 자연제방이 수해의 피해가 적어 선호되었다.[46] 이러한 입지조건은 수렵 채집 생활을 영위하는 구석기인들의 결정과도 크게 차이나지 않는다고 생각된다. 따라서 구석기유적의 입지 조건 분석시 고려

---

44 金昌煥, 「강원도 지형에 관한 연구동향과 과제」, 『한국지형학회지』 제10권 제1호, 한국지형학회, 2003, 73~81쪽.
45 洪慶姬, 『村落地理學』, 法文社, 1993, 162~168쪽.
46 權赫在, 『韓國地理 ─ 우리 國土의 自然과 人文 ─』, 法文社, 2007, 464~465쪽.

되는 사항은 유적의 지형상 특징, 유적의 해발 높이, 유적 주변의 하계망, 유적과 하천과의 수평거리, 수직거리(하상비고) 등이다.

둘째, 구석기유적의 분포를 결정짓는 입지조건은 구석기인들의 생활 영역과 관련이 있으므로 그들의 활동 범위를 이해할 수 있게 된다. 어떠한 조건을 갖춘 곳에 유적이 밀집 분포하는가에 대한 관심은 이러한 측면에서 매우 중요하게 여겨진다.

셋째, 어떠한 지형적 조건을 갖춘 곳에 유적이 분포되어 있는지를 분석함으로써 앞으로 새로운 유적 발견의 예측 가능성을 높일 수 있게 된다. 구석기인들이 선호한 자연적인 입지조건을 충족하는 곳이라면 지금까지 알려지지 않은 새로운 구석기유적이 존재할 가능성을 높게 볼 수 있기 때문이다.

이번 장에서는 강원지역의 구석기유적이 주로 어떠한 곳에 입지하는가를 살펴보고자 한다. 강원지역에 분포하는 구석기유적의 입지 유형은 현재의 지리적인 조건에 따라 영서 내륙지역과 영동 해안지역으로 크게 구분할 수 있다.

영서 내륙지역은 다시 분지지형, 하안단구 지형, 카르스트 지형, 화산 지형에 분포하는 유적으로 나눌 수 있다. 하안단구는 하천과 밀접한 관련을 갖는 지형으로 크게 북한강과 남한강, 한탄강 유역으로 나눌 수 있으며, 북한강의 큰 지류인 홍천강 유역도 유적 분포상 중요한 입지적 조건을 갖춘 곳이다. 이러한 강원지역의 대표적인 하천 본류와 지류 유역에는 수많은 구석기유적이 분포한다. 카르스트 지형은 석회암지대에 해당되는 곳으로 다시 석회암 동굴과 돌리네로 구분해 볼 수 있다. 화산 지형에는 현무암대지상에 입지하는 유적들이 해당된다.

한편 영동 해안지역은 동해안에 해당되며, 해안단구와 해면변동단구 지형, 카르스트 지형, 기타 구릉지로 크게 구분된다. 동해안의 석회암 동굴도 중요한 입지조건에 해당되나 현재까지 유적이 확인된 바 없어 제외하였다.

이러한 입지조건의 구분은 현재의 지형에 따른 것으로 큰 골격은 유지할 수 있으나, 갱신세 동안의 급격한 기후 변화와 지형 형성을 고려한다면 구석기유적이 형성될 당시의 미지형, 특히 하천의 흐름에 의한 지형은 현재와 매우 다른 모습이었을 가능성이 크다. 하지만 각 유적마다 유적 형성 당시의 미지형이 복원되어 주변 지세가 자세히 밝혀진 바도 없으므로, 유적 형성 당시에 이미 완성되었을 거시적인 관점에서의 지형에 따라 유적의 입지 유형을 구분하는 것은 가능하다고 여겨진다.

1) 영서 내륙지역

(1) 산지 지형과 고위평탄면

강원 지형의 가장 큰 특징은 전체 면적의 80% 이상을 차지하고 있는 산지 지형일 것이다. 우선 신생대 제3기에 이미 형성을 마친 태백산맥이 강원도의 북부 철령 부근에서 시작하여 동해안을 따라 남쪽으로 뻗어내려 한반도의 등줄을 이루고 있다. 그리고 그 서쪽에 광주산맥, 차령산맥 등 지맥을 분기하여 강원도 전역이 많은 산과 구릉으로 덮여있다.[47]

태백산맥은 함경남도와 강원도의 경계에 있는 황룡산에서부터 시작하여 남쪽으로 달리면서 금강산, 국사봉, 향로봉, 설악산, 오대산, 황병산, 석병산, 두타산, 가리왕산, 함백산, 태백산 등 해발 1,000~1,700m 정도의 높은 산들을 형성하고 경상북도로 뻗어갔다. 그리고 진부령, 한계령, 대관령 등이 영동과 영서의 중요한 교통로 역할을 하고 있다. 태백산맥은 동해안에서 쳐다보면 병풍을 두른 것처럼 매우 가파르게 솟아있지만, 정상 서쪽의 해발 800m 내외에는 고위평탄면이라 불리는 기복이 작은 고원상의 지형이 펼쳐진다(그림 6). 대관령 부근의 횡계 지역이 대표적이며, 고랭지 농업과 젖소를 기르는 목장으로 주로 쓰인다.

이러한 산지 지형이 교통과 통신의 발달이 매우 미약하였던 고대의 인구 이동에 영향을 미친 가장 큰 역할은 분리기능에 의한 이동의 제한이었다. 그러나 산지는 그 안에 내포하고 있

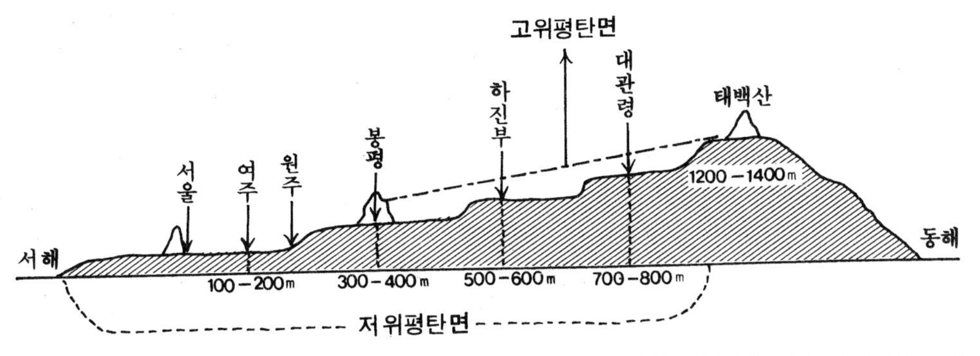

그림 6 동서 지형 단면도 (江原道, 1995, 105쪽)

---

47 江原道, 『江原道史 歷史編』, 1995, 104쪽.

는 계곡, 嶺, 해안저지대 등은 인구 이동의 중요한 통로가 되기도 하였다. 특히 강원지역의 태백산맥은 이미 제3기 말에 그 형성을 마치었으므로, 태백산맥의 고도와 방향성은 구석기인들의 이동과 활동에 제한적인 요인이었을 것으로 보인다. 그러나 해발 700~800m 내외의 대관령 일대에는 고위평탄면이라 불리는 고원 모양의 기복이 낮은 지형이 넓게 나타난다. 영동과 영서를 연결하는 주요 교통로인 대관령 일대의 고위 평탄면에서 구석기유적의 발견 가능성은 관심여하에 따라 상당히 흥미로운 주제가 될 수 있다.

(2) 분지 지형 입지

분지는 주위가 산지로 둘러싸인 낮고 평탄한 지형을 말하는데, 지형특성상 주변 산지로부터 하천이 발달하여 분지 내로 흐르게 되며, 더욱 커진 하천은 분지 밖으로 유출되기도 한다. 이들 분지 지역은 지방 중심도시를 형성하게 되는데, 남한강 유역의 원주, 북한강 유역의 춘천과 양구 등이 대표적이다. 이밖에도 양구, 화천, 오음리, 해안분지 등도 전형적인 침식분지에 해당된다.[48]

분지지형에 해당하는 구석기유적 중 매우 특수한 사례는 양구 해안분지일 것이다. 해안분지에서는 이미 신석기시대와 청동기시대 후기의 유적이 보고된 바 있는데,[49] 소양강의 최상류 산악지형을 開析하여 흐르는 인북천을 따라 지극히 협소한 계곡을 따라 내륙 깊숙이 들어가야만 도달할 수 있는 해안분지에서 현리 구석기유적이 새로 확인됨으로써 이곳 분지가 인류에 의해 점유된 시점이 후기갱신세까지 거슬러 올라가게 되었다(사진 18). 구석기유적 입지와 관련하여 다소 특수한 사례에 해당되는 해안분지가 어떠한 지질·지형학적인 조건을 갖춘 곳인가에 대한 이해가 필요하다고 여겨진다. 이것은 아마도 해안분지를 한 번도 방문해 본 바 없고, 해안분지에서의 구석기유적 존재사실에 다소 의아해하는 연구자들을 위한 기초 배경설명이 될 것이다.

해안분지는 내륙산간지대에 분포하고 있는 분지 중에서 가장 전형적인 형태에 속한다. 이러한 지형적 특성으로 인하여 펀치볼(punch bowl)이라는 이름으로 널리 불리기도 한다. 해안분지의 평면상 형태는 남북방향의 길이(11.95km)가 동서방향의 길이(6.6km)보다 훨씬 길어

---

48 김창환, 「강원지역 자연환경의 지리학적 특성」, 『강원환경의 이해 : 상황과 비전』, 한울아카데미, 1998, 75~76쪽.
49 김병모·조유전·심광주·이해일, 「강원도의 고고학자료」, 『민통선 북방지역 자원조사 보고서』, 강원도, 1987.

서 남북으로 길쭉한 장방형을 이룬다. 분지의 외측부에는 해발 1,000m 이상의 高峰들이 사방을 둘러싸고 있는데, 서쪽에는 가칠봉(1,242m)·대우산(1,179m)·도솔산(1,148m) 및 대암산(1,304m) 준령이 막아섰고, 동쪽에는 달산령(807.4m), 먼멧재(730m) 등의 산 능선으로 이루어져 있다. 전체적으로 보면 북서쪽보다는 동남쪽이 낮은 편이어서 기울기에 따라 북서쪽의 높은 산간 계곡에서 흘러내린 소하천들은 이곳 동남쪽의 낮은 지점인 당물골에 集水되어 분지 밖으로 빠져나간다. 해안분지에서의 하계망은 가장 보편적인 수지상패턴(樹枝狀, dendritic pattern)을 이루고 있다.[50] 분지 서쪽의 높은 산간계곡을 발원점으로 하여 대략 28개의 1차수 하천이 시작되고, 2차수 8개, 3차수 3개, 4차수 1개로 하계망이 구성된다.[51] 분지내의 모든 수계는 분지의 동쪽인 당물골에서 합류하게 되며, 폭이 좁은 산간계곡을 관류하여 蛇行하다가 후덕리 부근에서 소양강의 지류인 인북천에 유입된다. 분지 동쪽의 당물골 開口는 해안분지 유역의 국지적 침식 기준면(local base level of erosion)일 뿐만 아니라 해안분지에서 손쉽게 사람들이 이용할 수 있는 자연적인 교통로가 된다. 구석기시대에도 이곳은 해안분지의 유일한 출입문 역할을 하였을 것이다. 당물골 開口를 통하여 해안분지 밖으로 빠져나가면 인제 서화방면으로 통하게 된다. 따라서 해안분지에 선사인류가 도착하기까지의 궤적을 추적하다보면 인제 서화지역을 남북으로 관통하며 흐르는 인북천유역에서도 구석기유적이 발견될 가능성은 충분하다고 생각된다.

분지의 단면 모양은 U자형에 속한다. 분지 기저부의 고도는 대략 400~500m정도, 분지의 외측을 둘러싼 산 능선들의 고도는 대개 동부지역이 800~900m, 서부지역이 1,000~1,300m정도 되므로, 분지는 주변산지보다 약 400~800m 정도 낮은 셈이다. 주변의 높은 산지에서 분지 基底部로 이어지는 산사면은 경사가 그리 심하지 않은 산록완사면을 형성하고 있는데, 그 형태는 오목한 사면(concave slope)에 해당된다.

이러한 지형적 특성을 지닌 해안분지의 생성원인에 대하여 과거에는 한때 거대한 운석이 떨어져 폭발하면서 화산의 화구와 같이 우묵한 지형이 만들어졌다고 설명되기도 했지만, 요즘에는 분지 중심부의 화강암이 풍화와 침식을 받아서 이루어진 차별침식분지라는데 그 의견이 모아지고 있다.[52] 결론적으로 해안분지는 암석의 풍화도 차이로 인하여 형성된 침식분지

50　이진용, 「양구군 해안분지 지역에 대한 수리지질 및 수문학적 연구의 중요성」, 『지질학회지』제45권 제4호, 대한지질학회, 2009, 407쪽 (Fig. 1).

51　원종관·나기창·이문원, 「민통선 북방지역의 지질」, 『민통선 북방지역 자원조사 보고서』, 강원도.

52　권영식·이형호·한욱·김원형·김동진·김두일·염승준, 「양구 해안분지의 지구과학적 분석」, 『한국지구과학회지』제11권 제3호, 한국지구과학회, 1990, 236~241쪽.

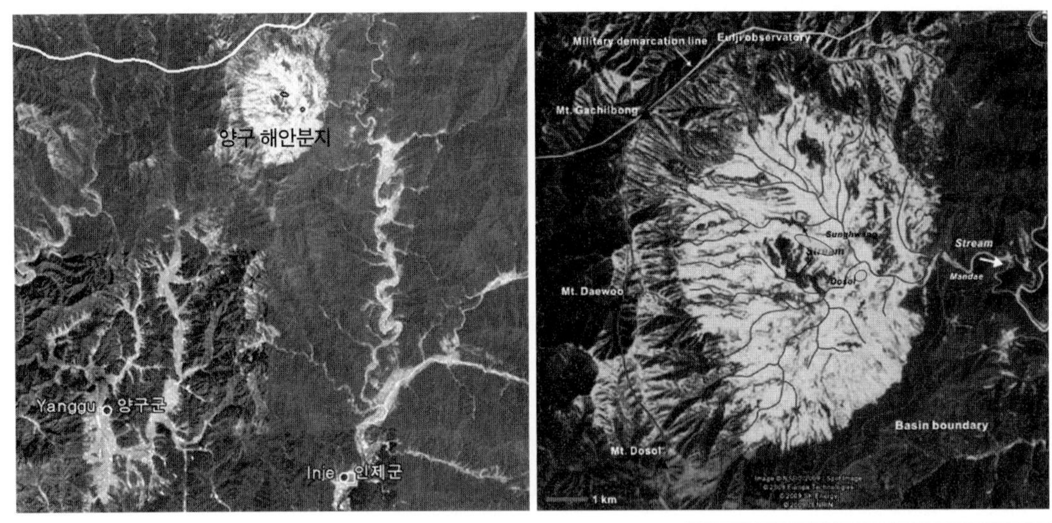

사진 18   양구 해안분지 내 현리 구석기유적 위치 및 입지 양상 (우측 : 이진용, 2009, 407쪽)

라고 할 수 있다.

분지 基底部의 서쪽에는 계단상의 평탄면이 잔존하고 있는데, 이곳에는 제4기에 들어와 사면 아래로 이동하여 쌓인 colluvium성 퇴적물이 분지내부의 기반암인 화강암을 부정합으로 피복하고 있다. 이러한 저위평탄면에서 문제의 고토양(paleosol)과 구석기유물이 확인되었다.[53] 분지 내부의 화강암 지역에는 3개의 段이 형성되어있다.[54] 북—남으로 뻗어있는 高位段은 분지의 북동부에서 나타나며 해발 600m 정도에 이른다. 中位段은 분지의 서부와 동부에서 폭넓게 나타나는데 형성된 시기가 상당히 길어서 서부에서는 완사면의 형태를 띤다. 구석기유물과 고토양층이 확인되는 곳은 바로 분지의 서부에 분포되어 있는 低位段이다. 이곳의 해발높이는 대략 430m 정도 되며, 현재의 하상보다 10~15m 정도 높은 지점이다.

사방이 험준한 산악지형으로 둘러싸인 내륙의 전형적인 침식분지로, 소하천을 따라 내륙 깊숙이 들어가 막다른 지점에 해당되는 해안분지에서의 구석기유적 발견은 강원 영서지역의 구석기유적 분포 및 입지 문제와 관련하여 시사해주는 바가 크다고 여겨진다. 즉 왕성한 이동력을 기반으로 사냥 채집생활을 영위한 구석기인들의 활동 범위와 그 확산 속도가 의외로 폭

---

53 崔福奎 · 崔承燁 · 李海用, 「楊口郡의 先史遺蹟 및 古墳」, 『楊口郡의 歷史와 文化遺蹟』, 江原道 · 楊口郡 · 江原大學校, 67~69쪽.
54 이찬 · 손명원, 「강원도 민통선 북방지역의 자연지리적 고찰」, 『민통선 북방지역 자원조사 보고서』, 강원도.

넓고 빠르게 진행되었음을 알려주는 것이다.

(3) 하안단구 지형 입지

강원지역의 구석기유적 분포와 그 배경이 되는 자연환경 사이의 상관관계는 기본적으로 큰
하천과 그 대소 지류들로 구성된 하계망에 의해 크게 영향을 받는다고 할 수 있다. 하천은 오
늘날뿐만 아니라 선사시대에도 인간의 삶을 이끄는 유인력이 그만큼 강했기 때문이다.

영서지역의 하계망은 한강 수계인 북한강과 남한강 양대 지류의 유역이 거의 대부분을 차
지하고 있다. 이들 하천은 길이에 비해 발원지의 고도가 높기 때문에 구배가 급한 편이다. 그
리고 중상류에는 嵌入曲流하는 부분이 많아 유로연장이 길다. 인제의 내린천, 평창강 등이
대표적이며, 특히 영월읍 서강의 방절리는 절단곡류에 의한 특이한 하천 지형으로 알려져 있
다.

이들 주요 하천과 그 지류 유역에는 하안단구가 잘 발달되어 있다. 하안단구는 하곡을 따라
서 계단모양으로 분포하는 과거 하천의 흔적이다. 강을 따라 분포하는 하안단구는 과거 범람
원이나 하상이 하천의 하방침식으로 현재의 하천 수위보다 높게 단을 이루어 분포하는 舊河
成面의 잔존 지형으로, 그 구성물의 대부분은 하천퇴적층과 토양이다. 하안단구는 일정 시기
또는 지속적으로 인류들이 활동하는 지표면 또는 생활면이었기 때문에 대부분의 지역에서 구
석기 유적이 확인되고 있다. 하안단구는 제4기 기후변동에 의해 발달한 지형이기 때문에 제4
기 편년 및 환경변화, 구석기유적의 입지 및 편년 등을 해석하는데 주요한 자료가 된다.[55]

강원지역에는 이러한 하안단구가 하천을 따라 상당히 많이 분포하고 있다. 특히 영월, 평
창, 정선 등지의 남한강 상류지역은 한국의 하안단구 중에서 가장 많이 조사되고 연구되어진
곳이다. 남한강 상류의 평창강, 주천강, 조양강 등지의 하안단구는 비교적 널리 알려져 있다.
또한 북한강과 그 지류인 소양강, 홍천강의 연안에도 곳곳에서 단구퇴적물들을 관찰할 수 있
다. 강원지역의 구석기유적은 주로 이러한 하안단구 지형에서 발견되어진다.

① 북한강 유역의 하안단구 지형과 구석기유적

영서지역의 구석기유적 입지조건과 관련하여 일찍부터 주목받은 곳은 북한강의 내륙 깊숙

---

55 장호·박희두,「한국의 하안단구」,『한국의 제4기 환경』, 서울대학교출판부, 2002, 193~196쪽.

한 상류지역으로 흘러드는 지류 하천인 서천에서 발견된 양구 상무룡리 유적이다. 양구 상무룡리 유적에서는 엄청난 분량의 석영석기뿐만 아니라 다량의 흑요석 석기가 발굴되어 대단한 주목을 받은 바 있는데, 이 유적의 발굴로 인하여 북한강 상류의 내륙 깊숙한 산악지대에서도 대규모의 유적 발견을 기대할 수 있게 되는 성과가 있었다. 따라서 상무룡리는 그동안 북한강 유역 구석기유적의 대명사였으며, 지금까지도 그러하다. 그만큼 북한강에서 상무룡리 유적은 중요한 위치를 차지하고 있다.

상무룡리 유적 일대의 지형·지세는 해발 600~700m 이상 되는 높고 험준한 산줄기에서 뻗어 내려온 능선들로 둘러싸인 산악지대와, 그 사이를 흐르는 하천의 침식으로 인하여 형성된 협곡 내에 좁고 얇게 발달한 충적대지가 그 기본구조이다. 그 중에서 오늘날뿐만 아니라 선사시대의 생활지역으로 활용될만한 평지는 해발 160~180m 내외의 고도를 따라 서천 가에 펼쳐진 너비 500m 정도의 좁은 충적대지뿐이며, 그 중 서천과 수입천이 합수하는 지점에 발달한 하안단구 지형 곳곳에서 구석기유적이 확인되었다. 양구 상무룡리 입지와 관련하여, 북한강 상류의 내륙 깊숙한 산악지대에서 구석기유적, 그것도 대규모 유적이 발견됨으로써, 구석기 연구자들의 구석기유적 분포 범위에 대한 경험적 지식과 이해의 폭을 넓히게 되었다는 점에서 큰 의미가 있다. 즉 갱신세 늦은 시기가 되면 고인류들의 활동 범위가 크게 확대되어 우리나라 거의 모든 지역에 구석기인들이 살았을 것이라고 추정하는 중요한 단서가 된다.

그 후 북한강 본류에 해당되는 춘천 금산리 갈둔 유적이 발굴조사되어 북한강 구석기문화의 새로운 대명사로 언급할 수 있게 되었으며, 북한강 유역 구석기 연구의 외연을 그만큼 넓힐 수 있게 되었다. 이 유적의 입지조건은 양구 상무룡리와 달리 하폭과 유역 면적이 매우 넓은 대하천 본류에 형성된 전형적인 하안단구 지형에 해당된다. 이 유적은 중요한 자연환경 요소를 두루 갖춘 최적의 입지조건에 해당된다고 여겨진다. 將軍峰(187.4m)을 배후산지로 하여 동쪽을 향해 완만하게 낮아지고 있는 구릉지역의 중심부이며, 북한강의 하상보다 대략 25m 가량 높은 지점이다. 유적이 자리한 하안단구면 아래에는 북한강변에 넓은 하안충적지가 펼쳐져 있다. 유적의 북쪽에서는 금산천이 동향하여 북한강에 유입되고, 남쪽에서는 방동천이 서에서 동으로 흘러 역시 북한강에 유입된다. 유적의 전망 또한 매우 좋아 북한강을 사이에 두고 춘천 시가지와 주변 일대가 한눈에 들어온다(사진 19).

최근에는 금산리 갈둔 유적에서 약간 상류 쪽에 자리하고 있는 춘천 서상리 유적이 발굴조사되었는데, 입지조건이 거의 유사하다. 배후의 서쪽 산지에서 뻗어 내려 온 구릉의 말단부에 비교적 평탄하고 넓게 펼쳐진 하상비고 25m 정도의 하안단구면으로, 북쪽 가까운 거리에는 서상천이 동류하여 북한강에 유입된다. 유적보다 낮은 고도의 북한강변에는 매우 넓게 신매

사진 19 북한강 하안단구에 입지한 춘천 금산리 갈둔 유적 (최승엽·김연주, 2008, 38쪽)

리 충적대지가 펼쳐져 있다.

한편 북한강으로 유입되는 소지류 하천인 공지천 유역에서 발굴조사된 춘천 거두리 유적도 주목할 만하다. 춘천분지의 잔구성 구릉지 말단부에 형성된 유적으로, 공지천보다 대략 25m 가량 높은 하안단구 지형에 해당된다.

북한강은 신생대 제4기 후반에 퇴적작용 보다는 지속적인 하방침식을 통해 현재의 유로를 형성하였기 때문에 범람원과 하안단구의 발달이 매우 빈약한 편이다. 대보화강암으로 이루어진 춘천을 제외한 나머지 대부분의 지역이 현재 하천에 의해 형성되는 범람원의 발달이 매우 불량하다. 또한 북한강 본류는 하천의 규모가 큼에도 불구하고, 하안단구의 발달이 지류 하천(소양강, 홍천강 등)에 비해 밀도가 매우 낮은 편이다. 따라서 지금까지 북한강 유역에서 알려진 구석기유적의 밀도도 높지 않은 편이다.

북한강 본류의 하안단구면 분류와 형성 시기에 대한 연구는 이광률에 의해 이루어졌다.[56]

---

56 이광률, 「북한강 하안단구 퇴적층의 풍화 특성」, 『대한지리학회지』 제39권 제3호, 대한지리학회, 2004, 425~443쪽.

그는 북한강 상류 쪽에서 신포리와 인남리일대, 춘천의 소양강 합류점 부근인 금산리 일대, 하류 쪽에서는 홍천강과 합류하는 관천리 일대, 예각으로 곡류하는 고성리 일대, 그리고 삼화리 일대에서 유로를 따라 길게 하안단구가 분포하고, 그 이후로는 양수리까지 하도 우안에 소규모의 하안단구성 선상지들이 연속적으로 나타난다고 지적하였다. 또한 화천에서 양수리까지 하천을 따라 하상비고가 18~29m로 낮고 보다 나중에 형성된 하안단구 T1면과, 하상비고가 25~39m로 높고 보다 오래된 하안단구 T2면으로 분류하고, 각각의 형성 시기는 T1면이 MIS 4(59~74 ka BP), T2면이 MIS 6시기(130~190 ka BP)일 것으로 추정하였다. 보다 오랜 단구면인 T2면의 노두 중 춘천 금산리와 가평 고성리 고재에서 구석기유적이 확인되었다. 아직까지 보다 하위단구인 T1면에서 구석기유적은 발견되지 않았다. 아래 표 7은 이광률의 연구에 대비하여 북한강의 하안단구 분류와 발굴조사가 이루어진 구석기유적과의 상관관계를 살펴본 것이다.

표 7 북한강 하안단구 분류와 구석기유적과의 관계 비교

| 이광률 (2004) | | | 이 책 | | | | | |
단구 분류	하상 비고 (m)	단구 형성시기	단구면 분류	해당 유적	해발 고도 (m)	하상 비고 (m)	연대측정 (OSL)	비고
T2	25~39	MIS 6 130~190 ka BP	고위면	양구 상무룡리	178.5	30~40	-	서천
			중위면	춘천 금산리 갈둔	90	25	자갈층 바로 위 사질점토층 102,000±9,000BP	북한강 본류
				춘천 서상리	92	25	-	북한강 본류
				춘천 거두리	108	25	자갈층 상부 모래층 100,000±7,700BP	공지천
T1	18~29	MIS 4 (59~74 ka BP)	저위면	-	-	-	-	-

 이광률은 북한강 본류의 하안단구를 크게 상부단구인 T2면과 하부단구인 T1면으로 구분하고 형성시기를 추론하였다. 필자는 춘천 금산리 갈둔, 서상리, 거두리의 하상비고가 약 25m 정도로 동일한 반면, 상류에 해당되는 양구 상무룡리 유적의 하상비고가 30~40m로 차이나는 점을 감안하여 양자를 각각 고위면과 중위면으로 구분하여 보았다. 그러나 상무룡리 유적이 북한강 상류의 지류 하천에 해당되는 바, 상류로 갈수록 하곡 폭의 차이에 따라 동일시기에 형성된 단구면의 하상비고가 달리 나타난 결과임을 전혀 배제할 수는 없다. 단구 형성 시기는 금산리 갈둔과 거두리 유적의 자갈층 바로 상부에서 이루어진 절대연대가 10만년 내외인 점

을 감안할 때, 이광률의 T2면 형성 시기와 크게 차이나지 않는다고 생각된다.

한편 북한강의 가장 큰 지류 하천인 소양강 상류(인제군 서화면 후덕리~남면 관대리)에서도 가장 낮고 젊은 T1면에서부터 가장 높고 오래된 T6면까지 58개의 하안단구면을 분류하고, 형성시기를 추정한 연구가 진행되었다.[57] 하안단구의 하상비고는 T1면이 7~22m, T2면이 17~34m, T3면이 30~47m, T4면이 47~68m, T5면이 71~91m, T6면이 96~109m이다. T5면은 MIS 10, T2면은 MIS 6 시기에 형성되었을 것으로 추정하였다. 소양강 상류의 하안단구 지형에서 아직까지 구석기유적이 확인된 바 없지만, 하안단구 지형과 구석기유적의 높은 상관도를 감안할 때 앞으로의 관심여하에 따라 이 지점들은 잠재적인 구석기유적일 가능성이 크다. 더구나 하안단구의 형성시기가 다른 지역에 비해 상당히 올라가는 고기의 하안단구면이 존재한다는 점도 눈여겨 볼만하다.

　② 홍천강 유역의 하안단구 지형과 구석기유적

홍천강에는 내촌천, 장남천, 군업천 등의 대지류와 성수천, 개운천, 팔봉천 등의 여러 소지류들이 유입되어 하계망을 구성한다. 홍천강은 홍천군의 동북쪽 발원지에서부터 점차 여러 소지류들과 만나 비교적 큰 물줄기를 이룬 후, 홍천읍에 이르기까지 중류구간은 직선상의 유로를 형성하고 있지만, 하화계리를 U자형으로 휘돌아나가 청평에서 북한강에 유입되기까지 하류 구간은 폭이 좁은 계곡을 따라 감입곡류 하는 특징이 있다. 그리고 홍천강 중류의 양안을 따라서 여러 단의 하안단구면이 연속적으로 발달하고 있으며, 하류 구간에서는 감입곡류의 활주사면에 비교적 좁게 나타난다.

표 8　홍천강유역의 단구 형성연대 편년 (윤순옥 · 이광률, 2000)

단구면 분류	고위 I 면	고위 II 면	중위면	저위 I 면	저위 II 면
홍천강 중류 하상비고(m)	47~78	28~57	20~43	11~30	7~18
홍천강 하류 하상비고(m)	51~66	34~52	26~42	15~33	7~21
편 년	MIS 10	MIS 8	MIS 6	MIS 4	MIS 2

홍천강 유역의 하안단구면 분류와 형성 시기에 대한 연구는 윤순옥 · 이광률, 그리고 신재봉 등에 의해서 이루어졌다. 먼저 윤순옥 · 이광률은 홍천강 중 · 하류부의 단구를 하상으로

---

57 이광률, 「소양강 상류 하안단구의 지형면 특성과 퇴적물 분석」, 『대한지리학회지』제39권 제1호, 대한지리학회, 2004, 27~44쪽.

부터의 고도에 따라서 고위 I 면, 고위 II 면, 중위면, 저위 I 면, 저위 II 면으로 분류하였다.[58] 고위 I 면은 하상으로부터의 비고가 가장 큰 단구 면으로 제일 오랜 단구 면으로 추정 되고 있다(표 8).

위의 연구에 이어 이광률·윤순옥은 홍천강의 하안단구를 다시 6개의 면으로 분류하였다.[59] 이전의 분류 가운데 고위 I 면으로 분류되던 하상 비고 74~81m의 단구면을 T6면으로, 43~64m 구간을 T5면으로 세분하였다. T4면은 33~49m 하상 비고 수준의 면들이며 이전 연구에서 고위 II 면의 일부와 중위면에 비견되는 것으로 판단된다. T3면은 해발고도 24~37m에 해당하며 이전 분류에서 중위면과 저위 II 면에 해당되는 것으로 판단된다. T2면은 해발 고도 16~26m, T1면은 6~15m에 해당한다. 그 형성 시기에 대하여 자갈의 풍화 정도에 대한 고찰을 근거로 T6면은 MIS 12(연대미상), T5면은 MIS 10(350 ka BP), T4면은 MIS 8(300-250 ka BP), T3면은 MIS 6 중후반기(160 ka BP), T2면은 MIS 6 전반기(160-130 ka BP), T1면은 MIS 2(20-12 ka BP)로 추정하였다.

한편 신재봉 등은 홍천강의 구성포리, 와동리, 희망리, 하화계리에 분포하는 하안 단구상에 퇴적된 풍성 기원 추정 퇴적층의 형성 시기에 대한 연구를 진행하였다. 이들은 단구면을 현 하상으로부터의 비고에 따라서 제1하안단구(31m), 제2하안단구(14m), 제3하안단구(10m), 제4하안단구(6m)로 분류하였다.[60] 이를 이전의 연구와 대비하여 본다면 제1하안단구는 고위 I 면 혹은 T4면에 대비되고 제2하안단구는 중위면 혹은 T3면에, 제3하안단구는 저위 I 면 혹은 T2면에 대비된다. 제4하안단구는 최근세의 것으로 저위 II 면 혹은 T1면에 대비된다고 할 수 있다. 이들의 형성시기는 각각 MIS 8, 6, 4, 2 시기로 추정하였다.

위에서 살펴 본 홍천강 본류와 지류의 하안단구면에 주로 구석기유적이 분포하고 있는데, 중류 구간의 철정리, 송정리, 내·외삼포리, 구성포리, 굴운리, 와동리, 연봉리, 하화계리, 중화계리, 상화계리 유적, 하류 구간의 굴지리, 남노일리, 통곡리, 한덕리, 모곡리 유적 등을 들 수 있다. 홍천강 지류의 하안단구상에는 노천리, 풍암리 유적이 있다.[61]

홍천강 유역에서 발견된 구석기 유적 중 발굴조사가 이루어진 유적은 하화계리 일대에 집

---

58 윤순옥·이광률, 「洪川江 중·하류의 하안단구 지형 발달」, 『대한지리학회지』 제35권 제2호, 대한지리학회, 2000, 189~205쪽.

59 이광률·윤순옥, 「홍천강 하안단구의 형성시기별 역 풍화 특성」, 『지질학회지』 제39권 제4호, 대한지질학회, 2003, 431~444쪽.

60 신재봉·Toshiro Naruse·유강민, 「뢰스-고토양 퇴적층을 이용한 홍천강 중류에 발달한 하안단구의 형성시기」, 『지질학회지』 제41권 제3호, 대한지질학회, 2005, 323~333쪽.

61 洪川郡·江原文化財研究所, 『文化遺蹟 分布地圖 洪川郡』, 2007.

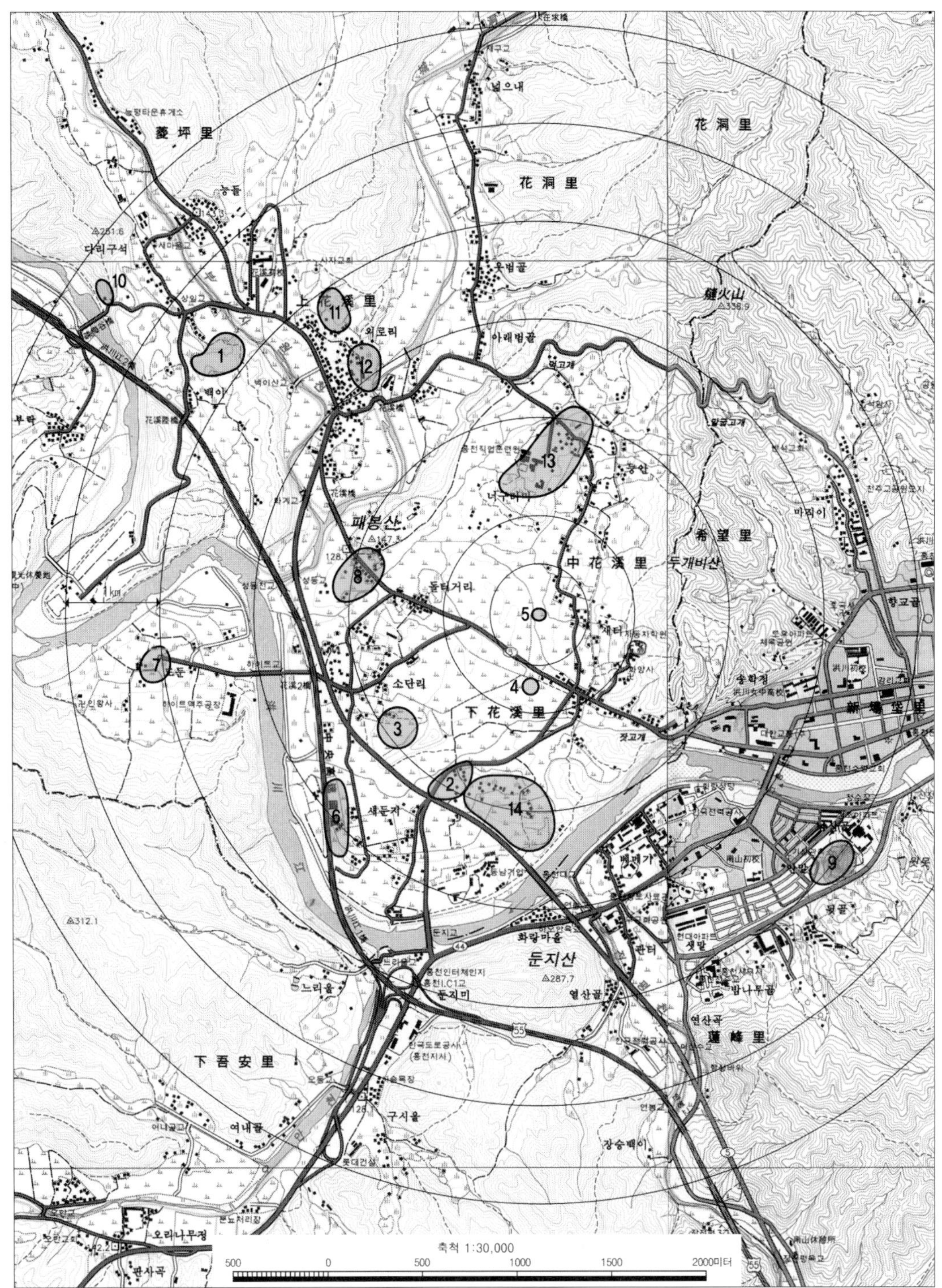

그림 7   홍천강 하안단구 지형에 입지한 하화계리 일대 구석기유적군

(1 : 하화계리 백이, 2 : 하화계리 작은솔밭, 3 : 하화계리 수삼수매장, 4 : 하화계리 11사단 본부대,
5 : 하화계리 11사단 보수대, 6 : 하화계리 사둔지, 7 : 하화계리 도둔, 8 : 하화계리 돌터거리, 9 : 연봉리,
10 : 하화계리 708번지, 11 : 상화계리 A지구, 12 : 상화계리 B지구, 13 : 중화계리, 14 : 하화계리 가들기)

중되어 있다. 따라서 홍천강 유역의 구석기유적 입지를 이야기하자면, '하화계리' 를 가장 먼저 떠올릴 정도로 우리는 그곳에 익숙해져 있다(그림 7).

하화계리의 북쪽에는 불금봉(해발498.8m), 패명산(147.4m)으로 이어지는 산줄기가, 서쪽에는 깍근봉(385.8m) 줄기, 남쪽에는 둔지산(287.3m) 줄기, 동북쪽으로는 봉화산(338.9m) 줄기가 병풍처럼 둘러쳐져 있어 아늑함을 더해줄 뿐만 아니라 이 지역의 방어력을 증가시키는 요인이 되기도 한다. 또한 사냥 채집의 생계양식이 지배적이었을 때에는 이러한 지형조건이 삶을 꾸려나가는데 상당한 유인력을 발휘하였을 것이다.

하화계리의 구석기유적 분포 입지와 가장 관련이 있는 자연환경 요소는 홍천강과 크고 작은 지류들로 구성된 하계망일 것이다. 홍천읍 쪽에서 거의 직선적으로 흐르던 홍천강이 하화

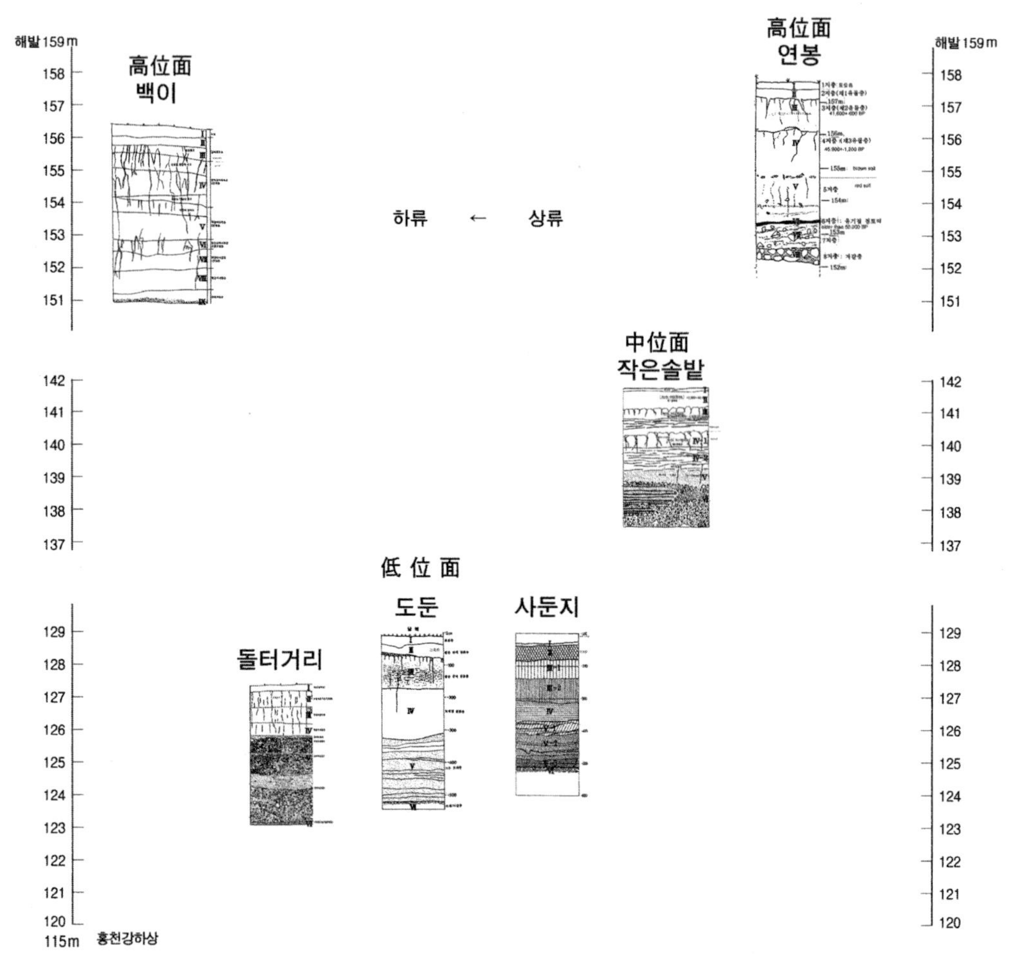

그림 8 하화계리 일대 구석기유적군의 층위 및 단구면 분류 모식도

계리 마을을 감싼 듯 U자형으로 크게 회절하여 휘돌아 흐르고, 주변 일대에는 성동천, 부사원천, 하오안천, 장전평천 등의 소지류가 유입된다. 홍천강의 U자형 회절부 안쪽에는 오늘날뿐만 아니라 선사시대에도 취락이 형성될만한 넓고 평탄한 대지가 펼쳐져 있다. 하화계리 일대는 매우 넓고 평탄한 분지지역으로, 현재의 홍천강 유로에서 가장 넓은 분포 면적을 가진다.

또한 하화계리에는 그 형성 시기가 서로 다른 하안단구들이 지형고도를 달리하며 발달되어 있는데, 이 하안단구들은 지형적으로 뚜렷이 구분될 뿐만 아니라 각 시기마다 인류의 생활터전으로서 적합한 지형조건이었을 것이다. 화계분지내의 곳곳에서 확인되는 이러한 단구면들은 홍천강의 유로가 심하게 변경되면서 수차례의 곡류절단이 이루어진 결과 생겨난 것으로 여겨진다. 하상비고에 따라 저·중·고위면으로 구분되는 이 단구면에 여러 시기의 구석기유적이 지점을 달리하며 집중적으로 분포하고 있다는 점은 주목할 만하다. 하화계리 일대 여러 지점의 구석기유적 중 발굴조사가 이루어진 곳은 사둔지·도둔·돌터거리·작은솔밭·수삼수매장 부지·11사단 본부대 및 보수대·백이 유적이다.

그림 8은 하화계리 일대 구석기유적군의 층위 단면도를 지형 고도에 따라 상류에서 하류 방향으로 배치한 모식도이다. 이 그림을 통해서 홍천강이 현재의 지형면으로 자리 잡기까지 최소한 고위면에서 중위면을 거쳐 저위면에 이르는 3회의 단구 발달 과정을 거쳤다는 것을 직감할 수 있으며, 이들 고하천 퇴적층의 시간상 선후관계는 자갈층의 고도 차이에서 확연히 구별된다. 표 9는 하화계리에서 확인되는 단구 발달 주기를 바탕으로 홍천강의 하안단구면을 하상비고에 따라 고위면, 중위면, 저위면으로 구분하고, 각각의 단구면에서 발굴조사된 유적을 대입시킨 것이다.

표 9 홍천강의 하안단구 지형과 구석기유적

단구면 분류	해당 유적	해발고도(m)	하상비고(m)	비고
고위면	내·외삼포리	180~190	40~50	중류
	구성포리	190~194	50~54	중류
	송정리	179~195	40~50	중류
	연봉리	155~160	35~40	중류
	백이	156	41	중류
중위면	작은솔밭	140	25	중류
	수삼수매장	138	23	중류
	본부대	148	33	중류
	보수대	144	29	중류
	모곡리	76	25	하류
저위면	사둔지	128	12~13	중류
	도둔	129	14	중류
	돌터거리	127	12	중류

고위면에 해당되는 유적은 내 · 외삼포리, 구성포리, 송정리, 연봉리, 하화계리 백이 등으로, 하상비고 40~50m 정도 된다. 중위면에 해당되는 유적은 하화계리 작은솔밭 · 수삼수매장부지 · 11사단 본부대 및 보수대, 모곡리 등으로, 하상비고 23~33m 정도 된다. 저위면에 해당되는 유적은 하화계리 사둔지 · 도둔 · 돌터거리 등으로, 하상비고 12~14m 정도 된다.

③ 남한강 유역의 하안단구 지형과 구석기유적

남한강 상류는 한국의 하안단구 중에서 가장 많이 조사 연구된 지대이며, 그 중에서도 하천 지형과 카르스트 지형이 모식적으로 잘 발달되어 있는 정선, 평창, 영월 지역이 가장 많이 조사되었다. 특히 영월댐(동감댐) 건설 계획과 관련하여 동강의 영월 문산리, 거운리, 삼옥리, 각동리 일대 하안단구와 방절리 구하도, 평창 미탄면 한탄리, 마하리 마하본동 하안단구 및 구하도 등은 지형학적으로도 중요성이 인정되어 조사 보고된 바 있다.[62]

남한강 상류의 하안단구면 분류와 형성시기에 대한 대표적인 연구는 임창주, 박희두, 송언근 등에 의해 이루어졌다. 먼저 임창주는 정선에서 단양까지의 구간에 발달한 하안단구에 대해 각 단구면별 퇴적환경의 변화와 단구면 표층의 토색을 통해 상위면은 R/W 간빙기 내지 전후시기, 중 · 하위면은 Würm빙기의 아간빙기 이후에 형성된 것으로 보았다.[63]

박희두는 남한강 중 · 상류분지에 3단의 하안단구가 발달하는데, 저위단구면은 최종빙기 중의 아간빙기(30~40 ka BP)에 형성된 면이고, 중위단구면은 Riss 빙기에, 태백산맥의 융기를 반영하는 고위단구면은 Mindel 빙기에 형성되어 각각 1회와 2회의 간빙기 풍화작용을 받았다고 하였다.[64]

송언근은 전형적인 감입곡류 하천인 동강에서 하곡을 따라 모두 8면의 하안단구가 발달해 있으며, 형성시기가 오래된 것부터 DH I 면(동강 고위 I 면, 하상비고 160~180m), DH II 면(하상비고 100~130m), DHIII면(하상비고 100~120m), DHIV면(하상비고 70~90m), DH V 면(하상비고 50~70m), DM면(동강 중위면, 하상비고 30~40m), DL I 면(동강 저위 I 면, 하상비고 20m 전후), DL II 면(하상비고 10m 전후)으로 분류하였다. DH면은 Mindel 빙기 이상의 시기에,

---

62 한국수자원공사 · 강원대학교, 『영월댐 수몰지 동굴 세부조사 보고서』, 1999.

63 임창주, 『남한강의 하안단구에 관한 연구』, 동국대학교 대학원 박사학위 논문, 1989 ; 임창주, 「寧越地域의 河岸段丘研究」, 『상명대학교 논문집』6, 상명여자사범대학, 1977, 281~305쪽 ; 임창주, 「玉洞川의 河岸段丘에 關한 研究」, 『社會科學硏究』第9號, 상명대학교 사회과학연구소, 1996, 5~20쪽.

64 朴喜斗, 「南漢江 中 · 上流 盆地의 堆積層 層序와 地形編年」, 『地理學硏究』第20輯, 한국지리교육학회, 1992, 45~72쪽.

DM면은 Riss빙기에, DL I 면은 Early Würm빙기에, DL II 면은 Late Würm빙기에 형성된 것으로 추정하였다. 특히 동강 유역은 석회암지대이기 때문에 하안단구상의 돌리네 특성이 하안단구를 분류하는 지표로 이용될 수 있다고 보았다. 즉 저위면에는 전혀 발달하지 않고, 중위면에는 현지답사를 통해서만 확인되는 소규모의 소수돌리네가 발달하고, 고위면에는 항공사진으로 판독 가능한 돌리네가 20% 이상, 복합돌리네와 30% 이상의 면적을 차지하는 단구면이 분포한다.[65]

한편 이광률은 남한강 상류 서강(평창강)의 지류하천인 주천강의 하안단구를 4단으로 분류하고, 각 구간에서 하안단구의 분포 유형과 발달 요인이 지형 및 지질 특성의 영향으로 서로 상이하게 나타난다는 점을 언급하였다. 이들 하안단구 지형에는 곳곳에 구석기유적이 분포하고 있다.

남한강 상류는 영월 부근에서 크게 두 갈래로 갈라지는데, 동쪽으로 흐르는 대지류를 동강(조양강)이라하고, 서쪽으로 흐르는 대지류를 서강(평창강)이라 한다. 정선에서 영월 방향으로 흐르는 동강 유역의 하안단구 지형에 입지하는 유적으로는 정선 광하리, 영월 삼옥리, 덕포리, 연하리, 영흥리 유적을 들 수 있다. 평창에서 영월 방향으로 흐르는 서강 유역의 하안단구 지형에는 평창 도돈리, 영월 후탄리 뒷들, 옹정리 사정동, 연당리, 북쌍리 아랫들골·문개실·남애, 방절리 유적이 자리하고 있다. 서강의 지류 하천으로 횡성에서 영월 방향으로 흐르는 주천강 유역의 하안단구 지형에 입지하는 유적으로는 횡성 석문리, 현천리, 조항리, 영랑리, 성산리, 지구리, 안흥리, 영월 용석리, 신천리 유적을 들 수 있다. 상류에서 하류를 따라 하안단구 분포 지역 거의 대부분에서 구석기유적이 확인되고 있다.

한편 남한강 하류의 대지류 하천인 섬강과 그 소지류 하천(계천, 유동천, 금계천, 매지천, 서곡천 등) 유역의 하안단구 지형에 입지하는 유적으로는 횡성 춘당리, 부동리, 청곡리, 매곡리, 오산리, 원주 월송리, 매지리, 보통리 유적이 있다.

위에 열거한 유적의 거의 대부분은 지표조사를 통해 확인되었으며, 실제로 발굴조사가 이루어진 유적은 영월 방절리 날골(서강), 횡성 현천리(주천강), 부동리(계천), 원주 매지리(매지천) 등 네 곳에 불과하다. 그런데 이 유적들은 모두 규모가 크지 않고, 출토된 석기의 수량도 매우 적은 편이다. 하상비고를 통해 볼 때 중~저위단구면에 해당된다(표 10).

---

65 송언근, 「동강유역 하안단구와 곡류절단의 지형 발달」, 『한국지형학회지』제5권제2호, 한국지형학회, 1998, 109~130쪽.

표 10 남한강의 하안단구 지형과 구석기유적

단구면 분류	해당 유적	해발고도(m)	하상비고 (m)	비고
중위면	영월 방절리 날골	212	23	서강
저위면	횡성 부동리	170	18	계천
	횡성 현천리	485	12	주천강
기타	원주 매지리	-	-	보고서 미간 (매지천)

(4) 카르스트 지형 입지

석회암이 녹아서 깔때기 모양으로 오목하게 패이는 카르스트 지형은 석회암층이 넓게 노출된 강원남부 영월 · 평창 · 정선 · 태백 등지의 산간지방에서 주로 볼 수 있다. 이러한 석회암 지대의 풍화 토양은 테라로사라고 불리며, 적갈색을 띤다. 일반 산지 토양과 달리 돌이 없고, 점토 성분이 풍부하여 산간에서 비옥한 토양으로 꼽힌다.[66] 우리나라의 대표적인 카르스트 지형은 돌리네와 석회암동굴이다.

돌리네는 지표수의 투수과정에서 지하 동공의 함몰에 의해 형성된 깔때기나 사발모양의 지형을 말한다. 또한 지하 저층의 층리면이 함몰되면서 상부와 연결되어 50~100m 크기의 대규모 함몰지가 되면 이를 sinkhole이라하여 구분한다. 두 개 이상의 돌리네가 연결되어 확장된 형태의 함몰지를 우발라라고 하며, 단층운동에 의하여 수백 미터 이상의 규모로 함몰된 석회암 지형을 폴리에라고 한다.[67] 영월 거운리 · 각동리, 평창 미탄면 창1리 · 한탄리, 정선 무릉

사진 20 영월 연당리 피난굴(쌍굴) (연세대학교 박물관, 2004, 19쪽)

사진 21 평창 기화리 쌍굴 (박영철, 2008, 44쪽)

---

66 강영복, 「동강 유역의 카르스트 지형」, 『한국지형학회지』제5권제2호, 한국지형학회, 1998.

리 민둥산·밭구덕, 백봉령 일대 돌리네가 잘 알려져 있으며, 특히 영월 서면 쌍룡리는 강원
지역에서 가장 돌리네가 밀집된 곳이다.

석회동굴은 영월의 고씨굴·용담굴·연하동굴·대야동굴, 평창의 백룡동굴, 정선의 화암
굴·비룡굴, 태백의 용연굴 등이 대표적이며, 이러한 종유석 동굴 이외에도 사람과 동물들의
거처가 될 만한 크고 작은 석회석 동굴들이 영월, 평창, 정선 일대에 매우 많이 분포되어 있다.
예컨대 영월군과 평창군 문화유적 분포지도에 각각 80여 곳과 60여 곳의 동굴이 수록될 정도
이다.

이러한 카르스트 지형에서도 구석기유적이 발견되어진다. 석회암 동굴에서 구석기유적이
확인되는 것은 일반인들에게도 널리 알려진 사실이며, 영월 연당리 피난굴(쌍굴)(사진 20), 평
창 기화리 쌍굴 유적(사진 21)이 발굴조사된 바 있다. 최근에는 영월 삼옥리 일대의 돌리네 지
형에서 구석기유적이 발굴조사되었다(그림 9).

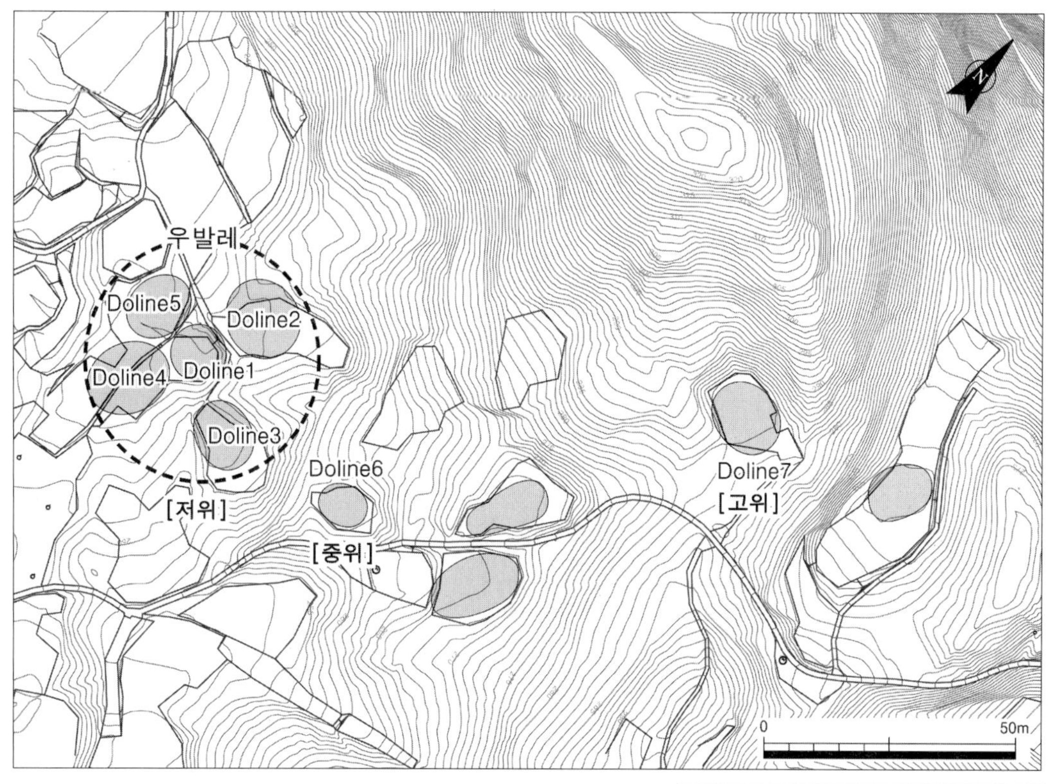

그림 9 영월 삼옥리 유적의 돌리네 지형 (江原文化財研究所, 2009, 10쪽)

---

67 한국자연지리연구회편,『자연환경과 인간』, 한울아카데미, 2000, 365쪽.

(5) 화산 지형 입지

철원과 평강을 중심으로 이천 · 김화 · 회양 등지에 걸쳐있는 평균고도 300m의 용암대지는 신생대 제4기 플라이스토세에 현무암 용암이 분출하여 옛 하곡을 메우면서 형성된 것이다. 평강의 남쪽에는 직경 200m, 깊이 20m의 화구를 지닌 鴨山(452m)이라는 조그만 화산이 있는데, 이곳에서 분출한 용암류는 주로 한탄강을 따라 남류하였다. 이 용암대지는 서울~원산을 잇는 이른바 추가령구조곡 안에 있는 분지 형태이다. 철원의 용암대지는 강원지역에서 가장 넓은 평야로서, 최대 규모의 곡창지대를 이루고 있다.[68] 철원 · 평강 용암대지를 구성하는 용암류는 한탄강 상류지역인 철원 화지리에서 최고 11매, 철원 상월리에서 6매, 전곡 고문리에서 4매, 문산 동파리에서 1매로, 하류로 갈수록 분출매수와 분출량이 감소한다. 상하의 용암류는 클링커(clinker)에 의해 분리되지만, 일부 용암류는 서로 용결되어 경계 식별이 어려워 용암류 사이의 시간적 간격이 크지 않은 것으로 보인다.[69] 이 용암대지를 흐르는 주요 하천인 한탄강은 대개 화강암과 현무암이 맞닿는 지질구조선을 따라 흐르고, 대교천은 현무암대지를 관류하기도 한다. 하안에는 주상절리와 수직단애가 깊은 침식곡을 형성하며 발달하여 절경을 만들어내고 있으며, 북한강이나 남한강과는 전혀 다른 독특한 형태의 자연경관을 연출하고 있다(사진 22).

사진 22 장흥리 유적 인근 대교천 현무암 협곡

(崔福奎 · 崔三鎔 · 崔承燁 · 李海用 · 車在動, 2001, 5쪽)

---

68 江原道, 『江原道史 歷史編』, 1995, 109쪽.
69 김태호, 「한국의 화산지형」, 『한국의 제4기 환경』, 서울대학교출판부, 2002, 249쪽.

사진 23 철원 한탄강 유역 현무암 대지 및 장흥리 유적의 위치

(崔福奎 · 崔三鎔 · 崔承燁 · 李海用 · 車在勳, 2001, 179쪽)

철원의 한탄강이나 대교천 유역 현무암 대지상에서도 구석기유적들이 분포하고 있다. 장흥리는 한탄강의 상류 현무암대지 위에 입지하고 있는 대표적인 유적이다(사진 23). 이 유적은 대교천과 한탄강이 합류하는 지점에 자리하고 있다. 쥬라기 화강암과 그 위의 제4기 알칼리 현무암질 용암을 피복하고 있는 구 하상 사력층 상부의 세립질 고토양에서 흑요석 세석기를 비롯한 후기구석기 늦은 단계의 유물이 다량 확인되었다. 장흥리에서 한탄강을 따라 보다 상류 쪽에서는 철원 상사리 유적이 최근에 새로 확인되었다.[70] 한편 현무암 용암대지를 관류하

---

70 철원군 · 강원문화재연구소, 『철원 포병훈련장 이전사업 문화재 지표조사 보고서』, 2009, 1~27쪽.

는 대교천 최상류 유역의 철원 강산리에서도 장흥리와 마찬가지로 후기구석기 늦은 단계의 유적이 시굴조사된 바 있다. 이외에도 철원 산명리 삼봉동, 대마리 석다동, 하갈리 등지에도 구석기유적이 분포하고 있다.

2) 영동 해안지역

영동 해안지역에서 발굴조사된 구석기유적은 고성 봉평리 · 원당리, 양양 오산리, 강릉 심곡리 · 주수리 · 내곡동 318-20번지 · 정동진리 50-89번지 · 담산동 · 두산동 · 안현동, 동해 발한동 · 구미동 · 망상동 노봉 · 망상동 기곡 · 망상동 360-34번지 · 망상동 44-2번지 · 추암동 · 평릉동 · 묵호진동 월소 · 지흥동 유적 등 20군데에 이른다.

이밖에 지표조사로 알려진 구석기유적은 고성군의 초도리, 죽정리, 용암리, 청간리 유적, 양양군의 도화리 유적, 강릉시의 내곡동 1 · 2지점, 홍제동, 초당동, 현내리, 천남리, 도직리, 하시동리, 담산동, 남양3리 칠재 유적, 동해시의 망상동 본마을, 심곡동 매밑, 대진동, 천곡동 한섬, 용정동, 단봉동 탄막 · 단곡 · 옹점동, 동회동, 구호동 유적, 삼척시의 증산동, 산양리 축천 유적 등 큰 묶음으로 24곳에 이른다.

영동 해안지역의 구석기유적 분포 및 입지조건과 관련하여 가장 주목되는 점은 강릉~동해 지역의 구석기유적 밀집 분포 현상이다. 강릉 이북지역에서는 유적의 분포가 현저히 줄어드는 반면, 강릉—동해 구간은 동해안에서 유적의 밀집도가 가장 높다(2장 그림 29 참조). 특히 거의 대부분의 유적이 동해시와 그 인근 지역의 해안단구 및 해면변동 단구에 집중되어 있기 때문에 이 지역은 동해안 구석기고고학의 핵심지대라 부를만하다.

동해시 발한동과 구미동, 망상동 등지의 발굴조사를 계기로 그 주변에서 새로운 구석기유적들이 마치 체인처럼 연결되어 발견되는 양상은 비록 지점은 다르지만 동해안을 향해 뻗어 있는 해안단구 및 해면변동단구 지형에 동일한 유형의 구석기유적이 밀집되어 있기 때문인 것으로 여겨진다. 즉 동해시의 남쪽인 용정동—구미동—구호동—단봉동 탄막 · 단곡 · 옹점동-추암동1지점(관동대 고분발굴지역, 북평공단내)—추암동2지점(추암해수욕장 부근)—증산동으로 이어지는 일련의 구석기유적군, 그리고 동해시의 중간인 발한동—평릉동—천곡동 유적군, 동해시의 북쪽인 망상동 노봉—대진동—어달동—묵호진동 월소에 이르는 해안단구면, 망상동 기곡—본말—매밑 등지에 지점을 달리하며 또 하나의 구석기유적군이 형성되어있다. 이렇게 본다면 동해시 지역은 해안구석기유적의 밀집지역이라는 강한 인상을 갖게 되기도 한다. 이렇게 동해시에 구석기유적이 밀집되어 나타나는 이유는 무엇일까? 이러한 현상은 크게 두 가지 방향에서 이해할 수 있는데, 첫째는 본래부터 다른 곳에 비해 동해시 지역이 해안구석기유적의 밀집지역이기 때문에 나타나는 자연스러운 현상으로 보는 것이다. 즉 구석기인들이 살림을 꾸려나가는데 적합한 환경적 조건을 갖추고 있었기 때문에 생기는 자연스러운 현상으로 이해하는 것이다. 이 지역 구석기유적의 분포상은 구석기인들이 해안을 따라 비교적 연속되어 있는 해안단구 및 해면변동단구 지형을 선호하며, 오랜 기간 혹은 잠시 머물러가면서 그 삶의 행위를 이어간 것으로 풀이 된다.

둘째는 동해시에 비해 다른 지역의 구석기유적 조사기회가 적었기 때문에 나타나는 현상으로 보는 것이다. 동해시 지역은 다른 곳에 비해 유적조사 기회도 많았을 뿐더러, 유적의 발견도 손쉬운 편이다. 이 지역은 다른 곳에 비해 하천과 충적평야의 발달이 미약하고 해안과 연접하여 단구성 구릉지역이 연속되어지고 곧바로 험준한 배후산지로 이어지는 곳이 많기 때문에 오늘날 사람이 비교적 안정적으로 거주할 수 있는 공간의 폭이 좁은 편이어서 유적의 분포 범위도 분산되어 있기보다는 밀집된 양상을 보이는 것이 아닐까 여겨진다. 따라서 앞으로 동해시 이외의 다른 지역으로도 구석기유적 조사기회를 점차 확대해간다면 동해안의 구석기유적도 점차 그 분포범위가 확대되어질 것이라는 가능성도 내포되어 있다. 중부동해안 지역이 사람 살기 좋은 천혜의 자연환경적 조건을 갖추고 있다는 점을 상기할 때, 앞으로 동해안을 따라 구석기유적 조사를 집중적으로 벌여 나간다면 이런 식의 새로운 구석기유적군은 그 수가 증가될 가능성이 크다. 그 예로 동해시의 망상동 구석기유적군과 인접해있는 강릉 옥계면 지역에도 도직리—주수리—현내리—천남리—남양3리 칠재 등지의 유적군이 새로 확인되는 점으로 보아, 동해시의 북쪽으로 강릉—양양—속초—고성까지, 동해시의 남쪽인 삼척과 경북 동해안 지역에 이르기까지 해안구석기유적이 고루 분포되어 있을 가능성이 크다. 그리고 동해안 지역에서의 구석기유적 조사 경험이 여러 차례 있었기 때문에 어떠한 입지적 조건을 갖춘 곳에 유적이 존재하는지에 대한 정보가 어느 정도 쌓여가고 있는 상태여서, 구석기 연구자뿐만 아니라 동해안 지역에 오랜 동안 연고가 있는 다른 연구자들에 의해서도 새로운 구석기유적이 잇달아 발견될 전망이 크다. 그런 의미에서 구석기유적의 조사 기회를 동해시 이외의 다른 지역으로도 점차 확대해 나갈 필요성이 있다. 그리고 해안과 바로 연접한 해안단구 및 구릉지 지형뿐만 아니라 해안에서 다소 거리를 두고 좀 더 내륙의 하안을 따라서도 구석기유적이 속속 발견되어질 가능성이 크다.

(1) 해안단구 및 해면변동단구 지형 입지

동해안에서의 구석기유적 숫자가 점차 증가되어감에 따라, 구석기유적 분포가 어떠한 지형적 조건을 갖춘 곳에서 유의성을 갖게 되며, 기본적으로 이 지역 구석기연구를 위해 제4기 지질학의 어떠한 선수과목을 학습해야하는지에 대한 이해도 높여가게 되었다. 먼저 동해안의 해안지형을 이해할 필요가 있다.

동해안은 서해안과 매우 대조적인 경관과 생태를 보인다. 동해안은 해안선이 단조롭고 섬이 매우 적다. 또한 서해안과 같은 간석지는 거의 분포하지 않는다. 동해안의 해안침식 지형으로는 海蝕崖와 波蝕臺, 해안단구가 대표적이다. 육지가 波蝕을 받아 후퇴할 때 해안에 형성되는 절벽을 해식애라고 한다. 동해안은 높은 산지가 바다에 근접해 있는 곳이 많아 해식애의 발달이 매우 탁월하다. 육지에서 분리된 바위섬은 sea stack이라고 하는데, 고성군의 해금강에 잘 발달되어 있다. 또한 해식애의 전면에 극히 완만한 경사를 이루며 발달한 평탄면을 파식대라고 한다. 해안단구는 과거에 파식에 의해 형성된 기반암의 침식면이나 해안퇴적지형이 현재의 해수면보다 높은 위치에 놓인 평탄면을 말한다. 단구면은 바다 쪽으로 완경사를 이루게 되고, 뒤쪽의 단구애는 과거의 해식애이며, 그 밑에는 舊汀線의 흔적이 있게 된다. 동해안의 해안단구는 일반적으로 간빙기 해수면 변동과 관련이 있다고 여겨지며, 계단상으로 여러 차례 발달되어 있기도 하다. 위쪽의 오래된 단구는 개석을 많이 받아 원면보존율이 떨어지지만, 아래쪽의 신선한 단구는 잘 보존된 경우가 많다. 해안단구 상면에는 퇴적물이 없는 경우도 있지만, 대체로 그 위에 사면퇴적물이 덮여 있고, 그 점토퇴적물 속에 구석기 유물이 포함되어있다. 강릉의 정동진 해안단구가 유명하며, 동해시에도 해안단구가 연속적으로 잘 발달되어 있다.[71]

동해안에는 해안퇴적 지형 또한 잘 발달되어 있다. 해수욕장으로 이용되는 砂濱이 있고, 사빈의 배후에는 모래가 바람에 불려 내륙 쪽으로 이동하면서 둔덕을 이룬 해안사구가 나타난다. 이와 더불어 동해안에는 강릉의 경포, 속초의 청초호·영랑호 등 크고 작은 석호가 많다. 해안사구와 석호 주변에서는 주로 신석기시대와 철기시대 유적들이 집중 분포한다.

동해안의 구석기유적들은 대부분 해안단구 지형에서 발견되어지며, 이와 더불어 바다로 흘러들어가는 내륙의 강안에 발달한 하안단구 지형에서도 확인되고 있다. 따라서 동해안의 지

---

71 한국자연지리연구회편, 『자연환경과 인간』, 한울아카데미, 2000, 416~422쪽.

형적 특성상 해안단구 및 해면변동단구에 대한 최근의 새로운 연구동향 및 그 결론들에 대한 이해는 유적 형성과정, 유적의 편년 등 구석기유적을 해석하기 위한 기초적인 문제해결의 출발점이 될 수 있다. 동해안 지역에는 과거의 해안선을 따라 일련의 해안단구가 고도를 달리하며 계단상으로 잘 발달되어 있다. 한국 동해안 해안단구는 지반의 지속적 융기작용과 빙하성 해면변동의 영향을 받아 해면의 고도가 상대적으로 높았던 간빙기에 형성되었으며, 해안단구는 해발고도가 높을수록 오래된 것이다. 그리고 이러한 단구면을 피복하고 있는 점토퇴적물에서 구석기 유물이 확인되고 있다. 필자가 이제까지 경험한 바에 의하면, 지형·지리학자의 해안단구 연구지역이 곧 구석기유적인 경우가 많았다. 그만큼 해안단구 지형과 구석기유적의 상관도는 높다고 할 수 있다. 따라서 해안단구의 형성시기와 고환경 변화의 추적은 구석기유적의 형성과정 및 유적의 편년을 위해 반드시 필요한 일이다. 이럴 경우 우리는 해안단구의 형성시기와 그 상부 점토퇴적층에서 발견되는 구석기유적과의 시간적 상관관계를 어떻게 평가해야 하는가의 문제에 주목하게 된다. 해안단구 지형과 구석기유적의 상관도는 결국 지형·지리·지질학자들에 의해 해안단구의 동정이 이루어지고, 단구 형성 시기에 대한 연구가 이루어진 지점을 중심으로 살펴보는 것이 유리할 것이므로 이 장에서는 주로 그러한 사례를 살펴볼 것이다.

지금까지 해안단구를 대상으로 한 연구는 주로 저위면, 중위면, 고위면, 고고위면으로 세분하고 단구형성시기에 대해 논의되어진다. 최근의 연구에 의하면, 강릉 안인·정동진지역의 해안단구는 정동진리에서 금진리 사이의 headland에 가장 넓게 분포하는데, 고고위 I 면은 정동진리 해발고도 130~140m에서 두 개, 고고위 II 면은 안인리 100~108m에서 한 개가 나타난다고 한다.[72] 그러나 이들 지역은 오랜 형성시기로 인하여 매우 제한적이며, 상부 점토퇴적물의 침식으로 구석기유적은 기대하기 어렵다.

고위면은 해발고도 50~90m(구정선고도 90m의 고위 I 면과 70m의 고위 II 면)에 분포하고 있으며, 정동진리에서 금진리 사이의 headland는 지형면의 폭이 대단히 넓어 우리나라에서 해안단구가 가장 전형적으로 분포하는 곳으로 알려져 있다. 이 지형면의 심곡리 구석기유적은 이미 널리 알려져 있으며, 그 주변일대에서도 석기들이 채집되고 있다. 중위면은 금진리 부근에서 매우 부분적으로 나타나며, 저위면은 하시동에서 안인리에 걸쳐서 분포하고 금진리

---

72 윤순옥·황상일·반학균, 「한반도 중부 동해안 정동진, 대진지역의 해안단구 지형발달」, 『대한지리학회지』제38권 제2호, 대한지리학회, 2003.

남쪽에서도 단편적으로 확인된다. 하시동의 저위단구면에서는 구석기유적이 확인된 바 있다.

동해 대진·묵호지역의 해안단구는 고위면에서 저위면까지 모두 확인된다. 이 지역 중 특히 주목할 지역은 노봉－대진동－어달동－묵호동에 이르는 단구면이다. 뒤에서 다시 살펴보게 될 노봉의 고위II면에서는 이미 구석기유적이 발굴조사된 바 있다. 대진동의 해안단구는 고위II면과 저위I면의 종단면이 나타나는데, 두 면 사이는 상당히 가파른 단구애면이 존재한다. 즉 고위II면은 폭 150m, 해발고도 60~75m에 분포하고, 중위면은 나타나지 않으며, 바로 저위I·II면과 연결된다. 이 대진동의 저위면과 고위면 일부에서도 구석기유적이 확인되었다. 대진동의 남쪽에 위치하는 어달동에는 해발고도 60~80m, 폭 300m의 고위면이 분포하고, 배후산지와 상당히 가파르게 만난다. 이 고위면은 해발고도 10~25m에 폭 50m 정도의 저위면과 바로 만나기 때문에 중위면은 나타나지 않고, 경사가 급한 사면으로 되어 있다. 묵호동에는 해발고도 70~90m에 폭 650m 정도로 매우 넓은 고위I면이 존재하며, 역시 해안 가까이에서 중위면과 연결된다. 어달동－묵호동 단구면에서는 월소 구석기유적이 발굴조사된 바 있다. 노봉과 대진동 단구면에서 알려진 구석기유적의 존재는 동일 단구면의 연속이라는 점에서 이 단구면 역시 구석기 고인류에 의해 점유된 것은 당연하다고 볼 수 있다. 따라서 이 지역에서 새로운 구석기유적의 확인은 시간과 조사 횟수의 문제일 것이다.

표 11 해안단구 및 해면변동단구와 구석기유적

단구면 분류		해당 유적	해발고도(m)	비고
고위면		강릉 정동진리	65	사진 24-1
		강릉 심곡리	60~75	사진 24-1
		동해 묵호동 월소	70~80	사진 24-2
		망상동 노봉	50~70	사진 24-3
중위면		동해 평릉동	30~40	
		동해 구미동	35~42	사진 25-1
저위면	저위1면	강릉 주수리	20	사진 25-4
		동해 망상동 기곡 A지구	25	사진 25-2
		동해 망상동 419-2	25	
		동해 망상동 44-2	20	
		동해 발한동 5지구	25	
	저위2면	강릉 두산동	7~8	
		강릉 안현동	10	
		양양 오산리	10	
		동해 망상동 기곡 B지구	17	사진 25-2
		동해 망상동 360-34	11	사진 25-3
		동해 발한동 1지구	15	

이보다 남쪽지역인 천곡동 한섬, 용정동, 단봉동 등지에서도 구석기유적이 확인되는 바, 모두 해발고도 20~30m 미만의 저위면에 해당되는 단구면이다. 지금까지 영동지역에서 발굴조사된 구석기유적의 거의 대부분은 해안단구 및 해면변동단구에 해당되며, 그 중에서도 바다에서 가까운 거리에 형성된 저위면에 분포하고 있는 것으로 나타난다(표 11).

단구면의 형성시기에 대하여는 해안단구 구정선고도들 간의 비고차가 20~30m 정도로 거의 일정한 것에 근거하여 윤순옥 등은 저위면과 중위면, 중위면과 고위면간의 시간적 간격을 크게 벌리지 않는 범위 내에서 저위 I 면을 MIS 5e(약 12만 5천 년 BP)에 대비하고, 순차적으로 중위면은 MIS 7(25~19만 년 BP), 고위면은 MIS 9~11(43~30만 년 BP, 고위 I 면 MIS 11, 고위 II 면 MIS 9), 고고위 II 면은 MIS 13(51~48만 년 BP), 고고위 I 면은 MIS 15(63~56만 년 BP)로 추정하였다.[73] 하지만 이 연구는 동해안 해안단구 형성시기에 대하여 구정선고도 80~90m의 제5단구를 전기갱신세, 구정선고도 60m의 제4단구와 40~45m의 제3단구를 중기갱신세, 10~15m의 제2단구를 후기갱신세로 편년한 것[74]과는 상당한 의견 차이를 보이고 있다. 또한 노봉 구석기유적 지질조사[75]에서 저위 I 면(20~30m)을 OIS 5e, 중위면(35~45m)을 OIS 9~11기, 고위면(70~90m의 고위 I 면, 50~60m의 고위 II 면)을 OIS 13~19기, 고고위면(130~140m)을 OIS 21기보다 더 오래된 초기갱신세로 판단한 것과도 상당한 시간적 차이를 보이고 있다. 즉

표 12 단구면의 형성 시기에 대한 의견 차이

분류	구정선고도(m)	윤순옥 외, 2003	김주용 외, 2003
고고위1면	140	MIS 15	MIS 21이상
고고위2면	110	MIS 13	(고도 약 90~150m)
고위1면	90	MIS 11	MIS 13~19
고위2면	70	MIS 9	(고위면 약 55~80m)
중위면	40	MIS 7	MIS 9~11 (고도 35~45m)
저위1면	25	MIS 5e	MIS 5e
저위2면	10	MIS 5a혹은 5c	MIS 5a 혹은 5c
Holocene	5~6	Holocene	Holocene

73 윤순옥·황상일·반학균, 「한반도 중부 동해안 정동진, 대진지역의 해안단구 지형발달」, 『대한지리학회지』제38권 제2호, 대한지리학회, 2003.

74 이동영, 「한국 동해안지역의 제4기 지층발달과 층서적 고찰」, 『博物館紀要』8, 檀國大學校 中央博物館, 1992. 5~31쪽.

75 김주용·양동윤·남욱현·홍세선·이진영·김진한·정혜경·오근창·강문경, 「동해시 망상동 구석기유적일대 제4기 지질」, 『魯峰 舊石器遺蹟 제2임산물종합유통센타건설예정지 매장문화재 발굴조사보고서』, 산림조합중앙회·강원대학교유적조사단, 2002, 275~286쪽.

중·고위면으로 갈수록 연구자에 따라 단구 형성시기에 대한 연대관에서 차이가 남을 알 수 있다(표 12).

　최근 해안단구의 연대측정에 대하여 절대연대측정법(우라늄계열 비평형 연대측정, OSL연대측정, 유기물에 대한 방사성탄소, 아미노산 연대측정 등)과 상대연대측정법, 지형대비법 등의 한계를 검토하고, 가급적 여러 방법에 의한 교차분석이 필요하다는 의견이 제시되었는 바,[76] 보다 진전된 연대관의 확립이 시급하다고 여겨진다. 중·고위면의 형성시기에 대한 연구자간의 이러한 의견 차이에도 불구하고, 이 지역에서 해안단구의 동정이 비교적 확실하게 이루어지고 단구 형성시기와 관련한 연구가 집중적으로 진행된 곳은 후기갱신세의 저위면이다. 崔成吉[77]은 강릉~묵호해안 지역의 마지막간빙기 해안단구를 연구하여 저위 해성단구 I 면(구정선고도 18m)과 저위 II 면(구정선고도 10m)으로 구분하고, 강릉 섬석천 하구부의 하시동단구 퇴적물층의 泥炭에 대한 아미노산연대측정치 124,000 BP를 대비시켜 이 두 지형면이 마지막간빙기 최성기(MIS 5e)와 마지막간빙기 중반 내지 후반(MIS 5c 혹은 5a)에 형성된 지형면으로 추정하였으며, 이 중 동해안 일대에 널리 퍼져있는 저위 해성단구 I 면을 해안단구 편년의 기준시간면으로 제시하여 널리 받아들여지고 있다.

　그의 주 연구 대상지역인 강릉의 하시동단구와 동해의 대진단구 상면에 덮여있는 점토퇴적물에서는 이미 앞서 살펴본 대로 모두 구석기유물이 확인되어진다.

　이제까지 동해안 지역에서의 해안단구 지형과 구석기유적 분포에 대하여 언급한 이유는, 해안단구의 형성시기는 곧 구석기유적을 편년하는데 활용되어질 수 있고, 반대로 해안단구의 형성시기를 추론하는데 구석기유적의 연구 성과가 역으로 활용되어질 수도 있을 것이므로 상호간의 공동 연구를 통한 교차편년이 필요하기 때문이다. 예컨대, 대진동 단구와 하시동 단구는 해발 10~25m 사이에 해당하는 저위 해안단구로서, 후기갱신세의 마지막 간빙기동안 형성된 것으로 거의 모든 연구자들에 의해 동의되어진 바, 지리학계의 해안단구 형성시기를 고려하여 단구상면의 구석기유적을 편년할 경우, 이 두 유적은 10만 년부터 1만 년 전 사이에서 시간의 경계를 구하는 것이 합리적이라고 볼 수 있다. 그런데 대진동단구(노봉－대진동－어달동－묵호동)는 앞서 살펴본 대로 저위면에서 곧바로 단구애를 이루며 해발고도 60~75m의 고위 II 면이 연속되어지고, 이곳에서도 구석기유적이 확인되는 바, 이럴 경우 유적 형성의 시간적 경계점을 언제부터 시작할 것인가의 문제는 저위면의 경우와는 달리 좀 더 많은 변수들이

76　정창식, 「해안단구에 대한 연대측정」, 『지질학회지』제38권 제2호, 대한지질학회, 2002, 279~291쪽.
77　崔成吉, 『韓國 東海岸의 段丘地形 : 後期更新世의 環境變化와 地形發達』, 公州大學校 出版部, 2006.

개입하게 되는 복잡성을 띠게 된다. 해안단구의 형성시기가 올라간다고 해서 곧바로 구석기 유적의 형성시기 자체도 자동적으로 동반 상승되는 것은 아니며, 후술할 노봉 유적의 발굴결과에서와 같이 단구형성시기와 유적형성시기 사이에는 상당한 공극이 존재할 수도 있다는 점을 염두에 두어야 한다. 중·고위면으로 올라갈수록 해안단구의 형성시기 자체도 연구자마다 의견차이가 있으며, 단구퇴적층과 그 상부 점토퇴적층 사이에 어느 정도의 시간적 간격이 존재하는가의 여부에 따라서도 유적의 연대는 달라질 수 있다. 그럼에도 불구하고, 동해안에서 중·고위면의 해안단구 지형에 존재하는 구석기유적이 지니는 잠재적 가치는 단구퇴적층과 그 단구면을 피복하고 있는 점토퇴적물이 쌓이기 시작하는 시점의 시간적 간격을 최소화할 수 있는 증거들이 확인된다면, 적어도 20만 년 이상 거슬러 올라갈 수 있는 구석기 이른 시기의 편년을 기대할 수 있다는 점에 둘 수 있다. 그러나 중·고위면의 해안단구는 그 형성시기가 오래되었기 때문에, 퇴적 후의 변형과정(토양 삭박과 재 퇴적 등)과 유적 형성과정에 개입될 수 있는 여러 변수들에 대한 지질고고학적인 측면의 철저한 검증이 뒷받침되어야 그 의미를 제대로 살릴 수 있을 것이다.

동해안의 구석기유적은 해안단구 지형에서만 발견되어지는 것이 아니라 바다로 흘러들어가는 내륙의 강안에 발달한 하안단구 지형에서도 확인되고 있다. 영동지역은 태백산맥이 해안에 거의 닿아있어 큰 강은 없고, 대소의 하천이 산맥에서 발원하여 동해로 흘러든다. 고성의 남강, 속초의 소야천, 쌍천, 양양의 남대천, 연곡의 연곡천, 강릉의 남대천, 옥계의 주수천, 북평의 전천, 삼척의 오십천, 근덕의 마읍천 및 원덕의 가곡천 등이 주요 하천이다. 이들 주요 하천 유역에는 구석기유적이 분포하고 있거나 앞으로 발견될 잠재력이 높은 곳이다. 하안단구상에서 발견되는 구석기유적의 경우, 동해안의 입지적 특성상 해수면의 상승, 하강에 따라 영향을 받는 하천 하류부의 해면변동 단구에 대한 연구 결과를 참고할 필요가 있다. 하천 하구부의 해면변동단구 형성시기는 이 단구 형성기의 해안단구 형성시기와 비교하여 추정할 수 있다. 즉 현재의 해수면으로부터 일정한 고도를 따라 발달해있는 해안단구 높이와 해수면의 직접적인 영향에 따라 하상의 높낮이가 달리 나타나는 하구부 해면변동단구의 하상비고를 통해 단구 형성 시기를 추론할 수 있다. 옥계 주수천과 강릉 남대천, 섬석천 등지의 후기갱신세 하안단구 지형층서를 대비함으로써 동해안의 마지막간빙기 구정선 고도를 추정한 연구[78]는

---

78 崔成吉,「韓國 東海岸에 있어서 最終間氷期의 舊汀線高度 硏究—後期 更新世 河成段丘의 地形層序的 對比의 觀點에서—」,『第四紀學會誌』第7券第1號(通卷 第7號), 韓國第四紀學會, 1993.

1 강릉 정동진 심곡리

2 동해 월소

3 동해 노봉

사진 24 고위 단구면에 입지하는 유적들

이들 연구대상 지역에서 구석기유적이 확인된다는 점에서, 유적의 연대설정과 관련하여 주목할 필요가 있다. 연구 지역에서 마지막빙하기에 형성된 상류부의 단구로는 주수천의 산계단구와 강릉 남대천의 왕산단구를 들 수 있고, 마지막간빙기에 형성된 하류부의 단구로는 강릉 남대천의 강릉단구, 섬석천의 하시동 단구, 주수천의 옥계단구를 들 수 있다. 마지막간빙기의 하류부 단구는 현 하상비고 18m와 10m의 저위 I 면과 저위 II 면으로 나뉘는데, 저위 I 면 하시동단구 토탄의 아미노산연대측정이 12만 4천 년 BP로 확인됨에 따라 MIS 5e 시기로 편년되었다. 따라서 이들 저위 단구면상에서 발견된 강릉 남대천 유역의 내곡동·초당동·홍제동 유적, 섬석천 유역의 하시동 유적, 옥계 주수천 유역의 천남리 유적, 낙풍천 유역의 현내리 유적 등은 후기갱신세 마지막간빙기 이후에 형성된 것으로 잠정 편년 할 수 있다.

이와 더불어 삼척 오십천 중·하류부의 해면변동단구에 대한 연구 결과,[79] 고고위면은 해발고도 150m, 110m, 고위 I 면은 90m, 고위 II 면은 70m, 중위면은 40m, 저위 I 면은 25m, 저위 II 면은 13m에서 나타나고, 이들의 형성 시기는 저위 I · II 면을 MIS 5에 대비할 경우 각각 MIS 7, 9, 11, 13, 15기에 형성된 것으로 추정된다고 한다. 이 지역에서 아직까지 구석기유적이 확인된 바 없지만, 앞으로 이들 해면변동단구 지형에서 구석기유적이 조사될 경우, 이러한 연구 결과는 유적 편년에 시사 하는 바가 크다고 여겨진다.

1 동해 구미동

2 동해 기곡

3 동해 망상동 360-34

4 강릉 주수리

사진 25 중위 단구면(1)과 저위 단구면(2~4)에 입지하는 유적들

---

79 윤순옥·황상일·정석교, 「三陟 五十川 중·하류부의 河岸段丘 지형발달」, 『대한지리학회지』 제37권 제3호 (통권 91호), 대한지리학회, 2002.

(2) 카르스트 지형 입지

카르스트 지형은 영서지역의 영월, 평창, 정선 일대뿐만 아니라, 영동지역에 해당되는 강릉 남부와 동해, 삼척 일대에도 넓게 분포하고 있다. 앞서 살펴본 바와 같이, 우리나라의 대표적인 카르스트 지형은 돌리네와 석회암동굴이다.

일반으로 동해 천곡동, 삼척 남양동의 돌리네 지형이 잘 알려져 있고, 삼척 노곡면 여삼리 일대는 돌리네와 돌리네가 합쳐진 남한 최대의 폴리예로 학술적 가치가 크다.[80] 삼척 하장면 번천리 남쪽 해발 1,000m 고위평탄면에는 크고 작은 돌리네가 분포하고 있어 남한의 대표적인 고산카르스트에 해당된다.

동해 추암동 구석기유적 인근 해변에는 능파대 앞 촛대바위와 叢石들 같이 특이한 석회암 경관(해안 카렌)이 노출되어 있기도 하다. 영동지역의 구석기유적도 이러한 카르스트 지형에 분포하는 사례가 있다. 예컨대, 서로 맞닿아 있는 동해 추암동 유적과 삼척 증산동 유적은 석회암 지대에 입지하고 있다. 해안에 연한 해발 30m 내외의 구릉지에 위치한 추암동 유적 구릉 정상부 평탄면에는 붉은 빛깔의 찰흙질 토양(테라로사)이 퇴적되어 있고, 해안에 가까운 지점에는 석회암 바위가 지표 위로 삐죽삐죽 솟아 있는 호그백 카렌이 형성되어 있기도 하다. 석회암 바위 표면은 용해작용으로 아주 매끄럽게 마모되어 있다.[81]

한편 영동 남부지역의 강릉 옥계면 일대에서는 남대굴 · 옥계굴 · 동대굴 · 서대굴 · 비선굴을 비롯한 여러 동굴들이 알려져 있다.[82] 동해 천곡동굴, 삼척 환선굴 · 대이리 동굴군[83] · 초당굴 · 저승굴 · 활기굴 등도 유명하다. 이러한 종유석 동굴 이외에도 사람들의 거처가 될만한 크고 작은 석회암 동굴들이 강릉 남부와 동해, 삼척 지역에 많이 분포되어 있다. 아직까지 영동지역에서는 이러한 석회암 동굴에서 구석기유적이 확인된 바 없지만, 영월 연당리 피난굴(쌍굴)이나 평창 기화리 쌍굴의 발굴조사 사례처럼 앞으로 동해안 지역에 거주한 구석기인들의 동굴 활용 여부에 대해서도 주목할 필요가 있다.

---

80 문화재청, 『지질 · 광물 문화재 자원 조사 보고서』, 2001, 34~36쪽.

81 최복규 · 유재춘 · 최승엽, 『동해 추암 이주단지 조성사업 지구내 매장문화재 지표조사 보고서』, 동해시 · 강원대학교 · 강원고고학연구소, 2000, 1~40쪽.

82 白南極, 「溟州郡의 天然記念物 · 洞窟 · 保護樹」, 『溟州郡의 歷史와 文化遺蹟』, 關東大學校博物館 · 江原道 · 溟州郡, 1994, 338~344쪽.

83 원종관 외, 『대이리 동굴군 학술조사 보고서』, 삼척군, 1987.

(3) 기타 구릉지 입지

바다나 큰 하천으로부터 1km 이상 떨어져 있고, 주변에 소하천의 발달이 전혀 없이 비교적 낮은 구릉지의 기반암 풍화대 위에 놓인 퇴적층 속에서 소량의 석기들이 출토되는 유적들이 있다. 고성 원당리, 봉평리, 동해 지흥동 유적 등이 여기에 해당된다.

3) 비교 검토

지금까지 강원지역의 구석기유적 입지 유형을 현재의 지형 조건에 따라 영서지역의 경우 분지 지형 · 하안단구 지형 · 카르스트 지형 · 화산 지형으로, 영동지역의 경우 해안단구 및 해면변동단구 지형 · 카르스트 지형 · 구릉 지형으로 구분하고, 각각의 입지 지형에 해당되는 유적을 살펴보았다. 특히 하안단구나 해안단구(해면변동단구 포함)지형의 경우 단구면의 고도와 하상비고에 따라 고위면 · 중위면 · 저위면에 입지하는 유적으로 구분하여 보았다. 이를 바탕으로 발굴조사된 각 유적별로 지형상 특징, 유적의 해발 높이, 유적 주변의 하계망, 유적과 하천과의 수평거리, 수직거리(하상비고), 유로 형태, 소지류 하천 유입 여부, 능선 방향 등 입지 조건을 다각도로 분석하여 표 13과 같이 정리하였다.

표 13에 나타난 바와 같이, 영서지역의 구석기유적은 북한강 · 홍천강 · 남한강의 대하천과 그 지류에 발달한 하안단구 지형에 거의 대부분이 입지하고 있다. 특히 홍천강의 하안단구 지형에 밀집 분포하고 있음을 알 수 있다. 이것은 하화계리와 그 주변의 여러 지점에서 발굴조사가 집중적으로 이루어진 것과 관련된다. 대하천인 북한강 유역에서 오히려 구석유적의 밀집도가 떨어지는 것은 그 지류 하천인 홍천강과 비교할 때, 하천의 규모에 비하여 하안단구의 발달이 매우 빈약하기 때문이다.

한편 감입곡류 하천으로 하안단구 지형이 매우 잘 발달되어 있는 남한강 상류 지역에서도 구석기유적의 밀집도가 의외로 떨어지는 것처럼 보이는데, 이는 구석기유적의 발굴조사 기회가 상대적으로 적었기 때문으로 풀이된다. II장의 남한강 유역 구석기유적 분포도(그림 30)에 나타난 바와 같이, 지표조사를 통해 남한강 상류의 하안단구 지형 곳곳에 유적이 매우 밀집되어 분포하고 있음을 확인할 수 있다.

이와 같이 영서지역의 구석기유적 입지에서 하천과의 관련성은 예상대로 매우 밀접한 관련성이 있음을 알 수 있다. 해안은 일반적으로 인구를 유인한다고 한다. 하지만 하천은 해안보다 더 분명하게 인구이동의 영향력을 발휘하여 왔다. 하천을 끼고 있는 지역은 유적이 집중하는 경향이 높다. 하천은 이동통로·음료·어로의 적지를 제공하므로, 용수조건이 유리한지의 여부가 입지 선정에 매우 중요한 요소로 작용하기 때문이다. 인구이동에 대한 하천의 유인력이 관성적으로 지속될 때에는 하천을 중심으로 구석기유적이 집중 분포하게 된다. 따라서 여러 하천의 하계망을 따라 발달된 하안단구 지형에 공통적으로 구석기유적이 입지하고 있다.

남한강 유역의 카르스트 지형인 석회암 동굴이나 돌리네에 입지한 유적들과, 한탄강 유역의 현무암 대지상에 입지한 유적들 역시 하천과 밀접한 관련이 있다. 따라서 영서지역에서 발굴조사된 유적을 대상으로 하천과 관련된 입지조건들을 좀 더 세밀하게 분석할 필요성이 있다.

표 13 유적별 입지조건

지역	지형 입지	유적	위치		해발 고도 (m)	하상 비고 (m)	단구면 분류	하천(바다) 직선 거리(km)	유로 형태	소지류 하천의 유입여부	능선의 방향
			하천	해안							
영서	분지	양구 해안 현리	소하천	-	430	10~15	저위면	-	-	소하천	-
	하안단구	상무룡리 (ㄹ지구)	서천 북쪽	-	178.5	30~40	고위면	0.2	회절	수입천의 동쪽	남쪽
		서상리	북한강 서쪽	-	92	25	중위면	1.7	직선	서상천의 남쪽	동쪽
		금산리 갈둔	북한강 서쪽	-	90	25	중위면	0.35	직선	금산천의 남쪽 방동천의 북쪽	동쪽
		거두리	공지천 북쪽	-	108	25	중위면	0.5	직선	-	서남쪽
		내·외삼포리	홍천강 동쪽	-	180~190	40~50	고위면	0.3	회절	군업천의 북쪽	서남쪽
		구성포리	홍천강 서쪽	-	190~194	50~54	고위면	0.35	회절	풍천의 동쪽	동남쪽
		송정리	홍천강 서북쪽	-	179~195	40~50	고위면	1.0	직선	소하천 동쪽	서남쪽
		연봉리	홍천강 남쪽	-	155~160	35~40	고위면	0.3	직선	-	북쪽
		백이	홍천강 동북쪽	-	156	41	고위면	0.5	직선	부사원천 서남쪽	서남쪽
		작은솔밭	홍천강 북쪽	-	140	25	중위면	0.65	회절	-	서쪽
		수삼수매장	홍천강 동쪽	-	138	23	중위면	0.5	회절	-	서북쪽
		본부대	홍천강 동쪽	-	148	33	중위면	1.0	회절	-	북쪽
		보수대	홍천강 동쪽	-	144	29	중위면	1.0	회절	-	북쪽
		모곡리	홍천강 서쪽	-	76	25	중위면	0.65	회절	장락천 남쪽 길곡천 북쪽	동북쪽
		사둔지	홍천강 동쪽	-	128	12~13	저위면	0.15	회절	-	평지
		도둔	홍천강 서쪽	-	129	14	저위면	0.2	회절	-	북쪽
		돌터거리	홍천강 동쪽	-	127	12	저위면	0.5	회절	성동천의 남쪽	서남쪽
		방절리 날골	서강의 동쪽	-	212	23	중위면	0.2	직선	-	서쪽
		부동리	계천 남쪽	-	170	18	저위면	0.2	직선	-	북쪽
		현천리	주천강 동남쪽	-	485	12	저위면	0.2	직선	-	서북쪽
		매지리	매지천 동쪽	-	-	-	-	-	-	-	-

	카르스트	남한강	연당리 피난굴(쌍굴)	평창강 서남쪽	-	221	40	-	0.5	직선	연당천 북쪽	동남쪽
			삼옥리	동강 서쪽	-	250~300	60	고위면	0.3	회절	-	동남쪽
			기화리 쌍굴	창리천 북쪽	-	300	50	-	0.08	직선	-	남쪽
	화산	한탄강	장흥리	한탄강 서쪽	-	167	40	-	0.2	회절	대교천 동북쪽	평지
			강산리	대교천 동남쪽	-	250	5	-	0.1	회절	-	평지
영동	해안단구 및 해면변동단구		내곡동	남대천 남쪽	-	63	40	중위면	0.6	직선	바다 7km	동북쪽
			담산동	섬석천 동남쪽	-	40	20	저위면	0.7	직선	바다 7km	동북쪽
			정동진리	-	○	65	-	고위면	0.4	-	-	동쪽
			심곡리	-	○	60~75	-	고위면	0.8	-	-	동쪽
			묵호동 월소	-	○	70~80	-	고위면	0.2	-	-	동남쪽
			망상동 노봉	마상천 하구	○	50~70	-	고위면	0.5	직선	마상천 250m	동북쪽
			평릉동	-	○	30~40	-	중위면	0.3	-	-	동쪽
			구미동	전천하구 동남쪽	○	35~42	-	중위면	0.4	직선	전천 하구	동북쪽
			두산동	남대천 남쪽	-	7~8	7	저위면	2.0	직선	남대천 750m	서쪽
			안현동	-	○	10	-	저위면	0.15	-	경포호동북쪽	남쪽
			오산리	동명천 동남쪽	○	10	-	저위면	0.3	직선	동명천150m쌍호	서남쪽
			주수리	주수천하구 남쪽	○	20	-	저위면	1.0	직선	주수천 400m	북쪽
			망상동 기곡	계곡소하천	○	17~25	-	저위면	0.3	직선	소하천 50m	동북쪽
			망상동 419-2	세곡소하천 남쪽	○	25	-	지위면	0.56	직선	소하천 50m	동북쪽
			망상동 360-34	-	○	11	-	저위면	0.2	-	-	평지
			망상동 44-2	마상천 하구	○	20	-	저위면	0.3	직선	마상천 150m	서쪽
			발한동	-	○	15~25	-	저위면	0.5	-	-	동남쪽
	카르스트		추암동	-	○	30	-	중위면	0.15	-	-	동북쪽
			증산동	-	○	31	-	중위면	0.05	-	-	동북쪽
	구릉		원당리	-	-	15	-	-	2.5	-	화진포 서쪽	서남쪽
			봉평리	-	-	25	-	-	1.0	-	-	서남쪽
			지흥동	-	-	50	-	-	2.0	-	전천 1km	동남쪽

표 14는 하천관련 입지조건 중 해발고도, 하천과의 수직거리, 수평거리, 하천의 유로 형태, 소지류 하천의 유입 여부에 따라 영서지역의 해당 유적을 구분해 본 것이다.

영서지역의 구석기유적은 해발고도에 따른 입지 양상이 다소 분산되어 나타난다. 강원지역의 특성상 지역에 따라 지형고도의 차이가 크기 때문이다. 예컨대, 북한강과 홍천강 유역의 유적들은 주로 해발 200m 이내에 분포한다. 해발 120m 이하의 낮은 고도에는 북한강 본류에 입지하는 유적들이 분포하고, 해발 121~200m에는 주로 홍천강 유역에 입지하는 유적들이 저위면(121~150m), 중위면(151~180m), 고위면(181~200m)으로 나뉘어 분포하고 있다. 한편 남한강 상류의 영월·평창 지역 유적들은 해발 201~300m로 북한강이나 홍천강보다 더 높은 고도에 분포한다. 해발 400~500m의 고지대에 분포하는 유적은 양구 해안분지의 현리와 남한강 상류의 주천강 상류에 해당되는 횡성 현천리 유적으로 매우 드문 편이다.

표 14 영서지역 하천관련 입지에 따른 유적 분류

	120이하	121~150	151~180	181~200	201~300	400~500
해발고도 (m)	서상리, 금산리 갈둔, 거두리, 모곡리	작은솔밭, 수삼수매장, 본부대, 보수대, 사둔지, 도둔, 돌터거리	상무룡리, 연봉리, 백이, 부동리, 장흥리	내·외삼포리, 구성포리, 송정리	방절리 날골, 연당리 피난굴(쌍굴), 삼옥리, 기화리 쌍굴, 강산리	현리, 현천리

	10미만	10~20	21~40		41~60	
하천과의 수직거리 (하상비고) (m)	강산리	현리, 사둔지, 도둔, 돌터거리, 부동리, 현천리	서상리, 금산리 갈둔, 거두리, 작은솔밭, 수삼수매장, 보수대, 모곡리, 방절리 날골, 상무룡리, 연봉리, 본부대, 연당리 피난굴(쌍굴), 장흥리		내·외삼포리, 송정리, 백이, 기화리 쌍굴, 구성포리, 삼옥리	

	0.5이내		0.6~1.0		1.1~2.0	
하천과의 수평거리 (km)	상무룡리, 금산리 갈둔, 거두리, 내·외삼포리, 구성포리, 연봉리, 백이, 수삼수매장, 사둔지, 도둔, 돌터거리, 방절리 날골, 부동리, 현천리, 연당리 피난굴(쌍굴), 삼옥리, 기화리 쌍굴, 장흥리, 강산리		송정리, 작은솔밭, 본부대, 보수대, 모곡리		서상리	

	직선 또는 완만한 곡선상의 유로 양안			U자형으로 크게 회절하는 지점의 안쪽		
하천의 유로 형태	서상리, 금산리 갈둔, 거두리, 송정리, 연봉리, 백이, 방절리 날골, 부동리, 현천리, 연당리 피난굴(쌍굴), 기화리 쌍굴			상무룡리, 내·외삼포리, 구성포리, 작은솔밭, 수삼수매장, 본부대, 보수대, 모곡리, 사둔지, 도둔, 돌터거리, 삼옥리, 장흥리, 강산리		

	소지류 하천의 유입이 있는 곳			소지류 하천의 유입이 없는 곳		
소지류 하천의 유입 여부	상무룡리, 서상리, 금산리 갈둔, 내·외삼포리, 구성포리, 송정리, 백이, 모곡리, 돌터거리, 연당리 피난굴(쌍굴), 장흥리			거두리, 연봉리, 작은솔밭, 수삼수매장, 본부대, 보수대, 사둔지, 도둔, 방절리 날골, 부동리, 현천리, 매지리, 삼옥리, 기화리 쌍굴, 강산리		

하천으로부터의 수직거리(하상비고)는 하천퇴적층 없이 현무암대지 위에 바로 놓이는 대교천 상류의 강산리 유적을 제외한 거의 모든 유적이 해발 10m 이상의 고도 차이를 보인다. 특히 하상비고 21~40m 구간에 가장 많은 유적이 분포하고 있다.

하천으로부터의 수평거리는 거의 대부분 500m 이내에 분포하고 있으며, 멀어도 1km를 넘는 예는 서상리 유적이 유일하다. 하천과 아주 가까운 거리에 거의 모든 유적들이 입지하고 있는 셈이다.

하천의 유로 형태에 따른 입지 양상을 구분해 보면, 직선 혹은 완만한 곡선상의 유로 양안에 분포하는 유적과 U자형으로 크게 회절하는 지점의 안쪽에 분포하는 유적이 거의 비슷한 비율로 나타남을 알 수 있다. 감입곡류 하천이 많은 강원지역의 특성상 U자형으로 회절하는 지점에 더 많은 유적이 분포할 것으로 예상되지만, 발굴조사가 이루어진 유적들을 대상으로 할 경우, 양자 간에 뚜렷한 차이가 나타나지는 않는다.

우리나라의 주요 구석기유적들은 주로 큰 강과 샛강이 마주치는 두물머리 지점에 입지하는 것으로 알려져 있다.[84] 그러나 강원지역의 구석기유적들은 주변에 소지류 하천의 유입이 있는 곳과 없는 곳의 비율에서 뚜렷한 대비가 드러나지는 않는다. 오히려 소지류 하천의 유입이 없는 곳에 입지한 유적이 약간 더 많은 편이다.

다음으로 표 15는 영동지역의 입지 유형에 따라 유적을 구분한 것이다. 표에 나타난 바와 같이, 두산동 유적을 제외한 거의 모든 유적들이 해발 10m 이상의 고도에 위치하고 있다. 지형 고도에 따라 저위면(10~25m), 중위면(30~45m), 고위면(50~80m)으로 구분이 가능하며, 저위면에 가장 많은 유적이 입지하고 있다. 가장 높은 해안단구상에 위치하는 유적은 심곡리와

표 15　영동지역의 입지에 따른 유적 분류

	7~8	10~20	21~25	30~45	50~70	70~80
해발고도 (m)	두산동	안현동, 오산리, 주수리, 기곡 B지구, 망상동 360-34, 망상동 44-2, 발한동 1지구, 원당리	담산동, 기곡 A지구, 망상동 419-2, 발한동 5지구, 봉평리	평릉동, 추암동, 추암동, 증산동	내곡동, 정동진리, 노봉, 지흥동	심곡리, 월소

	해안에 입지하는 유적		해안에 입지하지 않는 유적	
			하천 유역	하천 발달 없는 구릉
해안유적의 여부	정동진리, 심곡리, 월소, 노봉, 평릉동, 구미동, 안현동, 오산리, 주수리, 기곡, 망상동 419-2, 망상동 360-34, 망상동 44-2, 발한동, 추암동, 증산동		내곡동, 담산동, 두산동	원당리, 봉평리, 지흥동

	0.5이내	0.6~1.0	2.0~2.5	7.0
바다와의 직선거리 (km)	정동진리, 월소, 노봉, 평릉동, 구미동, 안현동, 오산리, 기곡, 망상동 419-2, 망상동 360-34, 망상동 44-2, 발한동, 추암동, 증산동	심곡리, 주수리, 봉평리	두산동, 원당리, 지흥동	내곡동, 담산동

	소하천의 유입이 있는 곳	소하천의 유입이 없는 곳
해안 유적 중 소하천의 유입 여부	노봉, 구미동, 오산리, 주수리, 기곡, 망상동 419-2, 망상동 44-2	정동진리, 심곡리, 월소, 평릉동, 안현동, 망상동 360-34, 발한동, 추암동, 증산동

84　한창균, 「구석기유적」, 『문화재 지표조사 매뉴얼 연구』, 한국고고학회, 2006, 75~77쪽.

월소 유적으로 해발고도 70~80m 정도 된다.

영동지역에서는 거의 대부분의 유적이 바다가 바라다 보이는 해안에 입지해 있음을 알 수 있다. 따라서 해안에 입지하는 유적은 바다로부터의 직선거리가 대부분 500m 이내에 든다. 멀리 떨어져 있어도 1km를 넘어서지 않는다. 반면에 해안에 입지하지 않는 유적은 봉평리를 제외하고 거의 대부분 바다로부터 2km 이상 떨어져 있다. 해안에 입지하지 않는 유적 중 바다로부터 2km 이상 떨어져 있는 하안단구상에 입지한 유적은 내곡동, 담산동, 두산동 유적이 해당되고, 하천의 발달이 전혀 없는 구릉지상에 입지하는 유적으로는 원당리, 봉평리, 지흥동 유적이 해당된다. 해안에 입지한 유적 중 주변 가까이에 소하천의 유입이 있는 곳과 없는 곳은 거의 비슷한 비율로 나타난다.

한편 강원지역의 구석기유적 중 지형 경사가 거의 없는 평지에 입지하는 곳으로는 철원 현무암 대지상의 장흥리와 강산리, 홍천 하화계리 사둔지, 동해 망상동 360-34번지유적이 해당되며, 매우 드문 편이다. 이 유적들을 제외한 거의 대부분의 유적은 완만한 지형 경사를 이루며 일정한 방향성을 지니고 있다. 경사가 완만하고 평탄면을 이루는 산록완사면은 유적의 입지상 매우 중요한 지형으로 여겨진다. 이러한 지형의 경우 능선의 방향은 중요한 고려사항이 된다. 능선의 방향은 유적이 위치한 지형의 경사면이 어느 쪽으로 향하고 있는가를 말한다. 전통적으로 거주지나 무덤의 입지를 선택할 때, 向은 매우 중요한 지표가 된다. 표 16은 지형 경사를 지니는 유적의 능선 방향에 따라 해당되는 유적을 구분해 본 것이다.

능선의 방향은 구석기인들이 점유할 당시와 전혀 다르게 후대의 침식과정에서 그 방향성이

표 16 능선의 방향에 따른 입지 구분

구분	동쪽	동남쪽	서남쪽	남쪽	서쪽	동북쪽	서북쪽	북쪽
영서	서상리 금산리갈둔	구성포리 연당리 피난굴(쌍굴) 삼옥리	거두리 내·외삼포리 송정리 백이 돌터거리	상무룡리 기화리 쌍굴	작은솔밭 방절리	모곡리	수삼수매장 현천리	연봉리 본부대 보수대 도둔 부동리
영동	정동진리 심곡리 평릉동	월소 발한동 지흥동	오산리 원당리 봉평리	안현동	두산동 망상동 44-2	내곡동 담산동 노봉 구미동 기곡 망상동419-2 추암동 증산동	-	주수리

결정되었을 수도 있다. 하지만 기본적으로 침식의 방향은 선지형의 경사 방향에 의해 영향을 받게 마련이라는 점에서 능선의 주방향이 구석기인들의 점유 당시와 크게 다르지 않다는 전제하에 그 방향성의 의미를 분석해 보았다.

먼저 영서지역의 경우 서남쪽과 동남쪽, 북쪽, 남쪽의 능선 방향에 입지하는 유적이 많은 편이다. 남쪽, 서남쪽, 동남쪽은 결국 남향에 해당되어 그 선호도가 충분히 예상되지만, 그에 못지않게 북향하고 있는 유적의 숫자가 많다는 점은 다소 의외의 결과이다. 거주지로서 북향은 대개 기피하는 경향이 강하기 때문이다. 비교적 유물군의 크기가 크고 주 거주지(base camp)로서의 성격을 지니는 금산리 갈둔, 삼옥리, 백이, 상무룡리, 작은솔밭 유적 등은 북향하지 않았다. 반면에 북향하고 있는 연봉리, 도둔, 부동리 유적의 면면을 살펴보면, 유물군의 크기가 크지 않고, 소량의 석기들이 밀집도를 보이지 않으면서 산발적으로 출토되는 소규모의 유적들이다. 따라서 이 유적들은 고인류가 중심 활동지역에서 벗어난 이 지점을 아주 드물게 방문하여 남긴 흔적일 가능성이 크다.

영동지역의 경우에는 동북쪽의 능선 방향에 입지하는 유적들이 많다는 점이 주목된다. 동쪽에서 약간 북쪽을 향하여 경사진 상태에서 바다를 바라볼 수 있는 곳에 대부분의 유적이 입지하고 있는 셈이다. 동남쪽, 동쪽의 경사면 방향은 동북쪽과 마찬가지로 바다를 향하고 있다는 점에서 크게 다르지 않다고 여겨진다. 반면에 남쪽이나 서쪽, 북쪽 방향에 입지하는 유적은 매우 드문 편이다.

석기 분석

석기 분석의 최종 목표는 아마도 석기 제작기술상의 여러 특징들을 체계적으로 관찰하여, 여기에 반영된 당시 사람들의 생활양식을 재구성해 보기 위한 노력일 것이다. 오늘날 석기에 대한 체계적인 연구는 실제로 선사인류의 생활양상에 대한 이해를 크게 증진시켜 왔으며, 연구방법론 또한 다양화되어 돌감의 획득에서 부터 제작과 사용의 단계를 거쳐 그것이 폐기되기까지의 모든 과정(chaîne opératoire)을 순서 있게 정리하는데 목적을 두는 수준에 이르렀다.[1] 발굴을 통하여 얻어진 석기자료를 체계적으로 정리 분석하는 작업은 결국 석기 제작자의 행동양식을 되짚어 보기 위한 것이다.

석기에 대한 분석은 일반적으로 다음의 두 단계로 행해진다.[2]

첫째 단계는 뗀 자국에 대한 관찰이다. 세심한 관찰을 통해 그것이 일반적인 격지인지, 폐기물인지, 아니면 가장 공들여 만든 도구인지 분류해야 한다. 이 단계에서는 유물의 제작 순간뿐 아니라 사용, 폐기되기까지의 전 과정(chaîne opératoire)에서 그것의 위치를 평가하기 위해 개별 유물의 제작기술적인 해석도 행하게 된다.

두 번째 단계는 추론(inference)이다. 이는 유물들 간의 상호관련성을 해석하는 일이다. 어

---

1 Marie-Louise Inizan · Michèle Reduron-Ballinger · Hélè?ne Roche · Jacques Tixier, 1999, *Technology and Terminology of Knapped Stone*, Nanterre : CREP, p.14.
2 *Ibid*, p.16.

떤 것이 존재하거나 존재하지 않는다는 것은 그 해석의 과정에서 주는 의미가 크다. 가령 이러한 것이다. 석기제작 장소에 자연면이 남은 격지가 없거나, 그 수가 적다는 것은 돌감이 다른 지역에서 이미 대강의 석기형태가 갖추어진 상태로 옮겨졌거나, 돌감을 채취하는 현장에서 여러 차례 떼어보는 실험의 과정을 거쳤다는 것을 의미한다. 또한 몸돌이나 격지, 부스러기, 서로 부합되는 유물 등 특징적인 생산물의 존재는 유적에서 행해진 활동과 석기제작 기술을 추론하는데 도움을 준다. 여기에서의 추론이란 단지 석기 만드는 일뿐만 아니라 이와 연결된 다른 행위들과의 관계를 밝히는 것도 포함된다. 예컨대 유적 주변에서는 손쉽게 구할 수 없는 흑요석이 발견되었을 경우, 이 돌감의 기원을 추적하여 상호 이동관계나 교환의 경로 등을 추론하는 것 등이 그것이다.

이번 장에서는 강원지역에서 발굴조사된 유적을 대상으로, 돌감의 획득에서 부터 제작과 사용의 단계를 거쳐 그것이 폐기되기까지의 모든 과정에 대한 분석을 하고자 한다. 돌감의 구성 및 변화·격지떼기 과정의 몸돌과 격지 분석·석기 제작 도구인 망치돌과 모룻돌 분석·석기의 구성 변화·주요한 도구 분석·석기의 사용·석기 되맞추기 등 주요 유적에서 발굴된 자료들을 종합적으로 분석하였다.

1. 돌감

구석기고고학 연구자들은 석기를 대할 때 가장 먼저 돌감(raw material)이 무엇인가에 관심을 보이게 마련이다. 발굴된 석기를 대하는 우리 연구자들의 지적호기심뿐만 아니라, 구석기 시대의 고인류들에게도 돌감의 선택은 가장 1차적이고 중요한 요소였다. 고인류들이 생활에 필요한 석기를 만들기 위해서는 가장 먼저 적당한 돌감을 고르는 것부터 시작되기 때문이다. 초기 고인류들은 다음과 같은 조건을 갖춘 것을 좋은 돌감으로 여겼다고 한다.[3] 첫째, 단단하고 광물들이 응집되어 견고해야 한다. 둘째, 비교적 고운 입자의 것이어야 한다. 암석을 구성하는 각각의 결정들이 맨눈으로 보이지 않을 정도로 미세한 것이 좋다. 암석은 결정을 따라

---

3 Kathy D. Schick and Nicholas Toth, 1993, *Making Silent Stones Speak*, Weidenfeld and Nicolson London, pp.122~123.

쪼개지기 때문에 거친 입자를 지닌 것은 불규칙하게 떼어질 가능성이 크다. 셋째, 힘이 가해 졌을 때 어느 방향에서건 동일하게 떼어지는 등방성의 암질이어야 떼어 내는 방향을 조절하고 날카로운 날을 얻을 수 있다. 넷째, 화학적인 변형에 의해 풍화되지 않아서 속심이 신선하고, 갈라진 금이 없어야 한다. 이러한 조건을 지닌 양질의 돌감은 석기제작 실험에서도 매우 유용하다는 것이 확인되었다. 그만큼 석기제작 과정에서 적당한 돌감의 선택과 획득은 무엇보다도 우선시되는 중요한 일이다.

따라서 구석기 연구자들은 발굴된 석기를 암질에 따라 분류하고, 주변에서 원하는 석재를 쉽게 구할 수 있는지, 구하기 힘든 석재인지 등 돌감의 경제성에 관련된 것,[4] 돌감의 차이에 따른 석기 제작 기술 간의 상관관계,[5] 석재와의 거리에 따른 석기 형태의 변이,[6] 돌감의 순환 양상에 따른 구석기인들의 이동 경로 추적[7] 등 다양한 연구를 진행하게 된다. 이 글에서는 강원지역의 구석기유적에서 시기별 혹은 지역별 돌감 구성의 변화 문제와 산지를 확인하기 힘든 제한성으로 인하여 후기구석기 늦은 시기의 귀한 돌감인 흑요석의 원산지 추정 문제에 초점을 맞추어 살펴보았다.

1) 돌감의 선택과 획득 과정

석기의 암질과 본래 몸체가 어떤 것이었는가를 밝히기 위한 노력은 석기의 제작수법뿐만 아니라 양질의 돌감을 구하기 위해 당시 사람들이 어느 정도의 활동 범위 내에서 움직였는가를 살펴보는데 도움을 준다. 발굴이나 지표조사에서 수습되는 유물의 돌감은 대개 유적 주변에서 손쉽게 구할 수 있는 것들로 구성되어 있으나, 간혹 유적 주변에서는 그 기원지를 찾을 수 없는 것들(예컨대, 흑요석과 같은 것)이 나타나는 경우가 있다. 이러한 것은 특별한 관심의

---

4 공수진, 「빠또 바위그늘유적의 2유물층의 돌감 경제」, 『博物館紀要』14, 檀國大學校 石宙善紀念博物館, 1999, 26~44쪽.

5 성춘택, 「구석기 제작기술과 석재분석 : 한국후기 구석기시대 석재에 대한 예비적 고찰」, 『韓國上古史學報』第39號, 韓國上古史學會, 2003, 1~18쪽 ; 이기길, 「순천 죽내리유적의 돌감과 석기만듦새」, 『수양개와 그 이웃들 第7回 國際學術會議』, 丹陽郡·忠北大學校博物館·(社)丹陽鄕土文化硏究會, 2002, 210~226쪽.

6 이형우, 「석재와 거리에 따른 영국 전기구석기 유물의 고찰(태임즈강 상류와 중류지역의 주요 유적지를 중심으로)」, 『韓國上古史學報』第34號, 韓國上古史學會, 2001, 21~52쪽.

7 박성진, 「프랑스 남서부지방 마지막 네안데르탈인들의 돌감공급과 생존전략」, 『한국고고학보』70, 한국고고학회, 2009, 4~43쪽.

대상이 될 수밖에 없다. 왜냐하면 그러한 돌감은 직접 원거리를 이동하여 채석장을 찾거나, 다른 집단과의 교환체계를 통하여 구할 수밖에 없기 때문이다. 따라서 점차 돌감의 기원에 대한 연구가 활기를 띠고 진행되고 있다.

유적에서 주로 이용된 돌감의 근원지가 어디인가를 알기 위해서는 주변지역의 지질구조에 대한 이해가 필요하다. 이러한 작업은 선사인들이 획득하여 사용한 돌감의 기원지가 어디인가를 밝히기 위한 노력의 필수과정이다. 강원지역의 구석기유적 발굴에서 수습된 암질의 대부분은 유적 주변 지역 지질계통상에서 흔하게 관찰되는 것들이다. 예컨대 석영이나 규암 · 화강암 등은 유적 주변에서 폭넓게 나타나는 암석들이다. 그런데 이러한 돌감의 형태는, 특히 석영의 경우, 대부분 물에 의해 마모되어 둥글둥글한 곡면 둘레를 지닌 강자갈돌이 많은데, 이는 유적에서 가까운 하천에서 돌감을 획득했다는 사실을 알려준다. 돌감을 획득하는데 소요되는 시간이 극히 짧고, 원거리를 이동하지 않고도 원하는 만큼의 수량을 충분히 확보할 수 있다는 점에서, 석영 자갈돌은 우리나라의 경우 효용가치가 극히 높은 돌감임은 이미 널리 알려진 사실이다.

강원지역 대부분의 구석기유적에서 구석기인들이 선택한 돌감의 획득영역은 가까운 주변지역에 한정된다. 즉 구석기인들은 각종 암맥에서 떨어져 나온 암석들이 하천으로 유입되어 마모의 과정을 겪으면서 유적 앞을 흐르는 강가에 다다른 자갈돌을 석기제작에 활용하기 위해 획득한 것으로 여겨진다.

돌감을 선택하는데 작용하는 요인으로는 돌감의 획득에 소요되는 시간 · 제작기법상의 특징 · 각 집단의 문화적인 관습 등을 들 수 있다. 우리나라의 경우 주변에서 손쉽게 구할 수 있는 석영이 단연 암질 구성 비율의 으뜸을 차지하지만 후기 구석기시대로 접어들면서부터 정교한 석기제작이 가능한 셰일 · 흑요석 · 반암 · 이암 · 수정 등의 비율이 높아진다. 이는 암질의 구성 비율이 시기상의 차이를 반영해 줄 수 있음을 간접적으로 시사해준다.

사진 26 동해 기곡 유적의 수정제 석기들

예를 들면 후기구석기 아주 늦은 시기에 해당되는 동해 기곡 유적의 경우, 수정이 모두 268점정도 출토되어 석영을 제외한 돌감 중 활용도가 매우 높은 편이다. 수정은 다소 거친 것부터 유리같이 맑고 투명한 것, 갈색 빛이 나는 것까지 다양하게 사용되었으며, 자연날 그대로 쓰이거나 잔손질을 거쳐 다양한 형태의 석기로 만들어졌다(사진 26).

기곡 유적에서 쓰인 돌감 중에는 경우에 따라 육안으로 석영과 수정을 구분 지을 때, 그 경계선상에 놓이는 것들도 있다. 석영이면서 맑은 수정 결정이 부분적으로 포함되어 있어 돌감의 질이 떨어지지만, 구석기인이 이 돌감을 획득할 때에는 머릿속에 분명히 수정을 염두에 두었을 것으로 판단되어 넓은 의미의 수정이라고 보아도 좋겠다.

광물학(암석학)적으로 수정은 단지 '결정질 석영'일 뿐이고, 보석으로서의 의미가 강한 용어라고 하지만,[8] 오늘날 암석학적인 지식이 없는 일반의 사람들이 석영과 수정을 구분 짓는 것과 같은 맥락에서, 구석기인들도 수정과 석영을 구분하여 선택적으로 활용했다는 점을 인식할 필요가 있다. 암석학적인 의미와 고고학적인 의미는 다르다. 그것의 광물학적 조성이 어떠하든 간에 구석기인들은 외관상 보이는 차별성에 유의했을 것이므로, 수정과 석영이라는 암질은 구별하는 것이 바람직하다고 생각된다.

또한 기곡 유적의 수정 돌감 중 자연면이 남겨진 것을 살펴보면, 육면체의 수정 결정면이 그대로 남은 경우도 있지만, 결정면이 둥글게 마모된 자갈돌 형태의 것도 보이기 때문에 돌감 획득 과정을 살펴보는데 중요한 역할을 할 것으로 보인다. 즉 석영 자갈과 마찬가지로, 수정도 하천으로 유입되어 마모된 자갈돌 형태의 것을 획득한 것이다.

한편 양구 상무룡리와 홍천 하화계리, 철원 장흥리 유적의 경우 주변 지역에서는 구할 수 없는 흑요석이 다량 발굴되어 주목 받았다. 이것은 돌감의 획득영역이 주변지역에만 한정된 것이 아니라 유적에서 멀리 떨어진 곳에서도 이루어졌음을 알려주는 중요한 자료이다. 그 획득의 방법이 직접 채석인지, 교환체계를 통한 간접 획득인지의 문제는 중요한 연구과제가 될 수 있다. 더욱이 이들 유적에서 출토된 흑요석의 원산지가 어느 지역인지 현재까지 밝혀지지는 않았으나 여러 지점인 것으로 확인되어 돌감의 획득 영역 및 그 방법과 관련하여 시사해주는 바가 매우 크다.

---

8 양동윤, 「석기의 재질분석과 원료산지 추정」, 『한국 매장문화재 조사연구방법론』2, 국립문화재연구소, 2006, 210~211쪽.

2) 돌감의 변화

우리나라의 경우 주변에서 손쉽게 구할 수 있는 석영(맥)암이 단연 돌감 구성 비율의 으뜸을 차지한다. 하지만 후기 구석기시대로 접어들면서부터 돌날 및 좀돌날 석기 등 정교한 석기 제작을 위해 흑요석·반암·혼펠스·수정·셰일·유문암 등의 비율이 높아지게 된다. 석영의 경우에도 후기구석기 늦은 시기에 이르면 켜선이 발달한 거친 입자의 것 보다는 아주 매끄럽고 고운 양질의 것을 선호하게 된다. 석영 알갱이가 거의 두드러지지 않는 정질의 것을 획득하기 위한 노력은 후기구석기 늦은 시기에 나타나는 정질의 다양한 돌감 채택과 같은 맥락에서 이루어진 것으로 보인다. 이러한 돌감 구성의 경향은 강원지역의 구석기유적에서도 그러하다.

아래 그림 1~4는 중기 구석기시대부터 후기 구석기시대까지 각 시기별로 강원지역 구석기유적에서 출토된 석기의 돌감 구성 비율을 살펴 본 것이다.[9] 강원지역의 돌감 분석을 통해 다음과 같은 몇 가지 특징을 확인할 수 있다.

첫째, 중기에서 후기 구석기시대에 걸쳐 변함없이 석기의 대부분은 석영 및 규암의 모난 자갈돌을 이용하거나 간혹 원마도가 좋은 자갈돌을 이용한 것이다. 중기부터 후기 구석기 아주 늦은 시기까지 모두 석영 및 규암이 차지하는 비율은 60%를 공통적으로 상회하고 있다. 거의 전 시기에 걸쳐 주변에서 쉽게 획득할 수 있는 석영 및 규암이 높은 비율을 차지하는 것은 우리나라 구석기시대 돌감 구성의 보편성이 강원지역에서도 그대로 반영된 결과로 여겨진다.

둘째, 중기 구석기시대의 적갈색 점토층에 해당하는 유적들에서 석영 및 규암이 차지하는 비율은 거의 대부분을 차지할 정도로 압도적 다수이다(그림 1). 다만, 영동지역의 망상동 360-34번지 2, 3유물층이나 노봉 3유물층에서 석영 및 규암 이외에 화강암, 사암, 화산암, 편마암, 편암 등 기타 암질이 차지하는 비율이 다소 높게 나타난 경향이 있다(그림 2). 하지만 이것은 어디까지나 지질구조상 주변 일대의 하천 또는 해안에 손쉽게 유입될 수 있는 것이어서 먼 거리를 이동하지 않고도 손쉽게 획득할 수 있는 것에 한정되어 있을 뿐만 아니라 후기 구석기시대에 채택된 정질의 다양한 돌감(수정, 반암, 흑요석, 혼펠스, 셰일 등)과는 질적으로 전혀 다른 거친 암질에 해당된다. 이처럼 중기 구석기시대 유적에서도 석영이나 규암 이외에 기타 암질이 찍개나 주먹도끼 제작(평릉동, 월소, 금산리 갈둔)에 사용되기도 했다.

---

9 보고서가 간행되어 통계에 활용될 수 있는 유적을 대상으로 하였으며, 보고서가 미간인 유적들은 필요한 경우에 제한적으로 서술하고자 한다.

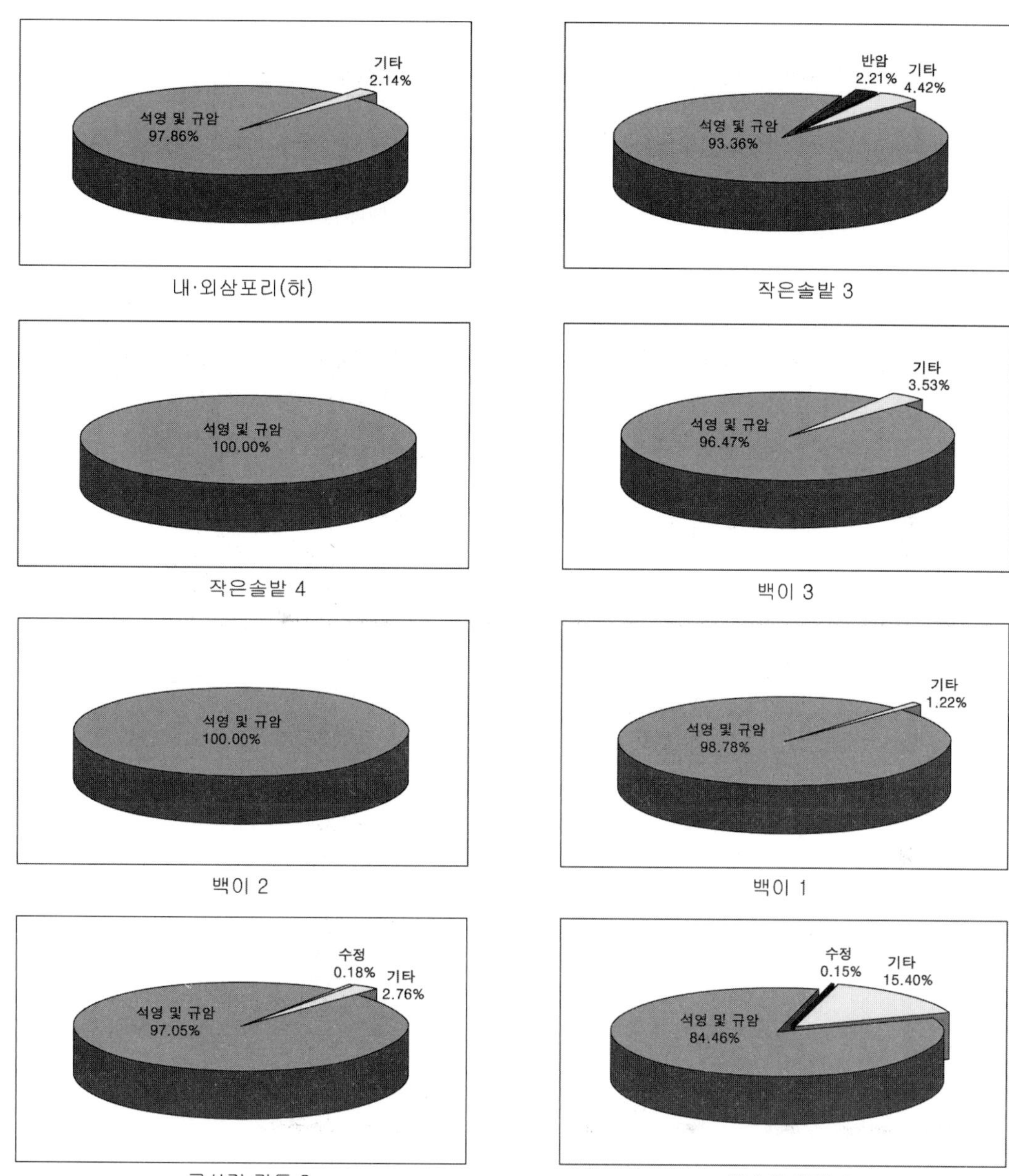

그림 1 중기 구석기시대(적갈색 점토층) 유적의 돌감 구성

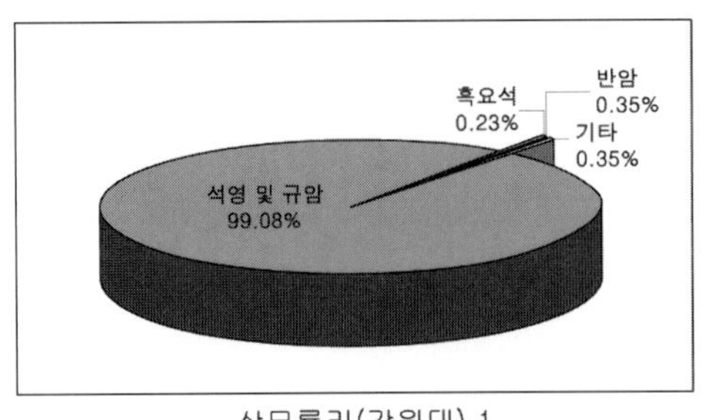

상무룡리(강원대) 1

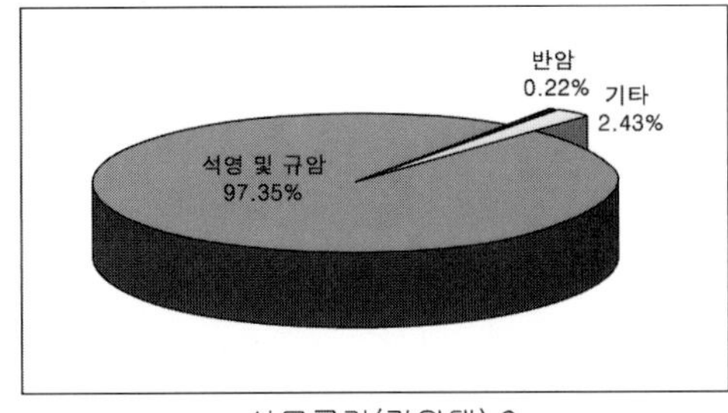

상무룡리(강원대) 2

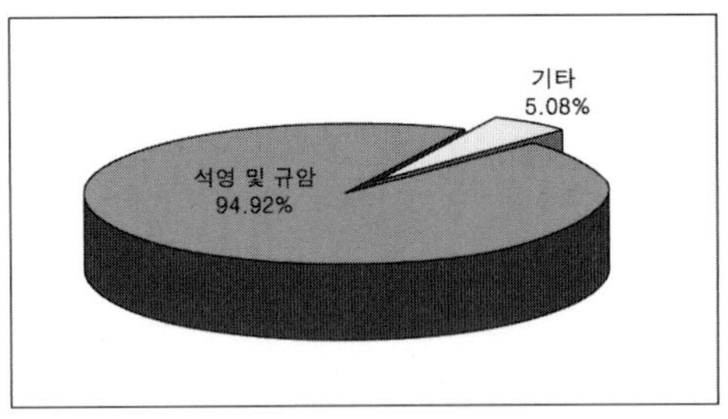

기곡 3

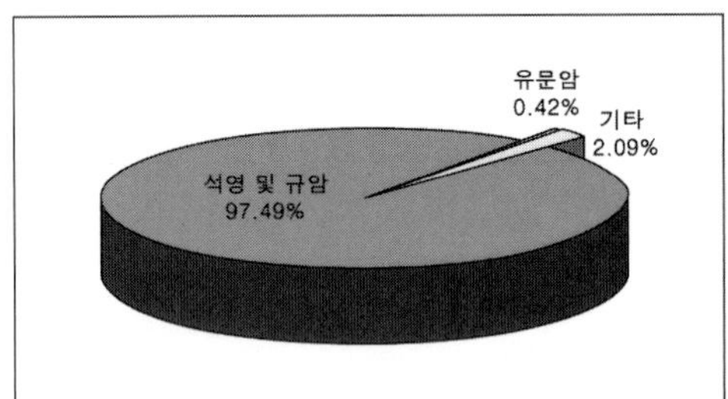

평릉동

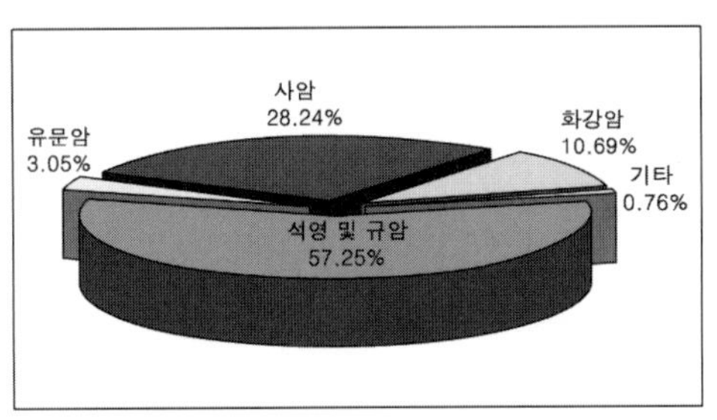

노봉 3

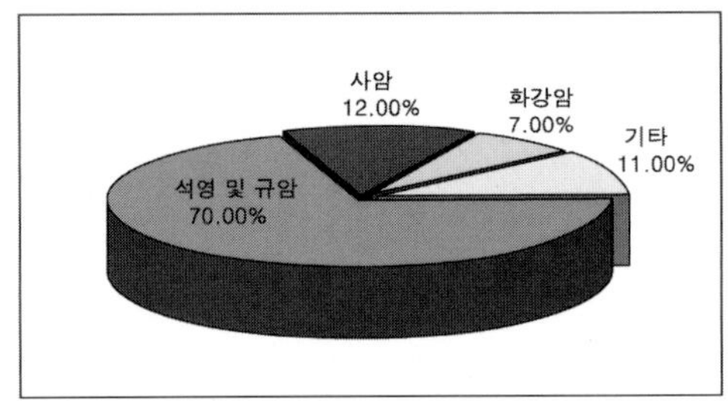

망상동(360-34) 2

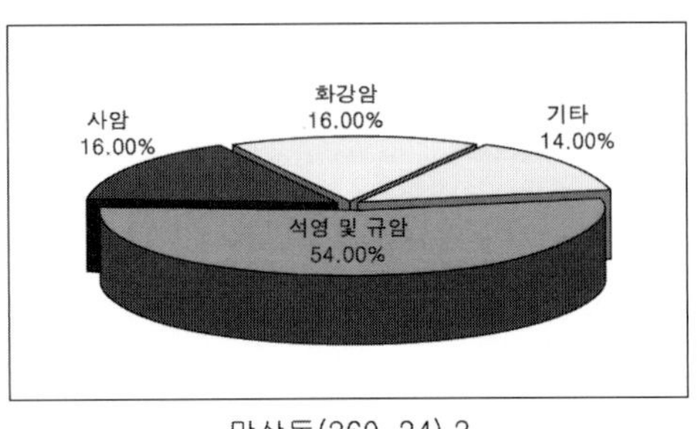

망상동(360-34) 3

그림 2   중기 구석기시대(적갈색 점토층) 유적의 돌감 구성

셋째, 석영 및 규암의 높은 비율은 후기구석기 초에 해당되는 암갈색 점토층에서도 그대로 유지되지만, 후기구석기 늦은 시기에 주로 나타나는 반암, 이암 등 정질의 돌감이 낮은 비율이나마 새롭게 등장하는 변화가 나타난다(그림 3).

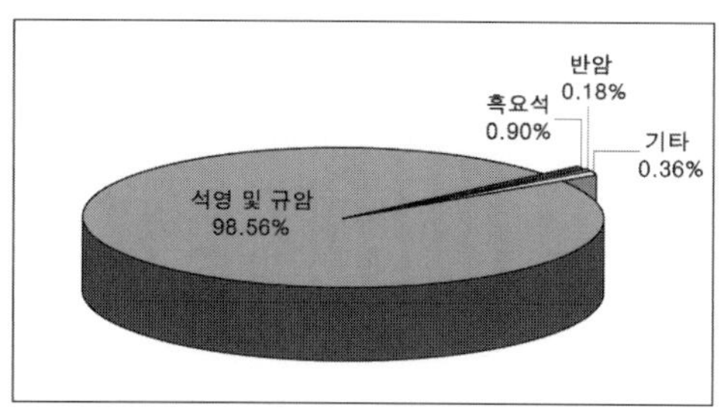

돌터거리

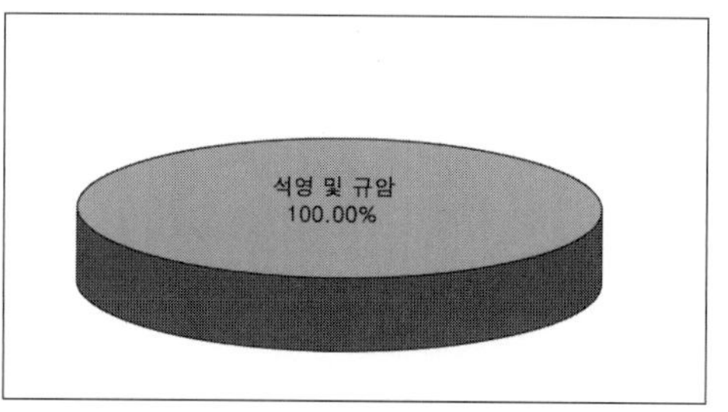

내·외삼포리(상)

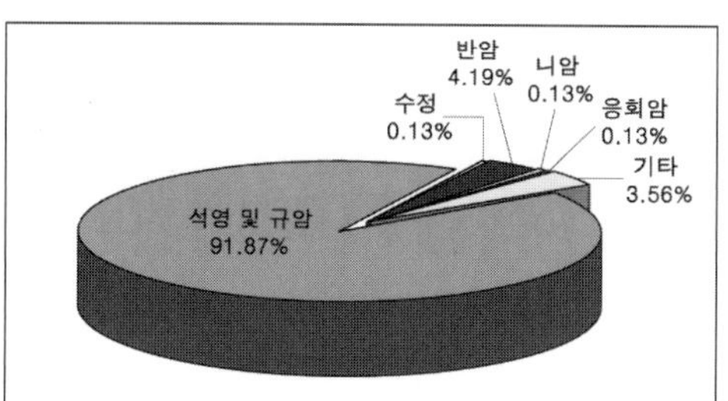

작은솔밭 2

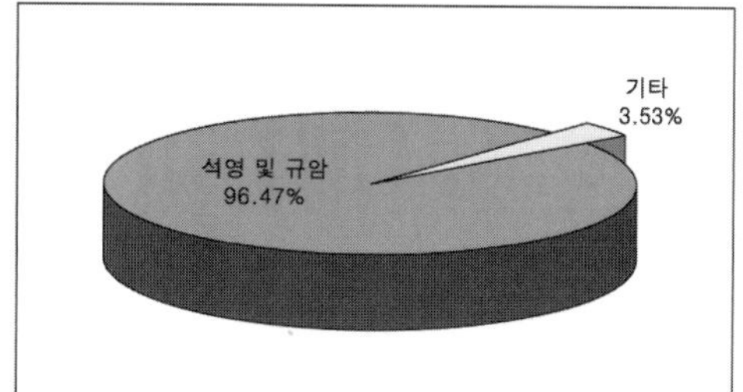

연봉 2

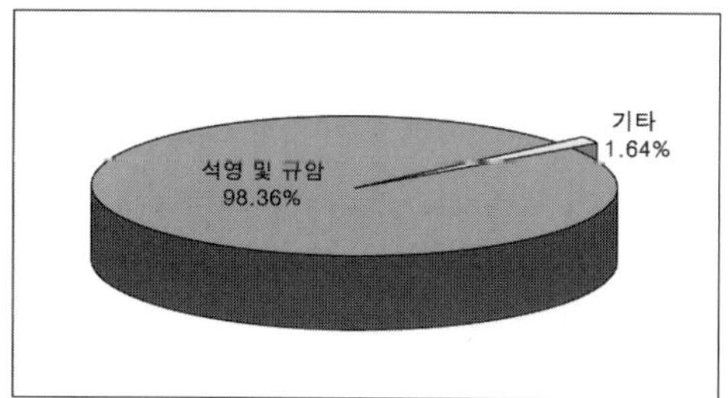

주수리 2

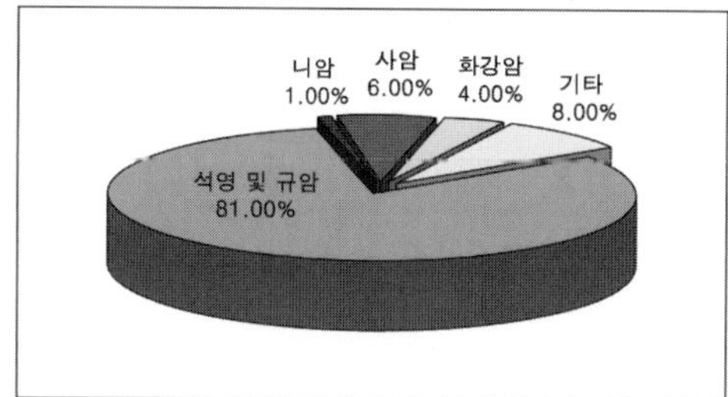

망상동(360-34) 1

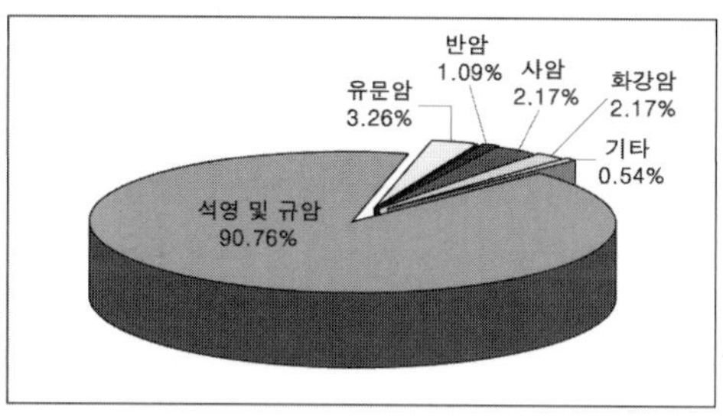

노봉 2

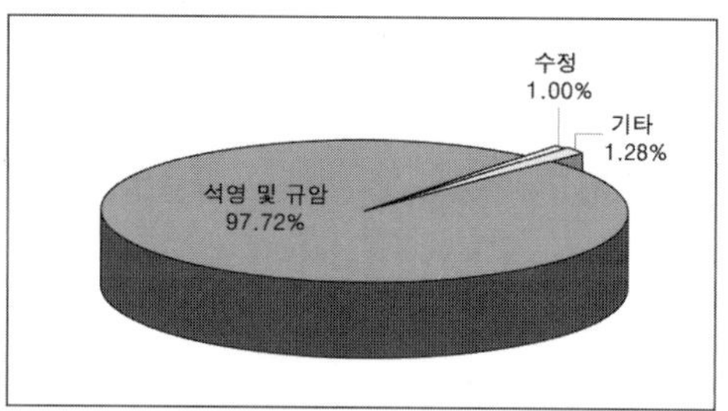

기곡 2

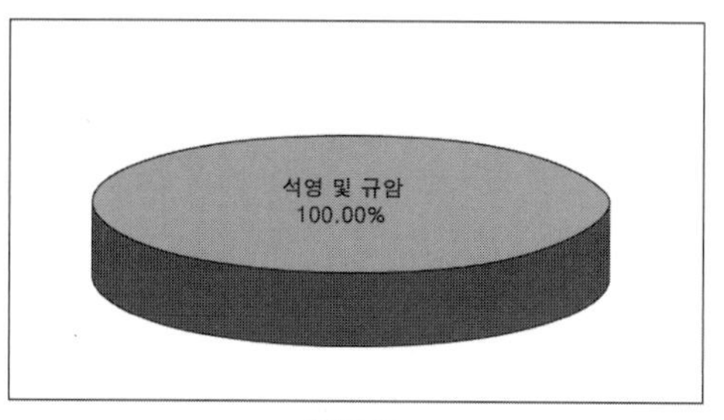

연봉 3

그림 3 후기구석기 초(암갈색 점토층) 유적의 돌감 구성

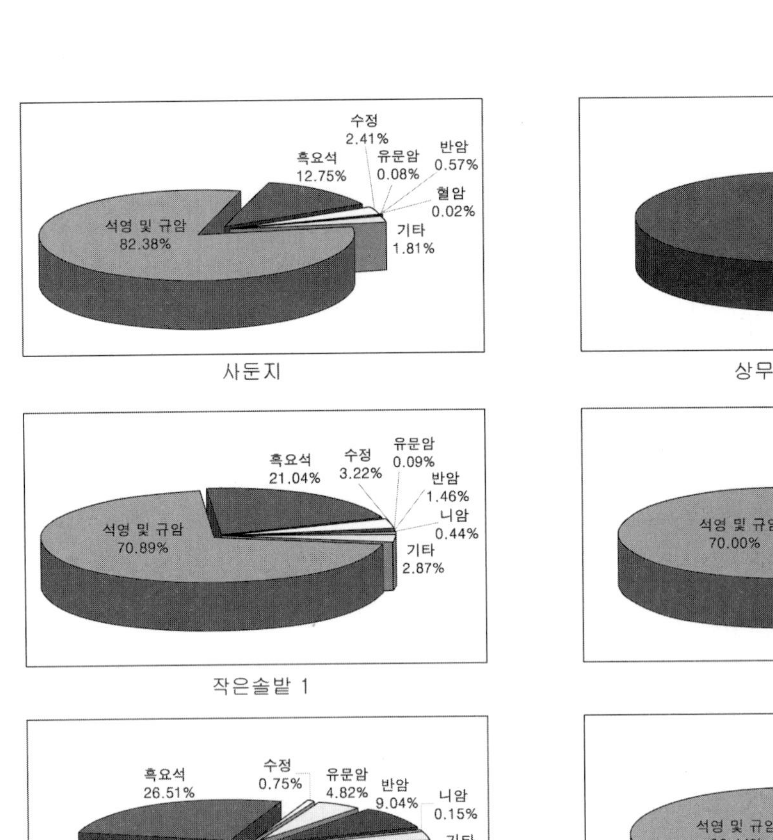

사둔지

상무룡리(경희대)

작은솔밭 1

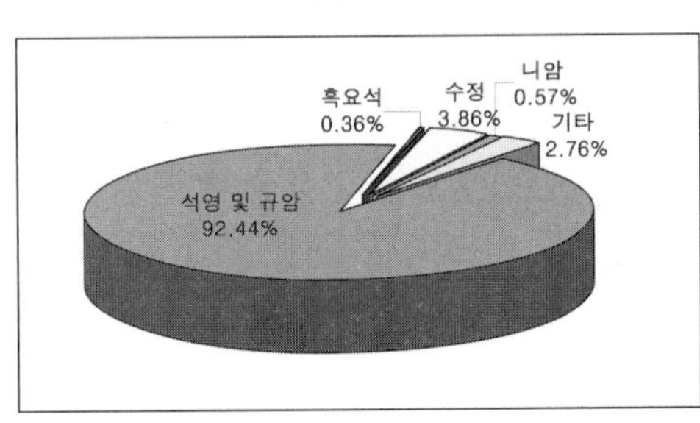

연봉 1

장흥리

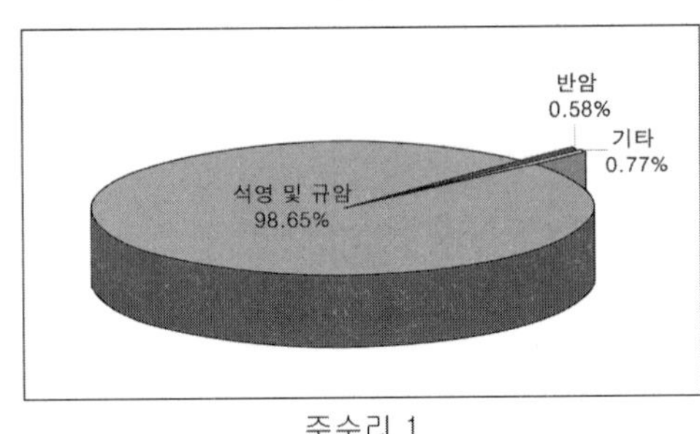

기곡 1

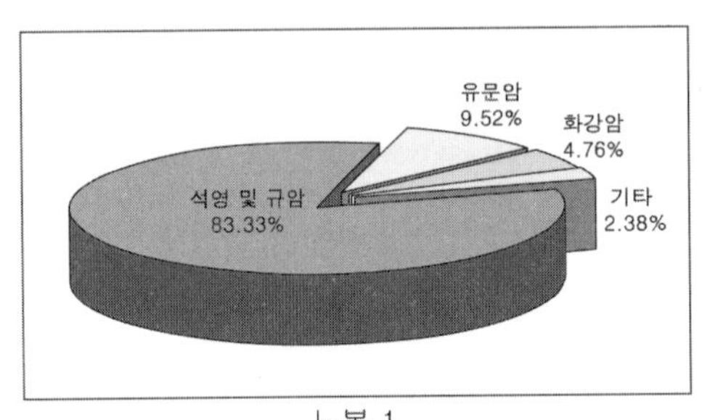

노봉 1

주수리 1

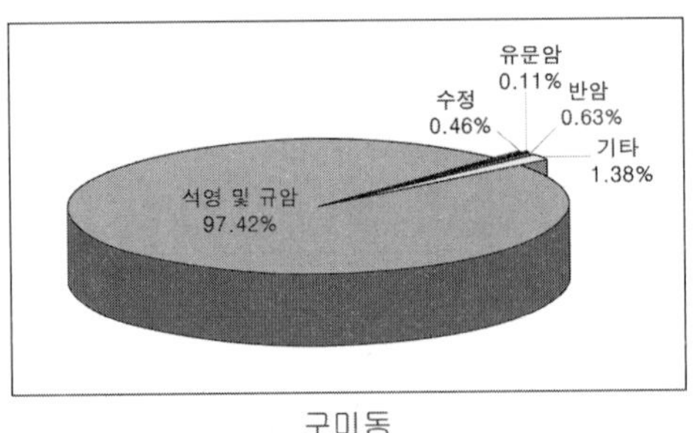

구미동

그림 4 후기구석기 늦은 시기(명갈색 점토층) 유적의 돌감 구성

넷째, 후기구석기 아주 늦은 시기에 해당되는 명갈색 점토층에 이르면, 석영과 규암 이외에 흑요석, 수정, 반암, 이암 등 다양한 돌감이 이전 시기에 비해 현저하게 증가하는 변화가 나타난다(그림 4).

특히 영서지역의 하화계리 사둔지 및 작은솔밭, 장흥리, 상무룡리(경희대) 유적에서는 흑요석이 다량 출토되어 석영 및 규암 이외의 돌감 구성 비율을 주도하고 있다. 하지만 영동지역에서는 기곡에서 아주 소량의 흑요석이 출토된 것을 제외하고, 거의 모든 유적에서 흑요석이 출토된 바 없다. 흑요석뿐만 아니라 다른 돌감 구성에서도 영서지역은 다양한 암질의 비율이 비교적 높게 나타나고 있다.

반면에 영동지역에서는 석영 및 규암의 비율이 여전히 높은 비율을 차지하며, 다른 다양한 돌감이 차지하는 비율은 지극히 낮은 편이다. 다만, 후기구석기 최말기(약 1만 년 전)에 해당되는 기곡 유적의 경우에는 종전까지 써 오던 석영맥암 이외에 입자가 고운 유백색의 고운 석영암, 수정, 흑요석, 산성화산암류, 셰일, 사암 등 다양한 암질을 석기 제작에 활용하는 변화가 나타난다. 특히 기곡 유적에서 출토된 흑요석은 동해안의 구석기유적에서는 처음 출토된 사례이다. 그럼에도 불구하고 영서지역의 동 시기 유적들과 비교할 때, 석영 및 규암 이외의 다양한 돌감이 차지하는 비율은 여전히 낮은 편이다.

이와 같이 이 시기에 영서와 영동지역의 돌감 구성 비율에서 확연한 차이가 나타난다. 이러한 돌감 구성의 차이는 석기제작에서도 차이를 보이고 있다. 즉 영서지역에서는 흑요석 등 다양한 돌감을 활용한 좀돌날 석기제작 기술이 전체 유물군을 주도하는 반면, 영동지역에서는 석영제 소형석기 위주의 이전 시기 유물군이 지속되고 있다. 현재까지의 자료로 본다면, 구석기시대 영서와 영동지역의 지역성이 가장 뚜렷이 반영된 결과로 여겨진다.

3) 흑요석 돌감의 기원

흑요석은 화산암류가 급속히 냉각되어 형성된 자연유리로서, 非顯晶質구조를 보이며 다른 광물들의 결정은 보이지 않는 것이 특징이다. 또한 인공적인 변형이나 풍화에 의해 물리 화학적 조성이 변하지 않는다. 따라서 특정 지역에서 생성된 흑요석은 그 화학적 조성이 동일하여 다른 원산지의 흑요석과 구분할 수 있으며, 특히 미량성분원소의 차이가 흑요석의 원산지를 특성화할 수 있는 지표가 되기도 한다.

사진 27 동해 기곡 유적의 흑요석

흑요석은 후기 구석기시대부터 석기 제작에 활용되기 시작했으며, 산지가 몇몇 화산암 지대로 제한적이므로 매우 귀한 돌감으로 여겨졌다. 현재 우리나라에서 최대 흑요석 산지로 알려진 곳은 백두산이다. 지금까지 흑요석 석기가 출토된 유적들을 대상으로 원산지를 찾기 위한 연구는 꾸준히 진행되어 왔다.[10]

　강원지역에서 흑요석 석기가 출토된 구석기유적으로는 영서지역의 양구 상무룡리, 홍천 하화계리 사둔지, 작은솔밭, 돌터거리, 홍천 모곡리, 철원 장흥리 유적을 들 수 있고, 영동지역에서는 동해 망상동 기곡 유적이 유일하다(사진 27). 또한 신석기시대 아주 이른 시기에 해당되는 양양 오산리와 고성 문암리 유적에서도 흑요석이 출토된 바 있다.[11]

(1) 양구 상무룡리 유적 출토 흑요석의 백두산 기원 문제

　상무룡리의 경희대 발굴조사 지역에서는 4개 지점으로 나뉘어 흑요석 집중 분포지가 확인되었다(그림 5). 가와 나 지점은 유물의 출토 깊이가 지표하 18~23cm 이내로 얕고, 긁개·밀개·새기개·좀돌날몸돌 및 좀돌날 등의 석기구성(사진 28)이 유사하면서 그 군집을 서로 달리하는 양상을 보인다. 다 지점은 이와는 또 다른 군집 양상을 보이지만, 발굴조사가 확장되지 못했다. 반면에 라 지점은 석기가 출토되는 깊이가 지표하 60~70cm 정도로 깊은 편이고, 특히 앞의 세 지점에서 출토된 맑고 투명한 검은색 흑요석과 달리 검은색과 고동색이 조합된 갈색으로 전혀 다른 계통의 흑요석이 발견되었다. 겉보기에도 서로 다른 두 계통의 흑요석이 확인된 셈이다.

　과연 상무룡리 구석기인들은 흑요석을 어디에서 구해 썼을까? 손보기는 양구 상무룡리(1점), 공

사진 28　상무룡리 유적 흑요석 (국립춘천박물관, 2004, 35쪽)

10　김상태, 「한반도 출토 흑요석기와 원산지 연구현황」, 『한국구석기학보』 제6호, 한국구석기학회, 2002, 47~60쪽.
11　任孝宰·權鶴洙, 『鰲山里遺蹟』, 서울大學校博物館, 1984 ; 任孝宰·李俊貞, 『鰲山里遺蹟 Ⅲ』, 서울大學校博物館, 1988 ; 金聖範·朴玧貞·曺美順, 『高城 文岩里 遺蹟』, 國立文化財研究所, 2004.

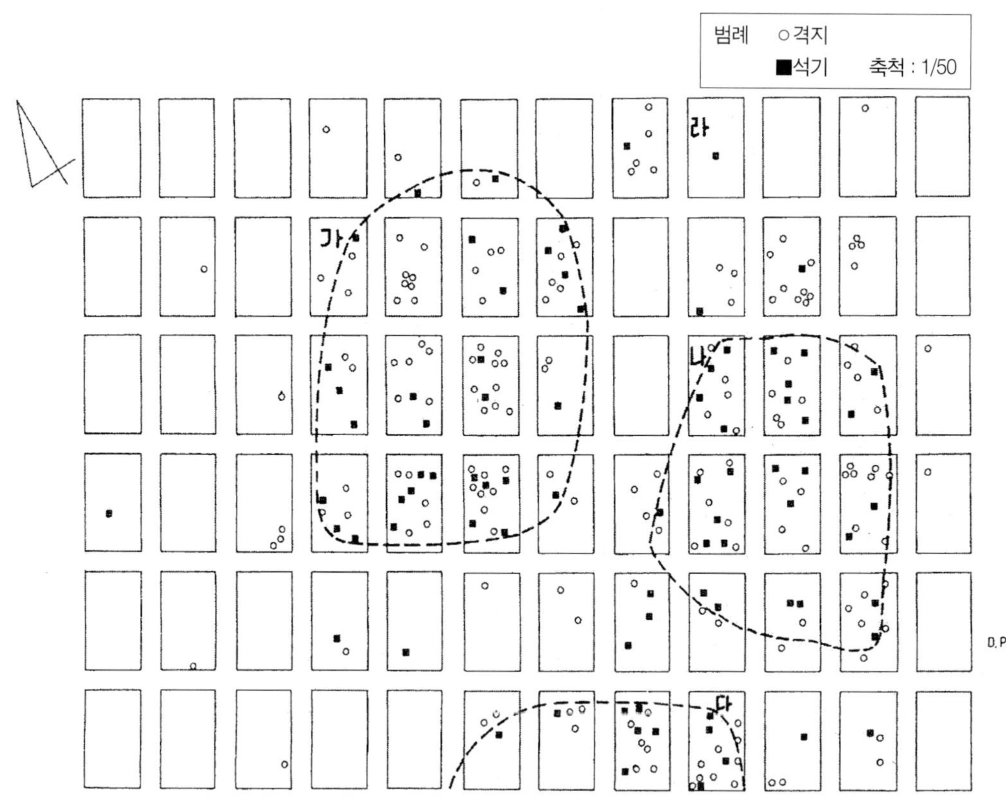

그림 5 상무룡리 흑요석 분포도 (황용훈 · 신복순, 1989, 513쪽)

주 석장리, 연천 신답리, 연천 전곡리, 단양 수양개 구석기유적과 통영 상노대도, 연대도, 양양 오산리, 양평 교평리 신석기유적에서 출토된 10점의 흑요석 석기에 대한 바륨(Ba), 스트론튬(Sr), 지르코늄(Zr) 등의 미량원소분석을 통하여 서로 비슷한 성분집단으로 분류하여 세 개의 갈래를 설정하였다. 첫째갈래는 상무룡리 · 전곡리 구석기유적, 교평리 · 오산리 신석기유적, 둘째갈래는 신답리 · 석장리 구석기유적, 상노대도 · 연대도 신석기유적, 셋째 갈래는 수양개 구석기유적으로 나뉜다. 첫째갈래 중 오산리 신석기유적의 흑요석 원산지가 백두산으로 추정된 것을 근거로 삼아 상무룡리 흑요석의 원산지를 백두산 계열로 추론하였다. 나머지 두 갈래의 원산지는 확인하지 못하였다.[12]

---

12 손보기, 「상무룡리에서 발굴된 흑요석의 고향에 대하여」, 『上舞龍里』, 江原道 · 江原大學校博物館, 1989, 781~796쪽.

이 연구에서 지적된 것은 첫째, 구석기시대말에서 신석기시대초의 시기에 걸쳐 동일한 산지의 흑요석을 구해 썼다는 점이다. 이것은 구석기말에서 신석기로의 전이가 전혀 상이한 집단에 의한 급진적인 교체에 의한 것이 아니었음을 보여주는 하나의 사례가 될 수 있다고 여겨진다.

둘째, 상무룡리 흑요석의 고향을 백두산으로 추론한 점인데, 그 추론의 근거는 양구 상무룡리와 서로 비슷한 미량원소성분 그룹에 해당되는 양양 오산리 신석기유적의 흑요석이 백두산에서 기원한 흑요석과 유사하다는 일본 연구자의 분석 결과였다.[13] 백두산 흑요석을 함께 분석하지 않은 채, 오산리의 분석 결과에만 의존한 셈이어서, 만일 오산리 흑요석의 백두산 기원설이 빛을 잃게 된다면 상무룡리 흑요석의 백두산 기원설도 동시에 그 존립 근거를 잃게 되는 취약한 추론이었다.

실제로 오산리 흑요석의 백두산 기원설은 보고서가 간행된 이후 오랜 기간 동안 많은 연구자들에게 큰 영향력을 행사하였다. 예컨대, 경희대 조사팀이 3개 지점에서 수습한 상무룡리 흑요석 26점에 대한 주성분분석(PCCA) 결과 성분 함량이 서로 다른 3개 군으로 분류되고, 3개 군 분류에 Al, Na, Ca과 같은 원소들이 기여하였으며, 각 그룹은 3개의 유물밀집 지점에 관계없이 동일하게 형성되었음이 확인되었다.[14] 이외에 그 원산지가 백두산이라는 언급이 전혀 없음에도 불구하고, 그 뒤를 이은 조사단의 고고학적 해석에서는 오산리 흑요석의 백두산 기원설을 근거로 영동지역에서 태백산맥을 넘어 상무룡리로 전해지는 석재의 운반교통로 문제까지 과도하게 전개되었다.[15] 자신들이 분석 의뢰한 결과, 서로 다른 성분의 3개 군 흑요석이 유적에 반입되었다는 사실은 간과한 채, 오산리의 사례에 고무되어 백두산 흑요석이 해안을 따라 동해안 양양까지 확산되었고, 태백산맥을 넘어 양구 상무룡리에 도달하여 더 나아가 한강 유역의 구석기유적까지 확산되는 루트를 추정한 것이다. 그리고 흑요석이 운반되는 동서교통로로 현재의 지형상 진부령 계곡이 유력하며, 구석기시대에 이미 흑요석을 매개로 태백산맥을 넘는 한반도의 동서교통로가 존재했다는 그럴듯한 가설이 아무런 과학적 근거 없이 완성되었다.

동해안에서 오산리 신석기유적 이전의 구석기시대 유적에서 흑요석이 확인된 것은 이보다 훨씬 오랜 시간이 지난 뒤 동해 기곡 유적을 통해서였다. 더구나 기곡 유적의 흑요석조차도

---

13 東村武信, 「鰲山里遺蹟出土 黑曜石의 螢光分析」, 『鰲山里遺蹟』, 서울大學校博物館, 1984, 69~73쪽.
14 강형태, 「흑요석재의 성분 분석」, 『上舞龍里』, 江原道·江原大學校博物館, 1989, 538~543쪽.
15 황용훈·신복순, 「경희대학교 조사」, 『上舞龍里』, 江原道·江原大學校博物館, 1989, 542~549쪽.

오산리처럼 백두산에서 기원한 것인지, 영서지역의 어느 유적 흑요석과 친연성을 지니고 있는지에 대해 아직까지 무어라 단정 지어 얘기할 근거가 아무것도 없는 상태이다. 따라서 1980년대 당시 오산리 신석기유적의 흑요석이 백두산 흑요석과 친연성이 있다는 단편적인 분석 결과만을 근거로 백두산 흑요석이 동해안을 따라 양양에 도착한 후 진부령 계곡을 타고 태백산맥을 넘어 양구 상무룡리 구석기유적에 도달했다는 것은 터무니없는 가설이라고 여겨진다. 설령 여러 가지 분석을 통해 장차 동해 기곡, 양양 오산리, 양구 상무룡리의 흑요석이 백두산을 원산지로 하는 동일 계열의 것임이 확인된다 할지라도 그 당시 추론의 논리적 비약은 비판을 면하기 어렵다. 결국 위의 추론은 미량원소분석에서 시·공간을 뛰어 넘어 양구 상무룡리와 양양 오산리의 흑요석이 동일한 원산지에서 기원했을 가능성이 크다는 점과 백두산이라는 거대한 상징성이 어울려 오산리 흑요석의 백두산 기원설이 확대 재생산된 결과물이라고 생각된다. 또한 일본의 흑요석과 확연히 대비되어 차이가 나면 은연중에 한반도의 최대 흑요석 산출지인 백두산을 떠올려 일반화하려는 심리가 작용한 결과일 수도 있다.

상무룡리 흑요석의 백두산 기원 문제와 관련한 위의 두 연구 결과에서 추론의 중요한 근거가 된 오산리 흑요석 백두산 기원설은 이미 1990년대 중반 검증 차원에서 비판이 가해졌다. 이선복과 이용일은 오산리 유적 발굴보고서에 수록된 흑요석 분석 결과는 분석상의 모호한 점과 논리적 근거의 빈약, 분석 수치의 잘못된 해석 등의 문제가 있음을 지적하였다.[16] 즉 정성적 측면에서 일본산이나 회령 시료와 비교할 때 오산리와 백두산 시료가 서로 간에 보다 유사한 특징이 있는 것은 사실이지만, 그렇다고해서 오산리와 백두산의 시료가 동일한 마그마로부터 생성된 것 같은 원소조성을 보여준다고 결론짓는 것은 받아들이기 힘든 주장이라고 반박하고 있다. 이러한 비판은 상무룡리 흑요석의 백두산 기원문제와도 연동되어 논리적 근거가 약화된다.

한편 2000년대 중반 들어 상무룡리 흑요석은 다시 다각도에서 집중적으로 분석되기 시작했다. 조남철 등은 상무룡리에서 출토된 흑요석 21점을 대상으로 주요성분, 미량성분, 미세결정에 따라 분류하였다(그림 6). 주요성분을 이용하여 화학적으로 분석한 결과 대부분 유문암 계열의 Subalkaline 흑요석(Ⅰ그룹)이었으며, 단지 두 점만이 Peraluminous 계열의 흑요석(Ⅱ그룹)으로 분류되어 각 그룹의 흑요석들은 각기 서로 다른 계열의 화산암에 속한다고 보았다.

---

16 이선복·이용일, 「흑요석 석기의 지화학적 특성에 대한 예비 고찰」, 『韓國考古學報』35, 韓國考古學會, 1996, 176~179쪽.

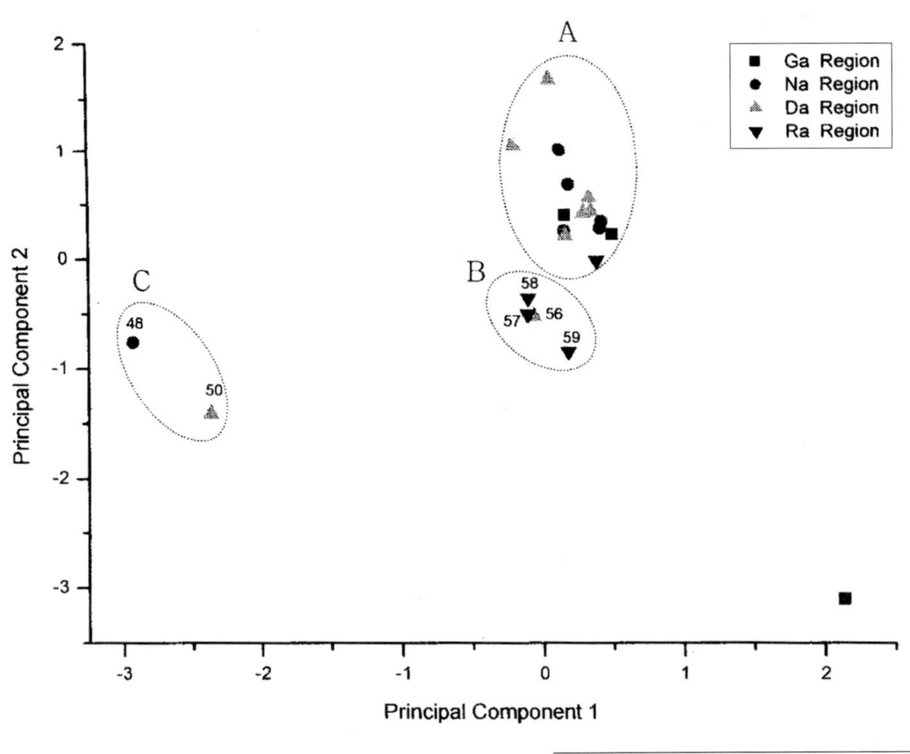

그림 6　미량성분을 이용한 주성분 분석 결과 (조남철 · 강형태 · 한민수, 2005, 17쪽)

또한 미량성분의 조성별 차이에 따라 A그룹 15개, B그룹 4개, C그룹 2개로 분류하여 어디에
서 유래된 것인지 단정 지을 수 없지만, 3개의 서로 다른 산지에서 왔을 것으로 추정하였다.
미세조직에서는 뚜렷이 세 그룹으로 구분되지 않지만, C그룹에 속한 1점은 미세결정에서도
차이를 보여 다른 것들과 서로 산지가 다를 수 있음을 확인하였다.[17]

　조남철은 연구를 더욱 진전시켜 한반도 남부 신석기유적인 연대도 · 욕지도 · 상노대도 ·
동삼동 · 송도에서 출토된 흑요석과, 중부지역 구석기유적인 상무룡리와 수양개에서 출토된
흑요석, 그리고 백두산과 일본 구주지방의 흑요석 원석을 포함한 총 64점의 흑요석을 대상으
로 주요성분, 미량성분, 자기적 특성, Sr 동위원소비, 미세결정 등 다각도로 검토하여 흑요석
산지를 분류한 박사학위 논문을 완성하였다.[18] 주요성분을 이용한 화학적 분석 결과, 대부분

---

17 조남철 · 강형태 · 한민수, 「양구 상무룡리 유적 흑요석의 특성화 연구 -화학성분 및 미세결정-」, 『韓國上古史學
　報』第49號, 韓國上古史學會, 2005, 5~26쪽.

유문암이었으며 Subalkaline 계열의 흑요석이었다. 또한 주성분분석법, 미량성분 분석 결과 백두산 흑요석(A그룹), 상무룡리·수양개 구석기유적 흑요석(B그룹), 남부지방 신석기유적과 일본 큐슈 사가현의 흑요석(C그룹)으로 구분되어 3개 그룹 간에 상관관계가 없으며 서로 산지가 다르다고 판단하였다(그림 7). Sr 동위원소비 분석 결과도 이와 동일한데, 다만 남부지방 신석기유적 중 동삼동·송도·일본 큐슈 사가현 흑요석과, 연대도·욕지도·상노대도 흑요석이 서로 구분되는 차이가 있을 뿐이다. 미세조직을 관찰한 결과도 일본 큐슈 사가현과 한반도 남부지방 흑요석들의 내부 미세결정이 일치하는 것이 많아 서로 연관성이 많은 것으로 확인되었다. 백두산 흑요석들은 다른 지역과 완전히 다른 형태의 내부조직을 보여 성분분석을 통한 산지 분류와 일치하였다. 다만, 상무룡리와 수양개의 일부 흑요석 중에는 동일한 유적에서 출토되었음에도 완전히 서로 다른 형태의 미세결정들이 관찰되는 경우가 있어 서로

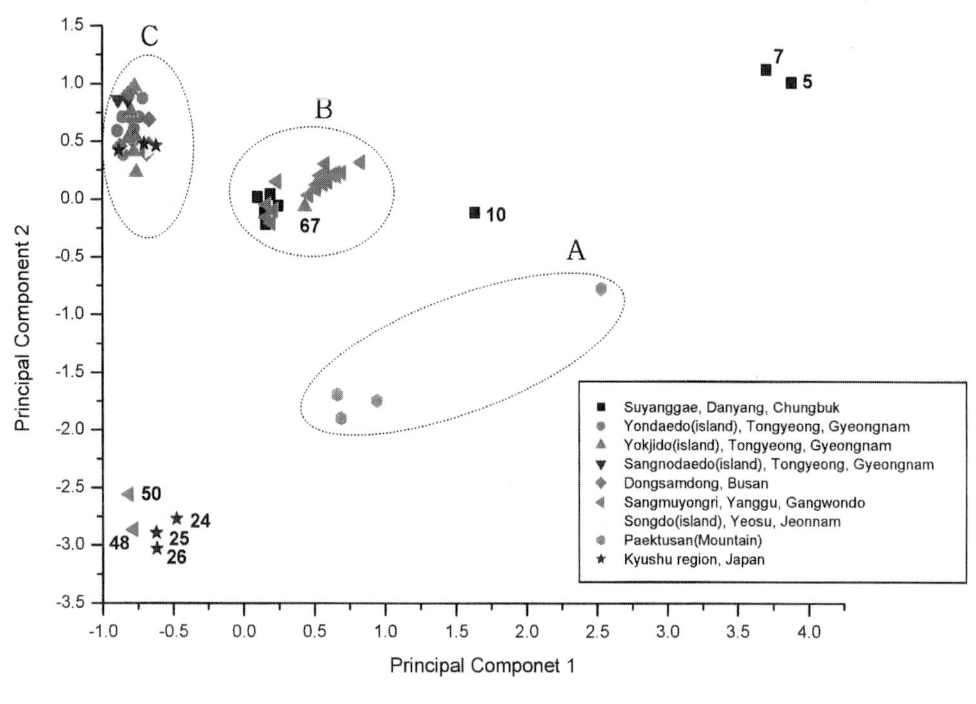

그림 7 주성분분석법에 의한 한반도 흑요석 분류 (趙南哲, 2005, 52쪽)

---

18 趙南哲, 『성분분석, 미세조직 및 자기적 특성에 의한 한반도 흑요석의 분류』, 江原大學校 大學院 工學博士學位 論文, 2005, 1~107쪽.

지질학적 배경이 틀릴 수 있음을 보여주었다.[19] 자기적 특성을 이용한 흑요석 산지 분류[20]에서는 정확히 지역 간 그룹의 차이를 확인하지 못하였지만, 대자율과 포화등온잔류자화의 이변량분석에서는 주요성분 및 미량성분을 이용한 산지분류와 유사한 결과를 얻었다. 그의 연구에서 특히 주목되는 것은 여러 방법을 통한 교차분석에서 상무룡리와 수양개의 흑요석이 백두산 흑요석과 전혀 친연성이 확인되지 않는다는 점이다.

최근에 조사된 대구 월성동 구석기유적의 흑요석 원산지 추정 결과, 이 유적의 흑요석은 Sr 동위원소 분석 결과에서 백두산이나 한반도 남부지방의 흑요석과 상당히 많은 차이를 보이며, 흑요석의 K-Ar 연대측정 결과 약 30Ma로 나와 백두산 화산활동 시기인 10Ma보다 더 오래된 산지에서 얻은 것으로 밝혀져 주목된다(그림 8).

따라서 한반도에서 발견되는 흑요석을 광물, 암석, 미량원소, 동위원소 및 연대측정 결과 등을 종합해 볼 때, 백두산지역(1Group) · 상무룡리와 수양개를 포함하는 한반도 중부지역 구

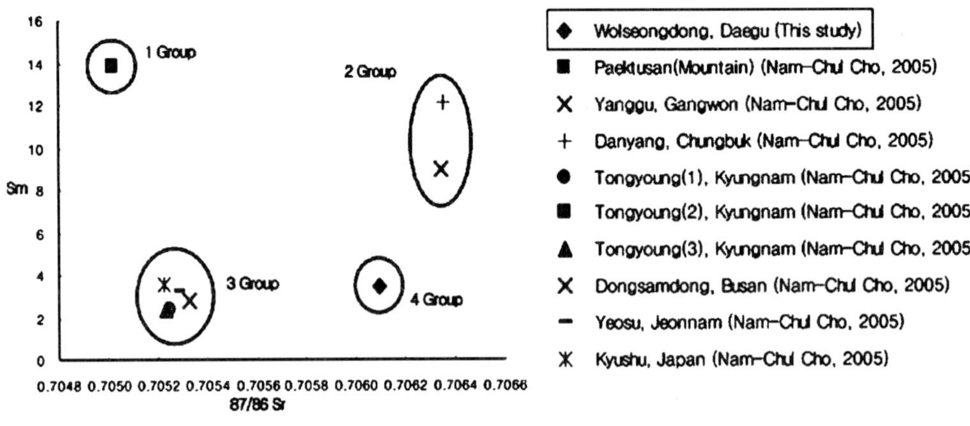

그림 8 한반도 흑요석의 분류 (장윤득 외, 2007, 737쪽)

---

19 조남철 · 강형태 · 정광용, 「미량성분 및 스트론튬(Sr) 동위원소비를 이용한 한반도 흑요석제 석기의 산지추정」, 『韓國上古史學報』第53號, 韓國上古史學會, 2006, 5~21쪽.
20 흑요석의 산지 분류에 이용되는 자기적 특성으로는 자연잔류자화(NRM), 포화등온잔류자화(SIRM), 대자율 등이 있다. 이러한 자기적 특성들의 세기는 흑요석 안에 들어있는 자성광물들의 함량 및 크기 종류 등의 복합적인 요소에 의해 결정된다. 대체로 흑요석 내부에는 각 성분의 냉각 차이에 의해 생성된 많은 결정질 불순물들이 존재하고 있다. 이러한 결정질들의 주요 성분은 Fe로서 철 산화물들이 대부분을 이루고 있다. 이 철산화물들이 흑요석의 자기적 특성을 나타내는 주요한 인자로 작용하게 된다(조남철 · 박용희 · 도성재 · 강형태 · 남인탁, 「성분분석 및 자기적 특성에 의한 한반도 흑요석의 분류 연구」, 『보존과학회지』16, 한국문화재보존과학회, 2004, 100~101쪽).

석기유적(2Group) · 일본 구주와 한반도 남부지역 신석기유적(3Group) · 대구 월성동 구석기유적(4Group)의 흑요석으로 4대분 할 수 있다는 연구 결과는 시사하는 바가 크다.[21] 이것은 오산리 흑요석의 백두산 기원설에 기초하여 파생된 상무룡리 흑요석의 백두산 기원설이 설득력을 잃고 있음을 보여주는 것이다. 오히려 흑요석 기원지의 다양성을 상정하는 것이 합리적이라고 여겨진다. 이것은 이제까지 잘 알려진 화산암 지역만이 아니라, 아직 밝혀지지 않은 흑요석 산지 여러 곳에서 다양한 경로를 통해 유래되었을 가능성이 크다.

(2) 홍천 하화계리 흑요석의 기원 문제

하화계리 사둔지에서 출토된 다량의 흑요석 중에는 표면에 자연면을 지니고 있는 소형의 장방형 석재가 있는데(사진 29), 이는 돌감이 원석의 형태로 유적에 반입되었음을 보여준다. 또한 이 유적의 흑요석이 백두산에서 왔을 가능성은 1990년대 초 발굴 당시부터 제기되었다.

흑요석의 원산지를 알아보기 위해 이동영 등은 하화계리 사둔지에서 출토된 흑요석 3점과 백두산 흑요석 1점에 대해 현미경 관찰 및 X-ray 분석, 미량 원소분석 등을 실시하였다.[22] 그 결과 암질의 차이뿐만 아니라 희유원소 성분함량에서도 서로 차이점을 보이는 것으로 나타났다. 이러한 차이가 흑요석의 원산지가 다른 이유에서인지, 동일한 원산지에서 유래되었다 할지라도 분출의 시기가 서로 다른 이유인지는 알 수 없었다. 또한 백두산에서 채취된 흑요석과도 전혀 달라 백두산 흑요석과의 유사성을 증명할 수 없었다. 분석 결과는 백두산이 아닌 서로 다른 세 곳의 원산지에서 유적으로 반입되었을 가능성을 제시해 주었다.

그 후 이선복 · 이용일 교수에 의해 다른 유적과의 관련 속에서 하화계리 사둔지 흑요석의 원산지를 추정하고자 하는 노력이 이어졌다.[23] 홍천 하화계리, 의정부 민락동, 공주 하봉리 구석기유적, 양양 오산리 신석기유적의 흑요석 원산지를 찾기 위해 의성 금성산과 철원 궁평리(추가령지구대)의 화산지대에서 채취한 표본 시료와 함께 분석하였다(그림 9). 희토류 원소 함량 분석 결과, 시 · 공간적으로 멀리 떨어져 있는 네 지점의 유적에서 출토된 흑요석이 모두

---

21 장윤득 · 박태윤 · 이상목 · 김정진, 「월성동 구석기 유적 출토 흑요석제 석기의 암석 및 광물학적 연구를 통한 원산지 추정」, 『한국지구과학회지』제28권 제6호, 한국지구과학회, 2007, 731~740쪽.

22 이동영 · 김주용 · 한창균, 「洪川 下花溪里遺蹟의 地形 및 地質」, 『中央高速道路建設區間內 文化遺蹟 發掘調査 報告書』, 江原道, 1992, 254~259쪽.

23 이선복 · 이용일, 「흑요석 석기의 지화학적 특성에 대한 예비 고찰」, 『韓國考古學報』35, 韓國考古學會, 1996, 173~187쪽.

사진 29 자연면을 지닌
하화계리 흑요석

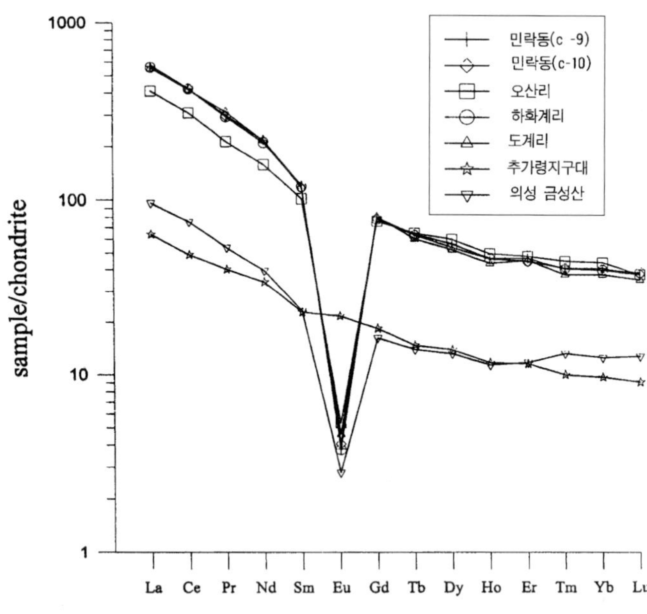

그림 9 흑요석 및 자연유리에 포함된 희토류 원소함 량 대비

(이선복 · 이용일, 1996, 184쪽)

같은 산지에서 채집된 원석에서 만들어진 자료라는 흥미로운 해석이 제시되었다. 또한 이들 흑요석이 함께 분석한 의성 금성산이나 추가령지구대와는 상당한 차이를 보여 잘 알려진 신생대 화산암 지역이 아니라 아직 잘 알려지지 않은 소규모 산출지역에서 채취했을 가능성이 있음을 제기하였다. 이들은 이러한 분석 결과를 제시하기에 앞서 오산리 흑요석의 백두산 기원설을 비판하면서 받아들이기 어렵다고 전제하였다. 그리고 동일 기원으로 언급된 하화계리, 민락동, 하봉리, 오산리 등 네 군데 유적의 흑요석이 백두산에서 기원했을 가능성을 차단한 상태에서 의성 금성산이나 추가령지구대가 아닌 이제까지 알려지지 않은 제3의 장소에서 채취되었을 가능성을 제시한 것이다.

한편 앞의 분석 결과와 달리, 하화계리 흑요석이 백두산에서 왔을 가능성에 대한 적극적인 해석이 쿠즈민(Kuzmin)에 의해 제기되었다.[24] 그의 주장에 의하면, 중성자방사화 분석 결과,

---

24 쿠즈민, 「홍천 하화계리(Ⅲ) 작은솔밭 구 · 중석기유적의 흑요석 성분분석」, 『洪川 下花溪里Ⅲ 작은솔밭 舊 · 中石器遺蹟』, 江原考古學硏究所, 2004, 260~262쪽.

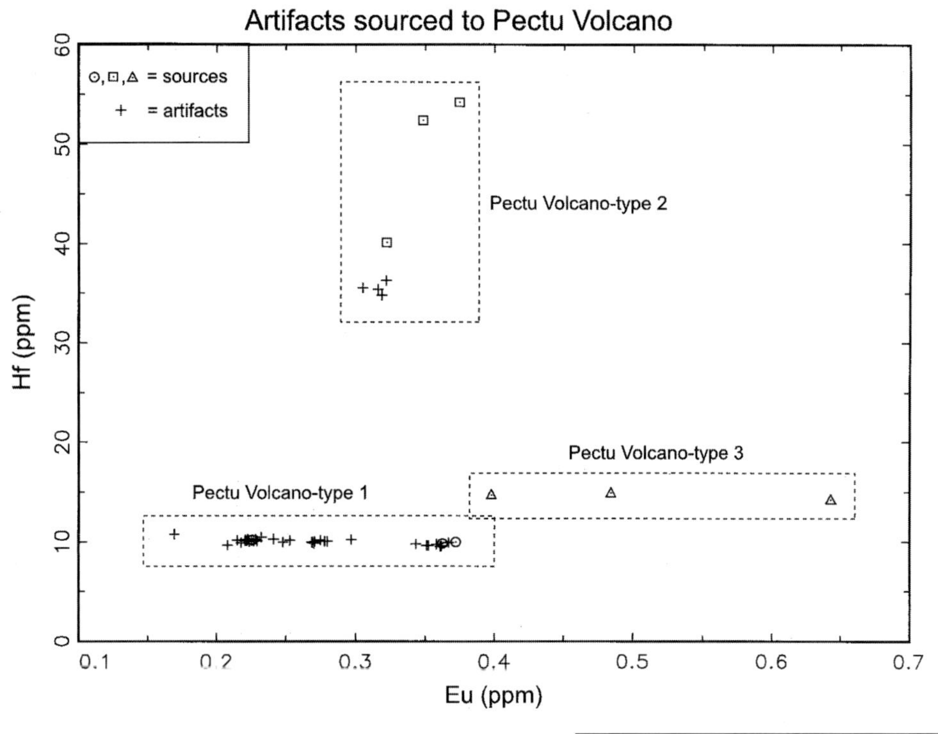

그림 10　백두산 흑요석 성분에 따른 그룹 구성 도표 (쿠즈민, 2004, 261쪽)

하화계리Ⅲ 작은솔밭 유적(13,390±60 BP)의 흑요석 3점은 중국쪽 백두산 칼데라 가장자리에서 채취한 흑요석 표본과 동일한 지화학적 성분을 지닌 PNK2(Pectu Volcano-2, North Korea) 그룹에 속하는 것이라고 한다(그림 10). 그의 연구에서 주목되는 것은 백두산 계열의 흑요석도 성분에 따라 몇 개의 그룹(PNK 1, 2, 3)으로 나뉜다는 점이다. 따라서 백두산의 흑요석도 여러 차례에 걸쳐 다양한 종류의 것이 만들어진 만큼, 비교 자료로서 이용된 백두산 흑요석이 어느 지점에서 채취된 것인가에 따라 분석 내용이 달리 해석 될 수 있음을 염두에 두어야 한다고 여겨진다.

위의 내용들을 종합하면, 하화계리 흑요석이 작은솔밭처럼 백두산에서 기원한 것도 있지만, 사둔지의 사례와 같이 백두산 흑요석과 친연성이 없는 서로 다른 세 곳 이상의 흑요석 산지에서 채취된 석재가 석기제작에 활용되기도 했음을 보여준다. 이는 흑요석 돌감의 선택과 획득이 보다 다양한 시스템 속에서 이루어 졌을 가능성을 보여주는 것이다.

(3) 철원 장흥리 흑요석의 기원 문제

앞서 살펴본 홍천 하화계리 흑요석과 함께, 쿠즈민은 철원 장흥리에서 출토된 3점의 흑요석
도 동일한 방법으로 분석하여 역시 백두산계에서 기원한 것임을 주장하였다. 그러나 하화계
리 흑요석(PNK2)과 전혀 다른 백두산 흑요석으로, 프리모레(Primorye) 지역에 넓게 분포하는
것(PNK1)과 동일한 것으로 밝혀졌다.[25]

한편 장용준은 장흥리의 흑요석 중 일본 홋카이도에서만 출토되는 하나토카치(花十勝石)
로 추정되는 격지 1점이 포함되어 있음을 확인하였다.[26] 홋카이도 赤石山 산출지의 동쪽 중·
남부에 분포하며, 갈색, 적갈색, 홍색을 띠는 바탕에 검은 반점이 점박이처럼 끼어 있는 흑요
석으로 매우 독특한 돌감이다(그림 11).

이 흑요석 격지가 일본 홋카이도 산이라는 추정은 맨눈관찰에 의한 것이므로, 앞으로 자연
과학적인 분석으로 그 신뢰도를 높여야 할 것이다. 하지만 철원 장흥리 유적에서 백두산계 흑
요석과 일본 홋카이도산 흑요석이 공존하고 있다는 사실은 후기구석기인들의 활동이 매우 광
범위한 지역에서 이루어졌다는 것을 보여주는 것이다. 한반도에서 출토하는 흑요석 석기의

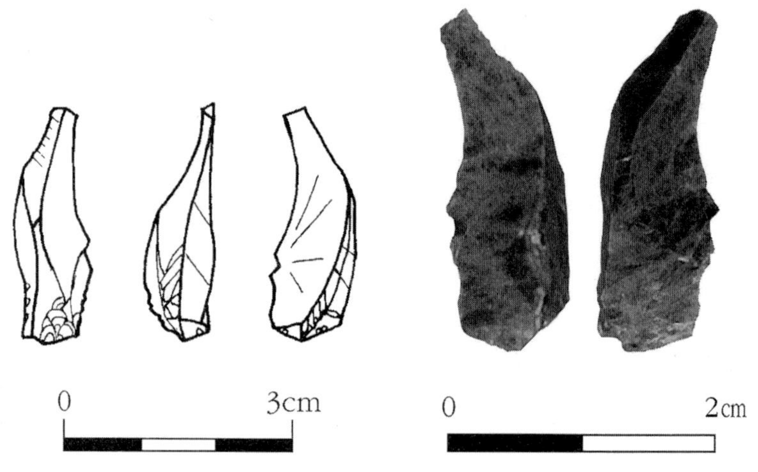

그림 11 장흥리의 갈색 흑요석 (崔福奎 외, 2001, 68쪽, 130쪽)

---

25 쿠즈민, 「홍천 하화계리(Ⅲ) 작은솔밭 구·중석기유적의 흑요석 성분분석」, 『洪川 下花溪里Ⅲ 작은솔밭 舊·中石
　器遺蹟』, 江原考古學研究所, 2004, 260~262쪽.

26 張龍俊, 『韓國 後期舊石器의 製作技法과 編年研究 -石刃과 細石刃遺物相을 中心으로-』, 釜山大學校 大學院 文學
　博士 學位論文, 2006, 238~239쪽.

고향이 백두산일 가능성은 이미 오래 전부터 주장된 것이므로 그렇다 치더라도, 엄청나게 원거리인 홋카이도산 흑요석을 장흥리 구석기인들이 입수하게 된 경위는 어떻게 설명되어야 할까?

그렇게까지 먼 거리에서 흑요석을 구해야할 필요성은 무엇이었을까? 쉽지 않은 문제이나 생각해 볼 수 있는 가능성은 홋카이도에서 사할린을 거쳐 연해주와 백두산에 걸치는 지역에 흑요석을 매개로한 교역망이 존재했다고 보는 것이다. 특히 백두산과 홋카이도는 중요한 흑요석 산지라는 점도 그럴 가능성을 뒷받침해준다. 두 흑요석 산지를 중심으로 히로사토형 좀

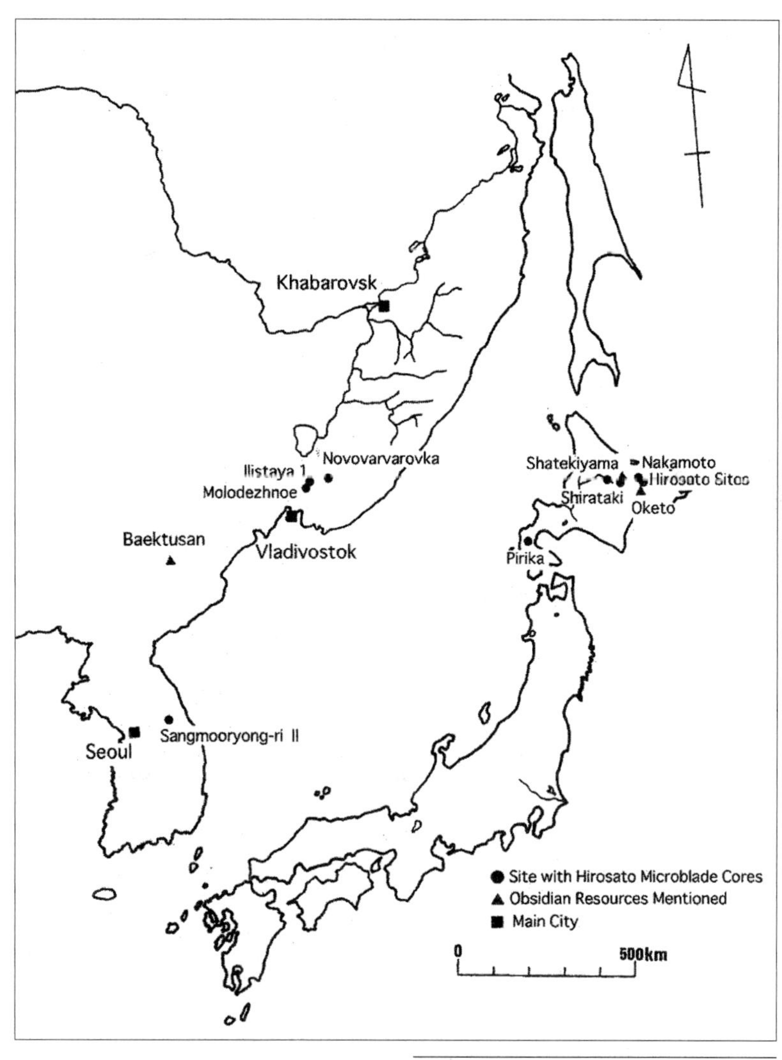

그림 12 히로사토형 몸돌의 분포권과 흑요석 산지 (Hiroyuki, Sato, 2004, 219쪽)

돌날몸돌이 분포한다는 연구도 주목된다.[27] 히로사토형 몸돌은 홋카이도 지역에 특징적으로 분포하며, 백두산 흑요석을 이용한 러시아의 프리모레 지역, 한반도의 상무룡리 유적 등에도 분포한다(그림 12). 이 분포권을 참고한다면 홋카이도 지역과 교류가 있었던 백두산 주변 지역의 흑요석이 한반도로 이동하는 과정에서 장흥리처럼 백두산과 홋카이도산 흑요석이 공존하는 현상을 유발했을 가능성도 있다.

앞에서 살펴본 상무룡리와 하화계리, 장흥리의 흑요석 기원 문제를 종합하면, 결국 한반도 구석기유적에서 출토되는 흑요석은 백두산이라는 단일한 원산지에서만 기원한 것이 아니라 지금까지 알려지지 않은 여러 곳의 흑요석 산지에서 채취된 원석이 다양한 경로를 통해 원거리의 여러 지역으로 확산되었을 가능성이 크다. 즉 하나의 유적에 여러 종류의 흑요석이 공존한다는 사실은 돌감을 매개로 한 다양한 루트의 교류가 활발히 이루어졌음을 보여주는 것이다. 앞서 살펴본 상무룡리, 하화계리, 장흥리 흑요석 분석 결과의 다양성은 후기구석기말 흑요석 돌감의 선택과 획득 전략이 우리가 상상하는 것보다 훨씬 더 복잡하고 다양하게 전개되었음을 보여주는 것이다.

2. 격지떼기

1) 몸돌

우리나라에서 시기가 오래된 구석기유적일수록 큼직한 자갈돌을 몸체로 하여 격지떼기가 진행되어 대형의 몸돌들이 주로 출토되고, 점차 후기 구석기시대로 갈수록 소형몸돌이 우세해지는 것으로 알려져 있다. 이러한 사실은 이른 시기와 늦은 시기의 구석기유적을 각각 발굴해 본 경험이 있거나, 다층위 유적에서 시간의 흐름에 따른 석기의 변화를 체험한 연구자라면 자연스럽게 공감하게 된다. 그러나 이러한 변화가 보편적인 현상인지를 계량적으로 검토한 사례는 많지 않은 편이다.

---

27 Hiroyuki, Sato, 「Lithic Procurement and Reduction Strategy of Hirosato Industry in the Japan Sea Rim Area」, 『先史와 古代』20, 韓國古代學會, 2004, 205~221쪽.

따라서 여기에서는 강원지역의 구석기유적에서 출토된 몸돌을 대상으로 시기의 변화에 따라 크기가 과연 다르게 나타나는지를 살펴보고자 한다. 몸돌은 넓은 의미에서 주먹도끼, 찍개, 여러면석기 같은 도구를 만드는 과정에서 격지가 생기는 것까지 포함하여 '격지를 얻을 수 있는 모든 몸체'로 정의되기도 하지만, 여기에서 말하는 몸돌이란 '몸돌 자체의 특징을 지니고 도구의 특징이 두드러지지 않는 석기'를 지칭하는 좁은 의미의 몸돌을 가리킨다.[28] 비교 대상은 유물군의 크기가 비교적 크고, 보고서가 간행되어 크기가 기록된 유적을 선별하였다.

중기와 후기 구석기시대에 해당되는 유적에서 출토되는 몸돌의 크기가 대형에서 소형으로 변화하는지의 여부를 확인하기 위하여 각각의 시기를 대표하는 유적에서 출토된 몸돌들을 한꺼번에 통계 처리하여 비교하여 보았다. 후기 구석기시대는 층서상 명갈색 점토층과 그 하부의 암갈색 점토층에 해당되는 장흥리(6점), 하화계리 사둔지(26점), 작은솔밭 1유물층(5점), 기곡 B지구 1유물층(157점), 하화계리 돌터거리 유적(17점)에서 출토된 몸돌(211점)의 길이, 너비, 두께, 무게를 각각 한꺼번에 통계 처리한 결과이다. 반면에 중기 구석기시대는 적갈색 점토층에 해당되는 백이 1·2·3유물층(123점), 금산리 갈둔 3·4유물층(102점), 노봉 3유물층(7점), 기곡 A지구 3유물층(8점)의 몸돌(240점)을 대상으로 하였다.

다음 상자 도표에 나타난 바와 같이, 모두 451점의 몸돌을 통계 처리하여 비교한 결과 길이, 너비, 두께, 무게 모든 계측치에서 후기 구석기시대 보다는 중기 구석기시대의 몸돌들이 더 크게 나타났다(그림 13~16). 따라서 시기가 오래된 구석기유적일수록 큼직한 자갈돌을 몸체로 하여 격지떼기가 진행되어 대형의 몸돌들이 주로 출토되고, 점차 후기 구석기시대로 갈수록 소형몸돌이 우세해지는 변화가 잘 반영되어 나타나고 있다.

또한 몸돌의 길이와 너비의 비율을 따져 길이/너비 지수를 살펴본 결과, 후기 구석기시대에는 1.0 이상의 범위에 집중되는 것을 알 수 있다(그림 17). 이는 너비에 비해 길이가 더 길쭉한 형태의 몸돌들이 우세하다는 것을 의미한다. 돌날몸돌이나 좀돌날몸돌, 다소 길쭉한 형태의 소형몸돌들이 석기군을 주도하는 후기 구석기시대의 양상이 뚜렷이 반영된 결과로 여겨진다. 반면에 중기 구석기시대에는 길이/너비 지수가 1.0 이하에 집중되는 결과를 얻었다. 이는 길이에 비해 너비가 더 길어서 다소 두툼한 형태의 몸돌이 우세하다는 것을 의미한다. 좀돌날이나 세로로 긴 격지를 얻기 위한 의도 보다는 다소 너비가 넓은 큰 격지를 얻는데 적합한 몸돌 형태를 유지한 특성을 반영한 것으로 여겨진다. 따라서 몸돌의 길이/너비 지수 비교에서도 후

---

28 朴成鎭, 『임진-한탄강지역의 구석기시대 몸돌 연구-지표채집 석기를 중심으로-』, 檀國大學校 大學院 碩士學位 論文, 1998, 13쪽, 16~17쪽.

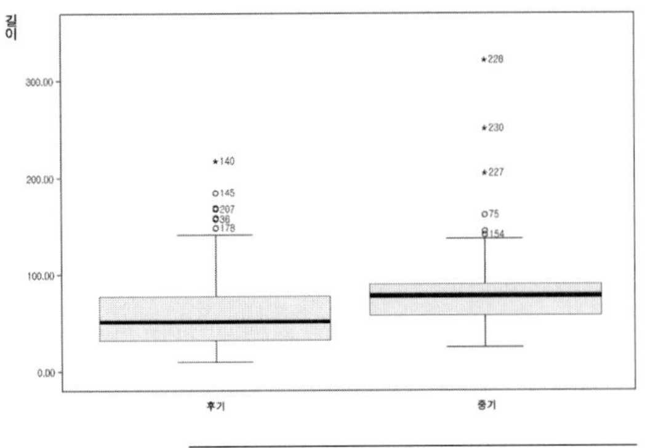

그림 13 몸돌의 길이 비교

(n=451)

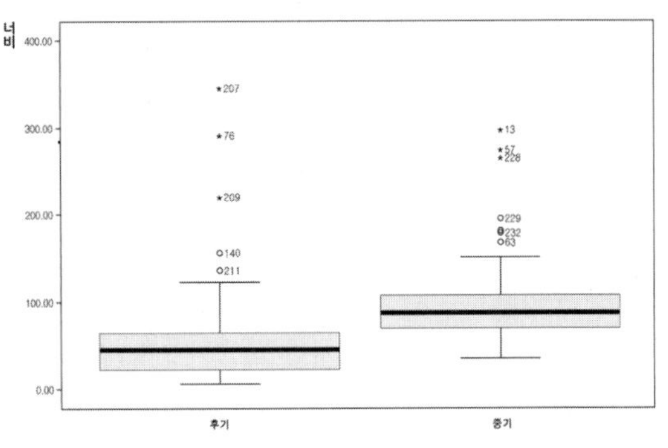

그림 14 몸돌의 너비 비교

(n=451)

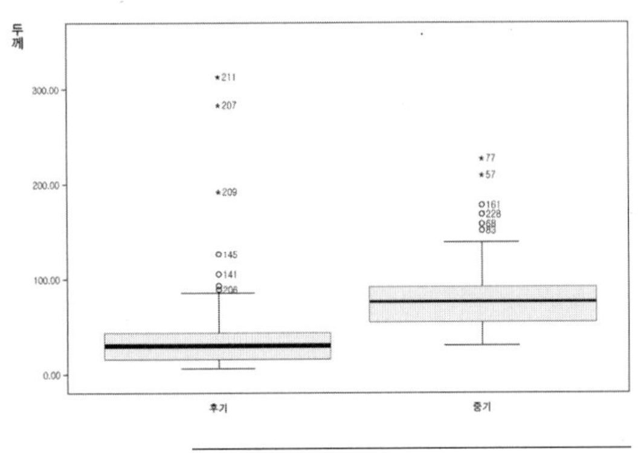

그림 15 몸돌의 두께 비교

(n=451)

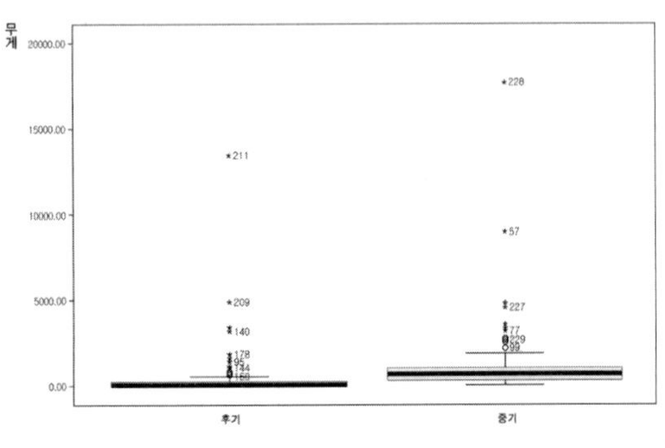

그림 16 몸돌의 무게 비교

(n=451)

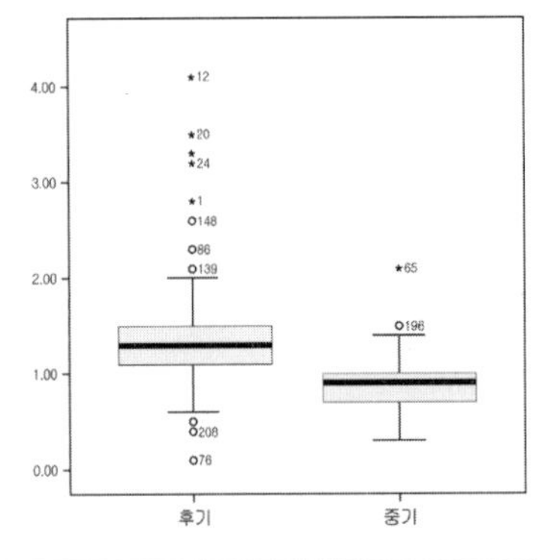

그림 17 몸돌의 길이/너비 지수 비교

(n=451)

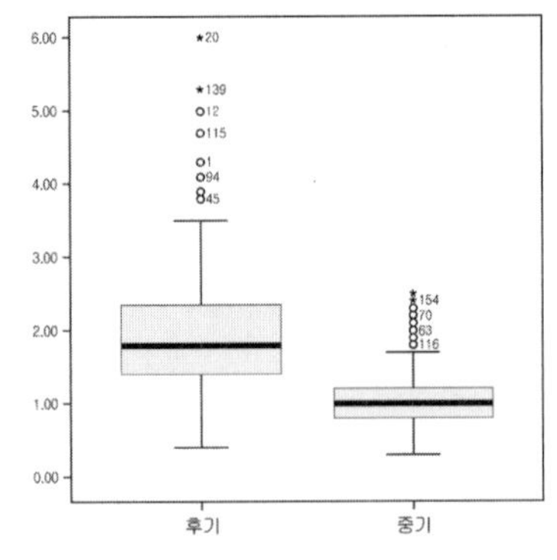

그림 18 몸돌의 길이/두께 지수 비교

(n=451)

기 구석기시대와 중기 구석기시대의 몸돌 형태가 서로 차이가 난다는 점을 확인할 수 있다.

한편 몸돌의 길이와 두께의 비율을 따져 길이/두께 지수를 비교한 결과, 후기 구석기시대에는 1.5~2.5 정도 범위에 집중되는 양상을 확인할 수 있다(그림 18). 이는 몸돌의 길이에 비해 두께가 훨씬 더 얇다는 것을 의미한다. 즉 후기 구석기시대에는 비교적 두께가 두텁지 않고 길이가 긴 형태의 몸돌이 우세하게 나타남을 알 수 있다. 반면에 중기 구석기시대에는 길이/두께 지수가 1.0 이하에 집중되는 양상을 보였다. 이는 길이에 비해 두께가 더 두텁다는 것을 의미한다. 즉 중기 구석기시대에는 비교적 부피가 큰 몸돌들이 우세하게 나타남을 알 수 있다.

위에서 살펴본 대로 중기 구석기시대에는 크기가 크고, 비교적 두터운 대형의 몸돌들이 우세한 반면, 후기 구석기시대로 갈수록 몸돌의 크기가 작고 두텁지 않은 소형의 몸돌들이 우세하게 나타나는 변화가 나타난다. 특히 후기 구석기시대에는 돌날이나 좀돌날, 세로로 긴 격지 등을 생산한 결과 너비와 두께에 비해 길이가 긴 소형몸돌이 우세하게 나타나 중기 구석기시대의 두텁고 부피가 큰 대형몸돌들과 차이를 보인다.

2) 격지

몸돌의 크기 분석에서 나타난 바와 같이, 중기 구석기시대에서 후기 구석기시대로 갈수록 크기가 대형에서 소형화되는 변화가 격지에서도 관찰되는지를 살펴보았다. 몸돌에서 격지를 얻기 때문에 통상적으로 몸돌과 격지는 동시에 분석되어지는 것이 바람직하다.

비교 대상은 몸돌과 마찬가지로 유물군의 크기가 비교적 크고, 보고서가 간행되어 통상적인 격지의 방향 설정[29]에 따라 계측치가 기록된 유적을 선별하였다. 격지의 계량적 속성은 길이, 너비, 두께의 3요소로 이루어진 크기 계측치와 무게를 포함하여 살펴보았다.

후기 구석기시대는 층서상 명갈색 점토층과 그 하부의 암갈색 점토층에 해당되는 장흥리(200점), 하화계리 작은솔밭 1유물층(4점), 노봉 1유물층(6점), 기곡 B지구 1유물층(706점), 하화계리 돌터거리 유적(105점)에서 출토된 격지(총 1,021점)의 길이, 너비, 두께, 무게를 각각 한꺼번에 통계 처리한 결과이다. 반면에 중기 구석기시대는 적갈색 점토층에 해당되는 백이

---

29 격지의 관찰 방향은 통상적으로 굽을 아래쪽으로 놓고, 배면(격지면)을 바닥에 놓은 상태에서 이루어진다.

1 · 2 · 3유물층(151점), 금산리 갈둔 3 · 4유물층(877점)의 격지(총 1,028점)를 대상으로 하였다.

모두 2,049점의 격지를 통계 처리하여 비교한 결과, 길이와 너비 계측치에서 후기 구석기시대보다는 중기 구석기시대의 격지들이 더 크게 나타났다(그림 19~20). 하지만 두께 계측치는 두 시기 사이에 거의 차이가 나타나지 않았다(그림 21). 무게는 큰 차이는 아니지만, 후기 구석기시대보다 중기 구석기시대의 격지들이 더 무거운 것으로 나타났다(그림 22).

이러한 결과는 몸돌의 경우와 마찬가지로 시기가 오래된 구석기유적일수록 격지의 크기가 크고, 점차 후기구석기로 갈수록 격지의 크기가 작아지는 변화를 잘 반영하고 있는 것으로 보인다. 다만, 길이와 너비의 변화와 달리 두 시기 모두 일정한 두께의 격지를 얻기 위한 노력이 이어진 것으로 보인다. 즉 중기 구석기시대에 보다 큰 격지를 얻으면서도 그에 비례하여 두터운 격지를 얻기 위한 의도적인 노력은 없었던 것이다. 이는 아마도 일정 두께의 격지를 얻기 위한 격지떼기 기술에서는 두 시기 사이에 큰 차이가 없었던 것을 반영한다고 볼 수 있다.

또한 격지의 길이와 너비의 비율을 따져 길이/너비 지수를 살펴본 결과, 후기 구석기시대에는 1.0~2.0 사이에 집중되는 것을 알 수 있다(그림 23). 이는 너비에 비해 길이가 더 길쭉한 형태의 격지들이 우세하다는 것을 의미한다. 몸돌 분석 결과와 마찬가지로, 돌날이나 좀돌날, 세로로 긴 격지 등이 석기군을 주도하는 후기 구석기시대의 양상이 뚜렷이 반영된 결과로 여겨진다. 반면에 중기 구석기시대에는 길이/너비 지수가 1.0 내외에 집중되는 결과를 얻었다. 이는 길이에 비해 너비가 더 길거나, 길이와 너비의 비율이 엇비슷한 형태의 격지들이 우세하다는 것을 의미한다. 후기 구석기시대와 달리 너비보다 길이가 더 긴 격지의 비율이 현저히 떨어지는 양상을 보인다. 중기 구석기시대에는 좀돌날이나 세로로 긴 격지를 얻기 위한 의도보다는 다소 너비가 넓은 일반 격지를 얻는데 주력한 것으로 여겨진다. 따라서 몸돌 분석 결과와 마찬가지로, 격지의 길이/너비 지수 비교에서도 후기 구석기시대와 중기 구석기시대의 격지 형태가 서로 차이가 난다는 점을 확인할 수 있다.

한편 격지의 길이와 두께의 비율을 따져 길이/두께 지수를 비교한 결과, 후기 구석기시대에는 3.0~5.0 정도 범위에 집중되는 양상을 확인할 수 있다(그림 24). 이는 격지의 길이에 비해 두께가 훨씬 더 얇다는 것을 의미한다. 즉 후기 구석기시대에는 길이가 훨씬 더 길면서 두께가 아주 얇은 형태의 긴 격지가 우세하게 나타남을 알 수 있다. 이는 좀돌날과 같이 길이가 너비의 2배 이상 되면서 두께가 길이의 1/3~1/5 정도 되는 아주 얇은 격지가 전체 격지군을 주도하고 있음을 보여주는 것이다. 반면에 중기 구석기시대에는 길이/두께 지수가 2.0~3.0 사이에 집중되는 양상을 보였다. 이는 격지의 두께가 길이의 1/2~1/3 정도로, 후기 구석기시대의 격지보다 길이가 짧으면서 두께가 두텁다는 것을 의미한다. 그러나 양자 간에 매우 현저한 차이

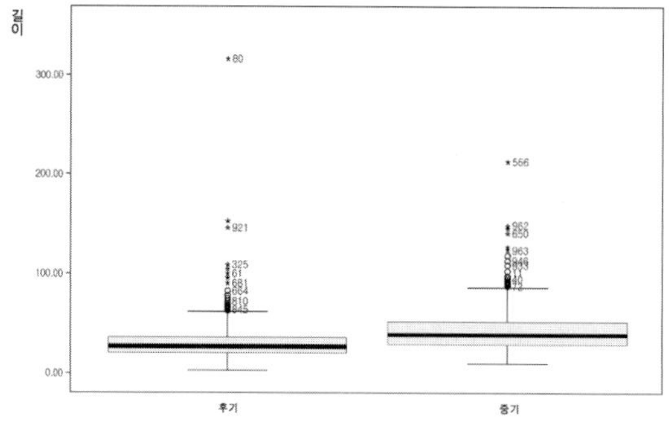

그림 19 격지의 길이 비교
(n=2,049)

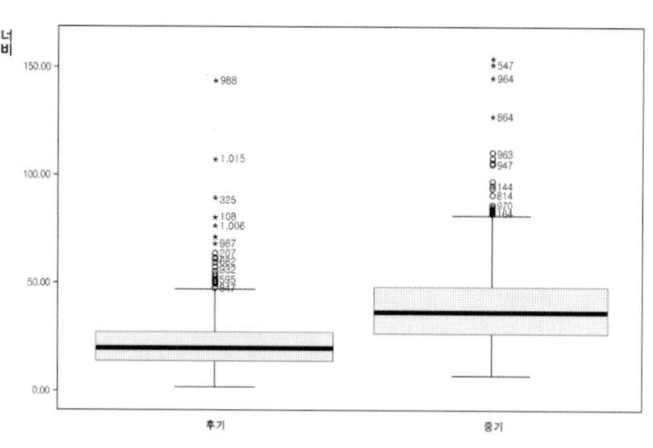

그림 20 격지의 너비 비교
(n=2,049)

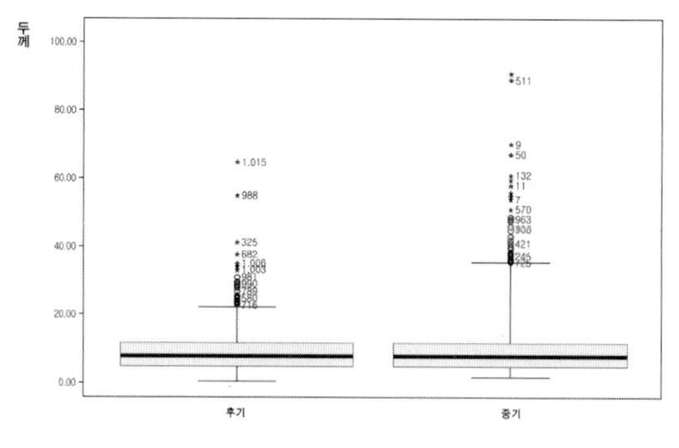

그림 21 격지의 두께 비교
(n=2,049)

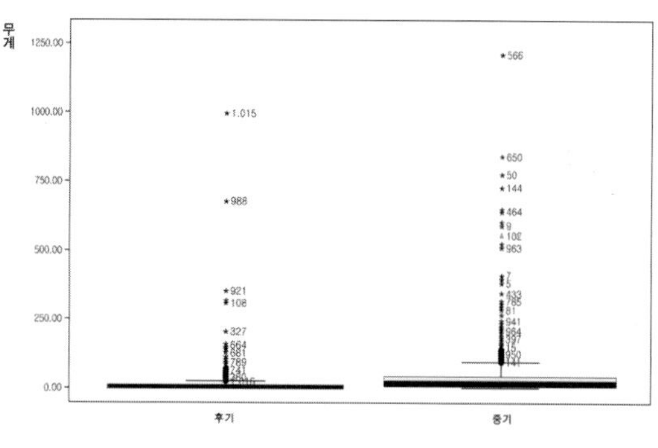

그림 22 격지의 무게 비교
(n=2,049)

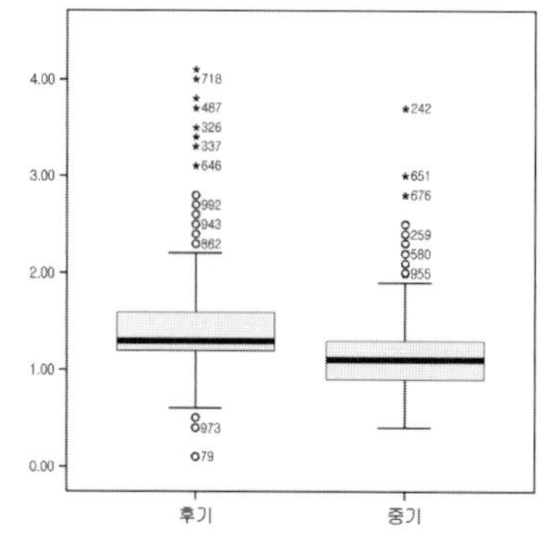

그림 23 격지의 길이/너비 지수 비교
(n=2,049)

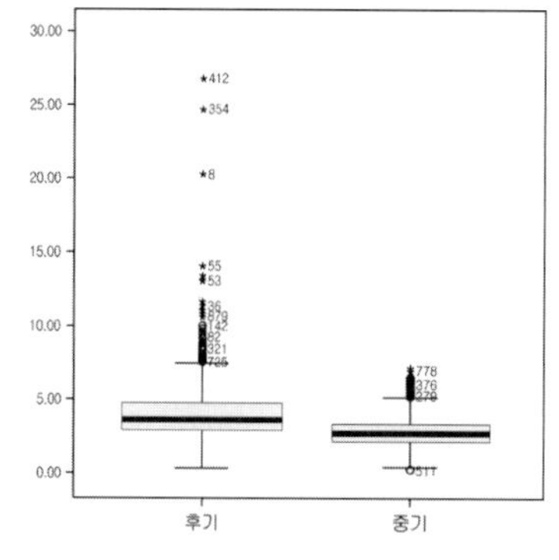

그림 24 격지의 길이/두께 지수 비교
(n=2,049)

를 보이지 않은 것은 두 시기 모두 격지의 두께가 엇비슷한 분포를 보였던 것과 관련된다고 생각된다. 그럼에도 불구하고 몸돌 분석 결과와 마찬가지로, 격지의 길이/두께 지수 비교에서도 후기 구석기시대와 중기 구석기시대의 격지 형태가 서로 차이가 난다는 점을 확인할 수 있다.

위에서 격지의 길이, 너비, 두께, 무게, 길이/너비, 길이/두께 지수를 비교해 본 결과, 중기 구석기시대에는 크기가 크고, 길이에 비해 너비가 더 길거나, 길이와 너비의 비율이 엇비슷한 형태의 격지들이 우세한 반면, 후기 구석기시대로 갈수록 격지의 크기가 작고, 너비에 비해 길이가 더 길쭉한 형태의 아주 얇은 격지들이 우세하게 나타나는 변화가 나타난다. 특히 후기 구석기시대에는 돌날이나 좀돌날, 세로로 긴 격지 등과 같이 너비와 두께에 비해 길이가 긴 소형격지들이 우세하게 나타나 중기 구석기시대의 격지들과 차이를 보인다.

3. 제작흔과 제작 도구

1) 제작흔

제작흔은 석기를 만드는 목적을 이루기 위한 행위의 결과 생긴 인공 흔적을 말한다. 아래 그림 25에서 볼 수 있는 것처럼, 석기를 만들 때 타격면과 그 주위에는 여러 종류의 다듬은 자국과 타격흔적이 남게 되는데, 이는 석기 제작흔의 대표적인 사례이다. 특히 몸돌, 격지, 도구

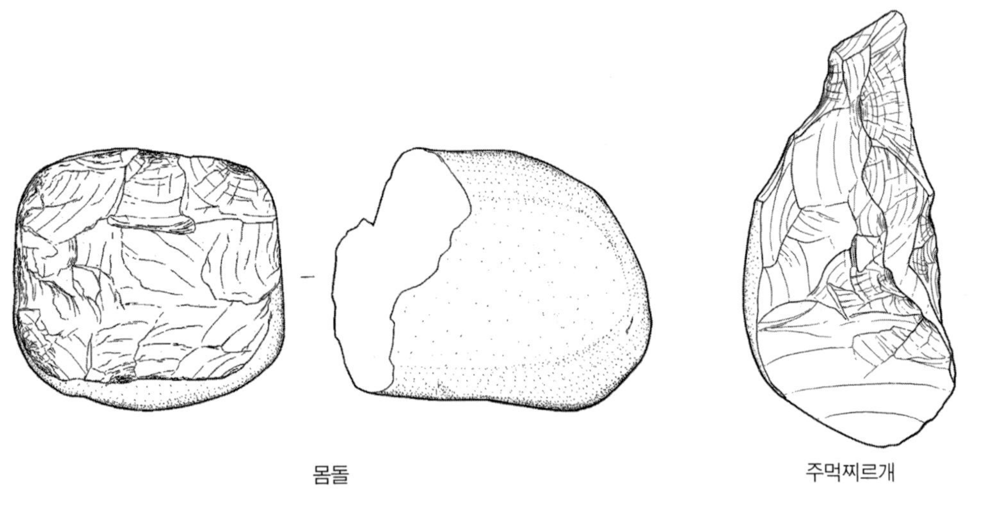

그림 25 타격흔이 잘 남은 석기들 (춘천 금산리 갈둔 유적, 최승엽 · 김연주, 2008, 114 · 324쪽)

등에 남은 타격흔은 뗀 방향과 횟수 등을 알려주어 제작 기술과 과정을 추정하고 복원하는데 도움을 준다.

또한 철원 장흥리 유적이나 양구 상무룡리 유적의 좀돌날몸돌 및 좀돌날에 남아있는 갈린 자국도 석기 제작흔의 하나이다. 이들 유적에서는 길고 두터운 흑요석 돌날 격지를 몸체로 한 좀돌날몸돌의 편평한 배면을 곱게 갈고, 긴 변의 가장자리 부분을 갈린 배면을 타면으로 하여 등 방향으로 잔손질한 후, 짧은 변 위 끝에서 사선방향으로 좀돌날을 떼어낸 새로운 기법이 확인되

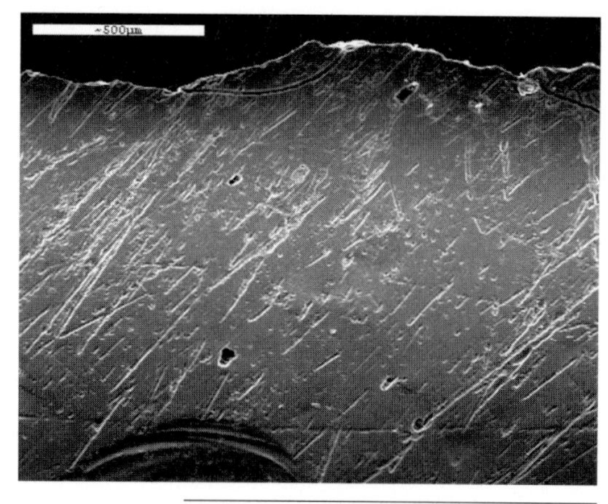

사진 30 좀돌날의 갈린 흔적과 금(crack)이 간 흔적
(崔福奎 · 崔三鎔 · 崔承燁 · 李海用 · 車在勳, 2001, 164쪽)

었다. 이러한 방식으로 떼어진 초기 좀돌날은 한쪽 가장자리가 갈린 면을 지니면서 잔손질된 특성을 지니게 된다. 사진 30에서 보는 바와 같이, 장흥리 유적의 좀돌날 한쪽 가장자리 면에서 관찰되는 갈린 자국과, 갈린 타면의 잔손질 과정에서 떨어져 나가지 않고 갈린 자국을 끊으며 남은 활 모양의 금이 있는 자국(crack)은 석기 제작 과정에서 남겨진 흔적의 하나이다.

이러한 제작흔은 보통 망치돌과 모룻돌, 나무망치와 뿔망치 등 다양한 석기 제작 도구들에 의해 남겨지게 된다. 우리나라의 경우 나무 망치, 뼈나 뿔 망치 등은 확인된 바가 없기 때문에 석기 제작 단계에 대한 연구에서 망치돌과 모룻돌은 가장 중요한 분석 대상이 된다.

2) 제작 도구

망치돌과 모룻돌은 가장 중요한 석기 제작 도구 중의 하나이며, 석기제작장을 판단하는 주요 지표가 된다. 그러나 망치돌과 모룻돌에서 보이는 사용 흔적이 반드시 석기 제작에 의해 남겨진 자국이 아닐 수 있기 때문에 이들의 존재만으로 석기제작장을 판단하는 것은 신중할 필요가 있다. 망치돌과 모룻돌의 겉면에는 다른 물체와의 물리적 충격에 의해 생긴 긁히거나 찍힌 자국 또는 으스러진 자국 등의 사용 흔적들이 남게 마련이다. 이러한 흔적들은 석기 제작 과정에서도 생겨날 수 있지만, 모루에 견과류를 올려놓고 지속적으로 깨먹거나, 뼈를 깨는 작업, 무언가를 올려놓고 빻거나 으깨는 행위 등을 통해서도 생겨날 수 있기 때문이다. 따라

서 망치돌과 모룻돌이 석기제작 과정에서 생겨나는 몸돌 및 격지, 돌조각, 부스러기, 되붙는 석기 등과 어느 정도 밀집도를 보이며 어우러지는지를 보고 석기제작장으로 판정하는 것이 바람직하다.

(1) 망치돌

하화계리 백이, 작은솔밭, 돌터거리, 사둔지, 금산리 갈둔, 내·외삼포리, 장흥리, 망상동 360-34, 평릉동, 주수리, 노봉, 구미동, 기곡 등 강원지역 거의 대부분의 구석기유적에서 망치돌이 출토되었다(그림 27).

망치돌의 길이와 너비에 따른 크기 분포를 살펴 본 결과, A·B·C·D 네 개의 그룹으로 나뉘는 것을 확인하였다(그림 26). 길이와 너비의 비율을 보면 A·B·C그룹은 길쭉하지 않고

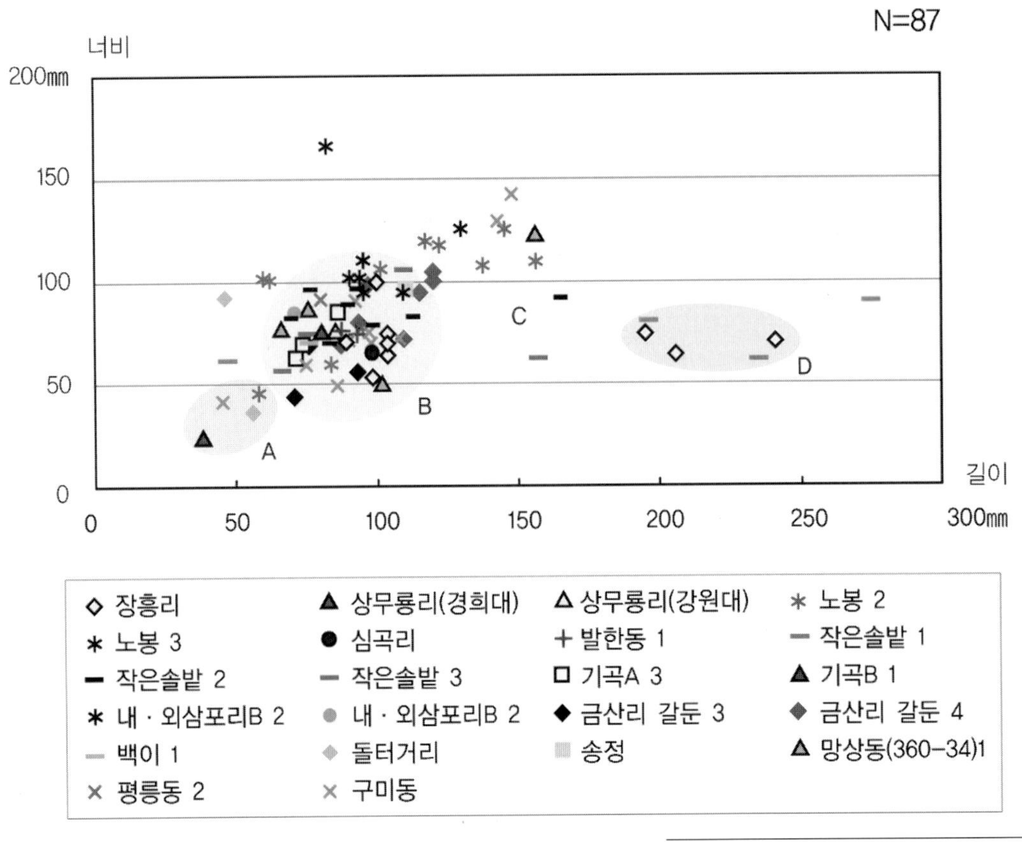

그림 26 망치돌의 크기 분포

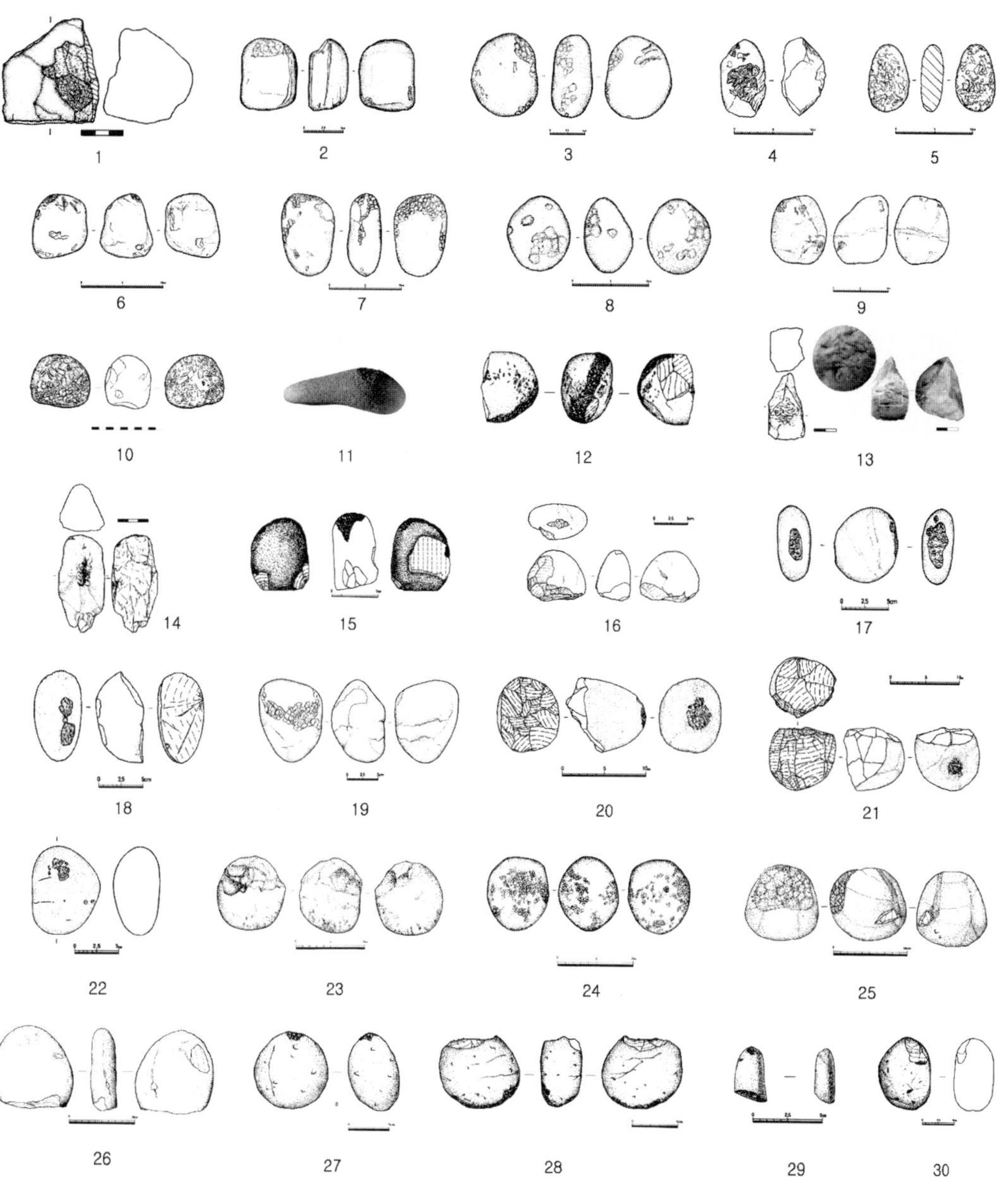

그림 27 강원지역의 구석기유적에서 출토된 망치돌

(백이 : 1, 금산리 갈둔 : 2~9, 내 · 외삼포리 : 10, 장흥리 : 11, 작은솔밭 : 12, 돌터거리 : 13~14, 사둔지 : 15,
망상동 360-34 : 16~19, 평릉동 : 20~22, 주수리 : 23~24, 노봉 : 25~26, 구미동 : 27~28, 기곡 : 29~30)

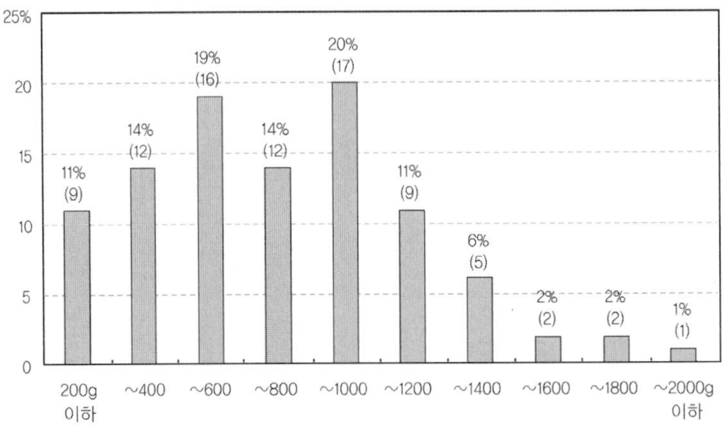

그림 28 망치돌의 무게 분포

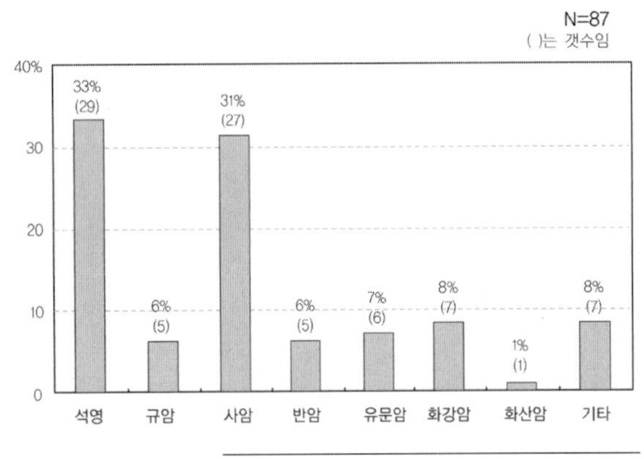

그림 29 망치돌의 돌감 분포

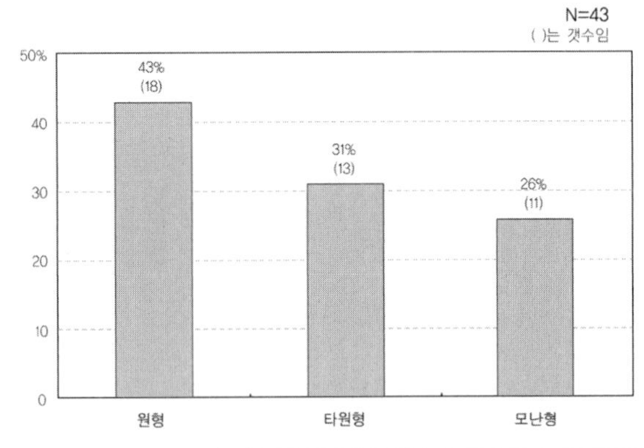

그림 30 망치돌의 형태

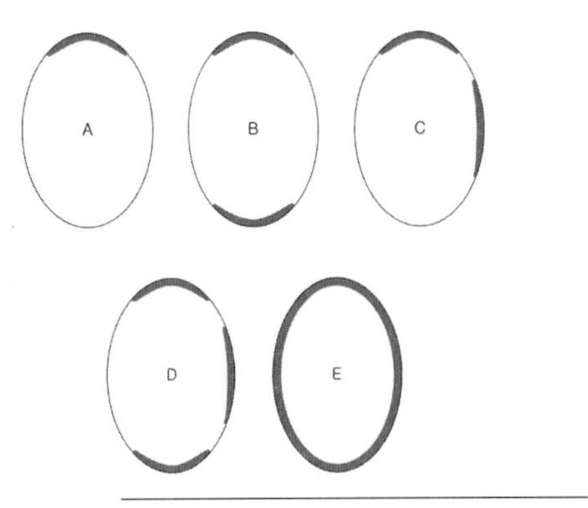

그림 31 망치돌 사용흔 위치 구분

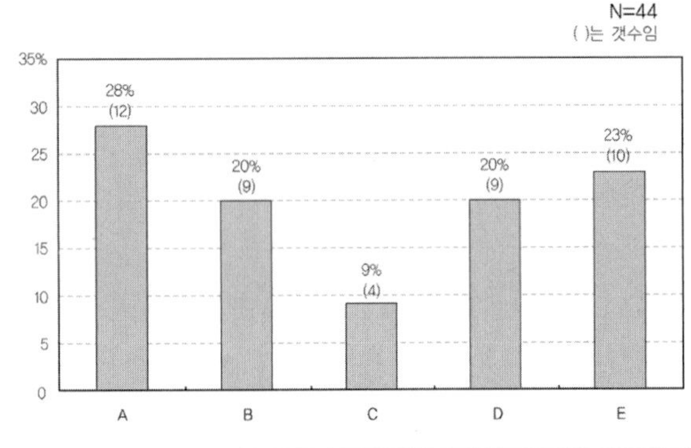

그림 32 망치돌 사용흔 위치 구분 분포

원형 내지는 타원형의 평면 형태를 보이는 것들이다. 크기는 길이 30~70mm, 너비 20~50mm 범위에 속하는 A그룹이 가장 작고, 길이 70~120mm, 너비 50~100mm 범위에 속하는 B그룹은 중간, 길이 120~160mm, 너비 100~150mm 범위에 속하는 C그룹은 다른 것들에 비해 비교적 큰 편이다. 반면에 길이가 180~240mm, 너비가 60~80mm로 길이가 너비의 3배 정도 되는 D 그룹은 장흥리에서 출토된 망치돌처럼 길이보다 폭(너비)이 좁은 길쭉한 대롱망치 형태에 해당된다. 강원지역에서 출토된 망치돌의 크기는 거의 대부분 길이 70~120mm, 너비 50~100 mm 정도 되는 중간 크기의 B그룹에 해당된다.

망치돌의 무게는 800~1,000g(20%), 400~600g(19%)에 가장 많이 분포하고 있으며, 그 다음 으로 200~400g, 600~800g이 각각 14%를 차지한다. 그 다음으로 200g 이하와 1,000~1,200g이 각각 11%를 차지한다(그림 28).

망치돌의 돌감은 석영(33%)과 사암(31%)이 가장 많이 쓰였으며, 규암 · 반암 · 유문암 · 화 강암 · 기타는 6~8% 정도로 적은 편이다(그림 29).

망치돌의 평면 형태는 원형〉타원형〉모난형 순으로 분포하지만, 그 수량은 각각 43%, 31%, 26%를 차지해 어느 특정 형태의 망치돌이 집중적으로 선호된 양상은 나타나지 않는다(그림 30).

망치돌의 사용흔이 나타나는 위치를 구분하여 그 분포를 살펴 본 결과, 망치돌의 한쪽 끝단 을 주로 이용한 것(A)이 가장 많은 수를 차지하였고, 그 다음으로 거의 전면을 사용한 것(E), 양 끝단을 사용한 것(B), 양쪽 끝단과 측면을 사용한 것(D)이 거의 비슷한 비율로 나타났다. 한쪽 끝단과 측면에 사용흔이 나타나는 경우(C)가 가장 적은 수를 차지했다(그림 31~32).

사진 31에서 볼 수 있는 바와 같이, 망치돌에는 석기 제작 과정에서 생긴 으스러진 자국이 나 긁힌 자국, 찍힌 자국 등 사용 흔적들이 남아있다. 망치돌에 남아있는 사용 흔적 중 가장 주 목되는 것은 기곡B지구 1유물층에서 모루와 함께 출토된 것이다. 겉면이 매끈하고 고운 이 소 형 망치는 손가락 모양으로 작고 길쭉하며, 한쪽 끝이 부러졌다. 크기는 길이 38.4mm, 너비 26mm, 두께 15.8mm이다. 크기로 보아 이 소형 망치는 잔손질할 때 주로 쓰인 것으로 보인 다. 한쪽 끝단에는 맞은 자국이 집중적으로 남아있고, 계속된 작업으로 맞은 자국이 편평해지 며, 각을 이루는 두 면이 형성되었다. 또한 몸체의 둘레에는 맨눈으로 잘 보이지 않을 정도의 미세한 줄들이 관찰되는데, 이것은 석기의 날카로운 날에 긁히거나 부딪혀 생겼을 가능성이 크다.

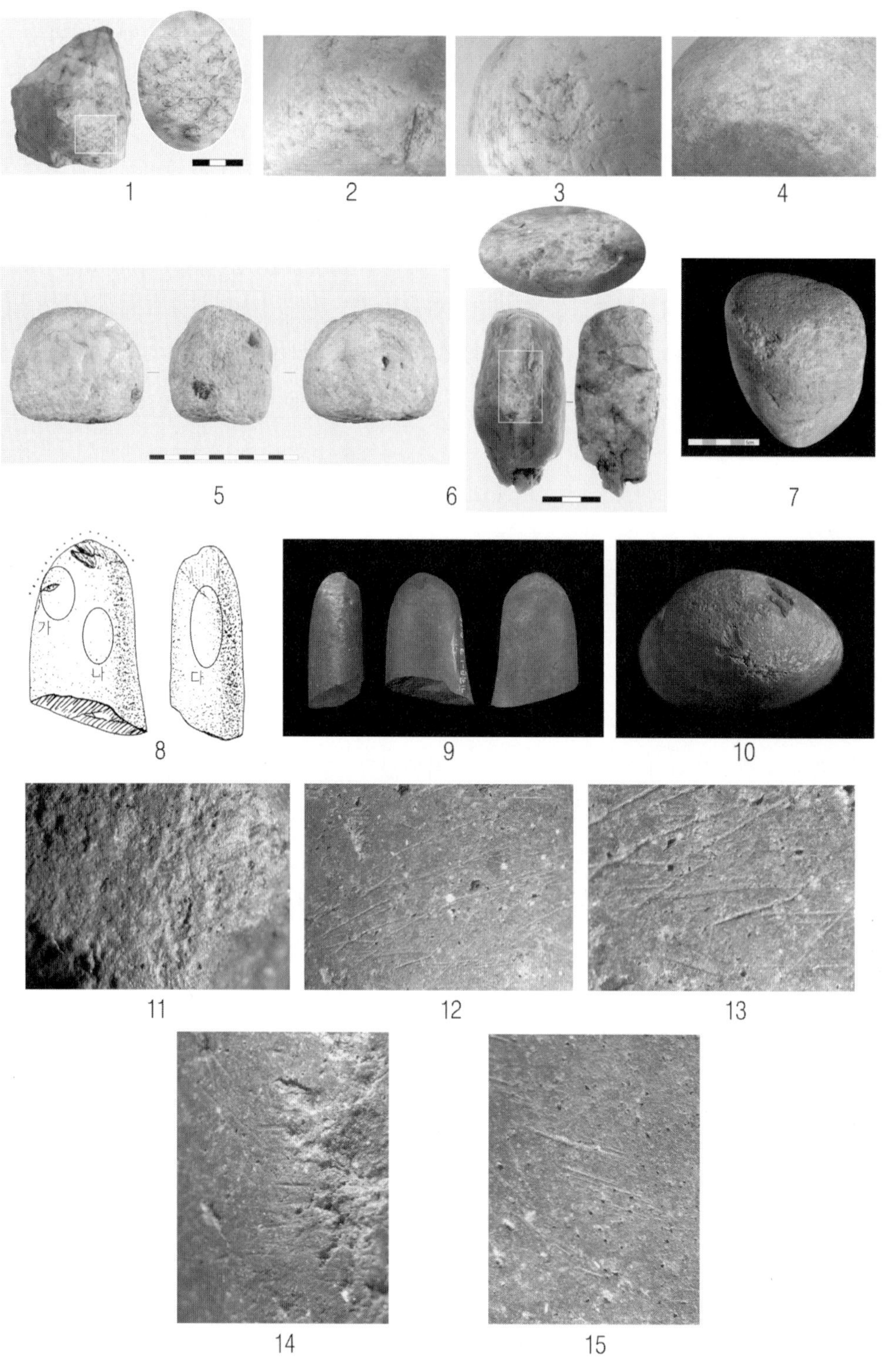

사진 31 망치돌에서 관찰되는 흔적들 (1 : 백이, 2~4 : 금산리 갈둔, 5 : 내 · 외삼포리, 6 : 돌터거리, 7 : 망상동 360-34, 8~15:기곡)

(2) 모룻돌

　모룻돌은 하화계리 사둔지(사진 32), 작은솔밭, 돌터거리, 내·외삼포리, 노봉, 기곡 유적 등지에서 망치돌과 함께 출토되었다(그림 33).

　모룻돌은 작업대로 쓰일 면이 평탄하거나 약간 볼록한 형태를 하고 있으며, 사용에 의해 찍힌 흔적이 주로 나타난다. 찍힌 자국은 작업면으로 쓰인 편평한 면의 중앙이나 한쪽에 치우쳐서 부분적으로 남아있는 경우가 많지만, 내·외삼포리 유적처럼 오랜 사용에 의해 거의 전면에 패인 자국이 뚜렷이 남아있기도 하다(그림 33-1).

　돌감과 사용 기간, 작업의 형태에 따라 찍히거나 긁힌 자국이 깊게 나타나기도 하고, 얕게 나타나기도 한다. 경우에 따라 돌터거리 유적의 모루처럼 사용에 의해 쪼개지기도 한다(그림 33-3).

　대개 둥글고 편평한 자갈돌을 그대로 쓰기도 했지만, 내·외삼포리(그림 33-1)나 노봉 유적(그림 33-6)의 경우처럼 자갈돌을 세로 방향으로 반쪼갬하여 바닥에 지지하기 좋도록 한 것도 있다.

　기곡 A지구 2유물층에서 출토된 모룻돌 한 점은 길이 250mm, 너비 218mm, 두께 50mm의 크고 납작한 네모꼴의 자갈돌로, 사용 흔적이 가장 뚜렷하게 잘 남아있는 사례에 해당된다. 이 모룻돌의 넓고 판판한 한쪽 표면에는 날카로운 돌에 맞은 흔적이 중앙에 집중적으로 남아있으며, 주변에 널리 퍼져 있다. 또한 이 모루는 한쪽 옆면이 오랜 사용에 의해 우묵하게 패여 있다. 따라서 이 모루는 눕힌 상태 보다 세운 상태에서 더 오랫동안 사용했던 것으로 여겨진다(사진 33).

사진 32　모룻돌과 망치돌이 포함된 하화계리 사둔지 석기제작장 (최복규·김용백·김남돈, 1992, 140쪽)

사진 33　기곡 유적 모룻돌의 사용흔 (최삼용, 2005, 336쪽)

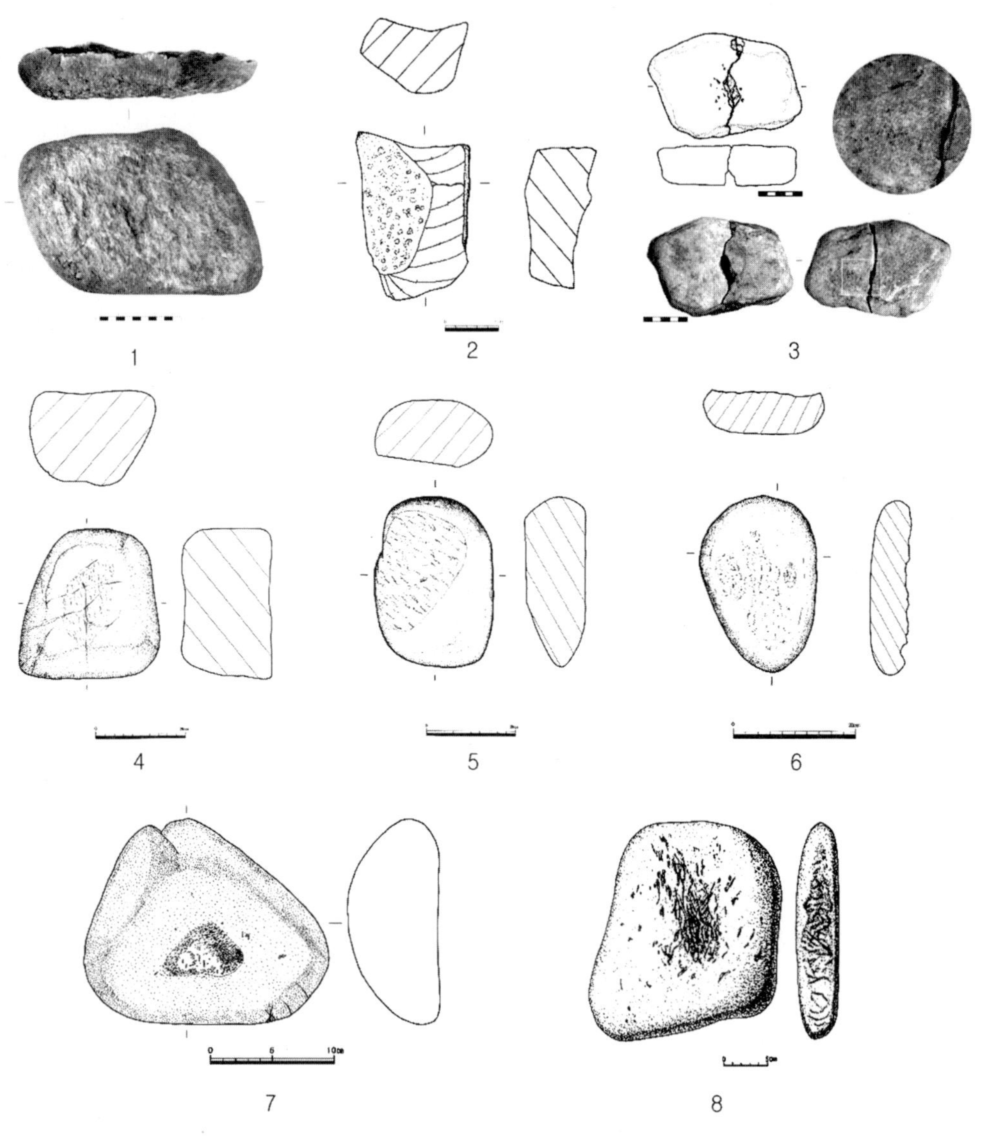

그림 33 강원지역의 구석기유적에서 출토된 모룻돌 (1 : 내 · 외삼포리, 2 : 작은솔밭, 3 : 돌터거리, 4~6 : 노봉, 7~8 : 기곡)

모룻돌에 쓰인 돌감은 주로 석영 및 규암, 화강암, 사암 등이다. 후기 구석기시대 유적인 돌터거리에서는 규암제 모룻돌 1점이 출토되었다. 작은솔밭 1유물층에서는 화강암 1점, 2유물층에서는 석영 1점, 사암 1점, 화강암 2점의 모룻돌이 출토되었다. 사둔지 유적에서는 석영제 모룻돌 1점 출토되었다. 기곡 유적에서 출토된 모룻돌 2점은 석영 및 규암 자갈돌이다. 망상동 360-34 유적 1유물층에서는 화산암 자갈을 이용한 모룻돌 1점이 나왔다.

한편 중기 구석기시대 유적인 노봉 3유물층에서는 사암제 15점, 화강암제 3점의 모룻돌이 출토되어 매우 집중적인 양상을 보인다. 상무룡리(강원대) 유적에서는 대형 석영 자갈돌 1점이 모룻돌로 쓰였다. 평릉동 유적에서는 규암제 1점, 망상동 360-34 유적 3유물층에서는 사암제 모룻돌 1점이 출토되었다.

모룻돌을 이용한 격지떼기 기술은 보통 양극떼기(bipolar technique), 모루 부딪혀떼기(anvil technique), 모루에 던져떼기(throwing) 등으로 구분될 수 있다.[30] 모룻돌의 출토 양상으로 보아 그 중 가장 많이 쓰인 것은 양극떼기 기법일 것이다. 양극떼기는 보통 후기 구석기시대에 주로 쓰인 것으로 보인다. 특히 동해 기곡 유적의 모룻돌 1점(그림 33-8)은 편평한 자갈돌 윗면에 깊게 패인 자국이 넓게 분포하여 지속적으로 사용된 것으로 보이는데, 이러한 자국은 양극떼기 기법으로 격지를 떼는데 모룻돌이 쓰였을 가능성을 추정케 한다. 양극떼기 격지의 존재도 이를 뒷받침 한다.

한편 돌터거리 유적(그림 33-3)이나 노봉 3유물층에서 출토된 모룻돌 중에는 강력한 충격에 의해 반쪼갬 되거나 균열이 간 것들이 있는데, 이는 비교적 대형의 돌감을 모루에 부딪치거나 던져서 비교적 큰 격지를 얻는 과정에서 생긴 흔적으로 보인다.

4. 석기 갖춤새

여기에서는 중기 구석기시대에서 후기 구석기시대로 시간의 변화에 따라 대형석기군에서 소형석기군으로 유물갖춤새가 변화했는가를 계량적으로 분석하여 확인하고자 한다.

시간의 변화에 따라 석기구성 비율이 어떻게 변화하는가를 살펴보기 위해 우선 층서에 따라 약 65 ka BP 이상의 연대값을 보이는 적갈색 점토층, 약 20~40 ka BP의 연대값을 지니는 암갈색 점토층 상부, 약 20 ka BP 이후의 연대값을 보이는 명갈색 점토층으로 구분하고, 각각의 층위에 해당되는 유적을 대상으로 석기의 구성 비율을 따져 보았다. 약 40~65 ka BP의 연대값을 보이는 암갈색 점토층 하부에 해당되는 유적으로는 연봉리 3유물층 등이 있으나, 유물

---

30 Kathy D. Schick and Nicholas Toth, *Making Silent Stones Speak*, Weidenfeld and Nicolson London, 1993, pp.118~121.

군의 크기가 작아 분석 대상에서 제외하였다. 중기 구석기와 후기 구석기시대의 석기구성을 보다 명확히 반영해 주는 유적을 분석대상으로 삼았다. 각 층위에 해당되는 분석 대상 유적은 다음 표 1과 같다.

표 1 시기별 석기구성 비교를 위한 유적들

시기구분	층위 구분	토양쐐기 구조	절대연대 측정치	해당 유적	
				영서	영동
후기 구석기	명갈색 점토층	없음	약 20 ka BP 이후	장흥리, 상무룡리(경희대), 하화계리 사둔지, 작은솔밭 1유물층	구미동, 노봉1유물층, 주수리 1유물층, 기곡B지구 1유물층
후기 구석기	암갈색 점토층	첫 번째 토양쐐기 구조	약 20~40 ka BP	하화계리 작은솔밭 2유물층, 돌터거리	주수리 2유물층, 노봉 2유물층, 망상동(360-34) 1유물층
중기 구석기			약 40~65 ka BP	-	-
중기 구석기	적갈색 점토층	두 번째 토양쐐기 구조	약 65 ka BP 이전	금산리 갈둔 3 · 4유물층, 하화계리 백이 1 · 2 · 3유물층	망상동(360-34) 2 · 3유물층, 노봉 3유물층

각 층서상 해당 유적은 유물군의 표본 수가 비교적 크고, 보고서가 간행되어 해당 유물의 통계가 수록된 유적을 대상으로 하였다. 예컨대, 2008년에 조사가 이루어진 동해 월소 유적은 다른 어떤 유적보다도 동해안의 이른 시기를 대표하는 주먹도끼, 찍개, 여러면석기 등 대형석기군의 표본 수가 풍부함에도 불구하고, 보고서 미간으로 통계 자료가 존재하지 않아 이번 분석 대상에서 제외 하였다.

그림 34~36은 중기 구석기시대부터 후기 구석기시대 늦은 시기까지 층서에 따라 해당되는 유적별로 각각의 석기구성 비율을 표시한 것이다. 강원지역의 구석기유적에서 출토된 석기들은 대부분 찍개, 여러면석기, 주먹대패, 주먹도끼, 주먹찌르개, 긁개, 밀개, 찌르개, 홈날, 뚜르개, 자르개, 새기개, 톱니날, 슴베찌르개, 화살촉, 돌날 및 좀돌날(몸돌 포함), 기타로 분류하였다. 이 중에서 시기를 불문하고, 석기의 형식 분류상 긁개가 가장 높은 비율을 차지한다.

중기 구석기시대(적갈색 점토층)에 해당되는 유적들에서는 주먹도끼 및 주먹찌르개, 찍개, 여러면석기, 주먹대패 등 대형석기가 차지하는 비중이 상부의 암갈색 점토층이나 명갈색 점토층에 해당되는 유적의 구성 비율보다 높게 나타남을 알 수 있다(그림 34). 특히 망상동(360-34) 3유물층과 노봉 3유물층의 찍개 비율, 금산리 4유물층의 주먹도끼류 비율, 백이 유적의 찍개, 주먹대패, 주먹도끼류 석기의 비율은 눈에 띄게 주목된다.

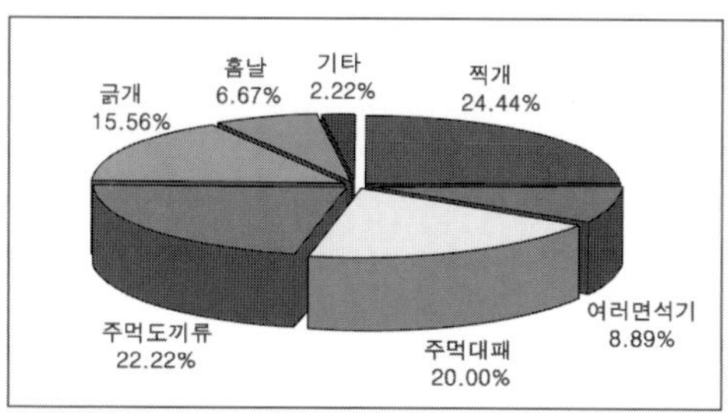

백이 3

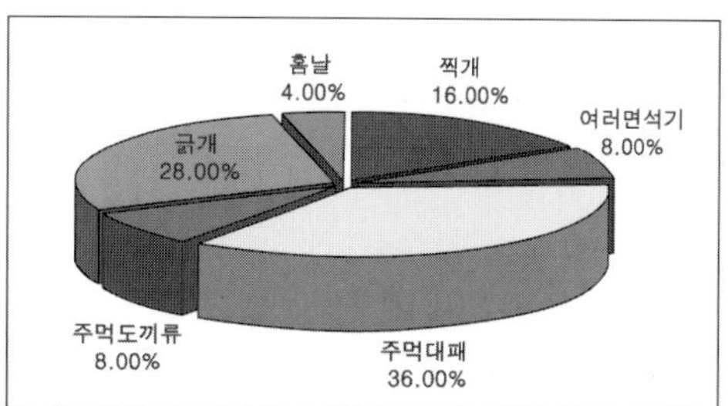

백이 2

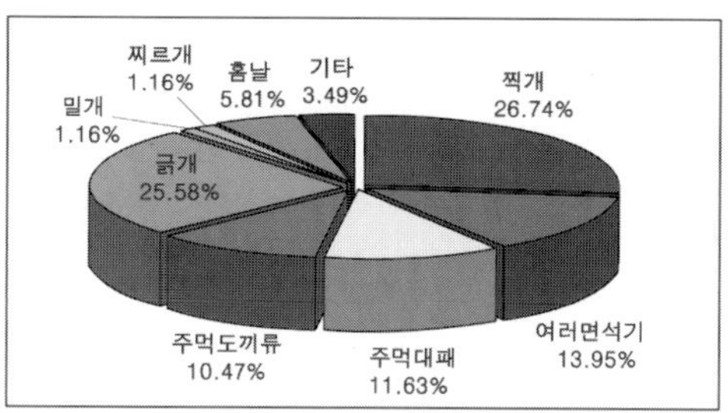

백이 1

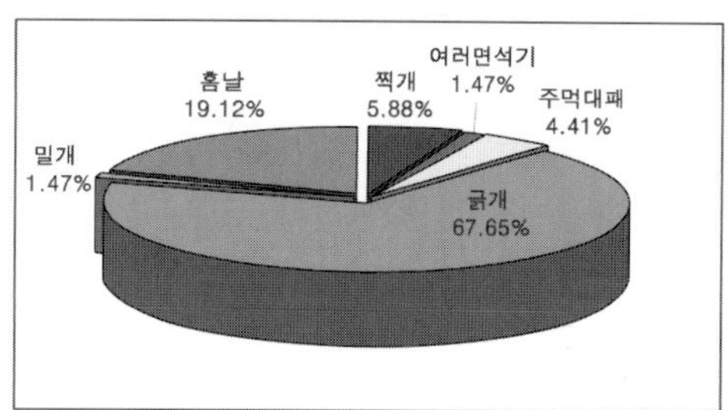

금산리 갈둔 3

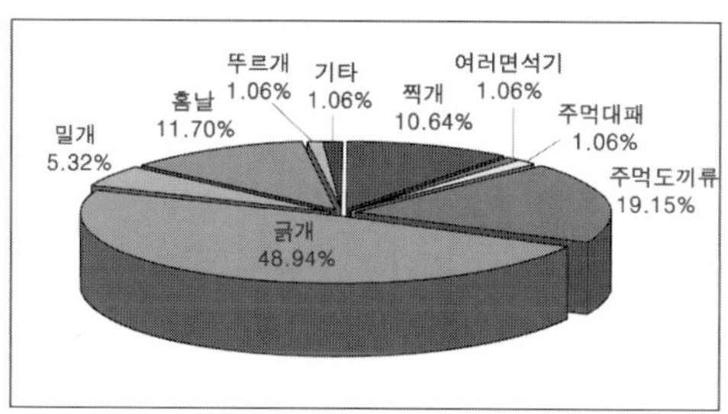

금산리 갈둔 4

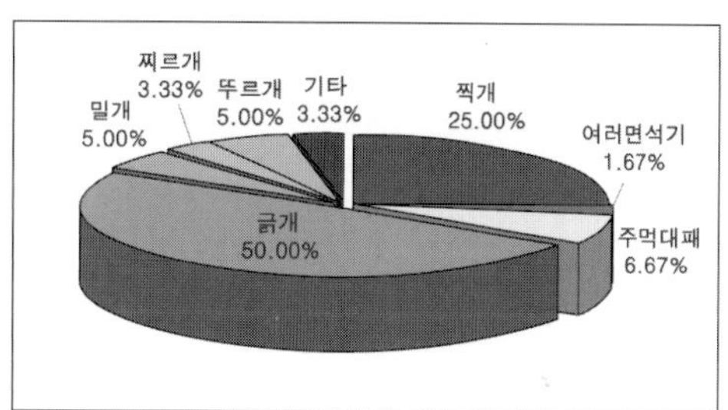

노봉 3

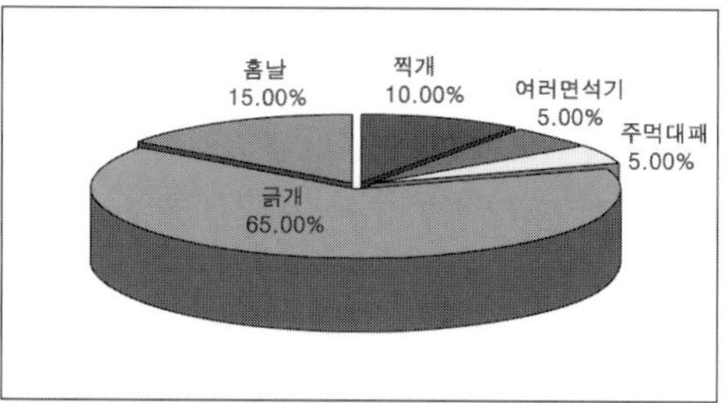

망상동(360-34) 2

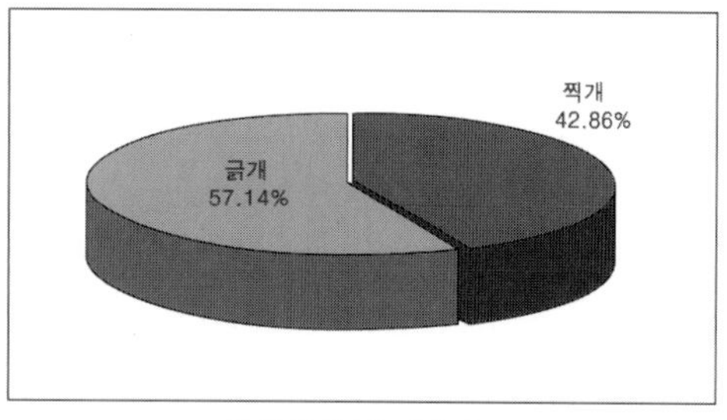

망상동(360-34) 3

그림 34 중기 구석기시대(적갈색 점토층)의 석기구성

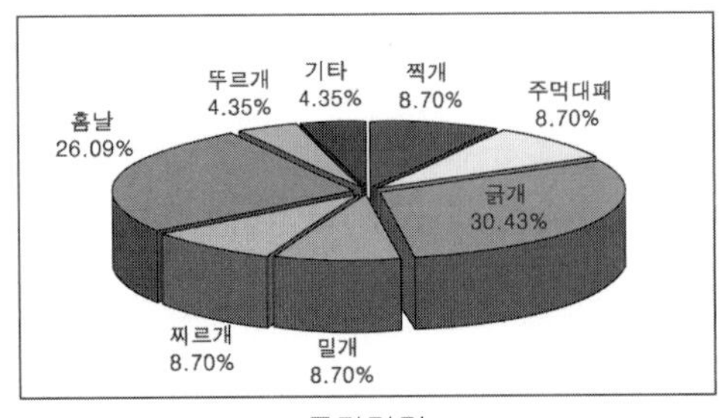

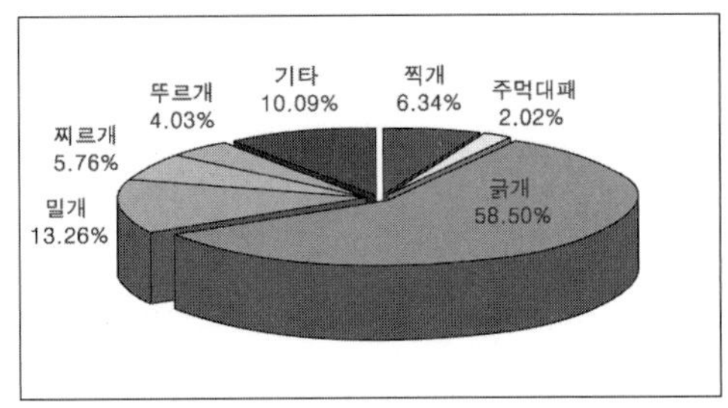

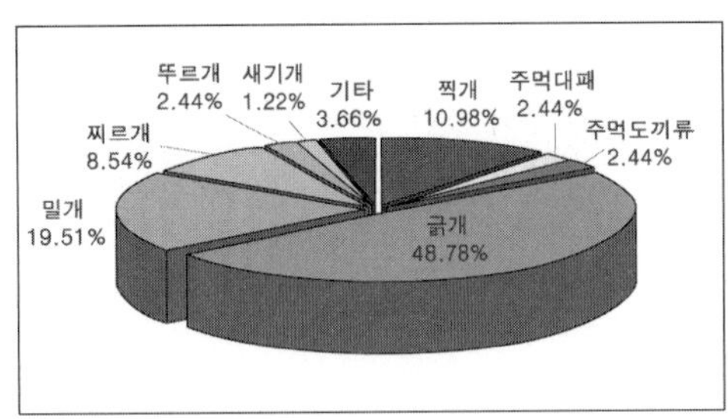

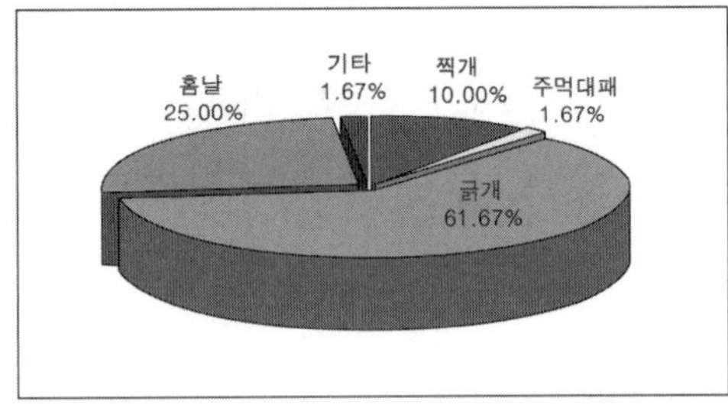

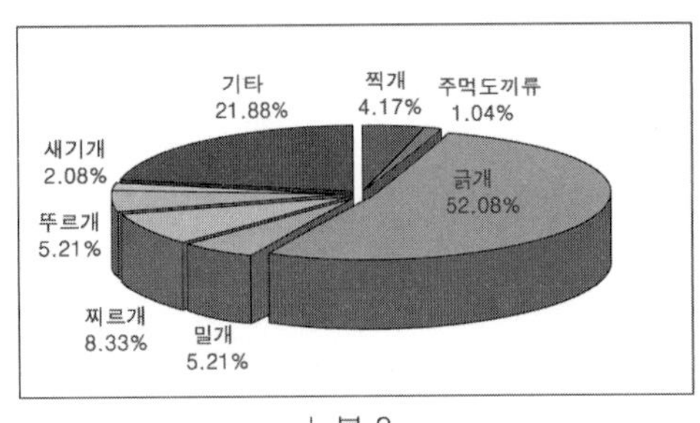

그림 35　후기 구석기시대 이른 시기(암갈색 점토층 상부)의 석기구성

　　그 다음 후기 구석기시대 이른 시기(암갈색 점토층 상부)에 해당되는 유적들에서는 찍개 및 주먹대패, 주먹도끼류 석기의 비율은 현저히 감소한 반면, 소형석기에 해당되는 긁개, 밀개, 홈날, 찌르개 등의 비율이 높게 나타난다(그림 35). 특히 망상동(360-34) 1유물층과 돌터거리 유적에서 홈날 비율이 눈에 띈다. 석영제 소형석기 중심의 유물군을 대변해 주는 결과이다.

　　후기 구석기시대 늦은 시기(명갈색 점토층)에서는 노봉 1유물층에서 찍개의 비율이 높게 나타나는 것을 제외하고, 찍개나 주먹대패, 여러면석기 같은 대형석기의 비율은 아주 미미하게 나타난다. 주먹도끼류 석기는 전혀 나타나지 않는다. 반면에 긁개나 밀개, 새기개의 비율이 높게 나타난다(그림 36). 특히 주목되는 바는 영서지역의 상무룡리, 사둔지, 작은솔밭 1유

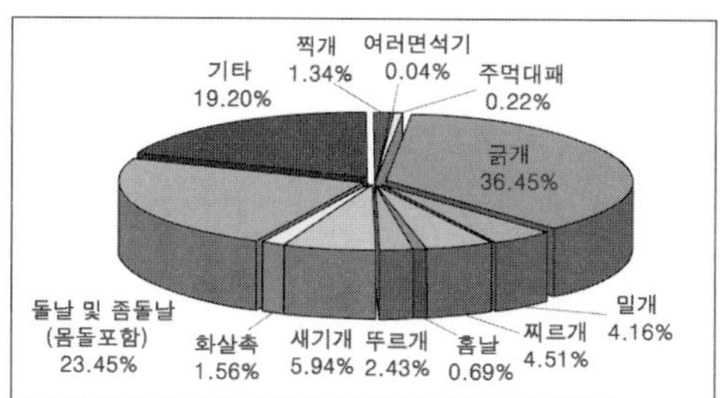

사둔지

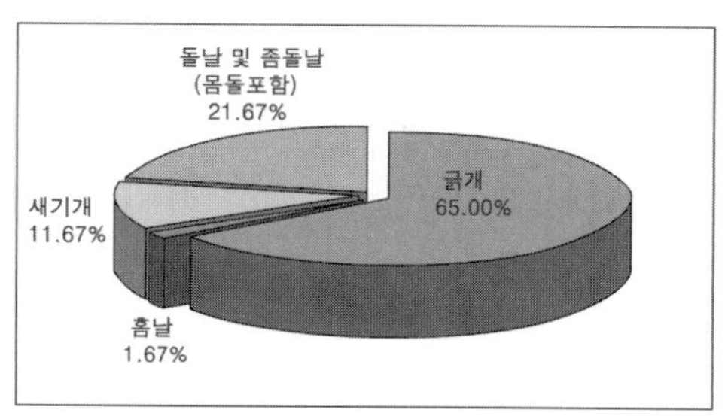

상무룡리(경희대)

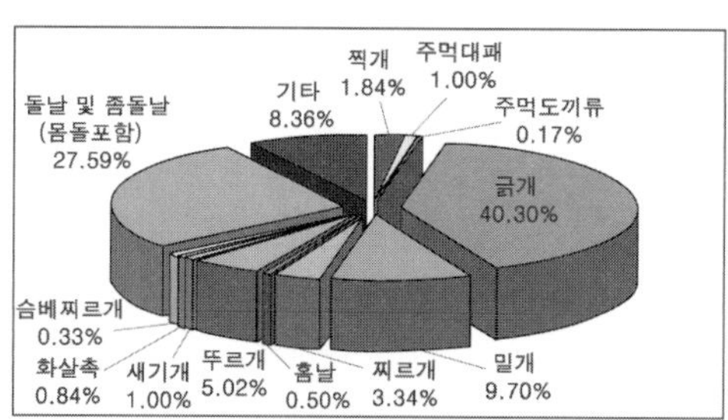

작은솔밭 1

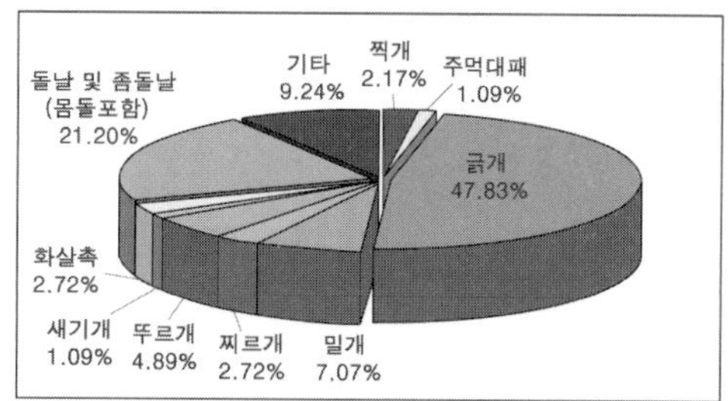

장흥리

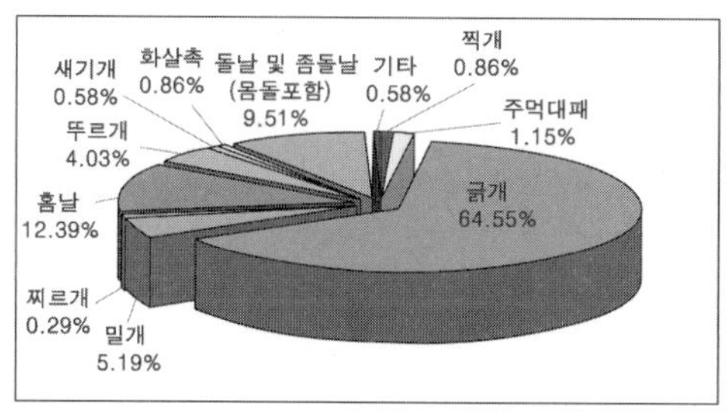

기곡B 1

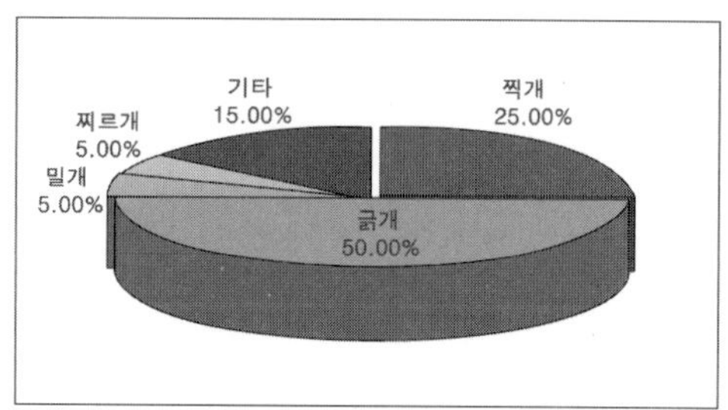

노봉 1

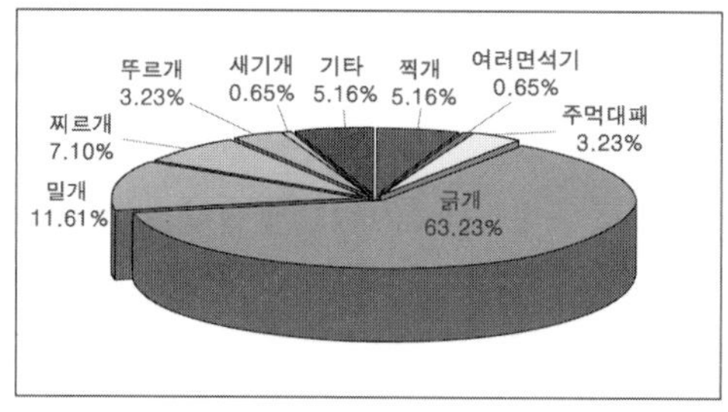

주수리 1

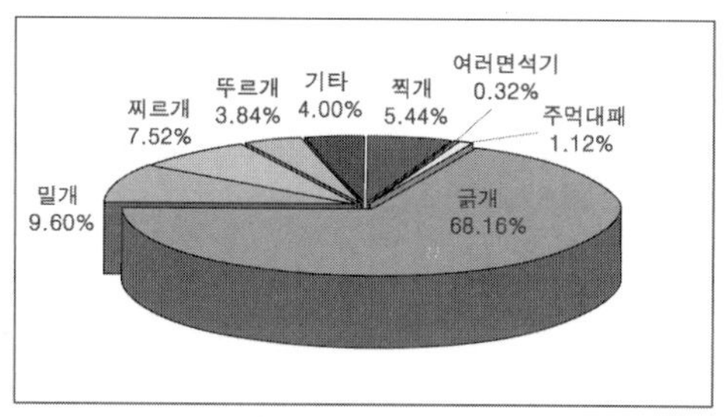

구미동

그림 36   후기 구석기시대 늦은 시기(명갈색 점토층)의 석기구성

표 2 영서 · 영동지역의 후기 구석기시대 늦은 시기(명갈색점토층) 석기구성 비교

석기구성(%)	영서				영동		
	상무룡리 (경희대)	사둔지	작은솔밭 1	장흥리	구미동	노봉 1	주수리 1
돌날 및 좀돌날 (몸돌 포함)	21.67	23.45	27.59	21.20	-	-	-
긁개	65	36.45	40.30	47.83	68.16	50.0	63.23
밀개	-	4.16	9.70	7.07	9.60	5.0	11.61
새기개	11.67	5.94	1.0	1.09	-	-	0.65
홈날	1.67	0.69	0.50	-	-	-	-
찌르개	-	4.51	3.34	2.72	7.52	5.0	7.10
뚜르개	-	2.43	5.02	4.89	3.84	-	3.23
주먹도끼류	-	-	0.17	-	-	-	-
주먹대패	-	-	1.0	1.09	1.12	-	3.23
여러면석기	-	-	-	-	0.32	-	0.65
찍개	-	-	1.84	2.17	5.44	25.0	5.16

물층에서 돌날 및 좀돌날(몸돌 포함)의 비율이 현저하게 높은 반면, 영동지역의 구미동, 노봉 1유물층, 주수리 1유물층 등에서는 전혀 나타나지 않아 양 지역에서 석기구성상의 차이가 뚜렷하게 나타난다는 점이다(표 2).

그리고 그림 37은 앞의 분석 결과를 바탕으로 하여 각각의 시기를 대표하는 유적에서 출토된 석기들을 종류에 따라 한꺼번에 통계 처리하여 비교하기 쉽도록 꺾은선 그래프로 나타낸 것이다. 이 도표를 통해 다음의 몇 가지 특징을 확인할 수 있다.

첫째, 시기를 불문하고, 전체 석기구성에서 긁개가 차지하는 비율이 다른 석기들에 비해 매우 현저하게 높게 나타남을 알 수 있다. 공통적으로 긁개의 비율이 높게 나타나면서도 그 비중은 후기 구석기시대 이른 시기(암갈색 점토층)〉후기 구석기시대 늦은 시기(명갈색 점토층)〉중기 구석기시대(적갈색 점토층)의 순으로 나타난다.

둘째, 긁개 이외에도 각 시기별로 특정 석기의 비율이 높게 나타나 정점(peak)을 이루는 것이 보인다는 점이다. 예컨대, 명갈색 점토층에서는 돌날 및 좀돌날(몸돌 포함)의 정점이 주목되고, 적갈색 점토층의 경우 대형석기군에서 찍개와 주먹대패의 정점이, 소형석기군에서 홈날의 정점이 주목된다. 명갈색 점토층의 돌날 및 좀돌날(몸돌 포함), 적갈색 점토층의 찍개와 주먹대패 정점은 중기 구석기시대와 후기 구석기시대 늦은 시기를 대변해 준다는 점에서 당연한 결과일 것이지만, 적갈색 점토층에서 홈날의 비율이 암갈색 점토층이나 명갈색 점토층을 압도할 정도로 높게 정점을 이룬다는 점은 이번 분석을 통해 새롭게 확인한 의외의 결과이다. 이것이 통계의 표본 차이에서 오는 단순한 오류인지, 실제 석기구성상 유의미한 결과인지

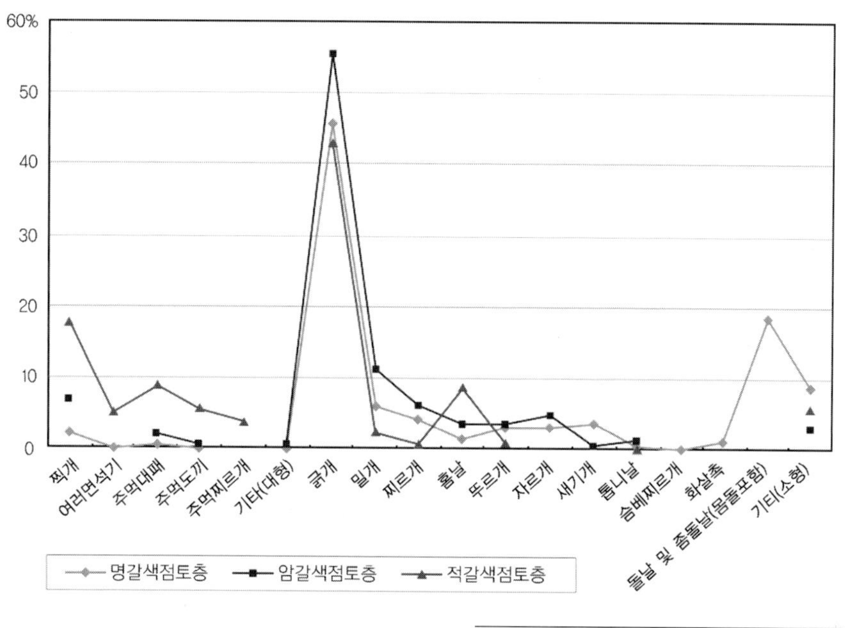

그림 37 시기별 석기구성의 변화

는 앞으로 좀 더 시간을 가지고 주목해 볼 사항이다. 만일 후기 구석기시대처럼 소형석기의 종류가 다양하지 못했던, 대형석기 위주의 중기 구석기시대(적갈색 점토층)에는 긁개 이외에 매우 단순한 제작방식의 홈날이 목가공 등 소형석기를 필요로 하는 일에 주로 활용되었을 가능성에 무게를 둔다면 석기구성상 의미있는 결과일 가능성이 크다.

셋째, 시기별로 특정 석기의 존재 유무가 확인된다는 점이다. 예컨대, 여러면석기는 암갈색 점토층에서 나타나지 않는다. 주먹찌르개는 적갈색 점토층에서만 나타난다. 자르개와 새기개는 적갈색 점토층에서만 나타나지 않는다. 또한 슴베찌르개, 화살촉, 돌날 및 좀돌날(몸돌 포함)은 오로지 명갈색 점토층에서만 확인된다. 이 중 일부는 연구자에 따라 석기 분류 기준이 다른데서 비롯된 차이일 수도 있다. 그러나 적갈색 점토층에서 새기개가 전혀 출토되지 않는 것이나 슴베찌르개, 화살촉, 돌날 및 좀돌날(몸돌 포함)이 오로지 명갈색 점토층에서만 확인되는 상황은 석기 분류자의 분류 기준 차이와는 무관한 시기별 석기구성의 보편적 특성을 반영한 것이라고 여겨진다.

넷째, 대형석기군과 소형석기군에서 시기별로 비율이 다르게 나타난다는 점이다. 대형석기군에 해당되는 찍개, 여러면석기, 주먹대패, 주먹도끼, 주먹찌르개의 구성 비율은 적갈색 점토층〉암갈색 점토층〉명갈색 점토층의 순서로 나타난다. 대형석기의 비율이 중기 구석기시대에

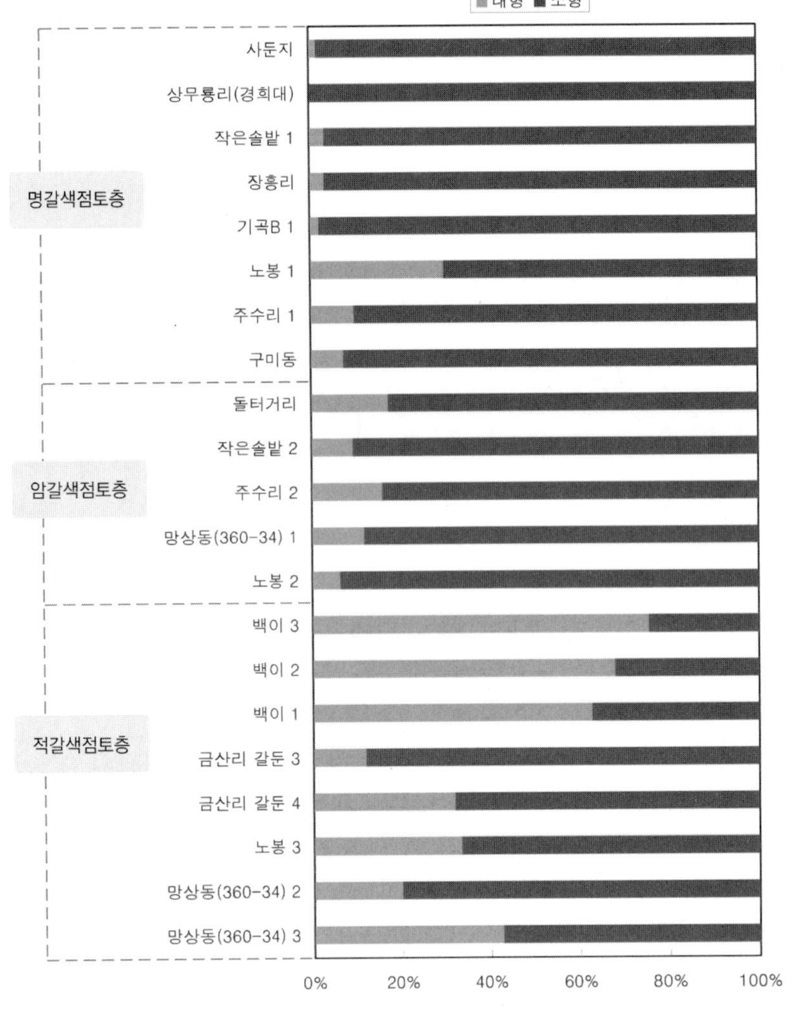

그림 38　대형석기와 소형석기의 비율 변화

서부터 후기 구석기시대로 갈수록 감소한다는 것은 시기별 석기구성의 중대한 변화를 반영하는 것이라고 여겨진다.

한편, 소형석기군에 해당되는 긁개, 밀개, 찌르개 등의 비율에서는 대체로 암갈색 점토층〉명갈색 점토층〉적갈색 점토층의 순서로 나타난다. 다만, 홈날의 경우 적갈색 점토층에서 우위를 차지하고, 새기개는 명갈색 점토층이 암갈색 점토층 보다 우위를 차지한다. 예외적인 두 경우를 제외하고, 소형석기군의 비율이 암갈색 점토층〉명갈색 점토층〉적갈색 점토층 순으로 나타나는 것은 암갈색 점토층이 소위 석영제 소형석기 중심의 유물군이 주도하는 유물층임을 반영하는 것이다.

그림 38은 찍개 · 여러면석기 · 주먹대패 · 주먹도끼 · 주먹찌르개 등의 석기를 '대형석기군'으로 하고, 긁개 · 밀개 · 찌르개 · 홈날 · 뚜르개 · 자르개 · 새기개 · 톱니날 · 슴베찌르개 · 화살촉 · 돌날 및 좀돌날(몸돌 포함) 등의 석기를 '소형석기군'으로 단순 분류하여 각 층서상 유적 별로 그 비율을 따져 표시한 도표이다.[31] 즉 각각의 유적에서 대형석기와 소형석기

의 구성 비율을 따져 층서상 이른 시기부터 늦은 시기까지 순서대로 배열하여 그 변화를 살펴본 것이다. 석기의 형식 분류상 소형석기의 비율은 예외적인 몇 군데를 제외하고, 거의 대부분 60% 이상을 차지한다. 따라서 석기구성상의 변화는 결국 대형석기의 비율이 어느 정도 진폭으로 변동하는가에 초점이 맞추어진다.

그림 38은 중기 구석기시대에서 후기 구석기시대로 갈수록 대형석기군의 비율이 점차 감소하고, 반대로 소형석기군의 비율이 점차 증가하는 모습을 잘 보여준다. 즉 65 ka BP 이전의 연대값을 지니는 중기 구석기시대(적갈색 점토층)에 해당되는 유적들에서 대형석기의 비율은 상부의 후기 구석기시대(암갈색 점토층이나 명갈색 점토층)의 석기군 보다도 훨씬 압도적으로 높게 나타난다. 금산리 갈둔 3유물층을 제외하고, 거의 대부분 대형석기의 비율이 20%를 넘어 30~40%까지 존재한다. 특히 백이 유적은 대형석기의 비율이 60~70%를 유지해 전체 석기군의 과반수를 차지한다.

그 다음으로 약 20~40 ka BP의 연대값을 지니는 후기 구석기시대 이른 시기(암갈색 점토층)에서는 대형석기의 비율이 10% 전후를 차지하며, 많은 경우에도 20%를 넘어서지 못한다. 하부의 중기 구석기시대(적갈색 점토층)에 비해 대형석기의 비율이 현저히 감소하는 변화가 나타난다. 상대적으로 소형석기의 비율은 더욱 증가하는 양상을 보인다.

한편 약 20 ka BP 이후의 연대값을 지니는 구석기 최후의 점토 퇴적인 명갈색 점토층에 이르면, 대형석기는 노봉 1유물층을 제외하고, 대부분 5% 미만의 비율을 보인다. 많아도 10%를 넘어서지 못한다. 이것은 결국 거의 대부분의 석기가 소형석기로 구성되어 있음을 보여주는 것이다. 한 가지 흥미로운 것은 후기 구석기시대 늦은 시기(명갈색 점토층)내에서 영서와 영동지역의 차이가 보이는 점이다. 즉 영서지역에 비해 영동지역에서 대형석기의 비율이 더 높게 나타나는 경향이 있다. 퇴적상으로는 아주 늦은 시기에 해당됨에도 불구하고, 기곡 유적을 제외하고 그 이전 시기의 석기제작 전통이 그대로 유지되는 영동지역의 특성이 반영된 결과로 보인다. 즉 동시기 영서지역에서 좀돌날 석기 제작으로의 변화를 모색하고 있을 때 영동지역에서는 그러한 적극적인 변화가 나타나지 않는 것과 연관된다.

위에서 분석한 내용을 종합하면, 중기 구석기시대(적갈색 점토층)는 찍개, 여러면석기, 주먹도끼류 석기 중심의 대형석기군이 주도하는 유물군, 후기 구석기시대 이른 시기(암갈색 점

---

31 경우에 따라 소형의 찍개나 대형의 긁개도 존재할 수 있지만, 이들이 전체 석기구성을 주도할 정도로 집중되는 현상은 아직까지 확인된 바 없으므로, 대체적인 경향을 파악하고자하는 큰 틀에서의 통계에 큰 영향력을 행사하지 못한다고 여겨진다.

토층)는 석영제 소형석기 중심의 유물군, 후기 구석기시대 늦은 시기(명갈색 점토층)는 좀돌날몸돌 및 좀돌날을 포함하는 다양한 세석기 중심의 유물군이 주도한다는 지금까지의 통설이 강원지역의 구석기 유물군에서도 동일하게 나타난 결과라고 할 수 있다. 또한 앞에서 이미 살펴 본 몸돌과 격지의 크기 분석 결과, 석기구성 비율의 분석 결과를 종합하면, 중기 구석기시대에서 후기 구석기시대로 갈수록 대형석기에서 소형석기 중심으로 변화하는 양상이 강원지역에서도 동일하게 적용된다는 점을 알 수 있다.

5. 주요 석기 분석

여기에서는 강원지역에서 처음 확인된 석기 종류나 석기 제작기법에 대하여 분석하고자 한다. 갈린 좀돌날몸돌 및 좀돌날, 쐐기형 석기, 화살촉 등은 이제까지 전혀 알려져 있지 않았던 것으로 강원지역에서 처음 확인되어 그 의미가 매우 크다고 생각된다. 이러한 석기들은 앞으로 관심 여하에 따라 강원지역 이외의 다른 지역에서도 확인될 가능성이 크므로, 한국구석기 연구의 진전을 위하여 심도 있게 분석할 필요성이 있다.

1) 갈린 좀돌날몸돌 및 좀돌날

철원 장흥리 유적에서 나온 반암제 좀돌날몸돌 한 점과, 흑요석 좀돌날 네 점에서 미세하여 맨눈으로는 잘 보이지 않을 정도로 곱게 갈린 자국을 찾았다. 장흥리 유적에서 발견된 이러한 갈린 석기는 양구 상무룡리(경희대) 유적에서도 발견하여 좀돌날몸돌의 형성과 좀돌날의 떼기에 대한 이제까지 알려지지 않은 또 다른 기술의 존재 가능성을 말해준다.

(1) 갈린 좀돌날몸돌

장흥리 유적의 좀돌날몸돌에서 갈린 자국은 배면에서 나타난다. 옆에서 볼 때, 전체적으로 활처럼 휘어 들어간 배면(보통의 좀돌날몸돌에서 타격면이라 일컫는)은 매끈하게 갈려 있는데, 일부 안 갈린 깊은 부분은 이 면이 원래 자연면이 아니라 깨진(격지)면이었음을 보여준다.

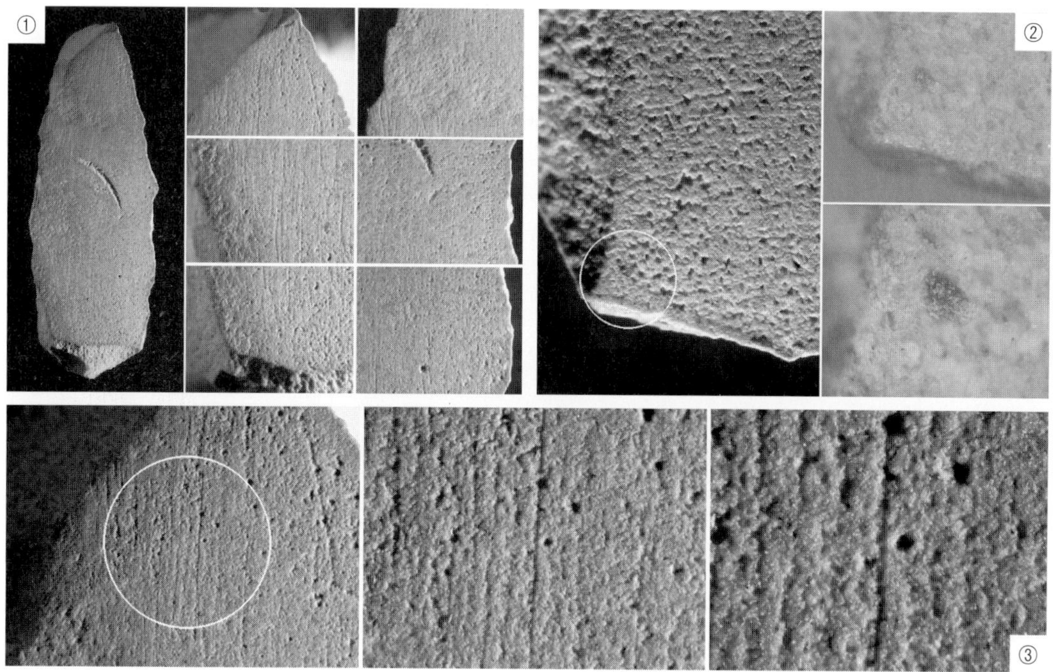

사진 34 철원 장흥리 유적 좀돌날몸돌의 갈린 흔적

다발을 이루는 가는 줄 자국과 반반한 면이 특징인 갈린 자국은 돋보기나 실체 현미경 아래에서나 제대로 보일 정도로 매우 곱고 미세하다(사진 34-1). 금속현미경의 고배율에서는 잘 닳은 상태의 작은 석영 알갱이도 관찰된다(사진 34-2). 이는 이 석기의 배면이 아주 고운 입자를 갖는 숫돌에 조심스럽게 갈렸음을 말해준다. 전면에 분포하는 가는 줄 자국들은 거의 곧바르며 방향은 석기의 길이와 정확히 일치한다(사진 34-3). 이 줄 자국들은 석기의 가장자리 양끝 부분에서 부러지듯이 끊기는데, 이러한 현상은 배면이 갈린 뒤에 이 면을 타면 삼아 두 가장자리의 고른 잔손질이 베풀어졌음을 시사한다. 갈린 면은 이처럼 잔손질을 위한 타면 구실을 할 뿐만 아니라, 한쪽 면 잔손질만으로 이웃하는 면에 대한 별도의 손질 없이 좀돌날 윗면 모서리가 될 부분을 곧게 하는 효과를 준 것으로 생각된다.

사진 35-1, 2에 나타난 바와 같이, 이 석기의 등면 두 가장자리는 갈린 배면에서 등면 방향으로 매우 가파르고 세밀한 잔손질로 가지런히 다듬어졌다. 앞서 언급한 바와 같이, 현미경 관찰 결과 가장자리의 잔손질은 배면을 갈은 다음에 베풀어졌을 가능성이 크다. 가로 자름면은 네모에 가까운 반달꼴이다.

등면에는 여러 차례 길이와 일치하게 양 방향에서 좀돌날을 떼어낸 흔적이 남아 있다. 특히

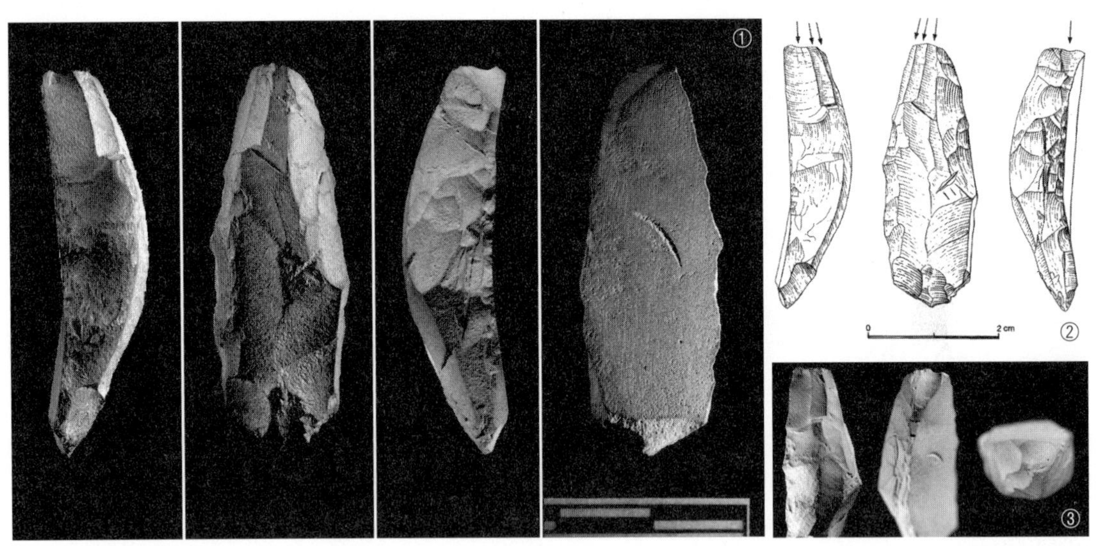

사진 35　철원 장흥리 유적의 갈린 좀돌날몸돌

사진 35-3에서 보듯이, 한쪽 끝 부분을 오른쪽에서 왼쪽으로 비스듬히 떼어 사면을 만들고 이 면을 타격면 삼아 길이 방향과 일치하는 적어도 세 개의 좀돌날을 연이어 떼어냈다. 이때 이 좀돌날몸돌의 가장자리에서 처음 떼어낸 좀돌날은 매우 독특한 모습을 갖게 된다. 즉 좀돌날의 한쪽 가장자리는 몸돌의 갈린 배면 일부와 잔손질 부분을 간직하게 되며, 다른 가장자리는 날카로운 자연날을 지니게 된다. 따라서 이 돌날은 분명히 편평한 등을 가지며 가로 단면이 쐐기꼴(긴 세모꼴)이면서 전체적으로 칼 모양을 이루는 독특한 형태이었을 것이다. 이 좀돌날의 떼어진 면과 갈린 면이 이루는 각도는 69°로 떼어진 격지의 아래 면과 갈린 면이 이루는 각도는 111°가 된다. 이것은 다음에 살펴 볼 흑요석 좀돌날과 거의 같은 유형으로 생각된다.

(2) 갈린 좀돌날

장흥리 유적에서 출토된 여러 점의 흑요석 좀돌날 가운데 잔손질된 좀돌날은 7점이 확인되었다(그림 39).

잔손질이 이루어진 좀돌날의 특징은 한쪽 가장자리가 날인 반면, 그 반대편 가장자리는 좀돌날 등면과 배면 사이에 面이 존재한다는 점이다. 그리고 그 면은 좀돌날의 굽을 아래쪽에 놓고, 배면을 바닥에 놓은 상태에서 관찰할 때, 면의 위치가 단 1점(424번 유물)을 제외하고

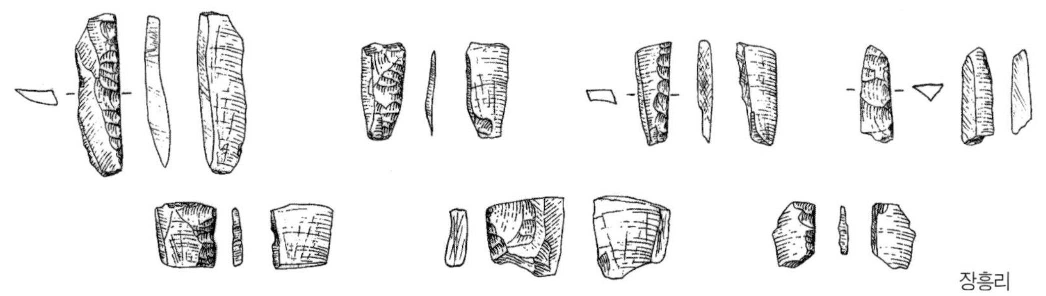

그림 39   철원 장흥리 유적의 잔손질된 좀돌날

모두 우측에 형성 되었다. 그리고 잔손질은 모두 그 면을 타격면으로 하여 좀돌날의 등 부분에 정교하고 가파르게 이루어져 있다. 표 3은 이러한 특징을 지니는 유물을 관찰하여 기록한 것이다.

표 3   장흥리 유적의 잔손질된 좀돌날 속성표 (崔福奎 · 崔三鎔 · 崔承燁 · 李海用 · 車在動, 2001, 63쪽)

일련 번호	유물 번호	크기 (mm)	무게 (g)	좀돌날 유형 *	면의 위치 (잔손질 위치) **	면의 크기 (mm)	각도 ***	잔손질 방향	잔손질 깊이 (mm)	잔손질의 범위	갈린 흔적 유무	비고
1	00ㅈ - 7	10.0× 10.0×1.8	0.2	B2	우측	9.0 ×2.0	120°	등	3.0~4.0	한쪽변 전체	×	
2	00ㅈ - 27	15.1× 5.3×3.0	0.2	B3	우측	13.0 ×3.5		등	등면전체	한쪽변 전체	×	
3	00ㅈ - 37	11.3× 7.0×1.5	0.1	B2	우측	8.0 ×1.5	105°	등	2.0	한쪽변 전체	○	
4	00ㅈ -194	15.7× 5.7×2.2	0.2	B1	우측	15.0 ×2.3	102°	등	2.6	한쪽변 전체	○	
5	00ㅈ -423	14.9× 6.7×1.9	0.2	A	우측	12.0 ×1.2	130°	등	등면전체	한쪽변 전체	○	
6	00ㅈ -424	12.6× 12.2×3.2	0.6	B2	좌측	9.0 ×3.0	130°	등	8.0	한쪽변 전체	?	
7	00ㅈ -426	25.3× 7.0×2.6	0.6	A	우측	25.0 ×3.0	108°	등	4.5	한쪽변 전체	○	가장 표준형

* 좀돌날 유형 : 현재 잔존 부위를 기준으로 한 것이다.

　　A : 완전한 것(굽과 끝부분이 모두 있는 것)

　　B : 부러진 것　　　B1 : 굽부분이 남고 끝부분이 잘려나간 것.

　　　　　　　　　　　B2 : 굽과 끝이 잘려나가고 가운데만 남은 것.

　　　　　　　　　　　B3 : 끝부분만 남고 굽부분이 잘려나간 것.

** 면의 위치(잔손질 위치) : 굽을 아래쪽에 놓고, 배면을 바닥에 놓은 상태에서 관찰한 것이다.

*** 각도 : 갈린 면과 격지 배면이 이루는 각도

사진 36 좀돌날의 갈린 면(장흥리 37번)

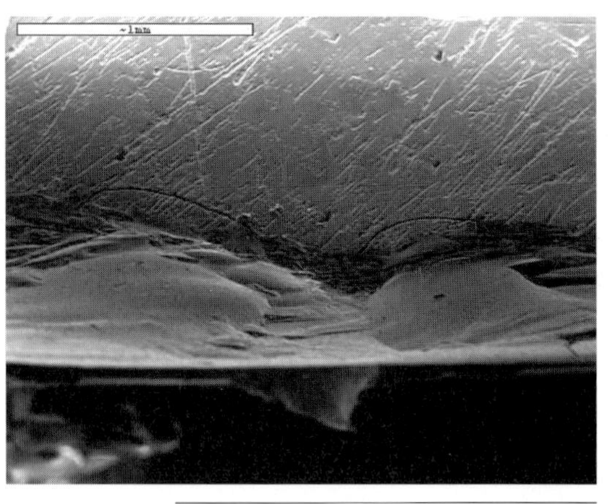

사진 37 잔손질 과정에서 갈린 면 가장자리에 남겨진
손상흔 (균열)

보다 중요한 것은 그 면을 현미경으로 관찰한 결과 4점에서 미세하게 갈린 흔적이 발견된다는 것이다(사진 38~39). 일부는 일반 돋보기로도 쉽게 알아 볼 수 있을 정도의 갈린 자국이 있으며, 심지어 37번의 경우 맨눈으로도 갈린 흔적을 볼 수 있다(사진 36). 갈린 자국들은 가장자리에서 부러지듯이 끊어졌는데, 이는 좀돌날이 떼어지기 전에 이미 한쪽 가장자리 면이 갈렸음을 시사한다. 또한 사진 37에서 볼 수 있는 바와 같이, 갈린 면 위에 잔손질을 위한 타격의 충격으로 미처 떼어지지 못하고 활 모양으로 깨진 균열(crack)이 남아 있는 것으로 보아, 갈린 시점이 잔손질보다 선행했다는 것을 알 수 있다.

위에서 관찰한 내용을 종합하면, 좀돌날몸돌에서 먼저 한 면을 갈고, 이 면을 타면으로 하여 가장자리를 잔손질 한 다음 비로소 좀돌날을 떼어낸 것으로 순서를 정리할 수 있다.

대부분의 좀돌날은 마주하는 양쪽 가장자리가 모두 날을 이루고 있는데 반해, 이 좀돌날은

사진 38 철원 장흥리 유적의 갈린 좀돌날

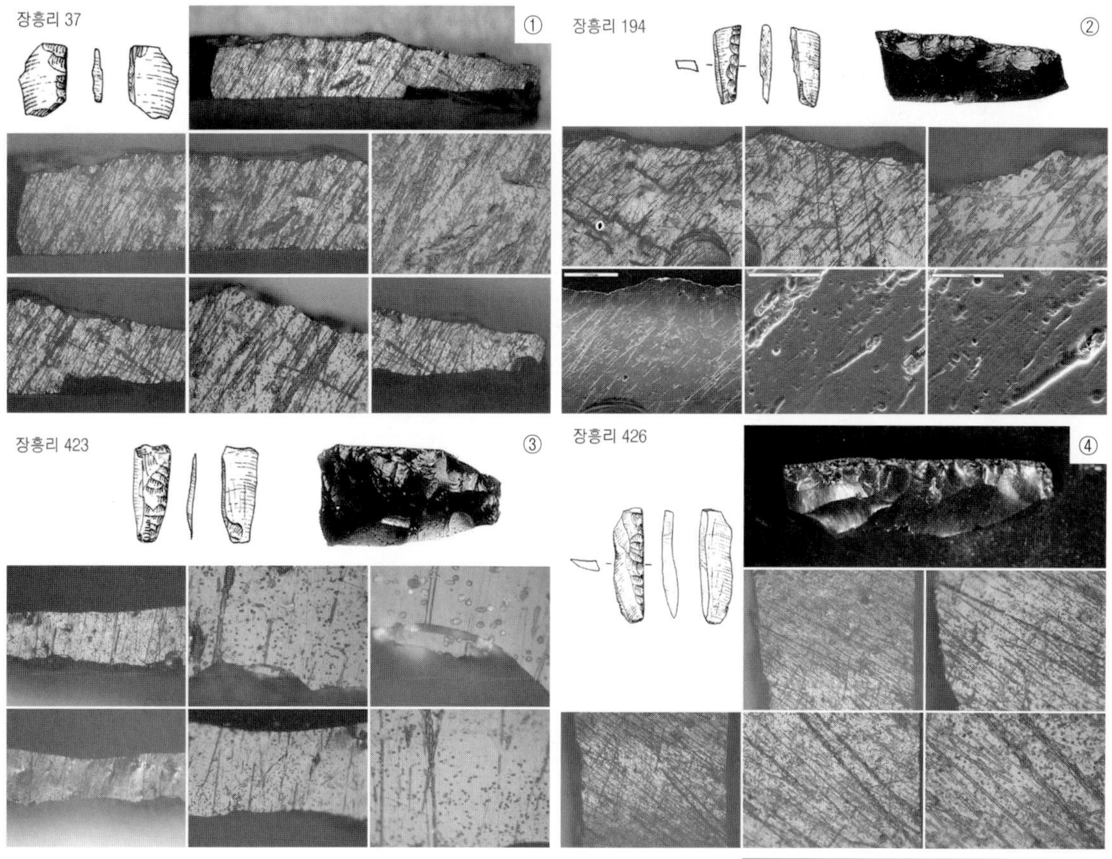

사진 39 철원 장흥리 유적 흑요석 좀돌날의 갈린 흔적

한쪽 가장자리가 좁고 편평한 면을 지니고 있고, 이 면을 타격면으로 하여 등면 방향으로 잔손질 되어 있다. 그리고 그 면은 숫돌을 이용한 듯 미세하게 갈려 있다.

이러한 특징을 지닌 좀돌날은 장흥리 유적뿐만 아니라 상무룡리(경희대)와 하화계리, 경기도 광주 삼리의 흑요석 유물에서도 관찰된다.

상무룡리 유적에서는 가장자리가 잔손질된 좀돌날이 11점 확인 되었으며, 그 중 한쪽 가장자리가 면을 이루고 있는 좀돌날은 8점(사진 40, 그림 40)이다. 면을 가진 좀돌날은 한결같이 그 면을 타격면으로 하여 등 방향으로 잔손질되었다. 잔손질은 주로 한쪽 가장자리 전체에 이루어졌으며, 일부는 굽쪽에만 한정되어 있기도 하다. 그런데 잔손질된 좀돌날의 한쪽 가장자리에 존재하는 면 중에는 육안으로도 뚜렷이 갈린 흔적(줄 자국)이 관찰되는 것이 있다.

하화계리 유적에서는 갈린 흔적의 유무를 현미경으로 관찰하지는 못했지만, 장흥리와 상무

사진 40　면을 지니고 있는 잔손질된 좀돌날 (양구 상무룡리 유적)

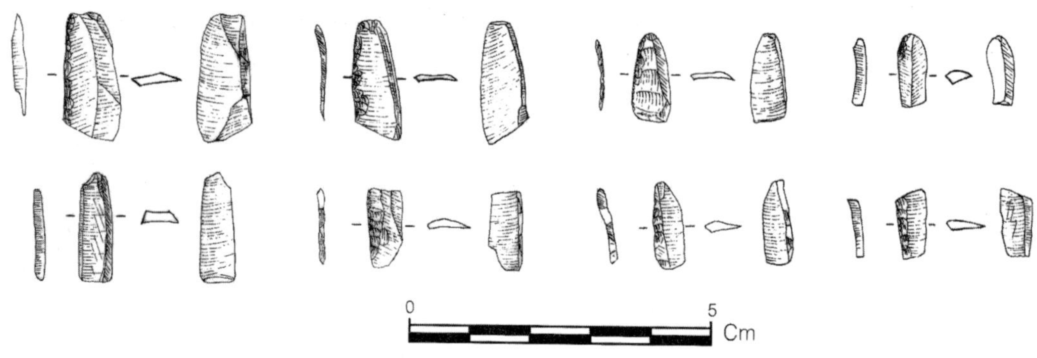

그림 40　면을 지니고 있는 잔손질된 좀돌날 (양구 상무룡리 유적)

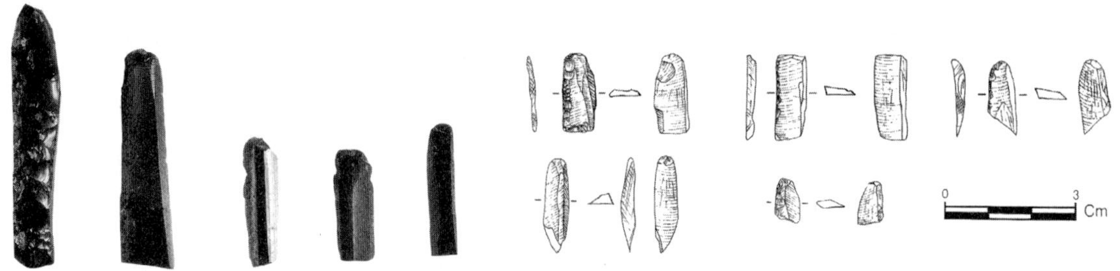

사진 41　하화계리 유적의 잔손질된 좀돌날

그림 41　삼리 유적의 갈린 좀돌날

룡리 유적과 마찬가지로 면을 지닌 잔손질된 좀돌날들이 존재한다(사진 41). 동일한 유형의 좀돌날 특성상 한쪽 면이 갈렸을 가능성이 크다고 여겨진다.

한쪽 가장자리에 면을 지닌 잔손질된 좀돌날은 강원지역뿐만 아니라 경기도 광주 삼리 유적에서 출토된 흑요석 좀돌날 중에서도 관찰된다. 특히 면을 지닌 좀돌날 5점에서는 상무룡리의 좀돌날과 마찬가지로 잘 갈려 있는 특징이 확인되었다(그림 41).

(3) 후기 구석기시대의 새로운 좀돌날(몸돌) 제작기술

위에서 살펴 본 장흥리 유적의 갈린 좀돌날몸돌 및 좀돌날은 반암과 흑요석으로 암질이 서로 다르고, 갈린 방향이 좀돌날몸돌에서는 길이 방향인데 반해 좀돌날 면에서는 길이 방향에 대하여 수직이거나 비스듬하다는 점에서 차이가 있다. 하지만 이러한 차이에도 불구하고, 동일하게 갈린 자국이 나타나는 것은 좀돌날몸돌에서 좀돌날을 떼어내는 제작 기술의 새로운 채용이라는 점에서 대단히 주목된다.

사진 42　장흥리 유적의 갈린 좀돌날몸돌 및 좀돌날

사진 42에서와 같이, 암질의 차이에도 불구하고, 장흥리 유적의 갈린 좀돌날몸돌 및 좀돌날은 동일한 제작 기술이 적용된 동일 공정상의 산물임을 알게 된다. 우선 좌측 사진처럼, 좀돌날몸돌의 등면과 면을 지닌 좀돌날의 등면은 한쪽 가장자리가 갈린 배면에서 등면 방향으로 가지런히 가파르게 잔손질되었다는 점에서 동일한 특징을 지닌다. 그리고 우측 사진처럼, 좀돌날몸돌의 배면과 좀돌날의 한쪽 면은 매우 미세하게 잘 갈려 있다는 동일한 특징을 지닌다.

이를 바탕으로, 위에서 논의한 내용을 종합하여 작업 공정을 추론하면 다음과 같다. 첫째 : 길고 두터운 돌날격지를 몸체로 한 좀돌날몸돌에서 먼저 편평한 배면을 곱게 갈고, 둘째 : 이 면을 타면으로 하여 가장자리를 등면 방향으로 가파르게 잔손질하여 모서리(稜, crest)를 조성한 다음, 셋째 : 짧은 변 한쪽 끝 부분을 비스듬히 떼어내 타면으로 삼고 비로소 길이 방향으로 떼기를 시도해 좀돌날을 생산하게 된다. 넷째 : 이러한 공정을 통해 처음에 떼어낸 좀돌날은 crested blade의 성격을 갖는 것으로, 한쪽 가장자리가 갈린 면을 이루고 있는 잔손질된 좀돌날일 가능성이 크다. 한 면을 이렇게 간 의도는 제작 기술과 깊은 연관이 있다고 생각된다. 좀돌날몸돌에서 좀돌날을 떼어낼 때, 보통의 경우 가장자리를 양 방향으로 잔손질하여 모서리(crest)를 조정하는 몸돌 준비 작업이 필요하다. 그런데 돌날 격지를 소재로 하거나, 배면이 고르지 않을 경우 양 방향으로의 잔손질은 비효율적이므로 한쪽 면을 갈고 등 방향으로만 잔손질하여 모서리(crest)를 마련한 것으로 보인다. 그런데 표 3에 나타난 바와 같이 한쪽 가장자리가 면을 이루고 있는 잔손질된 좀돌날의 기본 형태는 동일하지만, 갈린 면이 확실하지 않은 것도 3점이 있다. 이러한 좀돌날은 하화계리에서도 확인되는 바, 한쪽 면을 가는 작업은 필요

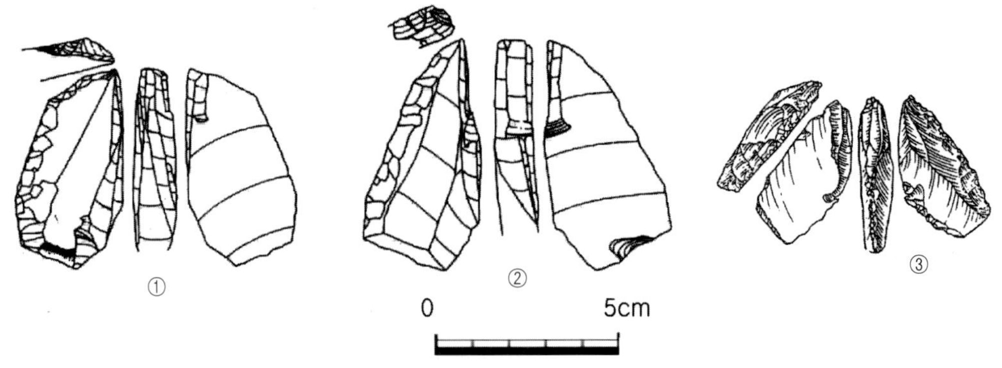

0   5cm

그림 42　상무룡리(1~2)와 석장리 유적(3)의 히로사토형 좀돌날몸돌 (金尙泰, 1998, 24~25쪽)

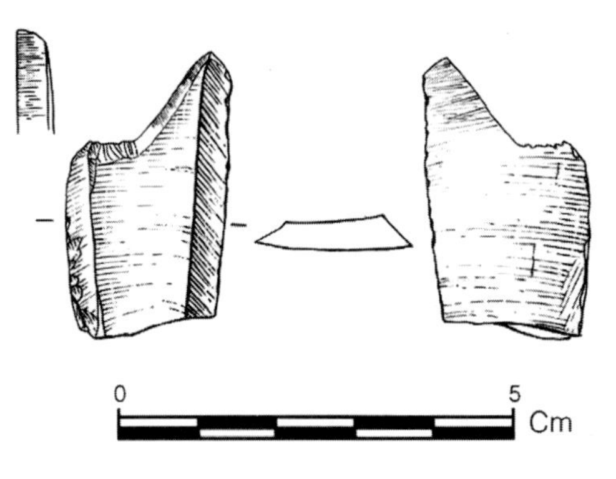

0   5 Cm

그림 43　상무룡리의 갈린 좀돌날몸돌 (히로사토형 몸돌)

한 경우에만 시행되었음을 보여주는 사례로 여겨진다.

한 가지 흥미로운 것은 위에서 언급한 작업 공정을 추론하다 보면, 상무룡리(경희대)·석장리·삼리 등지에서 출토된 소위 '히로사토형 좀돌날몸돌'이 연상된다(그림 42).[32] 이 석기는 비교적 두터운 흑요석 돌날을 몸체로 한다. 돌날의 편평한 배면을 타면으로 하여 등 방향으로 양 가장자리를 잔손질해 모서리(crest)를 조성한 후, 좀돌날을 생산하게 된다. 여기에서 처음 떼어진 crested blade도 지금까지 살펴 본 좀돌날과 동일한 특징을 갖게 될 것으로 보인다.

상무룡리에서 출토된 흑요석제 히로사토형 좀돌날몸돌 중에는 배면이 갈려있는 것도 관찰되며, 여기에서 떼어진 초기의 crested blade로서 한쪽 가장자리에 갈린 면이 있는 잔손질된 좀돌날도 여러 점 확인되었다.[33]

상무룡리의 히로사토형 좀돌날몸돌은 종전과 같이 새기개로 보려는 경향도 있지만,[34] 그림 43에 나타난 바와 같이, 새기개와 달리 돌날면 하단부에 뚜렷이 남아있는 연속적인 좀돌날 생

---

32 金尙泰, 「상무룡리Ⅱ유적의 좀돌날석기」, 『科技考古研究』第4號, 아주대학교박물관, 1998, 7~26쪽.

33 오래전부터 최삼용 박사는 흑요석 석기의 갈린 자국에 대한 연구를 진행하고 있으며, 상무룡리·삼리 유적에서도 갈린 자국을 관찰하고 필자에게 확인시켜 주었다.

34 이혜연, 『우리나라 후기 구석기시대 흑요석제 석기연구』, 목포대학교 석사학위논문, 2007, 34~35쪽.

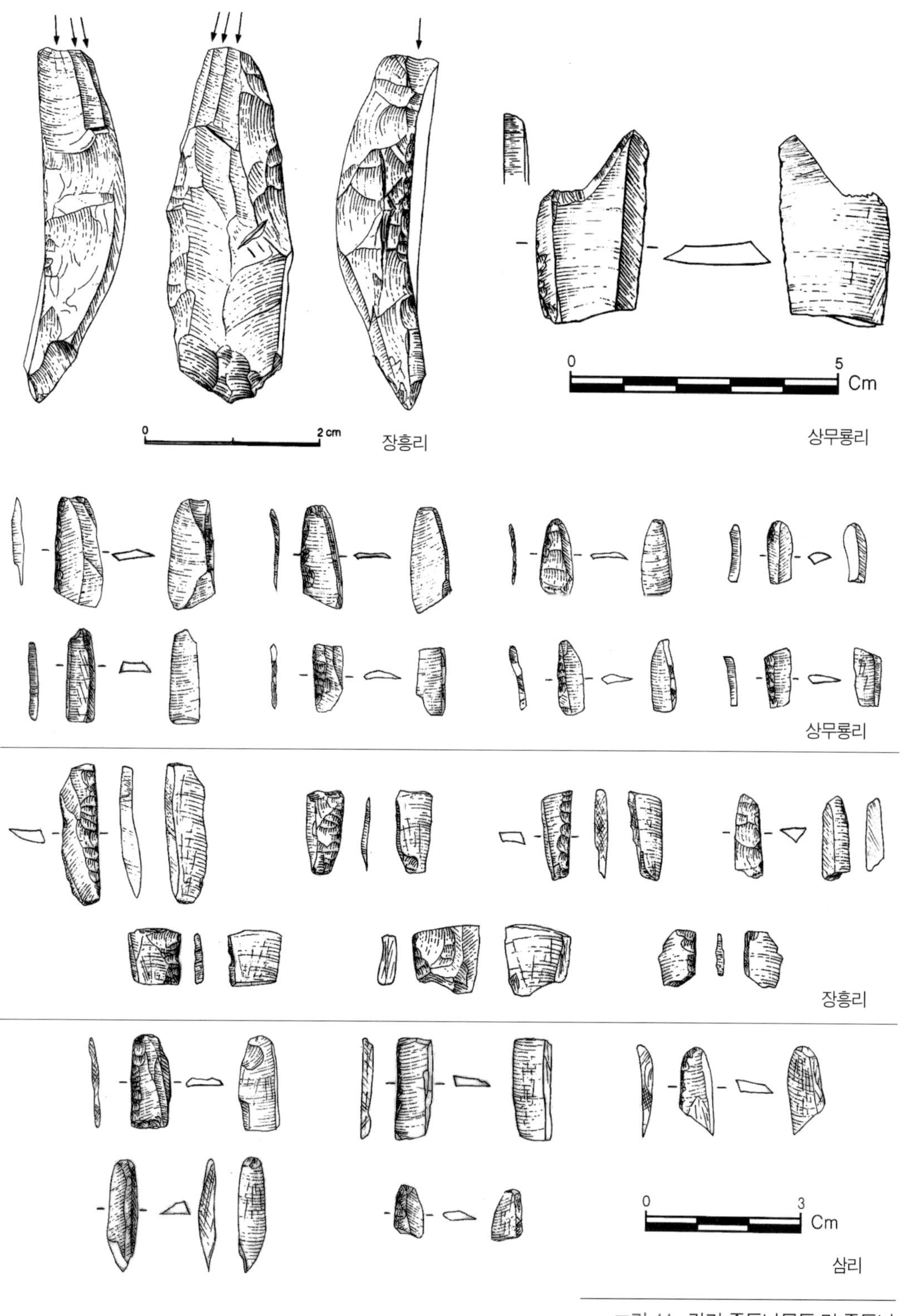

그림 44 갈린 좀돌날몸돌 및 좀돌날

산의 흔적은 이것이 몸돌로 쓰였을 가능성을 높여 주는 것이다.[35]

무엇보다 주목되는 것은 이 흑요석 몸돌의 배면 위 끝부분에서 갈린 흔적이 관찰된다는 점이다. 그리고 여기에서 떼어낸 좀돌날은 갈린 면을 지니게 된다. 물론 이 석기의 경우에는 몸돌의 양 가장자리에 잔손질된 흔적이 없어 여기에서 생산된 좀돌날에도 잔손질 흔적은 없게된다. 아무튼 이 흑요석 몸돌의 몸체(blank)가 되는 돌날의 배면이 갈려 있다는 사실은 상무룡리에서 출토된 갈린 면을 지닌 잔손질된 흑요석 좀돌날의 생산 공정을 이해하는 중요한 열쇠가 된다. 즉 흑요석 돌날을 소재로 한 좀돌날몸돌(히로사토형 몸돌)에서 우선 배면의 전부 혹은 일부를 갈고, 이 배면을 타면으로 삼아 등 방향으로 가지런히 잔손질하여 모서리를 만든후 처음 격지떼기를 하면 한쪽 가장자리에 갈린 면을 지닌 잔손질된 좀돌날이 얻어지고, 차츰본격적인 좀돌날 생산이 이루어지는 작업 공정을 읽을 수 있다. 경우에 따라 갈거나, 잔손질하는 행위가 생략될 수도 있다. 상무룡리의 흑요석 히로사토형 좀돌날몸돌과 장흥리의 반암제 좀돌날몸돌은 그 형태와 암질이 상이하지만, 동일한 작업 공정을 거쳐서 한쪽 가장자리에갈린 면이 있는 잔손질된 좀돌날을 공통적으로 얻게 된다. 따라서 지금까지 살펴 본 바와 같이, 갈린 좀돌날몸돌 및 좀돌날(그림 44)은 후기 구석기시대 새로운 석기제작 기술로서 보다더 적극적으로 해석할 필요성이 있다.

2) 쐐기형 석기

기곡 유적에서는 발굴조사 당시 다른 유적에서 전혀 확인된 바 없는 새로운 유형의 석기로, 위아래 모두 사용에 의해 으스러진 자국이 있는 가로날을 지니는 '쐐기형 석기(pièce esquillée, splintered pieces)'가 확인되었다.[36]

우리나라의 경우 이 석기는 기곡 유적에서 처음으로 인식하기 시작했다. 하지만 프랑스에서는 이미 1906년에 이러한 유형의 석기가 pièce esquillée로 불리며, 다양한 연구와 논쟁이 진행되어 왔다(그림 45).

---

35 물론 히로사토형 좀돌날몸돌은 좀돌날의 생산이 목적이 아니라, 새기개일 가능성도 있다. 그리고 연속적인 좀돌날떼기 흔적도 새기개의 날이 무디어질 경우 계속해서 새로운 새기개날을 조성하기 위한 것으로 볼 수도 있다.

36 기곡 유적 발굴조사 보고서에는 '가로날 석기'로 소개되었고, pièce esquillée를 직접적으로 언급한 바는 없지만, 동일한 유형의 석기일 가능성은 최삼용 박사를 중심으로 지속적으로 논의되어 왔다.

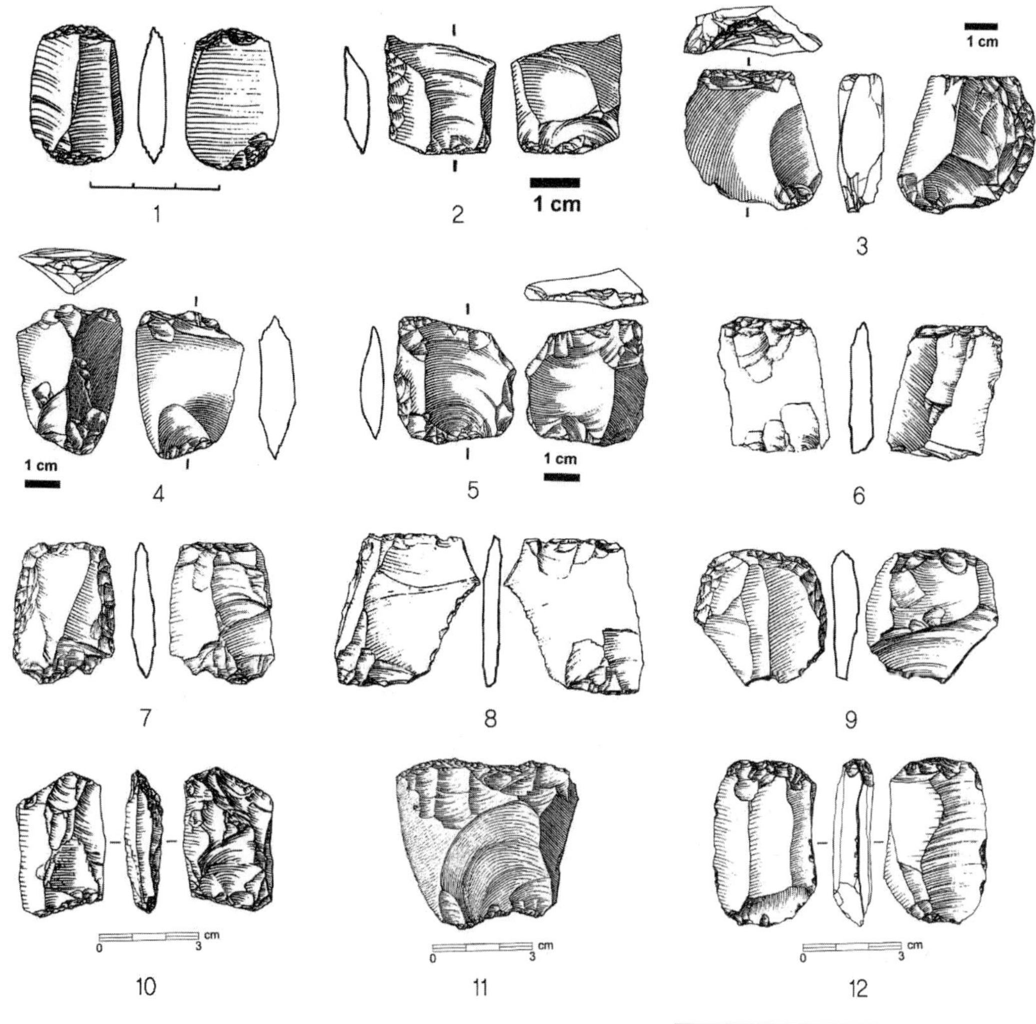

그림 45 　여러 유적에서 나온 pièce esquillée (프랑스)

　기곡 유적에서 처음 확인된 이후, 상무룡리(경희대) 유적에서도 흑요석제 pièce esquillée의 존재가 알려졌다(사진 43). 상무룡리에서 출토된 것은 두터운 흑요석 격지를 몸체로 하였으며, 격지의 굽과 위 끝부분 양쪽에 충격에 의해 미세한 격지들이 떨어져 나간 흔적이 분명하게 남아있다. 발굴조사 보고서에서는 이 석기를 긁개로 설명하였으나, 그 후 Hiroyuki, Sato는 그의 논문에 삽입한 상무룡리 석기군 도면에서 이 석기를 pièce esquillée로 인식하고 소개하였다.[37]

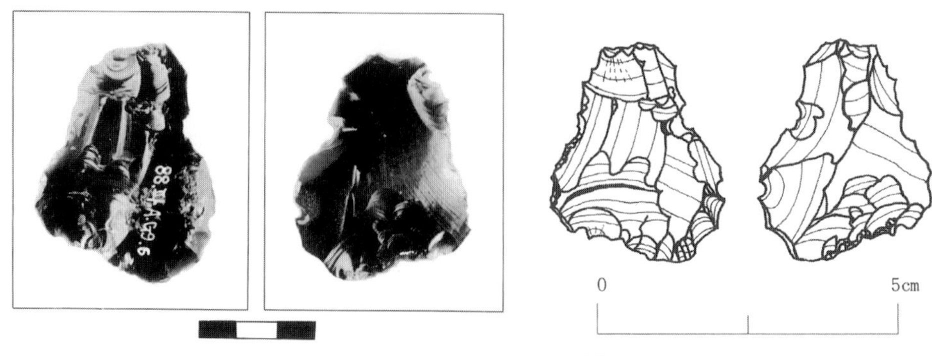

사진 43 상무룡리 유적의 흑요석제 pièce esquillée (Hiroyuki, Sato, 2004, 220쪽)

남양주 호평동 유적에서도 기타 도구로 분류한 것 중 '크기가 작은 몸체를 양극떼기 수법으로 손질한 후 주로 몸체의 위 또는 아래 가장자리, 또는 옆 가장자리 일부분을 잔손질하여 비교적 곧은 모양의 도구날을 만든 것(pièce esquillée)' 이 있다고 소개되었다.[38]

pièce esquillée라는 용어는 1906년에 Bardon과 Bouyssonie에 의해 처음 제안되었고, 그 후에 불어권 문헌에서 이 석기 형식의 변이를 표현하기 위해 으스러진 비늘모양의 석기(splintered-scaled tool), 끌(chisel), 쐐기(wedge), 펀치(punch), 모루(anvil), 떼개(flaker) 등을 의미하는 다른 용어들이 사용되었다. 그리고 앵글로색슨 문헌에서는 이 석기를 묘사하기 위해 비늘모양으로 으스러진 격지(scaled and splintered flake), 가늘고 긴 홈을 내는 도구(slotting tool), 양면 가공된 마름모꼴 석기(bifacial lozenge), 쐐기(wedge) 등의 용어를 사용했다. 이것은 아마도 석기의 기능과 형태를 다양한 방식으로 묘사한 결과일 것이다. 그 후 오랫동안 석기 형식 분류의 일반화를 통해 이러한 서로 다른 용어들은 보편적인 명칭인 pièce esquillée로 통합되었다.[39]

기곡 유적에서도 이 석기의 명칭으로 '가로날 석기', '쐐기형 석기' 등이 제안되었으나, 이 글에서는 이 석기가 쐐기와 같은 기능을 했을 가능성에 무게를 두어 '쐐기형 석기(pièce

---

37 Hiroyuki, Sato, 「Lithic Procurement and Reduction Strategy of Hirosato Industry in the Japan Sea Rim Area」, 『先史와 古代』20, 韓國古代學會, 2004, 220쪽.

38 홍미영·김종헌, 『남양주 호평동 구석기유적 II』, 한국토지공사·경기문화재단·기전문화재연구원, 2008, 281쪽.

39 Foni Le Brun-Ricalens, 2006. *Les Pièce Esquillée : État Des Connaissances Aprés Un Siècle De Reconnaissance,* Paleo N°18, pp.97~98.

esquillée)' 로 서술하고자 한다.

　위아래 모두 으스러진 두 개의 가로날(two splintered edges)을 특징으로 하는 쐐기형 석기 (pièce esquillée)는 후기 구석기시대의 석기공작으로 보는 견해가 일반적이다. 형식학적인 측면에서 일반적으로 이 석기의 평면 형태는 사각형을 이루며, 서로 마주하는 위 아래 두 끝은 흔히 으스러져 있고, 경우에 따라 양면 가공된 흔적이 있기도 하다. 헝클어진 파마머리 모양의 으스러진 자국은 매우 뚜렷하게 밀착된 간격으로 나타난다. 이러한 규칙적이거나 불규칙한, 직선이거나 굽어진 날 끝은 뭉개져 변형될 수 있다. 으스러진 자국은 잔손질의 산물이 아니고, 오히려 사용이나 충격에 의한 흔적이다. 매우 드물지만, 한쪽 끝에 혹은 네 변에 이러한 흔적이 나타나기도 한다. 특히 타격이 이루어진 한 면은 보통 경사져 있다. 세로로 쪼개진 명백한 흔적이 있는 것도 종종 관찰된다. 이러한 쪼개짐은 새기개 격지와 유사하게 세모꼴이나 사다리꼴 단면을 지닌 좀돌날을 만들어 내기도 한다. 격지나 돌날을 소재로 한, 짧거나 길쭉하게 생긴 사변형의 쐐기형 석기는 이용 가능한 돌감과 유적마다 적용된 격지떼기 기술에 의해 다양하게 나타난다.[40]

　기곡 유적에서 확인된 4점의 쐐기형 석기도 위와 동일한 형태적 특징을 지닌다. 양질의 매우 고운 석영이나 수정을 돌감으로 만든 이 석기는 긴 네모꼴의 짧은 변 위 아래 양 끝에 대체로 나란한 두 날이 마련되어 있다. 이 이중의 가로날 안팎에는 모두 사용에 의한 미세 비늘 흔적과 으스러진 자국이 나타난다. 으스러진 자국에서 관찰되는 수많은 매우 밀집된 충격파들은 이 석기가 어떤 힘에 의해 가격되었음을 보여준다. 길이 자름면은 모두 렌즈형의 쐐기 형태를 띤다. 위 아래 두 날에서 공통적으로 관찰되는 미세 비늘과 으스러진 자국뿐만 아니라, 표 4에 나타난 바와 같이, 석기의 크기 · 날의 길이 · 날의 각도 등에서도 매우 유사한 특징을 지닌다는 것을 알 수 있다.

표 4　기곡 유적 쐐기형 석기(pièce esquillée)의 계량적 속성

번호	크기(mm)			날 길이(mm)		날 각도(°)	
	길이	너비	두께	위	아래	위	아래
1	21.6	15.8	9.9	11.1	11.5	45	70
2	32.0	24.5	10.1	11.2	12.7	45	70
3	23.0	12.2	11.3	10.4	11.1	40	70
4	22.5	17.0	8.5	14.8	13.5	50	55

40　*Ibid*, p.98.

1906년에 Bardon과 Bouyssonie에 의해 처음으로 인지된 이래로, 이 석기의 기능은 많은 논란거리가 되었다. 으스러진 자국은 의도적인 잔손질(intentional retouch)에 의한 것인가? 아니면 특정한 도구로 제작된 후 사용에 의해 남겨진 자국인가? 이러한 의문을 해결하기 위해 많은 연구자들이 실험과 사용흔 분석을 통해 이 석기의 기술적인 측면과 기능을 밝히기 위한 연구를 시도했다. 이 석기에는 다소 오랜 사용에서 비롯되는 과격한 타격과 형식학적 특징에 의해 만들어지는 사용흔적들이 존재한다. 실제로 동물을 대상으로 이 석기를 쐐기로 이용하여 실험하고, 망치로 내려치는 동안에 떨어져 나온 수많은 미세 격지들을 회수하여 모은 사례도 있다(사진 44). 또한 이러한 작업을 통해 남겨진 흔적을 현미경으로 관찰하여 그 특징을 분석하고, 이 석기의 기능을 추론한 연구도 있다.[41](그림 46)

　하지만 쐐기형 석기(pièce esquillée)를 대상으로 현미경을 통한 사용흔 분석이 이루어진 사례는 많지 않다. 작업 대상이 되는 물체와 중간 매개물 사이의 접촉이 매우 짧아서 석기에 남겨지는 흔적이 매우 적기 때문이다. 게다가 사용하는 동안에 생기는 으스러짐이 흔적들을 급속하게 제거하기 때문이기도 하다. 그럼에도 불구하고 현미경 분석에서는 이 석기가 구석기시대에 뼈, 뿔, 나무, 상아와 같은 단단한 유기물 또는 광물질을 가공하고 떼어 내는데 쓰였다는 것이 확인되었다. 그리고 으스러진 날은 대상물에 대해 세차게 활동적인 날은 아니었음을

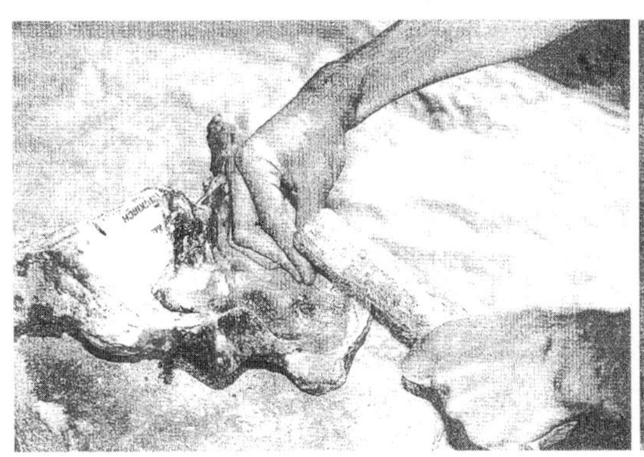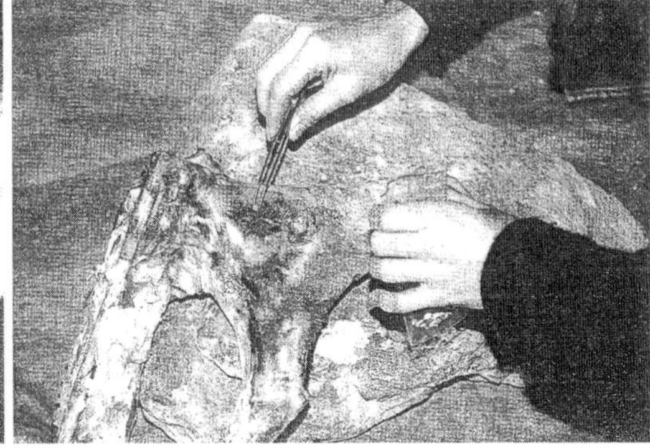

사진 44　동물을 대상으로 한 pièce esquillée의 사용 실험 (Géraldine LUCAS et Maureen A.HAYS, 2000, pp.110~111)

41　Géraldine LUCAS et Maureen A.HAYS, 2000. *Les pièces esquillées du site paléolithique du Flageolet I (Dordogne) : outils ou nucléus?*, XXVe Congrès Préhistorique de France -Nanterre24-26 novembre 2000- Approches fonctionnelles en Préhistoire, pp.107~120.

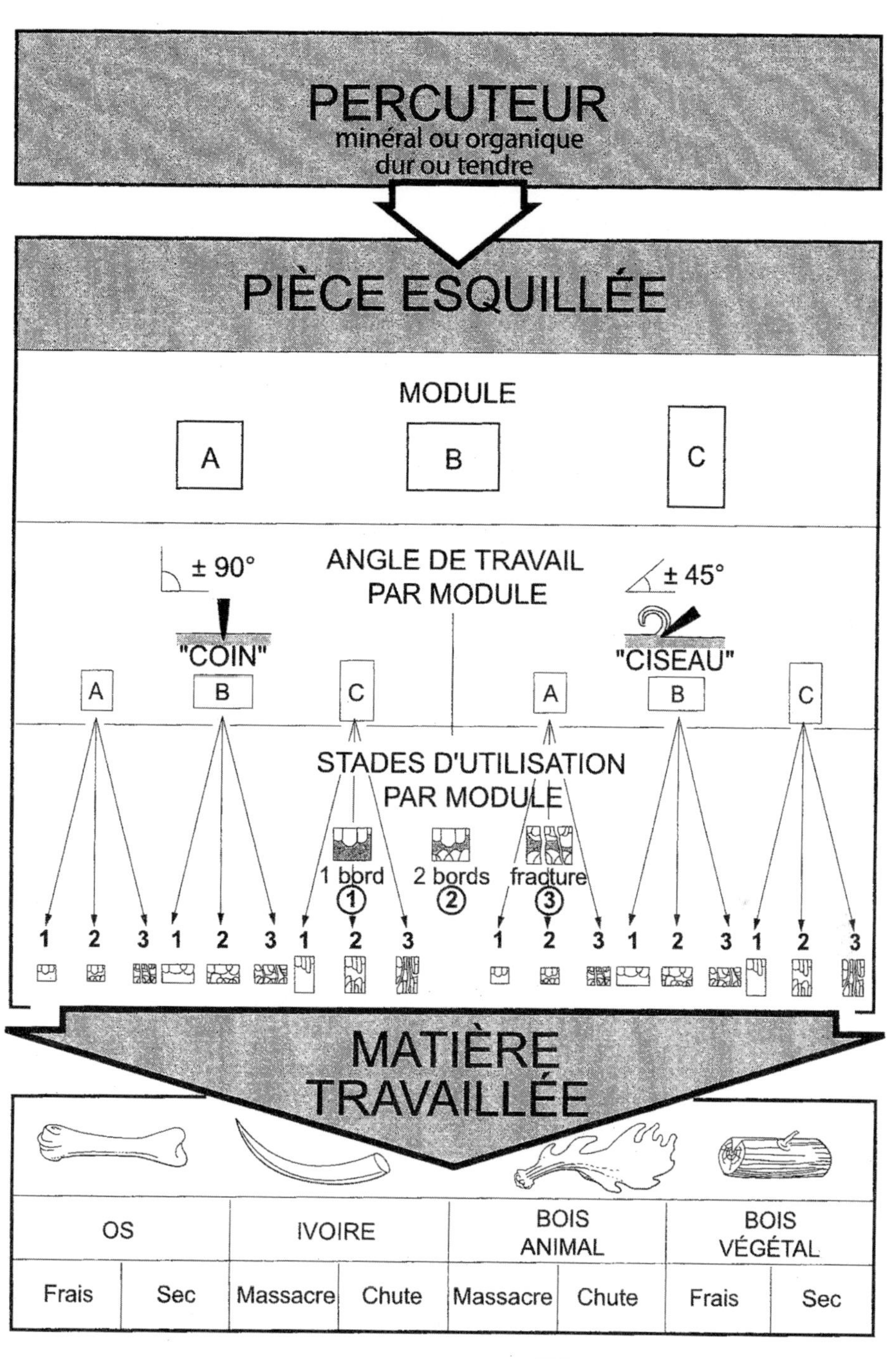

그림 46 pièce esquillée의 실험 절차 (Foni LE BRUN-RICALENS, 2006, p.106)

보여준다. 실험 연구에 의하면, 이 석기는 유기물을 가공하는데 쓰였다. 절단 기술적인 측면에서, 뼈·뿔·상아·나무와 같은 유기물을 세로로 쪼갤 때 이 석기를 사용하는 것이 새기개를 가지고 앞뒤로 움직이는 것보다 더 빠르게 할 수 있었다. 하지만 새기개를 이용하는 기술이 보다 더 정확하고, 덜 들쭉날쭉 했다는 점도 확인되었다.[42]

쐐기형 석기(pièce esquillée)의 기능을 유럽의 전통에 따르면, 기본적으로 잘라 낼 뿔의 방향에 따라 미리 금을 긋는데 사용하거나, 뿔에 홈을 내는데 쓰인다고 할 수 있다. 그러나 Hayden에 의하면, 쐐기형 석기는 홈을 내는 도구로서는 비효율적이라고 주장한다. 왜냐하면, 쐐기형 석기의 날은 보통 무디고, 구불구불하기 때문이다. 또한 몇몇 제한적인 실험에 기초해서 그는 단단한 나무나 뼈와 같은 다양한 재질에 쐐기로 사용해 본 결과, 빠르게 산산조각이 나고, 부러져 버린다는 점을 경험했다. 따라서 그는 이 석기가 어떤 단단한 물질에 마구 쳐대는 쐐기로 쓰였다는 점에 의구심을 갖게 되었다. 가장 큰 가능성은 이 석기가 여린 뼈(성숙되지 않은 뼈)를 쪼개는데 사용되었다는 것이다. 이는 유럽의 후기 구석기시대에 뼈를 쪼개는데 흔히 쓰인 것과 일치한다. Bryan Snow는 Ontario Iroquoian 유적의 양극떼기 유물의 사용 가능성을 조사하기 위해 일련의 실험을 수행했다. 그는 길고 편평한 소뼈의 결 방향에 따라 새김 눈을 낸 후, 쐐기형 석기를 위치시키고, 가볍게 톡톡 내리쳐서 쉽고 효과적으로 쪼갤 수 있음을 알게 되었다. 그러한 뼈들은 돌망치로 쳐서도 쪼갤 수 있지만, 새김 선을 따라 원하는 대로 계속해서 쪼개지지는 않는다. 쐐기형 석기의 이러한 기능은 가느다란 사슴뼈가 낟알을 탈곡하는 도구나 뼈바늘을 만드는데 사용되었다는 점을 잘 확신할 수 있는 중요한 단서가 된다. 또한 이 석기는 어떤 특정한 종류의 동물뼈를 작업하는데 적합하다는 것을 알 수 있다. 이러한 맥락에서 발견된 쐐기형 석기는 화살촉과 매우 밀접하게 관련되어 있다.[43]

위에서 살펴 본 기능 실험과 더불어, 기곡 유적에서 출토된 쐐기형 석기에 대한 사용흔 분석에서도 매우 흥미로운 결과를 얻었다(사진 45). 현미경으로 관찰한 바에 따르면, 위 아래 두 날에서 공통적으로 관찰되는 미세 비늘 흔적과 으스러진 자국은 그 각도로 보아 수직 방향에서 오는 힘에 의해 형성된 것으로 보이며, 이는 석기가 쐐기처럼 사용될 때 망치로 반복적으로 맞으면서 충격에 의해 생긴 것으로 추정된다. 특히 2점의 쐐기형 석기(pièce esquillée)에서

---

42 Foni LE BRUN-RICALENS, 2006. *LES PIÈCES ESQUILLÉES : ÉTAT DES CONNAISSANCES APRÈS UN SIÈCLE DE RECONNAISSANCE*, PALEO N°18, pp.105~107.

43 Brian Hayden, 1980. *CONFUSION IN THE BIPOLAR WORLD : BASHED PEBBLES AND SPLINTERED PIECES*, Lithic Technology 9-1, pp.2~3.

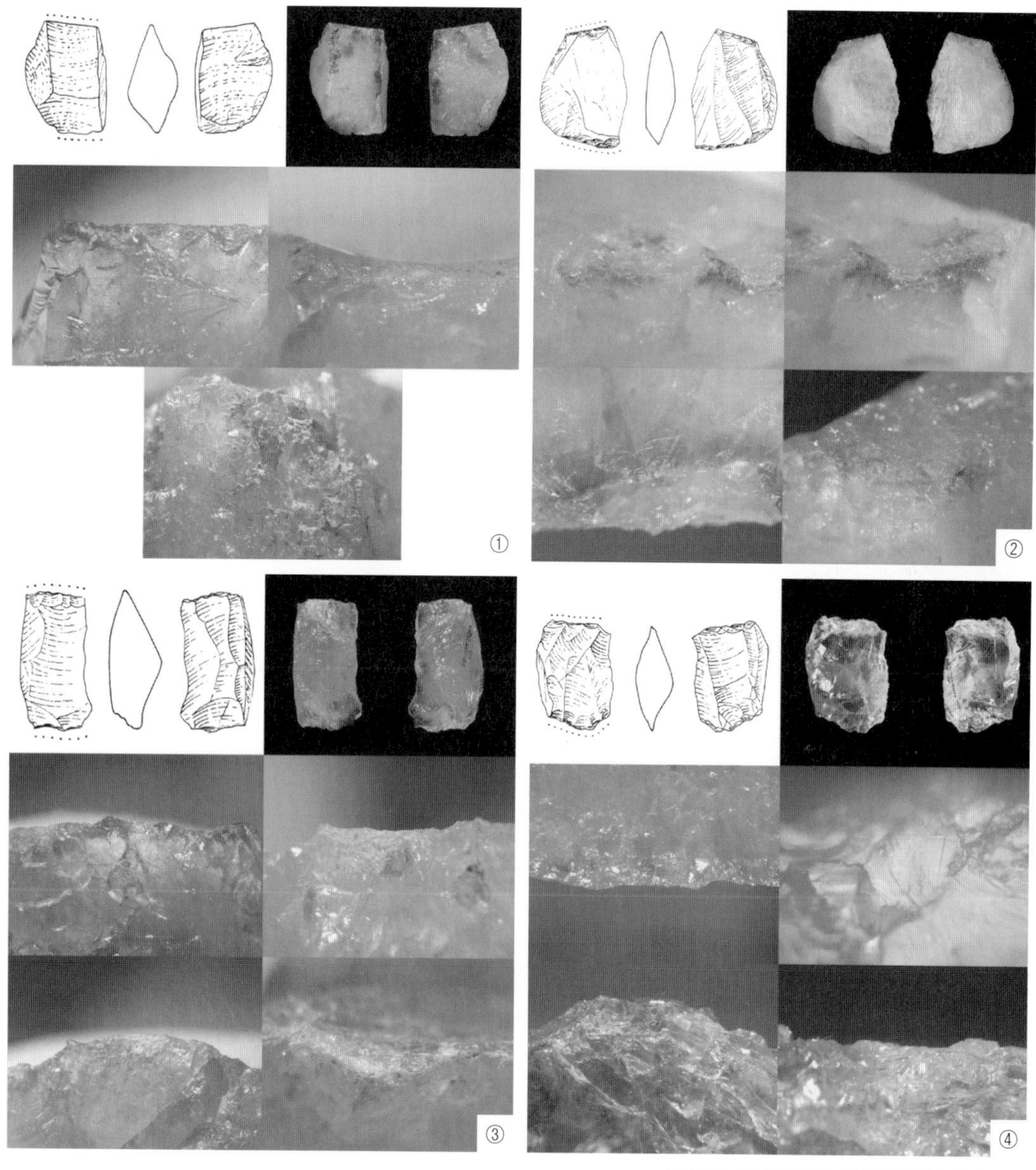

사진 45 기곡 유적의 쐐기형 석기(pièce esquillée) 사용흔 (최삼용, 2005, 320~323쪽)

는 아래쪽 끝날 오른쪽 혹은 위·아래 양쪽 가로날 부분에 충격에 의해 생긴 균열을 따라 스
며든 붉은 흔적이 확인되었다(사진 45-1·2). 틈으로 스며 든 붉은 흔적이 핏자국인지의 여부
는 자연과학적 성분 분석에 의해 밝혀야 하겠지만, 만일 정황상 핏자국이 분명하다면 이 석기
의 기능을 밝히는데 가장 중요한 단서가 될 수 있다.[44] 즉 앞에서 살펴 본 사진 44의 실험과 동

일한 맥락에서 이 석기의 기능을 확신할 수 있기 때문이다.

한편 이 석기의 기능이 모두 동일하지 않을 가능성도 관찰되었다. 붉은색 흔적이 남아있지 않은 수정제 쐐기형 석기 1점의 위쪽 가로날 가운데 부분에서는 미세하지만 둥글게 닳은 자국과 긁힌 자국이 있어 쐐기의 기능과 다소 차이나는 흔적으로 보인다.

현재 이 석기는 상이한 판단 기준에 따라 몸돌(bipolar core), 도구(tool), 버리는 석재(waste) 등으로 분류되는 독특한 범주의 석기로 인식된다. 즉 이 석기가 과연 특정한 기능을 하는 도구(tool)인지, 아니면 단순히 버린 파편(waste)인지에 대한 논의가 지속적으로 이어져 오고 있다.[45] 이러한 혼돈은 도구로서의 쐐기형 석기(pièce esquillée)와 양극떼기 몸돌(bipolar core)과의 유사성으로 인해 양자를 구분하는 명백한 특징을 제시하지 못한데서 비롯된다. 실제로 쐐기형 석기(pièce esquillée)에서 관찰되는 기술은 양극기법에 의한 간접떼기(indirect bipolar percussion)로 설명될 수 있다.

쐐기형 석기(pièce esquillée)는 다소 치밀하고 질긴 재료에 대해 석기의 좁은 면을 손에 쥐고 단단한 대롱모양의 돌망치를 가지고 대상물의 길이 축에 수직으로 가격함으로써 쉽게 얻어진다. 대상물 길이 축 방향으로 몇 차례 수직 가격한 후에, 쪼개진 균열과 유사한 으스러진 자국이 한 면 혹은 두 면에 형성된다. 으스러진 자국의 대부분은 타격이 이루어진 날 부분에서 시작된다. 만일 돌모루와 같이 고정된 물체가 단단하다면, 때로는 반동에 의해 반대쪽 끝단에서 시작되기도 한다. 어떠한 방향이 주어지든, 주로 타격이 이루어진 날에 으스러진 자국이 남아있는 쐐기형 석기를 얻게 된다. 따라서 쐐기형 석기를 단순히 작고, 다소 길쭉한 격지를 생산하기 위한 양극떼기 몸돌(bipolar cores)로 해석하기도 한다. 민족지학적으로 이러한 사례는 오스트레일리아에서 잘 알려져 있는데, 이곳에서는 양극떼기(bipolar percussion)에 의하여 얻어진 수많은 격지들이 "death-spears"라 불리는 작살의 첨단부에 장착된다고 한다 (그림 47).[46] 또 다른 해석은 양극떼기를 통해 얻어진 쐐기형 석기가 세로로 쪼개기, 분할하기, 파쇄, 대충 다듬기, 홈파기, 구멍 뚫기, 자르기 등을 위한 중간매체 도구(intermediary tool)로

---

44 최근 화살촉 표면에 남아있는 붉은색의 이물질을 전자주사현미경으로 비파괴 성분 분석한 결과 짐승의 핏자국일 가능성이 제기된 사례도 있다.
　　장호수, 『청주 사천동 재너머들 유적』, 재단법인 충청북도문화재연구원 · (주)시티라이프 알앤디, 2009, 53~55쪽.
45 par Guy Mazière, 1984. *La pièces esquillées, outil ou déchet?*, Bulletin de la SOCIÉTÉ PRÉHISTORIQUE FRANCAISE TOME 81/6, pp.182~187.
46 Cl. Chauchat. C. Normand, J.P. Raynal et R. Santamaria, 1985. *Le retour de la pièces esquillée* !, Bulletin de la SOCIÉTÉ PRÉHISTORIQUE FRANCAISE TOME 82/2, p.37.

서 사용되었다는 것이다. 그리고 작업 각도가 수
직 혹은 경사인가에 따라 쐐기(wedge) 또는 끌
(gouge) 타입으로 구분된다. 민족지학적사례로,
리키(Leakey)에 의하면 힘줄 끊개(sinew-
frayeurs)라 불리는 쐐기형 석기와 유사한 유물이
동식물 유기물을 쪼개기 위해서, 특히 덩굴 섬유
를 잘라내기 위해서 아프리카에서 사용되어진다
고 한다.[47]

　이러한 상이한 두 가지 해석에도 불구하고, 기
곡 유적의 쐐기형 석기는 크기와 형태상의 특징,
사용흔 분석 결과 등을 종합할 때, 몸돌이나 단순
히 버린 파편이 아니라 쐐기와 같은 중간 매체 도
구로서의 기능이 더 크다고 볼 수 있다. 그리고
기곡이나 호평동 유적에서 이 석기에 대한 새로
운 인식이 제기된 만큼 앞으로 다른 후기구석기
유적에서도 동일한 석기가 존재하는지에 대해 주
의를 기우릴 필요가 있다.

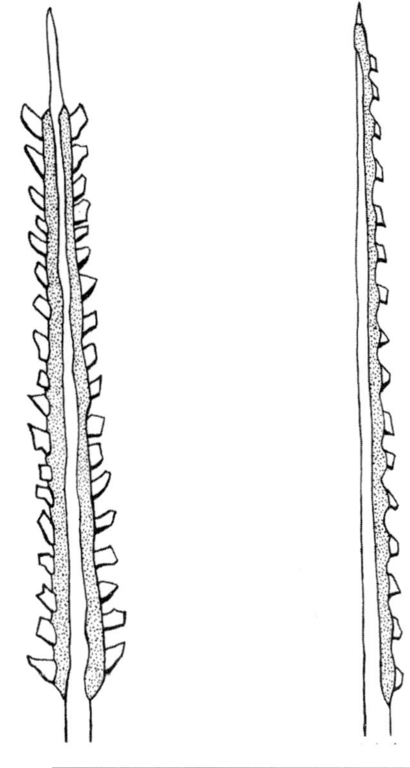

그림 47　오스트레일리아의 "death-spears"
(Cl. Chauchat. C. Normand, J.P. Raynal et R. Santamaria,
1985. p.37)

3) 화살촉

　우리나라에서 활의 사용은 신석기시대부터 시작되었다고 보는 것이 일반적이다. 예컨대 제
주도 고산리에서 나온 화살촉이 가장 오랜 것으로 인식된다(사진 46). 그러나 최근 구석기 고
고학에서는 기존의 고착화된 생각의 변화를 요구하는 새로운 자료의 증가가 잇따르고 있다.
그 중의 하나가 화살촉의 출현 시기에 관한 것이다.

　필자는 2002년 동해 망상동 기곡 유적에서 수정으로 만든 뗀돌화살촉 3점을 찾았다. 그리

47　Foni LE BRUN-RICALENS, 2006. LES PIÉCES ESQUILLÉES : ÉTAT DES CONNAISSANCES APRÉS UN SIÉCLE DE
　RECONNAISSANCE, PALEO N°18, pp.101~105.

사진 46 제주 고산리 신석기유적 화살촉

고 이것을 구석기시대 유적에서 출토된 최초의 화살촉으로 인식하고 있다. 만약 이 화살촉이 구석기시대 최후의 퇴적인 밝은 갈색 찰흙층에서 출토되지 않았다면, 그리고 다른 구석기 유물들과 함께 출토되지 않았다면, 신석기시대 유물로도 인식할 수 있는 것들이었다. 그만큼 신석기시대 이른 시기에 출토되는 화살촉과 거의 유사하다는 것을 의미한다. 처음 이 유물들을 접하고 이 유적의 시간적 평가를 어떻게 할 것인가, 퇴적학적으로 유적의 형성과정에서 어떠한 혼란이 있지 않았을까? 등등 다소 의외의 발견을 어떻게 받아들여야하는가에 대한 생각으로 고심했다. 하지만 유적 상층부 어디에서도 신석기 토기편 하나 보이지 않는 상황에서, 제층위(*in situ.*)에서 출토된 것을 군이 부정할 이유가 없으며, 시간적으로 후기구석기 최말기의 상황이라면 당연한 것으로 자연스럽게 받아들일 필요가 있다고 생각하게 되었다. 그리고 얼마 지나지 않아 경기도 포천의 화대리에서도 흑요석제 멘돌화살촉 1점과 간돌화살촉 1점이 출토되었다.[48] 최근에는 동해 월소 유적에서도 석영제 멘돌화살촉 1점이 출토되었다. 뒤의 두 유적 모두 기곡과 동일한 층위에서 유물이 출토되었고, 신석기 유물의 혼입을 상정할 수 없을 정도로 지표에서조차도 신석기 관련 유물이 전혀 보이지 않는다. 여기에서는 강원지역에 해

---

48 崔福奎·柳惠貞,『抱川 禾垈里 쉼터 舊石器遺蹟』, (주)현대산업개발·강원대학교유적조사단, 2005, 70~72쪽.

당되는 동해 기곡과 월소의 화살촉을 중심으로 살펴보고자 한다.

화살촉이 출토된 층위는 모두 우리나라에서 구석기시대의 최후 점토퇴적이라고 일컬어지는 최상부의 명갈색 점토층이며, 기곡에서는 10,200±60 BP(AMS, 목탄)의 연대값이 나왔다. 화살촉이 출토된 기곡 유적의 1만 년 전 연대는 신석기 단계로 접어들기 직전의 후기구석기 최말기에 해당되는 것으로서, 신석기 이른 시기에 나타나는 화살촉과 밀접한 관련이 있음을 보여준다. 제주 고산리 유적에서는 섬유질 혼입토기(고산리식 토기)와 함께 불규칙한 좀돌날 몸돌 및 좀돌날, 화살촉, 창끝 등의 석기가 출토되어 후기구석기 최말기에서 신석기시대 초기로 넘어가는 유물조합상으로 평가받고 있다. 유적의 연대에 대해서는 다양한 의견이 있으나, 6,300 BP에 폭발한 아까호야 화산재 아래 퇴적층에서 유물이 출토되고, TL 연대측정 결과 10,180±65 BP의 절대연대값이 얻어져 상한을 11~10 ka BP로 설정하고 있다.[49] 특히 고산리

유적에서 출토된 다양한 형태의 유경식 및 무경식 화살촉은 기곡과 월소 유적의 화살촉과 거의 유사하며, 고산리와 기곡의 절대연대측정치도 거의 비슷한 시기임을 알려준다. 그러나 기곡과 월소 유적에서는 토기가 전혀 출토되지 않았고, 화살촉을 제외한 석기구성상에서도 고산리 유적과 차이가 있다. 또한 화살촉이 출토된 기곡과 월소 유적의 층위는 구석기시대 늦은 시기에 해당되는 명갈색 점토층에 해당되는 것으로 보아 고산리보다 이른 것으로 평가된다.

기곡과 월소의 화살촉 모두 눌러떼기 기법에 의한 뗀돌화살촉[타제석촉]이다. 슴베의 유무에 따라 구분하자면, 기곡 화살촉은 모두 슴베가 없는 無莖式이고, 월소 화살촉은 슴베가 달린 有莖式이다(그림 48, 사진 47). 몸체(blank)는 모두 얇게 떼어진 격지

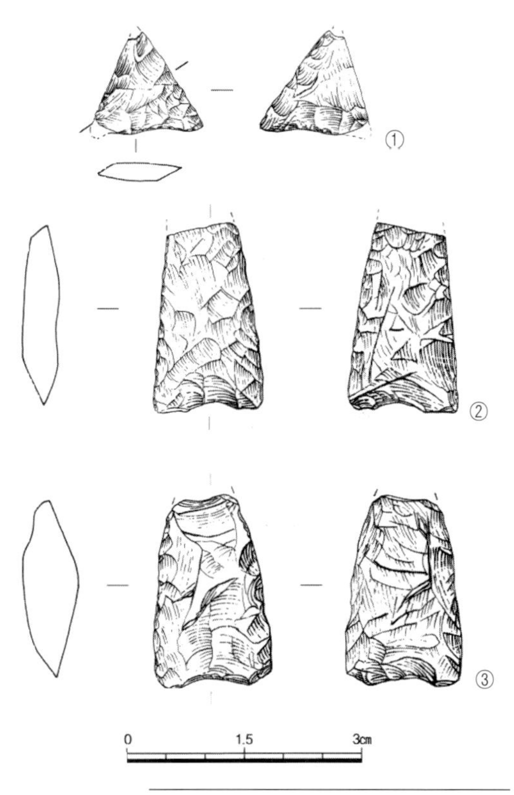

그림 48 **기곡 화살촉** (이해용·홍성학·최영석, 2005, 183쪽)

---

49 강창화·김종찬, 「제주도 신석기문화 연구의 성과와 전망」, 『韓國新石器研究』第16號, 韓國新石器學會, 2008, 8~9
·쪽.

로 보인다. 크기는 비교적 소형의 화살촉들이며, 그 중 형태상 특
징이 거의 유사한 기곡 화살촉②, ③이 다른 것들에 비해 큰 편에
속한다(표 5).

떼돌화살촉 4점의 형태상 특징을 머리, 몸, 날, 등줄, 밑 부분으
로 나누어 살펴보면 아래와 같다.[50]

• 머리 부분 : 화살촉의 제일 앞쪽으로 끝이 뾰족해 피사체에 꽂
히는 부분이다. 4점 모두 이 부분이 부러지거나 약간의 손상을 입
은 상태이다. 이것은 후술하겠지만, 사용과정에서 생긴 것으로 여
겨진다.

사진 47　월소 화살촉
(예맥문화재연구원, 2008, 33쪽)

• 몸 부분 : 석기 전면에 걸쳐 수없이 많은 떼기의 흔적이 남아
있으며, 눌러떼기 기법에 의해 비늘모양을 하고 있다. 대부분 날의 양쪽 가장자리에서 몸 중
심으로 잔손질을 베풀어 매끈하게 처리되었지만, 기곡 화살촉③의 경우 한쪽면의 중앙 일부
가 덜 떼어져 두터운 편이다. 이는 돌감의 질이 떨어져, 돌결에 의해 턱(step)진 곳이 많기 때
문이다.

• 날 부분 : 화살촉의 양 옆은 정교하고 세심한 눌러떼기에 의해 곧고 날카로운 날을 형성
하고 있다. 기곡 화살촉②, ③은 두 가장자리 날을 양 방향 눌러떼기로 정교하게 다듬어 좌우
대칭을 이룬다. 기곡 화살촉①은 오른쪽은 배에서 등방향으로만 잔손질이 이루어졌고, 왼쪽
은 양 방향에서 눌러떼기가 진행되었다. 기곡 화살촉②, ③은 몸에서 밑으로 가면서 각도가
크게 벌어지지 않아 두 가장자리가 거의 나란하게 일직선을 이루고 있다.

• 등줄 : 간돌화살촉과 달리 떼돌화살촉에서는 의도적인 등줄[稜]의 형성은 이루어지지 않
는다. 기곡과 월소 화살촉의 등 부분은 모가 나있지 않고, 매끈하고 둥글게 처리되었다.

표 5　화살촉의 형태와 크기 (크기는 끝이 부러진 현재의 것임)

일련 번호	구분	형식 분류	길이 (mm)	너비 (mm)	두께 (mm)	무게 (g)	암질	비고
1	기곡 화살촉①	무경식 화살촉	14.4	13.2	2.3	0.4	수정	
2	기곡 화살촉②	무경식 화살촉	22.6	14.0	4.8	1.8	수정	
3	기곡 화살촉③	무경식 화살촉	23.1	15.0	6.8	2.4	수정	석영질에 가깝다
4	월소 화살촉	유경식 화살촉	24.0	14.0	5.0	-	석영	보고서 미간

---

50 화살촉의 관찰 방향은 박준범의 명칭을 참고하였다.
　박준범, 「한강유역 출토 선사시대 간돌화살촉 연구」, 『韓國新石器硏究』12, 韓國新石器學會, 2006, 60쪽.

• 밑 부분 : 기곡 화살촉의 밑 부분은 화살대에 끼우기 좋게 가운데가 안팎으로 깊게 손질되어 오목하게 처리되었다. 그러나 홈의 깊이가 깊지 않아서 거의 일자형에 가깝거나 가운데만 약간 오목한 형태이다. 월소 화살촉은 슴베가 만들어졌다.

화살촉의 돌감은 석영과 수정을 활용하였다. 기곡 유적에서는 모두 268점의 수정이 출토되어 사용빈도가 높은 편임을 알 수 있다. 이렇게 활용도가 높은 수정으로 화살촉을 제작했다. 다만 기곡 화살촉③의 경우 육안으로 석영과 수정을 구분 지을 때, 그 경계선상에 놓인다. 월소 화살촉은 아주 고운 양질의 유백색 석영으로 만들었다.

한편, 기곡 화살촉②와 ③에 대한 현미경 관찰에서 흥미롭게도 사용 흔적으로 판단되는 닳은 자국(사진 48~49)이 확인되었다.[51] 닳은 자국은 오른쪽 가장자리 맨 아래 부분에서 관찰되는데, 기곡 화살촉②는 3.7mm 범위에, 기곡 화살촉③은 3.2mm 범위에 걸쳐있다. 닳아있는 부분은 그렇지 않은 부분보다 더 매끈하고 부드러우며, 편평한 면이 형성되어 있다. 닳은 면을 확대하면 곰보 같은 굴곡이 확인되며 들어간 부분에서는 결정면이 보인다. 닳은 자국에서 나타나는 쓰인 방향은 석기의 길이 방향과 일치하는 것으로 보인다. 닳은 자국이 화살대에 꽂

닳은 부분 (점선) 닳은 부분(그림의 점선 부분) 닳지 않은 부분 닳은 부분 확대

사진 48 기곡 화살촉②의 현미경 사진 (최삼용, 2005, 318쪽)

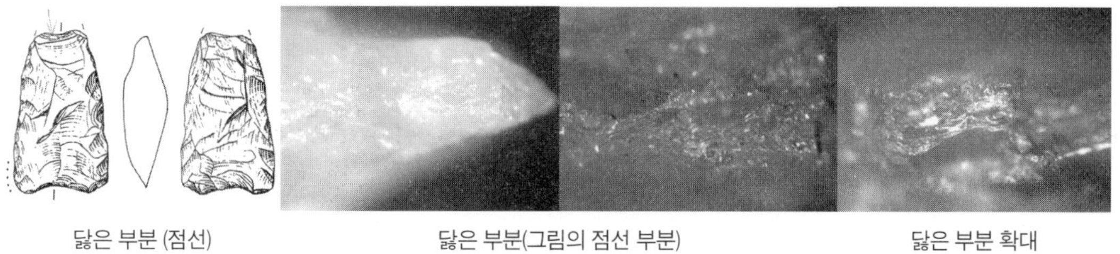

닳은 부분 (점선) 닳은 부분(그림의 점선 부분) 닳은 부분 확대

사진 49 기곡 화살촉③의 현미경 사진 (최삼용, 2005, 319쪽)

---

51 최삼용, 「기곡유적 석기의 사용흔 분석」, 『동해 기곡유적』, 江原文化財研究所 · 韓國道路公社, 2005, 311~312쪽.

히는 밑 부분에서 나타나는 것으로 보아 화살촉이 제 기능을 잃은 후, 다른 용도로 반복적으로 사용되었을 가능성이 높음을 보여준다.

또한 기곡과 월소의 화살촉이 모두 온전한 형태로 발견되지 않았다는 점도 주목해 볼만하다. 기곡 화살촉①은 제일 앞쪽으로 끝이 뾰족한 부분(머리 끝 부분)과 한쪽 밑 부분이 부러져 있다. 기곡 화살촉②는 머리 끝 부분이 켜면을 따라 비스듬히 부러진 상태이다. 기곡 화살촉③도 역시 머리 끝 부분이 부러졌는데, 한쪽 면 끝 부분에 사용할 때의 충격으로 끝쪽에서 밑쪽으로 비스듬히 떼어진 흔적이 남아있다. 월소 화살촉의 뾰족한 끝 부분도 부러져 없어졌다. 화살촉의 손상은 주로 뾰족한 머리 끝 부분과 한쪽 밑 부분에 한정되어 있는 바, 이것은 화살촉의 기능을 고려할 때, 실제 사용과 밀접한 관련을 갖는다고 볼 수 있다. 그리고 이러한 손상은 사용과 관련되는 것임과 동시에, 화살촉이 제 기능을 상실하고 폐기되는 과정과도 맞물려 있다.

신석기 단계에서 보다 보편화된 양상으로 나타나는 뗀돌화살촉이나 간돌화살촉, 간돌도끼류 등이 구석기시대 점토층에서 간헐적으로 출현하는 것은 구석기시대와 신석기시대의 과도기 혹은 전환기적 양상의 중요한 요소라고 생각된다. 후기구석기 말기의 석기 양상에 몇몇 특정한 신석기적 요소가 더해지는 이러한 현상은 후기구석기인들의 신석기 단계 진입 준비 과정이 점진적으로 이루어졌음을 보여주는 것으로 이해된다. 이러한 점에서 화살촉 최초 출현의 고고학적인 의미는 보다 적극적으로 해석할 필요성이 있다.[52]

6. 사용흔 분석

석기가 켜기, 자르기, 긁기, 밀기, 홈파기, 뚫기, 깎기, 찍기, 문지르기 따위의 여러 용도로 쓰일 때 사용 부위와 그 둘레에 사용 흔적이 생기게 된다. 주로 가는 줄 자국, 닳은 자국, 으스러짐, 광택, 미세비늘(이빠진) 흔적 등으로 나타난다. 특히 남양주 호평동 유적에서 확인된 바와 같이, 흑요석 석기에서 사용흔으로 여겨지는 다양한 형태의 줄 자국들(striations)이 잘 나타나는 것으로 알려져 있다.[53]

---

52 최승엽, 「한국의 구석기시대 화살촉에 관한 小考」, 『江原考古學報』第9號, 江原考古學會, 2007, 5~26쪽.

53 홍미영 · 니나 코노넨코, 「남양주 호평동 유적의 흑요석제 석기와 그 사용」, 『한국구석기학보』제12호, 한국구석기학회, 2005, 1~30쪽.

강원지역에서 석기의 사용흔 분석은 후기구석기 늦은 시기에 해당되는 철원 장흥리와 동해 기곡 유적을 대상으로 이루어진 바 있다.[54] 여기에서는 현미경 관찰 결과를 중심으로 몇몇 주요 석기들이 어떻게 사용되었는지를 검토하고자 한다.

1) 새기개의 사용

새기개의 사용흔은 동해 기곡 유적에서 관찰되었다(사진 50 좌). 매우 고운 산성화산암을 이용하여 만든 이 새기개는 격지의 끝 부분 모서리를 세로 방향으로 한 차례, 가로 방향으로 두 차례 때려 날을 만들었다. 새기개 날의 각도는 80도이다.

이 새기개는 날이 무디어질 정도로 제법 오래 사용되어 끝 부분에 윤기를 동반한 닳은 자국

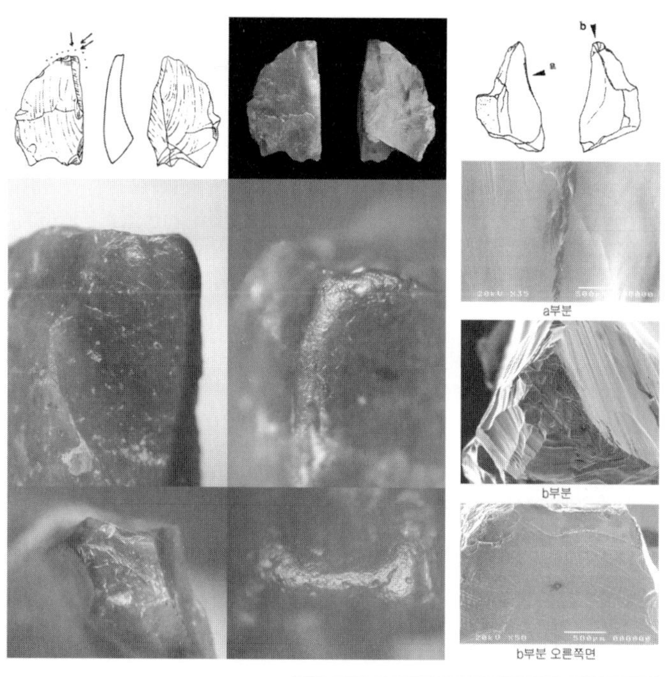

사진 50. 기곡 새기개(좌)와 장흥리 뚜르개(우)의 사용흔

(최삼용, 2005, 324쪽/ 崔福奎 · 崔三鎔 · 崔承燁 · 李海用 · 車在動, 2001, 152~153쪽)

---

54 崔福奎 · 崔三鎔 · 崔承燁 · 李海用 · 車在動, 『長興里 舊石器遺蹟』, 江原考古學研究所, 2001, 85~94쪽 ; 최삼용, 「기곡유적 석기의 사용흔 분석」, 『동해 기곡유적』, 江原文化財研究所 · 韓國道路公社, 2005, 309~336쪽.

이 매우 확연하게 나타난다. 또한 날 부분이 대상 물체와 맞닿으면서 과도한 힘을 받아 으스러지며 생긴 미세 비늘 형태의 사용흔도 관찰된다.

2) 뚜르개의 사용

뚜르개의 사용흔은 철원 장흥리 유적에서 관찰되었다(사진 50 우). 세모꼴을 이루는 수정 돌조각의 뾰족한 끝 부분을 뚜르개 날로 가공한 석기에서 사용흔이 관찰되었다. 뚜르개 끝부분 모습을 보면 작지만 눌러떼기에 의한 것처럼 끝에서 몸 쪽으로 가지런히 여러 차례의 떼기가 콧등날 밀개와 같은 모습으로 잔손질 되어있는데, 사용 부위를 다듬는 행위로 보인다(b부분). 맨 끝의 작은 잔손질은 사용에 의해 손상되었는데, 곧바로 받치는 힘에 의해 자연히 이루어졌을 가능성도 있다. 또한 뚜르개의 날카로운 모서리에서는 미세한 비늘모양의 이빠진 자국이 관찰된다(a부분). 이러한 자국은 석기의 날에 이기지 못하는 힘이 가해졌을 때 손상되며 나타난다.

3) 긁개의 사용

긁개의 사용흔은 철원 장흥리와, 동해 망상동 기곡 유적에서 모두 관찰되었다. 장흥리의 흑요석 긁개 2점에서는 연속 혹은 비연속적으로 미세 비늘 모양의 이빠진 자국과 가는 줄 자국이 확인되었다.

긁개날에서 관찰되는 미세비늘 모양의 이빠진 자국은 과도한 힘이 가해졌을 때 손상되며 나타나는데, 의도적인 잔손질보다 훨씬 작은 크기로 불규칙한 편이다. 가는 줄 자국들은 긁개날 주위에 일정한 방향으로 형성되어 사용흔적으로 추정된다. 가는 줄 자국은 대개 석기의 편평한 아랫면에서 관찰되지만, 잔손질로 떼어진 면에서도 잘 나타난다. 긁개 한 점은 날의 방향과 정확히 일치하는 가는 줄 자국들이 아랫면에서 집중적으로 보이며, 잔손질 면에서도 관찰된다(사진 51 좌). 또 다른 긁개 한 점은 이와 달리 날과 수직인 비교적 짧고 굵은 줄 자국들과 더불어 날과 같은 방향의 줄 자국들이 위 아래 두 면에서 함께 나타나 적어도 서로 다른 두 방향을 보여준다(사진 51 우). 줄 자국의 방향이 곧 석기의 사용 방향이라고 볼 때, 이러한 사례는 긁개날이 일정한 한 방향으로 쓰이기도 하지만, 한 석기에서도 서로 다른 방향으로 일정하지 않음도 알 수 있다. 이 긁개날의 한쪽에서는 닳은 자국이 으스러진 듯이 거칠게 나타나

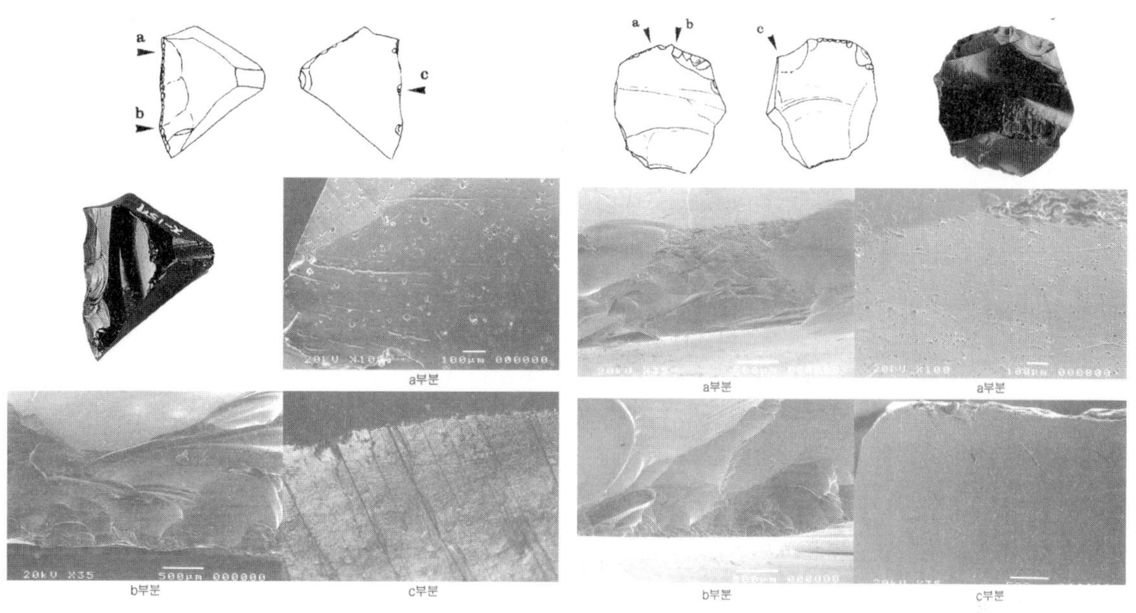

사진 51　장흥리 흑요석 긁개의 사용흔

(崔福奎 · 崔三鎔 · 崔承燁 · 李海用 · 車在動, 2001, 141~148쪽)

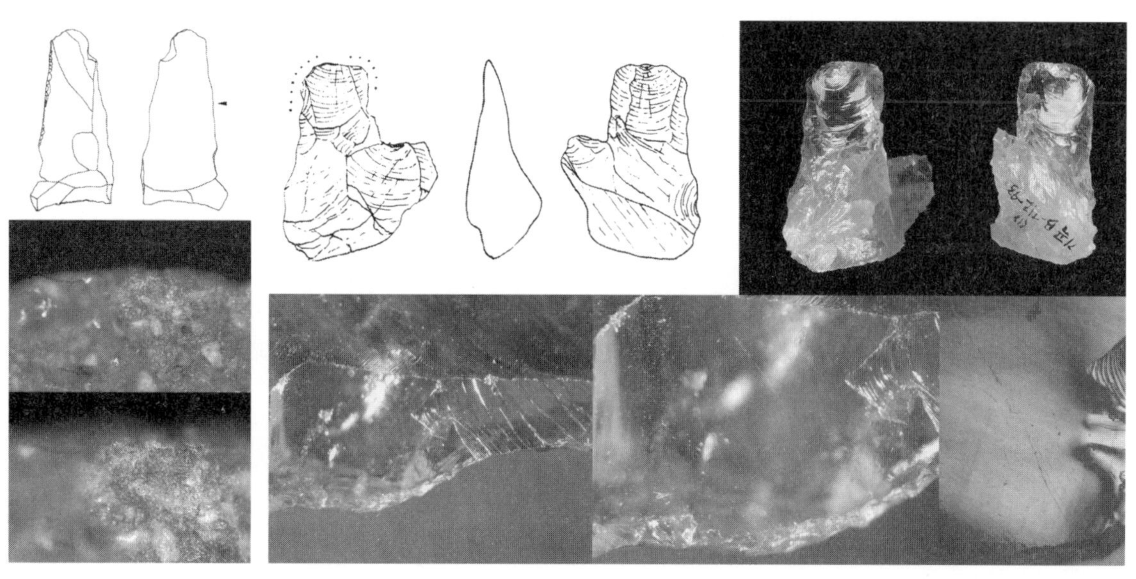

사진 52　장흥리 반암 긁개(좌)와 기곡 수정 긁개(우)의 사용흔

(崔福奎 · 崔三鎔 · 崔承燁 · 李海用 · 車在動, 2001, 154쪽 / 최삼용, 2005, 325쪽)

기도 한다.

한편 장흥리의 반암으로 만든 칼 모양의 긁개 1점(사진 52 좌)은 한쪽 가장자리에만 비교적 얕은 잔손질이 베풀어져 있고, 이 날카로운 날 가운데 부분에서 미세하지만 닳은 흔적과 반짝임으로 나타나는 사용흔이 관찰되었다. 하지만 맞은편 다른 한쪽 가장자리는 매우 신선한 상태의 날을 유지하고 있어 이 부분이 가죽과 같은 부드러운 대상물에 감겨 손잡이로 쓰였을 가능성이 크다.

동해 기곡 유적의 수정제 긁개 1점(사진 52 우)에서는 가파른 잔손질이 이루어진 날 부분에서 으스러진 흔적과 부분적으로 닳은 흔적이 나타난다. 이와 동시에 긁개날 안쪽 면에서는 다수의 나란한 가는 줄 자국과 긁힌 자국들이 날과 거의 수직 방향으로 나타나 주로 옆으로 긁는 용도에 이 석기가 쓰였음을 알 수 있다.

4) 밀개의 사용

철원 장흥리 유적에서는 흑요석 밀개 1점에서 사용흔이 관찰되었다(사진 53). 평면 형태가 긴 네모꼴인 이 밀개는 바닥이 편평하고 등 부분에 중심 능선이 서 있어 단면이 세모꼴을 이룬다. 짧은 한쪽변에 눌러떼기로 중심점을 향해 깊고 정연한 잔손질을 베풀어 둥글게 사용부위를 다듬었다.

사진 53 장흥리 흑요석 밀개의 사용흔 (崔福奎 · 崔三鎔 · 崔承燁 · 李海用 · 車在動, 2001, 136~140쪽)

밀개 날 부분에는 이중의 녹(patina)이 관찰된다(a부분). 이는 흑요석 석기의 뗀면에서 관찰되는 녹의 시간적 격차를 반영하는 것으로, 석기의 재사용흔인지 혹은 후퇴적 과정에서의 손상흔인지에 대한 해석의 문제가 남아있다.

한편, 밀개의 편평한 바닥면에는 상대적으로 굵고 짧은 줄 자국들도 보이지만, 대개는 가늘고 긴 미세한 줄 자국들이 날과 수직인 방향, 즉 석기의 길이 축 방향과 동일하게 날 전반에 걸쳐 나타나 밀개의 기능을 잘 뒷받침 해주고 있다.

5) 좀돌날의 사용

동해 기곡 유적의 좀돌날에서 사용흔이 뚜렷이 관찰되었다(사진 54). 고운 화산암으로 만들어진 이 좀돌날의 위 끝부분 가로날에서 석기의 길이 축과 일치하는 방향성을 갖는 닳은 자국이 확인되었다. 윤기를 띠는 닳은 자국은 날 전체에 걸쳐 형성되어 있다. 굽부분이 부러져 타면이 보이지 않는 상태에서 관찰되는 닳은 자국이므로, 몸돌에서 좀돌날을 떼어낼 때 타면을 문질러서 생긴 제작흔과는 구별된다. 한쪽 가장자리 배면에는 미세한 잔손질이 규칙적으로 이루어졌다. 이 좀돌날은 자루에 끼워져 사용되었을 가능성이 매우 높다.

한편 철원 장흥리 유적의 흑요석 좀돌날(사진 55) 중에는 한쪽 날이 비교적 심하게 손상되어 미세한 잔손질이 불규칙하게 이뤄진 것처럼 보이는 흔적을 지닌 것도 있고, 한쪽 날이 미세하게 닳은 흔적을 보이는 것도 있다.

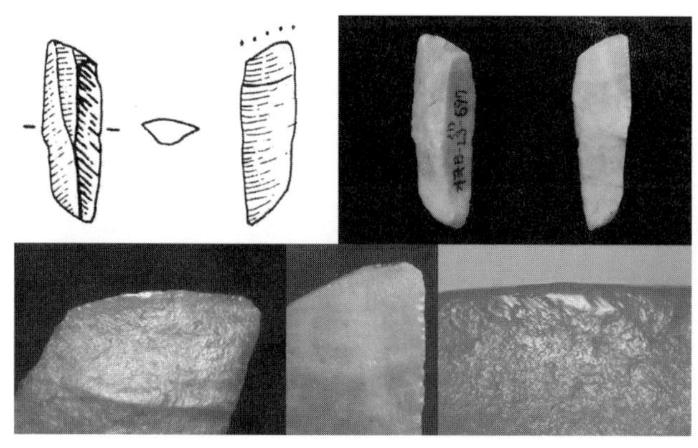

사진 54 좀돌날의 사용흔

(기곡 : 최삼용, 2005, 331쪽)

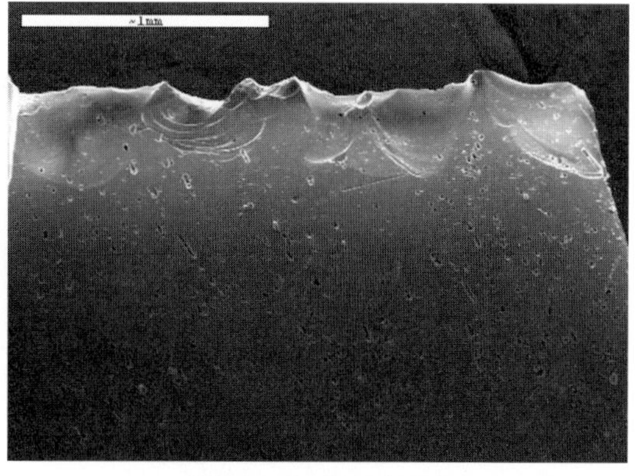

사진 55 장흥리 좀돌날의 이빠진 미세비늘

(崔福奎 · 崔三鎔 · 崔承燁 · 李海用 · 車在動, 2001, 149쪽)

6) 격지의 사용

격지는 떼기(knapping)의 전 과정에서 생길 수 있다. 몸돌석기를 만들기 위해 대강의 형태를 잡아 나가는 과정에서 생기기도 하고, 또는 준비된 몸돌에서 적당한 크기의 격지를 얻어내기 위해 떼기를 베푸는 경우에도 생긴다. 이 경우에는 비교적 얇은 여러 가지 크기의 격지가

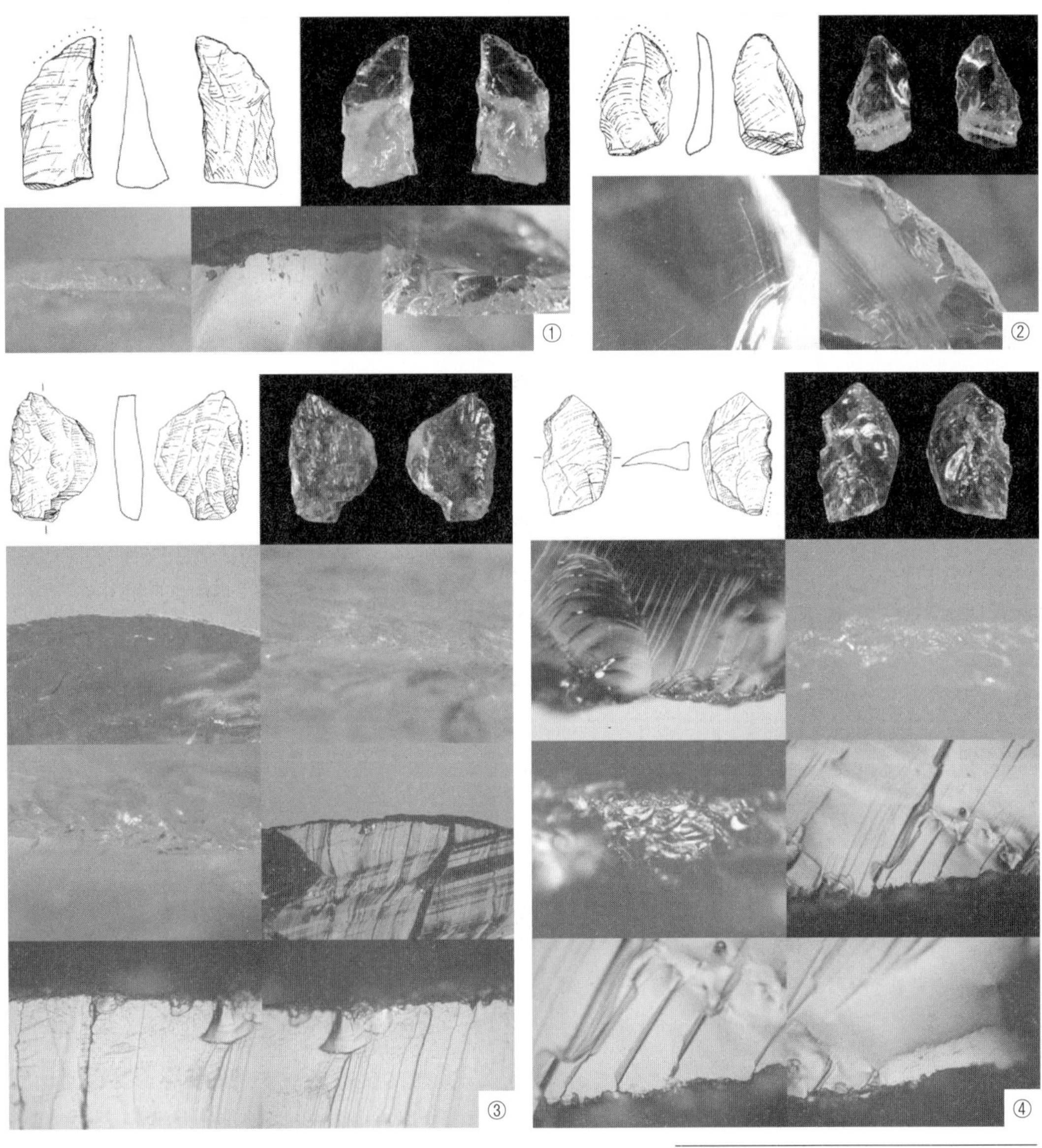

사진 56 기곡 유적 수정 격지의 사용흔 (최삼용, 2005, 326~328 · 330쪽)

생기며, 그 중 일부는 잔손질을 통해 격지석기로 제작되기도 하고, 일부는 날카로운 자연날을 그대로 사용하기도 한다. 하지만 대부분의 격지는 버려지게 된다. 여기에서는 별도의 잔손질이 이루어지지 않은 일반 격지들이 사용된 사례를 살펴보고자 한다. 격지의 사용흔 분석은 동해 기곡 유적에서 이루어졌다.

수정 격지는 모두 4점이 분석되었다. 그 중 2점은 한쪽 가장자리가 불룩하고, 맞은편 가장자리는 곧고 날카로운 날을 지닌 등손잡이칼 형태의 격지이다(사진 56-3 · 4). 사용흔은 곧고 날카로운 날 부분에서 관찰된다. 사용 중 형성된 듯 한 미세한 비늘 형태의 잔손질 흔적, 배면에서 날의 방향과 일치하는 짧게 끊어진 줄 다발 모습의 긁힌 자국들, 사용에 의한 닳은 자국들이 관찰되어 칼과 같이 자르는 기능에 주로 쓰인 것으로 보인다. 나머지 2점의 격지는 날카로운 양쪽 가장자리가 서로 만나는 위 끝 부분에서 사용흔이 관찰되었다(사진 56-1 · 2). 격지의 위 끝부분에는 마치 의도적인 잔손질처럼 보이는 규칙성을 보이는 미세잔손질과, 매끈하게 닳은 자국이 나타난다. 배면에는 석기의 방향과 일치하는 혹은 직교하는 짧고 나란한 줄자국 형태의 긁힌 흔적이 다수 관찰된다. 닳은 자국과 긁힌 자국으로 보아 이 격지들은 긁고 자르는 두 방향으로 사용된 것으로 추정된다.

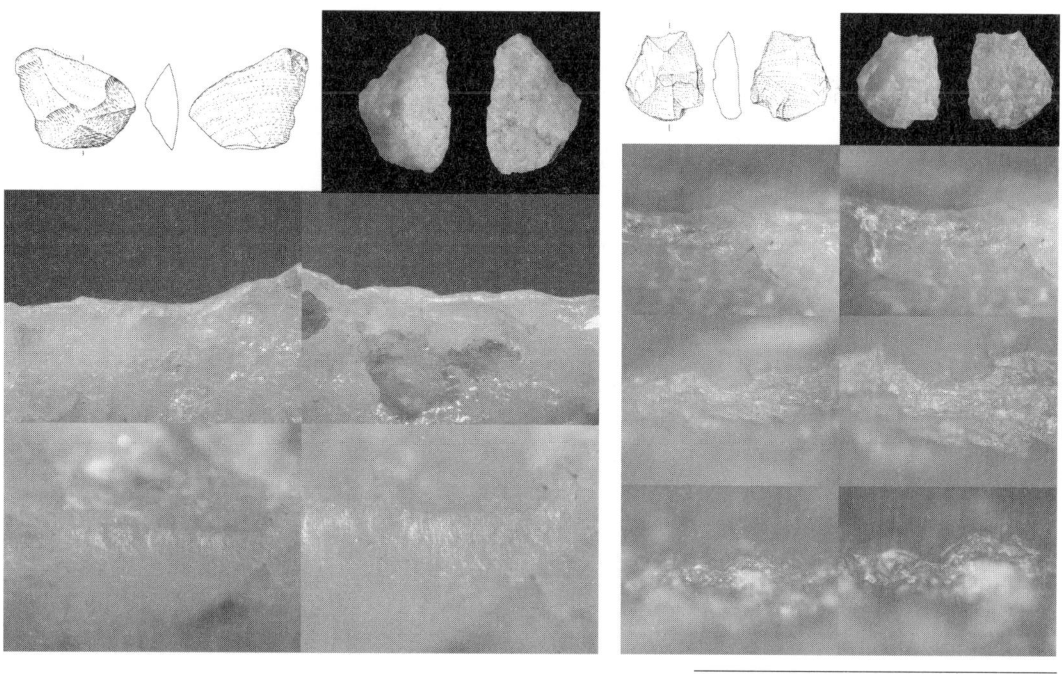

사진 57 기곡 유적의 석영 격지 사용흔 (최삼용, 2005, 329 · 322쪽)

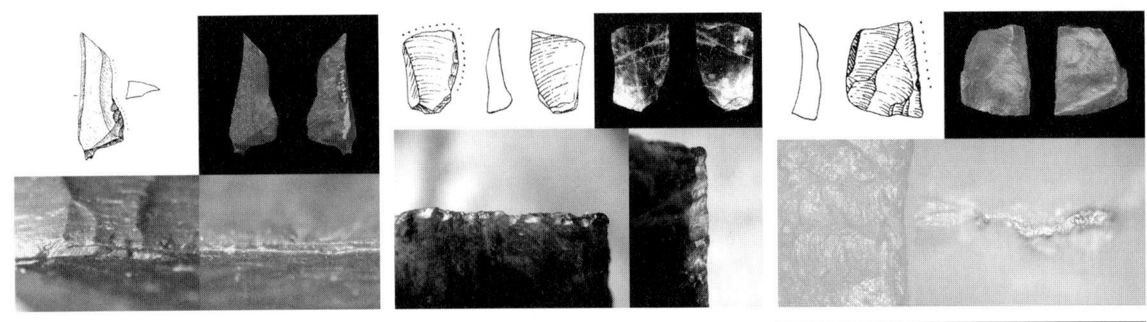

사진 58 서로 다른 화산암질 격지의 사용흔 (기곡 유적 : 최삼용, 2005, 333~334쪽)

석영 격지는 모두 2점이 분석되었다. 한 점은 격지의 날카로운 가장자리 7mm 범위에서 부드럽게 고루 닳은 흔적이 광택을 띠며 날과 직교하는 방향으로 형성된 것이 관찰되었다(사진 57 좌). 따라서 이 격지는 곧추 세워서 가늘고 긴 대상물을 큰 힘을 주지 않고 긁는데 사용한 것으로 보인다.

또 다른 한 점의 격지(사진 57 우)에서는 날카로운 가장자리 한편에 앞의 격지와는 달리 날이 으스러지면서 생긴 미세비늘흔이 나타나고, 이후에도 계속 사용되면서 점차 닳은 것으로 보이는 사용 흔적이 관찰되었다.

이외에도 서로 다른 3점의 화산암질 격지에서도 사용흔이 관찰되었다(사진 58). 미세잔손질이 비교적 규칙적으로 나타나거나 일부 불규칙한 잔손질이 가해져 마줏날 긁개, 등손잡이 칼 형태를 지니는 격지들이다. 격지의 날카로운 가장자리에 미세잔손질 흔적과 광택을 띠는 닳은 자국이 남아있다.

7. 되맞추기

석기 되맞추기 작업(refitting or conjoining)은 서양에서 이미 오래전부터 시도되어 왔다. 흩어져 나온 석기들이 동시기의 퇴적층에서 발견된 것임을 확신 시켜 주는 자료로 삼기 위해서 거의 1세기 전부터 서로 짝이 맞는 유물들을 붙여보기 시작했던 것이다. André Leroi-Gourhan에 의해 수행된 프랑스의 후기구석기 말기 유적인 Pincevent에서의 체계적인 석기 되맞추기 작업은 이런 연구를 통하여 제공 받을 수 있는 정보의 양이 상당히 많다는 것을 확실히 보여준다.[55] 최근 많은 유적에서 밝혀진 바와 같이, 석기제작 기술과 방법을 체계화하는데 있어서 단지 개별 석기의 관찰을 통한 연구보다도 석기 되맞추기 작업이 훨씬 더 많은 공헌을 하고 있다. 최근에는 이 방법을 통해 프랑스 파리분지의 에띠올(Etiolles)에 있는 두 막달레니안 유적이 동시기라는 것을 전제로 한 후에 두 유적의 사회-경제적인 차이점을 추론함은 물론 한걸음 더 나아가 후기구석기 시기의 사회조직형태를 제안하는 단계로까지 발전하였다.[56]

석기 되맞추기 작업은 한마디로 조각 그림을 맞추는 일과 같이, 분리되어 발견된 도구와 몸돌·격지 등을 되붙여 보는 일이다. 이러한 연구 유형은 많은 시간을 소비해야 하기 때문에 지루하지만 석기제작 기술을 재구성해 볼 수 있다는 점에서 의외로 흥미진진한 결과를 얻을 수도 있다. 고고학 연구자가 석기 되맞추기 작업이라는 고된 연구에 많은 시간을 할애하는 이유는 석기제작자의 떼기(flaking)단계를 알 수 있을 뿐만 아니라, 하나의 몸돌에서 떨어져 나온 격지가 서로 다른 지점에서 발견될 경우 유적 주변에서 벌어진 석기제작자의 행동을 되짚어 볼 수도 있기 때문이다. 하지만 새기개를 만들 때 떨어져 나온 조각은 약 7m 정도까지도 튈 수 있으므로 발견지점이 다르다고 그것이 곧 석기제작자의 위치이동을 의미하는 것이 아님을 유의해야한다.[57]

발굴현장에서 또는 연구실에서 유물을 정리하는 동안 수행될 수 있는 석기 되맞추기 작업은 대개 이런 면에서 유용하다.[58]

첫째 : 몸돌에 떼기가 베풀어진 유형을 살펴 볼 수 있는 자료가 제공되기 때문에 석기제작 기술에 대한 주요한 정보들이 곧 바로 유추될 수 있다. 실제로 유적에서 격지떼기 혹은 잔손질이 행해졌는지 또는 여러 단계의 떼기 과정(예컨대 roughing out, shaping 등) 중 어느 단계에 해당되는지, 격지를 떼어낸 순서는 어떤지 등에 대한 추론이 가능해진다. 하나의 몸돌에서 떨어져 나간 여러 격지들이 모두 한 순간의 떼기 작업에 의해서 분리 되었다고 볼 수 없을 경우도 생긴다. 왜냐하면 민족지적 연구에서 나타난 결과를 보면 잠깐 혹은 긴 시간동안의 간격을 두고 몸돌을 재사용하는 경우가 있기 때문이다. 이러한 점은 돌감의 표면에 보이는 녹(patina)의 차이를 통해 유추해 볼 수 있다.

둘째 : 되맞추기 작업이 가능한 자료들의 분포 유형은 유적이 지질학적인 또는 그 밖의 자

---

55 André Leroi-Gourhan, *PINCEVENT : Campement magdalénien de chasseurs de rennes*, 1984, pp.1~94.
56 Marie-Louise Inizan et.al., *Technology and Terminology of Knapped Stone*, Nanterre : CREP, 1999, p.96.
57 Colin Renfrew & Paul Bahn, *Archaeology : Theories Method and Practice*, Thames & Hudson, 2000, p.323
58 Nicholas Toth & Kathy D. Shick, The First Million Years : The Archaeology of Proto Human Culture, *Advances in Archaeological Method and Theory* 9, Academic Press, 1986, pp.28~29.

연적인 과정(예컨대 나무뿌리, 동물들이 파 놓은 굴 등)에 의해 상당히 교란되어 있는지 여부를 판단하는 중요한 기준이 될 수 있다. 실제로 FxJj 50 유적에서는 되맞추기 작업이 가능한 자료들이 대개 유적과는 별개의 지점에서 모여 나오는데, 연구자들(Schick, Kroll, Isaac)은 이것이 하류로 이동되어 재 퇴적된 결과라고 주장한다. 특별히 교란된 흔적이 나타나지 않는 유적에서 조차도 유물들이 상당한 정도로 수직이동할 수 있음을 알려준다. 이러한 예는 전곡리 유적에서 이미 제기된 바 있다.[59] 전곡리의 1986년 발굴에서는 동일 평면상에서 약 3m 이상 떨어져 있고, 깊이도 약 30~80cm 정도 차이를 두고 되붙는 석기들이 발견된 점을 들어 퇴적이후 지표수에 의한 침식과 땅속 벌레의 활동으로 석기가 수직 이동한 것으로 보고 있다.

만약 위에서 살펴본 바와 같은, 퇴적후의 변형요인들이 배제된 유적에서의 석기 되맞추기 작업은 도구들의 공간 분포에 대한 흥미로운 정보를 제공해줄 것이며, 유적에서 벌어진 선사인들의 행위를 생생하게 재구성해볼 수 있는 계기가 된다. 게다가 도구의 기능에 대한 신뢰감 있는 정보가 추가되어 진다면 유적에서의 생활상이 어느 정도 복원될 수 있다고 여겨진다. 이러한 측면에서 되붙는 석기에 대한 보다 다양한 연구들이 진행된 바 있다.[60]

현재는 석기 되맞추기 작업의 중요성을 대부분의 연구자들이 숙지하고 있기 때문에 발굴조사 과정에서 자연면의 빛깔이나 곡면 상태, 돌결 상태 등 동일한 개체에서 떨어져 나왔을 가능성이 큰 석기들이 보이면 당연히 되붙여 보고자 노력하게 된다. 특히 석기제작 행위의 집중성이 인정되는 유적의 경우에는 더욱 그러하다. 이러한 노력 덕분에 강원지역에서 발굴보고서가 간행된 거의 대부분의 유적에서 되붙는 석기들이 확인되었다. 석기 되맞추기 작업은 철원 장흥리, 춘천 금산리 갈둔, 홍천 하화계리 도둔·돌터거리·작은솔밭·백이·수삼수매장 부지, 연봉리, 내·외삼포리, 영월 피난굴(쌍굴), 동해 망상동 기곡·노봉·360-34번지, 추암동 등 14군데 유적에서 이루어졌다.

1) 되붙는 유형

석기가 되붙는 유형은 다음의 몇 가지로 나누어 볼 수 있다.

---

59 裵基同, 『全谷里 : 1986年度 發掘調査報告』, 서울大學校 博物館, 1989.
60 최미노, 「죽내리 유적 구석기 1유물층의 붙는 석기 연구」, 『한국구석기학보』제3호, 한국구석기학회, 2001, 25~40쪽 ; 장대훈, 「거창 정장리 구석기유적의 석기제작소 연구」, 『嶺南考古學』48호, 嶺南考古學會, 2009, 51~80쪽.

• **돌조각들이 되붙는 예** : 되붙는 석기 중 가장 많은 수량을 차지하며, 거의 대부분의 유적에서 확인된다. 석기제작장의 성격을 지니는 유적에서 버려지는 석재로 돌조각(debris)이 가장 많이 생기는 것과 관련된다. 켜를 따라 쪼개진 돌조각이 나란히 되붙거나 켜면을 지닌 돌조각들이 떼어진 순서에 따라 되붙는 경우도 있다. 석영(맥)암을 돌감으로 할 경우 석기제작 과정에서 켜선을 따라 부정형으로 떨어지는 사례가 많이 생긴다. 석기제작장으로 여겨지는 춘천 금산리 갈둔(그림 49)이나 동해 망상동 기곡 유적에서 특히 이러한 유형을 많이 되붙였다.

• **몸돌에 격지와 돌조각이 되붙는 예** : 몸돌에 격지 1점 또는 몇 점의 격지들이 되붙거나 몸돌과 돌조각이 되붙기도 하며, 몸돌과 격지, 돌조각이 되붙기도 한다(그림 50~51, 사진 59). 몸돌에서 격지가 생기는 경로는 여러 가지가 있다. 적당한 몸돌을 만들기 위해 준비하는 과정에서 떨어지는 작은 격지들도 있고, 몸돌의 때림면을 마련하는 과정에서 생기는 격지도 있다. 그리고 준비된 몸돌에서 본격적으로 적당한 크기의 격지를 얻어내기 위해 떼기를 베푸는 경우에도 생겨난다. 따라서 되맞추기 작업을 통해 몸돌에서 격지를 떼어내는 과정이나 순서, 기법 등을 복원할 수 있게 된다.

• **세로로 쪼개지거나 가로로 쪼개진 격지가 되붙는 예** : 타격 축을 따라 세로 방향으로 2개의 격지로 쪼개지는 사고(accidental break)에 의해 생겨난다(그림 52-1). 단단한 망치(hard hammer)로 떼어진 격지에서 세로로 쪼개지는(splited) 사고는 자주 발생한다. 한쪽은 날카로

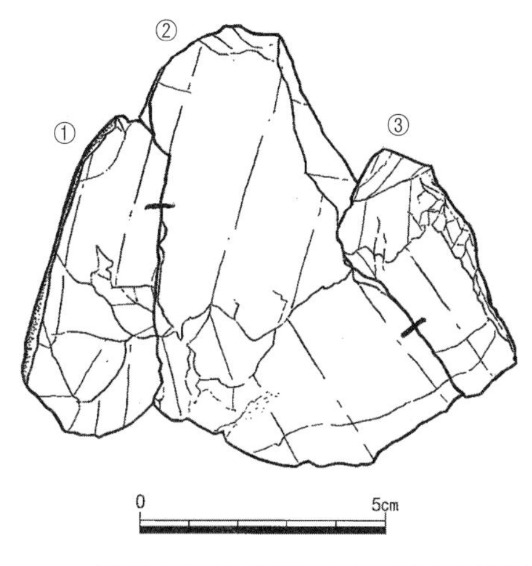

그림 49 돌조각이 되붙는 예

(춘천 금산리 갈둔 유적 : 최승엽 · 김연주, 2008, 423쪽)

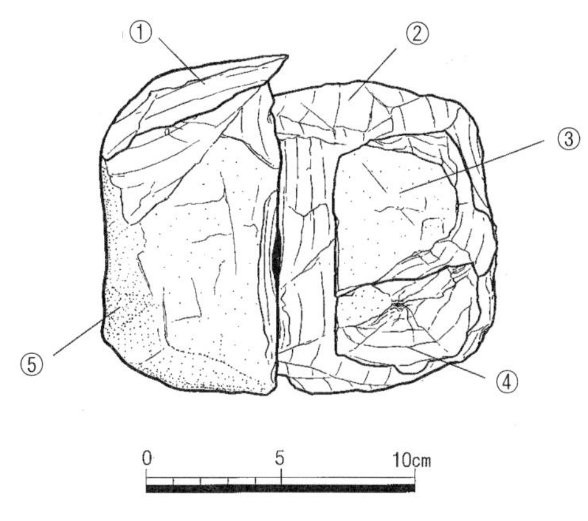

그림 50 반쪼갬된 몸돌에 격지들이 붙는 예

(춘천 금산리 갈둔 유적 : 최승엽, 김연주, 2008, 451쪽)

사진 59 몸돌에 격지가 되붙는 예

(영월 피난굴 (쌍굴) 유적 : 연세대학교 박물관, 33쪽)

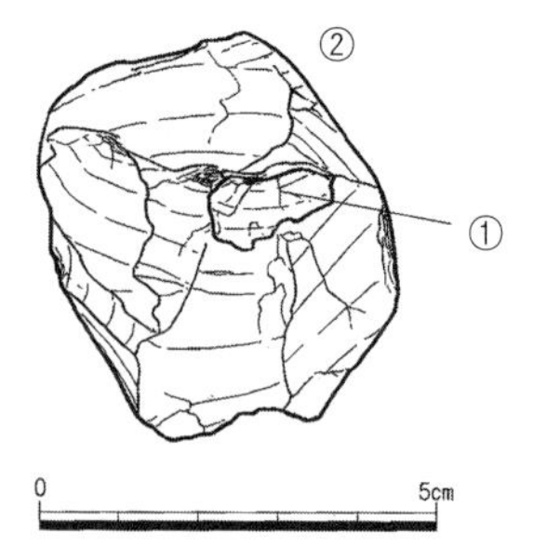

그림 51 몸돌에 격지가 되붙는 예

(춘천 금산리 갈둔 유적 : 최승엽 · 김연주, 2008, 213쪽)

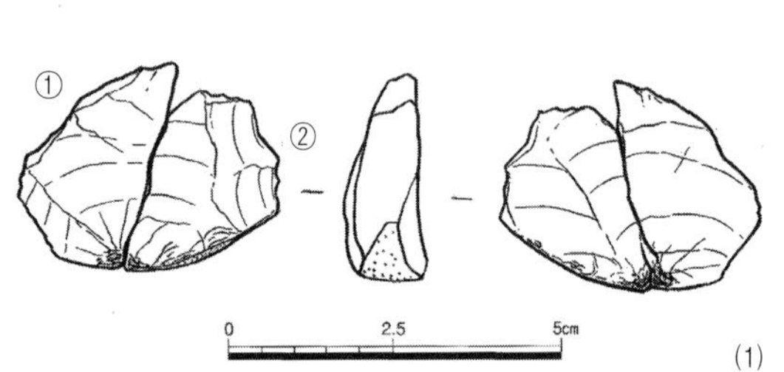

(1)

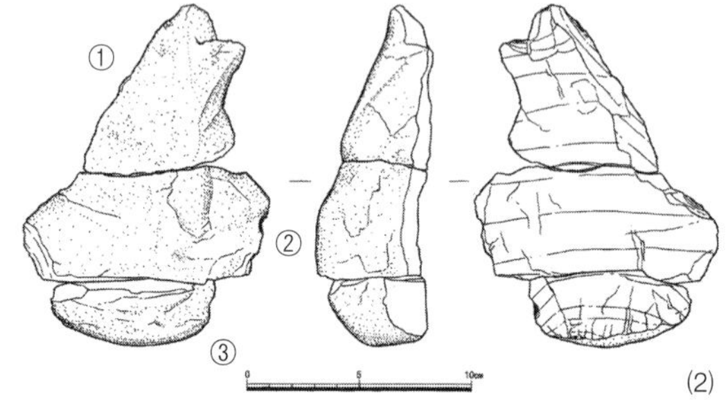

(2)

그림 52 세로로 쪼개진 격지(1)와 가로로 쪼개진 격지(2)

(춘천 금산리 갈둔 유적 : 최승엽 · 김연주, 2008, 201 · 211쪽)

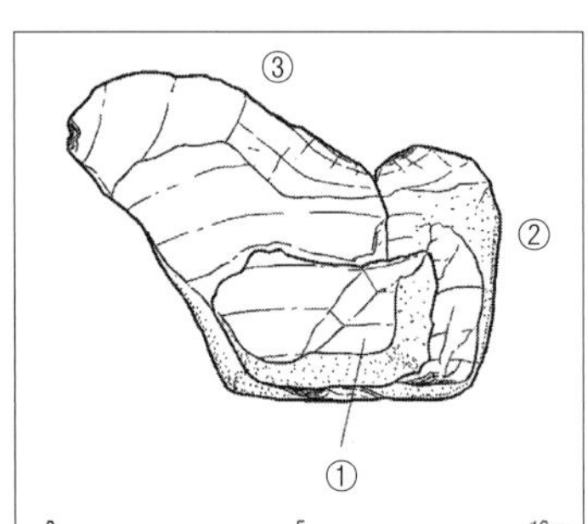

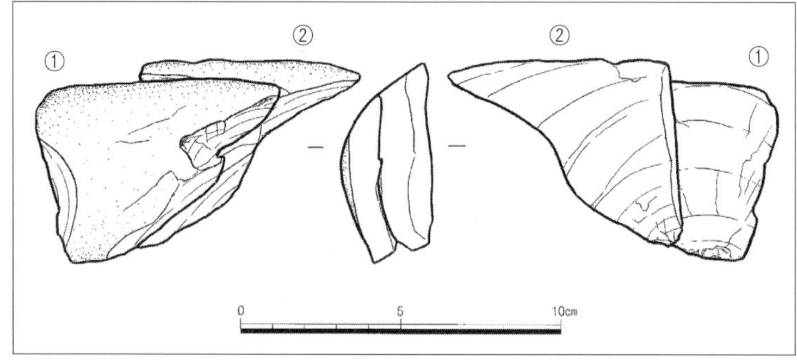

그림 53 격지와 격지가 되붙는 예 (춘천 금산리 갈둔 유적 : 최승엽 · 김연주, 2008, 207 · 461쪽)

운 격지 가장자리 날을 유지하고 다른 한쪽은 면을 이루게 된다. 2개의 격지 모두 등면과 배면에 격지의 특징을 지니고 있으면서 맞은점은 한쪽 귀퉁이에 쏠려 있게 되며, 되붙여 보면 하나의 맞은점을 공유하게 된다. 이와 반대로 타격 축에 수직인 가로 방향으로 잘라지는 (snapped) 경우도 있다(그림 52-2). 격지의 길이 축에 수직으로 단(step)이 지는 모양을 하게 된다. 하화계리 작은솔밭·도둔, 동해 기곡, 추암동 등에서 나타나며, 특히 금산리 갈둔 유적에서 여러 점 되붙었다.

　• 격지와 격지가 떼어진 순서에 따라 되붙는 예 : 격지들끼리 되붙는 것을 통해 어떠한 떼기 과정으로 진행되었는지 확인 할 수 있다. 특히 동일 작업면에서 한 방향으로 연이어 격지를 떼어낸 경우에 되붙는 경우가 많다. 춘천 금산리 갈둔(그림 53)과 동해 기곡 유적에서 되붙은 예가 많다.

　• 도구로 쓰이다가 쪼개진 것이 되붙는 예 : 제작과정 중에 떨어진 것이 아니라 사용 과정 혹은 폐기된 이후에 쪼개진 사고에 의한 것이 되붙은 예이다. 동해 기곡에서는 흑요석 긁개 (그림 54-1), 철원 장흥리에서는 소형 찍개, 춘천 금산리 갈둔에서는 긁개·밀개·주먹도끼가 쪼개진 것이 되붙었다(그림 54-2·3).

　• 도구의 제작 과정을 보여주는 예 : 되붙여 본 결과, 특정한 도구의 제작과정을 복원할 수 있는 사례들이 있다. 동해 기곡 유적에서는 새기개 떼기(burin blow)에 의해 대각선 방향으로 떨어진 스폴(spall)이 되붙는 수정제 새기개가 확인되었다(그림 55). 또한 춘천 금산리 갈둔 유적에서는 양면 찍개를 만들기 위해 떼어 낸 격지들이 되붙어 본래의 자갈돌 형태가 그대로 복원되었다(그림 56). 이렇게 되붙는 석기들은 석기제작 과정을 알려주는 중요한 자료가 된다.

　• 몸돌을 준비하는 과정을 보여주는 예 : 철원 장흥리 유적에서는 망치돌과 함께 유문암 계

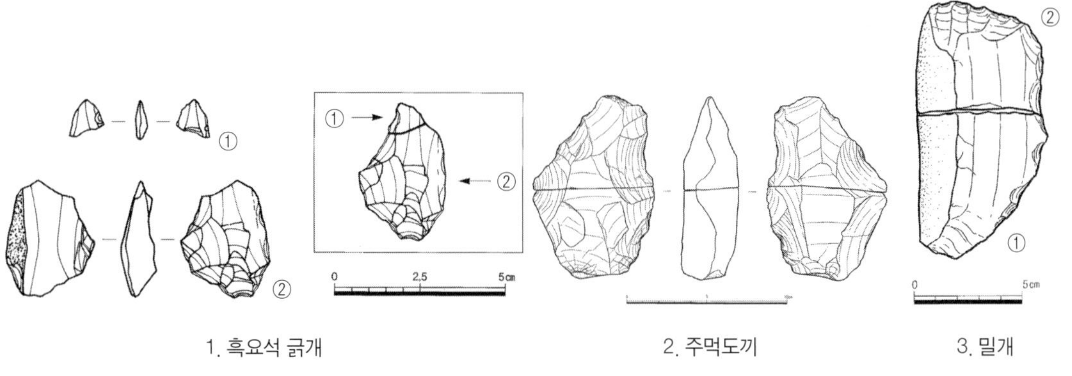

1. 흑요석 긁개　　　　　　　2. 주먹도끼　　　　　　　3. 밀개

그림 54　도구가 쪼개져 되붙은 예(1 : 동해 기곡, 2·3 : 춘천 금산리 갈둔 유적)
(이해용·홍성학·최영석, 2005, 195쪽 / 최승엽, 김연주, 2008, 286·426쪽)

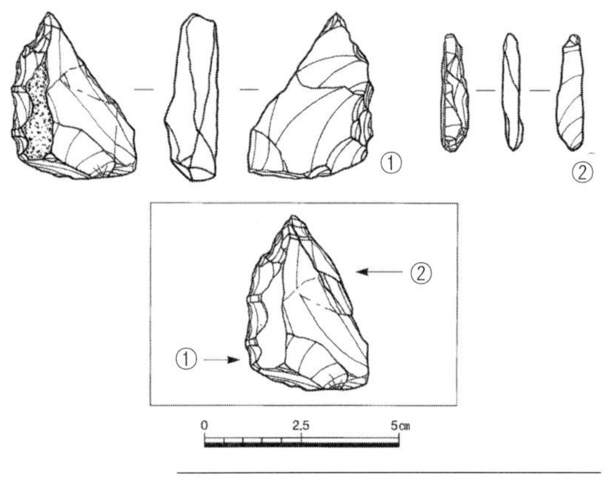

그림 55　동해 기곡 새기개

(이해용 · 홍성학 · 최영석, 2005, 199쪽)

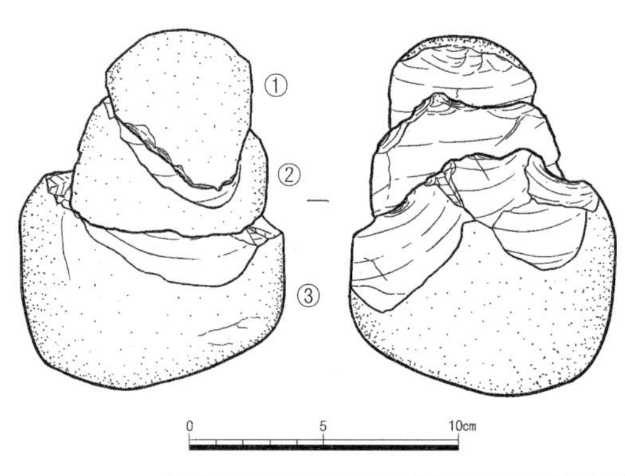

그림 56　찍개의 제작과정을 알려주는 예

(춘천 금산리 갈둔 유적 : 최승엽 · 김연주, 2008, 431쪽)

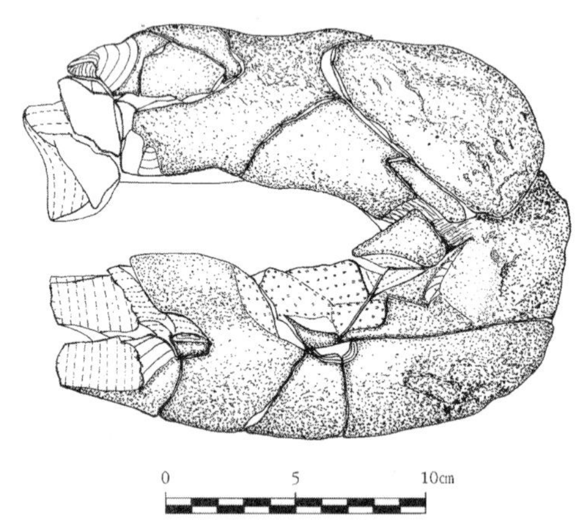

사진 60　철원 장흥리 유적의 되붙는 석기 출토 모습과 되붙은 모습

(崔福奎 · 崔三鎔 · 崔承燁 · 李海用 · 車在勳, 2001, 7 · 83쪽)

통의 자갈돌 석재가 일정한 공간(2×2m)에 흩어진 상태로 노출된 것을 되붙여 흥미로운 결과
를 얻었다(사진 60). 가장 멀리에서 나온 것은 이 지점에서 약 4m 가량 떨어져 있었다. 주로
자연면을 지닌 큰 격지 및 다양한 형태의 중간 크기 석편들이었다. 되붙여 본 결과 판판한 면
을 지닌 자갈돌의 외형 겉면에 해당되는 부분만 남아있고, 가운데 속돌은 공간으로 비어있었
다. 이러한 정황은 그 자리에서 하나의 자갈돌을 망치로 깨내어 울퉁불퉁하게 고르지 못한 자
갈돌 겉껍질을 벗겨내고 배모양으로 생긴 속돌만을 몸돌로 이용하기 위해 옮겨간 일회성 석
기제작 흔적을 보여주는 것이다. 즉 도구를 완성하기 이전에 몸돌을 준비하는 과정이었다고

여겨진다. 왜냐하면 이곳에서 본격적인 도구 생산이 이루어졌다면 잔손질 과정에서 떨어져 나올만한 잔격지 및 중간 격지, 부스러기 등이 상당량 함께 발견되었어야 하는데, 되붙여본 결과 자갈돌 겉면의 매끈하지 못한 외형만이 큼직큼직하게 붙고 가운데는 속이 빈 형태로 나타났기 때문이다. 장흥리 후기구석기인들은 비교적 커다란 자갈돌 석재를 주어다가 큼직큼직하게 불규칙한 외피를 벗겨내 부피를 줄여가며 양질의 속돌만을 몸돌로 활용하였으며, 이렇게 준비된 몸돌은 주 생활지역으로 옮겨져 비교적 정교한 석기제작에 활용되었을 것으로 보인다.

• 몸돌에 격지와 돌조각, 도구가 되붙는 예 : 홍천 하화계리 백이와 돌터거리 유적에서는 제법 많은 수의 되붙는 석기들이 확인되었다. 그 중 석기제작장으로 여겨지는 돌터거리 유적의 석기 되맞추기 작업은 상당히 진전되었다. 되붙은 석기 중에는 몸돌에서 격지떼기를 통해 격지와 돌조각들이 산출되고, 다시 그 중 일부를 잔손질하여 도구로 제작했던 것이 확인되는 사례가 여럿 보인다.

특히 55점이나 되붙은 것도 있는데(그림 57), 몸돌조각 2점, 격지 6점, 돌조각 35점, 긁개 1

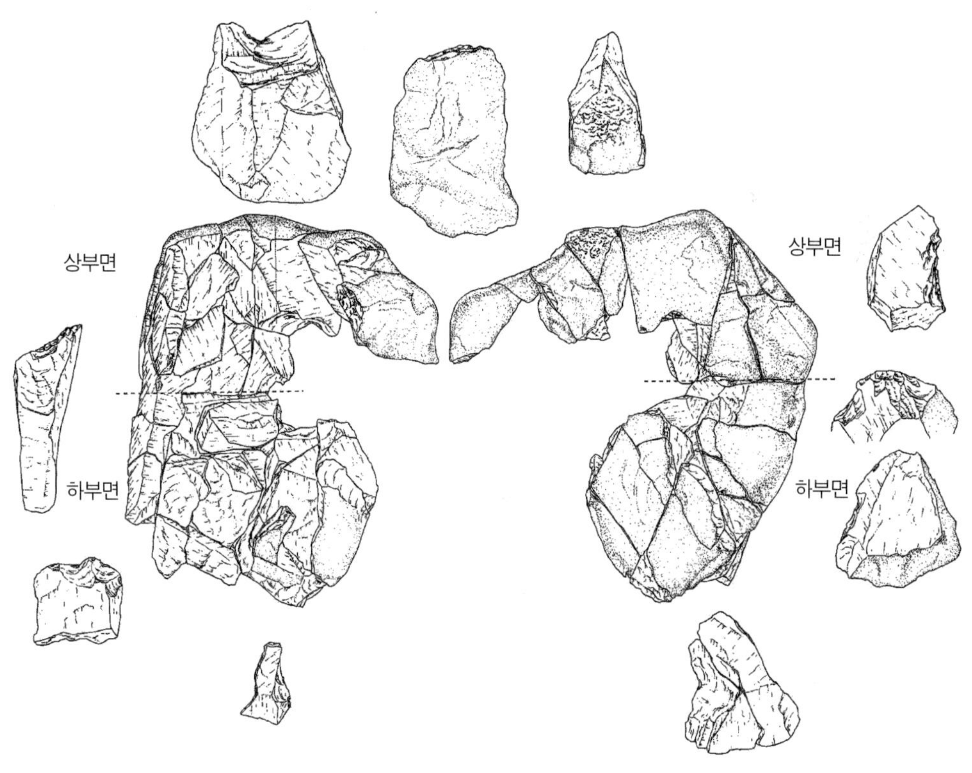

그림 57 돌터거리 유적의 되붙는 석기 (김선주 외, 2009, 424쪽)

점, 밀개 1점, 홈날 5점, 망치돌 1점, 손질된 돌조각 4점으로 구성된다. 제법 큰 자갈돌을 유적 내로 들여온 후 몸체를 반으로 쪼개 상·하 양쪽에서 각각 떼기를 베풀어 격지와 돌조각들이 만들어졌는데, 그 중 일부는 긁개, 밀개, 홈날 등의 도구로 가공하였다. 접합된 모습을 보면 자갈돌의 내부 몸체는 없고, 몸체를 둘러싸고 있었을 자갈돌의 겉면만 남아 서로 되붙은 것임을 알 수 있다.

되붙은 상태에서 석기의 제작과정을 재구성해 보면 다음과 같다.

① 한쪽 면이 편평하고 켜선이 발달한 모난 석영맥암 자갈돌을 선택

② 넓고 편편한 자갈면 중간의 켜면을 경계로 반쪼갬하여 위 아래 두 덩이의 몸체로 분리한 후 격지떼기 진행

③ 반쪼갬된 상부 몸체의 편평한 켜면을 중심으로 다시 크게 몇 조각 낸 후 굴곡면 없이 떼 어진 돌조각을 몸체로 잔손질하여 밀개, 긁개, 홈날 등의 도구 제작

④ 반쪼갬된 하부 몸체도 역시 편평한 켜면을 적극 활용하여 큰 돌조각을 만든 후, 큰 조각 의 켜선을 이용하여 다시 작은 조각으로 분리하는 작업 진행, 그 중 일부를 홈날 등으로 제작

이상의 석기제작 과정을 통해 볼 때, 석영맥암 자갈의 켜선을 따라 의도적으로 작은 돌조각 을 반복적으로 생산하여 소형의 도구를 제작하고자 한 것으로 보인다.

• 몸돌과 격지, 돌조각이 붙어 하나의 자갈로 복원되는 예 : 하화계리 도둔 유적에서는 길쭉 한 타원형 석영 자갈돌의 본래 모습이 그대로 복원된 유일한 자료가 확인되었다(그림 58). 이 자갈돌은 길이(L) 145mm, 너비(W) 95mm, 두께(T) 48mm의 크기이며, 무게는 815.4g이다. T/W의 계측치는 0.50이므로 아주 두텁거나 납작한 편에 속하지 않는 중간정도의 값이다. W/L 값은 0.70 정도 되는데, 이 역시 아주 길거나 짧은 것이 아니라 조금 길쭉한 편에 속한다. 납작지수(I.A)는 2.5 정도로서 약간 도톰한 편에 속한다. 도둔 구석기인들의 돌감 선택기준을 단지 이 자갈돌 한 점만으로 평가하기는 어렵지만 자갈돌 지수가 모두 중간값을 보이고 있고, 본래 모습이 유일하게 복원된 자료이므로 어느 정도의 대표성은 인정된다. 또한 돌감 획득 장 소에서 변형되지 않은 본래의 자갈돌 모습 그대로 유적으로 옮겨와 석기제작이 이루어졌다는 증거가 되기도 한다. 이 자갈돌 석기는 켜면을 많이 지니고 있어서 본래의 제작 의도대로 성 공하지 못한 경우로 보인다.

• 쪼깨진 자갈돌이 되붙는 예 : 춘천 금산리 갈둔, 동해 망상동 360-34번지, 동해 망상동 노 봉 유적에서는 쪼깨진 자갈돌이 되붙었다. 특히 노봉 유적(그림 59)에서는 길쭉한 자갈돌을 세로 방향으로 쪼갠 것(splited)과, 가로 방향으로 쪼갠 것(snapped)이 함께 나타나는데, 모두 석기를 제작하기 위한 몸체를 준비하는 과정으로 여겨진다. 다른 유적의 것들은 석기제작과

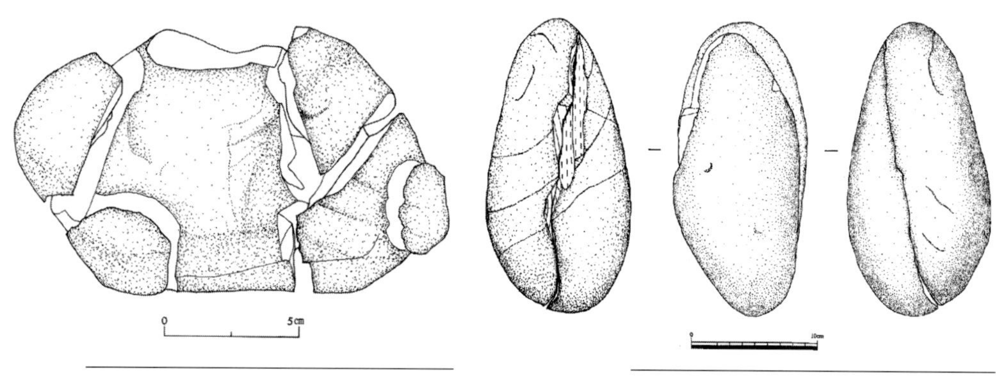

그림 58 도둔 유적의 되붙은 자갈돌

(최복규 · 최승엽 · 이해용, 1996, 112쪽)

그림 59 노봉 유적의 되붙은 자갈돌

(崔福奎 · 安聖民 · 柳惠貞 · 文知賢, 2002, 172쪽)

무관하게 우연히 깨진 것으로 보인다.

2) 되붙는 석기들의 평면 및 수직 분포

되붙는 석기들은 주로 석기제작장으로 추정되는 공간을 지니고 있는 홍천 하화계리 돌터거리 · 백이 · 작은솔밭, 춘천 금산리 갈둔, 동해 기곡 유적 등에서 우세하게 나타난다. 이러한 유적에서는 단순히 돌조각이나 격지가 1~2점씩 되붙는 정도가 아니라 석기제작 과정을 보여주는 다양한 사례들이 확인된다. 따라서 되붙는 석기의 평면 분포 범위 또한 석기 집중 분포 범위와 대체로 일치하는 특성을 보인다. 동떨어진 지점에서 발견된 사례는 한 곳도 없다.

강원지역의 구석기유적에서 되붙는 석기들의 이격 거리는 대체로 가까운 편이다. 금산리 갈둔 유적의 경우(그림 60) 되붙는 석기들은 거의 붙어 있는 것이나 다름없는 아주 가까운 거리에서 주로 출토되었으며, 약간의 거리를 두었다 해도 2~3m 정도이다. 5m를 넘어서는 경우는 거의 없다. 다만, 두 조각 난 규암제 주먹도끼가 약 12.4m 가량 이격되어 나타난 것이 가장 예외적인 경우이다. 노봉 유적의 경우에도 거의 붙어있는 것이나 다름없는 아주 가까운 거리에서 확인되었다.

하화계리 작은솔밭의 이격거리는 대개 1~2m 범주 내에 든다(그림 61). 장흥리 유적에서는 2×2m 범위에서 되붙는 석기들이 출토되었는데, 가장 멀리 떨어진 것이 대략 4m 정도이다. 하화계리 도둔 유적의 이격거리도 대개 1~1.5m 정도이고, 3m 떨어진 것도 있다. 가장 멀리 떨어진 것이 4.6m정도이다. 기곡 유적의 되붙는 석기도 대개 1~2m 정도의 가까운 거리에서 출토되었고, 멀리 떨어진 경우 4m, 6.5m 정도이다.

되붙는 석기가 가장 많이 출토된 하화계리 돌터거리 유적의 경우에는 대개 2~3m 거리에 밀집되어 있고, 이보다 더 멀리 떨어진 경우는 많지 않다. 되붙는 석기의 평면 분포 범위는 유물

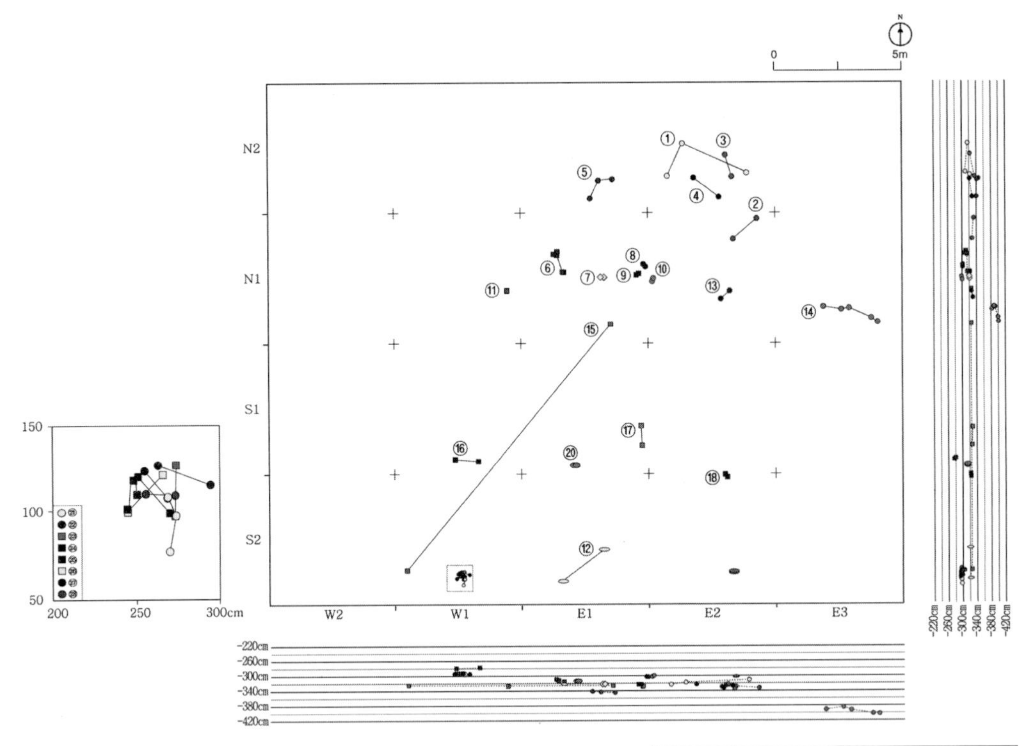

그림 60 금산리 갈둔 유적의 되붙는 석기 분포도 (최승엽 · 김연주, 2008, 421쪽)

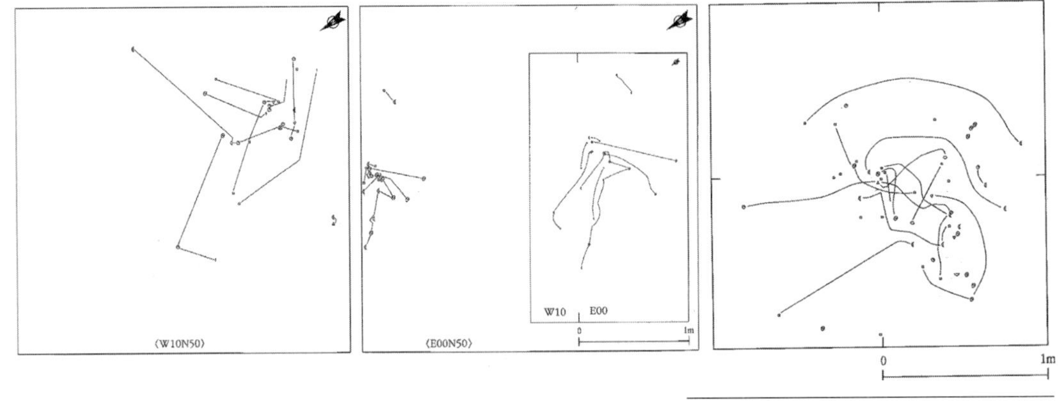

그림 61 작은솔밭 유적의 되붙는 석기 분포도 (최복규 · 안성민 · 유혜정, 2004, 61, 66쪽)

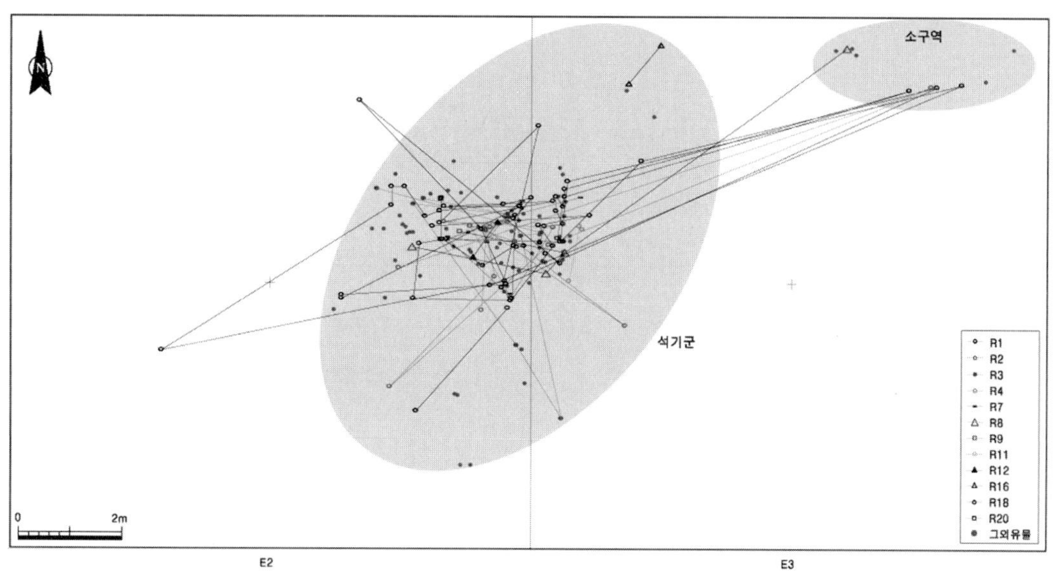

그림 62 돌터거리 유적의 되붙는 석기 분포도 (김선주 외, 2009, 417쪽)

이 집중 출토된 석기군 범위 내에 한정되며, 이를 벗어난 일부 석기들은 약 10m 정도의 거리를 두고 소구역을 이루고 있다(그림 62). 석기군과 소구역을 모두 벗어나 있는 것은 2점뿐이다. 석기 되맞추기 작업을 통해 볼 때, 돌터거리 유적의 성격은 소량의 자갈돌을 소재로 하여 비교적 짧은 기간 점유된 석기제작장으로 추정된다.

되붙는 석기의 수직 분포 범위는 대개 5~20cm 이내의 경우가 가장 많고, 40cm를 넘어서는 경우는 많지 않다. 높낮이 차이가 아무리 나더라도 1m를 넘어서거나 층위를 달리 하며 되붙는 사례는 한 곳도 없다. 이것은 되붙는 석기가 여러 점 출토된 춘천 금산리 갈둔이나 홍천 하화계리 작은솔밭·돌터거리 유적의 경우처럼 석기들이 동일한 레벨을 유지하며 일정한 수평면을 유지하고 있는 것과 관련된다. 지형 경사가 심하거나 침식과 재 퇴적의 과정을 거치는 동안 극심한 지형 변동을 겪은 유적들이 아닌 경우에 석기제작장의 모습을 비교적 잘 유지하고 있었던 것으로 보인다. 다만, 홍천 하화계리 백이 유적의 경우에는 과거에 침식 계곡부를 따라 약간의 지형 경사가 있었던 것으로 나타난다. 되붙는 석기의 분포도(그림 63)에 나타난 바와 같이 구릉 정상부나 완경사면에서 떨어진 거리나 높낮이 차이는 거의 없는 반면, 침식 계곡부에 위치하는 되붙는 석기의 높이 차는 최대 4.7m 가량으로 크게 난다. 지형 경사에 따른 고도차를 반영하는 것으로 보인다. 평면 이격거리 또한 10~50m 정도 되는 것도 있다. 이것은 석기가 지형 경사를 따라 멀리 이동되었음을 보여주는 사례이다.

　한편 돌터거리에서는 되붙는 석기의 산포 범위와 방향, 빈 공간의 존재 등을 종합하여 석기 제작자의 위치를 추정하기도 했다(그림 64). 실험에서 석기제작자의 앞쪽으로 석편들이 퍼지게 되며, 사람이 자리한 곳은 빈 공간으로 남게 된다.

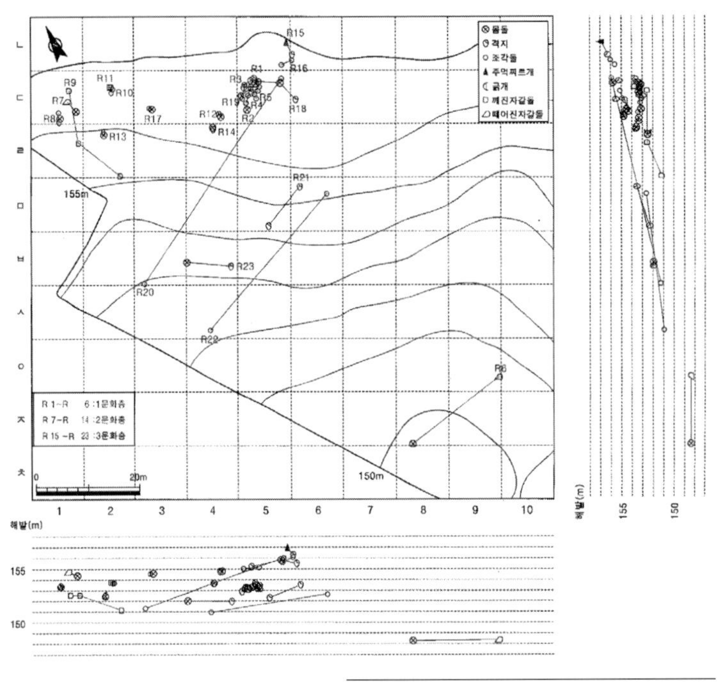

그림 63　백이 유적의 되붙는 석기 분포도 (김선주 외, 2009, 333쪽)

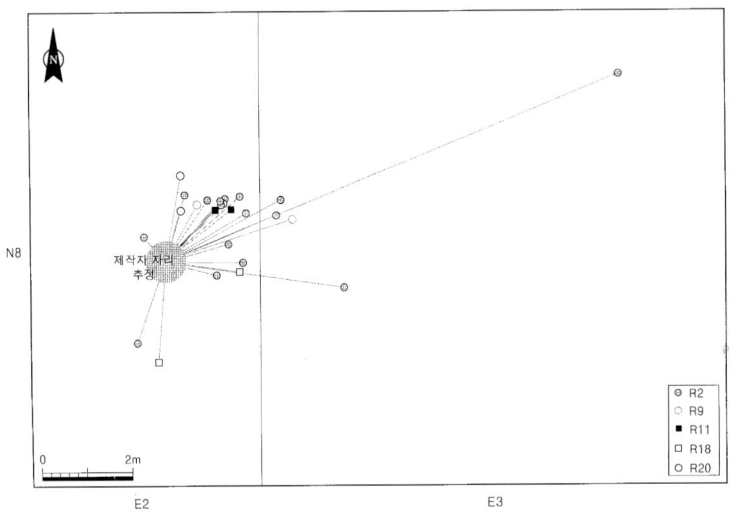

그림 64　돌터거리 유적의 되붙는 석기 제작자 위치 추정 (김선주 외, 2009, 524쪽)

구석기문화 전개와 특성

1. 지층과 유물층의 층서 대비

1) 영서지역

(1) 홍천강 유역

영서지역에서 가장 집중적인 조사가 이루어진 곳은 하화계리 일대의 구석기 유적군이다. 따라서 영서지역 구석기문화의 전개 과정을 살펴보기 위해서는 홍천강 유역의 하화계리 일대에서 발굴조사가 이루어진 유적들을 대상으로 층위 변화에 따라 구석기 유물군이 어떻게 변화되어 가는지를 시간 단위로 추적하는 것이 가장 합리적이라고 생각된다.

홍천강이 U자형으로 회절하는 하화계리 지역 내에는 고도를 달리하는 여러 단의 하안단구 지형이 모식적으로 잘 발달하고 있으며, 하상비고에 따라 저·중·고위면으로 구분되는 이 단구면에 여러 시기의 구석기 유적이 지점을 달리하며 집중적으로 분포하고 있다는 점은 주목할 만하다. 하화계리 일대 여러 지점의 구석기유적 중 발굴조사가 이루어진 곳은 저위면의 사둔지·도둔·돌터거리 유적, 중위면의 작은솔밭 유적, 고위면의 백이·연봉리 유적 등이다.

우선 이들 유적의 층위 구조를 저위면, 중위면, 고위면으로 나누어 살펴보았다. 하화계리 일대 구석기유적의 층위 해석 및 연대관은 결국 홍천강 하안단구 지형과의 밀접한 관련성부터 논의함으로써 시작할 수 있다는 계산에서이다. 하화계리 일대의 구석기유적들은 모두 하안단구 지형에 위치하고 있기 때문에 층위를 이루고 있는 퇴적 구성 물질이 하부에서부터 자갈–모래–실트 및 점토로 점이적인 변화를 보이는 공통성이 있다. 구성 물질상 하부의 자갈·모래는 기본적으로 고하천 활동에서 기원한 수성퇴적이고, 그 상부의 실트 및 점토는 대개 주변에서 이동되어온 육성퇴적물로서, 층위적 맥락의 큰 줄기는 거의 유사하다고 여겨진다.

① 홍천 하화계리 백이 유적 (고위면)

이 유적은 해발고도 약 156m, 하상비고 41m 내외의 고위 단구면에 위치하고 있다. 하화계리 일대에서 발굴조사된 유적 중 가장 이른 시기의 석기구성상을 보여주는 중요한 유적이다 (표 1).

표 1 홍천 하화계리 백이 유적의 지층과 유물층

지층 번호	명칭	토양 쐐기	유물층	절대연대 AMS(BP)	OSL(BC)	출토유물(%)
I	지표 (명갈색점토층)					
II	갈색점토층	첫 번째				
III	암적갈색점토층		3유물층	48,000± 3,000(목탄)	34.0±1.2 ka 35.9±5.0 ka	주먹도끼(1.76), 주먹찌르개(1.18), 찍개(3.24), 주먹대패(2.65), 여러면석기(1.18), 부리날(0.29), 홈날(0.88), 긁개(2.06), 손질된 조각돌(0.88), 자갈돌(21.47), 몸돌(13.24), 격지(15.29), 조각돌(35.88)【340점】
IV	적갈색점토층	두 번째	2유물층		42.0±1.8 ka 42.5±2.6 ka	주먹도끼(1.44), 찍개(2.88), 주먹대패(6.47), 여러면석기(1.44), 홈날(0.72), 긁개(5.04), 자갈돌(28.78), 몸돌(12.33), 격지(16.55), 조각돌(24.46)【139점】
V	옅은갈색사질층				62.0±3.2 ka	
VI	적갈색사질층		1유물층		84.0±6.1 ka	주먹도끼(1.02), 찍개(4.67), 주먹대패(2.03), 여러면석기(2.44), 망치돌(0.20), 찌르개(0.20), 부리날(0.61), 홈날(1.02), 밀개(0.20), 긁개(4.47), 손질된 조각돌(1.02), 자갈돌(23.17), 몸돌(12.40), 격지(15.45), 조각돌(30.28)【492점】
VII	황갈색사질층					
VIII	모래자갈층					

지표교란층 아래로 일부 지점에 국지적으로 나타나는 명갈색 점토층과, 첫 번째 토양쐐기 구조가 나타나는 갈색 점토층에서는 석기가 출토되지 않았다. 석기는 이보다 더 하부에 해당되는 Ⅲ지층(암적갈색 점토층, 3유물층)과 Ⅳ지층(적갈색 점토층, 2유물층), Ⅵ지층(적갈색 사질층, 1유물층)에서 출토되었다.

OSL 연대측정은 4개 지층에서 이루어졌는데, 위에서 아래로 내려가면서 순차적으로 연대값이 올라가는 것으로 나타났다. 두 번째 토양쐐기 구조가 나타나는 지층 아래에서 측정된 62.0±3.2 ka BC와 84.0±6.1 ka BC(1유물층)의 연대는 층위와 석기군에 잘 어울리는 것으로 생각된다. 하지만 이보다 상부의 적갈색 점토층(2유물층)과 암적갈색 점토층(3유물층)에서 측정된 42.0±1.8 ka BC 42.5±2.6 ka BC 34.0±1.2 ka BC 35.9±5.0 ka BC는 지층이나 석기 구성상과 대비할 때, 지나치게 어린 값으로 여겨진다. 특히 두 번째 토양쐐기 구조가 나타나는 적갈색 점토층(2유물층)의 연대가 작은솔밭과 연봉리 유적의 암갈색 점토층(첫 번째 토양쐐기 구조)에서 나온 AMS 연대 40,600±1,500 BP, 41,600±600 BP와 엇비슷하다는 것은 층서상 맞지 않는 연대값임을 말해주는 것이다. 또한 적갈색 점토층 보다 위층인 암적갈색 점토층(3유물층)의 AMS 연대 48,000±3,000 BP와 비교해 보면, 연대가 역전되어 있음을 알 수 있다. 작은솔밭 유적에서 두 번째 토양쐐기 구조가 나타나는 적갈색 점토층 하부의 적갈색 사질점토층 OSL연대가 66±3 ka BP임을 감안할 때, 두 번째 토양쐐기 구조가 나타나는 적갈색 점토층의 연대는 약 65 ka BP 이상임을 알 수 있다. 백이 유적의 적갈색 점토층 연대도 이와 근접한 시기로 판단하는 것이 바람직하다고 생각된다. 따라서 이 유적의 첫 번째 토양쐐기 구조와 두 번째 토양쐐기 구조 사이에 위치하는 암적갈색 점토층(3유물층)의 연대도 OSL보다는 목탄을 시료로 측정한 AMS 연대 48,000±3,000 BP를 적극적으로 활용하는 것이 적당하다고 판단된다. 주먹도끼 및 주먹찌르개, 찍개, 여러면석기, 주먹대패 등 대형석기 위주의 석기구성상이나 출토 비율이 3개 유물층에서 동일하게 나타나는 것은 모두 동일한 중기 구석기 유물층에 해당되기 때문일 것이다.

② 홍천 연봉리 유적 (고위면)

이 유적은 해발고도 155~160m, 하상비고 35~40m의 고위 단구면에 해당된다.

석기는 적갈색 점토층 상부의 명갈색 점토층(1유물층), 상부 암갈색 점토층(2유물층), 하부 암갈색 점토층(3유물층)에서 출토되었다(표 2).

이 유적에서는 암갈색 점토층이 상하로 나뉘어 토양쐐기 구조가 두 차례 나타났다. 그리고 하부의 적갈색 점토층에서 세 번째 토양쐐기 구조가 나타났다. 거의 대부분 다른 유적에서는

표 2 홍천 연봉리 유적의 지층과 유물층

지층 번호	명칭	토양 쐐기	유물층	절대연대(BP)		출토유물(%)
				AMS	OSL	
I	표토층					
II	명갈색 점토층		1유물층			격지, 돌조각 【10점】
III	암갈색 점토층 (상부)	첫 번째	2유물층	41,600± 600		긁개, 밀개, 홈날, 몸돌, 격지, 돌조각, 자갈돌 【85점】
IV	암갈색 점토층 (하부)	두 번째 (?)	3유물층	45,900± 1,200		찍개, 주먹대패, 홈날, 몸돌, 격지 【22점】
V	붉은색의 사면기원 조립질 점토층 (적갈색 점토층)	세 번째				
VI	짙은밤색 유기질 점토층			50,000 BP 이상		
VII	적갈색 사면퇴적물					
VIII	자갈층					
IX	기반암					

적갈색 점토층에서 두 번째 토양쐐기 구조가 관찰되는데, 이 유적에서는 암갈색 점토층과 적
갈색 점토층 사이에 토양쐐기 구조가 포함된 암갈색 점토층이 한 차례 더 퇴적되었다. 상부
암갈색 점토층(2유물층)에서 목탄을 시료로 얻은 AMS연대 41,600±600 BP와 하부 암갈색 점
토층(3유물층)에서 토양을 시료로 한 AMS연대 45,900±1,200 BP는 후기와 중기 구석기를 구
분하는 기준이 될 수 있다고 생각된다.

③ 홍천 하화계리 작은솔밭 유적 (중위면)

이 유적은 해발 140m, 하상비고 25m 내외의 중위면에 위치하고 있다. 퇴적 단면이 비교적
잘 드러났을 뿐만 아니라 퇴적층 내에서 절대연대 측정값이 적절히 확보되었다(표 3).

흑요석, 수정 등 다양한 암질의 세석기가 출토된 명갈색 점토층(1유물층)의 AMS연대가
13,390±60 BP로 측정되었다. 토양쐐기 구조는 암갈색 점토층(2유물층)과 적갈색 점토층(3유
물층)에서 두 차례 확인되었다. 첫 번째 토양쐐기 구조가 포함된 암갈색 점토층의 AMS연대
(40,600±1,500 BP)와 OSL연대(39±2 ka BP)는 엇비슷하게 나타났다. 두 번째 토양쐐기 구조
가 관찰되는 적갈색 점토층(3유물층) 하부의 적갈색 사질점토층(4유물층) OSL연대는 66±3
ka BP로 나왔다.

④ 홍천 하화계리 사둔지 · 도둔 · 돌터거리 유적 (저위면)

이 유적들은 해발 127~129m, 하상비고 12~14m 정도되는 저위 단구면에 위치하고 있다. 토

지층 번호	명칭	토양 쐐기	유물층	절대연대(BP)		출토유물(%)
				AMS	OSL	
I	표토층					
II	명갈색 점토층		1유물층	13,390±60		주먹도끼(0.04), 찍개(0.48), 찌르개(0.88), 긁개(10.63), 밀개(2.55), 자르개(0.35), 째개(1.63), 주먹대패(0.26), 주먹까뀌(0.08), 새기개(0.26), 뚜르개(1.32), 쪼으개(0.04), 다듬개(0.04), 홈날(0.13), 톱날(0.13), 돌망치(0.22), 돌날(7.14), 돌날몸돌(0.13), 몸돌(0.22), 모룻돌(0.04), 격지(40.2), 덜된연모(3.70), 부스러기(29.11)【2,267점】
III	암갈색 점토층	첫 번째 토양 쐐기	2유물층	40,600± 1,500	39±2 ka	찍개(2.80), 찌르개(2.54), 긁개(25.79), 밀개(5.84), 자르개(2.16), 째개(1.14), 주먹대패(0.89), 주먹까뀌(0.38), 떼개(0.13), 뚜르개(1.78), 톱날(0.63), 돌망치(1.02), 몸돌(0.38), 모룻돌(0.51), 격지(19.44), 덜된연모(5.72), 부스러기(28.72)【787점】
IV-1	적갈색 점토층	두 번째 토양 쐐기	3유물층			찍개(6.19), 찌르개(1.33), 긁개(24.78), 밀개(6.64), 자르개(1.78), 째개(1.33), 주먹대패(2.65), 떼개(0.44), 뚜르개(0.88), 톱날(0.44), 쌀매돌(0.44), 돌망치(2.21), 몸돌(1.78), 격지(26.12), 덜된연모(3.10), 부스러기(19.91)【226점】
IV-2	적갈색 사질점토층		4유물층		66±3 ka	찍개(16.67), 주먹도끼(5.56), 긁개(22.22), 몸돌(5.56), 격지(33.33), 부스러기(16.67)【18점】
V	모래층				79±4 ka	
VI	강자갈층					
VII	기반암 풍화층					

양쐐기 구조는 모두 암갈색 점토층(유적에 따라 짙은 갈색 굳은 염토층, 짙은 갈색 찰흙층, 농갈색 점토층으로 표현)에서 한 차례 나타나며, 두 번째 토양쐐기 구조가 나타나는 적갈색 점토층은 관찰되지 않는다(표 4~6).

　석기는 사둔지와 도둔 유적의 경우 첫 번째 토양쐐기 구조 상부의 명갈색 점토층에서 출토되었고, 돌터거리 유적에서는 첫 번째 토양쐐기 구조가 나타나는 농갈색 점토층에서 출토되었다. 돌터거리 유적의 농갈색 점토층 하부에 퇴적된 황갈색 점토층에서 채취한 토양 시료의 OSL연대는 41.7±2.7 ka BC와 45.5±2.0 ka BC이다.

표 4 홍천 하화계리 사둔지 유적 지층과 유물층

지층 번호	명칭	토양 쐐기	유물층	절대연대(BP)		출토유물(%)
				AMS	OSL	
I	표토층					
II	밝은 갈색 굳은 염토층		유물층			찍개(0.48), 찌르개(1.59), 사냥돌(0.02), 긁개(12.98), 밀개(1.47), 자르개(1.76), 돌날(7.89), 째개(4.41), 주먹대패(0.08), 새기개(2.10), 뚜르개(0.86), 톱날(0.23), 홈날(0.25), 돌망치(0.23), 떼개(0.02), 모룻돌(0.02), 미늘(0.32), 창끝(0.06), 몸돌(0.29), 돌날몸돌(0.40), 격지 및 부스러기(61.29), 덜된연모(2.18)【6,526점】
III-1	짙은 갈색 굳은 염토층	토양쐐기				
III-2	엷은 적갈색 염토층					
IV	갈색 고운모래염토층					
V-1	엷은 갈색 모래염토층					
V-2	노란갈색 고운모래층					
V-3	회갈색 굵은 모래층					
VI	자갈층					

표 5 홍천 하화계리 도둔 유적 지층과 유물층

지층 번호	명칭	토양 쐐기	유물층	절대연대(BP)		출토유물(%)
				AMS	OSL	
I	표토층					찍개(0.4), 주먹대패(0.4), 긁개(6.1), 밀개(2.0), 째개(2.3), 뚜르개(1.4), 자르개(1.1), 찌르개(0.5), 톱날(0.3), 덜된연모(7.0), 부스러기(44.7), 격지(30.7), 몸돌(0.3), 망치돌(0.4), 모룻돌(0.1), 자갈돌(2.4)【789점】
II	옅은 갈색 찰흙층		1유물층			
III	짙은 갈색 찰흙층	토양쐐기				
IV	모래질 찰흙층					
V	고운 모래층					
VI	모래+자갈층					

표 6 홍천 하화계리 돌터거리 유적 지층과 유물층

지층 번호	명칭	토양 쐐기	유물층	절대연대(BP)		출토유물(%)
				AMS	OSL	
I	지표 (교란층)					
II	농갈색 점토층	첫 번째 토양 쐐기 시작	1유물층			주먹대패(0.4), 찍개(0.4), 손질된 자갈돌(0.2), 긁개(1.3), 밀개(0.4), 찌르개(0.4), 뚜르개(0.2), 홈날(1.1), 톱니날(0.2), 손질된 조각돌(0.7), 망치돌(0.4), 모룻돌(0.2), 자갈돌(1.6), 몸돌(2.9), 좀돌날몸돌(0.2), 격지(17.5), 조각돌(72.2)【554점】
III	연갈색 점토층					

IV	황갈색사질층			41.7±2.7 ka 45.5±2.0 ka	
V	갈색사질층				
VI	모래자갈층Ⅲ				
VII	모래자갈층Ⅱ				
VIII	모래자갈층Ⅰ				
IX	기반암(기반암풍화층)				

(2) 북한강 유역

북한강 유역에서 층위가 비교적 잘 드러나고, 절대연대 측정값이 알려진 유적으로는 춘천 금산리 갈둔 유적과 거두리 유적을 들 수 있다.

① 춘천 금산리 갈둔 유적

이 유적은 해발 90m, 하상비고 25m 정도 되는 북한강 본류의 중위 단구면에 위치하고 있다 (표 7). 첫 번째 토양쐐기 구조 상부에는 명갈색 점토층(1유물층)이 일부 지점에 국지적으로 분포하며 소량의 석기들이 출토되었다. 이 지층의 OSL연대 측정값(3,800±500 BP)은 홀로세 에 해당되는 것으로, 시료 채취 지점이 침식 이후 재 퇴적된 부분일 가능성을 높여준다.

첫 번째 토양쐐기 구조가 나타나는 암갈색 점토층은 상, 하로 구분되는데, 윗부분(2유물층) 에서는 38,000±4,000 BP(OSL), 아랫부분에서는 68,000±2,000 BP(OSL)의 연대가 나왔다.

두 번째 토양쐐기 구조가 나타나는 암갈색 점토층 또한 상(3유물층), 하(4유물층)로 구분되는데, 주먹도끼 및 주먹찌르개, 찍개, 여러면석기, 대형몸돌 등 대형석기 위주의 유물군이 매우 밀집되어 출토되었다. OSL연대는 86,000±6,000 BP, 92,000±7,000 BP, 98,000±5,000 BP로 나왔다. 이 지층 하부의 황갈색 혹은 적갈색 사질점토층의 OSL연대는 102,000 ±9,000 BP로 나왔다. 이 유적에서는 상부의 암갈색 점토층과 하부의 적갈색 점토층이 매우 명확하게 구분된다(사진 61).

OSL연대값이 위에서 아래로 내려가

사진 61 금산리 갈둔 유적의 층위 단면
(상부의 갈색 점토층과 하부의 적갈색 점토층이 명확히 구분된다)

며 순차적으로 지층과 석기구성 관계에 어울리는 반면, 동일 지층에서 토양을 시료로 채취하여 측정한 AMS연대는 OSL연대와 큰 차이를 보이며 매우 젊게 나왔다. 지층의 상하관계에서도 연대값은 안정적이지 못하다. 고토양과 목탄을 시료로 하여 각각 AMS연대 측정하여 비교한 결과, 양쪽이 비슷한 연대를 얻은 그룹과 고토양이 목탄의 연대보다 훨씬 젊게 나오는 그룹으로 양분되었다는 연구가 있다.[1] 이 두 결과의 차이는 늦은 시기의 탄소를 함유하는 진흙 알갱이들이 밑으로 내려가는 효과 때문인 것으로 풀이된다. 목탄이 아닌 고토양을 시료로 한 이 유적의 경우도 매우 젊게 나온 그룹에 해당된다.

표 7 춘천 금산리 갈둔 유적 지층과 유물층

층서	지층번호	명칭	토양쐐기	유물층	절대연대(BP)		출토유물(%)
					AMS	OSL	
	I	마사 복토층					
	II	구 지표 교란층					
	III	부식토층					
A	IV	명갈색점토층		1유물층		3,800±500	밀개(5.9), 홈날(5.9), 몸돌(5.9), 격지(11.8), 돌조각(64.7), 자갈돌(5.9)【17점】
B-1	V-A	암갈색점토층	첫 번째 토양쐐기	2유물층		38,000±4,000	긁개(13.0), 홈날(7.0), 여러면석기(7.0), 자갈돌(7.0), 격지(20.0), 돌조각(46.0)【15점】
B-2	V-B	암갈색점토층	수평 엽리구조		30,400±200	68,000±2,000	
C	VI-A	암적갈색점토층	두 번째 토양쐐기	3유물층	29,900±100	86,000±6,000	주먹대패(0.6), 여러면석기(0.2), 찍개(0.7), 긁개(8.5), 밀개(0.2), 홈날(2.4), 망치돌(0.6), 수정석기(0.2), 몸돌(6.1), 격지(45.5), 돌조각(33.9), 자갈돌(1.3)【543점】
	VI-B	암적갈색점토층		4유물층	37,300±400 28,000±150	92,000±7,000 98,000±5,000	주먹도끼(0.7), 주먹찌르개(0.6), 주먹대패(0.1), 여러면석기(0.1), 찍개(0.7), 긁개(3.3), 밀개(0.4), 홈날(0.8), 톱니날(0.1), 뚜르개(0.1), 수정석기(0.1), 망치돌(0.5), 몸돌(5.1), 격지(45.8), 돌조각(38.3), 홈패인 자갈돌(0.1), 자갈돌(3.3)【1,377점】
	VII	황갈색 혹은 적갈색의 사질점토층				102,000±9,000	
	VIII	모래+자갈층					
	IX	풍화된 자갈층					

---

1 Jong-chan KIM · Min-young YOON · In-chul KIM · Jong-kwon YUM, 「Dating Paleosols from Paleolithic sites in Korea」, 『중원지역의 구석기문화』, 충북대학교 중원문화연구소 · 한국학술진흥재단, 2006, 733~743쪽.

② 춘천 거두리 유적

이 유적은 해발 108m, 하상비고 25m정도의 중위 단구면에 위치하고 있다. 북한강의 소지
류 하천인 공지천에서 가까운 거리에 자리하고 있다(표 8). 이 유적에서는 최상부의 명갈색
점토층이 남아있지 않으며, 첫 번째 토양쐐기 구조가 나타나는 암갈색 점토층(1유물층)과 두
번째 토양쐐기 구조가 나타나는 암갈색 점토층(2유물층)이 잘 남아있다. 암갈색 점토층 하부
의 2개 층(3, 4유물층)에서도 석기가 출토되었는데, 대형석기가 우세하다는 점에서 위 층과 크
게 다르지 않은 석기구성을 보여준다. 금산리 갈둔 유적과 달리, 암갈색 점토층과 적갈색 점
토층이 각각 상, 하 두 층으로 구분되지 않는다. 암갈색 점토층의 AMS연대는 28,100±200 BP
이다. 한편 적갈색 점토층(62,000±3,000 BP)과 그 하부 황적색 사질점토층(57,000±4,300
BP)의 OSL연대는 다소 역전되어 있다. 그러나 두 층간의 두께가 두텁지 않고, 시료 채취 지점
이 서로 다르다는 점에서 적갈색 점토층의 연대 범위를 파악하는 데에는 큰 무리가 없다고 여
겨진다.

표 8 순천 거두리 유직 지층과 유물층

층서	지층 번호	명칭	토양 쐐기	유물층	절대연대(BP)		출토유물(%)
					AMS	OSL	
	I	표토층					
B-1	II	암갈색 점토층	첫 번째 토양쐐기	1유물층	28,100± 200		홈날, 몸돌, 격지
C	III	적갈색점토 및 망간집적층	토양쐐기 +엽리구조	2유물층		62,000± 3,000	주먹도끼, 주먹찌르개, 찍개, 여러면석기, 등손잡이칼, 긁개, 홈날, 부리날, 밀개
	IV	황적색 사질점토층		3유물층		57,000± 4,300	여러면석기, 몸돌, 대형격지
	V	암편이 포함된 점토층		4유물층			찍개, 여러면석기, 주먹대패, 몸돌, 대형격지
	VI	모래층				78,000± 4,800	
	VII	뻘층					
	VIII	모래층				100,000± 7,700	
	IX	풍화 자갈층					
	X	기반암					

(3) 한탄강 유역

현무암 대지상에 위치한 철원 장흥리 유적에서는 짙은갈색 찰흙층(암갈색 점토층)과 그 하

부의 황갈색 찰흙층에서 각각 토양쐐기 구조가 발달하였다(표 9). 석기는 첫 번째 토양쐐기 구조가 나타나는 짙은갈색 찰흙층(암갈색 점토층, 2유물층)에서 소량 출토되었고, 그 윗부분인 갈색 찰흙층(명갈색 점토층, 1유물층)에서는 흑요석 좀돌날몸돌 및 좀돌날을 비롯한 긁개, 밀개, 새기개, 뚜르개 등의 후기구석기 늦은 시기 유물들이 집중적으로 나왔다.

표 9 철원 장흥리 유적 지층과 유물층

층서	지층번호	명칭	토양쐐기	유물층	절대연대(BP)		출토유물(%)
					AMS	OSL	
	I	지표교란층					
A	II	갈색찰흙층		1유물층	24,200±600 24,400±600		긁개(13.25), 찍개(0.60), 밀개(1.96), 째개(1.96), 자르개(0.45), 찌르개(0.75), 뚜르개(1.36), 새기개(0.30), 쪼으개(0.60), 주먹대패(0.30), 톱날(0.15), 돌날몸돌(0.75), 돌날(5.12), 망치(1.36), 덜된연모(4.07), 부스러기(37.05), 격지(29.22) 【664점】
B-1	III	짙은갈색찰흙층	첫 번째 토양쐐기	2유물층 (석기포함층)			격지, 부스러기
	IV	황갈색 찰흙층	두 번째 토양쐐기				
	V	회색 뻘층					
	VI	강모래층					
	VII	강자갈층					
	VIII	제4기 현무암층					
	IX	기반암(화강암)					

갈색 찰흙층(명갈색 점토층)의 목탄을 가지고 측정된 AMS연대는 24,400±600 BP와 24,200±600 BP로 나왔다. 그리고 이 지층에서는 25~24 ka BP에 분출된 것으로 알려진 광역화산재 AT가 검출되었다. 따라서 재 퇴적 현상이 고려되지 않는다면, 갈색 찰흙층(1유물층)의 연대는 24 ka BP로 보는 것이 타당하다. 그런데 AT화산재는 명갈색 점토층에서만 확인되는 것이 아니라 그 하부의 첫 번째 토양쐐기가 발달한 암갈색 점토층에서도 검출되는 사례들이 있다. 예컨대, 강릉 정동진리 50-89번지에서는 "AT화산재가 산출되는 구간은 토양쐐기(soil-wedge)가 발달하는 층준과 일치하기 때문에, 이 토양쐐기층은 AT화산재의 분출시기인 약 25,000년 전에 형성되었다고 할 수 있다"고 보았다.[2] 이처럼 AT화산재를 근거로 토양쐐기 층준의 연대

---

2 이용일, 「강릉 정동진리 50-89번지 시굴지점 지질분석 보고」, 『심곡리 구석기 유적 발굴조사 보고서』, 서울대학교 박물관, 2006, 93쪽.

가 설정된다면, 그 상부의 명갈색 점토층에서는 적어도 24~25 ka BP 이후의 연대값이 얻어져야 한다고 생각된다. 따라서 장흥리 유적에서는 명갈색 점토층의 퇴적이 시작될 때, 암갈색 점토층 상부 토양이 이동되어 재퇴적 되었을 가능성을 염두에 두어야 한다.

(4) 영서지역 구석기유적의 층서 비교 검토

위에서 살펴본 홍천강 유역 구석기유적의 지층과 유물층의 층서 관계를 종합적으로 비교 검토할 수 있도록 도표로 작성한 것이 아래 표 10이다. 이를 바탕으로 먼저 홍천강 유역 구석기유적의 층서 선후 관계를 살펴보고자 한다.

표 10에 나타난 바와 같이, 고위면, 중위면, 저위면에 따라 형성 시기를 달리하는 고하천 퇴적층 상부로 구석기가 포함된 고토양층이 퇴적되었다. 전체적인 층서상 단구면 고도에 상관없이 공통적으로 나타나는 지층은 첫 번째 토양쐐기 구조가 나타나는 암갈색 점토층(짙은갈색 찰흙층)과 그 상부의 명갈색 점토층(밝은갈색 찰흙층)이다. 첫 번째 토양쐐기 구조가 나타나는 암갈색 점토층 하부 지층은 유적에 따라 퇴적 양상을 달리하며 나타나기도 하고 나타나지 않기도 한다.

다음으로 저위면에서는 나타나지 않지만, 중위면 이상에서 공통적으로 나타나는 지층은 두 번째 토양쐐기 구조가 나타나는 적갈색 점토층이며, 그 하부에는 또 다른 지층이 놓이기도 한다. 고위면의 백이 유적에서 나타난 적갈색 사질층은 층서상 홍천강 유역에서 가장 이른 시기의 유물이 출토되는 지층으로 여겨진다.

각 유적마다 공통적으로 나타나는 명갈색 점토층과 첫 번째 토양쐐기 구조가 발달한 암갈색 점토층, 두 번째 토양쐐기가 발달한 적갈색 점토층은 층서 대비의 중요한 기준이 되며, 이들 지층에서 얻은 절대연대값은 그 상 하 지층의 연대를 결정하는데 중요한 역할을 한다.

표 10에 나타난 바와 같이, 서로 비고를 달리하며 형성되어있는 하화계리 유적군의 층위 중 그 기저부를 구성하고 있는 것은 모두 자갈층으로 고하천 퇴적층이기 때문에 층위 해석의 출발점으로 이들의 시간상 선후관계를 추정해 보는 일은 그 상부에 형성되어 있는 구석기 유적의 연대 상한선을 제시해주는 시간적 의미가 있다.

이러한 기조에서 홍천강 유역 구석기 유적의 시간상 층위 변화 해석은 작은솔밭 유적을 기준 층위로 삼아 시작하고자 한다. 왜냐하면 작은솔밭 유적은 층위 구성상 상부의 갈색 점토대와 하부의 적갈색 점토대가 모두 나타나며, 각 지층마다 적절한 절대연대 측정치가 확보되어 있고, 석기구성상 세석기 단계부터 주먹도끼가 포함된 단계까지 모두 확인할 수 있기 때문이

표 10 영서지역 구석기유적 층서 비교 검토(1)

층서	홍천강											
	고위면				중위면		저위면					
	백이		연봉리		작은솔밭		사둔지		도둔		돌터거리	
	I	지표	I	표토층	I	표토층	I	표토층	I	표토층	I	지표교란층
A		명갈색 점토층	II	명갈색 점토층 1유물층	II	명갈색 점토층 13,390±60 BP 1유물층	II	밝은갈색 굳은염토층 (유물층)	II	옅은갈색 찰흙층 (유물층)		
B-1	II	갈색점토층 첫 번째토양쐐기	III	암갈색 점토층(상부) 첫 번째 토양쐐기 41,600±600 BP (AMS) 2유물층	III	암갈색 점토층 첫 번째 토양쐐기 40,600±1,500 BP (AMS) 39±2 ka BP (OSL) 2유물층	III-1	짙은갈색 굳은염토층 첫 번째 토양쐐기	III	짙은갈색 찰흙층 첫 번째 토양쐐기	II III	농갈색 점토층 첫 번째 토양쐐기 (유물층) 연갈색 점토층
B-2	III	암적갈색 점토층 48,000±3,000 BP (AMS) 3유물층	IV	암갈색 점토층(하부) 두 번째 토양쐐기 45,900±1,200 BP (AMS) 3유물층			III-2	엷은적갈색 염토층			IV	황갈색 사질층 41.7±2.7 ka BP 45.5±2.0 ka BP (OSL)
C-1	IV	적갈색 점토층 두 번째토양쐐기	V	붉은색의 사면기원 조립질 점토층 (적갈색 점토층) 세 번째 토양쐐기	IV-1	적갈색 점토층 두 번째 토양쐐기 3유물층						
	V	옅은갈색 사질층 62.0±3.2 ka BC(OSL) 2유물층	VI	짙은밤색 유기질 점토층 50,000 BP이상 (AMS)	IV-2	적갈색 사질점토층 66±3 ka BP (OSL) 4유물층						
C-2	VI	적갈색 사질층 84.0±6.1 ka BC (OSL) 1유물층	VII	적갈색사면 퇴적물								
	VII	황갈색 사질층					IV	갈색 고운모래염토층	IV	모래질 찰흙층		
					V	모래층 79±4 ka BP (OSL)	V	모래층	V	고운모래층	V	갈색사질층
	VIII	모래자갈층	VIII	자갈층	VI	강자갈층	VI	자갈층	VI	모래자갈층	VI-VIII	모래자갈층
			IX	기반암	VII	기반암풍화층					IX	기반암풍화층

다. 또한 중위 단구면에 위치하고 있기 때문에 이를 중심으로 저위면과 고위면의 층위를 상대 비교하기에 유리한 이유도 있다. 다시 말하면 작은솔밭 유적의 층서 관계 및 절대연대 측정치를 하나의 중요한 "시간 기준면"으로 설정하여, 홍천강 유역 구석기유적의 시간상 층위 변화 및 석기군의 변화를 전반적으로 해석하고자 시도하는 것이다.

　작은솔밭 유적이 자리하고 있는 단구면은 지난 1991년 사둔지 유적이 발굴조사 될 당시부터 인지되었으며, 저위면인 사둔지를 "제2단구", 이보다 높은 지점에 자리하고 있는 작은솔밭 일대를 "제3단구"로 불러 그 형성시기를 추론한 바 있다.[3] 이 당시 현재의 하상보다 10~15m 정도 높게 자리하고 있는 "제2단구"의 형성시기는 마지막 간빙기인 12만 5천 년 전(MIS 5e)으로 확고하였다. 따라서 이보다 더 상위에서 관찰되는 작은솔밭 일대의 "제3단구"는 "제2단구"보다 오래된 중기 갱신세(Middle Pleistocene)로 해석되었다. 이러한 관점에서 역시 저위면인 도둔 유적 최하부의 강자갈층 형성 시기도 12만 5천 년(MIS 5e)으로 추정되었다.[4] 다시 말하면 이 당시 저위면에 자리하고 있는 사둔지 및 도둔 유적의 최하부 강자갈층은 "하상비고 10~15m 단구면 = 제2단구 = 12만 5천 년"이라는 관점에서 중요한 "시간 기준면" 역할을 하고 있었던 셈이며, 이보다 고도가 높아질수록 순차적으로 그 연대도 높여지는 것이었다. 2002년 작은솔밭 유적 발굴 당시까지도 이러한 "시간 기준면"에 충실하고 있었던 필자는 지면을 통해 발표한 바는 없지만, 주먹도끼가 출토되는 적갈색 사질점토층(IV-2지층)의 형성 시기가 대략 18만년까지 올라가지 않을까하는 심증을 가지고 유적을 터무니없이 이해하고 있었다. 이러한 심증의 기저에는 "제2단구(사둔지 및 도둔)"의 형성 시기가 MIS 5e에 해당된다면, "제3단구(작은솔밭)"의 형성시기는 이보다 이른 간빙기로서 최소한 MIS 7(19~25만 년 전)에 해당될 것이고, 모래자갈층 상부에 나타나는 적갈색의 사질점토층은 하천의 수위가 다소 하향한 뒤 범람원 환경에 놓인 상태에서 물의 영향으로부터 서서히 벗어나기 시작하는 단계로서, 단구퇴적층과 부정합면을 이루지 않고 점이적인 연속성을 가지고 퇴적된 지층임을 인정한다면, 최소한 단구퇴적층의 형성 시기인 MIS 7에 근접한 연대값을 가지게 될 것이라는 단순하고도 도식적인 사고가 전제되어 있었다. 그리고 이 지층에서 출토되는 주먹도끼가 전곡리의 그것과 유사한 연대값을 가지게 될 것이라는 막연한 기대감도 한 몫하고 있었다.

---

3 이동영·김주용·한창균, 「洪川 下花溪里遺蹟의 地形 및 地質」, 『中央高速道路 建設區間內 文化遺蹟 發掘調査 報告書』, 江原道, 1992, 245~260쪽.

4 이동영, 「홍천 도둔 유적지 층위조사」, 『홍천 하화계리 도둔 중석기유적 발굴조사 보고서』, 강원고고학연구소, 1996, 165~173쪽.

그러나 발굴조사 이후 통보된 OSL연대는 IV-2지층(적갈색 사질점토층)이 66±3 ka BP, 그 하부의 V지층(모래층)이 79±4 ka BP로, 새로운 시간 기준면의 설정이 요구되는 상황이었다. 특히 중위면(작은솔밭)의 고하천 퇴적층(모래층) 연대가 MIS 5a에 해당된다는 것은 저위면(사둔지 및 도둔)의 고하천 퇴적층이 MIS 5e에 해당될 것이라는 종전의 생각을 재고해야 된다는 것을 의미한다. 작은솔밭 유적의 OSL연대를 새로운 시간기준면으로 설정한다면, 저위면의 고하천 퇴적층 형성시기는 MIS 4로 설정하는 것이 바람직하다. 저위면에 홍천강이 자리잡은 이 시기에 하천의 영향력이 전혀 미치지 못하는 중·고위면에는 적갈색 점토층이 퇴적되었다. 따라서 MIS 4 시기 이후에 단구화가 진행된 저위면의 사둔지 및 도둔, 돌터거리 유적 퇴적 단면에서는 적갈색 토양대가 나타나지 않고 갈색 토양대만 존재한다. 한편 작은솔밭 유적보다 상위에 존재하는 연봉리 유적과 백이 유적의 고하천 퇴적층은 적어도 MIS 5 시기보다 고기에 해당될 것이지만, 아직까지 이에 대한 연대측정 결과가 없어 확신하기는 어려운 형편이다. 왜냐하면, 홍천강과 같은 산지 하천의 하안단구는 빙기에 형성되었다는 전제하에 순차적으로 MIS 2, 4, 6, 8, 10 시기로 편년하는 경우[5]와 간빙기에 형성되었을 가능성에 비중을 두는 관점[6]이 공존하고 있기 때문이다. 예컨대, 전자의 경우를 따른다면 작은솔밭 유적의 모래층 (79±4 ka BP, MIS 5a)은 간빙기에 단구화가 진행되는 과정 속의 하안퇴적층이며 그 하부 고하천 퇴적층은 빙기인 MIS 6 시기로 판단할 수 있고, 그보다 고위면인 연봉리 유적의 고하천면 형성시기는 MIS 8, 저위면은 MIS 4, 보다 하위면은 MIS 2로 대비 시킬 수 있다.

　홍천강 유역 구석기 유적의 두터운 모래-자갈층 상부로는 사질점토 및 점토층이 퇴적되어 있는데, 하천의 영향에서 벗어나 서서히 단구화가 진행되는 퇴적메카니즘의 변화를 읽을 수 있다. 이 경우에 하부 고하천 퇴적층과 그 상부의 점토 퇴적층 사이에 층서적 연속성이 있는가, 아니면 불연속적인가하는 점도 따져 보아야 한다. 작은솔밭 유적의 연대 측정 결과를 놓고 보자면, 양자 간에 엄청난 간격의 시간적 불연속성이 존재한다기보다는 기후 환경 변화에 따라 고하천면이 서서히 단구 지형화 되는 순차적 진행과정을 보여준다고 여겨진다. 다시 말하면, 마지막 간빙기가 거의 끝나갈 무렵까지 작은솔밭 지역은 하천의 직·간접적인 영향력하에 놓여 있으면서 모래층(79±4 ka BP, MIS 5a)이 형성되었고, 이후 하천의 영향력에서 벗

5　윤순옥·이광률, 「洪川江 중·하류의 하안단구 지형 발달」, 『대한지리학회지』제35권 제2호, 대한지리학회, 2000, 199~201쪽 ; 신재봉·Toshiro Naruse·유강민, 「뢰스-고토양 퇴적층을 이용한 홍천강 중류에 발달한 하안단구의 형성시기」, 『지질학회지』제41권 제3호, 대한지질학회, 2005, 330~332쪽.

6　김주용·양동윤·홍세선·이상헌·이진영·김진관·오근창·김종연, 「제4기 지질조사」, 『洪川 蓮峯 舊石器遺蹟』, 江原文化財研究所·韓國土地公社江原支社, 2007, 60~61쪽.

어나 적갈색 사질점토층(66±3 ka BP)이 쌓이고 구석기인의 활동이 본격화 되었다고 생각된다. 저위면에 해당되는 사둔지 및 도둔 유적의 경우도 마찬가지로 하천 활동 이후 점토층이 쌓이기까지 자갈층에서부터 모래층−사질점토층−점토층으로 점이적인 변화를 보이는 양상은 층위적 · 시간적 부정합면이 존재한다기 보다는 하천의 영향력에서 서서히 벗어나 하안단구 지형화 되는 순차적 진행과정을 보여주는 것이라고 여겨진다. 그러나 그 형성시기가 오래된 고위 단구면의 유적인 경우에는 저위면의 지형과 달리, 장기간의 침식과 개석작용, 새로운 퇴적작용 등의 반복으로 하안단구 지형이 구릉지의 형태로 변하기도 하며, 동일 지역 내에서도 구간별로 층위 변화가 심한 편이어서 하부 고하천 퇴적층과 상부 점토 퇴적층 사이에는 엄청난 시간적 간격을 동반한 층위적 불연속성이 존재할 가능성이 크다. 중위면이나 저위면의 점토 퇴적 단위와는 질적으로 전혀 다른 새로운 제3의 점토퇴적 단위(고위면의 단구 형성 시기에 근접하는 초기 점토 퇴적물)를 아직까지 자신 있게 제시할 수 없다는 점도 이러한 가능성을 뒷받침 해준다.

다음으로 고하천 퇴적층 상부에 놓여 있는 점토 퇴적물 상호간의 층서 관계를 판단해 볼 차례이다. 작은솔밭 유적의 점토 퇴적단위는 크게 하부의 적갈색 점토대(IV-1지층, IV-2지층)와 상부의 갈색 점토대(II지층, III지층)로 구분해 볼 수 있다. 이러한 점토 퇴적 단위의 구분은 고위면의 연봉리 유적이나 백이 유적에서도 동일하다. 하지만 저위면의 사둔지, 도둔, 돌터거리 유적에서는 적갈색 토양대가 존재하지 않는다. 따라서 적갈색 점토대는 갈색 점토대보다 고기의 점토 퇴적 단위임을 알 수 있고, 저위면에서는 보이지 않는 새로운 퇴적 단위가 중 · 고위면에서 그 존재가 확인된다는 층위 변화상의 의미는 보다 적극적으로 해석될 필요성이 있다. 연봉리 유적의 경우, III장의 그림 2에서와 같이 적갈색 점토퇴적층과 암갈색 점토퇴적층의 경계 부분에서 대자율이 급격히 증가하다 감소하는 현상이 나타나 적갈색 점토층 위에 암갈색 점토층이 쌓일 당시 퇴적 환경이 변화되었음을 추론해 볼 수 있고, 갈색점토 퇴적층과 적색 점토 퇴적층은 층위 구분의 중요한 기준이 될 수 있다.

적갈색 점토 퇴적은 중 · 고위면의 고하천퇴적층 상부에 가장 먼저 나타나는 점토퇴적 단위이며, 작은솔밭 유적의 IV지층, 백이 유적의 IV지층, VI지층, 연봉리 유적의 V지층에서 관찰할 수 있다. 대개 상부는 암적갈색을 띠며, 하부로 갈수록 보다 적색의 사질점토로 구성된다. 고위면에 자리하고 있는 백이 유적의 경우, 이 점토 퇴적 단위의 두께가 두텁고, 층위의 세분도 가능하다(사진 62~63). 토양쐐기 구조도 몇 차례 관찰되지만 정연한 모습은 아니다. 또한 석기도 대부분 이 지층에서 층위를 달리하며 출토된다.

사진 62 백이 유적 층위 단면
(상부 갈색 토양대와 하부 적색 토양대가 뚜렷이 구분되며
경사진 모습을 볼 수 있다)

사진 63 백이 유적의 적갈색 토양대

이 적갈색 점토 퇴적 단위의 연대는 작은솔밭 유적에서 66±3 ka BP로 확인되었다. 그리고 연봉리 유적의 경우 older than 50,000 BP이다. 참고로 남한강 유역의 중고위면에 형성된 여주 연양리 유적의 층위 구조도 작은솔밭과 유사한듯한데, 이 유적의 4지층(적갈색 점토층 2.5YR4/4)에서 얻은 OSL 연대는 63,000±4,000 BC, 67,000±3,000 BC이다.[7] 따라서 홍천강 유역에서 보다 붉은 빛이 강하게 도는 적갈색 점토 퇴적 단위는 적어도 MIS 5 시기와 4 시기의 경계에 놓이는 연대값을 지니게 됨을 알 수 있다. MIS 5 시기에 적갈색 점토층의 퇴적이 마무리 되고, 이후 MIS 4 시기에 접어들어 적갈색 점토층 상부의 토양쐐기 구조가 형성되었을 가능성이 크다. 한편 MIS 5시기와 그 이상의 연대값이 기대되는 백이 유적의 적갈색 점토 퇴적 단위는 작은솔밭 유적의 경우보다 퇴적 두께가 두텁고, 층위 구분이 보다 세분화되어지며, 그에 따라 석기포함층도 복수로 구분되어지는 특징이 있다. 백이 유적 최하부의 적갈색 사질층(1유물층)의 OSL연대는 84.0±6.0 ka BC로 나왔고, 그 상부 옅은갈색 사질층에서는 62.0±3.2 ka BC로 나왔다.[8]

이러한 연대 범위의 설정과 더불어 이 퇴적 단위가 지니는 보다 중요한 의미는 주먹도끼류의 석기가 포함되어 있다는 것이다. 연봉리 유적에서는 이 지층에서 석기가 출토되지 않았지

---

7 김기태 · 이정철, 「여주 연양리 구석기유적」, 『한국구석기학보』제11호, 한국구석기학회, 2005, 28~29쪽.

8 그러나 이 보다 상부의 적갈색 점토층(2유물층)과 암적갈색 점토층(3유물층)에서는 각각 42.0±1.8 ka BC, 42.5± 2.6 ka BC, 34.0±1.2 ka BC, 35.9±5.0 ka BC로 층위와 석기군에 어울리지 않는 젊은 연대값이 나왔다.

만 작은솔밭 유적과 백이 유적에서는 주먹도끼(handaxe)와 주먹찌르개(pick)가 출토되었다. 주먹도끼류의 석기와 더불어 대형 찍개, 주먹대패(말굽형석기, rabot), 여러면석기(polyhedron) 등 대형석기 위주의 석기구성이 두드러진다.

한편 앞서 살펴본 중·고위면의 적갈색 점토 퇴적 상부와 저위면의 하성층(모래, 자갈층) 상부에서는 암갈색 점토층을 확인할 수 있다. 중·고위면의 작은솔밭 유적 III지층, 백이 유적 제II·III지층, 연봉리 유적 III·IV지층, 저위면의 사둔지 및 도둔 유적 III지층, 돌터거리 유적 II·III지층은 모두 MIS 3 시기의 동일한 퇴적 단위이며, 작은솔밭·연봉리·돌터거리 유적에서 석기가 출토되었다. 이 지층에서 얻은 절대연대는 작은솔밭 유적 40,600±1,500 BP(AMS), 39±2 ka BP(OSL), 연봉리 유적 III지층 41,600±600 BP(AMS) IV지층 45,900±1,200 BP(AMS)로, 대략 4만~4만 6천 년 전 정도의 연대값을 보이고 있다. 이 퇴적 단위는 우리나라 구석기유적에서 보편적으로 관찰되는 편이다. 토양색은 비교적 짙은갈색 계통이며, 보통 이 지층 상부에 후기구석기 최후 단계의 유물이 출토되는 명갈색 점토층이 퇴적된다. 이 지층 하부에는 저위면의 경우 하천 퇴적층이 놓이고, 중·고위면의 경우 적갈색의 점토 퇴적이 이루어졌다. 비교적 치밀하고 단단하며, 망간의 집적 현상, 수평 엽리구조 등도 함께 관찰된다. 보통 이 퇴적 단위에서는 첫 번째 토양쐐기 구조가 잘 발달된 것으로 알려져 있다. 그런데 작은솔밭, 백이, 사둔지, 도둔, 돌터거리 유적에서는 암갈색 점토 퇴적 단위에서 토양쐐기 구조가 한 차례 관찰되었지만, 연봉리 유적에서는 동일 퇴적 단위에서 상·하 두 차례의 토양쐐기 구조가 발달해 있다. 다시 말하면, 작은솔밭 유적에서는 암갈색 점토 퇴적 단위에서 첫 번째 토양쐐기가 관찰되고[40,600±1,500 BP(AMS), 39±2 ka BP(OSL)], 하부의 적갈색 점토층에서 두 번째 토양쐐기 구조가 발달(66±3 ka BP)한 반면, 연봉리 유적에서는 상부의 암갈색 점토 퇴적 단위에서 첫 번째(41,600±600 BP), 두 번째 토양쐐기 구조(45,900±1,200 BP)가 발달하고 하부의 적갈색 점토층에서 세 번째 토양쐐기 구조가 발달해 있다.[9] 한창균의 연구에 따르자면,[10] 연봉리 유적의 II지층은 A층, III지층은 B1층, IV지층은 B2층, V지층은 C층으로 대비시켜 볼 수 있는데, 이럴 경우 그의 견해와는 달리 B1층과 C층에서만 토양쐐기 구조가 발달한 것이 아니라 B2층에서도 토양쐐기 구조가 발달되어 있는 셈이다. 이는 매우 국지적인 현상이

---

9 이 문맥에서 ( )안의 연대는 토양쐐기 구조의 형성 시기를 지칭하는 것이 아니라, 토양쐐기 구조가 발달한 지층에서 얻은 절대연대값을 의미한다.

10 한창균, 「한국 구석기유적의 연대 문제에 대한 고찰—절대연대 측정결과와 퇴적층의 형성 시기에 대한 검토를 중심으로—」, 『한국구석기학보』제7호, 한국구석기학회, 1~39쪽.

긴 하지만, 후기갱신세의 마지막 빙하기 동안 반드시 두 차례의 토양쐐기 구조만 발달한 것이 아니라 퇴적환경과 조건에 따라 잦은 기후 변화의 event들이 보다 잘 기록되어질 경우도 있음을 보여주는 사례로 여겨진다.

작은솔밭 Ⅲ지층, 연봉리 Ⅲ지층, 돌터거리 유적의 석기들은 좀돌날몸돌 및 좀돌날이 나타나지 않는 가운데 비교적 소형의 석영제 몸돌들이 나타나며, 소형의 격지 및 돌조각에 잔손질을 가한 홈날, 밀개, 긁개 등 비교적 소형의 석기구성을 보여주는 경향이 강한 반면, 연봉리 Ⅳ지층에서는 위층의 석기들보다 몸돌의 부피와 무게가 전반적으로 중대형화 되는 경향성이 나타난다. 이러한 경향성은 아마도 중기와 후기의 구분과도 맥을 같이하는 것이라고 생각된다.

홍천강 유역뿐만 아니라 우리나라 구석기유적의 최후 점토 퇴적 단위는 당연히 명갈색 점토층이다. 지표면 바로 아래에서 나타난다. 앞서 언급한 암갈색 점토층 상부에 놓이며, 하부 고토양층과는 달리 토양쐐기 구조가 전혀 발달하지 않았다. 그리고 치밀하거나 단단하지 않으며(uncompacted), 비교적 느슨한(loose) 토양구조를 보인다. 앞의 3장 그림 2에 나타난 연봉리 유적의 대자율 변화를 보면, 명갈색 점토층에서 급격히 증가하다 감소하는 현상이 나타나 퇴적 환경의 변화가 있었음을 추론해 볼 수 있다. 가장 늦은 시기의 퇴적층인 만큼, 명갈색 점토층은 저위면이나 중·고위면 모두에서 나타난다. 이미 삭박된 것으로 보이는 돌터거리 유적을 제외하고, 사둔지, 도둔, 작은솔밭, 백이, 연봉리 유적에 명갈색 점토층이 잘 남아있으며 사둔지, 도둔, 작은솔밭, 연봉리 유적에서 석기가 출토되었다. 도둔 및 연봉리 유적에서는 좀돌날 계열의 석기가 출토되지 않았지만, 사둔지 및 작은솔밭 유적에서 출토된 다량의 흑요석 및 다양한 암질들로 제작된 좀돌날몸돌 및 좀돌날, 밀개, 긁개, 뚜르개, 새기개 등의 세석기들은 이 시기의 대표적인 석기구성상이다. 작은솔밭 유적에서는 13,390±60 BP (AMS)의 절대연대 측정치가 확보되어 이 지층과 유물층의 형성시기를 가늠케 해준다.

위에서 살펴본 홍천강 유역의 구석기유적과 더불어 영서지역의 구석기 층서를 이해하는데 중요한 역할을 하는 북한강과 한탄강 유역의 구석기유적 중 절대연대 측정값이 확보된 춘천 금산리 갈둔, 거두리, 철원 장흥리 유적의 층서를 비교 검토 할 수 있도록 도표로 작성한 것이 다음 표 11이다.

전체적인 지층 발달 상황은 홍천강 유역의 층서와 크게 다르지 않다고 생각된다. 각 유적에서 공통적으로 나타나는 지층은 첫 번째 토양쐐기 구조가 발달한 암갈색 점토층(짙은갈색 찰흙층)과 그 상부의 명갈색 점토층(갈색 찰흙층)이다.

층서		북한강				한탄강	
		금산리 갈둔		거두리		장흥리	
층서	I	마사토 복토층	I	표토층	I	지표교란층	
	II	구 지표교란층					
	III	부식토층					
A	IV	명갈색 점토층 1유물층			II	갈색 찰흙층 24,200±600 BP(AMS) (?) 24,400±600 BP(AMS) (?) 1유물층	
B-1	V-A	암갈색 점토층 첫 번째토양쐐기 38,000±4,000 BP(OSL) 2유물층	II	암갈색 점토층 첫 번째 토양쐐기 28,100±200 BP(AMS) 1유물층	III	짙은갈색 찰흙층 첫 번째 토양쐐기 2유물층(유물포함층)	
B-2	V-B	암갈색 점토층 수평엽리구조 68,000±2,000 BP(OSL)			IV	황갈색 찰흙층 두 번째 토양쐐기(?)	
C 1	VI A	암적갈색 점토층 두 번째토양쐐기 86,000±6,000 BP(OSL) 3유물층	III	적갈색 점토 및 망간집적층 두 번째 토양쐐기 62,000±3,000 BP (OSL) 2유물층			
C-2	VI-B	암적갈색 점토층 상부 토양쐐기 이어짐 92,000±7,000 BP(OSL) 98,000±5,000 BP(OSL) 4유물층	IV	황적색 사질점토층 3유물층			
	VII	황갈색/적갈색의 사질점토층 102,000±9,000 BP(OSL)	V	암편이 포함된 점토층 4유물층			
	VIII	모래+자갈층	VI	모래층 78,000±4,800 BP (OSL)			
			VII	뻘층	V	회색뻘층	
			VIII	모래층 100,000±7,700 BP (OSL)	VI	강모래층	
	IX	풍화된 자갈층	IX	풍화자갈층	VII	강자갈층	
			X	기반암	VIII	제4기 현무암층	
					IX	기반암(화강암)	

그리고 장흥리 유적을 제외한 북한강 유역의 두 유적(금산리 갈둔과 거두리 유적)에서는 공통적으로 두 번째 토양쐐기 구조가 발달한 적갈색 점토층이 나타난다. 적갈색 점토층은 그 상부의 갈색 토양대와 토양색이 뚜렷이 구분되어 층위가 잘 대비된다. 적갈색 점토층 하부에는 또 다른 퇴적층이 존재하지만 유적에 따라 퇴적 양상이 서로 다르게 나타난다. 표 11에 나타

난 바와 같이, 적갈색 점토층 하부 층준의 층서 대비 및 절대연대를 참고할 때, 북한강 유역에서 가장 이른 시기의 유물층은 주먹도끼류 석기가 여러 점 포함된 금산리 갈둔 유적의 VI-B지층(암적갈색 점토층)으로 생각된다.

각 유적마다 퇴적 양상이 달리 나타나지 않고 공통적으로 나타나는 명갈색 점토층과, 첫 번째 토양쐐기 구조가 발달한 암갈색 점토층, 두 번째 토양쐐기 구조가 발달한 적갈색 점토층은 층서를 대비하는데 중요한 기준 역할을 하게 된다. 이들 지층을 기준으로 유적에 따라 퇴적 양상이 달리 나타나는 그 사이 사이의 층서를 서로 비교할 수 있다. 또한 이들 기준 층위에서 확인된 절대연대 측정값은 각각의 층서에 따른 연대 범위를 결정하는데 결정적인 도움을 준다.

각 지층의 연대 범위 및 시기 구분은 영동지역의 자료와 더불어 뒤에서 다시 논의할 것이다.

2) 영동지역

(1) 고위면 : 동해 월소 · 노봉 유적

① 동해 묵호동 월소 유적

이 유적은 해발 70~80m 정도의 고위 단구면에 위치하고 있으며, 4개 지점으로 나뉘어 조사되었다. 조사 지점에 따른 퇴적 양상은 표 12와 같다. A-2지점과 B지점에서 VII지층(적갈색 사질층) 이후부터 III지층(암갈색 점토층)이 쌓일 때까지 다른 지점과 달리 지속적인 침식에 의해 중간 퇴적이 생략되어 있다는 점을 제외하고, 전반적으로 층위 양상은 유사한 편이다. 토양쐐기 구조는 III지층(암갈색 점토층)과 V지층(적갈색 점토층)에서 가장 뚜렷이 구분되어 관찰되며, 지점에 따라 상부에서부터 이어지고 끊기는 차이에 따라 여럿으로 나뉘어 보이기도 한다.

위로부터 II지층(명갈색 점토층, 1유물층)과 첫 번째 토양쐐기 구조가 나타나는 III지층(암갈색 점토층)은 네 지점에서 공통적으로 나타난다. 다만, 다른 세 지점에서는 III-2지층(2유물층)에서만 석기가 출토된 반면, B지점에서는 III-1지층(2유물층)과 III-3지층(3유물층) 두 곳에서 석기가 출토되었다.

첫 번째와 두 번째 토양쐐기 구조 사이의 IV지층은 A-1지점과 C지점에서만 나타난다. 이 지층은 다시 두 층으로 세분되는데, 석기는 공통적으로 IV-2지층과 두 번째 토양쐐기 구조가 나타나는 V지층(적갈색 점토층)과의 경계면에서 출토되었다(3유물층). 반면에 V지층에서는 곧바로 석기가 출토되지 않고, 두 층으로 세분되는 C지점의 하단부 V-2지층(4유물층)에서만 확인되었다.

표 12 동해 묵호동 월소 유적 지층과 유물층

층서		조사지역 동편						조사지역 서편	
		A-1지점		A-2지점		B지점		C지점	
A	I	지표교란층	I	지표교란층	I	표토교란층	I	지표교란층	
	II	명갈색 점토층 1유물층	II	명갈색 점토층 1유물층	II	명갈색 점토층 1유물층	II	명갈색 점토층 1유물층	
B-1	III	III-1 암갈색 점토층 첫 번째토양쐐기	III	III-1 암갈색 점토층 첫 번째토양쐐기	III	III-1 암갈색 점토층 첫 번째토양쐐기 2유물층	III	III-1 암갈색 점토층 첫 번째토양쐐기	
		III-2 적색톤 2유물층		III-2 적색톤 2유물층		III-2 적색톤		III-2 적색톤 2유물층	
		III-3 황색톤		III-3 황색톤		III-3 황색톤 3유물층		III-3 황색톤	
B-2	IV	IV-1 황등색 점토층 (황색톤)					IV	IV-1 황갈색 점토층 (황색톤)	
		IV-2 황등색 점토층 (회색톤) 3유물층(V지층과의 경계면)						IV-2 황갈색 점토층 (회색톤) 3유물층(V-1지층과의 경계면)	
C-1	V	적갈색 점토층 두 번째토양쐐기					V	V-1 적갈색 점토층 두 번째토양쐐기	
								V-2 황갈색 점토층 4유물층	
C-2	VI	황갈색 사질토층 4유물층 89,000±4,000 BP(OSL)	VI	황등색 점토층 4유물층			VI	VI-1 적갈색 사질점토층	
								VI-2 황갈색 사질토층 5유물층(VII지층과의 경계면)	
	VII	적갈색 사질토층	VII	적갈색 사질토층 5유물층 79,000±5,000 BP(OSL)	VII	적갈색 사질토층 4유물층 81,000±10,000 BP (OSL)	VII	적갈색 사질토층 96,000±14,000 BP (OSL)	
	VIII	모래자갈층	VIII	자갈층			VIII	자갈층	
	IX	기반암층	IX	기반암층			IX	기반암층	

VI지층(황갈색 혹은 황등색 점토층)에서는 B지점을 제외한 A-1, A-2(4유물층), C(5유물층) 지점에서 모두 석기가 출토되었다. A-1지점에서는 89,000±4,000 BP(OSL)의 연대가 나왔다.

VII지층(적갈색 사질토층)은 네 지점에서 모두 공통적으로 나타나며, A-2(5유물층), B(4유물층)지점에서 석기가 출토되었다. 이 지층에서는 79,000±5,000 BP(OSL), 81,000±10,000 BP(OSL), 96,000±14,000 BP(OSL)의 연대가 나왔다. 일부 연대는 VI지층의 연대보다 어리게 나왔지만, C지점에서 VI-2지층과 VII지층의 경계면에서 석기가 출토된다는 점을 감안할 때, 두 지층은 서로 밀접한 관련이 있다고 생각된다. 따라서 VI지층과 VII지층의 연대를 아울러서 그 범위를 파악하는 것이 합리적이라고 생각된다.

한편 석기가 출토되는 지점과 세부 지층의 차이에 따라 유물층의 숫자가 서로 달리 나타나는 혼란을 피하기 위해 필자는 지층과 유물층을 Ⅰ지층(지표교란층)−Ⅱ지층(명갈색 점토층, 1유물층)−Ⅲ지층(암갈색 점토층, 2유물층)−Ⅳ지층(황갈색 점토층, 3유물층)−Ⅴ지층(적갈색 점토층, 4-1유물층)−Ⅵ지층(황갈색 사질토층, 4-2유물층)−Ⅶ지층(적갈색 사질토층, 5유물층)으로 조정하여 이 글을 구성하였다.

　② 동해 망상동 노봉 유적

　이 유적은 해발 50~70m 정도의 고위 단구면에 위치하며, 유물은 해발 55m 내외의 평탄면에서 주로 출토되었다(표 13).

　첫 번째 토양쐐기 구조가 나타나는 Ⅲ지층(짙은갈색 찰흙층, 2유물층)의 목탄을 시료로 하여 측정한 절대연대는 33,300±1,700 BP(AMS)로 나왔고, 이 지층을 경계로 위에는 Ⅱ지층(밝은갈색 찰흙층, 1유물층), 아래로는 두 번째 토양쐐기 구조가 나타나는 Ⅳ지층(붉은갈색 찰흙층, 3유물층)이 발달하여 있다. 따라서 Ⅲ지층의 연대는 위아래 두 지층의 연대를 가늠하는데 중요한 역할을 한다. 석기구성에서는 큰 변화가 확인되지 않지만, 1·2유물층에서는 주로 소형의 찍개 및 몸돌, 긁개, 밀개 등이 출토된 반면, 3유물층에서는 비교적 대형의 찍개, 여러면석기(팔매돌), 찌르개 등 크기가 큰 석기가 눈에 띈다.

표 13 동해 망상동 노봉 유적 지층과 유물층

지층 번호	명칭	토양 쐐기	유물층	절대연대		출토유물(%)
				AMS(BP)	OSL(BC)	
Ⅰ	지표교란층					
Ⅱ	밝은갈색찰흙층		1유물층			소형찍개(11.9), 주먹까뀌(2.4), 찌르개(2.4), 긁개(23.8), 밀개(2.4), 자르개(2.4), 째개(2.4), 돌망치(2.4), 발화석(2.4), 몸돌(2.4), 격지(14.3), 덜된연모(4.8), 부스러기(26.2)【42점】
Ⅲ	짙은갈색찰흙층	첫 번째 토양 쐐기	2유물층	33,300± 1,700		찍개(2.2), 주먹도끼(0.5), 주먹까뀌(0.5), 찌르개(4.3), 긁개(27.2), 밀개(2.7), 뚜르개(2.7), 새기개(1.1), 자르개(5.4), 톱날(0.5), 째개(4.9), 돌망치(6.5), 격지(17.4), 덜된연모(1.1), 부스러기(22.8)【184점】
Ⅳ	붉은갈색찰흙층	두 번째 토양 쐐기	3유물층			대형찍개(12.2), 팔매돌(0.8), 찌르개(1.6), 긁개(24.4), 밀개(2.0), 다듬개(0.8), 돌망치(8.1), 모룻돌(14.6), 몸돌(7.3), 격지(7.3), 덜된연모(12.2), 부스러기(8.1)【131점】
Ⅴ	모래층					
Ⅵ	자갈층					
Ⅶ	기반암층					

(2) 중위면 : 동해 평릉동 유적

이 유적은 해발 30~40m 내외의 중위면에 위치하고 있다. 해안과 인접해 있는 구릉지 사면의 계곡부에서 주로 석기가 출토되었다(표 14).

토양쐐기 구조는 III지층(암갈색 점토층)과 V지층(적갈색 점토층)에서 두 차례 관찰된다. 첫 번째 토양쐐기 구조 상부에는 II지층(연갈색 점토층)이 퇴적되었고, 위아래 두 토양쐐기 구조 사이에는 IV지층(황갈색 점토층)이 놓였다. 두 번째 토양쐐기 구조가 나타나는 V지층 아래에도 3개 지층이 더 발달하여 있다.

표 14 동해 평릉동 유적 지층과 유물층

지층 번호	명칭	토양 쐐기	유물층	절대연대 AMS(BP)	절대연대 OSL(BC)	출토유물(%)
I	표토교란층					
II	연갈색점토층		1유물층			주먹도끼(1.79), 찍개(3.57), 찌르개(1.79), 긁개(3.57), 밀개(1.79), 홈날(1.79), 뚜르개(3.57), 톱니날(3.57), 봄돌(32.14), 격지(17.86), 조각돌(28.57) 【59점】
III	암갈색점토층	첫 번째	2유물층	50,000 이상 33,000± 3000		주먹도끼(2.54), 찍개(10.17), 주먹대패(1.69), 여러면석기(1.69), 찌르개(0.85), 긁개(10.17), 밀개(2.54), 뚜르개(0.85), 망치(0.85), 모루(0.85), 몸돌(40.68), 격지(5.08), 조각돌(17.80) 【118점】
IV	황갈색점토층					
V	적갈색점토층	두 번째				
VI	갈색사질점토층					
VII	암갈색사질점토층					
VIII	황갈색사질층					
IX	자갈층					

석기는 첫 번째 토양쐐기 구조가 발달한 III지층(암갈색 점토층, 2유물층)과 그 상부의 II지층(연갈색 점토층, 1유물층)에서만 출토되었다. 그런데 주먹도끼, 주먹대패, 찍개, 여러면석기 등 대형석기 위주의 석기구성과 비율은 층위와 어울리지 않는다. 지형적인 조건상 보다 하부 층준의 대형석기들이 침식된 후 II·III지층이 형성되는 동안 계곡부 사면을 따라 재퇴적 되었을 가능성이 크다. 이러한 정황은 III지층에서 33,000±3,000 BP와 50,000 BP 이상의 연대값(AMS)을 지니는 목탄이 함께 섞여 나오는 양상을 통해서도 확인할 수 있다. 즉 33,000±3,000 BP의 연대값을 지니는 목탄은 첫 번째 토양쐐기 구조가 나타나는 III지층이 형성될 당시의 것으로 보이며, 50,000 BP 이상의 연대값을 지니는 목탄은 대형석기와 함께 사면을 따라 이동된

보다 오랜 토양 속에 포함된 것으로 여겨진다. 따라서 이 유적에서 나온 두 연대값은 지층과 석기 각각의 연대를 대변해 주는 것으로 이해하고자 한다.

(3) 저위면 : 동해 기곡 · 망상동 360-34 유적

① 동해 망상동 기곡 유적

이 유적은 해발 25m(A지구)와 17m(B지구)내외의 저위면에 위치하고 있다(표 15). 토양쐐기 구조는 III지층(짙은갈색 찰흙층, 2유물층)과 IV지층(적갈색 사질점토층, 3유물층)에 각각 발달되어 있다. 첫 번째 토양쐐기 구조가 발달한 III지층 상부에는 II지층(밝은갈색 점토층, 1유물층)이 퇴적되었다.

첫 번째 토양쐐기 구조 상부의 B지구 II지층(1유물층)에서는 목탄을 이용한 AMS연대가 10,200±60 BP로 나와 후기구석기 최말기의 지층임을 확인할 수 있으며, 출토된 유물 구성 및 크기, 돌감 등도 이를 뒷받침한다.

표 15　동해 망상동 기곡 유적 지층과 유물층

지층 번호	명칭	토양 쐐기	유물층	절대연대(BP)		출토유물 (%)
				AMS	OSL	
I	경작교란층 (지표교란층)					
II	밝은갈색 찰흙층		1유물층	10,200±60 (B지구)		찍개(0.11), 주먹대패(0.09), 여러면석기(0.05), 긁개(4.01), 밀개(0.30), 새기개(0.03), 뚜르개(0.21), 째개(0.02), 찌르개(0.02), 톱니날(0.02), 홈날(0.80), 화살촉(0.05), 좀돌날몸돌(0.06), 좀돌날(0.17), 돌날(0.30), 공이(0.02), 모루(0.03), 망치(0.05), 자갈돌(0.62), 몸돌(3.22), 격지(14.00), 조각돌(75.87)【6,655점】
III	짙은갈색 찰흙층	첫 번째 토양 쐐기	2유물층	33,500±1,200 32,100±1,100 36,070±380 (B지구) 43,170±380 48,000이상 (A지구)		찍개(0.09), 주먹대패(0.18), 여러면석기(0.73), 긁개(4.37), 뚜르개(0.18), 홈날(1.55), 모루(0.09), 자갈돌(2.19), 몸돌(8.93), 격지(20.13), 조각돌(61.57)【1,098점】
IV	적갈색 사질점토층	두 번째 토양 쐐기	3유물층			찍개(0.85), 긁개(9.32), 홈날(3.39), 망치(1.69), 자갈돌(3.39), 몸돌(6.78), 격지(15.25), 조각돌(59.32)【118점】
V	자갈층				116±6 ka (A지구)	

첫 번째 토양쐐기 구조가 발달한 B지구 III지층 상부의 목탄을 이용한 AMS연대는 32,100±1,100 BP, 33,500±1,200 BP, 36,070±380 BP로 나왔다. 반면에 보다 높이 자리하고 있는 A지구 III지층 하부의 AMS연대는 43,170±380 BP, 48,000 BP 이상으로 나와 양자 간에 시간적 간격이 있음을 보여준다. 따라서 동일한 층위로 파악하기보다는 층서를 상, 하로 구분하는 것이 바람직하다고 여겨진다.

두 번째 토양쐐기 구조가 발달한 IV지층(3유물층)에서는 절대연대를 확보하지 못했지만, 윗 지층들과는 달리 상당히 붉은 빛깔의 토양 색을 보인다. 대형석기인 찍개의 비율이 눈에 띄게 증가했다.

기곡 유적에서 확인된 두 차례의 토양쐐기 구조와 절대연대 측정값은 동해안 지역의 층서를 확립하는데 중요한 역할을 한다.

② 동해 망상동 360-34 유적

이 유적은 해발 11m 내외의 저위면에 해당되며, 바다와 매우 인접하여 자리하고 있다. 최하부의 자갈 및 모래층은 고사구 퇴적일 가능성이 크다(표 16).

토양쐐기 구조는 III지층(암갈색 찰흙층, 1유물층)과 IV지층(적갈색 찰흙층, 2유물층)에 각각 발달하고 있으며, 두 지층에서 모두 석기가 출토되었다.

첫 번째 토양쐐기 구조가 나타나는 III지층(1유물층)의 목탄을 시료로 한 AMS연대는 34,000±400 BP로 나왔고, OSL연대는 38,000±3,000 BP로 나왔다. 측정방법은 서로 다르지만, 연대의 범위가 크게 차이나지 않고 층위와 잘 맞는 것으로 나타났다. 대형석기보다는 소형석기 위주의 석기구성상을 보인다.

두 번째 토양쐐기 구조가 나타나는 IV지층(2유물층)의 토양을 시료로 한 OSL연대는 55,000±3,000 BP로 나왔고, 윗 지층에 비해 대형석기인 주먹대패, 여러면석기, 찍개의 비율이 증가했다.

두 번째 토양쐐기 구조가 나타난 지층보다 아래쪽에 해당되는 VI지층(갈색 찰흙층, 3유물층)에서도 석기가 출토되었으며, OSL연대는 85,000±8,000 BP, 92,000±4,000 BP로 나왔다. 1유물층은 발굴대상 면적 전체가 조사되었으나, 2·3유물층은 일부분에 한정하여 조사한 후 보존조치 되었다. 따라서 3유물층에서 출토된 석기의 수량이 매우 적어 석기구성상의 변화를 명확히 파악하기는 힘들지만, 윗 지층들에 비해 찍개의 비율이 현저히 증가했음을 알 수 있다.

표 16 동해 망상동 360-34 유적 지층과 유물층

지층 번호	명칭	토양 쐐기	유물층	절대연대(BP)		출토유물 (%)
				AMS	OSL	
I	표토+교란층					
II	옅은갈색 찰흙층					
III	암갈색 찰흙층	첫 번째 토양 쐐기	1유물층	34,000±400	38,000±3,000	주먹대패(0.11), 찍개(0.68), 긁개(4.18), 홈날(1.69), 톱니날(0.11), 모루(0.11), 망치돌(0.56), 몸돌(15.03), 격지(13.22), 조각돌(55.93), 자갈돌(8.36)【885점】
IV	적갈색 찰흙층	두 번째 토양 쐐기	2유물층		55,000±3,000	주먹대패(0.68), 여러면석기(0.68), 찍개(1.36), 긁개(8.84), 홈날(2.04), 모루(0.68), 몸돌(25.17), 격지(12.24), 조각돌(35.37), 자갈돌(12.93)【147점】
V	황갈색찰흙층					
VI	갈색찰흙층		3유물층		85,000±8,000 92,000±4,000	찍개(7.89), 긁개(10.53), 몸돌(28.95), 격지(21.05), 조각돌(7.89), 자갈돌(23.68)【38점】
VII	적갈색모래 +점토층					
VIII	적갈색 모래층				97,000±9,000	
IX	자갈층					
X	황적색모래층					
XI	황색사질층					

(4) 영동지역 구석기유적의 층서 비교 검토

　위에서 살펴본 절대연대 측정이 이루어진 영동지역 구석기 유적의 지층과 유물층의 층서 관계를 종합적으로 비교 검토할 수 있도록 도표로 작성한 것이 다음 표 17이다. 이를 바탕으로 영동지역 구석기유적의 층서 선후 관계를 살펴보고자 한다.

　표 17에 나타난 바와 같이, 전체적인 지층 발달 상황은 영서지역의 층서와 크게 다르지 않다고 생각된다. 다만, 두 번째 토양쐐기 구조가 발달한 적갈색 점토층이 영서지역의 하안단구에서는 중위면 이상에서만 나타난 반면, 영동지역의 해안단구 및 해면변동단구에서는 저위면부터 고위면까지 모두 나타난다는 점이 다를 뿐이다.

　우선 기반암 위로 고위면, 중위면, 저위면에 따라 형성시기를 달리하는 자갈층과 모래층이 전체 유적의 기저부를 이루고 있다. 저위면에 해당되는 기곡 유적의 A지구 자갈층에서는 116±6 ka BP(OSL)의 연대가 나왔고, 망상동 360-34 유적의 고시구에 해당되는 적갈색 모래층에서는 97,000±9,000 BP(OSL)의 연대가 나왔다. 이러한 연대측정 자료를 참고할 때, 저위단구면의 형성시기는 MIS 5 시기에 해당된다. 따라서 저위면보다 높은 고도에 위치한 중위면과 고위 단구면의 형성 시기는 이보다 더욱 이른 시기일 것이다.

표 17에 ㄴ
영동지역에
된다.

영동지역
적 이른 시
주먹도끼 포
은 아직까지

최근에 고
함된 찍개,
었다. 그런다
물층)에서부

월소 유적
갈색 사질토
89,000±4,0
된다. 현재가
퇴적으로는
85,000±8,0

이 층준
이다. 월소
구호동, 평릉
가 포함되어
한 시간적
재료로 만든
사한 해발 3
할 필요가 있

표 17 영동지역 구석기유적 층서 비교 검토

층서	고위면				중위면		저위면			
	월소		노봉		평릉동		기곡		망상동 360-34	
	I	지표교란층	I	지표교란층	I	표토교란층	I	지표교란층	I	표토층
A	II	명갈색 점토층 1유물층	II	밝은갈색 찰흙층 1유물층	II	연갈색 점토층 1유물층	II	밝은갈색 찰흙층 10,200±60 BP (AMS) 1유물층	II	옅은갈색 찰흙층
B-1	III	암갈색 점토층 첫 번째토양쐐기 2유물층	III	짙은갈색 찰흙층 첫 번째 토양쐐기 33,300±1,700 BP (AMS) 2유물층	III	암갈색 점토층 첫 번째 토양쐐기 33,000±3,000 BP (AMS) 2유물층	III	짙은갈색 찰흙층 첫 번째 토양쐐기 33,500±1,200 BP 32,100±1,100 BP 36,070±380 BP (AMS) B지구 2유물층	III	암갈색 찰흙층 첫 번째 토양쐐기 34,000±400 BP (AMS) 38,000±3,000 BP (OSL) 1유물층
B-2	IV	황갈색 혹은 황등색 점토층 3유물층			IV	황갈색 점토층		43,170±380 BP 48,000 BP 이상 (A지구)		
C-1	V	적갈색 점토층 두 번째토양쐐기 4-1유물층	IV	붉은갈색 찰흙층 두 번째 토양쐐기 3유물층	V	적갈색 점토층 두 번째 토양쐐기	IV	적갈색 사질점토층 두 번째 토양쐐기 3유물층	IV	적갈색 찰흙층 두 번째 토양쐐기 55,000±3,000 BP (OSL) 2유물층
			VI	갈색 사질점토층			V	황갈색 찰흙층		
C-2	VI	황갈색 사질토층 89,000±4,000 BP (OSL) 4-2유물층			VII	암갈색 사질점토층 세 번째 토양쐐기(?)			VI	갈색 찰흙층 85,000±8,000 BP (OSL) 92,000±4,000 BP (OSL) 3유물층
	VII	적갈색 사질토층 79,000±5,000 BP (OSL) 81,000±10,000 BP (OSL) 96,000±14,000 BP (OSL) 5유물층			VIII	황갈색 사질층			VII	적갈색모래+점토층
			V	모래층					VIII	적갈색 모래층 97,000±9,000BP (OSL)
	VIII	자갈층	VI	자갈층	IX	자갈층	V	자갈층 모래 116±6 ka (OSL) A지구	IX	자갈층
									X	황적색 모래층
									XI	황색사질층
	IX	기반암층	VII	기반암층						

11 李鮮馥, 「ㄱ
   성춘택, 「한
12 崔淑卿, 「ㅎ
   265~269쪽

여러 점의 주먹찌르개와 주먹도끼 존재가 언급되고 있는 점은 시사하는 바가 크다고 여겨진다. 강릉의 내곡동에서도 주먹도끼가 발견된 바 있다.[14] 주먹도끼류 석기가 포함된 이들 유적의 층위는 모두 적갈색 점토층이다. 다만, 평릉동 유적의 경우 암갈색 점토층에서 출토되었지만 해발 30~40m 구릉지 사면 계곡부에 점토 퇴적물이 채워지면서 석기들이 재 퇴적된 양상을 보이므로 원래는 적갈색 점토층에 포함된 석기들이 침식되어 이동했을 가능성이 크다.

한편 두 번째 토양쐐기 구조가 나타나는 적갈색 점토층에서 주먹도끼가 포함되어 있지 않은 유물 구성상을 보이는 유적은 노봉 IV지층(붉은갈색 찰흙층, 3유물층)·기곡 IV지층(적갈색 사질점토층, 3유물층)·망상동 360-34번지 IV지층(적갈색 찰흙층, 2유물층)을 들 수 있다. 이 유적들 역시 대형 몸돌 및 격지, 찍개, 여러면석기 등 비교적 큰 석기 위주의 구성을 보인다. 망상동 360-34번지 2유물층의 OSL연대는 55,000±3,000 BP로 측정되었다.

두 번째 토양쐐기 구조가 발달한 적갈색 점토층과 첫 번째 토양쐐기 구조가 나타나는 암갈색 점토층 사이에 월소, 평릉동, 기곡 A지구처럼 유적에 따라 황갈색 점토층이 퇴적된 사례가 있다. 이 중에서 월소 IV지층(3유물층)과 기곡 A지구 III지층 하부(짙은갈색 찰흙층, 2유물층)에서 석기가 출토되었다. 기곡 유적에서는 43,170±380 BP(AMS), Older than 48,000 BP(AMS) 등의 연대값이 얻어졌다. 그러나 영동지역의 이 지층에서 석기가 출토된 양상은 아직까지 뚜렷하게 드러나지 않았다고 생각된다. 예컨대, 월소 유적에서는 IV지층(황갈색 점토층)과 V지층(적갈색 점토층)의 경계면에서 석기가 출토되어 경우에 따라 적갈색 점토층과의 관련성이 더 깊을 수 있다. 4·5유물층 석기와 마찬가지로 주먹도끼류, 찍개, 여러면석기 등 대형석기 위주로 구성되어 있다. 또한 기곡 A지구의 경우에도 III지층 상부와의 차별성이 뚜렷하지 않은 편이다.

다음으로 보다 뚜렷하게 석기의 출토 빈도수가 높게 나타나고, 각 유적마다 거의 공통적인 퇴적 양상을 보이는 지층은 첫 번째 토양쐐기 구조가 발달한 암갈색 점토층(짙은갈색 찰흙층)이다. 층서상으로는 명갈색 점토층 바로 아래에 해당된다. 토양쐐기 구조는 비교적 정연하고 뚜렷하며, 삭박되지 않고 아가리 부분까지 벌려져 있을 경우, 그 내부에는 상부의 명갈색 점토가 충진된 경우가 많다. 월소 III지층(암갈색 점토층, 2유물층), 노봉 III지층(짙은갈색 찰흙층, 2유물층), 기곡 III지층(짙은갈색 찰흙층, 2유물층), 망상동 360-34 III지층(암갈색 찰흙층,

---

13 이선복, 『동북아시아 구석기연구』, 서울대학교출판부, 1989, 160~233쪽.

14 최승엽·홍성학, 「중부동해안 구석기유적의 분포범위 확산을 위한 노력 (1)」, 『博物館誌』第8號, 江原大學校 中央博物館, 2001, 22~24쪽.

1유물층), 주수리 Ⅲ지층에서 석기가 출토되었다. 격지 및 돌조각에 잔손질을 한 홈날 및 긁개 등이 주를 이루는 석영제 소형석기 중심의 유물군이다. 절대연대는 노봉 Ⅲ지층(2유물층) 33,300±1,700 BP(AMS), 평릉동 Ⅲ지층 33,000±3,000 BP(AMS), 기곡 B지구 Ⅲ지층(2유물층) 33,500±1,200 BP, 32,100±1,100 BP, 36,070±380 BP(AMS), 망상동 360-34 Ⅲ지층(1유물층) 38,000±3,000 BP(OSL), 34,000±400 B (AMS) 등으로 측정되었다. 연대측정 방법에 상관없이 거의 비슷한 시기에 집중되어 나타남을 알 수 있다.

영서지역과 마찬가지로 암갈색 점토층 상부에는 토양쐐기 구조가 발달하지 않은 명갈색 점토층(밝은갈색 찰흙층, 연갈색 점토층, 옅은갈색 찰흙층)이 각 유적마다 공통적인 퇴적 양상을 보이며 나타난다. 월소, 노봉, 기곡, 구미동, 주수리 유적의 최상층이 여기에 해당되며, 기곡 유적에서 10,200±60 BP(AMS)의 연대가 측정되었다.

2. 시기 구분

지금까지 위에서 살펴본 영서 및 영동지역 지층 및 유물층의 층서 대비(표 10, 11, 17)를 통하여 강원지역 구석기유적의 층서 선후 관계를 종합하고, 각 지층의 연대 범위를 설정하여 시기 구분한 것이 다음 표 18이다.

각 유적마다 층위 명칭이 다양하고 표현 방법이 상이한 점을 감안하여, 후기 갱신세 기간 동안의 점토 퇴적을 A, B, C층이라는 개념을 도입하여 각 층에서 얻은 방사성탄소연대와 그에 상응하는 퇴적 양상을 비교하여 중기와 후기구석기로 시기 구분한 선행 연구[15]를 참고하여 도표로 정리한 것이다.

층서 대비에서 가장 중요한 것은 각 유적마다 퇴적 양상이 동일하게 나타나는 지층이 무엇인가를 확인하는 일이다. 위의 각 유적 층서 대비에서 이미 확인한 바와 같이, 위에서부터 아래로 가면서 최상부의 명갈색 점토층(A층), 첫 번째 토양쐐기 구조가 발달한 암갈색 점토층(B-1층), 두 번째 토양쐐기 구조가 발달한 적갈색 점토층(C-1층)은 모든 유적에서 공통적으로

---

15 한창균, 「한국 구석기유적의 연대 문제에 대한 고찰—절대연대 측정결과와 퇴적층의 형성시기에 대한 검토를 중심으로—」, 『한국구석기학보』제7호, 한국구석기학회, 2003, 21쪽.

나타나는 퇴적 양상이다.

반면에 B-1층 하부의 B-2층과, C-1층 하부의 C-2층은 유적에 따라 층위 구분과 퇴적 양상이 다양하게 나타난다. B-1층 하부에 B-2층이 존재하지 않고, 곧바로 C-1층과 연결되는 유적도 많다.

따라서 명확한 시기 구분을 위해서는 층위학적 맥락이 매우 뚜렷한 A, B-1, C-1층을 기준으로 층서를 확립하고, 그 사이에 유적마다 다양하게 나타나는 지층들의 선후 관계를 정리하는 것이 합리적이라고 생각된다. 이렇게 정리된 층서를 바탕으로 각 지층에 해당되는 유적에서 확보한 절대연대 측정 결과를 나열하여 연대 범위를 설정하고, 문화 양상의 변화를 고려하여 시기 구분한 것이 표 18이다.

우선 A층(명갈색 점토층)에서 확인된 AMS연대 중 영서지역의 작은솔밭 1유물층의 13,390 ±60 BP와 영동지역의 기곡 1유물층에서 확인된 10,200±60 BP는 이 지층의 연대를 가늠하는데 도움을 준다. 반면에 장흥리 1유물층에서 나온 24,200±600 BP, 24,400±600 BP의 연대는 이미 앞에서 살펴본 것처럼 재퇴적 작용의 결과를 보여주는 것으로, 이 지층의 연대를 알려주는 자료로 활용하는 데에는 신중할 필요가 있다.

그렇다면 A층과 B-1층의 경계시기를 어떻게 설정하는 것이 바람직할까? 강원지역의 절대연대 측정값 중에는 그 경계를 추정할만한 단서가 충분하지 않다.

따라서 비록 지역은 다르지만, 남양주 호평동 유적의 B-1층에서 나온 절대연대 측정값 (16,190±50, 16,900±500, 17,400±400, 17,500±200 BP)의 눈금연대(calibrated age) 평균값 이 20,200±1,600 BP에 해당된다는 연구 결과[16]를 참고하여 A층의 연대 범위를 20~10 ka BP 로 설정하였다.

다음으로 B-1층은 첫 번째 토양쐐기 구조가 발달한 암갈색 점토층에 해당된다. 이 지층은 모든 유적에서 거의 동일한 퇴적 양상을 보이며, 절대연대 자료 또한 매우 풍부하다. 목탄을 이용한 AMS연대와 토양을 시료로 한 OSL연대가 큰 격차 없이 가장 근접한 연대값을 내는 지층에 해당되기도 한다.

---

16 한창균, 「천안―아산 지역의 구석기유적 연구」, 『한국구석기학보』제20호, 한국구석기학회, 2009.

층서 (한창균, 2003)	층위	토양쐐기	절대연대 및 유적		연대범위 설정(BP)	시기 구분
			AMS	OSL		
A층	명갈색 점토층	없음	10,200±60 BP(기곡 1유물층) 13,390±60 BP(작은솔밭 1유물층) 24,200±600 BP(장흥리 1유물층) 24,400±600 BP(장흥리 1유물층)	-	10~20 ka	후기 구석기 2기
B층 — B-1층	암갈색 점토층	첫 번째 토양쐐기 시작	28,100±200 BP(거두리 1유물층) 33,300±1,700 BP(노봉 2유물층) 33,000±3,000 BP(평릉동 2유물층) 33,500±1,200 BP(기곡B 2유물층) 32,100±1,100 BP(기곡B 2유물층) 34,000±400 BP (망상동 360-34 1유물층) 36,070±380 BP(기곡B 2유물층) 40,600±1,500 BP (작은솔밭 2유물층) 41,600±600 BP(연봉리 2유물층)	38,000±3,000 BP (망상동 360-34 1유물층) 38,000±4,000 BP (금산리 갈둔 2유물층) 39±2 ka BP (작은솔밭 2유물층)	20~40 ka	후기 구석기 1기
B-2층	B-1층 하부	토양쐐기 발달	43,170±380 BP(기곡A 2유물층) 45,900±1,200 BP(연봉리 3유물층) 48,000 BP 이상(기곡A 2유물층) 48,000±3,000 BP(백이 3유물층)	45.5±2.0 ka BP (돌터거리 IV지층) 68,000±2,000 BP (금산리 갈둔 V-B지층)	40~65 ka	중기 구석기 3기
C층 — C-1층	적갈색 점토층	두 번째 토양쐐기 시작	50,000 BP 이상(연봉리 VI지층)	55,000±3,000 BP (망상동 360-34 2유물층) 62.0±3.2 ka BC(백이 2유물층) 62,000±3,000 BP(거두리 2유물층) 66±3 ka BP(작은솔밭 4유물층) 86,000±6,000 BP (금산리 갈둔 3유물층)	65~80 ka	중기 구석기 2기
C-2층	C-1층 하부	토양쐐기 발달	-	79,000±5,000 BP(월소 5유물층) 81,000±10,000 BP(월소 5유물층) 84.0±6.1ka BC(백이 1유물층) 85,000±8,000 BP (망상동 360-34 3유물층) 89,000±4,000 BP(월소 4-2유물층) 92,000±7,000 BP (금산리 갈둔 4유물층) 92,000±4,000 BP (망상동 360-34 3유물층) 96,000±14,000 BP (월소 5유물층) 98,000±5,000 BP (금산리 갈둔 4유물층)	80~100 ka	중기 구석기 1기

표 18에 나타난 바와 같이, B-1층의 절대연대 측정값은 28,100±200 BP부터 41,600±600 BP까지의 범주 내에 든다. 거의 대부분의 연대값이 3~4만 년 전에 집중되어 나타남을 알 수 있다. B-1층과 B-2층의 절대연대값을 참고할 때, 두 층의 경계 시기는 약 40 ka BP로 설정하는 것이 합리적이라고 생각된다. 특히 B-1층에 해당되는 작은솔밭 유적 2유물층의 연대[40,600± 1,500 BP(AMS), 39±2 ka BP(OSL)], 연봉리 유적 2유물층의 연대[41,600±600 BP(AMS)]는 두 층의 경계를 약 40 ka BP로 설정하는데 큰 도움을 준다. 이보다 아래 지층인 B-2층에서는 모두 약 4만 년 전 이상의 절대연대값이 나왔다. 따라서 B-1층의 연대 범위는 20~40 ka BP로 설정할 수 있다.

B-1층과 B-2층의 경계 시기인 약 40 ka BP는 중기 구석기와 후기 구석기시대를 나누는 기준이 되기도 한다. 두 지층에서 출토되는 석기의 구성도 점차 변화하는 양상을 보여준다. B-1층에서는 긁개, 밀개, 찌르개, 홈날 등 비교적 소형의 석영제 석기가 우세하고, 망상동 360-34 유적 1유물층에서는 슴베연모가 출현하기도 한다. 반면에 B-2층에서는 주먹도끼류 석기가 등장하고, 찍개 및 여러면석기, 주먹대패 등 비교적 대형석기의 비율이 다소 증가한 양상을 보인다. 이러한 석기구성상의 변화는 층서 대비 및 절대연대 측정 자료와 더불어 약 40 ka BP를 경계로 중기와 후기 구석기로 구분하는데 중요한 역할을 한다.

후기 구석기시대에 해당되는 지층은 A층과 B-1층이며, 층서의 선후 관계에 따라 보다 이른 시기에 해당되는 B-1층은 후기 구석기 1기, 보다 늦은 시기에 해당되는 A층은 후기 구석기 2기로 구분하였다.

다음으로 B-1층 하부, C-1층 상부에 퇴적된 B-2층은 유적의 퇴적 조건에 따라 존재 유무가 나뉘며, 퇴적 양상도 달리 나타난다. 절대연대 측정값은 표 45에 나타난 바와 같이 43,170± 380 BP(기곡A 2유물층, AMS)부터 68,000±2,000 BP(금산리 갈둔 V-B지층, OSL)까지 폭 넓게 나타난다. B-2층의 연대 범위는 C-1층의 두 번째 토양쐐기 구조 형성 시기를 언제로 보느냐에 따라 달라질 수 있다. 그러나 지금까지 이 지층에서 측정된 OSL연대는 B-1층의 안정된 연대값과는 달리, 층위와 서로 역전되는 등 다소 불안정한 상태를 보여준다. 그럼에도 불구하고 B-2층과 C-1층의 OSL연대는 대략 60~70 ka BP 범주 내에 든다. 따라서 이 글에서는 C층에 발달한 두 번째 토양쐐기 구조의 형성 시기를 마지막 빙하기 초기에 해당하는 약 65 ka BP로 설정한 종래의 관점[17]을 그대로 수용하여 B-2층의 연대 범위를 40~65 ka BP로 설정하였다. 또한 C층의 연대 범위를 65 ka BP 이상 되는 것으로 설정하였다.

---

17 한창균, 「앞 논문」, 2003, 21쪽.

C-1층은 두 번째 토양쐐기 구조가 발달한 적갈색 점토층에 해당된다. 이 지층도 B-1층과 마찬가지로 모든 유적에서 공통적인 퇴적 양상을 보인다. 반면에 보다 하부 층준인 C-2층은 유적에 따라 층위 구분이 다양하고 퇴적 양상도 다양한 편이다.

그런데 한 가지 주목되는 것은 C-1층의 OSL연대가 65 ka BP를 전후한 시기에 집중되는 반면, C-2층의 OSL연대는 약 80 ka BP 이상 올라가 두 지층이 서로 층서의 선후 관계에 따라 연대가 구분된다는 점이다. 그러나 현재 단계에서는 OSL연대 측정의 불안정성으로 인하여 두 지층의 경계시기를 찾아 각각의 연대 범위를 설정하기는 쉽지 않다. 또한 C-1층과 C-2층 사이에 뚜렷한 석기구성상의 변화도 인지되지 않는다. 두 지층 모두 주먹도끼류, 찍개, 여러면석기, 주먹대패 등 대형석기가 두드러지는 석기구성상을 보인다는 점에서 차이가 없다. 층서적인 선후 관계에 따라 C-2층은 중기 구석기 1기, C-1층은 중기 구석기 2기, B-2층은 중기 구석기 3기로 구분하는 것이 가능하다고 생각된다.

한편 지금까지 강원지역에서 10만 년 전 이상 올라가는 전기 구석기시대 유적의 존재는 확인되지 않았다. 그럼에도 불구하고, 강원지역의 고위 해안단구 및 하안단구 지형에 존재하는 구석기유적이 지니는 잠재적 가치는 단구 퇴적층(모래 자갈층)과 그 단구면을 피복하고 있는 점토퇴적물이 쌓이기 시작하는 시점의 시간적 간격을 최소화할 수 있는 증거들이 확인된다면, 적어도 10만 년 이상 거슬러 올라갈 수 있는 전기 구석기시대의 편년을 기대할 수 있다는 점이다. 그러나 고위면의 해안단구 및 하안단구는 그 형성 시기가 중기 갱신세로 거슬러 올라갈 정도로 오래되었기 때문에, 퇴적 후의 변형과정(토양 삭박과 재퇴적 등)과 유적 형성과정에 개입될 수 있는 여러 변수들에 대한 지질고고학적인 측면의 철저한 검증이 뒷받침되어야 그 의미를 제대로 살릴 수 있을 것이다. 그렇지만 강원지역에서 10~20만 년 전 이상으로 연대가 올라가는 전기 구석기시대 유적은 상대적으로 고위면에 형성된 단구 지형에서 기대되는 바, 앞으로 지속적이고 세심한 추적 관찰이 필요하다고 볼 수 있다.

3. 구석기문화 전개와 특성

위에서 살펴본 시기 구분을 바탕으로 하여 고환경과 입지 유형, 층위의 변화, 석기의 구성 및 돌감, 주요 유적과의 관계를 검토하여 강원지역 구석기문화의 전개 양상을 도표로 정리한 것이 표 19이다.

<table>
<tr>
<td rowspan="2">구분</td>
<td colspan="2">중기 구석기</td>
<td colspan="2">후기 구석기</td>
<td>신석기로의 전이</td>
</tr>
<tr>
<td>65 ka BP 이전 (1·2기)</td>
<td>40~65 ka BP (3기)</td>
<td>20~40 ka BP (1기)</td>
<td>10~20 ka BP (2기)</td>
<td>10 ka BP 이후</td>
</tr>
<tr>
<td>고환경</td>
<td>따뜻하고 습윤한 기후환경 온난기 식생</td>
<td>65-57 ka 춥고 건조한 한랭온대
50-40ka 서늘한 온대
40 ka 추운 온대</td>
<td>40-30 ka 한랭온대
24 ka- LGM 추위 극성</td>
<td>17-15 ka 아한대의 한랭 기후
15-11 ka 춥고 건조
11 ka- 온난온대</td>
<td>따뜻한 환경</td>
</tr>
<tr>
<td>입지</td>
<td>중·고위의 하안단구 지형(영서) 해안단구 지형(영동)</td>
<td colspan="3">하안단구 및 해안단구 지형</td>
<td>해안 사구지대</td>
</tr>
<tr>
<td rowspan="4">층위</td>
<td>적갈색 점토층(C층)</td>
<td>암갈색 점토층 하부(B-2층)</td>
<td>암갈색 점토층 상부(B-1층)</td>
<td>명갈색 점토층(A층)</td>
<td rowspan="4">점토+해안사구 모래(영동)</td>
</tr>
<tr>
<td colspan="3">매우 단단하고 치밀한(compacted) 토양구조</td>
<td>매우 느슨한(loose) 토양구조</td>
</tr>
<tr>
<td>두 번째 토양쐐기, 유적에 따라 하부에 새로운 토양쐐기 발달</td>
<td>유적에 따라 새로운 토양쐐기 발달 (연봉리, 장흥리)</td>
<td>첫 번째 토양쐐기</td>
<td>토양쐐기 없음</td>
</tr>
<tr>
<td>적갈색 점토층 상부는 매우 유사한 퇴적 양상을 보이나, 하부 퇴적 양상은 유적에 따라 다양함</td>
<td>유적에 따라 퇴적 양상 상이함</td>
<td>매우 공통적인 퇴적 양상</td>
<td>매우 공통적인 퇴적 양상</td>
</tr>
<tr>
<td>돌감</td>
<td>거의 대부분 석영 및 규암 활용(대부분 화강암, 사암 등 기타 암질 5% 이내, 금산리 갈둔, 노봉, 망상동 360-34유적은 예외적으로 15~40%) 주변에서 획득 가능한 암질 위주</td>
<td>거의 대부분 석영 및 규암</td>
<td>거의 대부분 석영 및 규암인 가운데 반암, 이암, 응회암, 수정 등 새로운 정질의 암질이 소극적으로 활용됨</td>
<td>영서: 흑요석, 유문암, 반암, 응회암, 이암, 수정, 혈암, 판암 등 다양한 정질의 암질이 적극적으로 활용됨. 유백색의 입자 고운 석영
영동: (기곡 이외) 거의 대부분 석영 및 규암 활용 / (기곡)고운 석영 이외에 소량의 흑요석, 산성화산암류, 반암, 이암 등 정질의 다양한 암질 채용. 다량의 수정</td>
<td>흑요석, 수정, 석영</td>
</tr>
<tr>
<td>석기 구성</td>
<td>주먹도끼, 주먹찌르개, 대형 찍개, 주먹대패, 여러면석기, 대형 몸돌과 격지 등 대형 자갈돌 석기 위주의 석기군</td>
<td>석영제 소형석기와 더불어 찍개, 주먹대패 등 석기의 크기가 다소 커짐</td>
<td>소형의 몸돌 및 격지, 소형의 격지 및 돌조각에 잔손질을 가한 홈날 및 긁개류가 주를 이루는 석영제 소형석기 중심의 유물군 망상동 360-34유적의 직선날을 지니는 슴베 연모가 주목됨</td>
<td>영서: 흑요석 및 다양한 암질들로 제작된 좀돌날몸돌 및 좀돌날, 밀개, 긁개, 뚜르개, 새기개 등의 세석기 유물군
영동: (기곡 이외) 석영제 소형석기 중심의 석기군 유지 존속/ 월소 화살촉 출토 / (기곡) 후기구석기 최말기의 석기군 / 퇴화된 비정형의 좀돌날몸돌 및 좀돌날 /흑요석, 수정 등 다양한 암질의 소형석기군/화살촉 출토</td>
<td>구석기에서 신석기로 전이되는 과정 / 좀돌날몸돌과 좀돌날, 흑요석 및 수정석기, 여러 점의 석영제 타제석기들, 토기편</td>
</tr>
</table>

주요유적							
주요유적	영서	상무룡리(강원대), 백이1, 금산리갈둔4	백이2, 작은솔밭3·4, 거두리2, 금산리 갈둔3, 삼옥리	연봉리3, 백이3	거두리1, 금산리 갈둔 2, 돌터거리, 연봉리2, 작은솔밭2, 연당리 피난굴(쌍굴), 기화리 쌍굴	사둔지, 도둔, 작은솔밭1, 장흥리1, 상무룡리(경회대), 금산리 갈둔 1, 연봉리1	-
	영동	월소5, 월소4-2, 망상동 360-34 3	망상동360-34 2, 발한동, 기곡3, 노봉3 월소4-1	기곡A 2, 월소3, 심곡리	노봉2, 기곡B 2, 망상동 360-34 1, 월소2, 주수리2	주수리1, 노봉1, 구미동, 기곡1, 월소1	오산리

지금부터 이른 시기에서 늦은 시기로 가면서 중기 구석기시대 1기 · 2기 · 3기, 후기 구석기시대 1기 · 2기로 구분하여 강원지역 구석기문화의 전개 양상을 살펴보고자 한다.

1) 중기 구석기시대

(1) 중기 구석기시대 1기 (80~100 ka BP)

중기 구석기시대 1기는 층서상 두 번째 토양쐐기 구조가 발달한 C-1층보다도 더 하부에 위치하는 C-2층에 해당된다. 각 유적의 지층 단면에서는 가장 하부의 점토 퇴적 층준에 해당된다. C-2층 하부에는 거의 대부분 하안단구 혹은 해안단구의 모래 및 자갈층이 놓이게 된다.

층위는 적갈색 사질토층(월소 VII지층), 적갈색 사질층(백이 VI지층), 암적갈색 점토층(금산리 갈둔 VI-B지층) 등으로 표현되는 것으로 보아 대체로 적갈색 계통의 모래질 토양에 해당되는 것으로 생각된다. 또한 적갈색 사질층 상부에 퇴적된 황갈색 사질토층(월소 VI지층)이나 갈색 찰흙층(망상동 360-34 VI지층)으로 표현되는 지층에서도 석기가 출토되어 퇴적 양상은 유적에 따라 다양하게 나타나는 것으로 보인다.

중기 구석기시대 1기에 해당되는 유적으로는 영서지역의 백이 1유물층, 금산리 갈둔 4유물층, 상무룡리(강원대) 최하층, 영동지역의 월소 5유물층, 월소 4-2유물층, 망상동 360-34 3유물층 등을 들 수 있다. 이 유적들에서 측정된 OSL연대는 표 45에 나타난 바와 같이, 약 80~100 ka BP의 범위에 해당된다.

이 시기에 해당되는 유적에서는 주로 그림 1에서 보는 바와 같이, 주먹도끼 및 주먹찌르개, 대형 찍개, 여러면석기, 주먹대패, 대형 몸돌과 격지 등 대형 자갈돌 석기 위주의 석기구성을

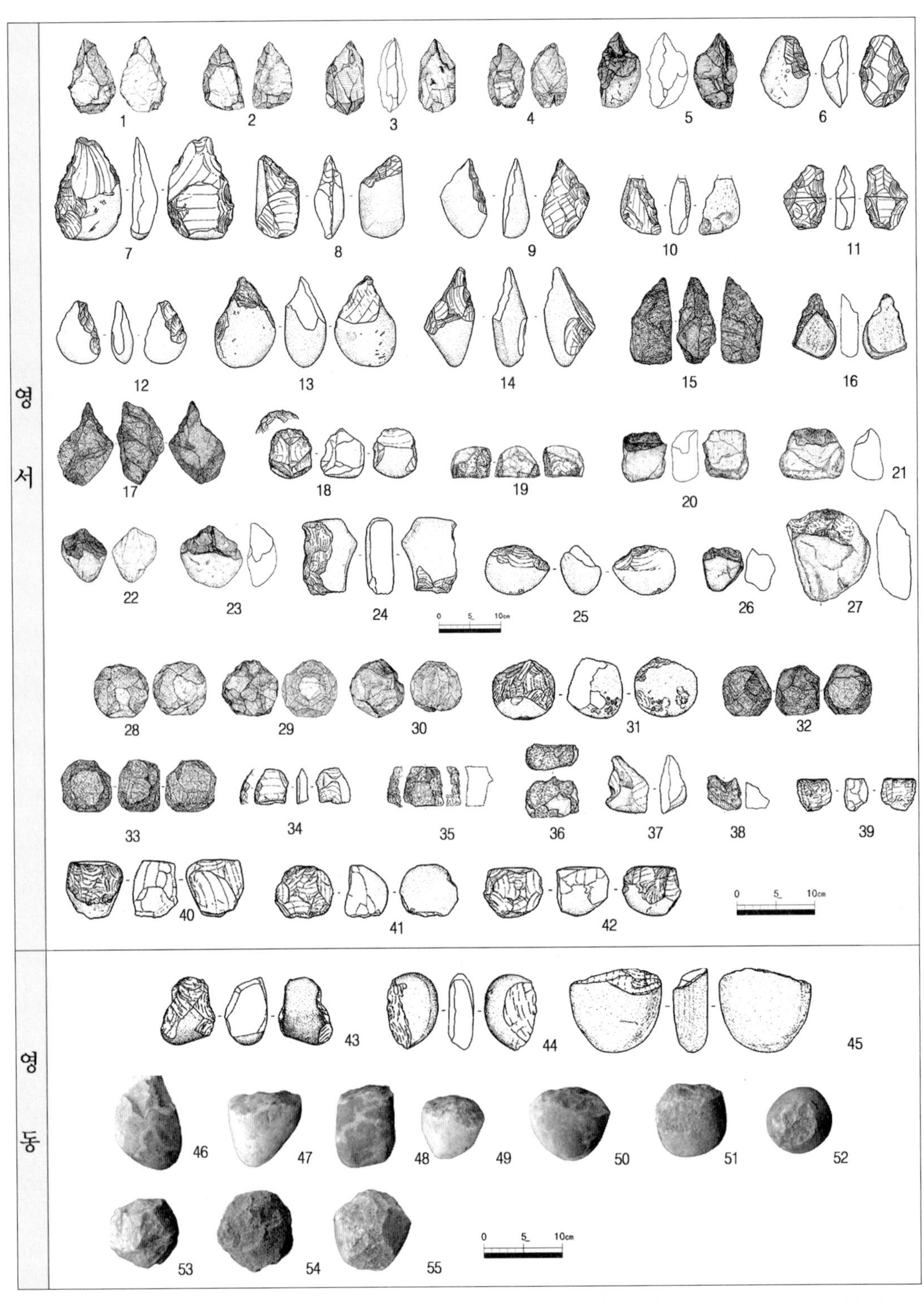

그림 1 중기 구석기시대 1기의 석기구성

그림 1 중기 구석기시대 1기의 석기구성

영서—주먹도끼류 (1~5 : 상무룡리, 6~14 : 금산리 갈둔, 15~17 : 백이), 주먹대패 (18 : 금산리 갈둔, 19 : 백이),
찍개 (20~23 : 상무룡리, 24~25 : 금산리 갈둔, 26~27 : 백이), 여러면석기 (28~30 : 상무룡리,
31 : 금산리 갈둔, 32~33 : 백이), 긁개 (34 : 금산리 갈둔, 35 : 백이), 부리날 (36 : 백이),
홈날 (37 : 금산리 갈둔, 38 : 백이), 몸돌 (39~42 : 금산리 갈둔)
영동—찍개 (43~45 : 망상동 360-34), 주먹도끼 · 찍개 · 여러면석기 (46~55 : 월소)

보여준다. 주먹도끼류 석기는 영서지역의 금산리 갈둔 4유물층, 백이 1유물층, 상무룡리(강원대) 최하층, 영동지역의 월소 5유물층, 4-2유물층에서 출토되어 이 시기에 해당하는 유적 중 발굴 면적이 협소했던 망상동 360-34 유적을 제외한 거의 모든 유적에서 확인되었다.

특히 금산리 갈둔 4유물층에서 주먹도끼류 석기가 17점 출토되어 도구로 분류된 석기의 약 18.8%를 차지한다는 점은 매우 주목할 만한 사실이다.

석기의 돌감은 거의 대부분 석영 및 규암을 활용했다. 그 외에 금산리 갈둔 4유물층이나 월소 5유물층, 4-2유물층에서는 주먹도끼류 석기 제작을 위해 석영 및 규암 이외의 기타 암질을 적극적으로 활용했다는 특징이 있다. 특히 금산리 갈둔 4유물층의 주먹도끼류 석기 17점 중 규암을 돌감으로 한 것은 단지 2점에 불과하다. 나머지는 모두 각양각색의 다양한 돌감들로 제작되었는데, 원거리를 이동하지 않고도 주변 하천에서 쉽게 획득 가능한 돌감들로 한정되어 있다.

한편 중기 구석기시대 1기에 해당되는 유적들은 절대연대 측정결과 대부분 80~100 ka BP로 나타나 MIS 5시기에 해당되므로 대체로 따뜻한 간빙기 환경에서 퇴적된 것으로 볼 수 있다. 이미 앞 장에서 살펴본 것처럼, 삼척 대이리 관음굴의 석순이 90~70 ka BP 동안에 지속적으로 성장한 것으로 보아 이 시기 강원지역의 고환경은 따뜻하고 습한 기후 환경 조건이었을 가능성이 크다. 약 85~75 ka BP에 해당되는 강릉 오봉리 하안단구 토탄층에서 나타난 이 시기 주요 식생은 참나무속이 우점종인 가운데 활엽수가 번성했던 것으로 나타나 역시 따뜻한 기후 조건을 반영해 준다.

영서지역의 유적들은 북한강이나 홍천강의 중 · 고위 하안단구 지형에 입지하고 있으며, 저위 단구면에서는 이 시기 유적들이 확인되지 않는다. 또한 대하천 유역뿐만 아니라 양구 상무룡리 유적의 경우처럼 북한강의 지류 하천을 따라 내륙 깊숙이 들어간 산악 지형에서도 이 시기 고인류들의 활동이 활발히 전개되었음을 알 수 있다. 반면에 영동지역의 이 시기 유적들은 주로 바다와 가까운 해안단구 지형에 입지하고 있는데, 영서지역과 달리 고위면(월소)뿐만 아

니라 저위면(망상동 360-34)에서도 유적이 확인된다.

(2) 중기 구석기시대 2기 (65~80 ka BP)

중기 구석기시대 2기는 층서상 두 번째 토양쐐기 구조가 발달한 적갈색 점토층(C-1층)에 해당된다. 앞서 살펴본 C-2층과 달리 이 지층은 거의 모든 유적에서 동일한 퇴적 양상을 보여준다. 또한 백이, 금산리 갈둔, 월소 유적에서 보이는 것처럼 C-1층의 적갈색 토양은 보다 상부의 갈색 토양대(A, B-1, B-2층)와 확연하게 구분되는 특징이 있다.

중기 구석기시대 2기에 해당되는 유적으로는 영서지역의 백이 2유물층, 작은솔밭 3·4유물층, 금산리 갈둔 3유물층, 거두리 2유물층, 삼옥리, 영동지역의 월소 4-1유물층, 노봉 3유물층, 기곡 3유물층, 망상동 360-34 2유물층, 발한동 하층 등을 들 수 있다. 이 유적들에서 측정된 OSL연대는 표 18에 나타난 바와 같이, 55,000±3,000 BP(망상동 360-34 유적 2유물층)부터 86,000±6,000 BP(금산리 갈둔 3유물층)까지 진폭이 크게 나타난다. 중간에 해당되는 연대는 62,000±3,200 BC(백이 2유물층), 62,000±3,000 BP(거두리 2유물층), 66,000±3,000 BP(작은솔밭 4유물층) 등으로 대략 65 ka BP를 전후한 시기에 집중되는 경향이 있다. 이미 앞에서 살펴본 것처럼, 안정적이지 못한 OSL연대는 이 시기의 연대 범위를 파악하는데 다소 혼돈을 주긴 하지만 C-1층에 형성된 두 번째 토양쐐기의 형성시기는 마지막 빙하기 초기에 해당하는 약 65 ka BP로 설정하는 것이 바람직하다고 생각된다. 따라서 C-1층의 연대 범위는 C-2층과의 층서적인 선후 관계를 고려하여 약 65~80 ka BP로 설정하였다.

이 시기에 해당하는 유적에서는 주로 그림 2에서 보는 바와 같이, 주먹도끼 및 주먹찌르개, 대형 찍개, 여러면석기, 주먹대패, 대형 몸돌과 격지 등 대형 자갈돌 석기 위주의 석기구성과 함께 소형의 잔손질된 석기들이 포함되어 있다. 층서적인 선후 관계는 충분히 인정된다 할지

그림 2　중기 구석기시대 2기의 석기구성

영서—주먹도끼류 (1~3 : 거두리), 찍개 (4~6 : 금산리 갈둔, 7 : 백이, 8~9 : 삼옥리), 주먹대패 (10 : 금산리 갈둔, 11 : 백이), 여러면석기 (12 : 금산리 갈둔, 13 : 백이, 14 : 삼옥리), 긁개 (15~17 : 금산리 갈둔, 18~19 : 백이), 부리날 (20 : 금산리 갈둔), 홈날 (21~22 : 금산리 갈둔), 몸돌 (23~27 : 금산리 갈둔)
영동—주먹찌르개 (28 : 발한동), 찍개 (29~31 : 발한동, 32~33 : 망상동 360-34, 34~36 : 노봉, 37 : 기곡), 여러면석기 (38 : 망상동 360-34, 39 : 노봉), 긁개 (40~41 : 망상동 360-34, 42~44 : 노봉), 홈날 (45 : 기곡), 망치돌 (46 : 기곡), 몸돌 (47 : 발한동), 주먹도끼·주먹찌르개·여러면석기 (48~64 : 월소)

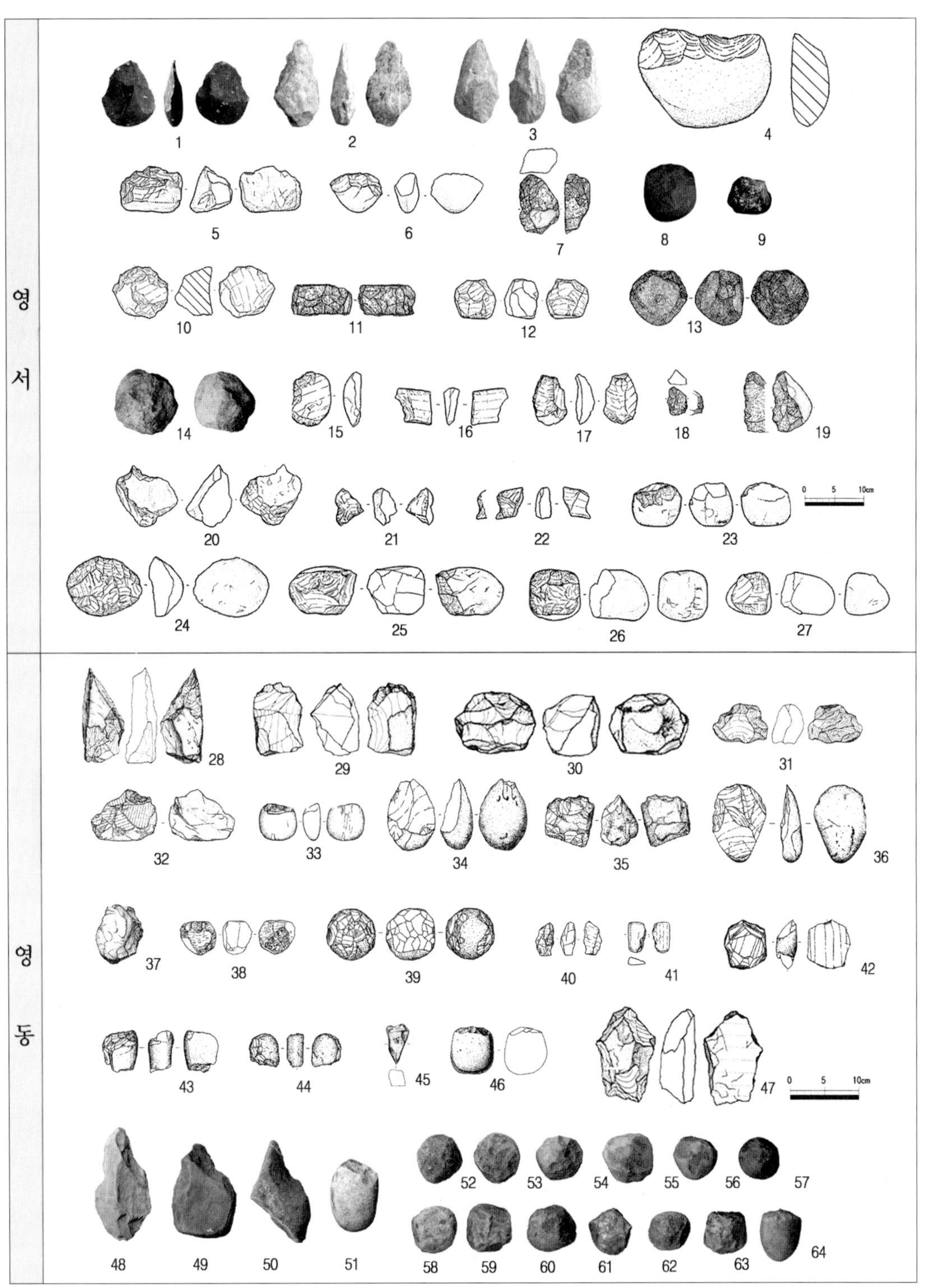

그림 2 중기 구석기시대 2기의 석기구성

라도, 석기구성에서는 C-2층과 크게 차이나는 점을 확인 할 수 없다. 다만, C-2층에서는 거의 모든 유적에서 주먹도끼류 석기가 출토된 반면, 이 시기에 해당하는 유적 중에는 주먹도끼류 석기가 포함되지 않은 유적들도 있다는 점에서 차이가 난다. 주먹도끼류 석기는 영서지역의 백이 2유물층, 작은솔밭 4유물층, 거두리 2유물층, 영동지역의 월소 4-1유물층, 발한동 하층에서 출토되었다. 반면에 작은솔밭 3유물층, 금산리 갈둔 3유물층, 삼옥리, 노봉 3유물층, 기곡 3유물층, 망상동 360-34 2유물층 등에서는 주먹도끼류 석기가 포함되어 있지 않다.

석기의 돌감은 C-2층과 마찬가지로 거의 대부분 석영 및 규암을 활용했다. 그 외에 거두리 2유물층과 월소 4-1유물층에서는 주먹도끼류 석기 제작에 석영 및 규암 이외의 기타 암질을 적극적으로 활용했다. 특히 금산리 갈둔, 노봉, 망상동 360-34 유적에서는 석영 및 규암 이외의 기타 암질(화강암, 사암, 편마암 등) 비율이 15~40%를 차지하여 돌감 구성에서 다른 유적들과 차이를 보인다. 그러나 이러한 암질은 지질구조상 주변에서 석영만큼 쉽게 획득 가능한 것들이다.

한편 중기 구석기시대 2기에 해당되는 유적들은 MIS 5시기에 해당되므로 대체로 따뜻한 간빙기 환경에서 퇴적된 것으로 볼 수 있다. C-1층 경계의 토양쐐기 구조가 추운 기후 환경을 지시하는 것이라고 한다면, 이는 MIS 4 시기일 가능성이 크다. 따라서 그 이전에 퇴적이 완료된 지층은 MIS 5에 해당된다고 볼 수 있다. 이미 앞에서 살펴본 것처럼, 삼척 대이리 관음굴의 석순이 90~70 ka BP 동안에 지속적으로 성장한 것으로 보아 이 시기 강원지역의 고환경은 따뜻하고 습한 기후 환경 조건이었을 가능성이 크다.

(3) 중기 구석기시대 3기 (40~65 ka BP)

중기 구석기시대 3기는 층서상 첫 번째 토양쐐기 구조가 발달한 B-1층과 두 번째 토양쐐기 구조가 발달한 C-1층 사이에 퇴적된 B-2층에 해당된다.

그림 3 중기 구석기시대 3기의 석기구성

영서 ─ 주먹도끼류 (1~4 : 백이), 주먹대패 (5~6 : 백이), 여러면석기 (7 : 백이), 긁개 (8 : 백이), 부리날 (9 : 백이), 찍개 (10 : 연봉리), 주먹대패 (11 : 연봉리), 홈날 (12 : 연봉), 몸돌 (13~15 : 연봉)
영동 ─ 주먹도끼류 (16 : 심곡리, 17~20 : 월소), 찍개 (21~23 : 심곡리, 24 : 기곡), 여러면석기 (25 : 기곡, 26~31 : 월소), 긁개 (32~34 : 심곡리), 몸돌 (35 · 37, 기곡), 홈날 (36 : 기곡)

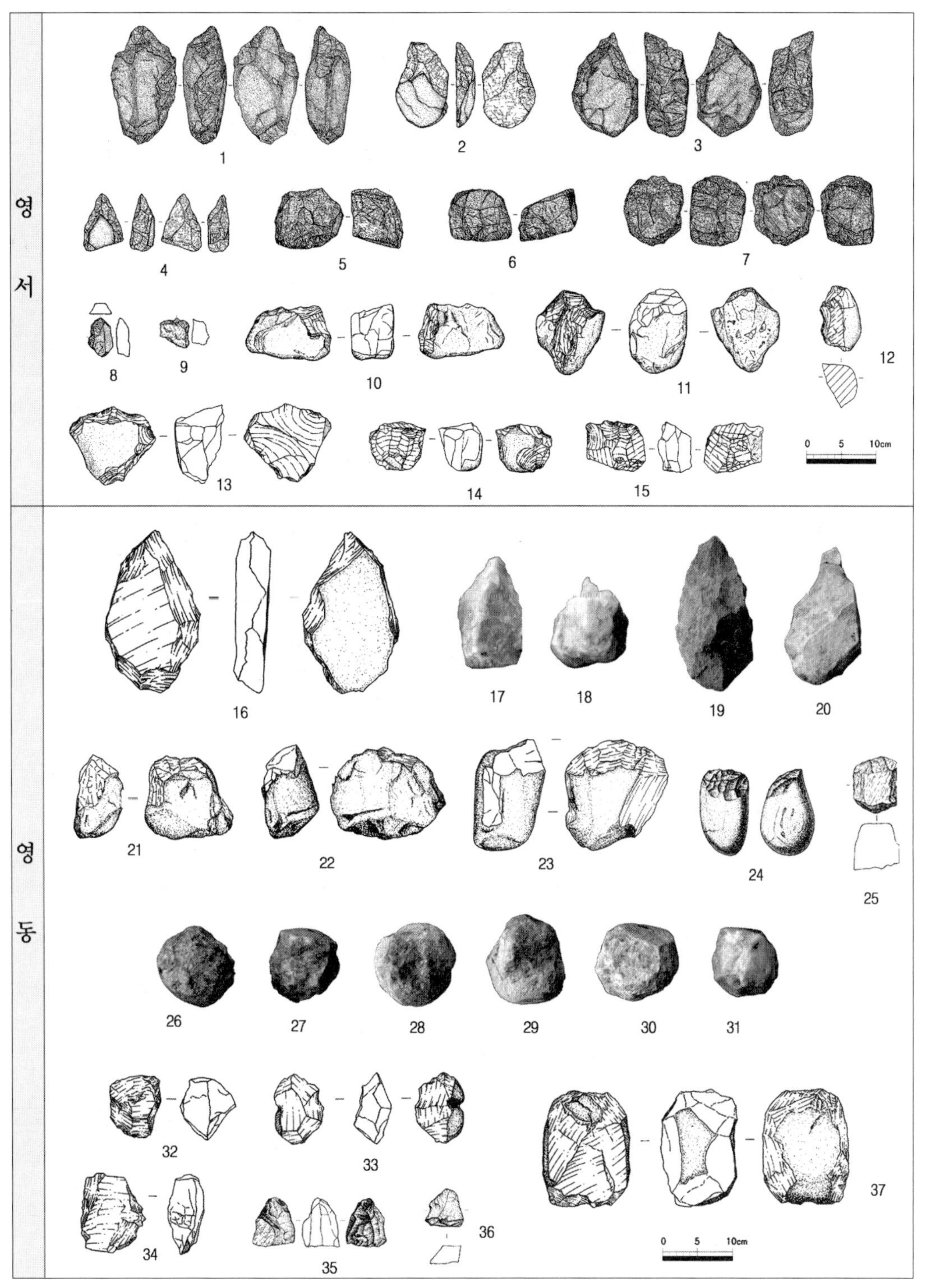

그림 3 중기 구석기시대 3기의 석기구성

이 지층은 유적에 따라 퇴적 양상이 다양하게 나타날 뿐만 아니라 모든 유적에서 공통적으로 나타나지도 않는다. B-1층 하부에 B-2층이 존재하는 유적이 있는가 하면, B-1층 하부에 곧바로 C-1층이 놓이는 유적도 상당 수 있다. 층위 명칭도 암적갈색 점토층(백이), 하부 암갈색 점토층(연봉리), 엷은 적갈색 염토층(사둔지), 황갈색 사질층(돌터거리), 황갈색 찰흙층(장흥리), 황갈색 혹은 황등색 점토층(월소), 황갈색 점토층(평릉동) 등으로 다양하게 표현된다. 연봉리와 장흥리에서는 C-1층의 두 번째 토양쐐기 구조와는 다른 새로운 토양쐐기 구조가 발달한 흔적이 확인되기도 한다.

중기 구석기시대 3기에 해당되는 유적으로는 영서지역의 백이 3유물층, 연봉리 3유물층, 영동지역의 월소 3유물층, 기곡 A지구 2유물층, 심곡리 유적 등을 들 수 있다. 이 시기에 해당하는 유적은 다른 시기에 비해 현저히 감소한 것으로 나타난다. 이 유적들에서 측정된 절대연대는 표 18에 나타난 바와 같이, 약 40~65 ka BP의 범위에 해당된다.

이 시기에 해당되는 유적에서는 그림 3에서 보는 바와 같이, 주먹도끼 및 주먹찌르개, 찍개, 여러면석기, 주먹대패 등의 대형 석기와 더불어 긁개, 밀개, 홈날, 찌르개 등의 소형 석기가 차지하는 비중이 전 시기에 비해 증가한 경향이 있다. 특히 대형 몸돌보다는 소형 몸돌도 자주 등장한다. 주먹도끼류 석기는 백이 3유물층과 월소 3유물층, 심곡리 유적에서 출토되었다. 백이 3유물층과 월소 3유물층을 제외한 대부분의 유적에서는 소량의 석기들이 산발적으로 출토되는 양상을 보인다.

석기의 돌감은 월소 3유물층에서 주먹도끼 제작에 기타 암질이 활용된 것을 제외하고, 거의 대부분 석영 및 규암을 활용했다.

한편 중기 구석기시대 3기에 해당되는 유적들은 절대연대 측정결과 대부분 40~65 ka BP로 나타나 MIS 4시기에 해당되므로 대체로 춥고 건조한 환경에서 퇴적된 것으로 볼 수 있다. 이미 앞에서 살펴본 것처럼, 삼척 대이리 관음굴의 석순이 70 ka BP 이후 마지막 빙하기로 접어들면서부터 성장이 중지되었고, 철원 내대리 호소층에서는 차가운 담수에서 주로 자라는 규조류가 번성한 것으로 보아, 이 시기는 지난 간빙기의 따뜻한 기후조건과 달리 매우 한랭한 기후 조건에 해당된다고 볼 수 있다. 중기 구석기시대 1·2기에 비해 유적의 수가 감소하고 유물의 출토 빈도수가 높지 않은 것은 이러한 기후 환경 변화와 밀접한 관련이 있는 것으로 생각된다.

2) 후기 구석기시대

(1) 후기 구석기시대 1기 (약 20~40 ka BP)

후기 구석기시대 1기는 층서상 첫 번째 토양쐐기 구조가 발달한 암갈색 점토층(B-1층)에 해당된다. 이 지층의 첫 번째 토양쐐기 구조는 C-1층의 두 번째 토양쐐기 구조에 비해 매우 뚜렷하고, 길게 아래층까지 파고드는 모습을 보인다. 벌어진 토양쐐기 구조 내부에는 이 지층 상부에 퇴적된 명갈색 점토층(A층)이 채워진 경우가 많다.

이 지층은 거의 모든 유적에 공통적으로 존재할 뿐만 아니라 퇴적 양상 또한 각 유적마다 차이가 두드러지지 않고 매우 유사하기 때문에 층위 구분의 준거로 삼을 수 있다. 토양색은 비교적 짙은 갈색 계통이며, 매우 치밀하고 단단하다.

후기 구석기시대 1기에 해당되는 유적으로는 영서지역의 거두리 1유물층, 금산리 갈둔 2유물층, 돌터거리, 연봉리 2유물층, 작은솔밭 2유물층, 연당리 피난굴(쌍굴), 기화리 쌍굴, 영동지역의 노봉 2유물층, 기곡 B지구 2유물층, 망상동 360-34 1유물층, 월소 2유물층, 주수리 2유물층 등을 들 수 있다. 이 유적들에서 측정된 절대연대는 표 18에 나타난 바와 같이, 약 20~40 ka BP 범위에 포함된다. 특히 AMS와 OSL연대 측정값이 서로 큰 격차 없이 30~40 ka BP에 집중되는 경향을 보인다.

이 시기에 해당하는 유적에서는 그림 4에서 보는 바와 같이, 찍개, 여러면석기, 주먹대패와 같은 대형 석기의 비율은 현저히 감소한 반면, 비교적 소형의 석영제 몸돌들이 주로 출토된다. 몸돌의 원석을 고를 때 이미 소형의 자갈돌을 선택했다고 여겨지는데, 대략 테니스공만한 크기의 자갈돌을 구해 탁구공 크기 정도가 될 때까지 격지를 생산하고 폐기된 경우가 많다. 몸돌의 크기와 마찬가지로 대형의 격지보다는 소형 격지가 대부분이다. 완성된 도구들은 소형의 격지 및 돌조각(debris)에 잔손질을 가한 홈날, 긁개, 밀개 등이 주를 이루는 석영제 소형

그림 4 후기 구석기시대 1기의 석기구성

영서─찍개 (1~2 : 작은솔밭), 긁개 (3~6 : 작은솔밭, 7~9 : 돌터거리), 밀개 (10 : 연봉리), 홈날 (11~12 : 연봉리), 뚜르개 (13 : 돌터거리), 톱니날 (14 : 돌터거리), 몸돌 (15 : 돌터거리, 16~18 : 연봉리)
영동─주먹대패 (19 : 주수리), 찍개 (20 : 주수리, 21~22 : 망상동 360-34), 긁개 (23 : 주수리, 24~25 : 망상동 360-34, 26~29 : 노봉, 31 : 망상동 360-34), 슴베연모 (30 : 망상동 360-34), 홈날 (32~33 : 기곡, 34 : 망상동 360-34), 톱니날 (35 : 노봉), 몸돌 (36 : 기곡, 37~39 : 노봉)

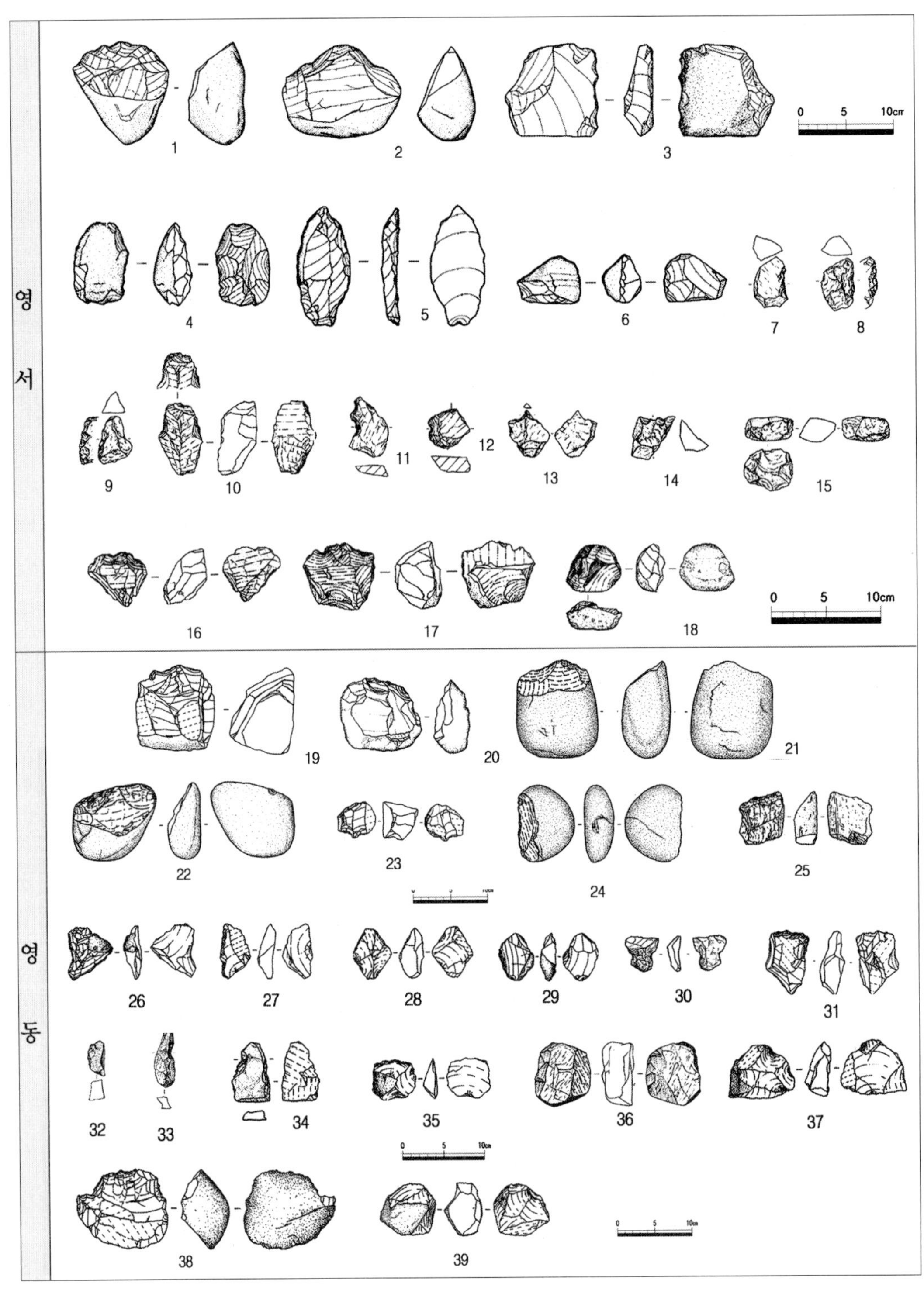

그림 4 후기 구석기시대 1기의 석기구성

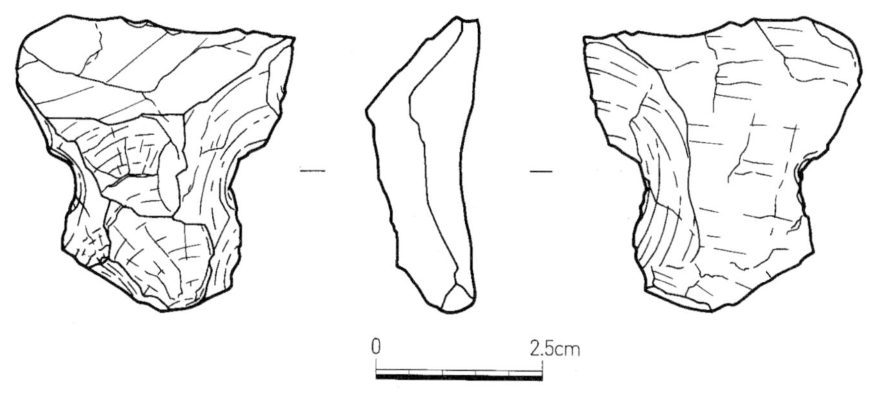

그림 5 망상동 360-34 유적 1유물층 슴베 연모 (이해용 · 최영석 · 이나리, 2009, 105쪽)

석기 중심의 유물군이다. 대부분 특별한 외형적 정형성을 갖춘 석기의 반복적인 출현이 없이 그때그때 필요에 의해 간단히 잔손질하여 만든 석기들 위주인 것으로 보인다. 돌날, 슴베찌르개, 좀돌날몸돌 및 좀돌날과 같은 석기는 보이지 않는다. 전형적인 후기구석기의 밀개기 반복 출현하지도 않는다. 다만, 망상동 360-34번지 1유물층에서 출토된 슴베 연모는 대단히 주목된다(그림 5). 직선날을 지니는 격지의 위 끝 부분을 사용하기 위해 반대편인 격지의 굽 양쪽 가장자리에 홈을 만들어 자루를 결구할 수 있도록 만들었다. 비록 이 지층에서 슴베찌르개는 출토되지 않았지만, 자루를 부착하는 결합식 도구의 출현은 후기 구석기시대의 시작을 알려주는 중요한 단서로 삼을 수 있다고 여겨진다.

돌감은 석영(맥)암 자갈돌 혹은 모난돌을 이용했으며, 석영 이외의 암질은 거의 확인되지 않는다. 그 이전 시기부터 계속 석기 제작에 쓰인 석영제 돌감을 주로 활용했으며, 반암 · 이암 · 응회암 · 수정 등 다양하고 균질한 정질의 암질은 소극적으로 활용된 단계이다.

한편 중기 구석기시대 2기에 해당되는 유적들은 MIS 3시기에 해당되므로 대체로 한랭하고 건조한 환경에서 퇴적된 것으로 볼 수 있다. MIS 3시기는 마지막 빙하기 중에도 아간빙기라 불릴 만큼 비교적 따뜻했던 것으로 알려져 있지만, 실은 전반적으로 기후 한랭화의 한 과정이었기 때문에 긴 빙하기의 중간 부분에 해당되어 지금과 비교하여 추운 기후였다고 한다.[18] 심곡리 유적(40~50 ka BP)의 꽃가루 분석에서 나타난 소나무속이 우세한 침엽수림의 식생은 한

---

18 성춘택, 「한국 후기 구석기 유적의 시간층위 재고」, 『韓國上古史學報』第46號, 韓國上古史學會, 2004, 12~13쪽.

랭한 기후 조건을 반영한 것으로 생각된다. 연당 피난굴(쌍굴)의 동물상에서도 대체로 현생종이 우세한 가운데 일부 절멸종들이 포함되어 지금의 기후 환경과 달랐던 것으로 보인다. 또한 정동진리나 하화계리 수삼수매장부지에서 나타난 서관구조는 이 시기 하천변의 습기 많은 범람원성 환경에 설치류 등 지중동물들의 활동이 왕성했음을 보여준다.

이 시기의 유적들은 단구면 고도에 상관없이 고루 분포되어 있긴 하지만, 영동지역의 경우에는 저위면에 더 밀집되어 나타나는 경향이 있다. 그럼에도 불구하고 노봉과 월소 유적 같은 경우에는 해발 50~70m 정도 되는 고위면에 자리하고 있다. 고위단구면상에 최상부 명갈색 점토층과, 그 하부의 암갈색 점토층이 잘 남아있고 그 속에서 석기가 출토되는 것으로 보아 후기갱신세 늦은 시기까지도 여전히 높은 산지가 사냥 및 채집활동과 관련하여 선호되었음을 알 수 있다.

(2) 후기 구석기시대 2기 (약 10~20 ka BP)

후기 구석기시대 2기는 층서상 첫 번째 토양쐐기 구조가 발달한 암갈색 점토층(B-1층) 상부에 퇴적된 명갈색 점토층(A층)에 해당된다. 이 지층은 지표 교란층 바로 아래에 놓이며, 하부 고토양층과는 달리 토양쐐기 구조가 전혀 발달하지 않았다. 토양은 단단하거나 치밀하지 않고, 매우 무르고 느슨한 특징을 지닌다. A층은 대부분의 유적에서 명갈색 점토층, 밝은갈색 찰흙층, 연갈색 점토층, 갈색 찰흙층 등으로 유사하게 표현될 정도로 매우 공통적인 퇴적 양상을 보인다. 이 명갈색 점토층(A층)은 우리나라 구석기유적의 최후 점토 퇴적 단위로 알려져 있다. 따라서 앞서 언급한 암갈색 점토층(B-1층)의 퇴적보다는 늦은 시기에 해당된다.

후기 구석기시대 2기에 해당되는 유적으로는 영서지역의 사둔지, 도둔, 작은솔밭 1유물층, 장흥리 1유물층, 상무룡리(경희대), 금산리 갈둔 1유물층, 연봉리 1유물층, 영동지역의 주수리 1유물층, 노봉 1유물층, 구미동, 기곡 1유물층, 월소 1유물층 등을 들 수 있다. 이 중에서 재퇴적 과정을 고려해야하는 장흥리의 연대를 제외하고, 작은솔밭 유적(13,390±60 BP)과 기곡 유적 (10,200±60 BP)의 절대연대는 이 지층과 유물층의 형성 시기를 이해하는데 큰 도움을 준다.

그림 6에서 보는 바와 같이, 영서지역의 경우 도둔 및 연봉리에서는 좀돌날 석기가 출토되지 않았지만, 사둔지 · 작은솔밭 · 상무룡리(경희대) · 장흥리 유적에서는 다량의 흑요석 및 다양한 정질의 암질들로 제작된 좀돌날몸돌 및 좀돌날, 밀개, 긁개, 뚜르개, 새기개 등의 세석기들이 출토되어 이 시기의 대표적인 석기구성상을 보여준다. 영서지역의 이 시기 유적에서는 다양한 기법의 좀돌날 제작 기술이 적용되어진다. 특히 앞 장에서 자세히 살펴본 바와 같

이, 장흥리와 상무룡리(경희대) 유적에서는 갈린 좀돌날몸돌 및 좀돌날이 출토되어 지금까지 전혀 알려지지 않았던 새로운 좀돌날 제작 기술이 확인되었다. 이러한 제작 기술은 히로사토형 몸돌에서 좀돌날을 떼어내는 제작 공정과 매우 밀접한 관련성이 있는 것으로 생각된다.

한편 영동지역에서는 석영제 소형석기 중심의 유물군이 이 시기까지도 여전히 유지 존속되며 유물군을 주도하는 양상을 보인다. 예컨대, 구미동과 노봉 1유물층, 주수리 1유물층, 월소 1유물층에서는 돌날 혹은 좀돌날 기술이 전혀 나타나지 않으면서 소형 몸돌, 홈날, 긁개 등 석영제 소형석기 중심의 석기구성상을 강하게 반영하고 있다. 영서지역에서 세석기 중심의 유물들이 주를 이루는 최상부 명갈색 점토층(A층)이 영동지역의 유적들에서 30~40cm 정도 두께로 잘 보존되어 있음에도 불구하고, 이보다 이른 시기에 해당되는 첫 번째 토양쐐기 구조가 발달한 암갈색 점토층(B-1층)의 석기구성과 별반 차이 없이 석영제 소형석기 중심의 유물군을 그대로 유지하고 있다. 이것은 동일한 층위에서 다량의 좀돌날몸돌 및 좀돌날을 포함한 세석기가 풍부하게 석기구성군을 압도적으로 주도하는 영서 내륙지역의 홍천 하화계리나 양구 상무룡리, 철원 장흥리 유적 등과는 엄청난 차별성을 보여주는 것이다.

다만, 후기구석기 최말기 단계에 해당된다고 여겨지는 기곡 유적에서 변화가 생길 뿐이다. 기곡 유적의 석기구성은 소형 몸돌에서 떼어 낸 격지나 돌조각에 잔손질을 가해 긁개나 홈날, 밀개, 새기개, 뚜르개 등을 만든 경우가 대부분이다. 석기의 크기는 다른 유적들과 달리 더욱 소형화되어 있다. 긴 몸체에 날 끝을 호선형으로 가지런하고 정연하게 잔손질한 밀개나, 슴베찌르개와 같은 석기는 발견되지 않는다. 그리고 좀돌날몸돌 및 좀돌날은 규범적이지 못하며, 다소 불규칙한 양상으로 나타난다. 더구나 좀돌날몸돌 및 좀돌날은 전체 석기구성을 주도하고 있지 못하다. 관찰자에 따라 아예 좀돌날몸돌 및 좀돌날의 존재를 인정하지 않을 정도이다. 보다 규범화되어있는 좀돌날몸돌 및 좀돌날의 출현이 없다는 점은 동해안 유적의 특수성을 반영하는 것으로 보인다. 이전 시기에 전혀 확인된 바 없는 새로운 유형의 석기로는 수정으로 만든 화살촉을 들 수 있다. 기곡 화살촉은 신석기 초기 유적에서 보이는 것과 거의 흡사한 형태로서 구석기에서 신석기로의 전이과정을 살펴볼 수 있는 귀중한 자료이다. 그리고 '위아래 모두 사용에 의해 으스러진 자국을 지니는 가로날을 지니는 쐐기형 석기(piece esquillee)' 등이 등장하기도 한다. 기곡 유적에서 출토된 흑요석과 수정, 이암, 산성화산암 등 10여 종 이상의 다양한 균질한 암질로 만든 긁개나 새기개, 뚜르개, 홈날 등도 분명히 다른 유적과 비교해서 두드러지는 석기구성이다.

돌감 구성에서는 영서지역의 경우 이전 시기와 달리 석영 및 규암 이외에 흑요석, 반암, 이암, 응회암, 혈암, 유문암, 수정 등 정질의 다양한 암질을 적극적으로 활용하는 변화가 생긴다.

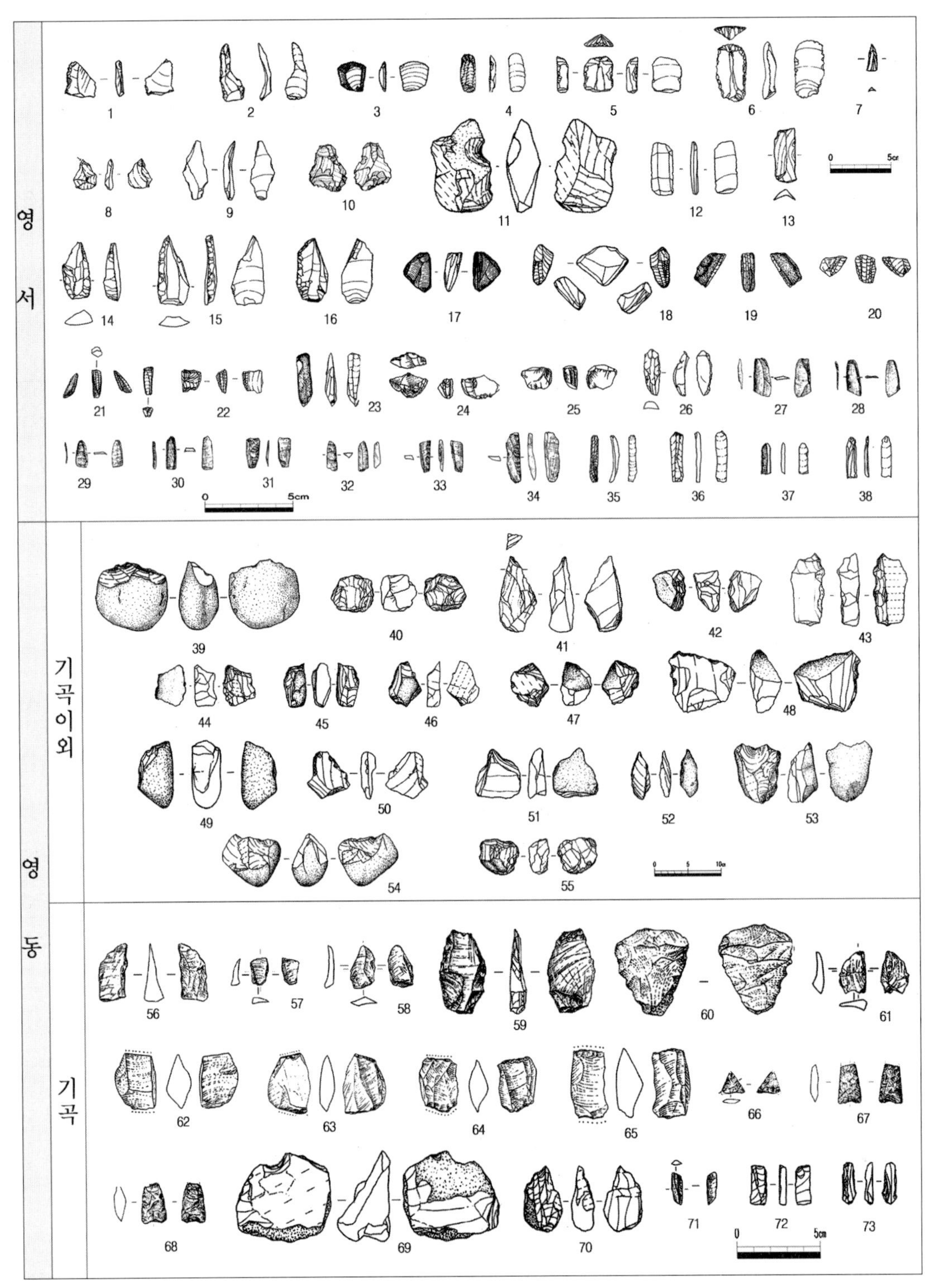

그림 6 후기 구석기시대 2기의 석기구성

반면에 영동지역의 경우에는 기곡을 제외한 대부분의 유적에서 여전히 석영 및 규암이 높은 비율을 차지한다. 기곡 유적의 경우에는 종전까지 써 오던 석영맥암 이외에 입자가 고운 유백색의 고운 석영암, 수정, 흑요석, 산성화산암류, 셰일, 사암 등 다양한 암질을 석기 제작에 적극 활용하는 변화가 나타난다. 특히 기곡 유적에서 출토된 흑요석은 동해안 구석기유적에서는 유일한 사례에 해당된다. 그러나 그 수량은 20여 점에 불과해 동 시기에 영서지역의 하화계리나 상무룡리, 장흥리에서 흑요석을 풍부하게 사용한 것과는 차이가 나타난다. 대신에 수정을 아주 풍부하게 석기 제작에 활용하여 화살촉을 제작하기도 했다.

한편 후기 구석기시대 2기에 해당되는 유적들은 MIS 2시기에 해당되므로 여전히 마지막 빙하기의 춥고 건조한 환경에서 퇴적된 것으로 볼 수 있다. 속초 영랑호의 꽃가루 분석 결과 17~15 ka BP에는 아한대성 침엽수가 우세해 한랭한 기후 조건을 반영한다. 또한 연당리 피난굴(쌍굴)이나 기화리 쌍굴의 낙반석층도 역시 추운 기후환경을 알려준다. 이후 약 10 ka BP를 전후한 시기부터 추운 기후에서 점차 따뜻한 기후로 변화하여 홀로세로 접어들었다.

3) 신석기 단계로의 전이

우리가 보통 신석기유적으로 잘 알고 있는 양양 오산리 유적의 최하부에서 토양쐐기 구조가 발달한 고토양층이 확인되었고, 그 지층에서 여러 점의 구석기 유물이 출토되어 주목된다. 따라서 오산리에서 선사인의 삶은 신석기보다 오래전인 구석기시대부터 이뤄졌음을 알게 되었다. 그리고 구석기시대의 고토양층 상부에 해안사구가 형성되기 시작하면서부터 신석기인들의 삶이 본격적으로 전개된 것으로 파악된다.

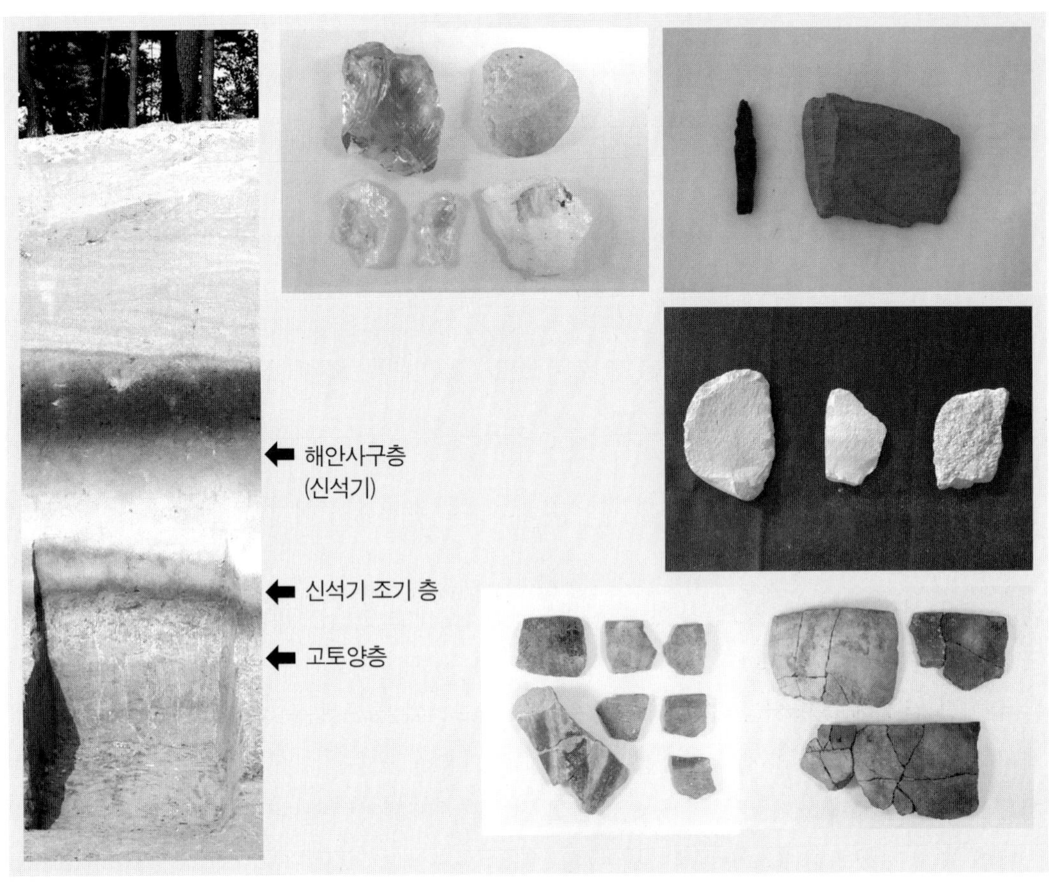

사진 65 오산리 유적 층위와 신석기 조기 층 출토 유물 (홍성학, 2007, 87 · 97~98쪽)

그런데 무엇보다 중요한 것은 양양 오산리 유적의 신석기 최하층은 구석기시대의 고토양층 위에 신석기시대의 해안사구 모래가 쌓이면서 서로 접촉한 퇴적 단위로 여겨지는데, 이 지층의 유물포함층(주거지 등의 유구는 보이지 않음)에서 좀돌날몸돌과 좀돌날, 흑요석 및 수정석기, 여러 점의 석영제 타제석기들이 토기와 섞여 출토된 사실은 구석기에서 신석기로 전이되는 과정을 이해하는데 많은 도움을 줄 수 있다고 여겨진다(사진 65). 이 지층은 분명 모래가 섞여 있지만, 점토 성분이 강한 퇴적층으로 보인다. 구석기 전통의 석기구성이 유지된 채 새롭게 토기가 등장하는 신석기 초창기의 유물층으로, 구석기-신석기 전이과정을 보여주는 사례인 것으로 보인다. 특히 기곡 구석기유적(1만 년 전) 이후 신석기 단계로의 진입을 연구할 수 있는 중요한 유적으로 평가된다. 다만, 본래 토양쐐기 구조가 발달한 고토양층 상부에 명갈색 점토층이 존재하였고 그 속에 포함되었던 유물들이 침식의 과정을 거치고난 이후에 부정합으로 해안사구 모래가 쌓이고 신석기인들의 생활이 시작되면서 양쪽 유물들이 서로 혼입된 양상은 없는지 고려해보아야 한다.

한편, 기곡이나 월소 유적에서 화살촉이 출현한 사실도 짚어 볼 필요가 있다. 신석기 단계에서 보편화된 석기 유형이 구석기 최말기의 퇴적층에서 확인되는 사실은 단순히 화살촉이나 간석기의 출현 시기를 상향 조정하는 이상의 중요한 의미가 있다고 여겨진다. 신석기 단계로의 진입에 결정적인 역할을 한 것은 물론 토기일 것이지만, 그 이전부터 새로운 환경 변화에 적응하며 새로운 도구의 조기 출현을 통해 신석기 단계로의 전이를 준비하고 있었던 것으로 보인다. 따라서 후기구석기의 해체와 신석기로의 전이는 매우 점진적인 문화변동 과정을 통해 진행된 것으로 이해된다.

화살촉과 같은 새로운 석기의 등장과 더불어 후기 구석기시대 석기의 정형성이 소멸되어간 것으로 보인다. 하화계리 단계(약 1만 3천 년 전)에서 규범적, 비규범적으로 다양성을 보이며 왕성했던 좀돌날몸돌 제작이 기곡 단계(약 1만 년 전)에 이르면 정형성을 잃고 퇴화된 양상을 보인다. 이것은 그대로 고산리의 부정형 몸돌과 화살촉의 집중현상으로 이어진다. 기곡 유적의 좀돌날몸돌은 양면조정(bifacial flaking)에 의한 준비 단계가 생략된 채, 다소 불규칙한 양상으로 나타난다. 이러한 석기 양상과 화살촉의 새로운 출현은 구석기의 해체와 신석기로의 이행과정을 보여주는 것으로 여겨진다.

4) 영서 · 영동지역의 비교

여기에서는 영서와 영동의 지역 차이에 따른 문화상의 차이가 구석기시대에 어떻게 반영되어 있는가를 살펴보고자 한다.

중기 구석기시대의 석기군은 영서와 영동지역에서 지역성의 반영이 명확하지 않은 편이다. 영서의 상무룡리 하층 · 하화계리 백이 · 작은솔밭 하층 · 금산리 갈둔, 영동의 월소 하층 · 평릉동 등은 강원지역에서 보다 이른 시기의 석기군을 보여주는 대표적인 유적들이다. 이 유적들의 적갈색 점토층에서는 주먹도끼와 주먹찌르개(pick)를 비롯하여 찍개, 여러면석기(polyhedron), 공모양석기(spheroid), 주먹대패(rabot) 등 큼직한 자갈돌을 몸체로 한 중 · 대형의 석기들이 석기구성군을 주도하는 가운데, 긁개, 홈날, 찌르개 등의 소형석기들이 함께 출토되는 동일한 양상을 보인다. 이들 석기군도 경우에 따라 세분되어질 가능성도 있으나, 지역성의 반영을 읽어낼 수 있을 정도의 뚜렷한 대비는 확인되지 않는다. 보다 광역의 생활환경이 반영되어진 결과로 여겨진다.

중기 구석기시대의 석기군은 지역성이 그다지 명확하게 반영되어 나타나지 않는 반면, 후기 구석기시대에 이르면 특히 후기구석기 늦은 단계에서는 지역적 다양성이 석기구성에 반영되어 나타나는 경향이 강하다. 앞에서 살펴본 바와 같이, 영서지역의 후기구석기 유물군은 석영제 소형석기 중심의 석기군(20~40 ka BP)―흑요석 및 다양한 암질을 활용한 좀돌날몸돌 및 좀돌날을 표식으로 하는 세석기 유물군(20~10 ka BP)―신석기 단계로의 전이 순으로 정리될 수 있다. 반면에 영동지역의 후기구석기 유물군은 석영제 소형석기 중심의 석기군(20~40 ka BP)―석영제 소형석기 중심의 석기군 유지 존속(20~10 ka BP)―후기구석기 최말기의 석기군(10 ka BP)―신석기 단계로의 전이(10 ka BP 이후) 순으로 전개되었다고 볼 수 있다.

후기 구석기시대 1기(이른 시기, 20~40 ka BP)는 첫 번째 토양쐐기 구조가 나타나는 암갈색 점토층(B-1층)에 해당되며, 영서지역의 하화계리 작은솔밭 2유물층·돌터거리·연봉리 2유물층, 영동지역의 노봉 2유물층·기곡 2유물층·망상동 360-34번지 1유물층·주수리 2유물층에 나타난 바와 같이 석영제 소형석기 중심의 유물군이 주도했다. 소형의 격지 및 돌조각(debris)에 잔손질을 가한 홈날, 찌르개, 긁개 등의 석기가 주를 이루며, 대부분의 석기는 특별한 외형적 정형성을 갖추었다기 보다는 그때그때 필요에 의해 간단히 잔손질하여 만든 석기들이다. 다른 지역에서처럼, 돌날이나 슴베찌르개가 출현한 예는 없다. 이 시기까지는 영서와 영동의 지역성이 대비될 정도의 차이는 인지되지 않는다.

그런데 영동지역에서 이러한 경향은 후기 구석기시대 2기(늦은 시기, 20~10 ka BP)까지도 지속되었다. 앞서 언급한 첫 번째 토양쐐기 구조가 나타나는 암갈색 점토층의 상부에는 명갈색 점토층(A층)이 놓이게 된다. 이 명갈색 점토층은 지표교란층 바로 아래에서 처음 나타나는 구석기 최후의 점토퇴적물로 알려져 있다. 이 명갈색 점토층에서 석기가 출토되는 양상은 영동지역에서 크게 둘로 나뉜다. 첫째는 노봉 1유물층, 구미동, 주수리 1유물층, 월소 1유물층에서와 같이 그 이전 시기의 석영제 소형석기 중심의 석기군이 유지 존속되는 것이고, 둘째는 기곡 1유물층에서와 같이 흑요석, 수정, 산성화산암류, 셰일 사암 등의 다양한 암질로 만든 소형 석기군이 압도하게 되며, 화살촉이 출현하여 신석기로의 전이 과정을 보여주는 사례이다. 그런데 이 두 가지 경우가 어떠한 시간적 간격을 가지게 되는지, 아니면 동 시기에 유물의 양상이 다르게 나타나는 것인지의 여부는 단정 짓기 어렵다. 다만, 기곡 1유물층의 경우는 10,200±60 BP의 연대값이 얻어져 후기구석기 최말기에 해당된다고 생각되는 바, 석영제 소형석기 중심의 유물군과는 다소 시간적 간격이 있을 것으로 예상된다.

아무튼 명갈색 점토층이라는 층위적 동일성에도 불구하고, 이 두 가지 경우 모두 영서지역의 유적들처럼 양면가공의 준비과정을 거친 혹은 다양한 기법의 전형적인 좀돌날몸돌 및 좀돌날, 슴베찌르개 등의 석기는 영동지역에서 전혀 발견되지 않는다. 심지어는 10,200±60 BP 의 연대값이 얻어져 후기구석기 최말기에 해당된다고 생각되는 기곡 유적에서 조차도 관찰자 에 따라 생각을 달리할 정도로, 다소 불규칙하고 퇴화된 형태의 좀돌날몸돌 및 좀돌날이 보일 뿐이고, 더욱이 전체 석기구성에서 주도적인 역할을 하지 못하고 있다. 다시 말하면, 영동지 역의 명갈색 점토층에서 영서지역의 하화계리나 장홍리, 상무룡리에서와 같이 흑요석 등 양 질의 석재를 이용한 전형적인 좀돌날석기 제작 기술이 전체 석기구성군을 압도적으로 주도하 는 사례가 아직까지 발견된 바 없다.

지금까지 확인된 영동지역의 후기구석기 유적들을 살펴보면, 암갈색 점토층(20~40 ka BP) 에서 석영제 소형석기 중심의 유물군이 출토되고, 이러한 경향이 명갈색 점토층(20~10 ka BP)까지 새로운 변화 없이 지속적으로 유지되다가, 후기구석기 최말기에 해당되는 1만 년 전 기곡 유적 단계에서 흑요석, 수정 등의 다양한 암질로 만든 소형 석기군이 압도하게 되는 변 화를 보이며, 곧이어 신석기 단계로 진입한 것으로 보인다. 특히 기곡 유적의 수정제 화살촉 은 구석기에서 신석기로의 전이과정을 보여주는 대표적인 유물로 볼 수 있다. 이러한 영동지 역 후기구석기 유물군의 변천 과정에는 영서지역의 하화계리, 장홍리, 상무룡리와 같이 좀돌 날몸돌 및 좀돌날 중심의 세석기 유물군이 생략되어 있음을 알 수 있다. 즉 우리나라에서 대 략 2만 년 전 무렵부터 이전 시기의 석기 제작 전통이 소멸하고, 석기 제작 기술에서 질적으로 확연히 다른 급속한 변화를 경험한 것으로 보이는데, 영동지역에서는 명갈색 점토층에서 이 러한 변화의 흔적이 확인되지 않는 것이다. 이것이 영동지역 후기구석기 유물군 변천의 중요 한 특징이라면, 한반도 전체가 대략 2만 년 전 부렵부터 급속한 변화를 모색하고 있을 때, 이 지역은 이전 시기의 석기 제작 방식에서 크게 변화하지 못하고 지속적으로 과거를 유지하고 있었던 원인은 무엇인지에 대한 연구가 필요하게 될 것이다.

하지만 기곡 유적에서 불규칙하고 퇴화된 형태의 좀돌날몸돌 및 좀돌날의 징후가 보이고, 오산리의 신석기 이른 시기 층에서 좀돌날 산출의 흔적이 보다 분명하게 나타나는 불규칙한 형태의 좀돌날몸돌 1점이 출토되어진 것은 영동지역에서 좀돌날석기 제작 기술이 전혀 출현 하지 않았다고 볼 수 없는 중요한 사례들로 여겨진다. 만일 현재 공백기로 남겨져 있는 좀돌 날몸돌 및 좀돌날 중심의 세석기 유물군이 장차 발견되어진다면, 동일한 지층 내에서 어떤 곳 은 과거의 석영제 소형석기 중심의 유물군이 지속적으로 유지되고, 어떤 곳은 과거의 석기 제 작 기술과 질적으로 확연히 다른 새로운 변화를 모색하여 석기구성이 전혀 달리 나타나는 원 인이 무엇인지에 대한 연구가 필요할 것이다. 이것이 바로 영동지역 후기구석기 유물군의 변 천과 영서·영동의 지역적 차이를 이해하기 위한 핵심이라고 할 수 있다.

맺음말

최근 한국 구석기학계에서는 특정 지역별로 혹은 큰 하천 유역별로 유적 밀집분포 지역을 임의로 구획하고, 이러한 특정 지역을 주요한 연구 대상지로 삼아 지역 연구자를 중심으로 오랜 기간 집중적인 연구를 진전시키는 경향이 강하다. 이러한 연구 경향에 따라 이 글은 '강원지역의 구석기문화' 라는 주제를 설정하고, 지금까지 강원지역의 구석기유적 발굴조사에서 얻어진 자료들을 체계적으로 정리하여 강원지역의 구석기문화가 시간의 흐름에 따라 어떠한 양상으로 전개되어 갔는가를 살펴보고자 하는 목적으로 작성하였다.

강원지역의 구석기유적은 1982년에 현천리 유적이 처음 발견되면서부터 알려지게 되었다. 그 후 1980년대 중·후반 심곡리와 상무룡리 유적이 발굴조사 되면서부터 강원지역의 구석기 연구가 본격적으로 시작되었다. 1990년대에는 하화계리 세석기유적을 발굴조사하는 큰 성과를 거두었다. 2000년대로 접어들어 발굴조사 전문기관들이 생겨나면서 강원지역의 구석기 연구는 새로운 轉機를 맞이하게 되었다. 발굴 건수가 급증하였을 뿐만 아니라 대규모 유적 조사도 가능하게 되었다. 또한 발표되는 논문의 수가 증가하는 등 이전 시기에 비해 상당한 정도로 연구가 진전되었다. 특히 동해안 지역의 연구 열기가 고조되었다. 논문 편수가 증가하고 연구가 진전됨에 따라 유적을 소개하는 단편적인 주제에서 벗어나 점차 석기의 사용흔 분석이나 돌감 연구, 지형 및 층위를 포함한 지질고고학적 분석 등 연구 주제가 보다 다양화되는 방향성을 보이고 있다.

강원지역 구석기유적의 입지 유형은 현재의 지형 조건에 따라 다음과 같이 구분해 볼 수 있다. 영서지역의 경우 양구 해안 현리와 같이 분지 지형에 입지하는 유적, 북한강·홍천강·남한강 등 하안단구 지형에 입지하는 유적, 영월 삼옥리·연당리 피난굴(쌍굴)·평창 기화리 쌍굴과 같이 돌리네와 석회암동굴 등 카르스트 지형에 입지하는 유적, 철원 장흥리·강산리와 같이 현무암대지상의 화산 지형에 입지하는 유적으로 분류된다. 거의 대부분의 유적은 하안단구 지형에 분포하고 있다.

영서지역의 구석기유적은 하천으로부터 500m 이내의 가까운 거리에 거의 대부분의 유적이 입지하고 있다. 아무리 멀어도 1km를 넘어서는 예는 거의 없다. 하천과의 수직거리(하상비고)는 21~40m 구간에 가장 많은 유적들이 입지하고 있다. 직선 또는 완만한 곡선상의 유로나 U자형으로 크게 회절하는 지점의 안쪽에 입지하는 유적이 거의 비슷한 비율로 나타난다. 주변에 소지류 하천의 유입이 있는 곳에 입지하는 유적과 그렇지 않은 곳의 비율도 거의 비슷한 편이다.

한편 영동지역의 구석기유적은 거의 대부분 해안에 인접한 해안단구 및 해면변동단구 지형에 입지하고 있으며, 바다로부터 500m 이내의 가까운 거리에 주로 분포하고 있다. 따라서 바다와 인접하여 해안단구의 발달이 현저한 동해시 지역에 거의 대부분의 유적이 집중 분포하고 있다. 내륙의 강안이나 하천 발달이 없는 구릉지에 입지하는 유적은 매우 희소하다. 또한 해발고도 25m 이내의 저위단구면에 주로 많은 유적이 입지하고, 중·고위면으로 갈수록 유적의 숫자가 적어진다. 또한 주변에 바다로 흘러드는 소하천의 유입이 있는 곳과 그렇지 않은 곳에 입지하는 유적은 거의 비슷한 비율을 보인다. 이외에 석회암 지대에 자리하고 있는 동해 추암동과 삼척 증산동은 카르스트 지형에 입지하는 유적으로 볼 수 있으며, 최근에는 원당리·봉평리·지흥동과 같이 해안단구나 하천의 발달이 전혀 없는 구릉지에서도 유적이 확인되고 있다.

현재까지 강원지역에서 발굴조사된 유적은 모두 48군데에 이른다. 이 중에는 양구 상무룡리, 홍천 하화계리, 철원 장흥리, 춘천 금산리 갈둔, 동해 기곡, 동해 월소, 영월 연당 피난굴(쌍굴) 유적 등이 포함되어 있어 이 지역 구석기유적을 편년하고, 시간의 흐름에 따른 구석기 유물군 구성과 변화 양상을 살펴보는데 중요한 역할을 한다. 지금까지 강원지역의 구석기 연구 성과도 주로 이들 유적을 대상으로 쌓였다.

이 글에서는 지금까지 강원지역에서 발굴조사된 유적의 지층과 유물층의 층서를 대비하여 유적마다 층위학적 맥락이 매우 뚜렷하게 공통적으로 나타나는 A지층(명갈색 점토층), B-1층(암갈색 점토층), C-1층(적갈색 점토층)을 기준으로 층서를 확립하고, 그 사이에 유적마다 다양하게 나타나는 지층들(B-2층, C-2층)의 선후 관계를 정리하였다. 이렇게 정리된 층서를 바탕으로 각 지층에 해당되는 유적에서 확보한 절대연대 측정 결과를 나열하여 연대 범위를 설정하고, 문화 양상의 변화를 고려하여 중기 구석기시대 1·2·3기, 후기 구석기시대 1·2기로 시기 구분하였다. 그리고 이러한 시기 구분에 따라 고환경의 변화, 층위 양상의 변화, 돌감 및 석기 갖춤새의 변화 등을 종합적으로 고찰하여 강원지역 구석기문화의 전개 양상과 특징을 살펴보았다.

강원지역에서는 아직까지 10만 년 전 이상 올라가는 전기 구석기시대 유적의 존재는 확인되지 않았다. 앞으로 중·고위면에 형성된 유적들에서 단구 형성 시기에 근접한 전기 구석기시대 유적이 확인될 가능성이 크다.

중기 구석기시대 1기는 각 유적의 기저부를 이루는 모래/자갈층 상부에 근접하여 퇴적된 가장 이른 시기의 C-2층에 해당된다. 중기 구석기시대 2기는 C-2층 상부에 두 번째 토양쐐기 구조가 발달한 적갈색 점토층(C-1층)에 해당된다. 모든 유적에서 두 지층의 선후 관계는 명확한 편이다. OSL연대 측정의 불안정성으로 인하여 두 지층의 경계시기를 단정 짓기는 쉽지 않지만, C-1층은 65 ka BP를 전후한 시기에 집중되는 반면, C-2층은 약 80 ka BP 이상 올라가는 연대가 많다. 두 지층이 서로 층서의 선후 관계에 따라 연대가 구분된다는 점에 착안하여 보다 하부 층준인 C-2층을 중기 구석기시대 1기(80~100 ka BP), 이 보다 상부 층인 C-1층을 중기 구석기시대 2기(65~80 ka BP)로 설정하였다. 그러나 이것은 지층의 선후 관계에 의한 구분이며, 석기의 구성 등 문화 양상에서는 양자 간에 큰 차이가 인지되지 않는다.

중기 구석기시대 1·2기는 고환경 분석 결과 마지막 간빙기인 MIS 5 시기에 해당되어 삼척 대이리 관음굴 석순이 90~70 ka BP 동안 지속적으로 성장한 바와 같이, 대체로 따뜻하고 습윤한 기후환경이 마련되었음을 알 수 있다. 또한 강릉 오봉리 하안단구 토탄층의 꽃가루 분석 결과 참나무속이 우점으로 거의 대부분을 차지하며 활엽수림을 이루어 역시 온난한 기후 조건을 반영해 준다. 이러한 따뜻한 기후 환경 하에서 강원지역에서 가장 연대가 올라가는 적갈색 점토층(C층)이 퇴적되었다.

중기 구석기시대 1기에 해당하는 유적으로는 영서지역의 백이 1유물층, 금산리 갈둔 4유물층, 상무룡리(강원대) 최하층, 영동지역의 월소 5유물층, 월소 4-2유물층, 망상동 360-34 3유물층 등을 들 수 있다. 중기 구석기시대 2기에 해당되는 유적으로는 영서지역의 백이 2유물층, 작은솔밭 3·4유물층, 금산리 갈둔 3유물층, 거두리 2유물층, 삼옥리, 영동지역의 월소 4-1유물층, 노봉 3유물층, 기곡 3유물층, 망상동 360-34 2유물층, 발한동 하층 등을 들 수 있다.

이 시기에 해당되는 유적들에서 출토된 석기구성 비율을 분석한 결과 주먹도끼 및 주먹찌르개, 찍개, 여러면석기, 주먹대패 등 대형의 몸돌석기가 차지하는 비중이 후기 구석기시대 유적의 구성 비율보다 매우 높게 나타났다. 특히 망상동 360-34 3유물층과 노봉 3유물층의 찍개 비율, 금산리 4유물층의 주먹도끼류 비율, 백이 유적의 찍개·주먹대패·주먹도끼류 석기의 비율은 눈에 띄게 높았다. 반면에 이 시기 유적에서는 새기개가 전혀 출토되지 않았으며, 소형석기가 차지하는 비율은 후기 구석기시대 유적들과 비교해서 매우 낮은 편이다. 금산리 갈둔 3유물층을 제외하고, 거의 대부분 대형석기 비율이 20%를 넘어 30~40%까지 존재한다. 특히 백이 유적의 대형석기 비율은 60~70%를 유지해 전체 석기군의 과반수를 차지한다. 중기 구석기시대 1기 유적에서는 발굴 면적이 적었던 망상동 360-34 유적을 제외한 모든 유적에서 주먹도끼류 석기가 출토된 반면, 중기 구석기시대 2기 유적에서는 주먹도끼류 석기가 포함되지 않은 유적도 여럿 있다.

몸돌의 길이, 너비, 두께, 무게, 길이/너비 지수, 길이/두께 지수를 분석한 결과, 후기 구석기시대 보다 중기 구석기시대의 몸돌들이 더 크게 나타나 비교적 대형의 몸돌들이 주로 출토되었음을 알 수 있다. 길이에 비해 너비가 더 길어서 다소 두툼한 형태의 몸돌이 많고, 길이에 비해 두께가 더 두텁고 비교적 부피가 큰 몸돌들이 우세하게 나타났다. 몸돌과 마찬가지로 격지의 길이, 너비, 두께, 무게, 길이/너비, 길이/두께 지수를 비교해 본 결과에서도 후기 구석기시대 격지보다 중기 구석기시대 격지의 크기가 더 크고 길이에 비해 너비가 더 길거나, 길이와 너비의 비율이 엇비슷한 형태의 격지들이 우세하게 나타났다.

이 시기 유적들에서 출토된 석기의 돌감 구성 비율을 분석한 결과 석영 및 규암이 거의 대부분을 차지할 정도로 압도적이다. 다만, 망상동 360-34번지 2·3유물층과 노봉 3유물층에서 석영 및 규암 이외에 화강암, 사암, 화산암, 편마암, 편암 등 기타 암질이 차지하는 비율이 다소 높게 나타난 경향이 있다. 그러나 지질구조상 주변의 하천 또는 해안에서 손쉽게 획득할 수 있는 것에 한정되어 있고, 후기 구석기시대의 다양한 정질의 돌감(수정, 반암, 흑요석, 혼펠스, 세일 등)과는 질적으로 전혀 다르다. 또한 평릉동, 월소, 금산리 갈둔 유적에서는 석영이나 규암 이외에 기타 암질이 찍개나 주먹도끼 제작에 사용되기도 했다.

중기 구석기시대 1·2기의 따뜻했던 기후는 중기 구석기시대 3기(40~65 ka BP)로 접어들면서부터 대체로 마지막 빙하기의 춥고 건조한 기후 환경으로 변화되었다. Würm빙기 초에 해당되는 철원 내대리의 호소성 퇴적물에서는 차가운 담수에 주로 서식하는 규조류들이 다량 확인되었고, 삼척 대이리 관음굴 석순이 70 ka BP 이후 성장을 멈춘 것은 MIS 4 시기의 기후 조건이 매우 춥고 건조했기 때문으로 보인다. 이 시기에 급격한 추위가 시작되면서 C-1층 상부에 두 번째 토양쐐기 구조가 발달하고 B-2층이 퇴적되었으나, 기후 조건 변화의 영향으로 이전 시기에 비해 유적의 수가 현저히 감소하고, 석기의 출토 빈도수도 높지 않은 편이다. 이 시기에 해당하는 유적으로는 영서지역의 백이 3유물층, 연봉리 3유물층, 영동지역의 월소 3유물층, 기곡 A지구 2유물층, 심곡리 유적 등을 들 수 있다. 백이 3유물층과 월소 3유물층에서 주먹도끼류, 찍개, 여러면석기 등과 더불어 긁개, 밀개, 홈날, 찌르개 등의 소형 석기가 집중된 것을 제외하고 대부분의 유적에서는 소량의 석기들이 산발적으로 출토되는 양상을 보인다.

한편 후기 구석기시대 1기(20~40 ka BP)는 첫 번째 토양쐐기 구조가 발달한 암갈색 점토층(B-1층)에 해당된다. 이 시기는 MIS 3에 해당되어 마지막 빙하기 중에도 추위의 강도가 덜해 아간빙기라 불릴 만큼 비교적 따뜻했던 것으로 알려져 있지만, 실제로는 긴 빙하기의 중간에 해당되어 지금보다는 더 추운 기후였다고 생각된다. 심곡리의 꽃가루 분석 결과 침엽수인 소나무로만 이루어진 식생 경관을 보여 당시의 기후 환경이 현재 보다 한랭 건조한 조건에 놓여 있었음을 알려준다. 영월 연당 피난굴(쌍굴)에서 나타난 바와 같이, 이 시기 동물상은 노루, 사슴, 꽃사슴, 멧돼지, 소, 너구리, 여우, 토끼 등 현생종이 우세한 가운데 일부는 추운(털코뿔이, 동굴하이에나) 혹은 더운(원숭이) 기후를 대표하는 절멸종이 섞여 있어 지금과 당시의 기후가 분명히 달랐음을 보여준다.

후기 구석기시대 1기에 해당되는 유적으로는 영서지역의 거두리 1유물층, 금산리 갈둔 2유물층, 돌터거리, 연봉리 2유물층, 작은솔밭 2유물층, 연당리 피난굴(쌍굴), 기화리 쌍굴, 영동지역의 노봉 2유물층, 기곡 B지구 2유물층, 망상동 360-34 1유물층, 월소 2유물층, 주수리 2유물층 등을 들 수 있다.

이 시기에 해당되는 유적들에서 출토된 석기의 구성 비율을 분석한 결과 찍개, 여러면석기, 주먹대패, 주먹도끼류 석기의 비율은 10% 전후를 차지하며, 많은 경우에도 20%를 넘어서지 못하는 등 현저히 감소한 반면, 상대적으로 소형석기에 해당하는 긁개·밀개·홈날·찌르개 등의 비율이 높게 나타났다. 특히 망상동 360-34 1유물층과 돌터거리 유적에서는 홈날의 비율이 매우 높게 나타났다. 대형석기의 구성 비율이 중기 구석기시대〉후기 구석기시대 1기〉후기 구석기시대 2기 순으로 나타나고, 석영제 소형석기의 비율은 후기 구석기시대 1기〉후기 구석기시대 2기〉중기 구석기시대 순으로 나타나 이 시기는 석영제 소형석기 중심의 유물군이 두드러진다는 사실을 잘 알려준다.

이 시기 유적들에서 출토된 석기의 돌감 구성 비율을 분석한 결과 석영 및 규암의 높은 비율은 그대로 유지되지만, 후기 구석기시대 늦은 시기에 주로 나타나는 반암, 이암 등 정질의 돌감이 낮은 비율이지만 새롭게 등장하는 변화가 나타난다.

다음으로 후기 구석기시대 2기(10~20 ka BP)는 지표교란층 바로 아래의 명갈색 점토층(A층)에 해당한다. 토양쐐기 구조가 전혀 나타나지 않으며, 매우 무르고 느슨한 토양의 특성을 지닌다. 이 시기 강원지역의 기후 환경은 속초 영랑호의 꽃가루 분석 결과를 통해 알 수 있다.

17~15 ka BP 시기에는 빙하기의 추운 기후 하에서 전나무속, 오엽송, 가문비나무속, 이깔나무속, 사초과 식물 등이 주로 자라 영랑호 주변에 아한대성 침엽수림이 형성되어 있었음을 알려준다. 평창 기화리 쌍굴의 낙반석층과 영월 연당리 피난굴(쌍굴)의 낙반석층 형성도 춥고 건조한 환경을 반영하는 것으로 보인다. 그 후 10 ka BP 이후에는 따뜻한 곳에서 잘 자라는 이엽송, 참나무속, 버드나무속, 호두나무속, 서어나무속, 느릅나무속 등이 증가하고 많은 풀들과 양치류가 번성하여 만빙기보다 기후가 더 따뜻하고 건조해졌음을 알 수 있다.

후기 구석기시대 2기에 해당되는 유적으로는 영서지역의 사둔지, 도둔, 작은솔밭 1유물층, 장흥리 1유물층, 상무룡리(경희대), 금산리 갈둔 1유물층, 연봉리 1유물층, 영동지역의 주수리 1유물층, 노봉 1유물층, 구미동, 월소 1유물층, 기곡 1유물층 등을 들 수 있다.

이 시기에 해당되는 유적들에서 출토된 석기의 구성 비율을 분석한 결과 찍개, 주먹대패, 여러면석기 등 대형석기의 비율은 대부분 5% 미만에 그치며, 많아도 10%를 넘어서지 않음을 알 수 있다. 주먹도끼류 석기는 전혀 나타나지 않는다. 반면에 긁개나 밀개, 새기개의 비율이 높게 나타난다. 슴베찌르개, 화살촉, 돌날 및 좀돌날(몸돌 포함)은 오로지 이 시기에만 확인되는 석기이다. 이 시기 석기구성에서 매우 주목되는 양상은 영서지역의 상무룡리, 사둔지, 작은솔밭 1유물층에서 돌날 및 좀돌날(몸돌 포함)의 비율이 현저히 높은 반면, 영동지역의 구미동, 노봉 1유물층, 주수리 1유물층, 월소 1유물층 등에서는 전혀 출토되지 않아 양 지역의 차이가 뚜렷하게 나타난다는 점이다. 이것은 기곡 유적을 제외하고, 영동지역 유적에서는 후기 구석기시대 1기의 석영제 소형석기 중심의 유물군 전통이 후기 구석기시대 2기까지 지속되는 특성이 반영된 결과이다.

후기 구석기시대 1·2기 유적에서 출토된 몸돌의 길이, 너비, 두께, 무게, 길이/너비, 길이/두께 지수를 통계 처리하여 분석 한 결과, 크기가 작고 두텁지 않은 소형의 몸돌들이 우세하게 나타났다. 특히 돌날이나 좀돌날, 세로로 긴 격지 등을 생산한 결과 너비와 두께에 비해 길이가 긴 소형몸돌이 우세하게 나타났다. 격지를 분석한 결과에서도 크기가 작고, 너비에 비해 길이가 더 길쭉한 형태의 아주 얇은 격지들이 우세하게 나타났다. 특히 돌날이나 좀돌날, 세로로 긴 격지 등과 같이 너비와 두께에 비해 길이가 긴 소형격지들이 우세하게 나타나 중기 구석기시대의 격지들과 차이를 보였다.

이 시기 강원지역에서 처음 확인된 주요 석기로는 갈린 좀돌날몸돌 및 좀돌날, 쐐기형 석기, 화살촉을 들 수 있다. 장흥리와 상무룡리의 '한쪽 면이 갈린 좀돌날몸돌' 과 더불어 장흥리, 상무룡리, 하화계리에서 확인된 '갈린 면을 지닌 잔손질된 흑요석 좀돌날' 은 후기 구석기시대 2기의 새로운 좀돌날(몸돌) 제작 기술 공정을 알려주는 중요한 자료이다. 흑요석 돌날을 소재로 한 몸돌의 한쪽 배면 전부 혹은 일부를 곱게 갈고, 이 갈린 배면을 타격면으로 삼아 등방향으로 가파르게 잔손질하여 모서리를 만든 후 첫 돌날떼기를 하면 한쪽 가장자리에 갈린 면이 있는 잔손질된 좀돌날을 얻게 된다. 이것은 흑요석 돌날을 소재로 한 히로사토형 몸돌 작업 공정과 관련된다.

또한 동해 기곡 유적에서 출토된 '위·아래 모두 연속적으로 으스러진 두 개의 가로날을 특징으로 하는 쐐기형 석기'를 프랑스의 pièce esquillée와 동일한 유형의 석기로 인식하였으며, 사용흔 분석을 통해 이 석기는 단순한 양극떼기 기법에 의한 산물이 아니라 쐐기와 같은 중간 매체 도구(tool)로서 사용되었음을 확인하였다.

동해 기곡과 월소에서 출토된 후기구석기 최말기의 수정 혹은 석영제 화살촉 4점은 후기구석기인들의 신석기 단계 진입 준비 과정이 점진적으로 이루어졌음을 보여주는 것으로 생각된다.

후기 구석기시대 2기에 속하는 철원 장흥리와 동해 기곡 유적에서 출토된 석기들에서는 다양한 형태의 사용흔적들이 관찰되었다. 이 시기에 주로 출토되는 석기 중 새기개, 뚜르개, 긁개, 밀개, 좀돌날 등에서 석기의 사용 목적과 잘 일치하는 닳은 자국과 줄 자국 등이 확인되었다. 특히 잔손질이 이루어지지 않은 석영제 격지에서 나타난 사용흔은 긁거나 자르는 기능을 하는데 격지의 가장자리 날카로운 날이 유용했음을 보여주는 실증적 자료이다.

후기 구석기시대 2기 유적들에서 출토된 석기의 돌감 구성 비율을 분석한 결과, 이전 시기와 달리 석영과 규암 이외에 흑요석, 수정, 반암, 이암 등 정질의 다양한 돌감이 현저하게 증가하는 변화가 나타났다. 특히 영서지역의 하화계리 사둔지, 작은솔밭, 장흥리, 상무룡리 유적에서는 흑요석이 다량 출토되었다. 흑요석을 분석한 결과, 하나의 유적에서 여러 종류의 흑요석이 공존하는 것으로 보아 백두산이라는 단일한 원산지에서만 기원한 것이 아니라 지금까지 알려지지 않은 여러 곳의 흑요석 산지에서 채취된 원석이 돌감을 매개로 한 다양한 루트의 교류를 통해 원거리의 여러 지역으로 확산되었을 가능성이 크다는 점을 확인하였다. 반면에 영동지역에서는 기곡 유적에서만 유일하게 흑요석이 소량 출토된 것을 제외하고, 대부분 석영과 규암이 여전히 높은 비율을 차지해 양 지역의 차이가 뚜렷이 드러났다.

지금까지 강원지역의 구석기유적들을 편년하고, 시간의 흐름에 따라 석기의 구성 및 양상이 어떻게 변화 전개되었는가를 살펴보았다. 이러한 연구 성과를 바탕으로 앞으로 진전 시킬 연구 과제는 다음과 같다.

첫째, 강원지역의 구석기를 연구할 때 주변 지역과의 관계를 고려해 주어야 한다. 강원지역이라는 개념은 연구의 편의를 위한 임의의 구획이므로, 구석기인들의 활동이 반드시 현재의 행정구역 체제 안에서만 관련성이 있다고 보기 어렵다. 영서지역의 경우 하천을 따라서, 영동지역의 경우 해안을 따라 고인류의 활동 범위가 확대되었을 가능성이 크므로, 주변 지역의 구석기 연구 성과도 주목할 필요가 있다. 예컨대 흑요석과 같이 교역의 중요한 대상품으로 여겨지는 돌감에 대한 연구도 이러한 주변 지역과의 관계 속에서 서로 주고받는 대상임이 고려되어야 한다. 또한 동해안의 경우 북쪽의 함경도 굴포리, 동관진뿐만 아니라 남쪽으로 경상도 해안지역 유적과의 관련성을 고려해야함은 당연하다. 최근 환동해지역 선사시대 사회집단의 형성과 문화교류에 대한 관심과 연구[1]가 활기를 띠고 진행되는 점도 이러한 맥락에서 그 의미가 깊다고 할 수 있다.

둘째, 석회암 동굴 유적에 대한 발굴조사를 통해 새로운 연구 방향을 모색해 나갈 필요성이 있다. 잘 알려진 것처럼, 석회암 동굴에는 석기뿐만 아니라 다양한 종류의 동물뼈 화석들이 잘 남아 있어 구석기인들이 적응하며 살았던 자연환경을 복원하는데 중요한 단서를 제공할 수 있기 때문이다. 이러한 관심과 연구는 반드시 남한강 상류에만 국한되는 문제는 아니며, 동해안 지역에도 여러 동굴들이 확인되고 있는 바, 해안지역에 거주한 구석기인들의 동굴 활용 여부에 대해서도 주목할 필요가 있다.

셋째, 동해안과 내륙에 입지한 유적의 문화양상이 어떻게 다른지에 대해 지속적인 관심을 가져야 한다.

앞으로 이러한 연구 과제들을 중심으로 성과들이 쌓이면 자연스럽게 시간변화에 따른 강원지역의 구석기문화상 확립을 위한 새로운 연구모델을 제시하는 일이 가능해질 것으로 기대된다.

---

1 한국상고사학회, 「환동해지역 선사시대 사회집단의 형성과 문화교류」, 제35회 한국상고사학회 학술발표회, 2007, 1~246쪽.

참고문헌

1. 遺蹟 調査 報告書

(주)용마엔지니어링 · 한림대학교박물관, 『서울—춘천 고속도로 민간투자사업 건설공사 문화재 지표조사 보고서』, 2003.

강원대학교 유적발굴조사단, 『동해 추암 이주단지 조성사업 지구내 매장문화재 시굴조사 지도위원회의 자료』, 2001.

강원문화재연구소, 『강릉 내곡동 318-20번지 문화유적 시굴조사 약보고서』, 2004

강원문화재연구소, 『강릉 정동진리 50-89번지 유적 시굴조사 약보고서』, 2004.

강원문화재연구소, 『동해 망상동 419-2번지 농가창고 신축부지내 유적 발굴(시굴)조사 약보고서』, 2009.

江原文化財研究所, 『영월 동강리조트 조성부지내 유적 발굴조사 약보고서』, 2009.

江原文化財研究所, 『홍천군 관내 군부대 주둔지 편입부지내 시굴조사 약보고서』, 2005.

강형태, 「흑요석재의 성분 분석」, 『上舞龍里』, 江原道 · 江原大學校博物館, 1989.

국립춘천박물관, 『年報 2002 · 2003년 통권』, 2004.

국립춘천박물관 · 영월군, 『영월지역 동굴 학술발굴조사(1차) —영월 북면 공기리 굴앞마을 공기2굴 지도위원회의 및 현장설명회 자료집—』, 2008.

金南旽, 「華川郡의 先史遺蹟 및 古墳」, 『華川의 歷史와 文化遺蹟』, 江原大學校博物館 · 江原道 · 華川郡, 1996.

김남돈, 「원주 월송리 구석기유적」, 『博物館誌』第2號, 江原大學校 博物館, 1995.

김남돈, 「춘천 한덕리 구석기유적」, 『江原文化研究』17, 江原大學校 江原文化研究所, 1998.

김동구, 「해안분지의 선사유적과 유물조사」, 『해안분지의 자연연구(사적포함)』, 강원도교육위원회지정 해안중학교 부설 향토자연자원연구실, 1987.

김병모·조유전·심광주·이해일,「강원도의 고고학자료」,『민통선 북방지역 자원조사 보고서』, 강원도, 1987.

김선주 외,『홍천 백이·돌터거리·송정유적-홍천군 관내 주둔지 편입부지내 유적 발굴조사 보고서-』, 江原
文化財研究所, 2009.

金聖範·朴玧貞·曺美順,『高城 文岩里 遺蹟』, 國立文化財研究所, 2004.

김주용·양동윤·남욱현·홍세선·이진영·김진한·정혜경·오근창·강문경,「동해시 망상동 구석기유적일
대 제4기 지질」,『魯峰 舊石器遺蹟 : 제2임산물종합유통센타건설예정지 매장문화재 발굴조사보고서』,
산림조합중앙회·강원대학교유적조사단, 2002.

김주용·양동윤·홍세선·오근창·임재수·이진영·김진관,「홍천 백이유적 제4기 지질과 자연과학분석 연
구」,『홍천 백이·돌터거리·송정유적-홍천군 관내 주둔지 편입부지내 유적 발굴조사 보고서-』, 江
原文化財研究所, 2009.

김주용·양동윤·홍세선·이상헌·이진영·김진관·오근창·김종연,「제4기 지질조사」,『洪川 蓮峯 舊石器
遺蹟』, 江原文化財研究所·韓國土地公社江原支社, 2007.

김주용·최복규·양동윤·이윤수,「철원군 장흥리 구석기유적일대 제4기 지질」,『長興里 舊石器遺蹟』, 강원
도·강원대학교 유적조사단, 2001.

盧爀眞·沈載淵,「春川의 先史遺蹟」,『春川의 歷史와 文化遺蹟』, 翰林大學校博物館·江原道·春川市, 1997.

盧爀眞·崔鐘模·沈載淵,「寧越郡의 先史·考古·關防·陶窯址遺蹟」,『寧越郡의 歷史와 文化遺蹟』, 翰林大學
校博物館·江原道·寧越郡, 1995.

박영철,「강원도 평창군 기화리 쌍굴유적의 퇴적편년의 검토」,『2008년 춘계 학술대회』, 江原考古學會, 2008.

박영철·최미노·김성진·정승은,「강원도 평창군 미탄면 기화리 쌍굴유적 시굴조사의 해석」,『한국구석기학
회 제8회 학술대회 발표집』, 한국구석기학회, 2007.

裵基同,『全谷里 : 1986年度 發掘調査報告』, 서울大學校 博物館, 1989.

白南極,「溟州郡의 天然記念物·洞窟·保護樹」,『溟州郡의 歷史와 文化遺蹟』, 關東大學校博物館·江原道·溟
州郡, 1994.

백홍기·지현병·고동순,「江陵市의 先史考古遺蹟」,『江陵의 歷史와 文化遺蹟』, 江陵大學校 博物館·文化財管
理局·江陵市, 1995.

손보기,「상무룡리에서 발굴된 흑요석의 고향에 대하여」,『上舞龍里』, 江原道·江原大學校博物館, 1989.

손보기·박영철·한창균,「층위구분과 퇴적상황, 퇴적물의 기원, 퇴적물 분석」,『점말 용굴 발굴보고』, 연세대
학교박물관, 1980.

손보기·한창균·홍현선·조태섭·공수진,「상무룡리 유적의 층위와 퇴적」,『上舞龍里』, 江原道·江原大學校
博物館, 1989.

연세대학교 원주박물관,『원주시의 문화유적-원주시 매장문화재 지표조사 보고서-』, 연세대학교 원주박물관
총서 1, 2002.

연세대학교 원주박물관,『춘천 동홍천간 고속도로 건설공사 구간내 구성포리 구석기유적 발굴조사 현장설명회
　　자료』, 2008.

영월군,『천연동굴 학술조사 보고서』, 2001.

예맥문화재연구원,『강릉 두산동 203−2번지 일원 공동주택 신축사업부지내 유적 발굴(시굴)조사 약보고서』,
　　2008.

예맥문화재연구원,『강릉 샌드파인리조트 신축공사부지내 유적 발굴(시굴)조사 지도위원회의 자료』, 2008.

예맥문화재연구원,『강릉 샌드파인리조트 신축공사부지내 유적 발굴조사 3차 지도위원회의 자료』, 2009.

예맥문화재연구원,『강릉 육군 5378부대 00지역 00사업부지내 유적 발굴(시굴)조사 약보고서』, 2007.

예맥문화재연구원,『국도 7호선(간성−현내간) 도로공사구간내 유적 발굴조사 1차 지도위원회의 자료』, 2006.

예맥문화재연구원,『동해 월소지구 도시개발 사업부지내 유적 발굴조사 약보고서』, 2008.

예맥문화재연구원,『동해 지홍동 동해시립박물관 건립부지내 유적 발굴(시굴)조사 약보고서』, 2008.

예맥문화재연구원,『양양 오산리 대명레저사업부지 내 유적 발굴(시굴)조사 약보고서』, 2006.

예맥문화재연구원,『철원 평화·문화광장 조성사업부지내 유적 발굴(시굴)조사 약보고서』, 2007.

예맥문화재연구원,『춘천 거두2지구 택지개발사업지구내(남서지구)유적 발굴조사 2차 지도위원회의 자료』,
　　2006.

예맥문화재연구원,『춘천 신매−오월간 도로확포장공사구간내 B지구 유적 발굴(시굴)조사 1차 지도위원회의
　　자료』, 2006.

예맥문화재연구원,『춘천 신매−오월간 도로확포장공사구간내 B지구 유적 발굴조사 지도위원회의 자료』, 2009

예맥문화재연구원,『홍천 모곡−발산간 도로구간내 유적 발굴조사 약보고서』, 2008.

우경식,『영월댐 수몰지 동굴 세부조사 보고서』, 한국수자원공사, 1999.

우경식,『평창군 미탄면 일원 동굴탐사 실시용역』, 평창군, 1997.

우경식·김병우·최용근,『동강유역 천연동굴 실태 및 보호방안』, 원주지방환경관리청, 2001.

원종관 외,『대이리 동굴군 학술조사 보고서』, 삼척군, 1987.

이동영,「상무룡리 유적의 염토질광물 분석」,『상무룡리』, 강원도·강원대학교박물관, 1989.

이동영,「홍천 도둔 유적지 층위조사」,『홍천 하화계리 도둔 중석기유적 발굴조사 보고서』, 강원고고학연구소,
　　1996.

이동영·김주용·한창균,「洪川 下花溪里遺蹟의 地形 및 地質」,『中央高速道路 建設區間內 文化遺蹟 發掘調査
　　報告書』, 江原道, 1992.

李相洙,「東海市의 先史考古遺蹟」,『東海市의 歷史와 文化遺蹟』, 關東大學校博物館·江原道·東海市, 1996.

이선복,「新發見 舊石器遺蹟 紹介」,『孫寶基博士 停年紀念 考古人類學論叢』, 知識産業社, 1988.

이선복,「파로호 퇴수지구 구석기유적의 제4기학적 성격」,『上舞龍里』, 江原道·江原大學校博物館, 1989.

이선복,『심곡리 구석기유적 발굴조사 보고서』, 서울대학교박물관, 2006.

이선복,『파주 장산리 구석기유적 시굴조사 보고서』, 서울대학교박물관, 2004

이용일, 「강릉 정동진리 50-89번지 시굴지점 지질분석 보고」, 『심곡리 구석기유적 발굴조사보고서』, 서울대학교박물관, 2006.

이융조, 「상무룡리 구석기유적의 꽃가루 분석」, 『上舞龍里』, 江原道·江原大學校博物館, 1989.

이해용·최영석·이나리, 『東海 望祥洞 舊石器遺蹟 : 동해 망상동 360-34번지 주택신축부지내 유적 발굴조사 보고서』, 강원문화재연구소, 2009.

이해용·홍성학·최영석, 「동해시 망상동 기곡 구석기유적」, 『동해고속도로 확장공사구간내 유적 발굴조사 보고서 : 동해 기곡유적』, 江原文化財研究所·韓國道路公社, 2005.

任孝宰·權鶴洙, 『鰲山里遺蹟』, 서울大學校博物館, 1984.

任孝宰·李俊貞, 『鰲山里遺蹟 Ⅲ』, 서울大學校博物館, 1988.

장호수, 『청주 사천동 재너머들 유적』, 재단법인 충청북도문화재연구원·(주)시티라이프 알앤디, 2009

정연우·고동순·홍성학·김소영, 『東海 望祥洞遺蹟 Ⅰ : 동해 망상동 44-2번지 근린생활시설부지내 유적 시굴조사 보고서』, 예맥문화재연구원, 2008.

철원군·강원문화재연구소, 『철원 포병훈련장 이전사업 문화재 지표조사 보고서』, 2009.

최기룡, 「석장리 지역의 현존 식생」, 『석장리 선사유적 11차-12차 발굴보고』, 한국선사문화연구소, 1992.

최기룡, 「홍천 송정유적 퇴적물의 화분분석」, 『홍천 백이·돌터거리·송정 유적 -홍천군 관내 군부대 주둔지 편입부지내 유적 발굴조사 보고서-』, 江原文化財研究所, 2009.

최복규 외, 『上舞龍里』, 江原道·江原大學校 博物館, 1989.

최복규 외, 『원주~강릉 복선전철 건설구간내 문화재 지표조사 보고서』, 한국철도시설공단·강원고고학연구소, 2006.

崔福奎, 「최근 강원도에서 새로 조사된 선사유적」, 『江原文化史研究』創刊號, 江原鄕土文化研究會, 1996.

최복규·김경진·정연우·김용백·최승엽, 「平昌郡의 先史遺蹟 및 古墳」, 『平昌郡의 歷史와 文化遺蹟』, 강원도·평창군, 1999.

최복규·김용백·김남돈, 「홍천 하화계리 중석기시대유적 발굴조사보고」, 『中央高速道路 建設區間內 文化遺蹟 發掘調査 報告書』, 江原道, 1992.

崔福奎·安聖民·柳惠貞, 「東海 九美洞 舊石器遺蹟」, 『東海 九美洞·九湖洞遺蹟 -동해 하수종말처리장 사업부지내 매장문화재 발굴조사 보고서-』, 關東大學校博物館·江原考古學研究所, 2004.

崔福奎·安聖民·柳惠貞, 『국도 5호선(삼마치~홍천간) 확·포장공사 구간 내 유적 발굴조사 보고서 : 洪川 下花溪里Ⅲ 작은솔밭 舊·中石器遺蹟』, 원주지방국토관리청·강원대학교유적조사단, 2004.

崔福奎·安聖民·柳惠貞·文知賢, 『魯峰 舊石器遺蹟 : 제2임산물종합유통센타건설예정지 매장문화재 발굴조사보고서』, 산림조합중앙회·강원대학교유적조사단, 2002.

최복규·유재춘·최승엽, 『동해 추암 이주단지 조성사업 지구내 매장문화재 지표조사 보고서』, 동해시·강원대학교·강원고고학연구소, 2000.

崔福奎·柳惠貞, 『江陵 珠樹里 舊石器遺蹟』, 한국도로공사 동해건설사업소·강원대학교유적조사단, 2004.

崔福奎・柳惠貞,『抱川 禾垈里 쉼터 舊石器遺蹟』, (주)현대산업개발・강원대학교 유적조사단, 2005.

崔福奎・崔三鎔・崔承燁・李海用・車在勳,『長興里 舊石器遺蹟』, 江原考古學研究所, 2001.

최복규・최승엽,「동해 구호동 구석기유적 보고」,『東海北坪工團 造成地域 文化遺蹟 發掘調査報告書』, 關東大學校博物館, 1994.

최복규・최승엽,『횡성 부동리 구석기유적』, 강원고고학연구소, 1998.

최복규・최승엽・김상태・이해용,「횡성군의 선사유적・고분」,『橫城郡의 歷史와 文化遺蹟』, 江原道・橫城郡・江原鄕土文化研究會, 1995.

최복규・최승엽・김상태・이해용,『발한동 구석기유적 발굴조사 보고서』, 강원고고학연구소, 1996.

崔福奎・崔承燁・李海用,「楊口郡의 先史遺蹟 및 古墳」,『楊口郡의 歷史와 文化遺蹟』, 江原道・楊口郡・江原大學校, 1997.

최복규・최승엽・이해용,『홍천 하화계리 도둔 중석기유적 발굴조사 보고서』, 강원고고학연구소, 1996.

최복규・최승엽・차재동・이은희,『횡성 현천리 구석기유적』, 강원고고학연구소, 1999.

최삼용,「영월 연당 쌍굴유적 조사 성과와 의의」,『2004 연세대학교 박물관 추계 학술세미나 : 우리나라 선사시대의 동굴 유적과 문화』, 연세대학교 박물관, 2004.

최승엽,「동해 기곡 구석기유적의 성격」,『한국구석기학회 제4회 학술대회 발표집』, 한국구석기학회, 2003.

최승엽,「중부동해안 구석기유적의 분포범위 확산을 위한 노력 (2)」,『博物館誌』第9號, 江原大學校 中央博物館, 2002.

최승엽,「洪川 內・外三浦里 舊石器遺蹟 發掘調査 概報」,『2008年 春季 學術大會』, 江原考古學會, 2008.

최승엽,「홍천 내・외삼포리 구석기유적 발굴조사 성과」,『한국구석기학회 제9회 학술대회 발표집』, 한국구석기학회, 2008.

최승엽,「홍천 하화계리 도둔 중석기시대유적 발굴조사 개요」,『제 41회 전국역사학대회 발표요지 : 統一과 歷史敎育』, 제41회 전국역사학대회 준비위원회・역사교육연구회, 1998.

최승엽,『洪川 蓮峯 舊石器遺蹟』, 江原文化財研究所・韓國土地公社 江原支社, 2007.

최승엽・김연주,『春川 錦山里 葛屯 舊石器遺蹟』, 江原文化財研究所, 2008.

최승엽・김연주,『洪川 內・外三浦里 舊石器遺蹟』, 江原文化財研究所・한국도로공사강원건설사업단, 2009.

최승엽・김연주,『洪川 下花溪里 水蔘收買場 建築敷地內 舊石器遺蹟 試掘調査 報告書』, 江原文化財研究所・(주)한국인삼공사, 2008.

최승엽・최영석・김연주,「홍천 하화계리 병영생활관부지내 구석기유적 발굴조사 개보」,『한국구석기학회 제10회 학술대회 발표집』, 한국구석기학회, 2009.

최승엽・홍성학,「중부동해안 구석기유적의 분포범위 확산을 위한 노력 (1)」,『博物館誌』第8號, 江原大學校 中央博物館, 2001.

최영석,『東海 平陵洞 舊石器遺蹟』, 江原文化財研究所・韓國土地公社, 2007.

쿠즈민,「홍천 하화계리(Ⅲ) 작은솔밭 구・중석기유적의 흑요석 성분분석」,『洪川 下花溪里Ⅲ 작은솔밭 舊・中

石器遺蹟』, 江原考古學研究所, 2004.

한국선사문화연구소 · 경기도, 『자연과 옛사람의 삶 : 자연환경조사 — 고고학 발굴보고』, 일산 새도시 개발지역 학술조사보고 1, 1992.

한림대학교박물관, 『원주 매지리 호반아파트 건설부지내 유적 문화재 발굴조사 약보고서』, 2007.

한림대학교박물관 · 한국토지공사 강원지사, 『춘천 거두2지구 택지개발사업 문화재 시굴조사 약보고서』, 2005.

한창균 · 장명수 · 신숙정, 「남한강 상류의 구석기유적 조사예보」, 『博物館 紀要』5, 檀國大學校 中央博物館, 1989.

홍미영 · 김종헌, 『남양주 호평동 구석기유적 II』, 한국토지공사 · 경기문화재단 · 기전문화재연구원, 2008

홍성학, 「양양 오산리유적의 발굴조사 성과」, 『한국구석기학회 제8회 학술대회 발표집』, 한국구석기학회, 2007.

홍영호 · 김상태, 「강릉 심곡리유적 채집 구석기」, 『博物館誌』第9號, 江原大學校中央博物館, 2002.

홍영호 · 김상태, 「경북 동해안 지역의 새로운 구석기유적」, 『한국구석기학보』제3호, 한국구석기학회, 2001.

홍영호 · 김상태, 「동해안지역에서 새로 발견된 구석기유적(Ⅰ)」, 『博物館誌』第6號, 江原大學校 博物館, 1999.

홍영호 · 김상태, 「동해안지역에서 새로 발견된 구석기유적(Ⅱ)」, 『博物館誌』第7號, 江原大學校 博物館, 2000.

황용훈 · 신복순, 「경희대학교 조사」, 『上舞龍里』, 江原道 · 江原大學校博物館, 1989.

2. 文化遺蹟 分布地圖

文化財廳 · 江原道 · 襄陽郡 · 江原文化財研究所, 『文化遺蹟 分布地圖 襄陽郡』, 2003.
文化財廳 · 江原道 · 寧越郡 · 江原文化財研究所, 『文化遺蹟 分布地圖 寧越郡』, 2004.
文化財廳 · 江原道 · 鐵原郡 · 江原文化財研究所, 『文化遺蹟 分布地圖 鐵原郡』, 2005.
文化財廳 · 江原道 · 春川市 · 江原文化財研究所, 『文化遺蹟 分布地圖 春川市』, 2003.
旌善郡 · 江陵大學校博物館, 『文化遺蹟 分布地圖 旌善郡』, 2007.
洪川郡 · 江原文化財研究所, 『文化遺蹟 分布地圖 洪川郡』, 2007.
橫城郡 · 江原文化財研究所, 『文化遺蹟 分布地圖 橫城郡』, 2008.

3. 學術大會 發表 資料集

江原考古學會, 『江原地域의 舊石器文化 : 第4回 江原考古學會 學術發表會』, 2003.
嶺南考古學會, 『嶺南地方의 舊石器文化 : 第8回 嶺南考古學會 學術發表會』, 1999.
韓國古代學會, 「舊石器文化의 새로운 研究 : 韓國古代學會 1999年 春季 學術會議 討論要旨」, 『先史와 古代』12, 1999.
한국구석기학회, 『제3차 학술대회 발표집 : 한강유역 구석기문화의 최근 연구 성과』, 2002.
한국구석기학회, 『제4회 학술대회 발표집』, 2003.

한국구석기학회,『제8회 학술대회 발표집 : 강원도 동해안 지역의 구석기문화』, 2007.

한국구석기학회,『제9회 학술대회 발표집 : 호서지역의 구석기문화』, 2008.

한국상고사학회,『환동해지역 선사시대 사회집단의 형성과 문화교류』, 제35회 한국상고사학회 학술발표회, 2007.

한국선사고고학회 · 강원일보사 주최,『양구 선사문화 학술대회 ―북한강 상류지역의 선사문화―』, 2000.

湖南考古學會,『호남지역의 구석기문화 : 第9回 湖南考古學會 學術大會 發表要旨』, 2001.

4. 學位論文

김상태,『상무룡리 구석기문화 연구』, 강원대학교 대학원 석사학위 논문, 1992.

朴成鎭,『임진―한탄강지역의 구석기시대 몸돌 연구 ―지표채집 석기를 중심으로―』, 檀國大學校 大學院 碩士學位 論文, 1998.

朴志焄,『花粉分析을 통한 江陵地域 河成段丘의 形成環境 및 形成時期 硏究』, 公州大 大學院 碩士學位 論文, 1996.

安聖民,『강릉 주수리 구석기유적 연구』, 江原大學校 大學院 文學碩士學位論文, 2007.

柳惠貞,『抱川 禾垈里 쉼터舊石器遺蹟 石器分析 硏究』, 江原大學校 大學院 碩士學位 論文, 2005.

이해용,『동해 발한동 구석기유적 연구』, 강원대학교 석사학위논문, 1998.

이혜연,『우리나라 후기 구석기시대 흑요석제 석기연구』, 목포대학교 석사학위논문, 2007

임창주,『남한강의 하안단구에 관한 연구』, 동국대학교 박사학위논문, 1989.

張龍俊,『韓國 後期舊石器의 製作技法과 編年硏究 ―石刃과 細石刃遺物相을 中心으로―』, 釜山大學校 文學博士學位論文, 2006.

趙南哲,『성분분석, 미세조직 및 자기적 특성에 의한 한반도 흑요석의 분류』, 江原大學校 工學博士學位論文, 2005.

최복규,『한국과 그 주변지역의 중석기 문화』, 연세대학교 박사학위논문, 1983.

崔承燁,『洪川 下花溪里 '도둔' 中石器時代 遺蹟의 硏究』, 江原大學校 碩士學位論文, 1996.

홍영호,『상무룡리 구석기유적의 석기 연구』, 강원대학교 석사학위논문, 1994.

5. 論文 및 著書

(국문)

康祥俊,『先史考古學에 있어서의 古環境 復原」,『先史文化』2, 忠北大學校 先史文化硏究所, 1994.

강영복,「동강 유역의 카르스트 지형」,『한국지형학회지』제5권제2호, 한국지형학회, 1998.

강영복 · 유영근,「평창군 미탄면 카르스트 지형에 발달한 토양특성」,『한국지형학회지』제7권제2호, 한국지형학회, 2000.

강원대학교 동굴연구회, 『동굴연구 세 번째』, 1992.

江原道, 『江原道史 歷史編』, 1995.

공수진, 「빠또 바위그늘유적의 2유물층의 돌감 경제」, 『博物館紀要』14, 檀國大學校 石宙善紀念博物館, 1999.

공수진, 「프랑스 후기 구석기시대의 돌감 찾기와 쓰기 : 빠또 바위그늘유적 2유물층의 예」, 『第四紀學會誌』第12
卷 第1號(通卷 第12號), 韓國第四紀學會, 1998.

공우석, 『생물지리학으로 보는 우리 식물의 지리와 생태』, 지오북, 2003.

국립춘천박물관, 『강원고고학의 발자취』, 2004.

권영식・이형호・한욱・김원형・김동진・김두일・염승준, 「양구 해안분지의 지구과학적 분석」, 『한국지구과
학회지』제11권 제3호, 한국지구과학회, 1990.

權赫在, 『地形學』, 法文社, 2005.

權赫在, 『自然地理學』, 法文社, 1992.

權赫在, 『韓國地理 : 우리 國土의 自然과 人文』, 法文社, 2007.

權赫在, 『韓國地理 : 각 地方의 自然과 生活』, 法文社, 2005.

김경수・김정률, 「남제주 사람발자국 화석을 포함한 지층의 층서와 지질 연대에 대한 고찰」, 『한국지구과학회
지』27-2, 한국지구과학회, 2006.

김기태・이정철, 「여주 연양리 구석기유적」, 『한국구석기학보』제11호, 한국구석기학회, 2005.

金尙泰, 「上舞龍里II遺跡の細石刃石器」, 『北海道考古學』第36輯, 2000.

金尙泰, 「상무룡리II유적의 좀돌날석기」, 『科技考古研究』第4號, 아주대학교박물관, 1998.

김상태, 「江原地域의 舊石器時代 遺蹟分布와 石材」, 『江原考古學報』3, 江原考古學會, 2004.

김상태, 「상무룡리 중기 구석기 유물층 석기 분석」, 『博物館紀要』, 檀國大學校 中央博物館, 1995.

김상태, 「한반도 출토 흑요석기와 원산지 연구현황」, 『한국구석기학보』제6호, 한국구석기학회, 2002.

김선주, 「홍천 백이유적의 주먹대패 석기 연구」, 『江原考古學報』第10號, 江原考古學會, 2007.

김연옥, 「제4기 기후변동」, 『한국의 제4기 환경』, 서울대학교출판부, 2001.

김정률・서용석・박수인, 「강원도 영월지역에 분포하는 영흥층의 생흔화석에 관한 연구」, 『한국지구과학회지』
13-3, 한국지구과학회, 1992.

김정률・정창희・이창진・강백성, 「한국 남서 해안 격포리 지역의 제4기 퇴적층에서 산출된 Spongeliomorpha
ichnosp.」, 『한국지구과학회지』16-6, 한국지구과학회, 1995.

김정률・허원혁, 「제주도에 분포하는 서귀포층의 퇴적구조와 생흔화석의 고환경적 의의」, 『한국지구과학회지』
16-3, 한국지구과학회, 1995.

김정률・황길순・박수인, 「강원도 영월지역에 분포하는 문곡층의 생흔화석과 폭풍 퇴적층」, 『한국지구과학회
지』15-2, 한국지구과학회, 1994.

김종찬, 「구낭굴 유적의 U/Th 연대측정에 대하여」, 『중원지역의 구석기문화』, 충북대학교 중원문화연구소・한

국학술진흥재단, 2006.

김종찬·이융조·조태섭·염종권, 「구낭굴 유적의 방사성탄소연대측정과 석회마루 형성 기후환경」, 『중원지역의 구석기문화』, 충북대학교 중원문화연구소·한국학술진흥재단, 2006.

김주용, 「강원도 동해안의 해안단구 지형발달 ―최근 동해안 단구지형 연구자료 고찰을 중심으로―」, 『한국구석기학회 제8회 학술대회 발표집』, 한국구석기학회, 2007.

김주용·양동윤·홍세선·최복규·최승엽·김진관, 「동해안 중부의 해안단구 형성환경과 지질고고학의 적용」, 『한국구석기학보』제8호, 한국구석기학회, 2003.

김주용·이융조·양동윤·오근창·김종찬, 「단양 구낭굴 동굴퇴적층 형성과정과 시기고찰」, 『중원지역의 구석기문화』, 충북대학교 중원문화연구소·한국학술진흥재단, 2006.

김주용·이헌종, 「GIS 기법을 이용한 한국 영산강 하류 구석기 유적 분포특성 연구」, 『先史와 古代』20, 韓國古代學會, 2004.

김주용·최승엽·양동윤·오근창·김진관, 「동해안 망상동 기곡 구석기 유적의 제4기 지질연구」, 『한국구석기학보』제16호, 한국구석기학회, 2007.

김주용·최승엽·양동윤·홍세선·이상헌·오근창·이진영·김진관·김종연, 「홍천 연봉 구석기유적의 지질고고학적 연구」, 『先史와 古代』30, 韓國古代學會, 2009.

金昌煥, 「강원도 지형에 관한 연구동향과 과제」, 『한국지형학회지』제10권 제1호, 한국지형학회, 2003.

김창환, 「강원지역 자연환경의 지리학적 특성」, 『강원환경의 이해 : 상황과 비전』, 한울아카데미, 1998.

김태호, 「한국의 화산지형」, 『한국의 제4기 환경』, 서울대학교출판부, 2002.

문화재청, 『지질·광물 문화재 자원 조사 보고서』, 2001.

박계헌 외, 『지질 및 해양시료의 미량조성 및 구조분석법 연구(Ⅰ)』, 기초과학지원연구소 UCPN00010-025-4, 1995.

박성진, 「프랑스 남서부지방 마지막 네안데르탈인들의 돌감공급과 생존전략」, 『한국고고학보』70, 한국고고학회, 2009.

박영숙·김명진·이종덕·구자진, 「서산시 석림동 제4기 퇴적층의 규조 및 고환경 연구」, 『지질학회지』제42권 제4호, 대한지질학회, 2006.

박영철, 「自然環境調査」, 『韓國史論』12, 한국의고고학Ⅰ·上, 國史編纂委員會, 1983.

박영철, 「경남지역 구석기문화」, 『우리나라의 구석기문화』, 연세대학교 출판부, 2002.

朴英哲, 「식물상과 동물상」, 『한국사』2, 국사편찬위원회, 1997.

박원규·김요정·김경희·이융조, 「단양 구낭굴 출토 숯의 수종분석」, 『중원지역의 구석기문화』, 충북대학교 중원문화연구소·한국학술진흥재단, 2006.

박준범, 「한강유역 출토 선사시대 간돌화살촉 연구」, 『韓國新石器研究』12, 韓國新石器學會, 2006.

박지훈, 「화분분석을 이용한 천안시 불당동 지역의 제4기 후기 환경변화」, 『한국지형학회지』, 한국지형학회, 2006.

朴喜斗, 「南漢江 中・上流 盆地의 堆積層 層序와 地形編年」, 『地理學研究』第20輯, 한국지리교육학회, 1992.

박희현, 「남한강유역의 구석기유적」, 『우리나라의 구석기문화』, 연세대학교 출판부, 2002.

박희현, 「動物相과 植物相」, 『韓國史論』12, 韓國의 考古學Ⅰ・上, 國史編纂委員會, 1986.

배기동, 「1990년대 이후의 한국 구석기고고학 연구 성과」, 『文化財』제35호, 國立文化財研究所, 2002.

裵基同, 「舊石器時代 研究史」, 『國史館論叢』第19輯, 國史編纂委員會, 1990.

배기동, 「제1장 구석기시대」, 『韓國先史考古學史 : 연구현황과 전망』, 까치, 1992.

배기동, 「최근 구석기고고학의 성과와 전망」, 『韓國先史考古學報』12, 韓國先史考古學會, 2006.

배기동, 「한탄강과 임진강 유역의 구석기유적과 공작」, 『우리나라의 구석기문화』, 연세대학교 출판부, 2002.

서무송, 「동강 유역의 석회암 동굴에 관한 연구」, 『한국지형학회지』제5권제2호, 한국지형학회, 1998.

성춘택, 「구석기 제작기술과 석재분석 : 한국후기 구석기시대 석재에 대한 예비적 고찰」, 『韓國上古史學報』第39號, 韓國上古史學會, 2003.

성춘택, 「대전충남 지방의 구석기 문화」, 『한국구석기학회 제9회 학술대회 발표집』, 한국구석기학회, 2008.

성춘택, 「세석인 제작기술과 세석기」, 『韓國考古學報』38, 韓國考古學會, 1998.

성춘택, 「한국 구석기시대 석기군 구성의 양상과 진화 시론」, 『韓國上古史學報』51, 韓國上古史學會, 2006.

성춘택, 「한국 후기 구석기 유적의 시간층위 재고」, 『韓國上古史學報』第46號, 韓國上古史學會, 2004.

성춘택, 「한국 후기구석기 문화유형론」, 『한국고고학보』59, 한국고고학회, 2006.

송언근, 「동강유역 하안단구와 곡류절단의 지형 발달」, 『한국지형학회지』제5권제2호, 한국지형학회, 1998.

신재봉・Toshiro Naruse・유강민, 「뢰스-고토양 퇴적층을 이용한 홍천강 중류에 발달한 하안단구의 형성시기」, 『지질학회지』제41권 제3호, 대한지질학회, 2005.

양동윤, 「석기의 재질분석과 원료산지 추정」, 『한국 매장문화재 조사연구방법론』2, 국립문화재연구소, 2006.

연세대학교 박물관, 『연당 쌍굴 : 사람, 동굴에 살다』, 2004년 연세대학교박물관 특별전, 2004.

연세대학교박물관 편, 『한국의 구석기』, 연세대학교 출판부, 2001.

염종권・김종찬・조태섭・김주용・이융조・김인철, 「구낭굴 유적의 연대측정과 고환경변화」, 『중원지역의 구석기문화』, 충북대학교 중원문화연구소・한국학술진흥재단, 2006.

원종관・나기창・이문원, 「민통선 북방지역의 지질」, 『민통선 북방지역 자원조사 보고서』, 강원도, 1987.

윤순옥・이광률, 「洪川江 중・하류의 하안단구 지형 발달」, 『대한지리학회지』제35권 제2호, 대한지리학회, 2000.

윤순옥・황상일, 「우리나라 화분과 규조의 제4기 생층서와 환경」, 『한국의 제4기 환경』, 서울대학교출판부, 2001.

윤순옥・황상일・반학균, 「한반도 중부 동해안 정동진, 대진지역의 해안단구 지형발달」, 『대한지리학회지』제38권 제2호, 대한지리학회, 2003.

윤순옥・황상일・정석교, 「三陟 五十川 중・하류부의 河岸段丘 지형발달」, 『대한지리학회지』제37권 제3호 (통권 91호), 대한지리학회, 2002.

이광률, 「북한강 하안단구 퇴적층의 풍화 특성」, 『대한지리학회지』제39권 제3호, 대한지리학회, 2004.

이광률, 「소양강 상류 하안단구의 지형면 특성과 퇴적물 분석」, 『대한지리학회지』제39권 제1호, 대한지리학회, 2004.

이광률·윤순옥, 「홍천강 하안단구의 형성시기별 역 풍화 특성」, 『지질학회지』제39권 제4호, 대한지질학회, 2003.

이기길, 「순천 죽내리유적의 돌감과 석기만듦새」, 『수양개와 그 이웃들 第7回 國際學術會議』, 丹陽郡·忠北大學校博物館·(社)丹陽鄉土文化研究會, 2002.

이기길, 「호남 내륙지역의 구석기문화」, 『湖南考古學報』14, 湖南考古學會, 2001

이기길, 「호남의 구석기유적」, 『우리나라의 구석기문화』, 연세대학교 출판부, 2002.

이동영, 「선사유적 지층의 형성시기와 고환경 해석을 위한 지질연구」, 『韓國上古史學報』第二十號, 韓國上古史學會, 1995.

이동영, 「한강유역과 동해안지역의 제4기 지층 및 구석기유적지 답사」, 『韓國第四紀學研究』, 고 이동영 박사 추모집 간행위원회, 1999.

이동영, 「한국 동해안지역의 제4기 지층발달과 층서적 고찰」, 『博物館紀要』8, 檀國大學校 中央博物館, 1992.

이상헌, 「호수 및 습지 퇴적물에 함유된 화분을 이용한 고기후 연구 동향」, 『지질학회지』제44권 제1호(특별호), 대한지질학회, 2008.

이상헌·김주용, 「청주시 복대동 유적발굴지의 화분분석 연구」, 『한국고생물학회지』23-2, 한국고생물학회, 2007.

이상헌·김주용·김진관, 「군산시 내흥동 유적지에서 산출된 후기 플라이스토세의 유기질 미화석과 고환경」, 『한국고생물학회지』23-2, 한국고생물학회, 2007.

이상헌·김주용·오근창·양동윤·류은영·오규진, 「화분분석을 이용한 아산시 풍기동 지역의 후기 플라이스토세 고환경」, 『지질학회지』제42권 제1호, 대한지질학회, 2006.

李鮮馥, 「구석기 고고학의 편년과 시간층위 확립을 위한 가설」, 『韓國考古學報』42, 韓國考古學會, 2000.

李鮮馥, 「구석기시대」, 『한강유역사』, 민음사, 1993.

이선복, 「북한강 상무룡리 유적의 연대적 성격에 대하여」, 『양구 선사문화 학술대회 ―북한강 상류지역의 선사문화―』, 한국선사고고학회 제9회 학술발표회 요지, 한국선사고고학회, 2000.

이선복, 『동북아시아 구석기연구』, 서울대학교출판부, 1989.

이선복·이용일, 「흑요석 석기의 지화학적 특성에 대한 예비 고찰」, 『韓國考古學報』35, 韓國考古學會, 1996.

李鮮馥·李容鎰·林賢洙, 「江陵市 正東津 地域 段丘地形 再考」, 『한국지형학회지』, 한국지형학회, 2009.

이융조 책임편집, 『중원지역의 구석기문화』, 충북대학교 중원문화연구소·한국학술진흥재단, 2006.

이융조, 「中原地方의 舊石器文化」, 『古文化』第40·41合輯, 韓國大學博物館協會, 1992.

이융조, 「한강유역의 구석기문화」, 『先史와 古代』1, 韓國古代學會, 1991.

李隆助·尹用賢, 「한국 좀돌날몸돌의 연구 ―수양개수법과의 비교를 중심으로―」, 『先史文化』2, 忠北大學校 先

史文化硏究所, 1994.

이융조 · 조남철 · 강형태, 「단양 수양개유적 흑요석의 특성화 연구」, 『한국구석기학보』, 한국구석기학회, 2004.

이찬 · 손명원, 「강원도 민통선 북방지역의 자연지리적 고찰」, 『민통선 북방지역 자원조사 보고서』, 강원도, 1987.

이해용, 「동해 발한동 구석기문화」, 『先史와 古代』12, 韓國古代學會, 1999.

李憲宗, 「榮山江流域 新發見 舊石器遺蹟群」, 『湖南考古學報』5, 湖南考古學會, 1997.

이헌종, 「우리나라 서남해안 일대의 구석기시대 유적 분포와 문화적 성격에 대한 고찰」, 『한국구석기학보』제9호, 한국구석기학회, 2004.

이헌종, 「우리나라 후기구석기 최말기의 성격과 신석기시대로의 이행과정」, 『제20회 한국상고사학회 학술발표회 : 전환기의 고고학(Ⅰ)』, 한국상고사학회, 1998.

이헌종, 「전남 서해안 도서지역의 구석기문화」, 『第9回 湖南考古學會 學術大會 發表要旨: 호남지역의 구석기문화』, 湖南考古學會, 2001.

이헌종, 「전남 서해안 도서지역의 구석기시대 석기문화와 주거체계」, 『湖南考古學報』14, 湖南考古學會, 2001.

이헌종, 「전라남도 서남해안 일대의 신발견 구석기유적군」, 『舊石器人의 生活과 遺蹟』, 學硏文化社, 2003.

이헌종, 「호남지역 후기 구석기시대 석기문화의 주요 특징에 대한 고찰」, 『湖南考古學報』16, 湖南考古學會, 2002.

이헌종, 「호남지역 후기 구석기시대에 대한 최근 연구 성과」, 『第6回 國際學術會議 : 수양개와 그 이웃들』, 丹陽郡 · 忠北大學校博物館 · (社)丹陽鄕土文化硏究會, 2001.

이헌종 · 김정빈 · 장대훈 · 이혜연, 「우리나라 서남해안 일대의 신발견 구석기유적 분포와 유적 점거의 규칙성에 대한 시고」, 『한국구석기학보』제13호, 한국구석기학회, 2006.

이헌종 · 김정빈 · 정철환 · 임현수 · 이혜연, 『영산강 유역의 구석기 고고학과 4기 지질학』, 학연문화사, 2006.

이헌종 · 김주용 · 양동윤 · 김정빈 · 홍미영 · 이혜연, 「영산강유역 하류 신발견 구석기유적군」, 『한국구석기학보』제8호, 한국구석기학회, 2003.

이헌종 · 이혜연, 「영산강 중 · 상류지역 구석기시대의 문화적 성격 연구」, 『先史와 古代』24, 韓國古代學會, 2006.

이형우, 「석재와 거리에 따른 영국 전기구석기 유물의 고찰(태임즈강 상류와 중류지역의 주요 유적지를 중심으로)」, 『韓國上古史學報』第34號, 韓國上古史學會, 2001.

임창주, 「寧越地域의 河岸段丘硏究」, 『상명대학교 논문집』6, 상명여자사범대학, 1977.

임창주, 「玉洞川의 河岸段丘에 關한 硏究」, 『社會科學硏究』第9號, 상명대학교 사회과학연구소, 1996.

임현수 · 이용일 · 이용우 · 이선복 · 장수범 · 김정빈, 「전곡 및 나주지역에서 관찰되는 대형 서관구조에 대한 예비연구」, 『지질학회지』제40권제4호, 대한지질학회, 2004.

장대훈, 「거창 정장리 구석기유적의 석기제작소 연구」, 『嶺南考古學』48호, 嶺南考古學會, 2009.

장윤득 · 박태윤 · 이상목 · 김정진, 「월성동 구석기 유적 출토 흑요석제 석기의 암석 및 광물학적 연구를 통한 원산지 추정」, 『한국지구과학회지』제28권 제6호, 한국지구과학회, 2007.

張貞姬・金遵敏, 「영랑호, 월함지 및 방어진의 제4기 이후의 식피의 변천」, 『植物學會誌』25-1, 한국식물학회, 1982.

장호・박희두, 「한국의 하안단구」, 『한국의 제4기 환경』, 서울대학교출판부, 2002.

정창식, 「해안단구에 대한 연대측정」, 『지질학회지』제38권 제2호, 대한지질학회, 2002.

조경남・우경식・김정찬・양동윤・Edwards, R. Lawrence・Cheng, Hai・Wang, Yongjin, 「에덴동굴 석순에 기록된 후기 플라이스토세의 고기후 변화」, 『지질학회지』제42권 제1호, 대한지질학회, 2006.

조경남・우경식, 「동굴생성물을 이용한 고기후 연구 : 국내외 연구현황 및 미래 연구방향」, 『지질학회지』제44권 제1호, 대한지질학회, 2008.

조경남・우경식・김정찬・양동윤・Wang, Yongjin・Edwards, R. Lawrence・Cheng, Hai, 「삼척시 대이리 관음굴 석순에 기록된 Dansgaard-Oeschger 기후변동」, 『지질학회지』제44권 제6호, 대한지질학회, 2008.

조남철・강형태・정광용, 「미량성분 및 스트론튬(Sr) 동위원소비를 이용한 한반도 흑요석제 석기의 산지추정」, 『韓國上古史學報』第53號, 韓國上古史學會, 2006.

조남철・강형태・한민수, 「양구 상무룡리 유적 흑요석의 특성화 연구 —화학성분 및 미세결정—」, 『韓國上古史學報』第49號, 韓國上古史學會, 2005.

조남철・박용희・도성재・강형태・남인탁, 「성분분석 및 자기적 특성에 의한 한반도 흑요석의 분류 연구」, 『보존과학회지』16, 한국문화재보존과학회, 2004.

조등룡・박기화・진재화・홍완, 「제주도 하모리층에 발달하는 사람발자국의 형성시기」, 『한국암석학회지』14-3, 한국암석학회, 2005.

조태섭, 『화석환경학과 한국 구석기시대의 동물화석』, 혜안, 2005.

曹華龍, 「韓國의 土炭地 硏究」, 『地理學』第41號, 대한지리학회, 1990.

崔基龍, 「화분분석」, 『考古學 硏究方法論 —自然科學의 應用—』, 서울대학교 출판부, 1998.

최미노, 「죽내리 유적 구석기 1유물층의 붙는 석기 연구」, 『한국구석기학보』제3호, 한국구석기학회, 2001.

최복규, 「강릉시 옥계 주수리 구석기유적 연구」, 『江原史學』第17・18合輯, 江原大學校 史學會, 2002.

최복규, 「강원도 동해안 지역의 구석기연구 성과와 과제」, 『한국구석기학회 제8회 학술대회 발표집』, 한국구석기학회, 2007.

최복규, 「강원도 동해안지역의 구석기문화 연구」, 『江原史學』第22・23合輯, 江原大學校 史學會, 2008.

최복규, 「강원도 선사고고학의 제문제」, 『한국선사고고학회 제4회 학술발표회 요지 : 강원도고고학의 제문제』, 한국선사고고학회, 1998.

최복규, 「강원도의 구・중석기시대」, 『제13회 한국상고사학회 학술발표회 : 고고학상으로 본 강원도』, 한국상고사학회, 1995.

최복규, 「강원도의 구석기시대」, 『한림학보』30호, 한림대학교 신문사, 1987.

최복규, 「강원지역의 구・중석기유적」, 『우리나라의 구석기문화』, 연세대학교 출판부, 2002.

최복규, 「강원지역의 구석기시대 문화」, 『第4回 江原考古學會 學術發表會 : 江原地域의 舊石器文化』, 江原考古學會, 2003.

최복규, 「강원지역의 후기 구석기문화와 유적」, 『장흥 신북 구석기유적 발굴기념 국제학술회의 : 동북아시아의 후기구석기문화와 장흥 신북유적』, 전라남도 장흥군·장흥 신북 구석기유적 보존회·조선대학교 박물관, 2004.

최복규, 「舊石器文化의 비교 I (東北亞와의 비교)」, 『韓國史論』12, 韓國의 考古學 I·上, 國史編纂委員會, 1983.

崔福奎, 「舊石器時代의 江原地方」, 『江原道史 歷史編』, 江原道, 1996.

최복규, 「동해 구미동 구석기유적 연구」, 『博物館誌』第7號, 江原大學校 博物館, 2000.

최복규, 「북한강 상류지역의 구·중석기문화 ― 상무룡리 I·II유적을 중심으로 ―」, 『양구 선사문화 학술대회 ―북한강 상류지역의 선사문화―』, 한국선사고고학회 제9회 학술발표회 요지, 한국선사고고학회, 2000.

최복규, 「북한강 유역의 구·중석기시대 문화」, 『鄕土서울』第54號, 서울시사편찬위원회, 1994.

최복규, 「양구 상무룡리 I·II 구·중석기시대 유적의 연구」, 『江原文化史研究』第4輯, 江原鄕土文化研究會, 1999.

최복규, 「中石器文化」, 『韓國史論』12, 韓國의 考古學 I·下, 國史編纂委員會, 1983.

崔福奎, 「최근 강원도에서 새로 조사된 선사유적」, 『江原文化史研究』創刊號, 江原鄕土文化研究會, 1996.

최복규, 「한국 중석기시대의 자연환경」, 『江原史學』第1輯, 江原大學校 史學會, 1985.

최복규, 「한국과 시베리아의 중석기시대 유적과 문화 ―시베리아 지역을 중심으로―」, 『孫寶基博士 停年紀念 考古人類學論叢』, 知識産業社, 1988.

최복규, 「한탄강변 철원 장흥리 구석기유적」, 『韓國先史考古學報』6, 韓國先史考古學會, 1999.

최복규, 「홍천 하화계리 중석기시대 유적의 조사연구」, 『博物館紀要』9, 檀國大學校 中央博物館, 1993.

최복규, 「횡성 부동리 골말 구석기시대유적 발굴조사 연구」, 『江原史學』第13·14合輯, 江原大學校 史學會, 1998.

최복규, 「횡성 현천리 후기 구석기시대유적 연구」, 『博物館誌』第6號, 江原大學校 博物館, 1999.

최복규·김상태, 「상무룡리 구석기유적의 편년과 석기분석 연구」, 『江原史學』第10輯, 江原大學校 史學會, 1994.

최복규·차재동, 「동해시 망상동 노봉 구석기유적의 연구」, 『江原史學』第17·18合輯, 江原大學校 史學會, 2002.

최복규·최삼용·최승엽, 「철원 장흥리 후기 구석기시대 유적 연구」, 『한국구석기학보』제3호, 한국구석기학회, 2001.

최삼용, 「금강유역의 구석기유적」, 『우리나라의 구석기문화』, 연세대학교 출판부, 2002.

최삼용, 「기곡유적 석기의 사용흔 분석」, 『동해 기곡유적』, 江原文化財研究所·韓國道路公社, 2005.

최삼용, 「동해 망상동 기곡 유적 석기에서 관찰된 미세흔적의 성격」, 『한국구석기학보』제16호, 한국구석기학회, 2007.

최삼용, 「영월 연당 쌍굴유적 조사 성과와 의의」, 『2004 연세대학교 박물관 추계 학술세미나 : 우리나라 선사시대의 동굴 유적과 문화』, 연세대학교 박물관, 2004.

최삼용·최복규, 「철원 장흥리유적의 간(磨製)좀돌날몸돌 연구」, 『第4回 江原考古學會 學術發表會 : 江原地域의 舊石器文化』, 江原考古學會, 2003.

崔成吉, 「江陵－墨湖海岸 最終間氷期 海成面의 同定과 發達過程」, 『韓國地形學會誌』第2권 제1호, 한국지형학회, 1995.

崔成吉, 「韓國 東海岸에 있어서 最終間氷期의 舊汀線高度 硏究 －後期 更新世 河成段丘의 地形層序的 對比의 觀點에서－」, 『第四紀學會誌』第7券第1號(通卷 第7號), 韓國第四紀學會, 1993.

崔成吉, 「韓半島 中部東海岸 低位海成段丘의 對比와 編年」, 『大韓地理學會誌』第30권 제2호(통권 58호), 대한지리학회, 1995.

崔成吉·朴志焄·金周龍, 「韓半島 中部東海岸 最終間氷期 河成段丘의 花粉組成과 그 意味」, 『지리·환경교육』7-1, 1999.

崔淑卿, 「高城郡 縣內面 竹亭里 發見 주먹도끼에 대하여」, 『梨花史學硏究』第17·18合輯, 梨花史學硏究所, 1988.

최승엽, 「강원도 동해안 지역의 구석기문화 전개」, 『한국구석기학보』제16호, 한국구석기학회, 2007.

최승엽, 「강원도 동해안지역의 구석기유적 분포와 연대설정에 대한 試論」, 『第4回 江原考古學會 學術發表會 : 江原地域의 舊石器文化』, 江原考古學會, 2003.

최승엽, 「강원도 지역의 주먹도끼류(handaxe/pick) 석기」, 『한국구석기학보』제14호, 한국구석기학회, 2006.

崔承燁, 「대학에서의 한국문화사 교양강의에 관한 연구 －선사분야를 중심으로－」, 『江原文化史研究』第6輯, 江原鄕土文化研究會, 2001.

최승엽, 「동해·삼척 지역의 구석기 고고학」, 『실직국과 해오름의 고장 동해·삼척』특별전 도록, 국립춘천박물관, 2006.

최승엽, 「동해시 망상동 기곡 구석기유적의 研究史的 意味」, 『江原史學』第17·18合輯, 江原大學校 史學會, 2002.

최승엽, 「영동지역 후기구석기 유물군의 변천」, 『江原史學』第22·23合輯, 江原大學校 史學會, 2008.

최승엽, 「우리나라 중부 동해안 구석기 研究史」, 『한국구석기학보』제6호, 한국구석기학회, 2002.

최승엽, 「우리나라 중부동해안 구석기유적의 연대설정 문제」, 『한국구석기학보』제8호, 한국구석기학회, 2003.

최승엽, 「임진－한탄강 수계의 후기구석기 문화양상 － 철원 장흥리 유적을 중심으로 －」, 『江原考古學報』創刊號, 江原考古學會, 2002.

최승엽, 「중부동해안지역의 구석기연구 방향설정」, 『江原考古學報』2, 江原考古學會, 2003.

최승엽, 「한국의 구석기시대 화살촉에 관한 小考」, 『江原考古學報』第9號, 江原考古學會, 2007.

최승엽, 「홍천 하화계리 '도둔' 중석기시대 유적의 석기분석」, 『先史와 古代』10, 韓國古代學會, 1998.

崔承燁,「홍천 하화계리 도둔 중석기시대 유적의 부합유물 분석」,『江原史學』第13·14合輯, 江原大學校 史學會, 1998.

최승엽,「홍천강 유역 구석기유적의 층위 구성과 연대 -하화계리 구석기 유적군을 중심으로-」,『한국구석기학보』제13호, 한국구석기학회, 2006.

키스 윌킨스·크리스 스티븐슨 지음(안승모·안덕임 옮김),『환경고고학』, 학연문화사, 2007.

한국자연지리연구회편,『자연환경과 인간』, 한울아카데미, 2000.

韓國鄕土史硏究全國協議會,『漢江流域史硏究』, 1999.

韓相燮·尹鍾和·金知洪·姜信天·朴完根,「北漢江 流域의 森林 -天然林의 直徑分布에 關한 硏究-」,『한강 유역 환경의 종합적 연구(II)』, 강원대학교부설 한강생태연구소, 1985.

한주성,『인간과 환경 -지리학적 접근-』, 敎學硏究社, 1991.

韓昌均,「구석기시대의 자연환경」,『한국사』2, 국사편찬위원회, 1997.

한창균,「한국 구석기유적의 연대 문제에 대한 고찰 -절대연대 측정결과와 퇴적층의 형성 시기에 대한 검토를 중심으로-」,『한국구석기학보』제7호, 한국구석기학회, 2003.

한창균,「구석기유적」,『문화재 지표조사 매뉴얼 연구』, 한국고고학회, 2006.

한창균,「구석기유적 : 찾기에서 발굴까지」,『한국 매장문화재 조사연구방법론』2, 국립문화재연구소, 2006.

한창균,「한국의 후기 구석기시대 자연환경」,『한국고고학보』66, 한국고고학회, 2008.

한창균,「호서지역 구석기유적 발굴 반세기」,『한국구석기학회 제9회 학술대회 발표집』, 2008.

洪慶姬,『村落地理學』, 法文社, 1993.

홍미영·니나 코노넨코,「남양주 호평동 유적의 흑요석제 석기와 그 사용」,『한국구석기학보』제12호, 한국구석기학회, 2005.

환경부,『강원도 해안지역의 자연환경-기초조사-』제2차 전국자연환경조사, 1997.

黃相一·尹順玉,「한반도 海岸의 景觀과 生態에 대한 지형학적 접근」,『地理學叢』第27號, 慶熙大學校 文理科學大學 地理學科, 1999.

황치옥·이하영·윤혜수,「흔적화석에 의한 제3기 보문소분지(포항분지)의 고환경」,『한국고생물학회지』8-2, 한국고생물학회, 1992.

(영문)

Choi Bok-kyu, *A study on the Hwadae-ri Shimteo Paleolithic Site in Pocheon-city, The Korean Peninsular*, 한국구석기학보 제15호, 한국구석기학회, 2007.

Choi Bok-kyu·Yu Hye-joung, *The Hahwagye-ri III Jagunsolbat Palaeolithic·Mesolithic Site in Hongcheon-gun County, Korea*, 한국구석기학보 제11호, 한국구석기학회, 2005.

Colin Renfrew & Paul Bahn, *Archaeology : Theories Method and Practice*, Thames & Hudson, 2000.

George H. Odell, *Lithic Analysis*, Springer Press, 2003.

Hiroyuki, Sato, 「Lithic Procurement and Reduction Strategy of Hirosato Industry in the Japan Sea Rim Area」, 『先史와 古代』20, 韓國古代學會, 2004.

John Wymer, *The Palaeolithic Age*, ST, Martin's Press, 1982.

Jong-chan KIM · Min-young YOON · In-chul KIM · Jong-kwon YUM, *Dating Paleosols from Paleolithic sites in Korea*, 중원지역의 구석기문화, 충북대학교 중원문화연구소 · 한국학술진흥재단, 2006.

Kathy D. Schick and Nicholas Toth, *Making Silent Stones Speak*, Weidenfeld and Nicolson London, 1993.

Marie-Louise Inizan · Michèle Reduron-Ballinger · Hélène Roche · Jacques Tixier, *Technology and Terminology of Knapped Stone*, Nanterre : CREP, 1999.

Nicholas Toth & Kathy D. Shick, *The First Million Years : The Archaeology of Proto Human Culture*, Advances in Archaeological Method and Theory 9, Academic Press, 1986.

William Andrefsky, Jr., *Lithics : Macroscopic approaches to anaiysis*, Cambridge University Press, 1998.

Young Gil LEE, *QUATERNARY DIATOM FLORA IN THE GALMAL-MYEON, CHULWON -GUN GANGWON-DO, KOREA*, J. Paleont. Soc. Korea, V.8. No.1, 1992.〔李永吉, 「江原道 鐵原郡 葛末面 일대에서 産出되는 第四紀 化石珪藻群」, 『한국고생물학회지』8-1, 한국고생물학회, 1992.〕

(불문)

André Leroi-Gourhan, *PINCEVENT : campement magdalénien de chasseurs de rennes*, 1984.

Brian Hayden, 1980. *CONFUSION IN THE BIPOLAR WORLD : BASHED PEBBLES AND SPLINTERED PIECES*, Lithic Technology 9-1.

Foni LE BRUN-RICALENS, *LES PIÈES ESQUILLÉES : ÉTAT DES CONNAISSANCES APRÉS UN SIÉCLE DE RECONNAISSANCE*, PALEO N°18, 2006.

Géraldine LUCAS et Maureen A.HAYS, *Les pièces esquillées du site paléolithique du Flageolet I (Dordogne) : outils ou nucléus ?*, XXVe Congrès Préhistorique de France -Nanterre24-26 novembre 2000- Approches fonctionnelles en Préhistoire, 2000.

par Guy Mazière, *La pièces esquillées, outil ou déchet ?*, Bulletin de la SOCIÉTÉ PRÉHISTORIQUE FRANCAISE TOME 81/6, 1984.

(일문)

渡辺 誠, 「韓國 · 上舞龍里(サンムヨンニ)遺跡 －黑曜石製石器出土의 後期舊石器時代遺跡－」, 『月刊 考古學ジャーナル』324, 1990.

東村武信,「鰲山里遺蹟出土 黑曜石의 螢光分析」,『鰲山里遺蹟』, 서울大學校博物館, 1984.

植田弥生,「旧石器時代の 炭化材 の樹種同定」,『홍천 백이·돌터거리·송정 유적 —홍천군 관내 군부대 주둔지
　　　편입부지내 유적 발굴조사 보고서—』, 江原文化財硏究所, 2009.

安田喜憲·塚田松雄·金遵敏·李相泰,「韓國における環境變遷史と農耕の起源」,『文部省學術調査報告』,
　　　1980.

塚田松雄·金遵敏·任良宰·洪淳喆·安田喜憲,「韓國環境變遷史Ⅰ, 束草における植生變遷史」,『第4紀學會
　　　講演要旨集』6, 1977.

찾아보기

| **최승엽** 崔承燁 |

1967년 강원도 춘천 출생

1992년 강원대학교 사학과 졸업(문학사)

1996년 강원대학교 대학원 사학과 석사과정 졸업(문학석사)

2010년 강원대학교 대학원 사학과 박사과정 졸업(문학박사)

현재 강원대학교 사학과 강사, 강원문화재연구소 조사팀장

1998, 「홍천 하화계리 '도둔' 중석기시대 유적의 석기분석」, 『先史와 古代』 10, 韓國古代學會.

2002, 「동해시 망상동 기곡 구석기유적의 研究史的 意味」, 『江原史學』 17·18, 江原大學校 史學會.

2002, 「임진－한탄강 수계의 후기구석기 문화양상 －철원 장흥리 유적을 중심으로－」,

　　　『江原考古學報』 創刊號, 江原考古學會.

2003, 「우리나라 중부동해안 구석기유적의 연대설정 문제」, 『한국구석기학보』 8, 한국구석기학회.

2006, 「홍천강 유역 구석기유적의 층위 구성과 연대」, 『한국구석기학보』 13, 한국구석기학회.

2006, 「강원도 지역의 주먹도끼류(handaxe/pick) 석기」, 『한국구석기학보』 14, 한국구석기학회.

2007, 「강원도 동해안 지역의 구석기문화 전개」, 『한국구석기학보』 16, 한국구석기학회.

2007, 「한국의 구석기시대 화살촉에 관한 小考」, 『江原考古學報』 9, 江原考古學會.

2009, 「강원지역의 구석기고고학 연구성과와 전망」, 『한국구석기학보』 19, 한국구석기학회.

2009, 「화대리 구석기유적의 슴베찌르개 돌감 연구」, 『인문과학연구』 22, 강원대학교 인문과학연구소.

강원지역의 구석기 고고학

초판인쇄일　2010년 10월 19일
초판발행일　2010년 10월 20일
지 은 이　최승엽
발 행 인　김선경
책 임 편 집　김윤희, 김소라
발 행 처　도서출판 서경문화사
　　　　　　주소 : 서울 종로구 동숭동 199 - 15(105호)
　　　　　　전화 : 743 - 8203, 8205 / 팩스 : 743 - 8210
　　　　　　메일 : sk8203@chollian.net
제　　　책　반도제책사
등 록 번 호　제 1 - 1664호

ISBN 978-89-6062-064-3　　93900

ⓒ 최승엽, 2010

＊파본은 본사나 구입처에서 교환하여 드립니다.

정가　30,000원